Warum die Juden? – Inszenierter Antisemitismus

Wolfgang Frindte • Ina Frindte

Warum die Juden? – Inszenierter Antisemitismus

 Springer

Wolfgang Frindte (ID)
Friedrich-Schiller-Universität
Institut für Kommunikationswissenschaft
Jena, Deutschland

Ina Frindte
Jena, Deutschland

ISBN 978-3-658-50560-8   ISBN 978-3-658-50561-5 (eBook)
https://doi.org/10.1007/978-3-658-50561-5

Die Deutsche Nationalbibliothek verzeichnet diese Publikation in der Deutschen Nationalbibliografie; detaillierte bibliografische Daten sind im Internet über https://portal.dnb.de abrufbar.

Springer ist ein Imprint der eingetragenen Gesellschaft Springer Fachmedien Wiesbaden GmbH und ist ein Teil von Springer Nature.
Die Anschrift der Gesellschaft ist: Abraham-Lincoln-Str. 46, 65189 Wiesbaden, Germany

Wenn Sie dieses Produkt entsorgen, geben Sie das Papier bitte zum Recycling.

Vorwort

Die Antisemit*innen wissen von der Falschheit der Bilder, die sie konstruieren. Und sie wissen ferner, dass die falschen Bilder funktionieren, weil sie sich auf Symbole, Metaphern und Mythen stützen, die, obwohl sie nichts mehr mit der wirklichen Wirklichkeit der Juden zu tun haben, so alt wie die Zivilisation sind. Die Darstellung von falschen Konstruktionen über *die* Juden und die gleichzeitige Verschleierung der Falschheit sind die tragenden Mechanismen der kalkulierten Inszenierung des Antisemitismus. Für Antisemit*innen sind Juden und Jüdinnen die Inkarnation der Ambivalenz. Mit Ambivalenz können Antisemit*innen nicht umgehen. Sie macht ihnen Angst. Um die Angst vor der Ambivalenz zu bewältigen, inszenieren die Antisemit*innen den Antisemitismus in offenen, verdeckten und in camouflierten Formen, um den Jüdinnen und Juden die Rechtmäßigkeit ihrer Existenz zu verweigern.

Da der Antisemitismus ausschließlich den selbstdefinitorischen Zielen der Propagandisten dient (Bauman, 2002, S. 55), beschäftigen sich die kalkulierten Inszenierungen der Antisemit*innen damit, Jüdinnen und Juden das zu unterstellen, was sie – die Antisemit*innen – selbst anstreben: Herrschaft, Macht, Ordnung (oder gelegentlich: Unordnung) – und das im Weltmaßstab. So banal ist das, aber auch so widersinnig, weil Jüdinnen und Juden weder für die Ambivalenz noch für Herrschaft, Macht, Ordnung oder Unordnung verantwortlich gemacht werden können. Mit ihrem Antisemitismus projizieren die Antisemit*innen ihre eigenen Wünsche und Unzulänglichkeiten auf die Juden. Banal und böse ist Antisemitismus aber vor allem deshalb, weil die Geschichte nicht zu Ende ist. Die Herrschafts-, Macht- und Autoritätsmythen, auf die sich die Antisemit*innen stützen, um sich vor dem Umgang mit der Ambivalenz zu schützen und deren Existenz sie den Juden in die Schuhe schieben, markieren nur einen Teil des nationalen und globalen Weltgeschehens. Man muss nicht unbedingt Anhänger der Klassenkampf-Theorie sein, um zu sehen, dass der andere Teil, die Ideologien der Offenheit, des Neuen, der Unsicherheit und der Ambivalenz, im Widerstreit zu den legitimierenden Herrschaftsideologien steht.

Der Antisemitismus richtet sich gegen die Freiheit, die Toleranz und die Verschiedenheit der Menschen und sozialen Gemeinschaften. Sein Hauptfeind ist der Humanismus. Insofern sollten die Einstellungen und das Verhalten gegenüber Jüdinnen und Juden der Lackmustest eines jeglichen Humanismus sein. Doch das Feld ist weit, kompliziert und voller Widersprüche. Der 7. Oktober 2023 war der dunkelste Tag in der jüdischen Geschichte seit dem Ende des Holocausts. Seitdem ist wieder Krieg im Nahen und Mittleren Osten. Und nicht nur Antisemit*innen machen dafür die Juden und Israel verantwortlich. Für uns liegt auf der Hand, dass auch diese – um es vorsichtig zu formulieren – Zuschreibungen banal und böse sind.

Und um die Banalität und Bösartigkeit des Antisemitismus aus sozialwissenschaftlicher, respektive: sozialpsychologischer Perspektive aufzuzeigen, haben wir dieses Buch geschrieben. Wir stützen uns dabei – neben anderen eigenen Publikationen – auch auf einen Text, der mittlerweile 20 Jahre alt ist (Frindte, 2006). Ein damaliges CDU-Mitglied und späterer AfD-Bundestagsabgeordneter hatte gegen dieses Buch geklagt. Der Verlag nahm es deshalb von seiner Publikationsliste. Wir haben nun einige der Ideen, die wir damals veröffentlicht haben, wieder aufgegriffen, aktualisiert und mit neuen Befunden und Einsichten zum Antisemitismus verknüpft. Denn: „Antisemitismus ist genau das, was er zu sein vorgibt: eine tödliche Gefahr für die Juden und sonst nichts" (Arendt, 2001, S. 38; Original: 1951).

Auch diesmal hat sich der Bund mit dem Verlag Springer VS bewährt. Unser besonderer Dank gilt Herrn Frank Schindler für die vertrauensvolle Zusammenarbeit sowie Frau Mangayarkarassi Karthikeyan für die Hilfe beim Fertigstellen des Endmanuskripts.

Jena   Wolfgang & Ina Frindte
im Oktober 2025

Literatur

Arendt, H. (2001; Original 1951). *Elemente und Ursprünge totaler Herrschaft*. Piper.
Bauman, Z. (2002). *Dialektik der Ordnung*. Europäische Verlagsanstalt.
Frindte, W. (2006). *Inszenierter Antisemitismus*. VS Verlag.

Inhaltsverzeichnis

Über die Autorin

Wolfgang Frindte Prof.i. R. Dr. phil. habil Diplompsychologe (Friedrich-Schiller-Universität Jena 1974), 1981 Promotion und 1986 Habilitation. Von 2008 bis 2017 Leiter der Abteilung Kommunikationspsychologie am Institut für Kommunikationswissenschaft an der Friedrich-Schiller-Universität Jena. 1998–2005 Gastprofessur für Kommunikations- und Sozialpsychologie an der Leopold-Franzens-Universität Innsbruck. Februar bis April 2004 Fellow am Bucerius Institut der Universität Haifa (Israel). Forschungsschwerpunkte: Terrorismusforschung, Fremdenfeindlichkeit, Antisemitismus, Rechtsextremismus, Medien und Gewalt.

Ina Frindte Diplomphysikerin (Friedrich-Schiller-Universität Jena 1977), 1977–1981 wissenschaftliche Mitarbeiterin im Forschungszentrum der Firma Carl Zeiss Jena. 1981–1991 Projektmanagerin für Krankenhaus- und augenoptische Einrichtungen (Carl Zeiss Jena). 1991–2018 Seniormanagerin für Medizintechnik (Analytik Jena AG). Realisierung von Projekten u. a. in Deutschland, Europa und Asien.

1

Eretz nehederet – Ein wunderbares Land

„Wiederkehr lasse ich kehren meinem Volke Jissrael, daß sie verstarrte Städte aufbauen, besiedeln, Rebhänge pflanzen, deren Wein trinken, Gärten machen, deren Frucht essen. Ich pflanze in ihren Boden sie ein, sie werden nicht mehr aus ihrem Boden gereutet, den ich ihnen gegeben habe. Er, dein Gott, hats gesprochen" (Amos, 9,14; in der Übersetzung von Buber & Rosenzweig, 1987, Band 3, S. 653).

Warum beginnen wir unser Buch über den Antisemitismus mit einem Kapitel über Israel? Weil der Zionismus die politische Antwort auf den Antisemitismus ist (Sznaider, 2020, S. 48).

„Eretz Nehederet" (hebräisch: ארץ נהדרת) – übersetzt „Ein wunderbares Land", ist eine beliebte Sketch-Sendung, die im israelischen Fernsehen läuft und deren Beiträge auch in den sozialen Medien immer wieder gepostet werden.

W. Frindte, I. Frindte, *Warum die Juden? – Inszenierter Antisemitismus*, https://doi.org/10.1007/978-3-658-50561-5_1

1.1   Anekdoten und Fakten

Im September 1993 waren wir in Jerusalem, um Kolleginnen und Kollegen an der Hebrew University zu treffen. Die Hauptgebäude der Universität liegen als israelische Exklave auf dem Skopusberg im heutigen Ostjerusalem. Eröffnet wurde die Universität im Jahre 1925. Albert Einstein, Martin Buber und Chaim Weizmann gehörten zu den frühen Befürwortern der Universität. Der 1933 aus Deutschland in die USA emigrierte Ahnherr der modernen Sozialpsychologe, Kurt Lewin, sollte der erste Professor für Psychologie an der Hebrew Universität werden. Sigmund Freud, der Begründer der Psychoanalyse, machte das aber in einem Brief vom 5. Dezember 1933 an den damaligen Kanzler der Universität Judah Leon Magnes zunichte (Freud, 1933; Lück & Rechtien, 1989). Während Siegmund Freud heute auch Nichtpsychologen mehr als bekannt ist, erinnert sich kaum jemand an den großen Sozialpsychologen. Das ist schade, sind doch alle modernen Methoden und Techniken des Managementtrainings, der Gruppendynamik, der Konfliktbewältigung und des – wie es Neudeutsch heißt – Change Managements ohne die Arbeiten von Kurt Lewin nicht denk- und machbar.

Wie auch immer: Wenige Tage vor unserer Ankunft in Israel, unterzeichneten Shimon Peres als israelischer Außenminister und Mahmud Abbas am 13. September 1993 in Washington die „Prinzipienerklärung über die vorübergehende Selbstverwaltung". Auch Yitzhak Rabin, Jassir Arafat und Bill Clinton waren anwesend, ebenso der US-amerikanische und der russische Außenminister. Mit der Erklärung, später bekannt als „Oslo I", erkannten sich Israel und die PLO offiziell aneinander an, und Arafat, Rabin und Peres erhielten dafür 1994 den Friedensnobelpreis.

Unsere israelischen Kolleginnen und Kollegen an der Hebrew University sprachen euphorisch und zustimmend über das Abkommen. „Land für Frieden" war der Slogan, der so etwas wie die „dritte Geburt" des Staates Israel anzuzeigen schien. Die Kolleginnen und Kollegen wollten natürlich unsere Meinung zum Abkommen hören, sind wir doch – ob unserer ostdeutschen Herkunft und unserer nunmehr deutsch-deutschen Gegenwart – so etwas wie Spezialist*innen für friedliche Einheit.

Wir fragten nach den Gebieten, also dem Land, das die Israelis für einen Frieden zurückzugeben bereit sind und wieviel Fremdheit ein jüdischer Staat vertrage. Was werde mit dem von den Palästinensern eingeforderte Rückkehrrecht für alle Palästinenser, die 1948 Israel verlassen haben oder – auch das gab es – vertrieben wurden, einschließlich deren Nachkommen? Könnte Israel unter diesen Umständen noch ein jüdischer Staat sein?

Mit unseren Fragen provozierten wir nun doch ein ziemliches, vorsichtig ausgedrückt, kommunikatives Durcheinander. Was wird dann aus der Kotel? Dürfen wir dann nicht mehr zur Westmauer? Und wie sieht es mit dem Golan aus? Stehen dort oben dann wieder syrische Geschütze und Panzer? Das Durcheinander war ziemlich heftig. So, wie wir später noch andere Diskussionen in Israel erlebt haben. Kontrovers und laut. Ein jüdisches Tohuwabohu, Balagan eben.

Zwei Staaten seien eine Lösung, seien keine Lösung, können nur Zwischenlösungen sein. Israel sei ein jüdischer Staat und das müsse so bleiben. Und so weiter und so fort. Uns brummte der Kopf angesichts der kontroversen Argumente. Ein Konsens war nicht in Sicht. Vielleicht ist der auch gar nicht nötig. Möglicherweise liegen im Streit die Mittel der Lösung. Trotz der unterschiedlichen Meinungen waren sich unsere israelischen Kolleginnen und Kollegen in einem aber einig; das Abkommen von Oslo könnte der Beginn eines Friedens im Nahen Osten sein.

Im Juli 1994 kamen wir wieder nach Israel. Wir waren zu zwei Konferenzen eingeladen, zu einem Treffen der *Deutsch-Israelischen Forschungsgemeinschaft* und anschließend zum *Second Congress on Prejudice, Discrimination and Conflict*. Beide, das Meeting und der Kongress fanden in Jerusalem statt. Wir wusste es doch: „Next Year in Yerushalayim" (übrigens ein traditioneller Wunsch am jüdischen Sederabend, dem ersten Abend des Pessachfestes). Am Abend vor unserem Rückflug gerieten wir in eine große Demonstration. Zehntausende zogen durch die Jerusalemer Neustadt. Wir sahen nicht nur israelische Fahnen, sondern auch schwarze mit dem Totenkopf. Dann kamen uns Menschen mit Plakaten entgegen, auf denen Yitzhak Rabin in SS-Uniform dargestellt war, zu lesen war „Rabin ist ein Mörder" und „Rabin ist ein Verräter".

Im Zentrum der Jerusalemer Neustadt, in der Nähe der King-Georg-Straße, trafen Befürworter und Gegner des Oslo-Abkommens aufeinander. Die Stimmung war gespannt. Auf einer erhöhten Terrasse vor einem Hochhaus sahen wir, falls wir uns recht erinnern, Yitzhak Shamir, den späteren israelischen Ministerpräsidenten, und hörten ihn reden. Auch der spätere israelische Ministerpräsident Benjamin Netanjahu war anwesend. Wir wussten, dass Shamir gegen die praktische Umsetzung der Losung „Land für Frieden" war. Auf der anderen Straßenseite standen Yitzhak Rabin und Shimon Peres auf einem Balkon und versuchten die Massen vom Oslo-Abkommen und den damit verbundenen Friedensmöglichkeiten zu überzeugen. Es gelang ihnen wohl nicht.

Und der Terror ging weiter.

Bei einem Bombenanschlag auf ein jüdisches Gemeindezentrum in Buenos Aires wurden am 18. Juli 1994 85 Menschen getötet und 300 teils schwer verletzt. Die Hintergründe für diesen Terroranschlag wurden bisher nicht vollständig aufgeklärt. Im Frühjahr 2024 kam allerdings ein argentinisches Gericht zu dem Schluss, dass die Schiiten-Miliz *Hisbollah* den Anschlag auf Anweisung der iranischen Regierung verübt habe (Frankfurter Allgemeine, 2024). Am 26. Juli 1994 verübte eine palästinensische Terrorgruppe einen Sprengstoffanschlag auf die israelische Botschaft in London. Fünf Israelis wurden getötet und 30 teils schwer verletzt. Am 19. Oktober erfolgte ein Selbstmordanschlag auf einen Bus in der Dizengoff-Straße im Herzen Tel Avivs. 21 Israelis und ein Niederländer verloren ihr Leben. Die Hamas, die 1987 in Gaza gegründet wurde, übernahm die Verantwortung für diesen Anschlag. Am 11. November 1994 starben drei israelische Soldaten durch ein Selbstmordattentat in der Nähe von Natzarim, einer israelischen Siedlung im Gaza-Streifen. Zwei Wochen später ermordeten palästinensische Terroristen in der israelischen Stadt Afula die israelische Soldatin Liat Gabai. Am 23. Januar 1995 starben 19 Israelis bei einem Anschlag in Netanya; am 9. April 1995 wurden sieben Israelis im Gazastreifen durch einen Selbstanschlag zweier Palästinenser getötet; am 24 Juli 1995 kamen an einer Bushaltestelle in Ramat Gan, in der Nähe Tel Avis, sechs Israelis durch einen palästinensischen Terroranschlag ums Leben.

Am 4. November 1995 wurde der israelische Ministerpräsident Yitzhak Rabin bei einer politischen Großveranstaltung in Tel Aviv von einem israelischen Studenten aus der Bar-Ilan Universität erschossen.

Nach 1995 waren wir mindestens einmal im Jahr in Israel. Aber dem Optimismus, den wir – trotz vieler kontroverser Auffassungen – 1993 angesichts der Osloer Vereinbarungen verspürte, begegneten wir nie wieder. Kein Frieden nirgends.

1.2   „Der Judenstaat ist ein Weltbedürfnis"[1]

Im Juni 1895 notierte Theodor (Binyamin Ze'ev) Herzl in sein Tagebuch:

> „Wir haben die Toleranz in Europa gelernt. Ich sage das nicht einmal spöttisch. Den jetzigen Antisemitismus kann man nur an vereinzelten Orten für die alte religiöse Intoleranz halten. Zumeist ist er bei den Kulturvölkern eine Bewegung, mit der sie ein Gespenst ihrer eigenen Vergangenheit abwehren möchten. Ich glaube, es muß jetzt schon von allen Seiten klar sein: Der Judenstaat ist ein Weltbedürfnis" (aus dem Ersten Band der Tagebücher, nach Herzls Tod 1922 in Berlin erschienen; Herzl, 1922, S. 196).

Ein Jahr zuvor, 1894, wurde der französische Artilleriehauptmann *Alfred Dreyfus* (1859–1935), Elsässer und erster Jude im französischen Generalstab, fälschlicherweise der Spionage für das Deutsche Reich und des Landesverrats bezichtigt und zu lebenslanger Haft verurteilt. Nachdem französische Intellektuelle, allen voran *Émile Zola*, die führenden Militärs und Politiker wegen falscher Anschuldigungen kritisierten und ihnen Versagen vorwarfen, wuchs sich das Ganze zu einer Staatsaffäre aus. 1899 wurde Dreyfus begnadigt und erst 1906 rehabilitiert. Theodor Herzl (1860–1904) hatte die Dreyfus-Affäre als Korrespondent der Wie-

---

[1] Wir schreiben in diesem Kapitel keine Geschichte Israels. Vielmehr versuchen wir auf einige Aspekte aufmerksam zu machen, die den Zionismus als politische Antwort auf den Antisemitismus illustrieren sollen. Jenen, die die Geschichte und die Gegenwart Israels verstehen wollen, empfehlen wir das Buch „Israel. Traum und Wirklichkeit des jüdischen Staates" von Michael Brenner (2017).

ner Zeitung „Neue Freie Presse" beobachtet und nicht zuletzt daraus die Schlussfolgerung gezogen, ein friedliches und humanes Zusammenleben von Juden und Nicht-Juden sei in Europa nicht möglich (Schoeps, 1995, S. 25). Wie und wo? In einem Judenstaat in Palästina.[2] Am schriftlichen Entwurf eines Judenstaates arbeitete Herzl seit Sommer 1895. Das Buch „Der Judenstaat. Versuch einer modernen Lösung der Judenfrage" erschien Anfang 1896. „Palästina", so schreibt Herzl darin, „ist unsere unvergessliche historische Heimat. Dieser Name allein wäre ein gewaltig ergreifender Sammelruf für unser Volk" (Herzl, 1896, S. 29).

Seit Beginn der Aufklärung und spätestens am Ende des 18. Jahrhunderts markiert die „Judenfrage" die grundlegenden gesellschaftlichen, politischen und kulturellen Probleme der menschlichen Emanzipation schlechthin. Es handelt sich, wie Detlev Claussen zutreffend anmerkt, also nicht um „[…] eine einzelne, zu isolierende Frage und eine rationale dazugehörige Antwort" (Claussen, 1987, S. 61). Darüber ist sich Herzl auch im Klaren:

> „Ich glaube, den Antisemitismus, der eine vielfach complicierte Bewegung ist, zu verstehen. Ich betrachte diese Bewegung als Jude, aber ohne Hass und Furcht. Ich glaube zu erkennen, was im Antisemitismus roher Scherz, gemeiner Brotneid, angeerbtes Vorurtheil, religiöse Unduldsamkeit – aber auch, was darin vermeintliche Nothwehr ist. Ich halte die Judenfrage weder für eine soziale noch für eine religiöse, wenn sie sich auch noch so und anders färbt. Sie ist eine nationale Frage, und um sie zu lösen, müssen wir sie vor allem zu einer politischen Weltfrage machen, die im Rate der Kulturvölker zu regeln sein wird. Wir sind ein Volk, Ein Volk" (Herzl, 1896, S. 11).

Und so entwirft Herzl im „Judenstaat" eine nationale Lösung, um die Jüdinnen und Juden aus den Fängen des (europäischen) Antisemitismus zu befreien. Keine Utopie will er präsentieren, sondern konkrete Lösungs-

---

[2] Theodor Herzl fragte im „Judenstaat" zunächst, ob Argentinien nicht auch als mögliche Heimstätte der Jüdinnen und Juden in Frage komme (Herzl, 1896, S. 13). Angola, Australien, Surinam, Uganda oder Zypern wurden zeitweise ebenfalls von den Zionisten als mögliche Heimstätten präferiert (Brenner, 2017, S. 112 ff.).

vorschläge: Wie lässt sich Land für einen Judenstaat finanzieren? Wie müssen seine wirtschaftliche, politische und militärische Organisation und Staatsform beschaffen sein? Welche Sprache soll in diesem Staat gesprochen werden und welche Rolle die Religion spielen? Wie könnte die Fahne des Staats aussehen? Wer organisiert die Wanderung des Judenvolkes nach Palästina? Für diese und weitere Fragen formuliert Herzl sehr konkrete, vielleicht – wie er selbst bekennt – zu detaillierte Antworten.

Jedenfalls kam die Kritik an Herzls Buch aus vielen Ecken. Juden (überwiegend Männer), die in Österreich, Deutschland oder Frankreich bemüht waren, sich zu assimilieren und als Österreicher, Deutsche oder Franzosen zu emanzipieren, wollten nicht Teil einer jüdischen „Nation" oder eines Judenstaates werden. Das Jüdische reduzierten sie im höchsten Falle auf die Religion. So sahen es auch manche Rabbiner, zumindest jene in den orthodoxen europäischen Gemeinden. Sie warteten auf den Messias, der alle Jüdinnen und Juden zusammenführen werde; erst dann könne ein jüdischer Staat gegründet werden. Jüdische Literaten, wie Stefan Zweig oder Karl Kraus machten sich über Herzls Buch lustig. Mögliche Finanziers, wie Baron Hirsch oder Rothschild, auf die Herzl setzte, um seinen Plan vom Judenstaat in die Tat umzusetzen, zeigten sich skeptisch und abweisend (Brenner, 2017, S. 36 ff.).

Im August 1897 organisiert Herzl mit einigen Gesinnungsgenossen den Ersten Zionistischen Weltkongress in Basel und wird zum Präsidenten der Zionistischen Weltorganisation gewählt. Mit dem Ersten Weltkongress (bis zur Gründung des Staates Israel werden noch 21 Kongresse folgen) war der Schritt hin zu einem Judenstaat getan. In der Resolution des in Basel verabschiedeten Programms wird die Absicht konkretisiert: „Der Zionismus erstrebt die Schaffung einer öffentlich-rechtlich gesicherten Heimstätte in Palästina für diejenigen Juden, die sich nicht anderswo assimilieren können oder wollen" (zit. n. Brenner, 2017, S. 42).

Zionismus, ob als Bewegung und/oder Ideologie, hat sich also die Rückkehr der Jüdinnen und Juden nach Eretz Israel, ins Land Israel, auf die Fahne geschrieben. Sein Name ist mit dem Berg Zion in Jerusalem verbunden, der als Wohnsitz des G'ttes gilt (Jesaja, 12,6). Geprägt wurde der Begriff wohl von Nathan Birnbaum (1864–1937), der einige Zeit mit Theodor Herzl zusammenarbeitete, sich dann aber vom Zionismus abwandte (Brenner, 2017, S. 122).

Zu den Vordenkern der zionistischen Bewegung gehörten zum Beispiel der Rabbiner Zwi Hirsch Kalischer (1795–1874), der Frühsozialist Moses Hess (1812–1875), der Arzt Leon Pinsker (1821–1891) und der Publizist Perez Smolenskin (Peretz ben Mosche Smolenskin, 1842–1885). Der nach einer Welle antijüdischer Krawalle (siehe Kap. 3: Hep-Hep--Unruhen) 1819 gegründete „Verein für Cultur und Wissenschaft der Juden" gehört sicher auch zu vor-zionistischen Bewegungen. Der Verein, zu dessen aktiven Mitgliedern auch Harry (Heinrich) Heine gehörte, hatte sich zum Ziel gesetzt, eine wissenschaftliche Erforschung des Judentums zu etablieren und so einen Beitrag für eine eigenständige jüdische Kultur zu leisten. Angeregt von Mordechai Immanuel Noah, einem amerikanischen Journalisten, entstand im Verein überdies die Idee, in den USA eine jüdische Kolonie zu gründen. Heine nennt in einem Brief an Moses Moser, Mitbegründer des Vereins, die Kolonie „Ganstown" in Anlehnung an Eduard Gans, ebenfalls Mitbegründer des Vereins und von 1821 bis 1824 dessen Präsident: „Wenn einst Ganstown erbaut sein wird", schreibt Heine an Moser, „und ein glücklicheres Geschlecht am Mississippi Lulef bentscht und Matzes kaut, und eine neue jüdische Literatur emporblüht…" (zit. n. Reissner, 1965, S. 96). Ob sich Heine nun über die Idee einer jüdischen Auswanderung nach Amerika lustig machen wollte (Lutz, 2006, S. 36) oder darin eine ernsthafte Alternative für die jüdische Emanzipation sah (Claussen, 1987, S. 110 f.), wollen wir an dieser Stelle nicht weiter diskutieren. Der „Verein für Cultur und Wissenschaft der Juden" löst sich 1824 auf und Harry Heine ging von Berlin nach Göttingen zurück. Dass er sich 1825 evangelisch-lutherisch taufen ließ, dürfte auch mit den bis dato nicht sehr erfolgreichen jüdischen Emanzipationsbewegungen zu tun haben.

Am Ende des 19. Jahrhunderts gründeten sich Vereine, wie „Ahawath Zion" 1881 in Wien, die sich explizit für eine Palästinakolonisation stark machten. Innerhalb der zionistischen Bewegung gab es zudem verschiedene Fraktionen, eine bürgerlich-liberale in der Tradition Herzls, eine „kulturzionistische", eine sozialistische Fraktion, „Arbeiterzionisten" (vgl. auch Holz & Haury, 2021, S. 32 ff.).

Die Utopie einer geeinten jüdischen Gemeinschaft war auch das Grundmotiv von *Martin (Mordechai) Buber* (1878–1965) in dieser Zeit und zeit seines Lebens. 1901 sieht er eine „jüdische Renaissance" aufscheinen, erkennt aber auch, dass der jüdischen Minderheit in der Diaspora das verbindende Element verloren gegangen sei (Buber, 1901). Dieses Element ist für Buber – anders als bei Theodor Herzl – nicht primär die Suche nach einer physischen Heimat der Judenheit. Buber geht es vor allem um die geistige und kulturelle Erneuerung des Judentums, eine Position, die er selbst später den „Hebräischen Humanismus" nennen wird.

„Hebräischer Humanismus bedeutet also: erstens, Zurückgreifen auf die sprachliche Überlieferung unserer klassischen Antike, auf die hebräische Bibel; zweitens, Aufnahme der Bibel nicht um ihres literarischen, geschichtlichen und nationalen Wertes willen, wie wichtig auch all dies im Übrigen ist, sondern um des normativen Wertes des biblischen Menschenbildes willen" (Buber, 1941; zit. n. Conradi, 2019, S. 6).

Auf dem 5. Zionistischen Kongress im Jahre 1901 stellte Buber sein Programm zur geistigen und kulturellen Erneuerung des Judentums vor und überwarf sich daraufhin mit Herzl. 1902 gründete Buber gemeinsam mit Berthold Feiwel (1875–1937) den „Jüdischen Verlag"; Chaim Weizmann (1874–1952), der später ein berühmter Chemiker und der erste israelische Staatspräsident werden sollte, war ebenfalls an der Gründung des Verlages beteiligt (Schenker, 2003).

Wie auch immer: Der Zionismus, der eine lange Geschichte hat, war nicht mehr aufzuhalten.

Vielleicht in fünf, auf jeden Fall in 50 Jahren werde der Judenstaat, so Theodor Herzl in einem Tagebucheintrag am 3. September 1897, Realität sein (zit. n. Schoeps, 2005, S. 83). Fünf Jahre reichten bekanntlich nicht, 50 war die bessere Schätzung (aus der Sicht von 1897). Zwanzig Jahre später, im Jahre 1917, wurde mit der Balfour-Erklärung ein wichtiger Grundstein für Eretz Israel geschaffen. Und nach noch einmal 30 Jahren später akzeptierte die UN-Generalversammlung mit der Resolution 181 den Teilungsplan für das britische Mandatsgebiet Palästina in einen jüdischen und einen arabischen Staat.

Dieser Weg war nicht frei von Irrtümern. Nicht zuletzt Theodor Herzl irrte sich in manchem.

Als er seinen Traum vom Judenstaat verschriftete, spielte die arabische Bevölkerung im Gebiet von Palästina für ihn nur eine marginale Rolle. Ihm war zwar klar, dass für den Judenstaat das Land von den Einheimischen erworben und mit „den jetzigen Landeshoheiten" verhandelt werden musste:

> „Wenn Seine Majestät der Sultan uns Palästina gäbe, könnten wir uns dafür anheischig machen, die Finanzen der Türkei gänzlich zu regeln. Für Europa würden wir dort ein Stück des Walles gegen Asien bilden, wir würden den Vorpostendienst der Cultur gegen die Barbarei besorgen. Wir würden als neutraler Staat im Zusammenhange bleiben mit ganz Europa, das unsere Existenz garantieren müsste. Für die heiligen Stätten der Christenheit ließe sich eine völkerrechtliche Form der Exterritorialisierung finden. Wir würden die Ehrenwache um die heiligen Stätten bilden und mit unserer Existenz für die Erfüllung dieser Pflicht haften" (Herzl, 1896, S. 29).

Über die Interessen und mögliche Reaktionen der arabischen Bevölkerung in Palästina schreibt Herzl im Buch „Der Judenstaat" so gut wie nichts.

Sechs Jahre nach dem „Judenstaat" verfasste Herzl seinen Roman „Altneuland", in dem er zumindest andeutet, dass im Land der Juden auch Araber leben, die sich offenbar gut mit den Juden und Jüdinnen verstehen und von deren Einwanderung profitieren (z. B. Herzl, 2015, S. 86; Original: 1902). Nathan Birnbaum, der, wie erwähnt, zunächst Ideen des Zionismus vertrat und auch am Ersten Zionistischen Kongress in Basel teilnahm, war sich indes recht früh schon – im Gegensatz zu Herzl – der Problematik eines Judenstaates in Palästina bewusst. So schreibt er 1903:

> „Selbst, wenn heute manche Illusionen Wirklichkeit geworden wären, die Hauptmächte vorbehaltlos ihr Ja und Amen sagten und die Pforte (Residenz des Sultans in Konstantinopel; IF/WF) einen Charter oder noch viel mehr gewährte – selbst dann wäre Palästina nicht erworben. Diese sozusagen Installierung des jüdischen Volkes in Palästina bliebe eine lächerliche Farce. Denn kann man sich einbilden, daß sich die Bevölkerung des Landes, die Besitzerin des Bodens, von den zugereisten Juden ruhig deposse-

dieren lasse, daß sie deren papierenen Besitztitel anerkennen werde?" (Birnbaum, 1903, S. 207 f., zit. nach Kühntopf-Gentz, 1992, S. 131).

Und so hat auch Arnold Zweig nicht Unrecht, wenn er 1927 über Theodor Herzl und Palästina schreibt: In Palästina sei in acht Jahren nach Ende des Weltkrieges durch die zionistische Jugend zwar eine „sympathieerfüllte Demokratie des Miteinander-Arbeitens" entstanden, einen einzigen Faktor dieses werdenden Palästina habe Theodor Herzl aber nicht gesehen, „[…] das arabische Menschenelement im Lande selbst und die Wichtigkeit, die Palästina für die arabische Welt hat, und die wiederum eine eminente Wichtigkeit der arabischen Welt für Palästina beweist" (Zweig, 1993, S. 257; Original: 1927).[3]

Das Dilemma eines Judenstaates in Palästina offenbart auch die Balfour-Erklärung. Nachdem sich im Sommer 1917 die Niederlag der Osmanischen Armeen im Nahen Osten abzeichnete, planten die Briten und Franzosen eine Neuaufteilung des Vorderen Orients. Im November 1917 übergab Arthur James Balfour, 1. Earl of Balfour (1848–1930), der damalige britische Außenminister, dem Jüdischen Weltkongress eine schriftliche Erklärung. Adressiert war die Erklärung an Lord Lionel Walter Rothschild, dem wohl wichtigsten Fürsprecher des Zionismus in Großbritannien. In der Erklärung heißt es u. a., die Regierung Seiner Majestät betrachte mit Wohlwollen die Errichtung einer nationalen Heimstätte für das jüdische Volk in Palästina, „[…] wobei wohlverstanden nichts geschehen soll, was die bürgerlichen und religiösen Rechte bestehender nicht-jüdischer Gemeinschaften in Palästina oder die Rechte und den politischen Status der Juden in anderen Ländern in Frage stellen könnte" (zit. n. Israelnetz, 2017).

Unklar blieb allerdings, was mit „Heimstätte" gemeint war, noch welche Grenzen diese haben sollte. Ein Palästina gab es bis dato nicht (Brenner, 2017, S. 92). Nichtsdestotrotz waren die Araber mit der Balfour-Erklärung ganz und gar nicht einverstanden, stellten sie doch bis zur

---

[3] Das Problem war manch anderen Zionisten um Theodor Herzl ebenfalls nicht unbekannt. Auf dem 7. Zionistischen Weltkongress 1905 in Basel machte zum Beispiel Yitzhak Epstein, ein in Russland geborener und seit 1886 in Palästina lebender Linguist, darauf aufmerksam, dass eben dort seit Jahrhunderten ein arabisches Volk lebe, dem es niemals in den Sinn käme, dieses Land zu verlassen (Dowty & Epstein, 2001).

Gründung des Staates Israel die Mehrheit auf dem britischen Mandatsgebiet.

Anfang April 1920 kam es in der Altstadt Jerusalems zu dem als „Nabi-Musa-Unruhen" bekannten Pogrom gegen Jüdinnen und Juden.[4] Schon im März hatte es in vielen Städten Palästinas arabische Demonstrationen und Angriffe auf jüdische Geschäfte gegeben. Am 4. April strömten mehr als 65.000 Muslime nach Jerusalem. In der al-Aqsa-Moschee stachelten Redner die muslimischen Besucher auf und riefen: „Palästina ist unser Land, die Juden sind unsere Hunde!". Anschließend kam es zu Angriffen auf jüdische Geschäfte, Plünderungen und Verfolgungen. Fünf Juden und drei Araber fanden den Tod. Nicht zuletzt durch jüdische Selbstverteidigungskräfte wurde dem am 7. April ein Ende bereitet. Für Tom Segev waren die Ausschreitungen der Startschuss für den Kampf um das Land Israel (Segev, 2024, S. 142). Ein Jahr später kam es zu einem weiteren Pogrom an den Juden. Nach einem Gerücht, ein Araber sei von Juden ermordet worden, kam es zu gewalttätigen Auseinandersetzungen in Jaffa und Umgebung, bei denen schätzungsweise insgesamt 100 Menschen starben. Im August 1929 attackierten arabische Nationalisten jüdische Gläubige an der Kotel, der Klagemauer, in Jerusalem. Die Angriffe breiteten sich über Palästina aus. In Hebron wurden mehr als 60 Jüdinnen und Juden von Arabern ermordet. Im April 1936 rief der Großmufti von Jerusalem Mohammed Amin al-Husseini, jener, der von 1941 bis 1945 Hitlers Gast in Nazi-Deutschland war, einen arabischen Aufstand aus. Das Ziel des „Heiligen Krieges für ein heiliges Land" war die Errichtung eines palästinensischen Staates ohne Juden. Angriffe auf Jüdinnen und Juden nahmen dramatische Ausmaße an. Die britische Armee setzte dem dann 1939 ein brutales Ende. Mehr als 3000 Araber, über 2000 Jüdinnen und Juden sowie 600 britische Soldaten sollen zwischen 1936 und 1939 ums Leben gekommen sein. Anlässe der Unruhen und der arabischen Ausschreitungen waren Morde an jüdischen Siedlern, brutale Gegenreaktionen der Untergrundmiliz *Hagana* und vor allem die zunehmende jüdische Einwanderung (siehe auch: Kessler, 2025).

---

[4] Nabi Musa ist eine muslimische Kultstätte zwischen Jerusalem und Jericho. Dort soll sich nach islamischer Überlieferung angeblich das Grab von Moses (arabisch: Mūsā) befinden.

Zu Beginn des 19. Jahrhunderts lebten zirka zehntausend Juden in *Eretz Israel*, vor allem in Hebron, Tiberias, Jerusalem und Safed. Um 1840 war die jüdische Bevölkerung Jerusalems mit fünftausend Personen die größte Glaubensgruppe neben 4500 Muslimen und 3500 Christen. 1880 waren von den 30.000 Einwohner*innen Jerusalems etwa 17.000 jüdisch (Lappin-Eppel, 2009, S. 2). In der Zeit zwischen 1882 und 1903 (auch als Erste Alija, hebräisch: עֲלִיָּה, Aufstieg, bezeichnet) kamen zirka 35.000 Jüdinnen und Juden vor allem aus Russland ins Land, das zum Osmanischen Reich gehörte. In der Zweiten Alija von 1904 bis 1914 wanderten weitere 40.000 Jüdinnen und Juden ein, in der Dritten (1919–1923) kamen ebenfalls rund 40.000, in der Vierten (1924–1929) 82.000, zwischen 1930 und 1939 (Fünfte Alija) mehr als 250.000, überwiegend aus Deutschland, Polen, Österreich, Rumänien und Griechenland. 1940, als die Zählung der Einwanderungswellen eingestellt wurde, waren etwa 450.000 Jüdinnen und Juden nach Palästina eingewandert (Jewish Virtual Library, 2025).[5] Während des Zweiten Weltkrieges kamen noch einmal zirka 80.000 Jüdinnen und Juden ins Land, überwiegend auf illegalem Wege. 1947 lebten in Palästina, das seit 1923 britisches Mandatsgebiet war, rund 1,41 Mio. Palästinenser*innen und zirka 650.000 Jüdinnen und Juden.

Während des großen arabischen Aufstands von 1936 bis 1939 setzte u. a. auf Bitten von Saudi-Arabien und dem Irak die britische Regierung eine Kommission unter Leitung von Lord William Peel zur Untersuchung der Unruhen ein, die Peel-Kommission. Die Kommission legte 1937 einen Bericht vor, in dem auch ein Plan für die Zukunft Palästinas enthalten war (Palestine Royal Commission Report, PRC, 1937): Die Landesteile von Tel Aviv bis Haifa und Galiläa sollten ein jüdischer Staat werden; das schmale Gebiet von Jerusalem bis Jaffa, einschließlich Bethlehem, eine britische Enklave; die Gebiete um Nablus, Jericho, Hebron und die Negev Wüste bis zum Roten Meer sollten zu einem arabischen Staat zusammengefasst werden. Gemäß dem englischen Sprichwort „Half a loaf is better than no bread" (Ein halber Laib ist besser als kein Brot,

---

[5] Zum Teil weichen die Zahlen der Einwander*innen von anderen Quellen leicht ab (z. B. Glasneck & Timm, 1994, S. 326). Von den Jüdinnen und Juden, die in den verschiedenen Alijot einwanderten, verließen überdies etliche nach einiger Zeit das Land wieder.

PRC, 1937; S. 394) bekam keiner alles und alle nur Teile von Palästina. Und keiner war zufrieden damit. Die religiösen Juden wollten auch Jerusalem, die linken Zionisten einen gemeinsamen jüdisch-arabischen Staat, anderen Zionisten war der jüdische Teil zu klein. Dennoch entschloss sich die zionistischen Führung um Chaim Weizmann und David Ben Gurion, auf der Basis des Peel-Plans Verhandlungen mit den Arabern aufzunehmen. Indes, die Araber lehnten den Peel-Plan vollständig ab und beanspruchten den ganzen Laib Palästina für sich. Die Kämpf um die Territorien gingen weiter. Die Geschichte ist bekannt.

Am 14. Mai 1948, nach dem jüdischen Kalender am 5. Ijar 5708, wurde der Staat Israel ausgerufen. Genau ein Jahr zuvor hatte Andrej Gromyko, der damalige Vertreter der Sowjetunion bei den Vereinten Nationen und spätere sowjetische Außenminister, betont, dass angesichts des millionenfachen Judenmordes eine Verweigerung des Rechts auf einen eigenen jüdischen Staat nicht zu rechtfertigen sei. Die Sowjetunion gehörte auch zu den ersten Staaten, die Israel völkerrechtlich anerkannten. Jeffrey Herf vertritt eine gewagte, aber durchaus verständliche These: „Der jüdische Staat war das Projekt der antifaschistischen, antirassistischen, antikolonialistischen und antiimperialistischen *Linke*n, einschließlich der Sowjetunion" (Herf, 2023, S. 322; Hervorh. im Original).

Mit dem UNO-Beschluss (Resolution 181) vom 19. November 1947 wurde das britische Mandat über Palästina beendet und eine Teilung des Mandatsgebietes festgelegt: Ein arabischer Staat sollte 42 % des ursprünglichen Mandatsterritoriums mit 725.000 Arabern und 10.000 Juden umfassen: das südliche Küstengebiet um Gaza und ein Gebiet entlang der ägyptischen Grenze Richtung Süden, die hügeligen Gebiete von Judäa und Samaria, das westliche Galiläa mit der Stadt Akko sowie einen Teil der nördlichen Negev-Wüste, einschließlich Be'er Scheva. Jerusalem und Bethlehem sollten unter UN-Verwaltung gestellt werden. Zum jüdischen Staat (55 % des Mandatsgebietes, außer Transjordanien), in dem zirka 498.000 Juden und 407.000 Araber leben würden, sollten das östliche Galiläa (mit dem Hule-Tal und dem See Genezareth), der Großteil der bis dahin unfruchtbaren Negev-Wüste (mit Ausnahme von Be'er Scheva) und das Küstengebiet nördlich von Aschdod bis nach Haifa gehören. Das geteilte Palästina, auch das war im UNO-Beschluss vorgesehen, sollte in einer gemeinsamen Wirtschaftsunion zusammenarbeiten.

Die Mitglieder der Arabische Liga, die sich 1945 gegründete hatte, kündigten an, werde der Plan verwirklicht, wolle man militärische Vergeltung üben.

In der von Ben Gurion am Nachmittag des 14. Mai 1948 im Stadtmuseum von Tel Aviv verlesenen Unabhängigkeitserklärung heißt es u. a.:

„Der Staat Israel wird der jüdischen Einwanderung und der Sammlung der Juden im Exil offenstehen. Er wird sich der Entwicklung des Landes zum Wohle aller seiner Bewohner widmen. Er wird auf Freiheit, Gerechtigkeit und Frieden im Sinne der Visionen der Propheten Israels gestützt sein. Er wird all seinen Bürgern ohne Unterschied von Religion, Rasse und Geschlecht, soziale und politische Gleichberechtigung verbürgen. Er wird Glaubens- und Gewissensfreiheit, Freiheit der Sprache, Erziehung und Kultur gewährleisten, die Heiligen Stätten unter seinen Schutz nehmen und den Grundsätzen der Charta der Vereinten Nationen treu bleiben" (Unabhängigkeitserklärung des Staates Israel, 1948).

Noch in der Nacht vom 14. zum 15. Mai 1948 wurde der neue Staat Israel von den Armeen Ägyptens, Transjordaniens, des Libanons und Syriens angegriffen.

Amos Oz beschreibt in seinem Buch „Eine Geschichte von Liebe und Finsternis" die Lage der Jerusalemer Bevölkerung kurz nach dem 14. Mai: „Die Arabische Liga erobert das jüdische Viertel der Altstadt, riegelt mit starken Kräften die Straße nach Tel Aviv und zur Küstenebene ab, bemächtigt sich der arabischen Stadtteile, brachte ihre Artillerie auf den Bergzügen rings um Jerusalem in Stellung und begann mit massivem Beschuss, um der zermürbten, ausgehungerten Zivilbevölkerung hohe Verluste zuzufügen, deren Moral zu untergraben und sie zur Kapitulation zu bewegen" (Oz, 2008, S. 584).

Die Invasoren konnten zirka 100.000 Soldaten aufbieten. Ihnen standen nicht mehr als 11.000 israelische Kämpfer und etwa die gleiche Anzahl Reservisten gegenüber. Dieser erste Nahostkrieg, in dem über 6000 Israelis und 4000 bis 10.000 Araber starben, endete am 24. Februar 1949 mit einem Waffenstillstandsvertrag mit Ägypten. In den nächsten Wochen folgten entsprechende Verträge auch mit Transjordanien, dem Libanon und Syrien. Mehr als 600.000 Araber verloren ihre Heimat und flüchteten in den Gazastreifen, in das Westjordanland, nach Jordanien oder den Libanon. „Ob es sich dabei um Flucht oder Vertreibung handelte, ist wohl von der jeweiligen Perspektive abhängig. Neuere Historiker vertreten die Meinung, dass es sich um eine Mischung aus beiden Faktoren handelte" (Brenner, 2008, S. 116).

Dem Unabhängigkeitskrieg von 1948/1949 folgten 1956/1957 der Sinai-Krieg, der Sechstagekrieg 1967, der Jom-Kippur-Krieg 1973, die Libanonkriege 1982 und 2006 sowie etliche Militäroperationen in Gaza. Und es gab vor und nach den Kriegen immer wieder Versuche, friedliche Lösungen für den „Nahost-Konflikt" zu finden und eine palästinensische Eigenstaatlichkeit zu garantieren. Die Oslo-Abkommen von 1993 und 1995 hätten Meilensteine für ein friedliches Zusammenleben im Nahen Osten werden können. Wurden sie aber nicht. Einen großen Versuch wagte im Juli 2000 der damalige israelische Ministerpräsident Ehud Barak. Unter der Schirmherrschaft des US-Präsidenten Bill Clinton verhandelte Barak mit dem PLO-Vorsitzenden Jassir Arafat in Camp David über Wege für einen dauerhaften Frieden. Barak bot dafür Gaza, 91 % des Westjordanlandes und ein autonomes und erweitertes Ost-Jerusalem als mögliche Gebiete für einen selbstständigen palästinensischen Staat an.

Die Verhandler konnten sich nicht einigen, Arafat lehnte ab. Barak wurde von den israelischen Wähler*innen abgewählt. Ariel Scharon wurde neuer israelischer Ministerpräsident. Die zweite Intifada begann. 2007 versuchten es der damalige israelische Ministerpräsident Ehud Olmert und der Präsident der Palästinensischen Autonomiebehörde Mahmud Abbas auf der Konferenz im US-amerikanischen Annapolis noch einmal mit einem möglichen Frieden. Olmert bot den Palästinensern an, dass Israel etwa sieben Prozent des damals besetzten Gebietes in der Westbank annektiert und dafür 5,5 % des israelischen Kernlandes an die Palästinenser abtritt. Zirka 70 % der israelischen Siedlungen in der Westbank sollten geräumt werden. Eine Einigung kam nicht zustande. Die Israelis bauten weiter Siedlungen in der Westbank, die Palästinenser setzten ihre Terroranschläge fort und die israelische Armee reagierte mit Gegenschlägen. Am 6. März 2008 erschoss ein Palästinenser in einer Jeschiwa (einer orthodoxen Hochschule) in Jerusalem acht Menschen. Im März 2011 detonierte in Jerusalem eine Bombe in einem Bus, 30 Menschen wurden verletzt, ein Mensch starb. Bei einem palästinensischen Terroranschlag im Juni 2016 in Tel Aviv starben vier Menschen. Usw. usw. bis zum 7. Oktober 2023.

Im Mai 1958 schreibt Erich Fromm in „Jewish Newsletter":

"I believe that, politically speaking, there is only one solution for Israel, namely, the unilateral acknowledgement of the obligation of the State toward the Arabs – not to use it as a bargaining point, but to acknowledge the complete moral obligation of the Israeli State to its former inhabitants of Palestine. I am convinced that the problem of the future of this small State is a problem which cannot be solved by arms or by power, which cannot be solved by reliance on the bayonets of the big Western powers. It can only be solved if the State succeeds in winning the friendship of its Arab citizens, if at least it complies with the basic moral obligation of assuming responsibility for the former inhabitants of that country" (Fromm, 1958).[6]

1.3   Schwarzer Shabbat – 7. Oktober 2023

Am 7. Oktober 2023, es ist Shabbat. Jüdinnen und Juden feierten das Fest *Simchat Tore* (wörtliche Übersetzung: „Fest am Gesetz"). Es ist ein Fest zur Freude der Tora. An diesem Tag wird der jährliche Zyklus der Tora-Lesungen abgeschlossen und beginnt von Neuem.

Am Abend des 6. Oktober 2023 versammelten sich mehr als 3000 Menschen in der Nähe des Kibbutz Re'im, unweit des Gazastreifens. Nicht um zu beten, sondern um das Supernova Sukkot Gathering zu feiern, ein Musikfestival, das Teil des Universo Paralello Festivals ist und zum ersten Mal in Israel stattfindet. Ein großes Fest der „Freundschaft, Liebe und Freiheit" mit internationalen Stars der Musikszene sollte bis zum nächsten Tag gefeiert werden. Bei südamerikanischer Musik wollten

---

[6] Sinngemäß: Ich glaube, dass es politisch gesehen für Israel nur eine Lösung gibt: die einseitige Anerkennung der staatlichen Verpflichtung gegenüber den Arabern – nicht um sie als Verhandlungspunkt zu nutzen, sondern um die volle moralische Verpflichtung des israelischen Staates gegenüber seinen ehemaligen Bewohnern Palästinas anzuerkennen. Ich bin überzeugt, dass das Problem der Zukunft dieses kleinen Staates weder mit Waffen noch mit Macht gelöst werden kann, nicht durch das Vertrauen auf die Bajonette der großen westlichen Mächte. Es kann nur gelöst werden, wenn es dem Staat gelingt, die Freundschaft seiner arabischen Bürger zu gewinnen, wenn er zumindest der grundlegenden moralischen Verpflichtung nachkommt, Verantwortung für die ehemaligen Bewohner dieses Landes zu übernehmen.

die Besucherinnen und Besucher tanzen, lieben und lachen. Eigentlich. Nicht so am 7. Oktober 2023. Morgens kurz nach 6.30 Uhr griffen Hamas-Terroristen das Open-Air-Festival und israelische Orte diesseits der Grenz zum Gazastreifen an. Während die Hamas Tausende Raketen auf Israel abfeuerte, durchbrachen Tausende militante Palästinenser den Grenzzaun zwischen Gaza und Israel und überfielen mit Motorrädern, Quads, Gleitschirmen und Schnellbooten israelische Gebiete. In Re'im, im nahegelegenen Kibbutz Be'eri, in Kfar Aza, Nir Oz und anderen israelischen Orten verübten die Palästinenser unvorstellbare Massaker. Sie vergewaltigten israelische Frauen und Mädchen, schlachteten mehr als 360 Menschen ab und verbrannten ihre Leichen; sie köpften Kinder und Babys und entführten über 250 Geiseln, darunter auch Holocaust-Überlebende, nach Gaza. Wenige Stunden nach dem Überfall veröffentlichte die Hamas Videos, auf denen sie ihre Massaker dokumentierten.

„Es handelt sich dabei", schreibt Eva Illouz (2025, S. 10), „um ein neues Regime des Gräuels: Statt im Verborgenen zu operieren, zeigten sich die Terroristen stolz mittels Action-Cams und sendeten die Bilder ihrer Mordtaten live. Schockierender noch als dieses »festliche« Regime des Verbrechens gegen die Menschlichkeit waren die Reaktionen einer erstaunlichen Zahl progressiver Beobachter, die in den fröhlichen Chor der Menschenansammlung aus Gaza einstimmten".

Am 9. Oktober 2023 teilte das israelische Militär (IDF) mit, 1000 Hamas-Terroristen getötet und Hunderte gefangen genommen zu haben. Erst am 10. Oktober gelang es der IDF, die von der Hamas überfallenen Orte in Israel zu befreien. Im November 2023 veröffentlichten die israelischen Armee und die Polizei Angaben über die israelischen Opfer der Terrorangriffe durch die Hamas. Danach kamen in Israel mehr als 1200 Menschen ums Leben, über 5000 wurden verletzt.[7]

Analysten gehen davon aus, dass in keinem der Kriege, die Israel führen musste, an einem Tag mehr israelische Opfer zu beklagen waren, als an diesem 7. Oktober 2023. Eylon Levy, ein ehemaliger Sprecher des is-

---

[7] Die britische *All-Party Parliamentary Group on UK-Israel* (APPG) unter der Leitung von Lord Roberts of Belgravia kommt in einem Bericht vom März 2025 zu folgenden Opferzahlen: Der von der Hamas angeführte Angriff forderte 1182 Todesopfer und über 4000 Verletzte. Insgesamt wurden 251 Geiseln genommen – 210 lebten noch, 41 waren tot. Insgesamt sei der Angriff der Hamas auf Israel der dritttödlichste Terroranschlag weltweit (APPG, 2025).

raelischen Präsidenten Isaac Herzog, schrieb auf X, es sei keine Übertreibung zu sagen, dass der 7. Oktober 2023 der dunkelste Tag in der jüdischen Geschichte seit dem Ende des Holocausts war.

Die Hisbollah im Libanon erklärte sich solidarisch mit der Hamas und äußerte, die Zeit der Rache sei gekommen. Ab 10. Oktober 2023 begann die Hisbollah mit Granaten- und Raketenangriffen auf Nordisrael und die Golanhöhen. Der Iran, aus dem die meisten Waffen stammten, mit denen die Hamas Israel überfallen hat, drohte mit einem „großen Erdbeben", wenn Israel die Hisbollah angreifen sollte (Der Spiegel, 2023).[8] Am 11. Oktober bildete der israelische Ministerpräsident Netanyahu eine Notstandsregierung für die Zeit des Krieges, denn der hatte längst begonnen. Mit Flugzeugen und Bodentruppen griffen israelische Truppen die Hamas in Gaza, die Hisbollah im Libanon und Ziele im Westjordanland sowie in Syrien an. Im Gazastreifen wurde im Verlaufe der israelischen Militäroperation „Iron Sward" die Infrastruktur fast vollständig zerstört. Über 1,9 Mio. Menschen befanden sich zeitweise auf der Flucht, mal vom Norden des Gazastreifens in den Süden, wenige Wochen später in umgekehrter Richtung. Lebenswichtige Hilfsgüter erreichten die Zivilbevölkerung lange nicht, blieben an den Grenzen zum Gazastreifen hängen oder wurden von der Hamas geraubt. Nach nicht nachprüfbaren Angaben (z. B. von Amnesty International, 2025) wurden mindestens 47.000 Menschen im Gazastreifen getötet, darunter 17.000 Kinder. Unter Hunger und Mangelernährung leiden die Überlebenden. die medizinischen Einrichtungen, in denen sich seit Beginn des Gaza-Kriegs zahllose Hamas-Terroristen versteckt haben, wurden weitgehend zerstört. Das Ziel, die Hamas vollständig zu vernichten, von dem Netanjahu

---

[8] In der Nacht vom 13. zum 14. April 2024 griff der Iran tatsächlich Israel mit mehr als 200 Drohnen und Raketen an. Vorausgegangen war ein israelischer Luftangriff auf das iranische Konsulat in Damaskus, bei dem ein hochrangiger Kommandant der iranischen Revolutionsgarden ums Leben kam. Mit Hilfe US-amerikanischer, französischer und jordanischer Luftabwehrsysteme konnte der größte Teil der Flugkörper abgefangen werden. Wenige Tage später reagierte Israel seinerseits mit gezielten Raketenangriffen auf den Iran. Im Oktober 2024 folgte ein weiterer, nicht sehr erfolgreicher Raketenangriff Irans auf Israel, worauf Israel wiederum mit Luftangriffen auf iranische Ziele antwortete. Am 13. Juni 2025 startete Israel einen Großangriff auf Atomanlagen, militärische Einrichtungen, führende Politiker und Militärs im Iran. Eine Woche später, am 22. Juni, griff auch die USA mit schweren Bomben und Marschflugkörpern die iranischen Atomanlagen an.

immer wieder sprach, konnte indes bis zum Frühjahr 2025 nicht erreicht werden. Ein dauerhafter Waffenstillstand auch nicht.

Die Meinungen über das militärische Vorgehen der israelischen Armee im Gazastreifen sind – vorsichtig formuliert – widersprüchlich, in Deutschland und der Welt. Nach einem mutmaßlichen Angriff im Juli 2024 auf eine Schule in Gaza, bei dem nach nicht bestätigten Angaben mehrere Kinder und Erwachsene getötet wurden, forderte z. B. das deutsche Auswärtige Amt das sofortige Ende solcher Angriffe. Der Zentralrat der Juden in Deutschland kritisierte die Erklärung des Außenministeriums. Die Erklärung enthalte keinen Hinweis, dass in Schulen wiederholt Waffen der Hamas-Terroristen gefunden wurden und Zivilisten als lebende Schutzschilde missbraucht werden (Jüdische Allgemeine, 2024). Große Unstimmigkeiten existieren ebenfalls zwischen internationalen Nichtregierungsorganisationen und z. B. den Unterstützern bilateraler Beziehungen zu Israel. So wies die *Deutsch-Israelische Gesellschaft (DIG)* im Dezember 2024 einen Bericht von *Amnesty International (AI)* vehement zurück. In dem Bericht hatte *AI* behauptet, Israel begehe in Gaza ein Genozid an den Palästinensern. Dreist, ununterbrochen und völlig ungestraft habe Israel die Hölle über die Bewohner des Gazastreifens hereinbrechen lassen (Amnesty International, 2024). Mit gezielter und propagandistischer Nutzung von Buzzwords wie Apartheid, so konterte die DIG, werde Israels Handeln regelmäßig nicht menschenrechtlich kritisiert, sondern verteufelt (Deutsch-Israelische Gesellschaft, 2024). In Israel wiesen nicht nur Politiker den AI-Bericht zurück; auch der israelische Zweig von Amnesty International distanzierte sich von dem Bericht (The Guardian, 2024a).

Anfang Februar 2025 schlug der US-Präsident Donald Trump einen radikalen Plan für Palästinenser im Gazastreifen vor. Sie sollten in Nachbarländern, z. B. nach Jordanien und Ägypten, umgesiedelt werden. Die USA könne die Kontrolle über Gaza übernehmen, das Gebiet zu einer wirtschaftlich und touristisch boomenden Region neu aufbauen. Wenige Wochen später begann die US-Regierung direkte Verhandlungen mit der Hamas über die Freilassung der Geiseln. Sollte die Hamas die Geiseln nicht sofort freilassen, schrieb Trump auf seinem Kanal „Truth Social", werde er alles schicken, um die Sache zu Ende zu bringen. Und: „This is your last warning! For the leadership, now is the time to leave Gaza, while you still have a chance. Also, to the People of Gaza: A beautiful Future awaits, but not if you hold Hostages. If you do, you are DEAD! Make a SMART decision. RELEASE THE HOSTAGES NOW, OR THERE WILL BE HELL TO PAY LATER!" (Trump, 2025; Hervorh. Im Original).[9]

Nach zwischenzeitlichen Waffenruhen nahm die israelische Armee im März 2025 die Luftangriffe und die Bodenoffensive in Gaza wieder auf. Innerhalb einer Woche starben dort mehr als 700 Menschen. Die Hamas feuerte Raketen auf israelische Siedlungen (ZDFheute, 2025a). Das Büro des israelischen Ministerpräsidenten Netanjahu ließ Mitte März 2025 mitteilen, die Militäroperation sei angeordnet worden, weil sich die Hamas geweigert habe, die noch im Gaza verbliebenen israelischen Geiseln freizulassen. Israel werde von nun an mit zunehmender militärischer Stärke gegen die Hamas vorgehen (The Washington Post, 2025). Ende März 2025 berichtet die „The Jerusalem Post" von einer Umfrage, nach der 57 % der erwachsenen Israelis die Ansicht vertreten, Israel solle „[…] continue fighting with full force until Hamas agrees to a deal". 34 % der Befragten meinten, die Kämpfe sollten zugunsten von Verhandlungen eingestellt werden. Neun Prozent waren diesbezüglich unentschlossen. Blickt man hingegen auf die politischen Orientierungen der Befragten, so wird deutlich, wie gespalten die israelische Gesellschaft den Krieg im Gaza wahrnimmt: Während 89 % derjenigen, die die jetzige, rechts-gerichtete Koalitionsregierung unterstützen, für eine Intensivierung der Militäroperationen sind, fordern 51 % der Befragten, die die Oppositions-parteien unterstützen, ein Ende der Kämpfe und nur 40 % eine Eskala-tion (The Jerusalem Post, 2025). Es wäre zu einfach zu sagen, zwei Juden drei Meinungen. Nicht erst nach dem 7. Oktober 2023 ist Israel ein mehrfach gespaltenes Land.

Am 26. und 27. März 2025 fand auf Einladung des israelischen Dias-pora-Ministers Amichai Chikli von der Likud-Partei in Jerusalem eine Internationale Konferenz zur Bekämpfung des Antisemitismus statt. Ein-

---

[9] Sinngemäß: „Dies ist eure letzte Warnung! An die Führung: Jetzt ist es an der Zeit, Gaza zu ver-lassen, solange ihr noch eine Chance habt. Und an die Menschen in Gaza: Eine schöne Zukunft erwartet euch, aber nicht, wenn ihr Geiseln haltet. Wenn ihr das tut, seid ihr TOT! Triff eine KLUGE Entscheidung. LASST DIE GEISELN JETZT FREI, SONST WERDET IHR ES SPÄ-TER MIT DER HÖLLE BEZAHLEN!"

geladen waren u. a. Vertreter*innen der radikalen Rechten in Europa, so der Parteichef des rechtsradikalen Rassemblement National in Frankreich, Jordan Bardella, eine Politikerin von Victor Orbans Fidesz-Partei in Ungarn, ein Europaabgeordneter der rechtsextremen Schwedendemokraten. Und als Hauptredner der argentinische Präsident Javier Milei. Aus Protest sagten u. a. der Direktor der Anti-Defamation League, der Französische Philosoph Bernard-Henri Lévy, der Beauftragte der Bundesregierung für jüdisches Leben und den Kampf gegen Antisemitismus, Felix Klein, sowie der Präsident der Deutsch-Israelischen Gesellschaft, Volker Beck, ihre Teilnahme an der Konferenz ab. Michael Brenner kommentierte in einem Beitrag für die „Süddeutsche Zeitung":

„Die israelische Regierung braucht nicht mehr auf die Fehler ihrer Feinde zu warten, sie liefert ihren Freunden nun selbst Waffen gegen sich. Für einigermaßen liberal und demokratisch denkenden Menschen ist sie nach dieser Konferenz als Partner gegen den Antisemitismus eigentlich nicht mehr ernst zu nehmen. Das ist eine sehr traurige Erkenntnis für diejenigen, die an die Bedeutung eines jüdischen Staates und an die Sicherheit der Juden in der Diaspora glauben, denn diese Kapitulation vor den Rechten ist vor allem eines: ein Sieg der Gegner Israels und der Antisemiten" (Brenner, 2025, S. 8).

1.4   „From the River to the Sea" versus „Bring them home"

Seit dem 8. Oktober 2023 gehen Menschen auf die Straßen, verbrennen israelische Fahnen, rufen zu Mahnwachen auf, besetzen Hörsäle an den Universitäten in Berlin, New York und anderswo, um für ein „freies Palästina" zu demonstrieren. Sie schwenken Schilder, auf denen man „Stop the War" oder „Ceasefire" lesen kann. Und: In Berlin, London, Rom und Washington skandieren Pro-Palästinensische Aktivist*innen „From the River to the Sea, Palestine will be free". Sie fordern ein „freies" Palästina vom Jordanfluss bis zum Mittelmeer, also auf dem Gebiet Israels. An Demonstrationen nehmen auch jüdische Friedensaktivist*innen teil, so z. B. in London am 28. April 2024. Der Holocaust, so die Meinung von

Teilnehmer*innen der Demonstration, dürfe nicht als Deckmantel für das brutale Vorgehen Israels in Gaza missbraucht werden. Teilnehmer*innen einer pro-israelischen gegendemonstration mahnten dagegen, Jüdinnen und Juden dürfen nicht wieder dämonisiert werden. Wenn die anderen einen Waffenstillstand wollten, warum fordern sie dann nicht die Freilassung der Geiseln (The Guardian, 2024b). Am 7. Oktober 2024 demonstrieren in München mehr als 8000 Menschen gegen Judenhass und für die Freilassung der israelischen Geiseln[10] (Süddeutsche Zeitung, 2024): *„Bring them home"* ist der Ruf mit dem Verwandte, Freunde und Sympathisant*innen in und außerhalb Israels seit Oktober 2023 die Freilassung der Geiseln fordern.

Bis Ende März 2025 kamen mehr als 150 Geiseln wieder in frei, entweder durch Austausch gegen palästinensische Häftlinge oder durch Befreiungsaktionen der israelischen Armee. Von acht Geiseln gab die Hamas im Februar 2025 die sterblichen Überreste zurück. Mitte März 2025 befanden sich vermutlich noch 24 lebende Geiseln in den Händen der Hamas. Außerdem hielt sie bis zu dieser Zeit die Leichname von 35 weiteren Geiseln zurück. Im Austausch gegen die lebenden und toten Geiseln musste Israel mehrere Hundert Palästinenser freilassen, die in Israel wegen Terrorismus zum Teil zu hohen Strafen verurteilt waren.

Wöchentlich gehen tausende Israelis auf die Straße, um von der Regierung Netanjahus substantielle Verhandlungen zur Freilassung der Geiseln zu fordern. Viele machen Netanjahu für das Versagen der israelischen Armee am 7. Oktober 2023 sowie für die mangelnde Verhandlungsbereitschaft verantwortlich. Die Demonstrationen eskalierten im März 2025, nachdem – wie oben erwähnt – die israelische Armee auf Befehl Netanjahus die Luftangriffe und die Bodenoffensive in Gaza wieder aufgenommen hatte. Nicht zuletzt warfen die Demonstranten Netanjahu vor, mit der neuen Gaza-Offensive vom eigenen Versagen im Kampf gegen die Hamas ablenken zu wollen. Er torpediere die Geiselfreilassung, wolle einen korrupten Haushalt durchsetzen und die schon vor dem 7. Oktober 2023 umstrittene Justizreform[11] weiterführen. Mit seinen Ent-

---

[10] Unter den Geiseln sind oder waren neben israelischen Staatsbürger*innen bzw. solchen mit doppelter Staatsbürgerschaft sowie Thailänder und ein philippinischer Staatsbürger.

[11] Mit der Justizreform, die zu Teilen am 24. Juli 2023 von der Knesset, dem israelischen Parlament verabschiedet wurde, wurde die Handlungsmöglichkeiten des israelischen Obersten Gerichts stark

scheidungen zerstöre er letztlich die Demokratie in Israel (siehe auch: Haaretz, 2025).

Im Mai 2025 startete die israelische Armee eine weitere Offensive im Gazastreifen, um die Hamas nun vollständig zu vernichten. In den Medien wird von vielen Toten und einer Hungerkatastrophe berichtet. Hilfsorganisationen mahnen, das furchtbare Leiden der Zivilbevölkerung im Gazastreifen zu beenden und die Hilfslieferungen wieder aufzunehmen. Währenddessen gehen Menschen auf die Straße, um gegen den „Siedlerkolonialismus" Israels und den „Genozid" an der palästinensischen Bevölkerung zu demonstrieren. Der deutsche Bundeskanzler Friedrich Merz zeigte sich Ende Mai 2025 besorgt über die Intensivierung der militärischen Aktionen der israelischen Armee und bestürzt über das Schicksal der Zivilbevölkerung. Er erkenne keine Logik mehr im Vorgehen der Armee. Es sei nicht mit einem Kampf gegen den Terrorismus der Hamas zu begründen (Der Spiegel, 2025).

Im August 2025 beschloss die deutsche Regierung, vorerst bestimmte Rüstungsexporte nach Israel zu stoppen. Wenige Wochen später bekräftige Bundeskanzler Friedrich Merz auf der Festveranstaltung zum 75. Jubiläum des Zentralrats der Juden in Deutschland, das Bekenntnis Deutschlands für Israel sei unverhandelbar (Tagesschau, 2025).

Im September 2025 begann die israelische Armee die nächste Offensive im Gazastreifen, um die Hamas endgültig zu vernichten. Während eines israelischen Luftangriffs wurde ein Krankenhaus bombardiert. Mindestens 19 Tote waren zu beklagen, darunter auch Journalisten. Inzwischen verschärfte sich die Hungersnot im Gazastreifen. Das israelische Außenministerium bestritt das. Anfang September tötete die israelische Armee führende Mitglieder der militant-islamistischen Hamas in Katar. Unter den Getöteten waren wohl auch Mitglieder der Hamas-Delegation, die indirekt an den Verhandlungen mit Israel um eine Waffenruhe beteiligt waren. Die internationale Kritik ließ nicht lange auf sich warten. Nicht nur arabische Staaten verurteilten den Angriff in Katar. Auch auf den Straßen vieler Länder äußerten Menschen ihre Empörung und ihren Hass gegenüber der israelischen Politik. Eine vom UN-Menschenrechts-

---

eingeschränkt. Bereits damals demonstrierten tausende Menschen in Israel gegen die Reform (Schneider, 2024).

rat eingesetzte Kommission kam Mitte September 2025 zu dem Urteil, Israel begehe im Gazastreifen Völkermord. Die israelische Regierung wies das als verleumderisch zurück. Überdies scheinen valide Belege für einen Völkermord im Gazastreifen bislang zu fehlen.

In einer repräsentativen Umfrage des Meinungsforschungsinstituts *YouGov* meinten im September 2025 insgesamt 62 % der befragten Deutschen, dass man Israels Vorgehen im Gazastreifen als Genozid bezeichnen könne. Von den CDU/CSU-Wähler*innen waren 60 % dieser Meinung; von den SPD-Wähler*innen meinten dies 71 %; von den Wähler*innen von Bündnis 90/ Die Grünen ebenfalls 71 %, 79 % der Wähler*innen der „Linken" und 56 % der AfD-Wähler*innen YouGov (2025).

Ende September 2025 äußerten mehrere europäische Staaten (darunter Belgien, Frankreich, Großbritannien, Kanada), Palästina als Staat anerkennen zu wollen.[12] Die Hamas begrüßte das. Die israelische Regierung verurteilte die Anerkennungswelle als enorme Belohnung des Terrors. Deutschland lehnte die Anerkennung eines palästinensischen Staats bislang ab. Währenddessen demonstrierten in Israel Hunderttausende wöchentlich für die Befreiung der Geiseln und für ein Ende des Krieges. Im September 2025 waren noch immer 48 Geiseln in der Gewalt der Hamas. Wieviel noch am Leben sind, war ungewiss. Einige führende israelische Politiker scheinen sich für das Schicksal der Geiseln wenig zu interessieren. Stattdessen drängten sie, vor allem der israelische Polizeiminister Itamar Ben-Giv und der Finanzminister Bezalel Joel Smotrich, darauf, möglichst bald die Westbank zu annektieren, um so einen eigenständigen Palästinenserstaat zu verhindern (The Times of Israel, 2025).

> „Sieh, schöne Sara [...], wie schlecht geschützt ist Israel! Falsche Freunde hüten seine Tore von außen, und drinnen sind seine Hüter Narrheit und Furcht!" (Harry Heine, 1987, S. 62; Original: 1824/1840).[13]

Auf der UN-Vollversammlung Ende September 2025 betonte Israel Regierungschef Benjamin Netanjahu, die israelische Armee werde den

---

[12] Von den 193 UN-Mitgliedsstaaten haben bisher rund 150 einen palästinensischen Staat anerkannt.

[13] Auf dieses Zitat aus dem Fragment „Der Rabbi von Bacherach" von Harry Heine sind wir bei der Lektüre eines Beitrages von Yael Kupferberg (2024) gestoßen.

Krieg gegen die Hamas im Gazastreifen fortsetzen und die Terrororganisation vollständig vernichten. Den Vorwurf des Völkermords wies Netanjahu erneut vehement zurück, ebenso die Anschuldigung, Israel sei für eine Hungerkatastrophe im Gazastreifen verantwortlich; Schuld am Hunger sei die Hamas (ZDFheute, 2025b). Auch der US-Präsident Donald Trump sprach auf der Vollversammlung und feierte sich als Friedensstifter. Er habe in sieben Monaten sieben endlose Kriege beendet und werde auch den Gazakrieg beenden.[14] Nach Trumps Rede wurde ein 20-Punkte-Vorschlag bekannt, den er arabischen Staats- und Regierungschefs vorgelegt hat, um Frieden im Gazastreifen zu schaffen. Zu wichtigsten Punkten des Plans gehören eine sofortige Waffenruhe im Gazakrieg, die sofortige Freilassung der Geiseln im Austausch gegen Hunderte in Israel gefangene Palästinenser, den schrittweisen Rückzug der israelischen Armee aus dem Gazastreifen sowie die Installation einer „internationalen Stabilisierungstruppe" in dem Küstenstreifen (ntv, 2025).

Nach einer Umfrage der israelischen Zeitung *Maariw* vom 27. September 2025, also wenige Tage nach Bekanntwerden des 20-Punkte-Plans, befürworteten 41 % der Israelis, die 2022 die gegenwärtige Regierungskoalition gewählt haben, diesen Plan. Unter den Wählern, die den Oppositionsparteien nahestehen, war die Unterstützung sogar noch stärker: 72 % stimmten für den Plan (Jerusalem Post, 2025).

Am 6. Oktober 2025 begannen im ägyptischen Scharm El-Scheich unter Vermittlung durch die USA, Ägypten, Katar und der Türkei indirekte Verhandlungen zwischen Israel und der islamistischen Hamas. Am 9. Oktober wurde bekannt, dass sich die Israel und die Hamas auf erste Punkte des Plans geeinigt hätten: Demnach sollen die in den Gazastreifen verschleppten Geiseln freigelassen sowie rund 2000 Palästinenser aus israelischen Gefängnissen entlassen werden und die israelischen Truppen sich auf eine vereinbarte Linie zurückziehen.

Nachdem sich die israelischen Truppen aus dem Zentrum des Gazastreifens zurückgezogen hatten, übergab die Hamas am Morgen des 13. Oktober 2025 die zwanzig noch lebenden Geiseln an das israelische Mi-

---

[14] Dass Trump in seiner Rede auch die UNO kritisierte, den menschengemachten Klimawandel leugnete, seine Zollpolitik verteidigte und sich an seinem Vorgänger Joe Biden abarbeitete, sei hier nur am Rande erwähnt.

litär. Auf dem „Platz der Geiseln" in Tel Aviv brachen Tausende Menschen in Jubel aus. US-Präsident Trump hielt wenig später eine Rede vor der Knesset, dem israelischen Parlament, und ließ sich als Friedenspräsident feiern. Am Nachmittag des 25. Oktober fand im ägyptischen Scharm El-Scheich eine „Nahost-Friedenszeremonie" statt, Neben Donald Trump und dem ägyptischen Präsidenten Abd al-Fattah as-Sisi nahmen Regierungschefs aus mehr als 20 Staaten teil, darunter auch Bundeskanzler Friedrich Merz. Während des Treffens wurde ein Dokument zur Beendigung des Krieges im Gazastreifen unterzeichnet.

Unterdessen formierten sich im Gazastreifen rund 7.000 Hamaskämpfer, um die „Kontrolle" über die von israelischen Truppen geräumten Gebiete wiederherzustellen (BBC, 2025).

Kein Frieden, nirgendwo.

1.5   Posttraumata und Einstellungen

Das Leben *in Israel* war lange Zeit der beste Schutzfaktor, um die Schäden, die Holocaust-Überlebende und ihre Nachfahren an Leib und Seele erfahren haben, zu heilen. Zu diesem Ergebnis kam 2010 eine Meta-Analyse, in der 71 Studien mit insgesamt 12.746 Holocaust-Überlebenden und Menschen ohne Holocaust-Erfahrung ausgewertet und die Gesundheit, das Wohlbefinden und mögliche posttraumatische Symptome der Teilnehmerinnen und Teilnehmer verglichen wurden (Barel et al., 2010).

Der 7. Oktober 2023 hat alles verändert. Die Terroranschläge der Hamas und die israelischen Militäroperationen haben massive Auswirkungen auf Jüdinnen und Juden und auch auf die Palästinenser. Nicht nur jene Menschen, die die Terroranschlägen unmittelbar erlebt haben, sind betroffen. Die Fernsehen-Stationen liefern ständig neue Nachrichten über das Grauen. In Israel erhöhten 84 % der Menschen nach dem 7. Oktober 2023 ihren Nachrichtenkonsum, fast 24 % empfanden das als suchterzeugend. Aber wegsehen war kaum möglich. Und so verstärkten sich die Ängste vor dem Terror (Kaim & Bodas, 2024), während sich in den sozialen Medien extremistische, israelfeindliche und antisemitische Hassbotschaften explosionsartig verbreiteten (Guerra et al., 2024).

In einer komplexen Prognose- und Metastudie entwickelten Dana Katsoty und Kolleg*innen (2024) ein Prävalenzmodell, um abzuschätzen, wie hoch die Anzahl der Fälle von posttraumatischen Belastungsstörungen (PTBS) infolge der Terroranschläge und den Gaza-Krieg durch die Hamas in der israelischen Bevölkerung zu prognostizieren sind. Die prognostizierten Fälle differieren, je nachdem, ob es sich z. B. um Personen handelt, die unmittelbar von den Terroranschlägen betroffen waren, in der Nähe des Gazastreifens oder 80 km davon entfernt leben. Insgesamt schätzen die Autor*innen, dass etwa 5,3 % der israelischen Bevölkerung nach dem 7. Oktober 2023 PTBS entwickelt haben könnten. Bei den Personen, die in Orten leben, die von den Hamas-Terroristen überfallen wurden, lag die Zahl der geschätzten Fälle mit PTBS im Mittel bei 30 %. Für Personen, die nicht weiter als 40 Km vom Gazastreifen leben und den Hamas-Raketen ausgesetzt waren, wurde eine mittlere geschätzte Prävalenzrate von 10 % errechnet und für jene Menschen, die 80 Km weit vom Gazastreifen wohnen, eine mittlere Prävalenzrate zwischen zwei und drei Prozent.[15]

Nicht nur diese modellbasierte Studie, auch repräsentative Erhebungen in Israel belegen den Anstieg von PTBS nach dem 7. Oktober 2023. Eine repräsentative Untersuchung mit 710 israelischen Erwachsenen (79,9 % Juden und 20,1 % arabische Israelis) im Alter von 18 bis 85 Jahren zeigte einen deutlichen Anstieg von PTBS vor und nach dem 7. Oktober, von 16,2 % auf 29,8 % (Levi-Belz et al., 2024).

Neben dem nicht unerwarteten Anstieg von PTSB nach den Terrorangriffen der Hamas haben sich für viele Israelis die Lebensumstände generell verschlechtert. Ben Simon und Konstantinov berichten z. B. von einer Studie mit 701 jungen jüdischen und arabischen Erwachsenen im Alter von 18 bis 34 Jahren in Israel. Die als Befragungsstudie durchgeführte Untersuchung fand zwischen 23. Januar und 8. Februar 2024 statt. Die Befunde zeigen u. a.: 50 % der Befragten gaben an, dass sich ihr Gesundheitszustandes nach dem 7. Oktober verschlechtert habe. 64 % berichteten von einem Rückgang ihres Vertrauens in die Regierung. 25 %

---

[15] In Deutschland gibt es unterschiedliche Angaben über Prävalenzraten von PTBS. In einer bundesweiten Auswertung von Krankenkassendaten teilen die Autoren mit, dass die Diagnoseprävalenz 2017 für Frauen bei 0,9 % und für Männer bei 0,4 % lag (Bachmann et al., 2021).

teilten mit, direkt von den Terroranschlägen oder dem Krieg betroffen zu sein. Sie wurden verletzt, aus ihren Häusern evakuiert, ihr Haus oder Eigentum wurde zerstört, sie oder ihre Partner wurden eingezogen, sie befanden sich in einer der von Terroristen überfallenen Gemeinden oder auf der Supernova-Party in der Region. Vor allem Frauen, arabische Israelis, junge Erwachsene in nichtehelichen Beziehungen und junge Erwachsene mit Behinderungen scheinen den psychischen Belastungen besonders ausgesetzt zu sein (Ben Simon & Konstantinov, 2024). Dass arabische Israelis nach dem 7. Oktober 2023 ein höheres Risiko für psychopathologische Beschwerden als israelische Jüdinnen und Juden aufweisen, zeigte sich in einer Studie von Groweiss und Kolleg*innen (2024).

Mittlerweile liegen auch seriöse und empirisch belastbare Studien aus dem Gazastreifen vor, die zeigen, wie die dortige Bevölkerung Terror und Krieg nach dem 7. Oktober 2023 erlebt. Die Wohngebäude im Gazastreifen sind zu großen Teilen zerstört, ebenso die meisten medizinischen Einrichtungen. Der eingeschränkte Zugang zu Nahrungsmitteln, die Zerstörung der Infrastruktur, Angst vor Vertreibung, der Verlust von Angehörigen und eine weit verbreitete Unterernährung markieren eine umfassende humanitäre Katastrophe (Faris et al., 2025). Vor allem Kinder sind mit lebensbedrohlichen Herausforderungen konfrontiert (Harghandiwal, 2025). Im Juni 2024 befragten Mitarbeiter*innen der gemeinnützigen internationalen Organisation War Child 504 Familien mit behinderten oder verletzten Kindern bzw. deren Betreuer*innen im Gazastreifen (War Child, 2024). Die Befragung der Familien und Betreuer*innen ergab, dass 73 % der Kinder aggressives Verhalten zeigten; 79 % litten unter Albträumen, 87 % unter starker Angst, 38 % unter Bettnässen. 90 % der Kinder befürchteten eine düstere Zukunft infolge des Krieges. 96 % glaubten, bald sterben zu müssen. Zu ähnlichen Ergebnissen kam eine zwischen November 2024 und Januar 2025 durchgeführte Studie mit 405 erwachsenen Palästinensern aus dem Gazastreifen. Zwischen 65 und 73 % der Personen gaben an, unter Angst und mittelschweren bis schweren Depressionen zu leiden. Erhebliche posttraumatische Belastungsstörungen wiesen knapp 50 % der Befragten auf (Zughbur et al., 2025).

Die schrecklichen und beispiellosen Terrorangriffe der Hamas galten nicht „einfach" dem israelischen Staat, sondern den Jüdinnen und Juden in Israel und der ganzen Welt. In halbstrukturierter Interviews, die Maor Shani et al. (2024) nach dem 7. Oktober 2023 durchführten, berichten in Deutschland lebende Jüdinnen und Juden von intensiven und anhaltenden Emotionen, darunter Schock, Angst, Wut und Traurigkeit.[16] Diese emotionale Belastung werde oft durch zwanghaften Nachrichtenkonsum und persönliche Verbindungen zu Israel verstärkt.

Jüdinnen und Juden in der ganzen Welt haben den 7. Oktober als brutale antisemitische Mordaktionen erlebt. So sind auch die Ergebnisse von Bruno Halioua und Kolleg*innen (2025) nicht überraschend. Die Autor*innen fanden in einer internationalen Studie, dass Holocaust-Überlebende nach dem 7. Oktober 2023 über die Verschlechterung ihres Gesundheitszustandes berichten und sich über die Zukunft ihrer Kinder und Enkel Sorgen machen. Viele fühlen sich an das selbst erlittene Leid während der Shoah erinnert.

Es muss immer wieder wiederholt werden: „Der Antisemitismus ist genau das, was er zu sein vorgibt: eine tödliche Gefahr für die Juden und sonst nichts" (Arendt, 2001, S. 38; Original: 1951).

Literatur

Amnesty International. (2024). Amnesty international investigation concludes Israel is committing genocide against Palestinians in Gaza. https://www.amnesty.org/en/latest/news/2024/12/amnesty-international-concludes-israel-is-committing-genocide-against-palestinians-in-gaza. Zugegriffen: 14. März 2025.

Amnesty International. (2025). Unsere Arbeit zu Israel und Palästina: Auf der Seite der Menschenrechte. https://www.amnesty.de/israel-palaestina-gaza--nahostkonflikt. Zugegriffen: 14. März 2025.

---

[16] In einer umfangreichen Querschnittsbefragung mit 420 jüdischen Personen aus deutschen jüdischen Gemeinden haben Maor Shani und Kolleg*innen den engen Zusammenhang zwischen den alltäglichen antisemitischen Erlebnissen und schlechter psychischer Gesundheit schon vor dem 7. Oktober 2023 nachweisen können (Shani et al., 2025).

APPG – All-Party Parliamentary Group (APPG) on UK-Israel. (2025). 7 october parliamentary commission report. https://static1.squarespace.com/static/67bf0490d422da027d74c55c/t/681b6cacd8d1310be76271f7/17466 27805810/7+October+Parliamentary+Commission+-+The+Roberts+Report.pdf. Zugegriffen: 10. Aug. 2025.

Arendt, H. (2001). *Elemente und Ursprünge totaler Herrschaft*. Piper.

Bachmann, C. J., Czwikla, J., Jacobs, H., Fegert, J. M., & Hoffmann, F. (2021). Prävalenz und Versorgung der Posttraumatischen Belastungsstörung in Deutschland: Eine bundesweite Auswertung von Krankenkassendaten aus den Jahren 2008 und 2017. *Psychiatrische Praxis, 48*(06), 316–323.

Barel, E., Van IJzendoorn, M. H., Sagi-Schwartz, A., & Bakermans-Kranenburg, M. J. (2010). Surviving the Holocaust: a meta-analysis of the long-term sequelae of a genocide. *Psychological Bulletin, 136*(5), 677 ff.

BBC. (2025). Hamas mobilises fighters in Gaza as fears of internal violence mount. https://www.youtube.com/watch?v=JTQ654IBcMU. Zugegriffen: 13. Okt. 2025.

Ben Simon, B., & Konstantinov, V. (2024). *The effects of the Israel-Hamas war on young adults in Israel – survey findings*. Myers JDC Brookdale Institute. https://brookdale.jdc.org.il/wp-content/uploads/2024/06/Eng_-Report_RR-004-24.pdf. Zugegriffen: 12. Aug. 2025.

Birnbaum, N. (1903). Methodisches zur Palästinafrage. *Jüdische Volksstimme, IV,* 17. Zugegriffen: 1. Okt. 1903.

Brenner, M. (2008). *Geschichte des Zionismus*. Beck.

Brenner, M. (2017). *Israel. Traum und Wirklichkeit des jüdischen Staates*. Beck.

Brenner, M. (2025). Diese Konferenz ist eine Schande. Süddeutsche Zeitung, Nr. 66. Zugegriffen: 20. März 2025.

Buber, M. (1901). Jüdische Renaissance. Ost und West. *Illustrierte Monatsschrift für das gesamte Judentum*, Heft 1, 7–10. Calvary.

Buber, M. (1941). Hebräischer Humanismus. *Neue Wege, 35*(14), S. 1–11.

Buber, M., & Rosenzweig, F. (1987). *Die Schrift. Band 3: Bücher der Kündigung (Verdeutschung)*. Lambert Schneider.

Claussen, D. (1987). *Grenzen der Aufklärung. Die gesellschaftliche Genese des modernen Antisemitismus*. Fischer.

Conradi, E. (2019). Mitmenschlichkeit in der modernen jüdischen Sozialethik. Elemente kommunitarischen Denkens bei Martin Buber, Käte Hamburger und Hermann Cohen. In W. Reese-Schäfer (Hrsg.), *Handbuch Kommunitarismus* (S. 151–169). Springer VS.

Der Spiegel. (2023). Iran droht Israel bei Angriff der Hisbollah mit »großem Erdbeben«. https://www.spiegel.de/ausland/israel-iran-droht-bei-angriff-der-hisbollah-mit-grossem-erdbeben-a-0ce35bbc-6fb4-4248-8fc5-5bc255f d1e98; Zugegriffen: 14.Okt. 2023.

Der Spiegel. (2025). Merz hat lange geschwiegen. Nun warnt er Netanyahu. https://www.spiegel.de/politik/deutschland/gaza-krieg-friedrich-merz-hat-lange-geschwiegen-nun-warnt-er-netanyahu-a-4bd65ddb-58d9-4ded-ac6b-f05a782b8036. Zugegriffen: 28. Mai 2025.

Deutsch-Israelische Gesellschaft. (2024). Deutsch-Israelische Gesellschaft weist Amnesty-Bericht zurück. https://www.deutsch-israelische-gesellschaft.de/pressemitteilung/deutsch-israelische-gesellschaft-weist-amnesty-bericht-zurueck-vorwurf-eines-angeblichen-genozids-in-gaza-soll-israels-selbstverteidigung-delegitimieren/; Zugegriffen: 10. Dez. 2024.

Dowty, A., & Epstein, Y. (2001). "A question that outweighs all others": Yitzhak Epstein and Zionist recognition of the Arab issue. *Israel Studies, 6*(1), 34–54.

Faris, M., Abutair, A. S., Elfarra, R. M., Barqawi, N. A., Firwana, A. M., Firwana, R. M., ... & Badawi, R. A. (2025). Catastrophic famine in Gaza: Unprecedented levels of hunger post-October 7th. A real population-based study from the Gaza Strip. *PloS one, 20*(5), e0309854.

Frankfurter Allgemeine. (2024). Iran soll Anschlag auf jüdische Gemeinde befohlen haben. https://www.faz.net/aktuell/politik/ausland/iran-soll-anschlag-auf-juedische-gemeinde-in-argentinien-befohlen-haben-19649306.html. Zugegriffen: 18. März 2025.

Freud , S. (1933). Brief vom 5. 12. 1933 an Judah Leon Magnes. https://www.projekt-gutenberg.org/freud/briefe/chap035.html.   Zugegriffen: 18. März 2025.

Fromm, E. (1958). The problem of power in Israel. *Jewish Newsletter, 14*(10), 19. Zugegriffen: 20. März 2025.

Glasneck, J., & Timm, A. (1994). *Israel – Die Geschichte des Staates seit seiner Gründung.* Bouvier.

Groweiss, Y., Blank, C., Hamdan, S., Neria, Y., & Levi-Belz, Y. (2024). The mental health impact of the October 7th terror attack on Jews and Arabs in Israel: A nationwide prospective study. *Psychiatry Research, 337*, 115973.

Guerra, A., Lepre, M., & Karakus, O. (2024). Quantifying extreme opinions on reddit amidst the 2023 Israeli-Palestinian conflict. *arXiv preprint arXiv:2412.10913.*

Haaretz. (2025). Emboldened by escalating military fronts, Netanyahu wages a deceptive war on Israel's democracy. https://www.haaretz.com/israel-news/2025-03-23/ty-article/.premium/emboldened-by-escalating-military-fronts-netanyahu-wages-war-on-israels-democracy/00000195-c45b-db42-afb7-c57badbc0000. Zugegriffen: 25. März 2025.

Halioua, B., Bantman, P., Rimmer, R., Ghozlan, E., Vaislic, M., Halioua, D., ... & Taieb, J. (2025). International study of the perceived stress and psychological impact of the 7 October attacks on Holocaust survivors. *European Journal of Psychotraumatology, 16*(1), 2428025.

Harghandiwal, B. (2025). Impact of the humanitarian crisis in Gaza on children's health: evidence and recommendations for mitigation. *Global Public Health, 20*(1), 2495326.

Heine, H. (1987; Original: 1824-1840). *Der Rabbi von Bacherach*. Aufbau-Verlag.

Herf, J. (2023). *Drei Gesichter des Antisemitismus*. Hentrich & Hentrich.

Herzl, T. (1896, 2. Aufl.). *Der Judenstaat. Versuch einer modernen Lösung der Judenfrage*. M. Breitensteins Verlags-Buchhandlung.

Herzl, T. (1922). T *agebücher 1895–1904, Band 1*. Jüdischer Verlag.

Herzl, T. (2015; Original: 1902). *Altneuland*. Omnium.

Holz, K., & T. Haury. (2021). *Antisemitismus gegen Israel*. Hamburger Edition.

Illouz, E. (2025). *Der 8. Oktober*. Suhrkamp.

Israelnetz. (2017). „Balfour-Deklaration". https://www.israelnetz.com/balfour-deklaration/. Zugegriffen: 20. März 2025.

Jerusalem Post. (2025). Nearly half of Netanyahu voters support Trump's 21-point Gaza plan. https://www.jpost.com/israel-news/article-868723. Zugegriffen: 28. Sept. 2025.

Jewish Virtual Library. (2025). https://www.jewishvirtuallibrary.org/immigration-to-israel; Zugegriffen: 20. März 2025.

Jüdische Allgemeine. (2024). Zentralrat der Juden kritisiert Erklärung des Außenamts zu Gaza. https://www.juedische-allgemeine.de/politik/zentralrat-der-juden-kritisiert-erklaerung-des-aussenamts-zu-gaza/; Zugegriffen: 24. Dez. 2024.

Kaim, A., & Bodas, M. (2024). The impact of 24/7 news coverage on the mental health of Israelis in the 'Iron Swords' War: A cross-sectional analysis among television audience. *Stress and Health, 40*(4), e3398.

Katsoty, D., Greidinger, M., Neria, Y., Segev, A., & Lurie, I. (2024). A prediction model of PTSD in the Israeli population in the aftermath of october 7th, 2023, terrorist attack and the Israel–Hamas war. *Israel Journal of Health Policy Research, 13*(1), 63.

Kessler, O. (2025). *Palästina 1936: Der Große Aufstand und die Wurzeln des Nahostkonflikts*. Carl Hanser.

Kühntopf-Gentz, M. (1992). „Israel geht vor Zion. Nathan Birnbaum und die Palästinafrage". *Zeitschrift für Religions- und Geistesgeschichte*, 44(2), S. 118–139.

Kupferberg, Y. (2024). „Das, was sich zeigt". Zum 7. Oktober 2023. In S. Schüler-Springorum (Hrsg.), *Jahrbuch für Antisemitismusforschung, 33* (S. 181–185). Metropol.

Lappin-Eppel, E. (2009). Von Moses Hess bis Theodor Herzl – die Anfänge des Zionismus. In B. Bailer (Hrsg.), *Israel – Geschichte und Gegenwart*. Wilhelm Braumüller.

Levi-Belz, Y., Groweiss, Y., Blank, C., & Neria, Y. (2024). PTSD, depression, and anxiety after the October 7, 2023 attack in Israel: a nationwide prospective study *EClinicalMedicine, 68.*, 1–9. https://www.thelancet.com/journals/eclinm/article/PIIS2589-5370(23)00595-3/fulltext. Zugegriffen: 25. September 2025.

Lück, H. E., & Rechtien, W. (1989). Freud und Lewin. Historische Methode und „Hier-und-Jetzt". In B. Nitzschke (Hrsg.), *Freud und die akademische Psychologie. Beiträge zu einer historischen Kontroverse* (S. 137–159). Psychologie Verlags Union.

Lutz, E. (2006). Heinrich Heine im Verein für Cultur und Wissenschaft der Juden, *Zeitschrift der Vereinigung für Jüdische Studien e. V 12*, S. 27–40.

ntv. (2025). Trumps Gaza-Plan: Hamas und Israel müssten Kröten schlucken. https://www.n-tv.de/politik/Donald-Trump-praesentiert-21-Punkte-Plan-zur-Beendigung-des-Gaza-Kriegs-article26060912.html. Zugegriffen: 28. Sept. 2025.

Oz, A. (2008). *Eine Geschichte von Liebe und Finsternis*. Suhrkamp.

Palestine Royal Commission Report. (1937). London. https://ecf.org.il/media_items/290. Zugegriffen: 20. März 2025.

Reissner, H. G. (1965). *Eduard Gans. Ein Leben im Vormärz*. Mohr.

Schenker, A. (2003). *Der Jüdische Verlag 1902–1938: Zwischen Aufbruch, Blüte und Vernichtung*. Max Niemeyer.

Schneider, R. C. (2024). *Die Sache mit Israel*. Penguin Random House.

Schoeps, J. H. (1995). Theodor Herzl und die Affäre Dreyfus. In J. H. Schoeps & H. Simon (Hrsg.), *Dreyfus und die Folgen*. Hentrich.

Schoeps, J. H. (2005). „Wenn Ihr wollt, ist es kein Märchen...": Theodor Herzl, der Zionismus und die Vision des Judenstaates im Rückblick eines Jahrhunderts. *Zeitschrift für Religions- und Geistesgeschichte, 57*(1), 82–86.

Segev, T. (2024). *Es war einmal ein Palästina: Juden und Araber vor der Staatsgründung Israels*. Pantheon.

Shani, M., Gerber, J., & Herb, M. (2024). Der 7. Oktober, ein Jahr danach: Resilienz und Bewältigung unter Juden in Deutschland angesichts zunehmenden Antisemitismus und kollektiven Traumas – Vorläufiger Bericht. Universität Osnabrück.

Shani, M., Goldberg, D., & Van Zalk, M. H. (2025). "If you prick us, do we not bleed?" Antisemitism and psychosocial health among Jews in Germany. *Frontiers in Psychology, 15*, 1499295.

Süddeutsche Zeitung. (2024). Tausende demonstrieren für Freilassung der israelischen Geiseln. https://www.sueddeutsche.de/muenchen/jahrestag-hamas-terror-kundgebungen-muenchen-antisemitismus-lux.2Twns6xkEXWn1aM5PcPtYn. Zugegriffen: 14. März 2025.

Sznaider, N. (2020). Antisemitismus zwischen Schwertern und Pflugscharen. In Zentralrat der Juden in Deutschland (Hrsg.), *„Du Jude". Antisemitismus-Studien und ihre pädagogischen Konsequenzen.* (S. 47–54). Hentrich & Hentrich.

Tagesschau. (2025). Bekenntnis zu Israel laut Merz unverhandelbar. https://www.tagesschau.de/inland/zentralrat-75-jahre-empfang-merz-schuster-100.html. Zugegriffen: 28. Sept. 2025.

The Guardian. (2024a). Amnesty international's Israel branch distances itself from 'genocide' claim. https://www.theguardian.com/world/2024/dec/05/amnesty-international-israel-report; Zugegriffen: 18. März 2025.

The Guardian. (2024b). London Gaza protest: has row over 'openly Jewish' remark changed the march's mood? https://www.theguardian.com/uk-news/2024/apr/27/london-gaza-protest-openly-jewish-march-holocaust-survivors-palestine-demonstration; Zugegriffen: 18. März 2025.

The Jerusalem Post. (2025). How does firing Ronen Bar, Qatargate affect voting in next elections? – poll. https://www.jpost.com/israel-news/article-847011; Zugegriffen: 25. März 2025.

The Times of Israel. (2025). Far right, settlers urge Netanyahu to defy US and annex West Bank, not end Gaza war. https://www.timesofisrael.com/far-right-settlers-urge-netanyahu-to-defy-us-and-annex-west-bank-not-end-gaza-war/; Zugegriffen: 28. Sept. 2025.

The Washington Post. (2025). As cease-fire breaks down with deadly strikes, Netanyahu says, 'This Is Only the Beginning'. https://www.nytimes.com/live/2025/03/17/world/israel-gaza-airstrikes; Zugegriffen: 18. März 2025.

Trump, D. (2025). Donald Trump auf Truth Social am 5. März 2025, 10.46 Uhr. https://truthsocial.com/@realDonaldTrump/posts/11411201589135 3323; Zugegriffen: 20. März 2025.

Unabhängigkeitserklärung des Staates Israel. (1948). https://www.hagalil.com/israel/independence/azmauth.htm; Zugegriffen: 20. März 2025.

War Child. (2024). Needs Study: Impact of war in Gaza on Children. https://www.warchild.org.uk/our-work/policies-and-reports/needs-study-impact-war-gaza-children-vulnerabilities-and-families; Zugegriffen: 20. Februar 2025.

YouGov. (2025). 44 % der deutschen Wahlberechtigen sprechen sich für die Anerkennung Palästinas als eigenständiger Staat aus. https://yougov.de/politics/articles/53032-44-prozent-der-deutschen-wahlberechtigen-sprechen-sich-fur-die-anerkennung-palastinas-als-eigenstandiger-staat-aus; Zugegriffen: 28. Sept. 205.

ZDFheute. (2025a). Wachsende Sorge vor Eskalation im Nahen Osten. https://www.zdf.de/nachrichten/politik/ausland/nahost-israel-libanon-jemen-gaza-spannungen-100.html; Zugegriffen: 24. März 2025.

ZDFheute. (2025b). Netanjahu: Hunger in Gaza Schuld der Hamas. https://www.zdfheute.de/politik/ausland/netanjahu-un-vollversammlung-israel--nahost-100.html; Zugegriffen: 28. September 2025.

Zughbur, M. R., Hamam, Y., Kagee, A., Hamam, M., Hijazi, Y. M., Hamam, M., … & Veronese, G. (2025). Prevalence and correlates of anxiety, depression, and symptoms of trauma among Palestinian adults in Gaza after a year of war: a cross-sectional study. *Conflict and Health, 19*(1), 43ff.

Zweig, A. (1993; Original: 1927). *Caliban oder Politik und Leidenschaft. Versuch über die menschlichen Gruppenleidenschaften dargetan am Antisemitismus.* Aufbau-Verlag.

2

Inszenierung des Antisemitismus

Zwei Juden sitzen im Eisenbahnabteil. „Oj", seufzt der eine. „Ojojoj", seufzt der andere. Meint der erste: „Ach Herr, hören wir auf über Antisemitismus zu reden".

2.1 Antisemitismus: Gruppenfeindlichkeit, Intoleranz, Kampfbegriff oder tödliche Gefahr – Annäherungen

Es geschieht immer wieder

Brit Mila ist der Name der Beschneidung neugeborener jüdischer Jungen. In der Bibel heißt es dazu: „Dies ist mein Bund, den ihr wahren sollt, zwischen mir und euch und deinem Samen nach dir: Beschnitten unter euch sei alles Männliche. Am Fleisch eurer Vorhaut sollt ihr beschnitten werden, das sei zum Zeichen des Bundes zwischen mir und euch", so übersetzen Martin Buber und Franz Rosenzweig die Forderung aus Genesis 17, 10 (Buber & Rosenzweig, 1987, Band 1, S. 45). Das Gebot wird von allen Juden beachtet, weil es eine wesentliche Grundlage der jü-

© Der/die Autor(en), exklusiv lizenziert an Springer Fachmedien Wiesbaden GmbH, ein Teil von Springer Nature 2026
W. Frindte, I. Frindte, *Warum die Juden? – Inszenierter Antisemitismus*,
https://doi.org/10.1007/978-3-658-50561-5_2

dischen Identität ist. Am 27. Oktober 2018 fand in der *Tree of Life* in Pittsburgh, Pennsylvania, eine solche Beschneidungszermonie statt. Gegen 10.00 Uhr morgens erschoss ein weißer Erwachsener elf Menschen, die an der Feier teilnahmen; mindestens sechs weitere wurden verletzt. Es handelt sich um die schwerste Attacke auf Juden in der neueren Geschichte der USA.

Jom Kippur ist der höchste Feiertag der Jüdinnen und Juden. Er wird zehn Tage nach dem jüdischen Neujahrsfest Rosch ha-Schana begangen. An diesem Tag herrscht Werkverbot. Es wird nicht gekocht, kein Feuer gemacht, nicht telefoniert und auf Speisen und Getränke verzichtet, sofern man nicht krank ist. Es ist ein Tag der Buße und der Versöhnung. Am Ende des Tages trifft man sich zuhause oder in der Synagoge zum Abschlussgebet und zu einem Festmahl. Zu Jom Kippur am 9. Oktober 2019, im jüdischen Jahr 5780, versammelten sich in der Synagoge in Halle an der Saale zirka fünfzig Menschen zum Gebet. Gegen Mittag versuchte der Rechtsextremist Stephan B. bewaffnet in die Synagoge einzudringen, um möglichst viele Menschen zu töten. Als ihm das nicht gelang, weil er die verschlossene Synagogentür auch nicht durch Gewehrschüsse öffnen konnte, erschoss er eine zufällig vorbeikommende Passantin und einen jungen Mann in einem nahegelegenen türkischen Imbiss. Seine Taten filmte er mit einer Helmkamera und übertrug alles live ins Internet. Wenig später wurde der Täter gefasst und im Dezember 2020 wegen zweifachen Mordes und versuchtem Mord in weiteren Fällen zu lebenslanger Haft mit anschließender Sicherungsverwahrung verurteilt.

Im Ersten Bezirk in der Wiener Innenstadt finden sich all die Sehenswürdigkeiten, die man gesehen haben muss, die Hofburg, der Stephansdom, Mozarts Wiener Wohnung, das Kunsthistorische Museum. Am Judenplatz findet sich das Jüdische Museum. Und unweit vom Donauufer steht der jüdische Stadttempel, Wiens Hauptsynagoge. Dort, im Zentrum der österreichischen Metropole, erschoss am 2. November 2020 ein zwanzig Jahre alter Mann aus Nordmazedonien vier Menschen und verletzte 17 weitere Personen. Der Attentäter soll Anhänger des Islamischen Staates gewesen sein; antisemitische Tatmotive ließen sich wohl nicht ausschließen (Jüdische Allgemeine, 5.11.2020b). Drei Wochen später, am 27. November, bedrohte eine Frau unweit vom Wiener Zentrum einen Rabbiner mit einem Messer. Sie riss dem Mann die Kippa vom Kopf und soll „Schlachtet alle Juden" gerufen haben (Jüdische Allgemeine, 27.11.2020a).

Im Mai 2021 zogen Menschen durch deutsche Straßen und riefen „Freies Palästina vom Fluss bis zum Meer", „Tod Israel", „Israel Kindermörder" oder „Scheiß Juden". Israelische Flaggen wurden vor Synagogen verbrannt und Steine geworfen. Anlass der zahlreichen Demonstrationen, israelfeindlichen Ausschreitungen und antisemitischen Hassaktionen, ob in Berlin, Hamburg, Hannover, Leipzig oder Jena, waren Zwangsräumungen palästinensischer Wohnungen im Ostjerusalemer Stadtteil *Scheich Dscharrah*. Auch in anderen europäischen Städten kamen es zu pro-palästinensischen Demonstrationen, auf denen nicht nur palästinensische und türkische Fahnen, sondern auch rote Fahnen geschwenkt wurden.

Nicht nur in Berlin ist es gefährlich für einen Juden, mit Kippa spazieren zu gehen. „Du Jude" ist zu einer gängigen Beschimpfung im bundesrepublikanischen Alltag geworden (Kiesel & Eppenstein, 2020, S. 9). Antijüdische Wörter, Beschimpfungen, Metaphern und antisemitischer Hass gehören zur Semantik der deutschen Alltagssprache. In repräsentativen Bevölkerungsumfragen scheint sich das allerdings nicht widerzuspiegeln. Die Autorinnen und Autoren der Leipziger Autoritarismus-Studien beobachten seit 2002 in Gesamtdeutschland einen kontinuierlichen Rückgang der Zustimmungen zu tradierten antisemitischen Aussagen (z. B. „Die Juden arbeiten mehr als andere Menschen mit üblen Tricks, um das zu erreichen, was sie wollen"). Im Jahre 2002 lag die Zustimmung zu derartigen Aussagen im Westen Deutschlands bei 13,8 %; 2024 stimmten in Westdeutschland 4,6 % solchen Aussagen zu. Der Osten startete dagegen 2002 mit einem relativ geringen Wert (4,8 %), verzeichnete dann 2012 einen stärkeren Anstieg auf 10,4 % und lag 2024 mit seinen Antisemitismus-Werten von 1,8 % unter dem Wert des Westens (Decker et al., 2024a, b, S. 45; siehe Abschn. 2.2).

Noch auffälliger als in den Bevölkerungsumfragen finden sich antisemitische Ressentiments allerdings in den sozialen Medien und Messanger-Diensten, auf Youtube, bei Facebook, Twitter oder Telegram. Martin J. Riedl und Kolleg*innen nennen diese Ressentiments „platformed antisemitism". Durch quantitative Inhaltsanalyse einer Stichprobe von 99.062 Tweets belegen die Autor*innen, wie durch Tweets, Hashtags und Retweets auch zunächst nichtantisemitisch gemeinte Äußerungen antisemitisch aufgeladen werden (Riedl et al., 2024). Matthias J. Becker (2024) zeigt mittels qualitativer Inhaltsanalysen auf, wie sich nach dem 7. Oktober 2023 antisemitische und anti-israelische Hassreden in den Internetforen britischer, deutscher und französischer „Mainstream-Medien" (z. B. BBC News, The Guardian, Süddeutsche Zeitung, Die Welt, Le Figaro, Le Monde) verstärkt haben. Derartige Hassreden in den sozialen Medien oder Internetforen sind zum einen im hohen Grade anschlussfähig für rechtsextreme, antisemitische und/oder islamistische orientierte Personen und Gruppierungen; zum anderen verstärken sie die Risikofaktoren, denen Jüdinnen und Juden sowie deren Sympathisant*innen eh schon ausgesetzt sind.

Monika Schwarz-Friesel hat sich in der Erforschung des Antisemitismus in den sozialen Medien besonders verdient gemacht. Sie untersucht mit ihrem Team seit Jahren, wie sich Judenhass im Internet und in den Kommentarbereichen der klassischen Medien verbreitet. Riesige Textmengen wurden analysiert, Kommentare in Online-Qualitätsmedien, in Fan-Foren, auf Ratgeber-Portalen, in Blogs, auf Twitter, Youtube, Facebook oder Instagram. Dabei zeigen sich u. a. die Chamäleonhaftigkeit der Judenfeindschaft, eine zunehmende Radikalisierung, eine Kontinuität antijüdischer Stereotype und die Symbiose von Juden- und Israelhass. „Die Büchse der digitalen *Pandora ist weit geöffnet*" (Schwarz-Friesel, 2020, S. 182).

Zirka 200.000 Jüdinnen und Juden leben in Deutschland; rund 95.000 davon sind in jüdischen Gemeinden registriert. Es sind Deutsche mit mehr oder weniger gelebtem jüdischen Glauben. In einem Vorwort zum Buch „Globaler Antisemitismus" von Samuel Salzborn (2018) fragt Josef Schuster, der Präsident des Zentralrats der Juden in Deutschland, warum eine irrationale Menschenfeindlichkeit, wie der Antisemitismus, nach der Aufklärung und der massenhaften Judenvernichtung in den Jahren von 1933 bis 1945 überhaupt noch Bestand haben könne. Heute gebe es einerseits glücklicherweise wieder jüdisches Leben in Deutschland. Andererseits lasse sich tagtäglich beobachten, wie der Rechtspopulismus in Deutschland und Europa wieder erstarke, antisemitische Vorurteile in antisemitische Handlungen umschlagen und der israelbezogene

Antisemitismus die neue Form des Antisemitismus darstelle, die von Rechtsextremen, von Linksextremen und von Islamisten kultiviert werde (Schuster, 2018, S. 7 ff.).

Das Problem dürfte allerdings nicht nur in den extremen Ecken der deutschen Bevölkerung zu finden sein. Sorgen sollte uns vor allem der Antisemitismus in der Mitte der Gesellschaft machen. Über die „richtigen" Antisemiten scheinen wir gut informiert zu sein; was aber ist mit den mehr oder weniger 20 %, die zu den „Gelegenheitsantisemiten" oder Ambivalenten und Indifferenten gehören. Hier liegt „[…] das vielleicht gefährlichste Einfallstor für antisemitische Positionen und Politiken in der berühmten Mitte der Gesellschaft" (Schüler-Springorum, 2020, S. 104). Das hatte vor Jahren bereits Ignaz Bubis erkannt: „Wir reden nicht von Antisemiten – die Antisemiten stören mich nicht –, sondern von den Wohlmeinenden, den Bestmeinenden. Das ist ja schon fast die größte Gruppe. Ich rede auch von den völlig Indifferenten, die überhaupt keinen Unterschied machen, die sich weder mit der Vergangenheit noch mit der Zukunft beschäftigen – von denen kommt es auch. Für die überwiegende Mehrheit in unserem Lande und nicht nur für die Antisemiten ist der Jude ein Fremder – ein Überbleibsel des tausendjährigen Reiches" (Bubis, 1993, S. 115).

Antisemitismus

Die Wortschöpfung „Antisemitismus" wird zumeist Friedrich Wilhelm Adolph Marr (1819–1904), einem antisemitischen Agitator und Publizisten, zugeschrieben. Als gesichert gilt, dass Marr den „Antisemitismus" um 1879 als politisches Schlagwort einführte (siehe auch: Abschn. 3.6). Tatsächlich wurde der Ausdruck bereits 1860 von Moritz Steinschneider, einem deutschen Orientalisten und hebräischen Bibliographen verwandt. In der „Hebraeische Bibliographie – Blätter für neuere und ältere Literatur des Judenthums" verweist Steinschneider (1860) auf einen Beitrag des Mitbegründers der Völkerpsychologie Chajim Heymann Steinthal. Steinthal kritisiert in der „Zeitschrift für Völkerpsychologie und Sprachwissenschaft" den französischen Religionswissenschaftler und Orientalisten Ernest Renan (1823–1892) wegen dessen Beschreibung der „Orientalen" (Steinthal, 1860). Renans Beschreibung sei geprägt von „antisemitischen Vorurtheilen", so Steinschneider nun in seinem Verweis auf den Beitrag von Steinthal (1860, S. 16). Ernest Renan, der auch heute noch hin und wieder als einer der Ahnväter des Orientalismus bezeichnet wird, bescheinigte den „semitischen Völkern" u. a. eine Unfähigkeit zu wissenschaftlichen und künstlerischen Leistungen (Renan, 1859).

Inwieweit allerdings der schmale Verweis auf die „antisemitischen Vorurtheile" Renans als begriffliches Vorbild für das spätere politische Schlagwort „Antisemitismus" gelten kann, lässt sich indes bezweifeln (z. B. Nipperdey & Rürup, 1972).

Der Terminus „Antisemitismus" selbst knüpft sprach- und sachlogisch an den Begriff „Semitismus" an. Dieser wiederum basiert auf der alttestamentarischen Völkertafel (*Genesis 5, 1*), in der die drei Söhne Noahs, *Jafet, Ham und Sem,* und ihre Nachkommen genannt werden. Von *Jafet* leiten sich die Griechen, die Völker am Schwarzen Meer, am nördlichen Mittelmeer und die indogermanischen Völker ab. Die Nachfahren von *Ham* sind die Ägypter, die Babylonier, die Assyrer, die Kreter, die Philister und die Kanaaniter. *Sem,* Noahs ältester Sohn, wurde Stammvater Abrahams und damit des Volkes Israel und auch Ahnvater der Völker im Zweistromland, in Syrien und dem nördlichen Arabien, also der „semitischen Völker". Zu den Semiten gehören also recht heterogene Völkergruppen, deren Gemeinsamkeit darin besteht, dass ihre Schrift ohne Vokalbezeichnung auskommt. Im Sinne einer Völkerkunde ist der Begriff „Semiten" somit ethnographisch nicht sonderlich geeignet. Deshalb wird in einschlägigen Publikationen meist darauf hingewiesen, dass der Begriff Antisemitismus im Sinne der Judenfeindschaft eigentlich unsinnig gewählt sei.

Sicher, „Antisemitismus" ist ein „unglücklich" gewählter Begriff (Bauman, 1992, S. 48). Man kann ihn auch „euphemistisch" nennen (Silbermann, 1982) oder als ein „abstract term that obscures the harsh reality" bezeichnen (Ostow, 1988, S. 52). Versuche, *Antisemitismus* zu definieren, gibt es viele. Dennoch ist der Begriff mittlerweile eine „established convention" (Almog, 1990, S. 142), der zwar eine falsche Bedeutung hat, aus dem Begriffsinventar der scientific community und aus dem Alltag aber kaum noch zu entfernen ist. Wir sprechen von Antisemitismus, als wüssten wir alle, was der Begriff bedeutet (Strosberg, 2024, S. 4).

Um der semantischen, letztlich politischen sowie wissenschaftlichen Ungenauigkeit zu entgehen, wurden in der wissenschaftlichen und populärwissenschaftlichen Literatur verschiedene Versuche unternommen, um Ersatzbegriffe zu formulieren (vgl. ausführlich Berger Waldenegg, 2000). Entweder wird auf die traditionellen Begriffe der Judenfeindschaft, des Judenhasses, der Judeophobie oder des Antijudaismus zurückgegriffen oder es werden differenzierende Begriffe vorgeschlagen. Traditionelle Begriffe, wie Judeophobie oder Antijudaismus, sind – folgt man der Argumentation von Lars Rensmann (2004a, b, S. 75) – allerdings nicht unproblematisch. Der erste, die Judeophobie, verweise auf wahnhafte Gehalte des Judenhasses, verschleiere damit die gesellschaftlichen Grundlagen des Phänomens, das beschrieben werden soll. Der Begriff des Antijudaismus hingegen beziehe sich primär auf religiöse Vorurteile gegenüber Juden (siehe auch: Von Kellenbach, 2024, S. 18 ff.). Begriffe, wie Judenfeindschaft oder Judenhass wiederum reflektieren in ungenügendem Maße die historischen Entwicklungen und Veränderungen des Antisemitismus seit dem 19. Jahrhundert bis zum Vernichtungsantisemitismus der Nationalsozialisten.

Den mittlerweile klassischen Ansätzen, in denen der Antisemitismus quasi als Krankheitsbild analysiert und zum Beispiel als „soziale Krankheit" (Loewenstein, 1968), „Massenneurose" (Fenichel, 1946) oder als „Massenpsychose" (Simmel, 1946) bezeichnet, wurde nicht ganz zu Unrecht vorgeworfen, ein eminent gesellschaftliches Problem zu psychopathologisieren (ausführlich Brunner, 2016; siehe auch: Abschn. 5.2).

Wird der Antisemitismus als „[…] eine spezifische Form der Intoleranz" (Fischer & Wetzels, 2024) bezeichnet, setzt man sich unter Umständen des Vorwurfs der Relativierung aus. Bestimmt man den Antisemitismus „[…] als zentrales Moment verschwörungstheoretischer Weltbilder" (Imhoff, 2020, S. 69), läuft man Gefahr, der Vielfalt und Differenziertheit verschwörungsmythischer Erzählungen nicht Herr (bzw. Herrin) zu werden. Keine Frage, antisemitische Inszenierungen stützen sich auf Verschwörungserzählungen, z. B. auf rassenbiologische Verschwörungsmythen von den Juden als „Unmenschen, Wucherern, Börsen- und Leihkapitalisten und Weltverschwörern", von denen sich die „arische Rasse" als „Übermenschen" distanzieren müsse (siehe auch: Fox & Topor, 2021). Heiko Beyer und Kolleg*innen (2024, S. 61 f.) finden beispielsweise enge statistische Zusammenhänge zwischen dem Hang zu Verschwörungserzählungen und verschiedenen Varianten des Antisemitismus (israelbezogenen Antisemitismus, modernen Antisemitismus, religiösen Antisemitismus und sekundären Antisemitismus). Folgt man Lars Rensmann, so ist zwar nicht jede Verschwörungserzählung bzw. jeder Verschwörungsmythos antisemitisch, der Antisemitismus indes aber „[…] im Kern die historische und moderne Verschwörungsfantasie sui generis" (Rensmann, 2025, S. 35). Eine *hinreichende* Erklärung für antisemitische Vorurteile und Ressentiments scheint der Hang zu Verschwörungserzählungen u. E. aber nicht zu sein.

Überdies ist es gar nicht so einfach, Verschwörungserzählungen oder „Verschwörungstheorien" begrifflich zu fassen, wie Michael Butter and Peter Knight in einem historischen Exkurs (2020, S. 28 ff.) demonstrieren. Versucht man aus den verschiedenen, aus unterschiedlichen wissenschaftlichen Perspektiven formulierten Definitionen quasi den größten gemeinsamen Nenner zu bestimmen, so ließe sich formulieren: Verschwörungserzählungen sind soziale Vorstellungen und Geschichten, mit denen aktuelle oder historische Ereignisse, kollektive Erfahrungen oder die Entwicklung gesellschaftlicher Strukturen und Prozesse als Folge einer Verschwörung (einer geheimen, konspirativen Entscheidung von Personen oder einer kleinen Gruppe mit meist illegitimen Absichten und zum eigenen Nutzen) interpretiert werden.

In nicht allzu verkappter Weise finden sich Verschwörungsmythen (über die „jüdische Weltverschwörung") auch im Zusammenhang mit den Terroranschlägen vom 11. September 2001 oder im Kontext der weltweiten Finanzkrise von 2008 sowie in aktuellen Pamphleten z. B. über den „Ausplünderungsfeldzug der US-Ostküste" wieder. Verschwörungsmythen beziehen sich aber nicht nur auf antisemitische Ereignisse und Prozesse. Auch über den Tod von *Wolfgang Amadeus Mozart* rankt sich bekanntlich der Verschwörungsmythos, der auf den Komponisten neidisch blickende Hofkomponisten Antonio Salieri habe Mozart ermordet oder ermorden lassen. Mit der ersten Mondlandung der Amerikaner lassen sich bekanntlich ebenso diverse Verschwörungen verknüpfen. Die Beispiele verdeutlichen die unterschiedliche Komplexität von Verschwörungsmythen, sodass es naheliegend ist, zwischen ereignisbezogenen Verschwörungsmythen (z. B. dem Tod von Mozart), systematischen Verschwörungsmythen (z. B. zum „großen Austausch") und Metaverschwörungen (z. B. die „jüdische Weltverschwörung") zu unterscheiden (vgl. Institut für Demokratie und Zivilgesellschaft, 2019).

Antisemitismus zu definieren als „[…] soziales Vorurteil gegenüber Juden/Jüdinnen, weil sie Juden/Jüdinnen sind" (Zick et al., 2011, S. 46), ist ebenfalls nicht unproblematisch.[1] Berührt wird ein Problem, das seit dem Klassiker „The Nature of Prejudice" von Gordon W. Allport (1954) immer einmal wieder in den Antisemitismus-Debatten auftaucht. Ohne Antisemitismus explizit zu definieren, behandelt Allport antisemitische Einstellungen und Handlungen quasi als Vorurteil (in der deutschen Übersetzung von 1971 u. a. S. 20, 27 f., 365 f.). So stellt für Allport zum Beispiel das „Hitler-Programm des Völkermordes […] den höchsten Grad von Gewalt" dar, „[…] durch den sich ein Vorurteil ausdrückt" (Allport, 1971, S. 29). Georg Christoph Berger Waldenegg (2000, S. 116) meint, Allport habe sich mit einer solchen Formulierung des Vorwurfs ausgesetzt, den Antisemitismus im Allgemeinen und jenen, der zu Auschwitz führte, zu verharmlosen.

Michael Billig bezweifelte schon vor einigen Jahren, ob der den sozialpsychologischen Vorurteilstheorien zugrundeliegende „social cognitive approach of prejudice" (Billig, 2002, 171) geeignet sei, Erklärungen für den Holocaust (und für den Antisemitismus) bereitzustellen. Am Beispiel von Henri Tajfels klassischem Artikel „Cognitive aspects of prejudice" (Tajfel, 1969), in dem quasi die zentralen Kategorien für die wenig später (Tajfel, 1970, 1974) publizierte *Social Identity Theory* entwickelt wurden, versucht Billig zu zeigen, dass es „stärkerer" Begriffe als den des Vorurteils bedarf, um antisemitische Tendenzen erklären zu können. Billig schlägt z. B. den englischen Begriff *bigotry* vor, den man auch als Fanatismus übersetzen kann. Julijana Ranc wendet sich ebenfalls gegen den Begriff *Vorurteil* und schlägt stattdessen den Begriff *Ressentiment* vor und stützt sich dabei auf Horkheimer und Adorno (1969, S. 217, Original: 1944; siehe auch: Benz, 2020; Diner, 2019; Decker et al., 2024a, b; Rensmann, 2025 u. a.). Vorurteile seien vor allem durch ihre primär ko-

---

[1] Quasi zur Ehrenrettung der von uns sehr geschätzten Beate Küpper, Andreas Zick und Kolleg*innen sei darauf hingewiesen, dass sie in späteren Arbeiten eine theoretisch sehr differenzierte und methodisch verfeinerte Konzeption zur Erforschung des Antisemitismus vertreten (z. B. Zick et al., 2019; Zick et al., 2023).

gnitive Beschaffenheit nur unzureichend geeignet, die für den Antisemitismus grundlegende Kausaltäuschung zu erfassen (Ranc, 2016, S. 25). Inwieweit das *Ressentiment* (verstanden als Komplex von Wut, Verachtung und Rachsucht) ein passfähiger Begriff ist, die Verknüpfung von Affekten und Kognitionen im Antisemitismus besser zu erfassen als mittels des „Vorurteils", bedarf sicher noch explikativer Mühen. Julijana Ranc hat mit ihrer Kritik an der kognitiven Überlast eines Vorurteils indes nicht ganz Unrecht, wenn man die frühe, tatsächlich sehr kognitivistisch orientierte, Vorurteilsforschung der 1950er Jahre in den Blick nimmt.

Mittlerweile werden unter Vorurteilen (meist) negative *Einstellungen* über Mitglieder einer sozialen Gruppe verstanden. In der modernen sozialpsychologischen Literatur spricht man inzwischen auch von „Intergroup Bias" und meint damit „[…] the systematic tendency to evaluate one's own membership group (the in-group) or its members more favorably than a nonmembership group (the out-group) or its members" (Hewstone et al., 2002, S. 576). In diesen Bewertungstendenzen werden kognitive (z. B. Stereotype), affektive bzw. emotionale (z. B. Wut oder Angst) und verhaltensbezogene Komponenten (z. B. Vermeidung) miteinander verknüpft. Allerdings können die kognitiven und affektiven Komponenten auch relativ unabhängig von den verhaltensbezogenen sein (Devine & Eliot, 1995). Vorurteile ohne affektive Komponenten dürften indes kaum auftreten. Insofern scheint es gar nicht so abwegig, von antisemitischen Vorurteilen zu sprechen. Ganz abgesehen davon wird in einem großen Teil der empirischen Antisemitismusforschung der Antisemitismus nicht nur als differentia specifica ethnischer bzw. gruppenbezogener Vorurteile betrachtet, sondern eben auch mit dem Instrumentarium der Einstellungs- und Vorurteilsforschung untersucht (vgl. z. B. die Erhebung antisemitischer Einstellungen durch die Anti-Defamation League, hier u. a. Kopstein et al., 2024; aber auch: Bergmann & Erb, 2000; Hersh & Royden, 2023; Kovács & Fischer, 2021 u. v. a.). Auf die damit verbundenen theoretischen und methodischen Probleme kommen wir ebenfalls an späterer Stelle zurück (Abschn. 5.4).

Wohlwissend, dass der Antisemitismus nicht auf ein simples Vorurteil reduziert werden kann, nutzen wir im Weiteren dennoch den Begriff des *Vorurteils* und verwenden gelegentlich *Ressentiments* sowie den Begriff *Einstellung* als Oberbegriff, wenn wir sozialwissenschaftliche bzw. sozialpsychologische Analysen des Antisemitismus vorstellen. Ganz allgemein bezeichnen Einstellungen die Tendenz einer Person, die Welt und sich selbst relativ stabil wahrzunehmen, zu bewerten und handlungsmäßig zu bewältigen.

Bekanntlich ist Antisemitismus nicht gleich Antisemitismus. Das ist eine Binsenweisheit. So war sich bereits Fritz Bernstein über die unterschiedlichen antisemitischen Erscheinungsformen im Klaren und unterschied den religiösen Antisemitismus vom wirtschaftlichen, politischen, gesellschaftlichen, kulturellen und Rassen-Antisemitismus (Bernstein, 1980, S. 175 ff.; Original: 1926; ausführlich: Abschn. 3.8). In einer der ersten (oder gar der ersten) empirischen Studie zur Erfassung antisemitischer Meinungen und Einstellungen unterscheiden Daniel J. Levinson und R. Nevitt Sanford, die Mitautoren der später veröffentlichten „Authoritarian Personality" (Adorno et al., 1950), u. a. inwieweit sich Juden sozial, religiös, kulturell, ökonomisch, politisch von den Christen (oder dem „American way of life") abgrenzen oder anpassen (Levinson & Sanford, 1944). Die von beiden konstruierte Skala besaß nicht nur ansprechende Gütekriterien, sondern könnte auch heute noch als Vorbild für die Konstruktion geeigneter Instrumente zur Erhebung antisemitischer Einstellungen dienen (Jones-Wiley et al., 2007).

Glock und Stark (1966) unterscheiden zwischen „secular anti-Semitism" und „religious anti-semitism".[2] „Bürgerlicher Antisemitismus", „völkischer Antisemitismus", „politischer Antisemitismus" sind die Begriffe, mit denen Horkheimer und Adorno den gesellschaftlich konstruierten Antisemitismus der Moderne, namentlich im nationalsozialistischen Deutschland, zu bestimmen suchen (Horkheimer & Adorno, 1944, 1969).

Weil (1987) differenziert mit Blick auf die USA, Österreich, Frankreich und Deutschland zwischen politischem, sozialem und religiösem Antisemitismus. Spätestens seitdem israelischen Sechstagekrieg 1967, der vor allem von linken politischen Kräften geäußerten Kritik am israeli-

---

[2] Im angelsächsischen Raum ist oder war es lange Zeit üblich, Antisemitismus mit Bindestrich zu schreiben, also „anti-Semitism". Gavin I. Langmuir (1990) war wohl einer der ersten, der den Bindestrich entfernte, um die Betonung des „Semitischen" zu reduzieren und mit dem neuen Signifikanten die Besonderheit des Antisemitismus gegenüber dem Rassismus hervorzuheben (siehe auch: Ullrich, 2024, S. 220).

schen Libanon-Feldzug im Jahre 1982 und der Weltkonferenz gegen Rassismus im südafrikanischen Durban 2001, auf der es zu offenen anti-israelischen und antisemitischen Inszenierungen kam, wird zwischen linkem und rechten Antisemitismus unterschieden (vgl. Keilson, 1988) und von einem „neuen Antisemitismus" geschrieben (z. B. Rabinovici et al., 2004). Angesichts der geringen Zahl der in Deutschland lebenden Juden und der dennoch offensichtlichen antisemitischen Vor- und Ausfälle prägte Landvai die Metapher von einem „Antisemitismus ohne Juden" (Landvai, 1972), der Bernd Marin (1980, 2000) seinen „Antisemitismus ohne Antisemiten" entgegenhält. Als im Winter 1959/1960 eine Welle von Schändungen jüdischer Friedhöfe, Denkmäler und Synagogen die öffentliche Aufmerksamkeit der BRD erregte, führte Peter Schönbach, der damals am Institut für Sozialforschung in Frankfurt am Main arbeitete und sich mit den Hintergründen und Erscheinungen dieser antisemitischen Inszenierungen beschäftigte, den Begriff des „Sekundärantisemitismus" ein (Schönbach, 1961, S. 80). Schönbach diagnostizierte damit einen reprivatisierten, nicht-militanten, nicht-fanatischen und „entideologisierten Antisemitismus", den Adorno einige Jahre früher beschrieben hat (Adorno, 1955).

Zu den am häufigsten gebrauchten Begriffe, um die Wandlungen des Antisemitismus zu beschreiben, gehören auch die des „manifesten" und des „latenten" Antisemitismus (vgl. auch Lederer, 1994). Auch wir haben in unseren Studien meist auf diese Begriffe zurückgegriffen (z. B. Frindte et al., 1999; Frindte et al., 2005), uns dann aber für empirisch begründetere Differenzierungen entschieden (siehe Abschn. 2.2).

Während der Terminus manifester Antisemitismus eher tradierte und zeitlich relativ stabile religiöse, säkulare und/oder politisch verbalisierte Einstellungen gegenüber Juden bezeichnen soll, bezieht sich der Begriff des latenten Antisemitismus entweder auf mehr oder weniger unbewusste Einstellungen gegenüber Juden oder auf das Vermeiden, in öffentlichen Räumen die eigenen anti-jüdischen Vorurteile zu thematisieren. Bergmann und Erb (1986) haben in diesem Zusammenhang den Begriff *Kommunikationslatenz* eingeführt (siehe auch: Abschn. 4.2).

Nicht unerwähnt bleiben soll der Zugang zum Antisemitismusbegriff und seiner Operationalisierung im groß angelegten Forschungsprojekt „Gruppenbezogene Menschenfeindlichkeit", dass von Wilhelm Heitmeyer geleitet wurde (Heitmeyer, 2002, 2012). Nachdem man im Jahre 2003 antisemitischen Einstellungen relativ konzeptionslos mit zwei Fragen auf die Spur zu kommen versuchte, legten die verantwortlichen Forscher*innen im Jahre 2004 einen erweiterten Ansatz vor (Heyder et al., 2005, S. 147 ff.). Nunmehr wurden folgende Facetten antisemitischer Einstellungen unterschieden: a) der „klassische Antisemitismus", mit dem die offene Abwertung von Juden auf der Basis tradierter Stereotype beschrieben wird, b) der „sekundäre Antisemitismus" im o.g. Sinne, c) „antisemitische Separation", mit dem die indirekte Abwertung von deutschen Juden durch den Zweifel an ihrer Loyalität zu Deutschland bezeichnet werden soll, d) Israelbezogener Antisemitismus als die Übertragung der Kritik an der Politik Israels auf alle Juden, e) NS-vergleichende Israelkritik, die die israelische Palästinenserpolitik mit der Vernichtung der Juden im Nationalsozialismus gleichsetzt und f) israelkritische Einstellungen. Insgesamt kann man sicher behaupten, dass die Autoren vor über zwanzig Jahren mit ihrem differenzierten Ansatz ein sehr ambitioniertes Forschungsdesign vorgelegt haben. Wir kommen darauf zurück.

Die jeweiligen spezifizierten Termini thematisieren indes jeweils ganz unterschiedliche, aber meist nur ungenügend voneinander analytisch getrennte Betrachtungs- und Beobachtungsebenen. Während der Terminus „klassischer Antisemitismus" auf eine historische Beobachtungsebene abzielt und nahelegt, sein Pendant müsse ein „moderner Antisemitismus" sein, provoziert der „sekundäre Antisemitismus" die Frage nach einem ihm (ursächlich oder qualitativ) zugrundeliegenden möglichen „primären Antisemitismus". Für Detlev Claussen (1987) und Moishe Postone (1995) ist der „moderne Antisemitismus" jene ideologische Strömung, die im Europa des 19.Jahrhunderts auftrat und letztlich zum Holocaust führte. Als *klassisch* wären dann die antisemitischen Strömungen zu betrachten, die – noch bevor der „Antisemitismus" als Begriff en vogue wurde, auf die offene Abwertung von Juden in der Zeit der beginnenden jüdischen Emanzipation im Übergang vom 18. zum 19.Jahrhundert und vor dem Hintergrund tradierter antijüdischer Stereotype gerichtet waren. In diesem Sinne führen auch Heyder et al. (2005) im Forschungsprojekt „Gruppenbezogene Menschenfeindlichkeit" den Begriff des klassischen Antisemitismus ein. Die Zustimmung zu Aussagen, wie „Juden haben in Deutschland zu viel Einfluss" werden in diesem Projekt genutzt, um auf zugrundeliegende klassisch antisemitische Einstellungen zu schließen. Im „sekundären Antisemitismus" sehen die Autoren eine – in Anlehnung an Peter Schönbach – für Deutschland spezifische Form des Antisemitismus, der durch eine Relativierung, Verharmlosung und teilweisen Verleugnung der nationalsozialistischen Verbrechen gekennzeichnet sei. Mit dem etwas sperrigen Attribut „modernisiert" macht Lars Rensmann (2004a, b, S. 79) auf eine weitere Variante des „Antisemitismus nach Auschwitz" aufmerksam. „Modernisierter Antisemitismus" verweise auf antisemitische Denk- und Ausdrucksformen, die auf veränderte demokratische Ansprüche in der politischen Kultur reagieren, ohne mit dem modernen Antisemitismus zu brechen. Man könnte vielleicht sagen, die „modernisierten" Antisemiten halten fest an der klassischen Abwertung der Juden, würden – im Sinne des modernen Antisemitismus – auch deren Vertreibung und Vernichtung befürworten, wissen aber auch ihren eigenen Antisemitismus dadurch zu legitimieren, in dem sie herrschende kulturelle und politische Diskursthemen um- oder auszudeuten versuchen.

Geht man davon aus, dass der Antisemitismus jene falschen Projektionen widerspiegele, mit denen Nichtjuden die *Juden als Juden* zu diffamieren versuchen (vgl. Horkheimer & Adorno, 1944, hier: 1969) so finden sich in der neueren sozialwissenschaftlichen Forschung zum Antisemitismus weitere Differenzierungen dieser Projektionen. In dem schon erwähnten und von Beate Küpper und Andreas Zick geleiteten, mittlerweile als „Mitte-Studien" bekanntem Forschungsprojekt ist der Antisemitismus Teil eines rechtsextremen Syndroms. Die Autor*innen unterscheiden und operationalisieren den *klassischen Antisemitismus* („Juden haben zu viel Einfluss"), den *sekundären Antisemitismus*, einen *israelbezogenen Antisemitismus*, der sich in einer durch Vergleiche mit dem Nationalsozialismus aufgeladenen Verurteilung israelischer Politik als „typisch jüdische Politik" ausdrückt sowie Einstellungen über antijüdische Stereotype (z. B. Zick et al., 2019, S. 60). Gideon Botsch übernimmt den von Rensmann (2004a, b, S. 26) mitgeprägten Begriff des Post-Holocaust-Antisemitismus und hebt fünf Dimensionen hervor, die – wie er schreibt – charakteristisch für den Antisemitismus im 21. Jahrhundert sind. Drei dieser Dimensionen gehören zu den antisemitischen Vorurteilen, die bereits vor der Shoah verbreitet waren: a)

Vorstellungen von Jüdinnen und Juden als treibende Kraft eines ausbeuterischen und zerstörerischen Kapitalismus, b) das Judentum als Steuerungsinstanz einer weltweiten Verschwörung und c) Antisemitismus des politischen Islam (Botsch, 2020, S. 20). Zu diesen drei kommen zwei Dimensionen hinzu, die sich erst nach 1945 ergeben haben: d) der schon erwähnte „sekundäre" Antisemitismus und e) ein israelbezogener Antisemitismus, der erst nach der Gründung des Staates Israel entstehen konnte.[3]

Neben diesen Formen des Antisemitismus unterscheidet Lars Rensmann inzwischen verschiedene Modi, in denen Antisemitismus verbal artikuliert werden kann:

> „Unterschieden wird zwischen expliziten, also offenen Modi, die sich gegen Juden als Juden richten; indirekten, also camouflierten, chiffrierten oder codierten Modi, die antisemitische Ressentiments »versteckt« über Umwegkommunikation und Anspielungen artikulieren; und Modi eines tolerierten Antisemitismus, der Judenfeindschaft bei Anderen oder innerhalb von Institutionen toleriert und akzeptiert oder über die Bande von Dritten äußert" (Rensmann, 2025, S. 62).

Die theoretische Differenzierung antisemitischer Einstellungen oder Ressentiments, um die Wandlungen des Antisemitismus zu beschreiben, ist die eine Seite des Problems. Eine andere tut sich auf, wenn Sozialwissenschaftler*innen nach Operationalisierungen der unterschiedenen Dimensionen suchen. Moshe Zimmermann hält die Ausdifferenzierung des Antisemitismus generell für problematisch und weil dies „[…] im Endeffekt zur künstlichen Ausdehnung des Begriffs" führen könne (Zimmermann, 2019, S. 454). Vor allem die „inflationäre" Verwendung der Kategorie des „israelbezogenen Antisemitismus" gefällt ihm gar nicht. Nun gehört Moshe Zimmermann zu jenen Antisemitismusforscher*innen, die aus ihrer Kritik an den gegenwärtigen politischen Verhältnissen in Is-

---

[3] Vom *Unabhängigen Expertenkreis Antisemitismus*, der im Auftrag der deutschen Bundesregierung die aktuellen Entwicklungen des Antisemitismus in Deutschland beobachtet und kommentiert, werden „klassische Ideologieformen des Antisemitismus" (religiöser, sozialer, politischer, nationalistischer und rassistischer Antisemitismus) und „neuere Ideologieformen des Antisemitismus" (sekundärer/post-Holocaust-Antisemitismus und antizionistischer/israelbezogener Antisemitismus) unterschieden (Unabhängigen Expertenkreis Antisemitismus, 2018).

rael keinen Hehl machen und deshalb auch den Terminus „israel-bezogener Antisemitismus" für nicht hilfreich halten. Zimmermanns Unbehagen wird allerdings nachvollziehbar, wenn man Aussagen betrachtet, mit denen der „israelbezogene Antisemitismus" in manchen empirischen Studien erfasst werden soll. In den o. g. Arbeiten zur „Gruppenbezogene Menschenfeindlichkeit" werden „israelkritische Einstellungen" u. a. mit der Aussage erfasst: „Ich werde wütend, wenn ich daran denke, wie Israel die Palästinenser behandelt" (Heyder et al., 2005, S. 152). Auch in späteren Arbeiten wurde diese Aussage als Indikator für „israelbezogenen Antisemitismus" bzw. „Israelkritik" genutzt (Bericht des Unabhängigen Expertenkreises Antisemitismus, 2018, S. 63). Moshe Zimmermann moniert nicht ganz zu Unrecht, eine solche Aussage sei in Israel keine Rarität.

In den „Leipziger Autoritarismus-Studien", die von Oliver Decker geleitet werden, wird der Antisemitismus, so wie in den „Mitte-Studien", als Komponente des Rechtsextremismus konzeptualisiert. Im Jahre 2024 arbeiteten die Forscher*innen um Decker mit fünf Antisemitismus-Dimensionen (Decker et al., 2024a, b, S. 133 ff.): tradierter Antisemitismus (z. B. „Auch heute noch ist der Einfluss der Juden zu groß."), israelbezogener Antisemitismus (Beispielaussagen siehe unten), Schuldabwehr-Antisemitismus (sekundärer Antisemitismus, z. B. „Reparationsforderungen an Deutschland nutzen oft gar nicht den Opfern, sondern einer Holocaust-Industrie von findigen Anwälten."), antisemitischer Antizionismus (z. B. „Es wäre besser, wenn die Juden den Nahen Osten verlassen würden.") und postkolonialer Antisemitismus (z. B. „Der Nahostkonflikt ist im Grunde ein Konflikt zwischen weißem Kolonialismus und unterdrückten Minderheiten."). Jede Dimension wird mit drei Items (Aussagen) operationalisiert. Die Items zum „israelbezogenen Antisemitismus" lauten: „Israels Politik in Palästina ist genauso schlimm wie die Politik der Nazis im Zweiten Weltkrieg."; „Durch die israelische Politik werden mir die Juden immer unsympathischer."; „Auch andere Nationen mögen ihre Schattenseiten haben, aber die Verbrechen Israels wiegen am schwersten." Anders als das von Moshe Zimmermann kritisierte Item haben die Leipziger Forscher*innen den „israelbezogenen Antisemitismus" mit Aussagen operationalisiert, die stark mit den anderen Antisemitismus-Dimensionen korrelieren. Wir gehen auf diese Befunde und etwaige Probleme im Abschn. 2.2 ausführlicher ein.

Angesichts der registrierten Zunahme antisemitischer und anti-zionistischer Straftaten in Europa in den Jahren 2002 bis 2004 waren Zeit und Not gekommen, sich über die Gemeinsamkeiten und Unter-schiede der vielen Antisemitismus-Begrifflichkeiten etwas mehr als Ge-danken zu machen. Und so kam das „European Monitoring Centre on Racism and Xenophobia" (EUMC)[4] im Jahre 2004 – nach einem Treffen mit Vertreter*innen verschiedener europäischer jüdischer und nicht-jüdischer Organisationen – zu dem Schluss, dass fast alle Definitionen von „Antisemitismus" zwei Gemeinsamkeiten aufweisen: sie beziehen sich auf feindselige Einstellungen und/oder Handlungen gegenüber Juden *und* sie beinhalten als zentralen Aspekt, „[...] that the hostility is directed towards Jews ‚as Jews', or towards Jews ‚because they are Jews', or towards Jews ‚because of their actual or perceived religious or racial background or identification" (EUMC, 2004a, S. 12). Es geht schlechter-dings um die Juden als Juden. Am Ende des Berichts von 2004 spezifizie-ren die Autor*innen ihre eigene Antisemitismus-Definition, in dem sie sich auf eine Arbeit von Brian Klug stützen. Antisemitismus sei, so Klug (2003, S. 7), der Prozess, in dem Juden zu „Juden" gemacht werden. Die Autor*innen von EUMC leiten daraus ab, Antisemitismus sei nicht nur eben jener Prozess, von dem Klug schreibt, sondern der Prozess, in dem jeder (ob jüdisch oder nicht) in „den Juden" verwandelt würde. Insofern bestehe der Kern des Antisemitismus aus „Any acts or attitudes that are based on the perception of a social subject (individual, group, institution, or state) as »the (‚deceitful', corrupt', ‚conspiratorial', etc.) Jew«" (EUMC, 2004a, S. 238). Der Zweck dieser Spezifikation bestand für das EUMC wohl auch darin, in der Analyse des Antisemitismus auch jene Ein-stellungen und Handlungen mit einzubeziehen, die sich in antisemitischer Weise gegen Personen oder Institutionen des Staates Israel wenden. Im Januar 2005 veröffentlichte das EUMC die folgende Arbeitsdefinition:

---

[4] Nach einem Beschluss des EU-Parlaments wurde das EUMC im Jahre 2007 durch die Agentur der Europäischen Union für Grundrechte (European Union Agency for Fundamental Rights, FRA) abgelöst.

"Antisemitism is a certain perception of Jews, which may be expressed as hatred toward Jews. Rhetorical and physical manifestations of antisemitism are directed toward Jewish or non-Jewish individuals and/or their property, toward Jewish community institutions and religious facilities" (Hagalil. com, 2005).[5]

Diese Definition wurde u. a. von der OSZE und der Menschenrechtskommission der Vereinten Nationen geteilt (United Nation, 2005).

Gegen diese Antisemitismus-Definition des EUMC wurde sehr schnell polemisiert. Zwei Beispiele sollen genügen: Während Michael Whine, ein Berater des World Jewish Congress, die Arbeitsdefinition als pragmatisches Instrument lobte (Whine, 2009), meinte François Dubuisson, Rechtswissenschaftler am Zentrum für Völkerrecht an der Universität in Brüssel, die Definition der EUMC sei fragwürdig und behindere legitime Debatten über den israelisch-palästinensischen Konflikt (Dubuisson, 2005). Sein Statement wurde von verschiedenen Organisationen aufgegriffen und verbreitet, so u. a. von der Kampagne „Boycott, Divestment and Sanctions" (BDS), die sich für eine wirtschaftliche, politische, kulturelle und wissenschaftliche Isolation Israels ausspricht (siehe u. a.: BDS Movement, 2016). Die Debatten um den Antisemitismus-Begriff des EUMC hatten indes bald ein Ende. Das EUMC wurde aufgelöst. Auf den Seiten der Nachfolgeorganisation, der „European Union Agency for Fundamental Rights" liest man den Hinweis, dass man sich nun auf die Begriffsbestimmung der *International Holocaust Remembrance Alliance* (IHRA),[6] die Internationale Allianz zum Holocaustgedenken, stütze.

Und damit wären wir bei dem nächsten Streitobjekt. Die IHRA legte im Mai 2016 eine Arbeitsdefinition zum Antisemitismus vor, die nahezu der früheren des EUMC aus dem Jahr 2005 entspricht:

---

[5] Sinngemäß: Antisemitismus ist eine bestimmte Wahrnehmung von Juden, die sich als Hass gegen Juden äußern kann. Rhetorische und physische Manifestationen von Antisemitismus richten sich gegen jüdische oder nichtjüdische Personen und/oder deren Eigentum, gegen jüdische Gemeinschaftseinrichtungen und religiöse Einrichtungen.

[6] Die IHRA ist eine 1998 gegründete zwischenstaatliche Nichtregierungsorganisation, der 35 Länder angehören, die sich verpflichtet haben, die Shoah zu erforschen und an sie zu erinnern.

„Antisemitismus ist eine bestimmte Wahrnehmung von Juden, die im Hass auf Juden Ausdruck finden kann. Rhetorische und physische Manifestationen von Antisemitismus richten sich gegen jüdische oder nicht-jüdische Individuen und/oder ihr Eigentum, gegen Institutionen jüdischer Gemeinden und religiöse Einrichtungen" (IHRA, 2025).

In einer Ergänzung heißt es dann u. a.: Erscheinungsformen von Antisemitismus könnten sich auch gegen den Staat Israel, der dabei als jüdisches Kollektiv verstanden wird, richten. Allerdings könne Kritik an Israel, die mit der an anderen Ländern vergleichbar ist, nicht als antisemitisch betrachtet werden.

Damit war der alte Streit mit den Kritikern der EUMC-Definition vorprogrammiert und ließ auch nicht lange auf sich warten.

Mit ihrer Arbeitsdefinition machte die IHRA zunächst auf mehrere Sachverhalte aufmerksam (vgl. auch: Büttner, 2021): a) Antisemitismus *könne* sich zwar, wie im Judenhass, in emotionsgeladenen, hasserfüllten Aktionen ausdrücken, *müsse* es aber nicht zwangsläufig. Eher agieren Antisemiten beabsichtigt, auf scheinbar rationaler, sachlich motivierter Grundlage. b) Antisemitismus richte sich nicht nur gegen Jüdinnen und Juden, sondern auch gegen Nicht-Juden, die sich gegen Antisemitismus engagieren. c) Mit den antisemitischen Manifestationen gegen jüdisches oder nichtjüdisches Eigentum, Institutionen, Gemeinden und Einrichtungen sollen auch jene Aktionen als antisemitisch beurteilt werden, die sich zum Beispiel gegen wirtschaftliche, politische und kulturelle Einrichtungen in Israel richten.

Man könnte meinen, damit ließe sich ein scharfes Schwert schmieden, um antisemitische Einstellungen, judenfeindliche Handlungen sowie antisemitisch motivierte Massaker auch als solche beobachten und ächten zu können. Weit gefehlt. Die „Rosa-Luxemburg-Stiftung" gab 2019 ein Gutachten in Auftrag, um die Arbeitsdefinition der IHRA beurteilen zu lassen. In dem Gutachten kam Peter Ullrich vom Zentrum für Antisemitismusforschung der TU Berlin (ZfA) 2019 u. a zu dem Schluss, die Arbeitsdefinition offenbare nicht nur handwerkliche Schwächen; sie könne genutzt werden, „[...] um Grundrechte, insbesondere die Meinungsfreiheit, in Bezug auf missliebige israelbezogene Positionen zu beschneiden" (Ullrich, 2019, Zusammenfassung).

Im Mai 2021 veröffentlichten mehr als 200 namhafte Wissenschaftlerinnen und Wissenschaftler – unter ihnen einflussreiche Mitarbeiter*innen des ZfA – u. a. aus Großbritannien, Deutschland, Israel und den USA die „Jerusalemer Erklärung zum Antisemitismus", mit der sie die Arbeitsdefinition der IHRA kritisierten und ihrerseits einen Begriffsvorschlag unterbreiteten (The Jerusalem Declaration on Antisemitism, 2021): Antisemitismus sei der Ausdruck von Diskriminierung, Vorurteilen, Feindseligkeiten oder Gewalt gegen Juden als Juden.

Damit möchten die Unterzeichnerinnen und Unterzeichner den Kampf gegen Antisemitismus stärken und eine offene Debatte über die brisante Frage zur Zukunft von Israel und Palästina anregen. Gleichzeitig halten sie Kritik an der israelischen Politik ebenso für gerechtfertigt wie wirtschaftliche, politische und kulturelle Boykott- und Sanktionsmaßnahmen. Das wiederum rief engagierte Antisemitismusforscherinnen und –forscher auf den Plan, die antiisraelische Proteste nicht als legitime Kritik an der israelischen Siedlungspolitik, sondern als antiisraelische, antizionistische, antisemitische Angriffe zu erkennen meinen. Außerdem sei die Antisemitismusdefinition in der *Jerusalemer Erklärung* unpräzise, oberflächlich und gefährlich. Wenn unter Antisemitismus ausschließlich der Angriff auf „Juden als Juden" gemeint sei, würden nicht nur zahlreiche antisemitisch motivierte Taten durch das Beobachtungsraster fallen, sondern auch der israelbezogene Antisemitismus in Abrede gestellt (z. B. Schwarz-Friesel, 2020; Ionescu, 2022). Am 29. Januar 2025 nahm der Deutsche Bundestag einen Antrag von SPD, CDU/CSU, Bündnis 90/Die Grünen und FDP zur Bekämpfung von Antisemitismus und Israelfeindlichkeit an. Der Antrag trägt den Titel „Antisemitismus und Israelfeindlichkeit an Schulen und Hochschulen entschlossen entgegentreten sowie den freien Diskursraum sichern" (Bundestag, 2025). Mit dem Antrag wird ein Beschluss des Deutschen Bundestages vom 17. Mai 2019 bekräftigt, in dem sich der Bundestag zur IHRA-Arbeitsdefinition bekannt hatte. Dagegen wandten sich wiederum Anhänger*innen der Jerusalemer Erklärung, die im Beschluss des Bundestages das Recht auf Freiheit der Wissenschaft bedroht sahen.

Was also tun? Zunächst einmal: genau hinsehen. Antisemitismus kann sich in offenen Ressentiments äußern, in Angriffen gegen jüdisch aussehende Menschen, hinter vorgehaltener Hand am Stammtisch in der

Kneipe, in Reden über ein „Denkmal der Schande" in sächsischen Ballsälen oder im Schlachtruf „From the River to the Sea". Antisemitismus findet sich dort, wo Juden und Jüdinnen verwehrt wird, Israel als ihre Heimstatt zu betrachten oder wenn das israelische Volk allein verantwortlich für die Konflikte und Kriege in Nahost gemacht wird. Gewiss, wissenschaftsbezogene Begriffe und Definitionen lassen sich kaum mittels politischer Abstimmung fest- und durchsetzen. Das gilt auch für den Antisemitismus. Natan Sznaider dürfte nicht ganz Unrecht haben, wenn er schreibt, „Antisemitismus" (als Begriff) sei eher „[...] politischer Kampfbegriff und Erlebnis als wissenschaftliche Begriffsbildung, die experimentell nachgewiesen werden kann" (Sznaider, 2020, S. 47).

Dan Diner schreibt:

„Der Gebrauch des Wortes »Antisemitismus« ist heikel. Mit dem Suffix »ismus« versehen, gibt es sich als Neologismus des 19. Jahrhunderts zu erkennen. Wie anderen, mit jenem Suffix versehene substantivierende Wortprägungen jener Ära ist ihm die Neigung eigen, die Komplexität lebensweltlicher Phänomene politisch zu programmieren, will heißen: sie ideologisch zu verengen" (Diner, 2019, S. 485).

Begriffe werden bekanntlich nicht nach Wahrheit, Falschheit oder logischer Widerspruchsfreiheit beurteilt, sondern nach ihrer Brauchbarkeit im Kontext anderer Begriffe eines neuen theoretischen oder vortheoretischen Systems. Experimente sind allerdings auch keine Lösung. Begriffe, so schreibt der von uns hochgeschätzte Paul Feyerabend „[...] are ambiguous, elastic, capable of reinterpretation, extrapolation, restriction" (Feyerabend, 1987, S. 78). Begriffe werden von Menschen im sozialen Raum konstruiert; wir können sie uns aneignen und nach den Kriterien der Passfähigkeit für den weiteren sozialen Austausch prüfen. Also, so könnte eine zugegebenermaßen etwas banale Forderung lauten: Antisemitismusforscher*innen pflegt den wissenschaftlichen Austausch über die Grenzen der eigenen Filterblase hinweg und versucht Euch im Streit an einem Konsens über das, was Euch wissenschaftlich bewegt.

Zaghafte Versuche, die Grenzen der wissenschaftlichen Eigengruppe zu überschreiten und den Austausch mit „andersdenkenden" Antisemitismusforscher*innen zu pflegen, gibt es indes schon. So startete das

Zentrum für Antisemitismusforschung an der TU Berlin einen Versuch, sich mit den verschiedenen Antisemitismusverständnissen auseinanderzusetzen. Herausgekommen ist ein lesenswertes und gehaltvolles Handbuch, das allerdings, sieht man sich die Zusammensetzung die Autorenschaft an, keinesfalls die umfangreiche und vor allem differenzierte Community der Antisemitismusforscher*innen widerzuspiegeln vermag (Ullrich et al., 2024). Ein anderes Beispiel ist das *Nexus-Dokument* der University of Southern California. Der lateinische Name scheint Programm zu sein: Nexus – Schnittstelle, Verbindungen, Zusammenhänge herstellen, im weitesten Sinne auch: Grenzen überwinden; gemeint ist allerdings der „Antisemitismus an seiner Schnittstelle zu Israel und Zionismus". Das *Nexus-Dokument* wurde u. a. von Kenneth Stern, der mit an der Arbeitsdefinition der IHRA gearbeitet hat, und von Derek J. Penslar, einem Mitunterzeichner der Jerusalemer Erklärung, entworfen. Dort heißt es u. a.:

"Antisemitism consists of anti-Jewish beliefs, attitudes, actions or systemic conditions. It includes negative beliefs and feelings about Jews, hostile behavior directed against Jews (because they are Jews), and conditions that discriminate against Jews and significantly impede their ability to participate as equals in political, religious, cultural, economic, or social life. As an embodiment of collective Jewish organization and action, Israel is a magnet for and a target of antisemitic behavior. Thus, it is important for Jews and their allies to understand what is and what is not antisemitic in relation to Israel" (Nexusproject, 2021).[7]

Auch dieser Versuch ist kritisiert worden; vor allem wegen der Aufforderung, aber auch der Schwierigkeit, zwischen feindseligen Äußerungen und Handlungen zu unterscheiden, die antisemitisch sind und solchen, die nicht antisemitisch sind (siehe auch: Penslar, 2022).

---

[7] Sinngemäß: Antisemitismus besteht aus antijüdischen Überzeugungen, Einstellungen, Handlungen oder systemischen Bedingungen. Er umfasst negative Überzeugungen und Gefühle gegenüber Juden, feindseliges Verhalten gegenüber Juden (weil sie Juden sind) und Bedingungen, die Juden diskriminieren und ihre Fähigkeit zur gleichberechtigten Teilhabe am politischen, religiösen, kulturellen, wirtschaftlichen oder sozialen Leben erheblich beeinträchtigen. Als Verkörperung der kollektiven jüdischen Organisation und Aktion ist Israel ein Magnet und ein Ziel für antisemitisches Verhalten. Daher ist es für Juden und ihre Verbündeten wichtig zu verstehen, was in Bezug auf Israel antisemitisch ist und was nicht.

Während man sich also über Definitionen und deren Konsequenzen streitet und gehaltvolle Argumente für ihre jeweiligen Sichtweisen vorzubringen vermag, lachen sich möglicherweise die Antisemiten, so könnte man vermuten, ins Fäustchen und planen den nächsten Angriff.

Es lohnt sich nicht, das Feld des Antisemitismus den Antisemiten und Antisemitinnen zu überlassen. Denn man kann es nicht oft genug wiederholen: „Der Antisemitismus ist genau das, was er zu sein vorgibt: eine tödliche Gefahr für die Juden und sonst nichts" (Arendt, 2001, S. 38; Original: 1951).

2.2   Antisemitismus – eine kalkulierte Inszenierung

Wir sprechen *erstens* vom Antisemitismus als *kalkulierte* Inszenierung und meinen damit genau den Wortsinn, den das Wort „kalkuliert" bedeuten soll. In der Wirtschaftssprache und in der Mathematik geläufig hat es die Bedeutung von „berechnend" und „geplant". Und eben in diesem Sinne ist der Antisemitismus eine berechnende und geplante Inszenierung. Damit markieren wir den Unterschied zur hasserfüllten Judenfeindschaft, auch wenn dieser Unterschied, wie zu zeigen sein wird, nur ein relativer (oder besser: historischer) ist.

Detlef Claussen betont genau diesen Unterschied, wenn er – anders als bei der historischen Judenfeindlichkeit – hinter dem Antisemitismus ein „identisches System" vermutet. Judenfeindliche Tendenzen habe es zweifellos in der Antike gegeben, aber es lasse sich kein identisches System hinter den Unruhen in Alexandria (38 nach christlicher Zeitrechnung)[8] und den antijüdischen Attacken der Kirchenväter zu entdecken (Claussen, 2000, S. 75; siehe auch Kap. 3).

Hass kann den Antisemitismus begleiten, gehört aber – aus unserer Sicht – nicht zu seinen wesentlichen Beschaffenheiten. Antisemitismus ist eben nicht die spontane, intentionslose Wut auf jene, die schutzlos sind oder als solche erscheinen. Das mag in Widerspruch zu Horkheimer

---

[8] Claussen bezieht sich hier auf ein gegen die Juden gerichtetes Pogrom in Ägypten des Jahres 38 n. Chr.

und Adorno stehen, die von der „Blindheit des Antisemitismus" sprechen und auch davon, dass sowohl die Opfer als auch die Täter „untereinander auswechselbar sind" (1969, S. 180). Auflösbar ist der Widerspruch vielleicht dann, wenn die Wortführer des Antisemitismus von den Mitläufern geschieden und die Funktionen der Inszenierung beleuchtet werden. Eine solche Unterscheidung findet sich bei Horkheimer und Adorno indes ebenfalls:

> „Die Erwachsenen, denen der Ruf nach Judenblut zur zweiten Natur geworden ist, wissen so wenig warum, wie die Jugend, die es vergießen soll. Die hohen Auftraggeber freilich, die es wissen, hassen die Juden nicht und lieben nicht die Gefolgschaft" (Horkheimer & Adorno, 1969, S. 180).

Wir sprechen *zweitens* vom Antisemitismus als *Inszenierung*, was etwas ausführlicher zu erklären ist: Der Begriff *Inszenierung* ist zumindest im Alltagssprachgebrauch zumeist mit negativen Konnotationen besetzt. Als Synonyme werden *Trug, Schein* oder *Simulation* angeführt, die nach normativer Tradition die Gegenbegriffe zu *Sein, Wahrheit* und *Authentizität* darstellen. In populärwissenschaftlichen Äußerungen, journalistischen Texte oder auch politischen Auseinandersetzungen erscheint der Inszenierungsbegriff eher als Mittel, um latente Diskreditierungen zu transportieren; z. B. wenn Kampagnen von Politikern oder Parteien als Show, Spektakel, Werbung, Vermarktung, also als *inszeniert* bezeichnet werden, um sie als Übertreibung, gestellte Idealisierung oder gar als unwahr zu entlarven und ihre Akteure als „Marionetten professionalisierter Werbestrategen" zu identifizieren (Meyer et al., 2000, S. 127).

Damit steht der Inszenierungsbegriff zunächst im Spannungsverhältnis zwischen Schein und Sein. Um unsere Auffassung zu begründen, dass dieses Spannungsverhältnis aber wohl eher einen individuell und sozial konstruierten (dialektischen) Widerspruch zwischen Realität und Fiktion ausdrückt, erlauben wir uns einen kleinen Exkurs in die Begriffsgeschichte: Nach Erika Fischer-Lichte (1998) stammt der Begriff „Inszenierung"/"In die Szene setzen" aus dem Französischen. Der französische Begriff „mise en scène" („Inszenierung") taucht nach 1800 auf und zwar zu einer Zeit, als sich grundlegende Veränderungen auf dem Theater ankündigten: der Regisseur wurde zum Künstler, zum Meister des „In Szene setzen", durch das „Unsichtbares" zur Erscheinung gebracht werden soll. Mit Hilfe der Auswahl und Kombination sämtlicher Darstellungselemente durch einen Regisseur wurden die Vorstellungen des Dichters zur wirkungsvollen Darstellung verwandelt. Die Tätigkeit des ‚In-Szene-Setzens' wurde damit zum schöpferischen Akt, die Aufführung, das gemeinsame Handeln der Schauspieler auf dem Theater, zum Prozess und zum Resultat der Inszenierung. Bis heute hat sich an der Einordnung von Inszenierung in den theatralen Kontext offenbar nicht viel geändert.

Auf einen weiteren Aspekt von Inszenierung macht Martin Seel aufmerksam. „Inszenierungen sind", schreibt er, „[...] absichtsvoll eingeleitete oder ausgeführte sinnliche Prozesse, die vor einem Publikum dargeboten werden" (Seel, 2001, S. 49). Dabei fällt auf, dass Inszenierungen als Prozess stets absichtsvoll eingeleitet oder ausgeführt werden. Seel will damit das Erfordernis intentionalen Handelns herausstellen. Demnach ist die Inszenierung jener Vorgang, durch den darauf aufbauende Ereignisse oder Situationen eingeleitet, angestoßen bzw. erst ermöglicht werden. Alles Folgende hängt von der Dynamik des Prozesses ab. Überdies macht Seel explizit deutlich, dass das Publikum für eine Inszenierung unverzichtbar ist. Inszeniert wird für Rezipienten und nie zum Selbstzweck. Dabei kann das Publikum aus mehr oder weniger präsenten Anderen bestehen. Weniger präsent ist z. B. ein Publikum, das am heimischen Fernsehapparat oder mit Blick auf den Desktop bzw. aufs Smartphone einer medialen Inszenierung beiwohnt.

Auf eine solche kommunikations- und medienwissenschaftliche Verwendung des Begriffes *Inszenierung* beziehen sich auch Christian Schicha und Rüdiger Ontrup: Inszenierungen seien Vorgänge, durch die „[...] Handlungen oder Zusammenhänge absichtsvoll und mit einer bestimmten Wirkungsabsicht zur Erscheinung gebracht werden" (Schicha & Ontrup, 1999, S. 80). Eine Inszenierung impliziert damit das „[...] kalkulierte Auswählen, Organisieren und Strukturieren von Darstellungsmitteln, das in besonderer Weise strategisch auf Publikumswirkung berechnet ist" (ebd.).

Mediale Inszenierung ist zwar der Theaterinszenierung nicht unähnlich. Während aber im Theater in der Regel Klarheit darüber herrscht, dass das, was auf der Bühne zu sehen ist, Fiktion ist, kann in medialen Inszenierungen neben der Fiktion auch die Realität direkt zum Gegenstand bzw. zum Thema werden, etwa dann, wenn in Nachrichtensendungen über Naturkatastrophen, Terrorismus oder Antisemitismus berichtet wird. Durch die inszenierte Fokussierung und (Über-)Betonung einzelner Merkmale von Personen oder Geschehnissen verschwimmen in der medialen Inszenierung die Grenzen zwischen Realität und Fiktion sowie zwischen privatem und öffentlichem Leben (Karpenstein-Eßbach, 2004, S. 208). Dass dies für die Wirkung und Wahrnehmung von (medialen) Inszenierungen relevant ist, wollen wir an dieser Stelle vermerken.

Zugegeben, die Herkunft des Begriffs „Inszenierung" aus dem semantischen Feld des Theaters bzw. der Vermittlungsmedien verheißt zunächst nichts Gutes, könnte man doch meinen, der Antisemitismus würde damit als reines Theater verharmlost. Das ist nun gar nicht unsere Absicht. Aber mit Theatralisierung hat der Antisemitismus schon zu tun. Wir sprechen von Antisemitismus als kalkulierte *Inszenierung*, weil er eine geplante und berechnende Aufführung und Vorstellung von etwas ist, das gleichzeitig verstellt und verschleiert aufgeführt wird.

Die Antisemiten präsentieren ihrem Publikum mit dem Antisemitismus ein Bild von den Juden, das mit den Juden nichts zu tun hat. Mit Julius Schoeps und Joachim Schlör (1995) gehen wir zunächst einmal davon aus, dass vom Mittelalter bis in die Gegenwart alle Konzeptionen, wie eine Gesellschaft beschaffen sein sollte, in unterschiedlicher Intensität und vielfältigen Ausprägungen, ihr Bild von »dem« oder »den« Juden als Gegenbild zum Guten, Wahren und Eigenem konstruierten.

Antisemitismus beruht nicht nur auf falscher Projektion (Horkheimer & Adorno, 1969, S. 196); Antisemitismus projiziert die falschen Bilder, mit denen Nichtjuden die Juden als Juden zu diffamieren versuchen. Die Antisemiten führen dem staunenden Publikum ein Drama vor, in dem die Juden als das Volk konstruiert werden, das per se dem eigenen Volk oder der eigenen Nation feindlich gegenübersteht. Im religiösen Antisemitismus sind *die* Juden die Christusmörder, die Brunnenvergifter und Kinderschänder. Der bürgerliche Antisemitismus sieht in *den* Juden die Personifikationen des „raffenden Kapitals". Die „Unreinheit" *der* Juden als „Rasse" ist das Essential des völkischen Antisemitismus. Für den politischen Antisemitismus streben *die* Juden nach der alleinigen Weltherrschaft. Und für die Antizionisten ist der Staat Israel das Markenzeichen für die Bösartigkeit *der* Juden.

Die Antisemiten wissen von der Dramatisierung, die sie ihrem Publikum vorführen. Sie wissen auch von der Falschheit der Bilder, die sie konstruieren. Und sie wissen ferner, dass die falschen Bilder funktionieren, weil sie sich auf Symbole, Metaphern und Mythen stützen, die, obwohl sie nichts mehr mit der wirklichen Wirklichkeit *der* Juden zu tun haben, so alt wie die Zivilisation sind. Die Darstellung von falschen Konstruktionen über *die* Juden und die gleichzeitige Verschleierung der Falschheit sind die tragenden Mechanismen der kalkulierten *Inszenierung* des Antisemitismus.

Wir sprechen *drittens* vom Antisemitismus als kalkulierte Inszenierung, weil sich die Akteure der Inszenierung mit ihrer Inszenierung selbst inszenieren. Keine antisemitische Inszenierung ohne Selbstinszenierung der Antisemiten. Die Selbstinszenierung der Antisemiten ist keine Selbstoffenbarung, sondern mit der Delegitimierung der Juden und Jüdinnen als Juden werden gleichzeitig die vermeintlichen Besonderheiten der Nichtjuden idealisiert und ihre eigenen Unzulänglichkeiten auf die Juden projiziert. Das sind auch die eigentlichen Funktionen des Antisemitismus. Der Antisemitismus als kalkulierte Inszenierung dient der Selbstinszenierung der Antisemiten.

Ernst Simmel formuliert es so: „Den Massakern an Juden ging stets eine Hetzkampagne voraus, in der die Juden eben jener Verbrechen bezichtigt wurden, die der Antisemit zu begehen im Begriffe stand. Bevor der Massenmensch die Juden ausraubt, ihre religiösen Symbole zerstört, ihre Körper verstümmelt und ihre Frauen vergewaltigt, beschuldigt er *die Juden* eben dieser Grausamkeiten" (Simmel, 1993, S. 74; Original: 1946; Hervorhebung im Original).

Die Selbstinszenierung der Antisemiten ist Impression Management im Dienste des Identitätsmanagements. Erving Goffman war wohl der erste, der mit „Impression Management" jene Wege zu beschreiben versuchte, „[…] in which the individual in ordinary work situations presents himself and his activity to others, the ways in which he guides and controls the impression they form of him, …" (Goffman, 1959, S. xi).

Impression Management, übrigens im Alltag häufig bedeutungsgleich mit *Image Controll,* Self-Presentation oder *Selbstpräsentation* gebraucht, besagt, dass Menschen den Eindruck steuern bzw. kontrollieren wollen, den sie auf andere Menschen auszuüben versuchen. Genau das tun die

Antisemiten. Ihre Selbstinszenierung ist keine Selbstbespiegelung, sondern hat den Zweck, das staunende Publikum zu beeindrucken und diesen Eindruck gezielt zu manipulieren. Damit wollen die Antisemiten zum *einen* dem Publikum Modelle zur Selbstdefinition liefern und zur antisemitischen Nachahmung auffordern. Antisemitismus ist so immer auch Propaganda, Demagogie und Hetze gewesen. Zum *anderen* suchen die Antisemiten mit ihren selbstinszenierungen auch selbstvergewisserung, eben das, was wir das Identitätsmanagement nennen können. Auch dieser Begriff geht eigentlich auf Goffman zurück. Das Buch, in dem Goffman die Bedeutung dieses Begriffs entwickelt, heißt im Original „Stigma. Notes on the management of spoiled identity", im Deutschen erschienen mit dem Titel „Stigma. Über Techniken der Bewältigung beschädigter Identität" (Goffman, 1967). „Stigma" ist das griechische Wort für „Brandmal". Jemanden stigmatisieren, heißt ihn anprangern, brandmarken, herabsetzen, in Misskredit/Verruf bringen, verurteilen. Und da wird es interessant: Die Antisemiten fühlen sich gebrandmarkt, herabgesetzt, in Misskredit und Verruf gebracht. Allerdings ist ihr Antisemitismus nicht die Ursache dieser scheinbaren Brandmarkung, sondern das Mittel, sich gegen die vermeintliche Brandmarkung zu erwehren. Die Ursache ihres Stigmas ist die eigene Unzulänglichkeit und die kann viele Facetten annehmen, was noch zu zeigen sein wird.

Der Antisemitismus ist *viertens* eine kalkulierte Inszenierung, weil es ein Publikum gibt, das erst ob der Inszenierung staunt, um sich dann willig an der Inszenierung zu beteiligen und schließlich die Vernichtung der Juden als Juden auszuführen. Es war letztlich immer das Publikum, die als populus, als Volk oder als „gemeines Volk" die inszenierte Judenfeindschaft (im Mittelalter) oder den ideologisierten Antisemitismus in die Tat umsetzten. So sollten „gemeine" Perser die vom Oberpriester Haman inszenierte Vernichtung vollziehen (Buch Esther); „gemeine" Bürger ließen sich von so genannten Kreuzfahrern zu den Pogromen im Hochmittelalter anstacheln; „gemeine" Bürger töteten auch die Juden, von denen gesagt wurde, sie hätten die Brunnen vergiftet und christliche Kinder gemordet; „normale" deutsche Studenten verbrannten auf dem Wartburgfest 1817 jüdische Schriften; ganz „normale Deutsche" ließen sich in der Nacht vom 9. zum 10. November 1938 von der NSDAP und der SA „organisieren", um jüdische Geschäfte, Privathäuser, Wohnungen und Synagogen zu zerstören; und ganz „banale" Deutsche organisierten und vollzogen schließlich auch den Holocaust. Und wie bei jeder schlechten Inszenierung, hat am Ende niemand aus dem Publikum etwas gewusst bzw. das Böse immer schon abgelehnt. Um es nicht zu vergessen: Zwei Drittel der in Europa lebenden Juden fielen dem Holocaust zum Opfer, sechs Millionen Menschen.

An der kalkulierten antisemitischen Inszenierung kann sich das Publikum *fünftens* anschließen, wenn es sich mit den Symbolen, Metaphern und Mythen, die zur Inszenierung genutzt werden, identifizieren kann. Antisemitische Inszenierungen müssen, um als Identifikationshilfen zu taugen, den Rahmenvorstellungen des Publikums entsprechen. Erving Goffman, um ihn noch einmal zu erwähnen, spricht von „sozialen Rahmen" und meint damit die impliziten oder expliziten Interpretationsschemata für das Verständnis sozialer Ereignisse (Goffman, 1974). Soziale Rahmen definieren den Bedeutungsraum für den sozialen Austausch. Unter einem Bedeutungsraum lässt sich das Ausmaß (oder die Art und Weise) verstehen, in dem Mitglieder sozialer Gemeinschaften in interindividuell übereinstimmender Weise die Welt zu deuten versuchen. Bedeutungen sind quasi das „soziale Band", durch das die Mitglieder einer sozialen Gemeinschaft annähernd übereinstimmende Sichtweisen auf die Wirklichkeit entwickeln, sich demzufolge als diesen Gemeinschaften zugehörig definieren und sich durch diese gemeinschaftsspezifischen Wirklichkeitskonstruktionen von anderen Gemeinschaften unterscheiden. Jene, die die Welt nicht nur anders deuten, sondern dies auch noch anders zu begründen versuchen, werden als nicht der sozialen Gemeinschaft zugehörig angesehen. Die sozialen Gemeinschaften mit charakteristischen Bedeutungsräumen, also jene Gemeinschaften, deren Mitglieder annähernd interindividuell übereinstimmende soziale Konstruktionen über bestimmte Wirklichkeitsbereiche besitzen, nennen wir Deutegemeinschaften. Ob z. B. die Juden in Deutschland als „Gehilfen der jüdischen Weltverschwörung", als „Reichsfeinde" oder als „deutsche Bürgerinnen und Bürger" bezeichnet werden, unterliegt keineswegs beliebigen oder zufälligen Interpretationsprozessen. Derartige Interpretationen oder soziale Konstruktionen über die Wirklichkeit werden in sozialen Gemeinschaften, eben den Deutegemeinschaften, geschaffen, verbreitet und von den Mitgliedern dieser Gemeinschaften zur individuellen Interpretation von Wirklichkeit benutzt. Deutegemeinschaften müssen insofern keine sozialen Gruppen sein, deren Mitglieder sich kennen und gemeinsam interagieren. Von Deutegemeinschaften lässt sich bereits dann sprechen, wenn wir es mit Menschen zu tun haben, die gleiche oder ähnliche Sichtweisen auf gesellschaftliche Probleme und Prozesse haben.

Probate Mittel, um mit antisemitischen Inszenierungen die Rahmenvorstellungen und -erwartungen eines Publikums zu treffen und Identifikationshilfen bereit zu stellen, scheint der inszenierte und dramatisierte Einsatz von allgemein bekannten, weil tradierten Symbolen, Metaphern und Mythen zu sein. So erinnert eine Karikatur, die im April 2014 in der „Süddeutschen Zeitung" erschien und auf der Facebook-Besitzer Mark Zuckerberg als Krake dargestellt, mit Hakennase, kräuseligen Haaren und Tentakeln, die wie Schläfenlocken wirken, an ähnliche Darstellungen vom „ewigen, herrschsüchtigen, verlogenen, habgierigen Juden", wie sie zum Beispiel im NSDAP-Wochenblatt „Der Stürmer" erschienen sind (Tagesspiegel, 2014). Im Jahre 2022 hing auf der *documenta fifteen* ein Banner des Kunstkollektivs *Taring Padi*. Darauf zu sehen war u. a. die Zeichnung eines Mannes mit Brille, Raffzähnen, Schläfenlocken und Hut, auf dem SS-Runen zu erkennen sind. Von einer Nazifizierung „des" Juden zu sprechen, ist sicher nicht ganz abwegig (Urban, 2023; Stosberg, 2025). Auf einer verhetzenden Karikatur an einem Stromkasten in Berlin Mitte war im Mai 2024 ein Mann mit Schläfenlocken und ebenfalls riesigen Raffzähnen abgebildet (Welt, 2024).

Es scheint mithin gar nicht so schwer zu sein, Mythen oder Metaphern von der „jüdischen Weltverschwörung", vom „raffenden Juden" etc. zu bedienen, Mythen, an die sich Antisemiten gut anzuschließen vermögen.

Symbole, Metaphern und Mythen sind soziale Konstruktionen, die auf andere soziale Konstruktionen verweisen. Als Zeichen sind Symbole Hinweise, die für etwas Anderes stehen (vgl. auch Eco, 1989, S. 27), d. h. dass hinter dem sinnlich erkennbaren Symbol eine weitere Bedeutung verborgen ist, auf die das Symbol verweist. Diese Verweisungsfunktion gilt auch für Metaphern. Metaphern gehören zu den sogenannten Tropen, den Sinn- und Namenänderungen. Sie ermöglichen Vergleiche, wo herkömmliche (was auch immer diese sein mögen) Vergleichskriterien versagen. Metaphern sind innerhalb einer Sprach- oder Deutegemeinschaft typische, in Sprache ausgedrückte Bilder, bei denen ein Wort auf Grund einer Ähnlichkeit im übertragenen Sinne verwendet wird.

In Anlehnung an Roland Barthes (1964) können wir unter Mythen jene sozialen Konstruktionen über die Wirklichkeit subsumieren, die die Sprach-, Lebens- und Kulturformen einer sozialen Gemeinschaft in erzählerischer Weise vereinheitlichen, vereinfachen und u. U. verändern und auf diese Weise neue Sprach-, Lebens- und Kulturformen zu schaffen versuchen, die nicht mehr bewiesen und begründet werden müssen. Man denke an die Symbolik der Zahl „88", an die Triskele (das Dreibein), an die „Reichskriegsflagge", an die Runen oder an das Hakenkreuz, an die Metapher von den „Zecken", an den „Ausplünderungsfeldzug der US-Ostküste" oder an den Mythos vom ewigen Juden Ahasver und natürlich immer wieder an den „völkischen" Mythos, den Mythos der Nation, den Mythos von der jüdischen Weltverschwörung usw. usf. All diesen sozialen Konstruktionen liegen bereits existierende soziale Konstruktionen zugrunde, die man auch als primäre soziale Konstruktionen nennen kann. So ist die Zahl „88", die von Rechtsextremen bekanntlich gern als Symbol für „Heil Hitler" benutzt wird, weil der achte Buchstabe im deutschen Alphabet das „H" ist, eben auch ein numerischer Ausdruck. Die Triskele, die bei Rechtsextremen als Ersatz für die Präsentation des Hakenkreuzes beliebt ist, findet sich – ebenso wie das Hakenkreuz – schon auf prähistorischer Keramik der Urnenfelderkulturen und symbolisiert Dynamik, Werden und Vergehen. Die Metapher von der „US-Ostküste" soll auf das jüdische Finanzkapital verweisen. Und der Mythos vom Juden Ahasver geht bekanntlich auf die christliche Sage des Matthäus (16, 28) zurück, nach der Jesus nach seiner Verurteilung mit dem Kreuze beladen beim Haus des Juden Ahasver ausruhen will und von diesem gefühllos zurückgewiesen wird. Ahasver wird daraufhin zur ewigen Unruhe und Heimatlosigkeit verdammt. Seit dem 17. Jahrhundert taucht der ewige Jude dann als Erzählung über die Unheimlichkeit und Falschheit des Judentums auf.

Produziert und für diverse Zwecke instrumentalisiert werden die Mythen durch soziale Gruppen, die sogenannten Mythenmacher und Mythenmacherinnen. Hier passiert das, was Umberto Eco im Gegensatz zu „spontaner" die „gelenkte" Mythenbildung nennt (Eco, 1989, S. 188), die *gezielte* Herstellung mythischer Erzählungen. Ähnlich verhält es sich mit den Verschwörungserzählungen (siehe oben). Wie Mythen stützen sich diese zunächst einmal auf Ereignisse und Erfahrungen, die einen wahren Kern haben können. Verschwörungserzählungen versuchen aber darüber hinaus, diese tatsächlichen oder erinnerten Ereignisse oder Erfahrungen umzudeuten, um neue Bedeutungen zu konstruieren.

Insofern können wir durchaus auch von Verschwörungsmythen sprechen. Durch die verschwörerischen Aussagen erhalten die Verschwörungsmythen den Charakter von Entscheidungen zugeschrieben, die in geheimen, illegitimen, elitären Zirkeln getroffen wurden.

Wir sprechen *sechstens* vom Antisemitismus als kalkulierte Inszenierung der *Vernichtung der Juden als Juden*. Nicht einzelne Jüdinnen und Juden sind das Ziel der kalkulierten Inszenierung. Die Antisemiten (als Mitglieder bestimmter Gruppen oder Gemeinschaften) verweigern den Juden (als Mitglieder feindlicher Gruppen oder Gemeinschaften) die Rechtmäßigkeit ihrer Existenz als Mitglieder sozialer Gemeinschaften. Lars Rensmann fragt, ob nicht jede „Spielart" des Antisemitismus die Vernichtung der Juden in sich trage oder billige. So habe auch Jean-Paul Sartre in seinen „Betrachtungen zur Judenfrage" darauf hingewiesen: „Was der Antisemit wünscht und vorbereitet, ist der Tod des Juden" (Sartre, 1973; zit. n. Rensmann, 2004, S. 77). Daniel Bar-Tal führte in diesem Zusammenhang den Begriff der „Delegitimierung" ein und versteht darunter „[...] beliefs that downgrade another group with extreme negative social categories for the purpose of excluding it from human groups that are considered as acting within the limits af acceptable norms and/or values" (Bar-Tal, 1990, S. 93).[9]

Dehumanisierung und das Ausstoßen aus der menschlichen Gemeinschaft sind Mittel, um die Delegitimierung zu praktizieren. Genau in diesem Sinne ist der Antisemitismus die geplante und berechnende Vernichtung *der* Juden als Volk, Nation und Gruppe. Aus sozialpsychologischer Sicht geht es dabei um die Vernichtung einer sozialen Kategorie, nicht primär um die Vernichtung Einzelner. Der Holocaust ist die extremste Version dieser Vernichtung.

---

[9] Sinngemäß: Überzeugungen, die eine andere Gruppe mit extrem negativen sozialen Kategorien kennzeichnen, um sie von menschlichen Gruppen auszuschließen, von denen man annimmt, dass sie sich innerhalb der Grenzen akzeptabler Normen und/oder Werte bewegen.

Wir sprechen *siebtens* vom Antisemitismus als kalkulierte Inszenierung der Vernichtung der Juden als Juden, weil der Kampf gegen den Antisemitismus ein Kampf gegen die Inszenierung und Selbstinszenierung der Antisemiten sein muss. Man kann es auch pragmatischer formulieren, so wie es Simmel tat: „Die Regierung müsste Gesetze erlassen, die jede direkte Manifestation von Minderheitenhass, etwa Antisemitismus, unter Strafe stellt" (Simmel, 1993, S. 99; Original: 1946). Wohlgemerkt, Simmels Forderung ist 80 Jahre alt. Überholt ist sie noch lange nicht.

2.3 Globales und Nationales: Sozialwissenschaftliche Beobachtungen

Wissenschaftstheoretisches Vorgeplänkel

Man kann nicht behaupten, dass sich empirisch arbeitende sozialpsychologisch oder sozialwissenschaftlich ausgerichtete Antisemitismusforscher*innen in den letzten Jahren besonders intensiv an den Diskussionen um die *Definitionen* des Antisemitismus beteiligt haben.[10] Sie taten das nicht aus Unkenntnis oder Desinteresse. Die Geschichte der Judenfeindlichkeit und des Antisemitismus sowie die großen theoretischen Entwürfe, mit denen der Antisemitismus erklärt werden kann, kennen sie gut (z. B. Decker et al., 2024a, b; Frindte, 2022; Imhoff, 2010), die Debatten um die Definitionen ebenfalls (z. B. Nyhan et al., 2024; Shani et al., 2025). Auch die Art und Weise sowie das Ausmaß antisemitischer Straf- und Gewalttaten beobachten sie aufmerksam (z. B. Küpper, 2024; Jikeli, 2024).

Für viele empirisch arbeitende Sozialwissenschaftler*innen und Sozialpsycholog*innen[11] bilden dieses Wissen und die Beobachtungen den

---

[10] Zu den Ausnahmen dürften die Arbeiten von Wilhelm Kempf gehören (z. B. Kempf, 2015, 2024).

[11] An dieser Stelle sind zwei Anmerkung vonnöten: Von „empirisch arbeitenden Sozialwissenschaftler*innen und Sozialpsycholog*innen" zu schreiben, ist ungenau. Zum einen gibt es keine „reine" Empirie (Popper, 2005, S. 89; Original: 1934). Zum anderen ist der Empirie-Begriff bekanntlich ein schillernder. Pragmatisch gehen wir einfach davon aus, dass eine Theorie die Funktion hat, die Empirie zu erklären, während diese eine Theorie begründen kann. Auf eine Diskussion der Dynamik von Theorie und Empirie verzichten wir an dieser Stelle aber (siehe: Frindte, 2024, S. 154 ff.).

Hintergrund, der ihre Forschungen inspiriert, beeinflusst und auch mehr oder weniger leitet. Mit Herbert H. Clark können wir diesen Hintergrund auch „Common Ground" nennen. „Common ground is information that is common to a community of people", definiert Clark (Clark, 2010, S. 85) nicht ganz zirkelfrei. Das heißt, empirisch arbeitende Sozialwissenschaftler*innen und Sozialpsycholog*innen, die sich wissenschaftlich mit dem Antisemitismus beschäftigen, teilen nicht selten ähnliche Auffassungen und Wissensinhalte wie nicht empirisch arbeitende Antisemitismusforscher*innen. Diese Auffassungen und Wissensinhalte besitzen für empirisch arbeitende Sozialwissenschaftler*innen und Sozialpsycholog*innen allerdings nicht den Charakter eines etablierten wissenschaftlichen Paradigmas, aus dem sich – nach Thomas Kuhn (z. B. 1996, S. 181 ff.; Original: 1962) – theoretische und methodische Maßstäbe ergeben, die für die Mitglieder einer Wissenschaftsgemeinschaft weitgehend bindend und für die weitere Forschung richtungsweisend sind.

Wenn empirisch arbeitende Sozialwissenschaftler*innen und Sozialpsycholog*innen auf Antisemitismus aufmerksam werden, dann können auch Facetten des besagten Common Ground, Auffassungen und Wissensinhalte über Antisemitismus, salient, auffällig und bedeutsam werden. Auf welche Auffassungen und Wissensinhalten sie sich in diesen Fällen stützen, um ihre Forschungsambitionen zu verankern, dürfte zumindest von drei Faktoren oder Kontexten abhängen: *zum einen* von gesellschaftlichen Rahmenbedingungen, zum zweiten von den eigenen Forschungstraditionen und der Zugehörigkeit zu speziellen sozialwissenschaftlichen bzw. sozialpsychologischen *Scientific Communities*, die man auch den *Community Ground* nennen könnte und *zum dritten* davon, inwieweit die Forschenden entweder dogmatisch oder pragmatisch-eklektizistisch mit den Facetten des Common Ground umzugehen verstehen.

Alle drei Faktoren bedürfen einer Erklärung:

Ad 1. Werner Bergmann (2003) hat sehr eindrucksvoll zeigen können, wie seit der ersten deutschen Antisemitismus-Studie des Instituts für Demoskopie Allensbach aus dem Jahre 1949 über mehr oder weniger repräsentative Umfragen in den 1970 und 1980er Jahren (z. B. Silbermann, 1982) bis zu den Studien aus den 1990er Jahren

(z. B. Bergmann & Erb, 1991) die Aussagen bzw. Items sich wandelten, mit denen antisemitische Einstellungen erhoben wurden. Mittels einer Frame-Analyse wertete Bergmann 678 Fragen und Aussagen bzw. Items aus, die über die Jahrzehnte in den zahlreichen Studien genutzt wurden. Während in den frühen Untersuchungen Jüdinnen und Juden im Kontext von Krieg, Verfolgung und Vernichtung thematisiert wurden, wird in den 1960er Jahren u. a. danach gefragt, inwieweit Jüdinnen und Juden Einfluss auf das gesellschaftliche Leben in Deutschland nehmen. In den 1970er Jahren tauchen Jüdinnen und Juden im Kontext Israels und des Nahostkrieges auf. Bergmann konstatiert: „Welcher »Frame« jeweils aktualisiert wird, hängt von aktuellen Ereignissen ab: Umfragen zu Gedenktagen aktualisieren den Opfer- und NS-Bezug, Nahostkrisen evozieren den Israel-Bezug, und in Studien zu aktuellen Entwicklungen von Rechtsextremismus und Ausländerfeindlichkeit erscheinen die Juden als eine ethnische Gruppe" (Bergmann, 2003, S. 255).

Ad 2. Zum Community Ground, also den eigenen Forschungstraditionen bzw. den der eigenen Wissenschaftsgemeinschaft, gehören fachtheoretische, methodologische und methodische Traditionen und Erfahrungen, mit denen sich die empirisch arbeitenden Sozialwissenschaftler*innen und Sozialpsycholog*innen identifizieren (nicht zuletzt durch ihre wissenschaftliche Sozialisation) und die sich in der bisherigen wissenschaftlichen Arbeit bewährt haben. Um drei Beispiele zu nennen: Die Wissenschaftler*innen um Oliver Decker haben sich schon sehr früh in der Scientific Community der Autoritarismusforscher*innen verortet. Insofern ist es nicht verwunderlich, wenn den „Leipziger Autoritarismus-Studien" – wie es der Name der Studien ja schon besagt – der Autoritarismus eine zentrale Rolle bei der (empirisch fundierten) Erklärung antisemitischer Vorurteile spielt (z. B. Decker et al., 2024a, b). In den „Mitte-Studien" von Beate Küpper, Andreas Zick und Kolleg*innen spielt neben dem Autoritarismus auch die Soziale Dominanzorientierung eine Rolle als Erklärer für antisemitische Vorurteile (Zick et al., 2023, S. 174 ff.). Die Entscheidung, diese Variable mit in die Erklärung einzubeziehen, dürfte u. E. auch ein Ergebnis bisheriger Forschungserfahrungen, wissenschaftlicher Sozialisation und Identifikation sein (z. B. Zick &

Küpper, 2006). Und wenn Roland Imhoff auf den theoretischen und empirischen Zusammenhang von Verschwörungsmentalität und Antisemitismus aufmerksam macht (Imhoff, 2020), so ist das nicht nur eine Folge empirischer Faktizität, sondern hängt wohl auch mit den wissenschaftlichen Schwerpunkten des Autors und seines Eingebundenseins in spezifische Scientific Communities zusammen; national wie international gehört Imhoff zu den führenden Forscher*innen, die sich mit Verschwörungsmythen beschäftigen (z. B. auch Imhoff et al., 2022).

Ad 3. Was nun den dogmatischen oder pragmatisch-eklektizistischen Umgang mit den Facetten des Common Ground, Auffassungen und Wissensinhalte über Antisemitismus, betrifft, so halten wir es mit Paul K. Feyerabend, der u. a. zwischen „opportunistischen oder eklektizistischen Traditionen" und „dogmatischen Traditionen" unterscheidet. Während die eklektizistischen von Werten geleitet seien, sich aber nicht scheuen, die eigenen Werte zu verändern und die Werte anderer Traditionen zu tolerieren, versuchen die dogmatischen Traditionen bzw. deren Vertreter*innen die eigenen Werte als die einzig wahren Grundwerte in die Welt zu projizieren und „[…] alle Ereignisse (der Geschichte, des Privatlebens, selbst der Natur) an ihnen (zu) messen und (zu) versuchen, die Welt durch Gewalt, Überredung oder institutionelle Machenschaften in ihre Richtung zu biegen…" (Feyerabend, 1980, S. 136 f.). Empirisch arbeitende Sozialwissenschaftler*innen und Sozialpsycholog*innen, und wir rechnen uns ebenfalls dazu, verhalten sich meist, so unterstellen wir, pragmatisch-eklektizistisch, wenn sie sich forschend mit Antisemitismus beschäftigen. Oft sind es antisemitische Ereignisse, ein Forschungsauftrag, eigene Erlebnisse oder andere Anlässe, die die empirischen Forschungen anstoßen. Nicht selten sind dann pragmatische Entscheidungen über die geeigneten Datenquellen, deren Analyse, Auswertung und Interpretation, also über das Warum, Wer, Wo und Wie, notwendig. Dabei greifen empirisch arbeitende Sozialwissenschaftler*innen und Sozialpsycholog*innen eklektizistisch aus dem Pool sozialwissenschaftlicher bzw. sozialpsychologischer Theorien und Methoden jene Erklärungsansätze und Instrumente heraus, die sie für geeignet halten, mit denen sie schon Erfahrung gemacht haben und die sich mehr oder weniger nützlich für die geplanten Forschungsvorhaben erwiesen haben. Im besten Fall begeistern sie sich für inter- bzw. transdisziplinäre Ansätze, präferieren Multi-Method-Modelle und ändern u.U. auch ihre theoretischen und methodischen Entscheidungen, wenn es Anlässe, Ereignisse, Probleme, Zeit und Umstände erfordern.

„Ob unser Tun »relevant« ist, wissen wir immer erst im Nachhinein, und selbst dann dauert es oft lange, bis sich die Wirkungen zeigen" (Feyerabend, 1992, S. 209).

Globaler Antisemitismus – Befunde

Wie gesellschaftlichen Rahmenbedingungen, die Zugehörigkeit zu sozialwissenschaftlichen bzw. sozialpsychologischen *Scientific Communities* und der *pragmatisch-eklektizistische* Umgang mit den Auffassungen und Wissensinhalten zum Antisemitismus die jeweiligen empirisch ausgerichteten Forschungsvorhaben beeinflussen, lässt sich gut beobachten, wenn man die in den letzten Jahrzehnten zunehmend differenzierter gewordenen, empirisch belegten Dimensionen antisemitischen Vorurteilen bzw. Einstellungen in den Blick nimmt. Im Abschn. 2.1 sind wir auf diese Differenzierungen bereits eingegangen. An dieser Stelle betrachten wir die dazu vorgelegten empirischen Befunde.

Samuel Salzborn interpretiert die islamistischen Terroranschläge von 9/11 als „[…] den Auftakt für eine weltweite *antisemitische Revolution*" (2018, S. 25; Hervorh. im Original). Zwei Seiten weiter stützt sich *Salzborn* auf eine Formulierung der russischen Zeitung *Iswestija* (die den islamistischen Terrorismus als ersten „echten Weltkrieg" bezeichnete), um von einem „antisemitischen Weltkrieg" (S. 27) zu sprechen. Beide Formulierungen (antisemitische Revolution und antisemitischer Weltkrieg) sind bedeutungsmächtige Begriffe, die gründliche und nachvollziehbare Explikationen voraussetzen. Es handele sich um einen antisemitischen Weltkrieg, „[…] weil der Hass auf die Aufklärung und die mit diesem verbundene antisemitische Regression quer zu allen politischen Kategorialisierungen anzutreffen ist" (S. 27). Und 9/11 sei der Auftakt der antisemitischen Revolution; mit 9/11 habe die antisemitische Internationale ihren initialen Impuls erhalten, um eine Neuordnung der Welt entlang antisemitischer Prämissen zu versuchen; die antisemitische Revolution richte sich gegen Rationalität, Vernunft und Verstand (ebd., S. 43 ff.).

Bekanntlich handelt es sich bei politischen Revolutionen, allgemein und vereinfacht gesagt, um grundlegende und nachhaltige Veränderungen staatlicher Ordnungen und gesellschaftlicher Machtverhältnisse.[12] Antisemiten und Antisemitinnen streben solche radikalen Veränderungen an; das ist keine Frage. Auch dass sich die Antisemiten schon längst als Internationale wahrnehmen und präsentieren, stellen wir nicht in Abrede. Wir befürchten aber, dass die bedeutungsmächtigen Begriffe, auf die *Samuel Salzborn* zurückgreift, kaum geeignet sind, um den Mut zum Widerstand gegen die international und transnational agierenden Antisemiten und Antisemitinnen zu befördern, sondern eher das Desinteresse und die Resignation jener verstärken könnten, die schon immer meinten, „wir schaffen das nicht". Auch *Samuel Salzborn* ist, ob seiner bedeutungsmächtigen Begriffe und Interpretationen skeptisch, „[…] da es nach wie vor im Weltmaßstab keine antisemitische Revolution gibt" (ebd., S. 56). Nichtsdestotrotz sind wir mit *Salzborn* der Meinung, dass der Kampf gegen die Antisemiten und Antisemitinnen sowie den rechten, linken und islamistischen Antisemitismus unverzichtbar ist.

Dass ein weltweiter Aufstieg und eine Verstärkung antisemitischer Ressentiments im globalen Maßstab zu beobachten sind, lässt sich nicht leugnen. Indikatoren sind für Lars Rensmann (2004) der israelbezogene bzw. antizionistische Antisemitismus, die verschiedenen Varianten der Holocaust-Relativierung und -Leugnung hervor, zahlreiche neue antisemitische Verschwörungsmythen, der postkoloniale Antisemitismus, der islamistisch motivierte politische Antisemitismus sowie die vielen Formen, die die Judenfeindlichkeit in der globalisierten digitalen Öffentlichkeit annehmen kann.

Empirische Hinweise auf den weltweiten Anstieg antisemitischer Ressentiments und Einstellungen liefert in verlässlicher Weise das unabhängige US-amerikanische Meinungsforschungsinstitut Pew Research

---

[12] Bei Hannah Arendt kann man lesen: „Nur, wo dies Pathos des Neubeginns vorherrscht und mit einem Freiheitsbegriff verknüpft ist, haben wir das Recht, von Revolution zu sprechen. Woraus folgt, dass Revolutionen prinzipiell etwas anderes sind als erfolgreiche Aufstände, dass man nicht jeden Staatsstreich zu einer Revolution auffrisieren darf und dass nicht einmal jeder Bürgerkrieg bereits eine Revolution genannt werden darf" (Arendt, 1963, S. 128).

Center. In einer im Oktober 2019 veröffentlichten Studie über die Einstellungen gegenüber „minority groups" wurden insgesamt knapp 19.000 erwachsene Personen aus 17 europäischen Ländern befragt. Mindestens die Hälfte der Befragten äußerten eine positive Meinung über Jüdinnen und Juden im eigenen Land; zum Beispiel waren es in Schweden 92 %, in Deutschland 86 %, in Italien 77 %, in Polen 59 %, in Griechenland 51 %, in der Ukraine 83 und in Russland 75 % (Pew Research Center, 2019). Im März 2023 konstatierte das Pew Research Center allerdings auch, dass zwischen 2007 und 2020 antisemitische Vorfälle (verbale und körperliche Angriffe, Vandalismus auf jüdischen Friedhöfen und judenfeindliche Verschwörungserzählungen über die Ursachen von Covid-19) weltweit angestiegen sind. Während 2007 in 51 Ländern derartige Vorfälle registriert, so waren es 2020 94 Länder, in denen Angriffe auf Jüdinnen und Juden beobachtet wurden; in 41 von 45 europäischen Ländern, so in Deutschland, Österreich oder in Ungarn; in 18 von 20 Ländern im Mittleren Osten und Nord Afrika; in 16 von 35 amerikanischen Ländern, in 16 von 50 Ländern im asiatisch-pazifischen Raum und in drei von 48 Ländern in der Region der Sub-Sahara (Pew Research Center, 2023).

Ähnlich ernüchternd sind die Ergebnisse, die regelmäßig von der Anti Defamation League (ADL) vorgelegt werden. Die ADL wurde 1913 von den Mitgliedern der Vereinigung B'nai B'rith mit der Absicht gegründet, sich für Toleranz und Humanität einzusetzen und gegen Diskriminierung jedweder Art zu kämpfen. Mit der Studie *ADL Global 100* werden mittlerweile (Stand 2024) in 103 Ländern alle vier Jahre mehr als 53.000 Menschen nach ihren Gefühlen bzw. Einstellungen gegenüber Jüdinnen und Juden befragt. Die gefühlsmäßigen Stellungnahmen werden mit elf Aussagen erfasst. Zum Beispiel: „Juden haben zu viel Macht in der Geschäftswelt"; „Juden haben zu viel Macht auf den internationalen Finanzmärkten"; „Juden haben zu viel Kontrolle über die globalen Medien"; „Juden reden immer noch zu viel darüber, was ihnen im Holocaust widerfahren ist". Aus den Antworten der Befragten bilden die Forscher*innen der ADL einen Index. Diejenigen, die sechs der elf Aussagen mit „wahrscheinlich wahr" (probably true) oder „definitiv wahr" (definitely true) beantworten, werden als Personen mit erhöhten antisemitischen Einstellungen eingestuft (ADL, 2024). Das waren im Jahre 2014 weltweit bei 26 % und im Jahre 2024 46 %.

Wir haben aus den von der ADL mitgeteilten länderspezifischen Befunden für 2024 exemplarisch Länder aus Europa, aus dem arabischen und dem pazifischen Raum ausgewählt und die Veränderungen der Prozentsätze zwischen Mai 2014 und Ende 2024 verglichen. Dazu stützen wir uns zum einen auf die Angaben auf der Website der ADL (2024) und zum anderen auf einen von der ADL im Jahre 2023 publizierten Ländervergleich (ADL, 2023).

Die folgende Abbildung illustriert die Vergleiche (Abb. 2.1).

Markant sind zunächst die geringeren Prozentsätze im Jahre 2024 in Deutschland, Frankreich sowie zum Teil in Spanien und Polen, aber auch im Iran. Dagegen steigen in China, Indonesien, in Saudi-Arabien und im Libanon die Zustimmungen zu antisemitischen Statements stark an. Erklären lassen sich diese Veränderungen nur zum Teil.

Ein Rückgang klassisch-antisemitischer Einstellungen zwischen 2014 und 2024 zeigt sich zwar auch in den „Leipziger-Autoritarismus-Studien" (z. B. Decker et al., 2024a, b, S. 45). Im Jahre 2014 fanden die Autor*innen eine Zustimmung zu antisemitischen Aussagen von 5,0 % (5,2 % in den westlichen Bundesländern und 4,4 % in den östlichen); 2024 lag die Zustimmung in der gesamten Bundesrepublik bei 4,0 % (4,6 im Westen und 1,8 % im Osten). Ähnliche Ergebnisse publizierten die Forscher*innen der „Mitte-Studien" um Beate Küpper und Andreas Zick (Zick et al., 2023, S. 69). 2014 ermittelten sie eine Zustimmung zu antisemitischen Aussagen von 3,5 % und 2024 eine leichte Zunahme auf 5,7 %.

Inwieweit die Differenzen zu den Ergebnissen der Leipziger Forscher*innen auf Unterschiede in der Stichprobenziehung oder auf die unterschiedlichen Befragungsarten (face-to-face in den Leipziger Studien und via Telefon in den „Mitte-Studien" zurückzuführen sind (z. B. Heller et al., 2024, S. 218 f.), müssen wir an dieser Stelle nicht diskutieren. Wichtiger scheinen uns diese Befunde im Vergleich mit tatsächlich stattgefundenen und angezeigten antisemitischen Straf- und Gewalttaten. In einem ergänzenden Lagebild zum Antisemitismus berichtet der Verfassungsschutz für das Jahr 2014 mehr als 1500 antisemitische Straf- und Gewalttaten und für 2023 über 5000 (Bundesamt für Verfassungsschutz,

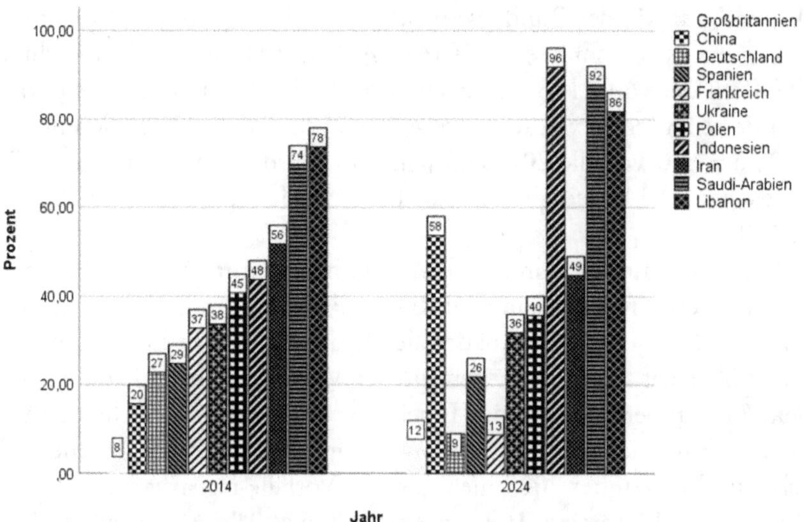

Abb. 2.1 Veränderungen der Zustimmung zu antisemitischen Statements zwischen 2014 und 2024.(Eigene Darstellung)

2024a, S. 21). Dass die nach dem 7. Oktober 2023 zahlenmäßig zugenommenen antisemitisch motivierten Straf- und Gewalttaten nur zum Teil in diesen Lagebericht eingeflossen sind, ist anzunehmen. Im Oktober 2024 erklärte der Präsident des Bundesamts für Verfassungsschutz deshalb: „Die Zahl antisemitischer Straftaten ist nach dem 7. Oktober (2023) auf ein Allzeithoch angestiegen. Das Gefahrenpotenzial möglicher Terroranschläge gegen jüdische und israelische Personen und Einrichtungen sowie gegen »den Westen« insgesamt hat sich im letzten halben Jahr deutlich erhöht" (Bundesamt für Verfassungsschutz, 2004b). Ein im April 2025 veröffentlichter Bericht des *Zentrums für das Studium des zeitgenössischen europäischen Judentums* (The Center for the Study of Contemporary European Jewry, 2025, S. 22) über die weltweite Verbreitung des Antisemitismus bestätigt das. Im Jahre 2023 habe das Bundeskriminalamt (BKA) insgesamt 5.671 politisch motivierte Straftaten mit antisemitischen Hintergrund erfasst (im Jahre 2024: 5177), davon 3163 allein zwischen Oktober bis Dezember 2023 (von Oktober 2024 bis Dezember: 671). Auch an den deutschen Hochschulen nahm die Anzahl antisemitischer Vorfälle nach dem 7. Oktober 2025 ein erschreckendes

Ausmaß an, wie der Bundesverband der Recherche- und Informationsstellen Antisemitismus e. V. (RIAS) Anfang Oktober 2025 berichtete. Die Zahl der von RIAS den Recherche- und Informationsstellen dokumentierten Vorfälle verdreifachte sich nahezu von 151 Vorfällen im Jahr 2023 auf 450 Vorfälle 2024. Im Jahr 2022, also im Jahr vor dem 7. Oktober, hatte RIAS lediglich 23 solcher Vorfälle registriert (RIAS, 2025, S. 122).

Die „Agentur der Europäischen Union für Grundrechte" (European Union Agency for Fundamental Rights, FRA) bat Anfang 2024 jüdische Dachverbände und andere nationale Organisationen in Europa um Auskunft über das Ausmaß antisemitischer Vorfälle in ihren Ländern nach dem 7. Oktober 2023. Einige Ergebnisse sind es wert, berichtet zu werden: In Österreich wurden von den befragten Institutionen zwischen Oktober und Dezember 2023 mehr als 720 Vorfälle registriert; im gleichen Zeitraum 2022 waren es 169, ein Anstieg um 400 %. Das belgische *Interfederal Centre for Equal Opportunities* berichtet einen gegenüber dem Zeitraum von 2022 zehnfachen Anstieg antisemitischer Vorfälle. Die Föderation jüdischer Gemeinden in Tschechien geben eine Verdopplung derartiger Vorfälle an. Dänische jüdische Gemeinden meldeten für den Zeitraum in 2023 121 Vorfälle (gegenüber neun im Zeitraum von 2022). In Italien stieg die Zahl antisemitischer Vorfälle von 241 im Jahr 2022 auf 454 im Jahr 2023. In den Niederlanden verzeichnete das Zentrum *Informatie en Documentatie* allein im Oktober 2023 107 antisemitische Vorfälle; im gesamten Jahr 2022 waren es 155 Vorfälle. In Polen stieg die Zahl der antisemitischen Vorfälle im Oktober 2023 im Vergleich zu den Vormonaten des Jahres 2023 um 800 % (FRA, 2024, S. 67). In Großbritannien registrierte der *Metropolitan Police Service* im Oktober 2023 sechsmal mehr antisemitische Hassverbrechen als durchschnittlich in den Monaten davor (Neue Züricher Zeitung, 2024). In Frankreich ermittelten das Innenministerium und der Service de Protection de la Communauté Juive (SPCJ) für das Jahr 2023 über 1600 antisemitische Straftaten; mehr als ein Drittel der Taten (563) wurden im Oktober, November und Dezember 2023 verübt.

Und damit hätten wir auch eine gewisse Erklärung für den Anstieg antisemitischer Einstellungen zwischen 2023 und 2024 in Indonesien, Saudi-Arabien und im Libanon: Das schlimmste Massaker an den Juden nach der Shoah am 7. Oktober 2023 und der darauffolgende Krieg im Nahen Osten hat in den überwiegend muslimisch geprägten Ländern Indonesien, Libanon und Saudi-Arabien den Antisemitismus extrem verstärkt.

Nach umfangreichen statistischen Analysen und gestützt auf Daten der *ADL Global 100-Studie* von 2014 und dem World Value Surveys (Längsschnitt 1981-2014) kommt Arno Tausch u. a. zu dem Schluss: „Es gibt ein klares Nord-West/Süd-Ost-Gefälle des globalen Antisemitismus. Befragte mit muslimischem oder orientalisch-christlichem Hintergrund oder mit buddhistischem oder hinduistischem Hintergrund sind deutlich antisemitischer als Anhänger des westlichen Mainstream-Christentums, der Orthodoxie oder Menschen ohne jegliche Konfession" (Tausch, 2024, S. 186 ff.).

Die vergleichsweise ähnliche Zunahme antisemitischer Einstellungen in China bleibt uns indes ein Rätsel.

Wichtig vor dem Hintergrund der Massaker am 7. Oktober 2023, aber auch aus generellen Gründen, liegt die Frage auf der Hand: Und die Jüdinnen und Juden? Wie erleben sie den globalen Antisemitismus?

Die schon an anderer Stelle erwähnte *European Union Agency for Fundamental Rights* (FRA) befragte nach 2012 und 2018 im Frühjahr 2023, wenige Wochen vor den Massakern, erneut Jüdinnen und Juden (knapp 8000 ab dem 16. Lebensjahr) aus 13 EU-Mitgliedstaaten, wie sie die antisemitischen Vorfälle, die Belästigungen und die Gefahr, Opfer eines antisemitischen Angriffs zu werden, erleben. Ähnlich wie 2018 empfanden Jüdinnen und Juden im Jahre 2023 (vor dem Hamas-Massaker) antisemitische Inhalte im Internet und in sozialen Medien am problematischsten (91 %), gefolgt von „Antisemitismus im öffentlichen Raum" (78 %), „Schändung jüdischer Friedhöfe", „Vandalismus an jüdischen Gebäuden oder Institutionen" und „Antisemitismus in den Medien" (jeweils 76 %), „antisemitischen Graffiti" (75 %) und „Antisemitismus im politischen Leben" (73 %). Fast alle Befragten (96 %) gaben an, in den zwölf Monaten vor der Umfrage online oder offline mit Antisemitismus konfrontiert worden zu sein. Zu den häufigsten antisemitischen Konfrontationen gehören „negative Stereotype, die Juden beschuldigen, Macht und Kontrolle über Finanzen, Medien, Politik oder Wirtschaft zu haben" (85 %), „Israel das Existenzrecht als Staat abzusprechen" (79 %)

und „Juden kollektiv für Handlungen Israels verantwortlich zu machen",
„Leugnung/Trivialisierung oder Verzerrung historischer Fakten des Holocaust" und „Vergleich der Politik Israels mit der Politik der Nazis" – jeweils 78 % (FRA, 2024, S. 14). Besonders Jüdinnen und Juden, die sich
mit ihrem Jüdischsein stark identifizieren, sehen im Antisemitismus ein
„sehr großes" oder „ziemlich großes" Problem – im Vergleich mit jenen,
die sich weniger mit ihrer jüdischen Identität identifizieren (86 % gegenüber 70 %).[13] Insgesamt – über alle EU-Länder hinweg – äußern 80
% der Befragten das Gefühl, der Antisemitismus habe in ihrem Land in
den letzten fünf Jahren „stark" bzw. „etwas" zugenommen. Vor allem in
Deutschland (86 %), den Niederlanden, Frankreich und Belgien (jeweils
83 %) sind die Prozentsätze derjenigen, die das so sehen, am höchsten, in
Tschechien, Rumänien und Ungarn am niedrigsten (FRA, 2024, S. 26).

Ausdifferenzierungen – Reminiszenzen und Aktuelles

Horkheimer und Adorno schreiben 1944 in ihrer „Dialektik der Aufklärung" u. a.: „Aber es gibt keine Antisemiten mehr. Sie waren zuletzt Liberale, die ihre antiliberale Meinung sagen wollten" (Horkheimer &
Adorno, 1969, S. 209; Original: 1944).

Die Antisemiten, die sich als „Liberale" präsentieren, inszenieren ihren
Antisemitismus entweder als Skandal, als „liberale" Kritik an der notori-
schen Erinnerungspolitik oder als vermeintliche „Kritik" an der Politik
Israels.

Zu Beginn der 1990er Jahre zeigten sozialwissenschaftliche Erhebungen zunächst, dass antisemitische Einstellungen im Osten Deutschlands offenbar ein geringeres Ausmaß besaßen als im Westen. Reinhard
Wittenberg und Kollegen führten 1991 die erste repräsentative Bevölkerungsumfrage zum Antisemitismus in Ostdeutschland durch
(Wittenberg et al., 1991, 1995). Befragt wurden 1000 repräsentativ aus-

---

[13] In einer Sekundäranalyse der FRA-Umfrage aus dem Jahre 2018 kommt Johannes Due Enstad
(2025) zu ähnlichen Befunden. Je jünger die befragten Jüdinnen und Juden und je sichtbarer sie
(durch Kleidung, Davidstern oder Schläfenlocken) sind sowie je ausgeprägter ihre Identifikation
mit Israel ist, umso größer sei das Risiko, diskriminiert zu werden. Auf Länderebene verstärke sich
das Risiko, Opfer antisemitischer Angriffe zu werden, je ausgeprägter antisemitische Einstellungen
verbreitet sind und je größer der Anteil der muslimischen Bevölkerung ist.

gewählte Bürgerinnen und Bürger der damaligen DDR. Der Fragebogen enthielt Fragen zur „Relativen Ablehnung von Juden", zum „Jüdischen Einfluss auf die DDR-Gesellschaft", zu „Stereotype über Juden", zu „Sozialen Kontakten mit Juden" und zum „Faktenwissen". Die Autoren testieren den Bewohnern der ehemaligen DDR eine weitgehende Vorurteilsfreiheit gegenüber Juden. Vier Fünftel der Befragten werden völlig oder weitgehend vorurteilsfrei eingestuft. Der „harte Kern" antisemitisch orientierter Personen wird mit rund sechs Prozent der DDR-Einwohner angegeben. Vor allem jüngere Altersgruppen wiesen sehr geringe Ausprägungen antisemitischer Einstellungen auf. Am wenigsten antisemitisch antworteten die 31- bis 43jährigen, also jene Altersgruppe, die ihre grundlegende Sozialisation im „realen DDR-Sozialismus" erfahren hat. Die Autoren vergleichen diese Befunde mit den 1990 vom Institut für Demoskopie in Allensbach (Bergmann & Erb, 1991) vorgelegten Ergebnissen aus der BRD und kommen zum Schluss, alles deute darauf hin, dass der Antisemitismus in den Köpfen der ehemaligen DDR-Bürger eine geringere Rolle als bei ihren Landsleuten im Westen spiele. Auch sei durchaus ein Erfolg der „antifaschistischen Sozialisation" anzunehmen. Die antiisraelische Politik in der DDR habe dagegen offenbar weniger Wirkung als vermutet hinterlassen.

Auffallende Unterschiede zwischen Ost- und Westdeutschen zeigten sich auch in der 1991 vom „Spiegel" in Auftrag gegebenen Befragung des Bielefelder Emnid-Instituts. Befragt wurden 2000 Westdeutsche und 1000 Ostdeutsche über ihre Einstellungen gegenüber Juden in Israel und Deutschland. Die Frage, *„Hat das deutsche Volk eine besondere Verantwortung gegenüber den Juden, auch wenn die heutigen Deutschen keine Schuld an der Judenverfolgung der NS-Zeit trifft?"*, beantworteten 30 % der Westdeutschen und 43 % der Ostdeutschen mit „Ja". Eine zweite Frage bezog sich auf die Berichte über Konzentrationslager und Judenverfolgung. *„Die meisten Berichte sind* wahr", meinten 69 % der Westdeutschen und 86 % der Ostdeutschen. *„Vieles wird übertrieben dargestellt"*, antworteten 17 % der Westdeutschen und 5 % der Ostdeutschen. Insgesamt wurden 13 % der Bundesbürger (16 % der Westdeutschen und 4 % Ostdeutsche) als antisemitisch eingestuft. „Der Spiegel" schlussfolgert:

„Durchgängig ist, wie die Tabellen der Emnid-Untersuchung zeigen, der Anteil der Ostdeutschen, die sich antisemitisch, rechtsradikal oder ausländerfeindlich äußern, geringer als der entsprechende Anteil der Westdeutschen. Die Bundesbürger im Osten nehmen die Konsequenzen aus der NS-Vergangenheit für die Gegenwart ernster" (Spiegel-Spezial, 1992, Nr. 2, S. 70).

Wenige Jahre später trübt sich das positive ostdeutsche Bild. Reinhard Wittenberg (2000) analysierte Sekundärdaten aus Bevölkerungsumfragen der Meinungsforschungsinstitute Emnid (1994), Infratest (1996) und Forsa (1998). Insgesamt 6671 verwertbare Interviews gingen in die Sekundäranalyse ein. Nach Bildung eines Antisemitismus-Indexes und Kontrolle des Zeitverlaufs diagnostizierte Wittenberg einen Rückgang im Anteil antisemitisch eingestellter Befragter von 19,1 % (1994) über 12,1 % (1996) auf 10,6 % im Jahr 1998 (Wittenberg, 2000, S. 121). Den Anteil antisemitisch Eingestellter in Ostdeutschland beziffert Wittenberg auf 10,4 % im Vergleich zu 14,1 % in Westdeutschland. Allerdings sei der Unterschied zwischen den Ost- und Westdeutschen zunehmend geschrumpft. Auch die Erklärung über die durchaus noch vorhandenen Unterschiede fällt nun zurückhaltender und kritischer aus. Während Wittenberg 1991 den Ostdeutschen noch eine erfolgreiche „antifaschistischen Sozialisation" bescheinigte, führt er das vergleichsweise geringere Ausmaß geäußerter antisemitischer Einstellungen in Ostdeutschland nun „[…] auf die Jahrzehnte währende, kulturell und institutionell oktroyierte Tabuisierung des Themas Antisemitismus in der DDR" zurück (Wittenberg, 2000, S. 125).

Im April 2002, wenige Wochen bevor Walser den Tod seines Kritiker inszenierte (siehe Abschn. 4.3), äußerten in einer repräsentativen Befragung 28 % der Deutschen die Auffassung, der Einfluss der Juden sei „zu groß" und 23 % meinten, Juden würden mehr „mit üblen Tricks" arbeiten, um ihre Ziele durchzusetzen, als andere Menschen (Niedermayer & Brähler, 2002). In einer im selben Jahr durchgeführten Erhebung an deutschen Studierenden (N = 2167) von Ahlheim und Heger (2002) stimmten weniger als sieben Prozent der Probanden Aussagen mit traditionellen antisemitischen Inhalten zu bzw. eher zu. Interessant sind auch die von den Autoren mitgeteilten Befunde zum „sekundären Antisemitismus". Diesen operationalisierten die Autoren über zwei Items: *„Die Juden verstehen ganz gut, das schlechte Gewissen der Deutschen auszunutzen"* und *„Viele Juden versuchen, aus der Vergangenheit des Dritten Reiches heute ihren Vorteil zu ziehen und die Deutschen dafür zahlen zu lassen"* (Ahlheim & Heger, 2002, S. 54). Dreizehn Prozent der Studierenden stimmten beiden Aussagen zu. Auch meinte ein gutes Drittel von ihnen, dass im Nationalsozialismus nicht alles so schlecht gewesen sei, wie es heute dargestellt wird. Fast alle wünschten sich ein stärkeres Nationalbewusstsein der Deutschen.

Einen Zusammenhang zwischen antisemitischen Einstellungen und der Forderung, unter das Thema Holocaust und deutsche Schuld einen Schlussstrich zu ziehen, fanden auch Wittenberg und Schmidt (2003). Die Autoren beziehen sich auf eine vom American Jewish Committee in Auftrag gegebene und von Infratest im Jahre 2002 durchgeführte Telefonumfrage und stellen u. a. fest, „[…] dass Ostdeutsche im Jahr 2002 mit 7 % nach wie vor weniger antisemitisch eingestellt sind als Westdeutsche mit 14,2 %; im Durchschnitt Gesamtdeutschlands müssen wir von einem Anteil von 11,3 % Antisemiten ausgehen […] Deutlich zugenommen hat in beiden Teilen Deutschlands die Ansicht, »Juden nutzten den Holocaust für ihre eigenen Absichten aus«. Dieser Äußerung, die man durchaus als Indikator für ,*sekundären* Antisemitismus' ansehen kann […], stimmen im Osten im Jahre 2002 mehr als doppelt so viele Befragte zu wie 1994, nämlich 60,8 zu 26,9 %" (Wittenberg & Schmidt, 2003, S. 15).

Erinnert sei in diesem Zusammenhang aber auch an die im Spätherbst 2003 durchgeführte Umfrage der Europäischen Union unter 7500 Bürger*innen der damals 15 Mitgliedstaaten. Die große Mehrheit der EU-Bürger*innen (59 %) und 65 % der deutschen Bundesbürger*innen glaubte – folgt man den Ergebnissen -, dass Israel vor Iran, Nordkorea oder ähnlichen Staaten die größte Bedrohung für den Weltfrieden darstelle (Eurobarometer, 2003). Die Veröffentlichung der Befunde mobilisierte die Öffentlichkeit, die europäischen Politiker, vor allem aber die Bürger*innen Israels und führte bekanntlich zu ausgeprägten Meinungsverschiedenheiten zwischen der Führungsspitze der EU und der israelischen Regierung. Der damalige israelische Ministerpräsident Ariel Scharon sah in den Befunden den Widerschein eines latenten Antisemitismus, was von Javier Solana, dem Außenpolitischen Beauftragte der EU, vehement bestritten wurde.

Wenig später kam die EU-Führung erneut in Verlegenheit: Das „European Monitoring Centre on Racism and Xenophobia" (EUMC) in Wien hatte im Jahre 2002 eine Untersuchung über den Antisemitismus in Europa in Auftrag gegeben. Auftragnehmer waren Werner Bergmann und Juliane Wetzel vom Berliner *Zentrums für Antisemitismusforschung*. Die Leitung des EUMC wollte den Bericht zunächst nicht veröffentlichen, sah sie darin doch Hinweise, die antimuslimische bzw. islamophobe Einstellungen in der Bevölkerung verstärken könnten (siehe auch: Küntzel, 2018, S. 135 f.). 2003 wurde die Studie zunächst unautorisiert im Internet veröffentlicht, nachdem die „Financial Times" bereits auszugsweise über Ergebnisse der Studie berichtet hatte. Die Umfrage habe ergeben, dass hinter antisemitischen Straftaten in Europa in großem Maße islamische und pro-palästinensische Gruppen stehen. Diese Straftaten seien aber nicht auf klassische antisemitische Vorurteile zurückzuführen, sondern vor allem auf anti-israelische Einstellungen, die nicht zuletzt mit den gegenwärtigen Entwicklungen des Palästinensisch-Israelischen Konflikts verbunden seien. Kritik an Israel sei überdies in einem breiten politischen Spektrum anzutreffen und zeige sich im „klassischen" Antisemitismus der Rechten ebenso wie in der anti-jüdisch/anti-israelischen Kritik der Linken und der Globalisierungsgegner bis hin zu den anti-israelischen Muslimen, die ihre Wut an Juden ausließen (siehe den Bericht unter: Hagalil.com., 2003). Nicht minder aufschlussreich war eine ebenfalls vom „European Monitoring Centre on Racism and Xenophobia" in dieser Zeit veröffentlichte Interviewstudie mit 35 Personen aus europäischen jüdischen Gemeinden und deren Wahrnehmung antisemitischer Aktivitäten beschäftigte (EUMC, 2004b).

Man könnte fragen: Haben sich unter dem Deckmantel der gesellschaftlichen Diskurse über die deutsche Leitkultur und über das neue deutsche Nationalbewusstsein möglicherweise neue Facetten antisemitischer Einstellungen entwickelt, die nicht nur im privaten Umfeld, sondern auch gesamtgesellschaftlich, akzeptiert werden? Hat die Kollektivanrufung der „selbstbewussten Nation" in den letzten Jahren eine antisemitische Dynamik freigesetzt, die in der deutschen Geschichte nach 1945 ihresgleichen sucht? Inwieweit sind israelfeindliche Einstellungen mit antisemitischen Ressentiments verbunden? Und wie neu ist der „neue" Antisemitismus?

Dieser „neue Antisemitismus" hat bekanntlich eine Geschichte. Sie beginnt spätestens mit der bereits erwähnten Studie von Peter Schönbach (1961), nachdem in der nacht vom 24. zum 25. Dezember 1959 die Synagoge in Köln mit antisemitischen Aufschriften und Hakenkreuzen besudelt wurde und eine antisemitische Welle folgte. Mit dem von Schönbach beobachteten sekundären Antisemitismus ist eine wichtige Ausdifferenzierung des Nachkriegs-Antisemitismus verbunden (siehe Abschn. 2.1). Eine weitere empirisch gestützte Ausdifferenzierung haben Werner Bergmann und Rainer Erb mit dem Konstrukt „Kommunikationslatenz" vorgenommen (Bergmann & Erb, 1986).

Im Sommer und Winter 1996 befragten wir mit Hilfe eines standardisierten Fragebogens 2133 deutsche Jugendliche aus vier Bundesländern (Brandenburg, Bayern, Schleswig-Holstein und Thüringen) im Alter von 15 bis 19 Jahren zu ihren Einstellungen gegenüber Jüdinnen und Juden (Frindte et al., 1999). Außerdem untersuchten wir, ob und inwieweit antisemitische und ausländerfeindliche Einstellungen kovariieren. Dafür konstruierten wir einen Fragebogen mit drei Antisemitismus-Dimensionen und einer „Ausländerfeindlichkeitsskala": *Manifester (klassischer) Antisemitismus* – als negative soziale Konstruktionen über Juden als Juden (z. B. „Es wäre besser für Deutschland, keine Juden im Land zu haben."); *Latenter Antisemitismus* – angelehnt an den o.g. Ansatz von Bergmann und Erb (z. B. „Jahrzehnte nach Kriegsende sollten wir nicht mehr so viel über die Judenverfolgung reden, sondern endlich einen Schlussstrich unter die Vergangenheit ziehen."); Ablehnung von Verantwortung gegenüber Juden im Sinne des sekundären Antisemitismus (z. B. „Mir ist das ganze Thema „Juden" irgendwie unangenehm."); *Ausländerfeindlichkeit* (z. B. „In Deutschland sollten nur Deutsche leben."). Die Auswahl der Items stützte sich u. a. auf Arbeiten von Bergmann und Erb (1991), Gibson und Duch (1992) und Lederer (1994). Die folgende Abbildung gibt das Ergebnis einer konfirmatorischen Faktorenanalyse wieder (Abb. 2.2).

Wie die Abbildung nahelegt, stehen die drei Facetten antisemitischer Einstellungen in enger Korrelation mit der Variable Ausländerfeindlichkeit. Vor allem der manifeste Antisemitismus ist eng mit Ausländerfeind-

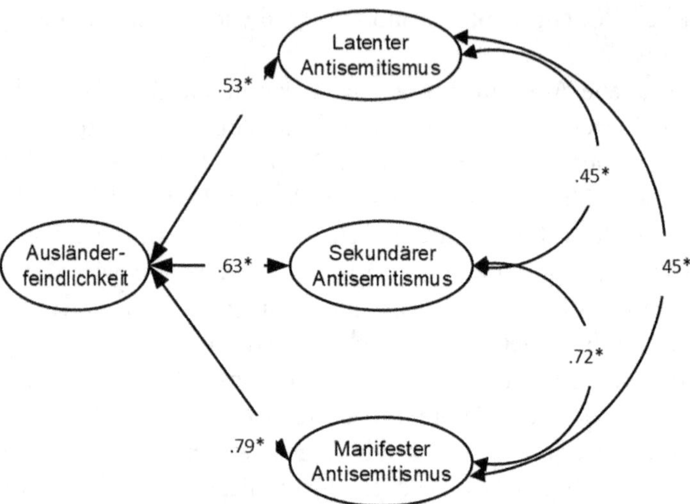

Abb. 2.2 *Statistisches Strukturmodell.* (Anmerkung für die Expert*innen: Gerechnet wurde dieses Modell mit der Software LISREL. Die Anpassungswerte des Modells: Chi-Square = 1707.833; df = 223; p = 0.000; RMSEA = 0.056; CFI = 0.982; GFI = 0.984)*:* Die Pfeile und die beigefügten Zahlen verweisen auf die Zusammenhänge zwischen den Variablen Ausländerfeindlichkeit, manifester, latenter Antisemitismus und sekundärer Antisemitismus (Ablehnung von Verantwortung). Die Zahlen sind Pfadkoeffizienten, die in der Regel zwischen −1,00 und +1,00 variieren. Werte nahe (+/−) 1 drücken starke Zusammenhänge, Werte nahe 0 sehr schwache Zusammenhänge aus. Die Sternchen an den Zahlen geben an, dass die Zusammenhänge *mindestens* mit einer Irrtumswahrscheinlichkeit von 5 % signifikant sind, also nicht zufällig zustande kamen

lichkeit verknüpft. Man könnte meinen: „Antisemitismus nach Auschwitz" ist – zumindest, wenn es um Jugendliche im Deutschland der 1990er Jahre geht - kein Antisemitismus ohne „vorhandene Objekte". Vielmehr schienen die neuen „Objekte" nun die Ausländer zu sein. Der „neue" Antisemitismus bedarf der Juden nicht bzw. die Juden in Deutschland wurden – zumindest von den befragten Jugendlichen – als Ausländer oder Fremde an sich betrachtet. Jugendliche brechen das Tabu, sich nicht antijüdisch zu äußern. Sie greifen scheinbar beliebig auf die Mythen des Antisemitismus zurück, um ihre allgemeine Abneigung gegenüber Ausländern und Fremden auszudrücken. Die Konsequenz dieser Überlegungen für die Forschung lag für uns damals auf der Hand: Der heutige Antisemitismus ist nicht mehr der traditionelle – das ist weitgehend bekannt, heißt aber auch, die traditionellen Methoden der „Erfassung" sind mithin immer weniger tauglich und bedürfen grundlegender inhaltlicher Überarbeitungen.

Deshalb haben wir im Jahre 2003, nicht zuletzt vor dem Hintergrund der öffentlich gemachten antisemitischen Skandale, unser ursprüngliches Dreikomponentenmodell um zwei weitere Facetten erweitert. Dieses Fünfkomponentenmodell umfasst folgende Facetten, wobei die beiden neuen Komponenten dann zum Antisemitismus werden können, wenn sie zur Untermauerung manifester, latenter Vorurteile und der Ablehnung von Verantwortung herangezogen werden:

Manifest (klassische) antisemitische Einstellungen wurden wie im Ursprungsmodell erfasst (Beispielaussage: „Es wäre besser für Deutschland, keine Juden im Land zu haben.");

Latenter Antisemitismus (Kommunikationslatenz) wurde ebenfalls wie im Ursprungsmodell erhoben (Beispielaussage: „Mir ist das ganze Thema Juden irgendwie unangenehm.");

Sekundärer Antisemitismus (Ablehnung einer besonderen Verantwortung der Deutschen gegenüber den Juden, „Schlussstrich") – ebenfalls wie im Ursprungsmodell (Beispielaussage: „Man sollte endlich mit dem Gerede über unsere Schuld gegenüber den Juden Schluss machen.");

Antizionistische Einstellungen gegenüber dem Staat Israel – als neue Komponente – zeigen sich u. a. dann, wenn dem Staat Israel das Existenzrecht abgesprochen. wird (Beispielaussage: „Es wäre besser, wenn die Juden den Nahen Osten verlassen würden.");

Antiisraelische Einstellungen wurden als zweite neue Komponente aufgenommen und drücken sich zum Beispiel in Aussagen wie der folgenden aus: „Israel ist allein schuldig an der Entstehung und Aufrechterhaltung der Konflikte im Nahen Osten".

Zwischen Dezember 2002 und März 2003 haben wir dieses erweiterte Modell im Rahmen einer standardisierten Fragebogenuntersuchung erstmals getestet (Frindte et al., 2005; Petzold, 2003). Befragt wurden 410 Personen, 237 Frauen, und 173 Männer im Alter von 18 bis 83 Jahren. Die Datenerhebung erfolgte im Schneeballverfahren und lieferte eine

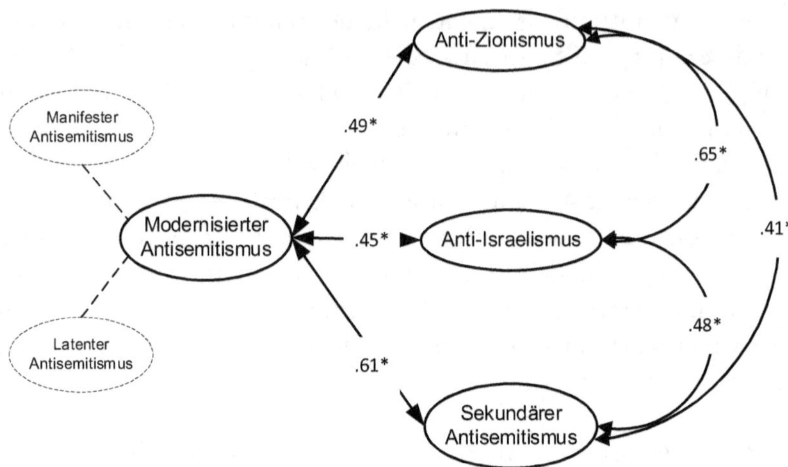

Abb. 2.3 Statistisches Strukturmodell. (Anmerkung für die Expert*innen: Auch hier haben wir es mit Pfadkoeffizienten zu tun. Gerechnet wurde dieses Modell auf der Basis der latenten Variablen manifester Antisemitismus, latenter Antisemitismus, Ablehnung von Verantwortung, Antizionismus und antiisraelische Einstellungen. Die Anpassungswerte des Modells: Chi-Square = 51.32; df = 38; p = 0.07304; RMSEA = 0.030; CF I= 0.99; GFI = 0.97).

Stichprobe, die in Bezug auf Bildungsstand, Parteienpräferenz und politischer Orientierung über ein breites Spektrum streut, aber nicht repräsentativ ist. Zunächst interessierten wir uns wieder dafür, ob und in welcher Weise die fünf Facetten miteinander verknüpft sind und somit verschiedene Komponenten antisemitischer Einstellungen abzubilden vermögen. Eine Strukturgleichungsrechnung lieferte zunächst ein Vierfaktorenmodell, in dem sich manifest-klassische antisemitische Einstellungen nicht von den latent-antisemitischen trennen ließen (Abb. 2.3).

Die vermutete strukturelle Trennung von manifesten und latenten Antisemitismen konnten wir mit der Strukturgleichung nicht bestätigen. Antisemiten mit tradierten, manifesten judenfeindlichen Einstellungsmustern vertreten wahrscheinlich ebenso die hier als latent bezeichneten Formen des antisemitischen Vorurteils. Denkbar ist, dass die Antisemiten mit manifesten antisemitischen Einstellungen die sozialen und politischen Diskreditierungen, denen sie mit derartigen Äußerungen ausgesetzt wären, ins Kalkül ziehen und ihnen deshalb „[...] das ganze Thema Juden irgendwie unangenehm" ist. Lars Rensmann (2004, S. 79) spricht

in diesem Zusammenhang von „modernisiertem Antisemitismus"
(Abschn. 2.1). Während der sekundäre Antisemitismus eine Ersatz-
kommunikation darstellt, mit dem die Antisemiten ihre antisemitischen
Einstellungen in dominante gesellschaftliche Diskursthemen *einzupassen*
versuchen (etwa in die Diskussionen über den „Schlussstrich unter die
Vergangenheit", über „Verantwortung der Deutschen gegenüber den
Verbrechen des Nationalsozialismus" oder die „Opferrolle der Deutschen"), haben wir es beim modernisierten Antisemitismus mit dem Versuch zu tun, dominante gesellschaftliche Diskursthemen *umzudeuten*,
um die Juden auch weiterhin manifest diskriminieren zu können.

Ignoriert man nun das statistisch ermittelte Vierfaktorenmodell und
betrachtet die ursprünglichen fünf Dimensionen, deren Erhebungsskalen
gute bis sehr gute Reliabilitätswerte aufweisen, in ihren wechselseitigen
Korrelationen, so ergibt sich folgendes Bild (Abb. 2.4).

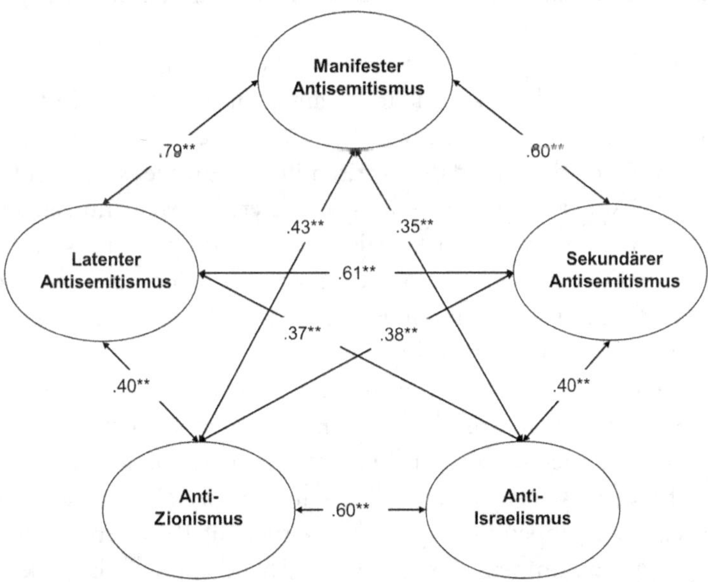

Abb. 2.4 Dimensionen antisemitischer Einstellungen (Korrelationsstruktur): Die
Zahlen geben die Stärke der Zusammenhänge zwischen den Einstellungsdimensionen an. Es sind Korrelationskoeffizienten, die Ausprägungen von -1,00
bis +1,00 annehmen können, wobei die doppelten Sternchen hinter den Zahlen
auf sehr signifikante, also sehr enge Zusammenhänge zwischen den Dimensionen
verweisen

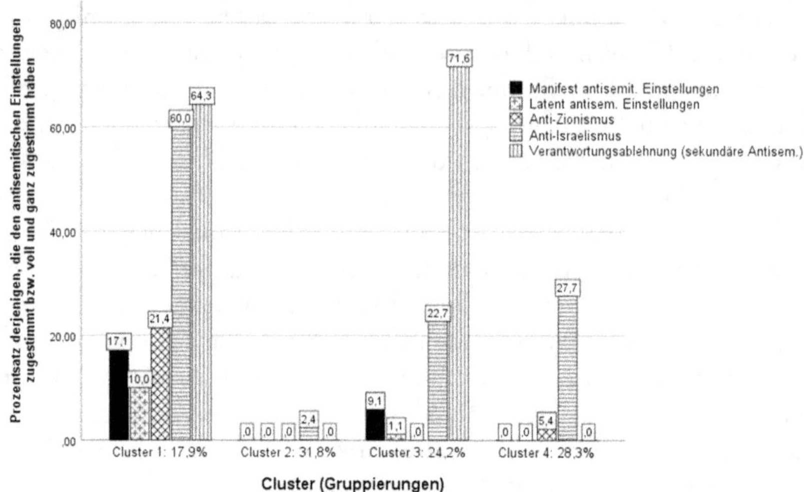

Abb. 2.5 Gruppenbildung nach Ausmaß antisemitischer Einstellungen

Die positiven Zusammenhänge zwischen manifesten, latent antisemitischen und sekundär antisemitischen Einstellungen (Verantwortungsablehnung) sowie dem Anti-Israelismus und Antizionismus verweisen darauf, dass Antisemiten antiisraelische und antizionistische Äußerungen zur Bestätigung ihrer Vorurteile nutzen bzw. im öffentlichen Raum auf Anti-Israelismus und Antizionismus als ersatzweise antisemitische Kommunikation zurückgreifen und zwar dann, wenn die Thematisierung manifester judenfeindlicher Einstellungen erhebliche Nachteile mit sich bringen würde.

Um diese letzte Interpretation noch stärker untermauern zu können, haben wir die Befragten nach dem Ausmaß ihrer antisemitischen Statements zu klassifizieren versucht. Die statistische Methode der Wahl ist in diesem Falle die Clusteranalyse. Die Clusteranalyse ist ein statistisches Verfahren zur Gruppenbildung. Dabei werden die Personen statistisch zu einer Gruppe zusammengefasst, die weitgehend ähnliche Eigenschaften, in unserem Fall ähnliche antisemitische oder nicht-antisemitische Einstellungen, aufweisen. Mittels „Clusterzentrenanalyse" ermittelten wir die in Abb. 2.5 wiedergegebenen Gruppierungen.[14]

---

[14] Ein wichtiger Hinweis für aufmerksame Leserinnen und Leser: Die in früheren Publikationen (z. B. Frindte & Wammetsberger, 2008) mitgeteilten Befunde über die statistische Gruppierung

Wie lässt sich diese Abbildung lesen?

Zunächst kann man hinter den Clusternummern erkennen, wieviel Personen sich in den jeweiligen statistischen Gruppen befinden. Die größte Gruppierung ist das Cluster 2, danach folgen Cluster 4, 3 und 1. Die Säulen zeigen an, wieviel Personen in den einzelnen Gruppierungen prozentual den Aussagen aus den fünf Dimensionen (auf einer fünfstufigen Skala von 1= „lehne ich voll und ganz ab" bis 5= „stimme ich voll und ganz zu") zugestimmt (4) bzw. voll und ganz (5) zugstimmt haben. Im *Cluster 2* finden sich gerade mal zwei Prozent, die den Aussagen zum Anti-Israelismus zustimmen; allen anderen Dimensionen gegenüber stehen die Personen dieses Clusters ablehnend gegenüber. Es handelt sich vermutlich um *Personen ohne ausgeprägt antisemitische Einstellungen.* Im Cluster 4 stimmen 27,7 % anti-israelischen Aussagen zu und vier Prozent anti-zionistischen Aussagen. Die Mehrheit im Cluster 4 verortet sich im politischen Spektrum links von der „Mitte". Vielleicht könnte man die Personen aus Cluster 4 *israelkritisch ohne ausgeprägte antisemitische Einstellungen* nennen. Cluster 3 umfasst Personen, die sich politisch eher in der „Mitte", aber auch „rechts" verorten. 71,6 % dieser Personen lehnen eine Verantwortung für Jüdinnen und Juden ab, stimmen also sekundär antisemitischen Aussagen zu. 22,7 % der Personen in diesem Cluster äußern sich überdies anti-israelisch, 9,1 % akzeptieren manifest antisemitische und 1,1 % latent antisemitischen Aussagen.[15] Diese Personen als *konservative Schlussstrichbefürworter mit anti-israelischen Einstellungen* zu bezeichnen, ist so falsch sicher nicht. Und schließlich haben wir noch das Cluster 1. Hier finden sich relativ hohe Zustimmungen zu anti-israelischen und sekundäre antisemitischen Aussagen sowie zu anti-zionistischen und mit gewissen Abstrichen auch zu manifest antisemitischen Aussagen. Wir nennen die Personen im Cluster 1 die *neuen Antisemiten, die sich feindselig gegenüber Jüdinnen und Juden sowie Israel äußern.*

Ähnliche Befunden lieferte die dritte Erhebungswelle im schon erwähnten Projekt „Gruppenbezogene Menschenfeindlichkeit" (Heyder et al., 2005; siehe: Abschn. 2.2). Zur Erinnerung: Heyder, Iser und Schmidt unterscheiden folgende Facetten antisemitischer Einstellungen:

---

von antisemitisch eingestellten Personen weichen aufgrund des damals genutzten Vierfaktorenmodells von den hier vorgestellten Ergebnissen leicht ab.

[15] Die je Cluster angegebenen Prozentsätze addieren sich nicht zu 100!

erstens den „klassischen Antisemitismus", mit dem die offene Abwertung von Juden auf der Basis tradierter Stereotype beschrieben wird, *zweitens* den „sekundäre Antisemitismus", der durch Relativierung, Verharmlosung und Verleugnung der nationalsozialistischen Verbrechen an den Juden sowie der Forderung nach einem Schlussstrich unter die Geschichte charakterisiert ist, *drittens* „antisemitische Separation", mit dem die indirekte Abwertung von deutschen Juden durch den Zweifel an ihrer Loyalität zu Deutschland bezeichnet werden soll, *viertens* israelbezogenen Antisemitismus als die Übertragung der Kritik an der Politik Israels auf alle Juden und *fünftens* NS-vergleichende Israelkritik, die die israelische Palästinenserpolitik mit der Vernichtung der Juden im Nationalsozialismus unzulässig gleichsetzt. Eine *sechste* Facette bezieht sich auf israelkritische Einstellungen, die als nicht antisemitisch zu bezeichnen seien.

In der Abb. 2.6 haben wir die Zusammenhänge (Korrelationskoeffizienten) zwischen den sechs Dimensionen – basierend auf einem Strukturgleichungsmodell – illustriert.

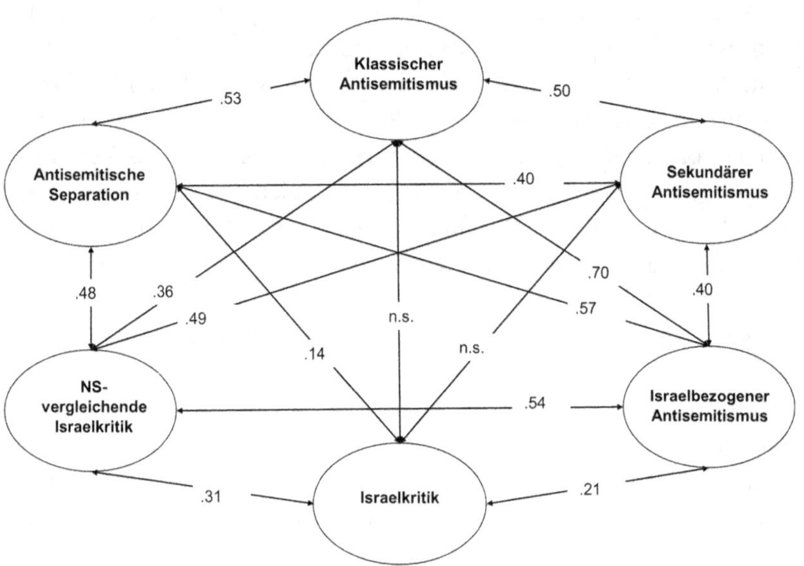

Abb. 2.6 Zusammenhänge zwischen den Dimensionen. (Eigene Darstellung nach Heyder et al., 2005, S. 160). Die angegebenen Korrelationskoeffizienten sind signifikant bei 1 %-Irrtumswahrscheinlichkeit

Heyder, Iser und Schmidt verweisen auf die hohen Zustimmungsraten zum Israelbezogenen Antisemitismus, zur antisemitischen Separation, zur NS-bezogenen Israelkritik und vor allem zum sekundären Antisemitismus. Eine „nur" israelkritische Einstellung stehe laut diesen Ergebnissen eindeutig in keinem Zusammenhang zum *klassischem Antisemitismus*. Die bloße Kritik an der Palästinenserpolitik Israels sei also nicht zwangsläufig mit Antisemitismus gleichzusetzen. Es komme wie so oft nicht auf das „ob", sondern auf das „wie" der Kritik an.

Nun ist das mit der „Israelkritik" eine besondere Sache. Vor über zehn Jahren veröffentlichte Wilhelm Kempf (2015, siehe auch: Kempf, 2024) einen Bericht über eine Studie zu antisemitischen Einstellungen (ASCI-Survey), an der insgesamt 2677 erwachsene Deutsche teilgenommen haben; ausgewertet wurden indes nur die Daten von 998 Personen aus den „alten" und 464 aus den „neuen" Bundesländern. Zwischen sieben und 25 % stimmten klassisch-antisemitischen Aussagen zu. Schlussstrich-Aussagen (wie „Man sollte endlich mit dem Gerede über unsere Schuld gegenüber den Juden Schluss machen) wurden von 44 bis 48 % der Befragten gerechtfertigt. Auch antizionistische Aussagen (z. B. „Der Holocaust ist den Juden ein willkommenes Mittel, um die Politik Israels zu rechtfertigen.") schienen mit 26 bis 33 % weit verbreitet zu sein.

Wo, fragt Kempf (2015, S. 39 ff.), ist die rote Linie, an der sich antisemitische von anderen Formen der Israelkritik abgrenzen lassen? Ob beispielsweise hinter einer Aussage, wie „was die Israelis den Palästinensern antun, ähnelt dem, was die Nazis den Juden angetan haben", tatsächlich antisemitische Vorurteile stehen, bezweifelt Kempf (ebd., S. 41). Wir bezweifeln das nicht, erkennen aber sein Bemühen, keine pauschalen und vorschnellen Urteile fällen zu wollen. Ein entscheidendes Argument, mit dem er seine Zweifel auch empirisch zu belegen vermag, dürften die Rahmenvorstellungen derjenigen sein, die sich kritisch zur Politik Israels positionieren. Kempf spricht in diesem Zusammenhang von »Frames« bzw. »mentalen Modellen« und unterscheidet War- und Peace-Frames. Mit einer Rahmenvorstellung, die auf Friedenssicherung (Peace-Frame) ausgerichtet ist, dürften auch stark verankerte Menschenrechtsorientierungen stehen. Und so zeigen sich im Hinblick auf die Einschätzung der israelischen Politik in den empirischen Befunden u. a. sehr unterschiedliche Personengruppen: die Unterstützer der israelischen

Palästinenserpolitik, die latent antisemitischen Vermeider von Israelkritik, die antisemitischen Israelkritiker und die menschenrechtsorientierten Israelkritiker, die keine antisemitische Einstellungen äußern, in ihren extremsten Ausprägungen allerdings eher dazu tendieren, an eine jüdische Weltverschwörung glauben und einen Schlussstrich unter die Vergangenheit fordern (Kempf, 2015, S. 257).

Die „Israelkritik" mittels Umwegkommunikation eignet sich „hervorragend", um in Deutschland und anderswo latente antisemitische Stereotype und Einstellungen transportieren zu können. das ist zwar skandalös, aber nicht sonderlich neu. Allein schon das Wort „Israelkritik" ist ein absonderliches. Zwar hörten wir während der Finanzkrise von 2007/2008 auch schon einmal die Rede von einer „Deutschlandkritik". Wenn das jüdische Volk und Israel allerdings in eins gesetzt werden, um eine „Israelkritik" zu legitimieren, dann hört der Spaß auf und die Grenze zum Antisemitismus wird überschritten.

Blicken wir nach den mehr oder weniger „veralteten" Rückblicken noch auf aktuelle empirisch begründete Differenzierungen des Antisemitismus. Und beginnen mit der bereits erwähnten Konzeptualisierung des Antisemitismus und seine Operationalisierung in den „Leipziger Autoritarismus-Studien". In der Studie aus dem Jahre 2024 konzeptualisieren Oliver Decker und Kolleg*innen (Decker et al., 2024a, b) ein fünfdimensionales Modell antisemitischer Einstellungen. Neu an diesem Modell ist die Operationalisierung eines postkolonialen Antisemitismus. Die Autor*innen stützen sich begrifflich u. a. auf einen Artikel von Jan Weyand (2024), der wiederum an die Debatte erinnert, die sich um das Verhältnis von postkolonialen theoretischen Ansätzen zu antisemitischen Positionen dreht. „Zu dieser zeitweise heftig und polemisch geführten Debatte gehören Konflikte wie die Diskussion um den Umgang mit Antisemitismus auf der *documenta 2022*, Antisemitismusvorwürfe gegen den kamerunischen Philosophen Achille Mbembe, Auseinandersetzungen um die BDS-Bewegung oder der Streit um Antisemitismusdefinitionen" (Weyand, 2024, S. 50). Wir werden an späterer Stelle um diese Auseinandersetzungen nicht herumkommen (siehe Abschn. 4.5).

In Abb. 2.7 haben wir die statistischen Zusammenhänge zwischen den fünf in der „Leipziger Autoritarismus-Studie" operationalisierten und erhobenen Antisemitismus-Dimensionen dargestellt.

Wie in unseren eigenen älteren Modellen sowie in dem Forschungsansatz von Heyder et al. (2005) fallen die hohen signifikanten Zusammenhänge zwischen den Dimensionen auf. Angesichts der nationalen und internationalen Diskussionen über die Antisemitismus-Definitionen z. B. der *International Holocaust Remembrance Alliance* (IHRA) der Jerusalem Declaration on Antisemitism (Abschn. 2.1) sind wir allerdings skeptisch, inwieweit die Benennungen „israelbezogener", „postkolonialer" Antisemitismus und „Antisemitischer Antizionismus" theoretisch tragfähig und in den Communities der Antisemitismusforscher*innen konsensfähig sind. Die von uns präferierten Benennungen „Anti-Zionismus" und „Anti-Israelismus" finden wir nach wie vor nicht

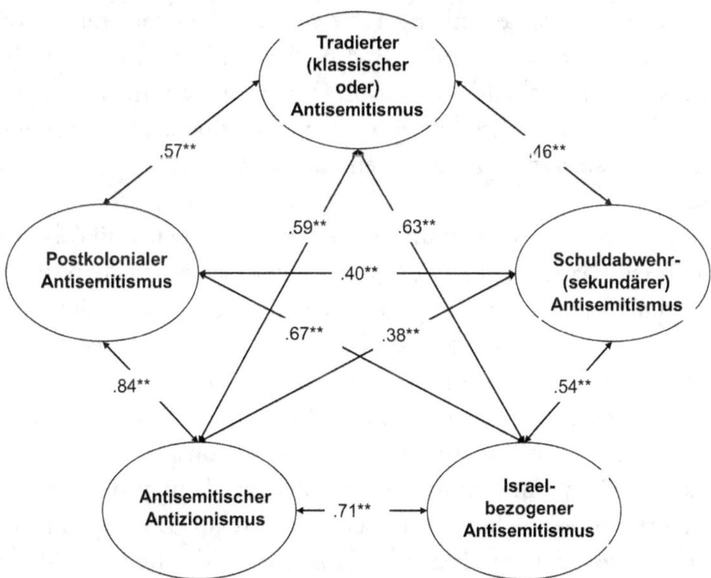

Abb. 2.7 Kreuzkorrelationen der Antisemitismus-Dimensionen. (Eigene Darstellung nach Decker et al., 2024a, b, S. 144). Die angegebenen Korrelationskoeffizienten sind das Ergebnis einer konfirmatorischen Faktorenanalyse und signifikant bei 1%-Irrtumswahrscheinlichkeit

unzutreffend. Aber gefühlsmäßige Verortungen sind an dieser Stelle zugegebenermaßen nicht besonders zweckmäßig.

Empirisch begründete Ausdifferenzierung antisemitischer Einstellungen, so wie in den Arbeiten von Heyder et al. (2005), von Decker et al., (2024a, b) oder auch in unseren eigenen, finden sich auch in internationalen empirisch ausgerichteten Forschungsarbeiten. Wir beschränken uns pars pro toto auf zwei Beispiele.

Daniel Allington et al. (2023) suchen nach Prädiktoren (also empirisch ermittelte Erklärungsvariablen) für antisemitische Einstellungen. Sie nutzen dazu eine Skala, die eine ansprechende methodische Güte besitzt und auf *zwei Antisemitismus-Dimensionen* fokussiert ist, a) auf „judenfeindlichen Antisemitismus" (Judeophobic Antisemitism, der mit klassisch antisemitischen Aussagen operationalisiert wird, z. B.: „Im Vergleich zu anderen Gruppen haben Juden zu viel Macht in den Medien.") und b) auf „ antizionistischen Antisemitismus" (z. B. „ Israel kommt mit allem davon, weil seine Anhänger die Medien kontrollieren."). In zwei Studien mit N = 809 bzw. N = 1853 britischen Erwachsenen zeigte sich u. a., dass die ethnische Identifikation (Weißsein oder nicht), der Glaube an böswillige globale Verschwörungen und antihierarchische Aggression sich als die stärksten Prädiktoren für antisemitische Einstellungen erwiesen.

In einer beeindruckend umfassenden Studie haben Ildikó Barna und Kolleg*innen (Barna et al., 2022) antisemitische Vorurteile in den Visegrád Staaten (Tschechische Republik, Ungarn, Polen und die Slowakei) untersucht. Insgesamt wurden rund 2000 Personen ab 18 Jahren je Land mit einem standardisierten Fragebogen online interviewt. Die Autor*innen unterscheiden zwischen traditionellem, religiösen Anti-Judaismus, antisemitischen Verschwörungserzählungen (conspiratorial antisemitism), sekundären Antisemitismus (Holocaust-Leugnung) und einem neuen Antisemitismus (anti-israelische Vorurteile). Die Ergebnisse legen nahe, dass sozio-demografische Variablen oder die Religiosität der Befragten in keinem der vier Staaten eine besondere Rolle für die Erklärung der operationalisierten Einstellungsdimensionen spielen. Interessanter und stärker war eine andere Variable, die die Autoren „kollektive Opferrolle" (collective victimhood) nennen. In Ländern, in denen die eigene kollektive Opferrolle (während des Nationalsozialismus) besonders betont wird, scheinen antisemitische Vorurteile ausgeprägter zu sein (so in Polen und Ungarn) als in den Ländern, in denen diese Opferrolle politisch/historisch eine geringere Rolle spielt. Menschen scheinen demzufolge antisemitischer eingestellt zu sein, je mehr sie sich selbst oder ihr Land als Opfer sehen. Befragte, die das Gefühl hatten, dass ihre Nation im Laufe der Geschichte besonders oder mehr als die Juden zum Opfer wurde, haben stärkere Vorurteile gegenüber Jüdinnen und Juden und glauben an eine jüdische Weltverschwörung.

Georgios Antoniou, Elias et al. (2020) können derartige Prozesse in mehreren Studien mit griechischen Teilnehmer*innen bestätigen. Die Salienz (das Wahrnehmen) der eigenen kollektiven Opferrolle erhöht die Identifikation mit der Eigengruppe, verstärkt die Konkurrenz mit anderen vermeintlichen Opfergruppen und kann, wenn es sich bei „konkurrierenden" Opfergruppen um Jüdinnen und Juden handelt, auch die antisemitischen Vorurteile gegenüber diesen Gruppen verstärken. Michal Bilewicz und Anna Stefaniak (2013) schlagen zwei Möglichkeiten als Erklärungen für derartige Prozesse vor. Die *eine* Erklärung rekurriert auf das von Erich Fromm eingeführte (Fromm, 1964) und u. a. von Agnieszka Golec de Zavala und Kolleg*innen (als Überblick: Golec de Zavala, 2024) empirisch fruchtbar gemachte Konzept des „Group Narcissism" (siehe ausführlich: Abschn. 6.5). Gruppen-Narzissmus kann für Gruppen oder Gemeinschaften dann bedeutsam werden, wenn sie sich in ihrem Image durch andere Gruppen und Gemeinschaften bedroht sehen und darauf mit zunehmenden Vorurteilen gegenüber diesen Gruppen reagieren. Die andere Erklärung stützt sich auf das sozialpsychologisch prominente *Modell der Eigengruppenprojektion* (Waldzus & Wenzel, 2008): Falls im politischen oder kulturellen Diskurs eine soziale Kategorie „Opfernationen" konstruiert wurde, so ist es unter Umständen möglich, dass Mitglieder sozialer Gruppen und Gemeinschaften diese Kategorie „missbrauchen", sich selbst als prototypische Opfernation inszenieren und so andere Gemeinschaften diskriminieren, die sich ebenfalls als historische Opfer betrachten. Auf diese Weise können z. B. Polen, wenn sie ihre Gruppe oder Gemeinschaft als Prototyp einer Opfernation betrachten, dazu neigen, den Jüdinnen und Juden ihren prototypischen Opferstatus abzusprechen und ihnen mit verstärkten Vorurteilen zu begegnen.

Unabhängig von nationalen und internationalen Versuchen, Antisemitismus und seine Dimensionen empirisch in den Griff zu kriegen, hat Detlef Claussen sicher nicht unrecht, wenn er schreibt, das

„[…] Interesse der Soziologen am Antisemitismus verdichtet sich meist unter Überschriften wie »Vorurteil gegen Minderheiten« […] Aus solchen Benennungen tritt die Vorliebe für die Quantifizierung erforschbarer Wahrheiten hervor. Fehlt aber der Analyse der Blick für die gesellschaftliche Totalität, so zerfällt der Antisemitismus wieder in viele unverbundene, wiewohl quantifizierbare Stereotypen, die einer gewissen Beliebigkeit nicht entbehren" (Claussen, 1987, S. 15).

Literatur

ADL. (2024). Audit of antisemitic incidents. https://www.adl.org/audit-antisemitic-incidents. Zugegriffen: 14. Februar 2025.

ADL. (2023). The ADL global 100: An index of antisemitism. https://www.adl.org/sites/default/files/pdfs/2023-05/ADL-Global100-2023_1.pdf. Zugegriffen: 14. Februar 2025.

Adorno, T. W. (1955). Schuld und Abwehr. In Ders. (1997). *Gesammelte Schriften, Band 9.2*, S. 121–324. Suhrkamp.

Adorno, T. W., Frenkel-Brunswick, Else, Levinson, Daniel J., & Sanford, R. Nevitt (1950). *The Authoritarian Personality*. Harper & Row.

Ahlheim, K., & Heger, B. (2002). *Die unbequeme Vergangenheit. NS-Vergangenheit, Holocaust und die Schwierigkeit des Erinnerns*. Wochenschau Verlag.

Allington, D., Hirsh, D., & Katz, L. (2023). Antisemitism is predicted by anti-hierarchical aggression, totalitarianism, and belief in malevolent global conspiracies. *Humanities and Social Sciences Communications*, *10*(1), 1–16.

Allport, W. G. (1954). *The Nature of Prejudice*. Addison-Wesley.

Allport, W. G. (1971). *Die Natur des Vorurteils*. Kiepenheuer & Witsch.

Almog, S. (1990). *Nationalism & anti-Semitism in modern Europe 1815–1945*. Pergamon Press.

Antoniou, G., Dinas, E., & Kosmidis, S. (2020). Collective victimhood and social prejudice: A post-holocaust theory of anti-Semitism. *Political Psychology*, *41*(5), 861–886.

Arendt, H. (2001Original 1951). *Elemente und Ursprünge totaler Herrschaft*. Piper.

Arendt, H. (1963). Das Phänomen der Revolution. *Politische Vierteljahresschrift*, *4*(2), 116–149.

Barna, I., Kohut, T., Bilewicz, M., Gyarfášová, O., Kocián, J., Meseznikov, G., & Babinska, M. (2022). Survey on Antisemitic Prejudice in the Visegrád Countries. In *Research Report*. Tom Lantos Institute.

Bar-Tal, Daniel (1990). *Group beliefs*. Springer.

Barthes, R. (1964). *Mythen des Alltags*. Suhrkamp.

Bauman, Z. (1992). *Dialektik der Ordnung*. Europäische Verlagsanstalt.

BDS Movement. (2016). German: Statement by legal scholars against criminalization of BDS for Palestinian human rights. https://www.bdsmovement. net/news/german-statement-legal-scholars-against-criminalization-bds-- palestinian-human-rights; Zugegriffen: 19. Februar 2025.

Becker, M. J. (2024). Decoding Antisemitism in European Online Discourses: A Comparative Study on British, French and German Mainstream Social Media Channels. *Analysis of Current Trends in Antisemitism-ACTA, 43*(1).

Benz, W. (2020). *Antisemitismus: Präsenz und Tradition eines Ressentiments*. Wochenschau Verlag.

Berger Waldenegg, G. C. (2000). Eine gefährliche Vokabel? Zur Diagnose eines Begriffs. In W. Benz (Hrsg.), *Jahrbuch für Antisemitismusforschung 9*. Campus.

Bergmann, W., & Erb, R. (1986). Kommunikationslatenz, Moral und öffentliche Meinung. Theoretische Überlegungen zum Antisemitismus in der Bundesrepublik Deutschland. *Kölner Zeitschrift für Soziologie und Sozialpsychologie, 38*(2), 223-246.

Bergmann, W., & Erb, R. (1991). *Antisemitismus in der Bundesrepublik Deutschland. Ergebnisse der empirischen Forschung 1946–1989*. Leske und Budrich.

Bergmann, W., & Erb, R. (1998). Fremdenfeindlichkeit und Antisemitismus in Deutschland Ergebnisse der Einstellungsforschung Mitte der 90er Jahre. In W. Gessenharter & H. Fröchling (Hrsg.), *Rechtsextremismus und Neue Rechte in Deutschland*. VS Verlag.

Bergmann, W. & Erb, R. (2000). Antisemitismus in der Bundesrepublik Deutschland 1996. In R. Alba, P. Schmidt & M. Wasmer (Hrsg.), *Deutsche und Ausländer: Freunde, Fremde oder Feinde? Empirische Befunde und theoretische Erklärungen* (S. 401-438). Westdeutscher Verlag.

Bergmann, W. (2003). Survey-Fragen als Indikatoren für den Wandel in der Wahrnehmung politischer Probleme: Antisemitismus in der Bundesrepublik Deutschland 1949–1998. In W. Benz (Hrsg.), *Jahrbuch für Antisemitismusforschung 12*. Metropol Verlag.

Bericht des Unabhängigen Expertenkreises Antisemitismus. (2018). Antisemitismus in Deutschland – aktuelle Entwicklungen. https://www.bmi.bund.de/SharedDocs/downloads/DE/publikationen/themen/heimat-integration/expertenkreis-antisemitismus/expertenbericht-antisemitismus-in-deutschland.html; Zugegriffen: 24. Februar 2025.

Bernstein, F. (1980; Original: 1926). *Der Antisemitismus als Gruppenerscheinung.* Jüdischer Verlag.

Beyer, H., Rensmann, L., Brögeler, H., Jäger, D., & Schulz, C. (2024). Antisemitismus in der Gesamtgesellschaft von Nordrhein-Westfalen im Jahr 2024. https://www.antisemitismusbeauftragte.nrw/sites/default/files/2024-09/Abschlussbericht_Antisemitismus_in_NRW_2024.pdf. Zugegriffen: 10. April 2024.

Bilewicz, M., & Stefaniak, A. (2013). Can a victim be responsible? Antisemitic consequences of victimhood-based identity and competitive victimhood in Poland. In B. Bokus (Ed.), *Responsibility: An interdisciplinary perspective* (S. 69-77). Lexem.

Billig, M. (2002). Henri Tajfel´s »Cognitive Aspects of Prejudice« and the Psychology of Bigotry. *British Journal of Social Psychology, 41*, 171-188.

Botsch, G. (2020). Rechtsextremismus und „neuer Antisemitismus". *Wissenschaft Demokratie (WsD), 8*, 16-28.

Brunner, M. (2016). Vom Ressentiment zum Massenwahn. In C. Busch, M. Gehrlein, & T. Uhlig (Hrsg.), *Schiefheilungen – Zeitgenössische Betrachtungen über Antisemitismus.* Springer VS.

Buber, M. & Rosenzweig, F. (1987). *Die Schrift. Band 1: Die fünf Bücher der Weisung* (Verdeutschung). Schneider.

Bubis, I. (1993). *Ich bin deutscher Staatsbürger jüdischen Glaubens.* Kiepenheuer & Witsch.

Bundesamt für Verfassungsschutz. (2024a). *Lagebild Antisemitismus 2022/2023.* Bundesamt für Verfassungsschutz. https://www.verfassungsschutz.de/SharedDocs/publikationen/DE/allgemein/2024-05-lagebild-antisemitismus.html. Zugegriffen: 4. März 2025.

Bundesamt für Verfassungsschutz. (2024b). Jahrestag 7. Oktober: Die Sicherheitslage in Deutschland ein Jahr nach den Anschlägen der HAMAS bleibt herausfordernd. https://www.verfassungsschutz.de/SharedDocs/pressemitteilungen/DE/2024/pressemitteilung-2024-10-04-jahrestag.html. Zugegriffen: 4. März 2025.

Bundestag. (2025). Antisemitismus und Israelfeindlichkeit an Schulen und Hochschulen. https://www.bundestag.de/dokumente/textarchiv/2025/kw05-de-antisemitismus-1035050. Zugegriffen: 20. Februar 2025.

Butter, M., & Knight, P. (2020). Conspiracy theory in historical, cultural and literary studies. In: M. Butter & P. Knight (Hrsg), *Routledge Handbook of Conspiracy Theories* (S. 28-42). Routledge.

Büttner, H.-P. (2021). Auf zum letzten Geflecht. Eine Kritik der „Jerusalem-Deklaration". https://www.kritiknetz.de/images/stories/texte/Buettner_Jerusalem_Deklaration.pdf. Zugegriffen: 20. Februar 2025.

Clark, H.H. (2010). Context and Common Ground. In A. Barber & R. J. Stainton (Eds.), *Concise Encyclopedia of Philosophy of Language and Linguistics* (S. 85-87). Elsevier Ltd.

Claussen, D. (1987). *Grenzen der Aufklärung. Die gesellschaftliche Genese des modernen Antisemitismus.* Fischer.

Claussen, D. (2000). *Aspekte der Alltagsreligion: Ideologiekritik unter veränderten gesellschaftlichen Verhältnissen.* Verlag Neue Kritik.

Decker, O., Kiess, J., Heller, A., & Brähler, E. (Hrsg.). (2024a). *Vereint im Ressentiment. Autoritäre Dynamiken und rechtsextreme Einstellungen.* Psychosozial-Verlag.

Decker, O., Kiess, J., & Brähler, E. (2024b). Antisemitismus als individuelles Ressentiment und gesellschaftliches Sediment – empirische Befunde. In Decker, O., Kiess, J., Heller, A., & Brähler, E. (Hrsg.), *Vereint im Ressentiment. Autoritäre Dynamiken und rechtsextreme Einstellungen* (S. 133-160). Psychosozial-Verlag.

Devine, P. G., & Elliot, A. J. (1995). Are racial stereotypes really fading? The Princeton trilogy revisited. *Personality and Social Psychology Bulletin, 21*(11), 1139–1150.

Diner, D. (2019). Der Sarkophag zeigt Risse: Über Israel, Palästina und die Frage eines »neuen Antisemitismus«. In C. Heilbronn, D. Rabinovici, & N. Sznaider (Hrsg.), *Neuer Antisemitismus? Fortsetzung einer globalen Debatte* (S. 459–488). Suhrkamp.

Dubuisson, F. (2005). The definition of anti-Semitism by the European Monitoring Centre on Racism and Xenophobia (EUMC): Towards a criminalisation of criticism of Israeli policy? https://www.eccpalestine.org/wp-content/uploads/2018/01/Francois-Dubuisson_opinion.pdf; Zugegriffen: 19. Februar 2025.

Eco, U. (1989). *Apokalyptiker und Integrierte. Zur kritischen Kritik der Massenkultur.* Fischer.

Enstad, J. D. (2025). Facing antisemitism in Europe: individual and country-level predictors of Jews' victimization and fear across twelve countries. *Social Forces, 103*(3), 1186–1209.

EUMC. (2004a). European Monitoring Centre on Racism and Xenophobia. Perception of Antisemitism in the European Union. https://www.europarl.europa.eu/studies/eumc_report/eumc_interviews_en.pdf; Zugegriffen: 18. Februar 2025.

EUMC. (2004b). European Monitoring Centre on Racism and Xenophobia. Manifestations of Antisemitism in the EU 2002–2003. https://fra.europa.eu/sites/default/files/fra_uploads/184-AS-Main-report.pdf; Zugegriffen: 18. Februar 2025.

Eurobarometer. (2003). Flash Eurobarometer 151 (Iraq and peace in the world). https://search.gesis.org/research_data/ZA4164; Zugegriffen: 18. Februar 2025.

Fenichel, O. (1993, Original: 1946). Elemente einer psychoanalytischen Theorie des Antisemitismus. In E. Simmel (Hrsg.). *Antisemitismus*. Fischer.

Feyerabend, P. K. (1980). *Erkenntnis für freie Menschen*. Suhrkamp.

Feyerabend, P. K. (1987). Putnam on incommensurability. *The British Journal for the Philosophy of Science, 38*(1), 75–81.

Feyerabend, P. K. (1992; Original: 1989). *Über Erkenntnis. Zwei Dialoge*. Campus.

Fischer, J. M., & Wetzels, P. (2024). Die Verbreitung antisemitischer Einstellungen in Deutschland: Befunde aktueller repräsentativer Befragungen zu Trends seit 2021 und den Einflüssen von Migrationshintergrund, Religionszugehörigkeit und Religiosität. *Zeitschrift für Religion, Gesellschaft und Politik*, 1–34.

Fischer-Lichte, E. (1998). Inszenierung und Theatralität. In H. Willems & M. Jurga (Hrsg.), *Inszenierungsgesellschaft. Ein einführendes Handbuch*. Westdeutscher Verlag.

Fox, J., & Topor, L. (2021). *Why do people discriminate against Jews?* Oxford University Press.

FRA. (2024). Jewish People experience and perception of antisemitism. Vienna: European Union Agency for Fundamental Rights. https://fra.europa.eu/en/publication/2024/experiences-and-perceptions-antisemitism-third-survey. Zugegriffen: 14. Februar 2025.

Frindte, W. (2024). *Wider die Borniertheit und den Chauvinismus – mit Paul K. Feyerabend durch absurde Zeiten*. Springer.

Frindte, W. (2022). *Quo Vadis, Humanismus?*. Springer.

Frindte, W., Funke, F., & Jacob, S. (1999). Neu-alte Mythen über Juden: Ein Forschungsbericht. In R. Dollase, T. Kliche, & H. Moser (Hrsg.), *Politische Psychologie der Fremdenfeindlichkeit. Opfer, Täter, Mittäter* (S. 119-130). Juventa.

Frindte, W., Wammetsberger, D., & Wettig, S. (2005). Old and new anti-Semitic attitudes in the context of authoritarianism and social dominance orientation – two studies in Germany. *Peace and Conflict: Journal of Peace Psychology, 11*(3), 239–266.

Frindte, W. & Wammetsberger, D. (2008). Antisemitismus in Deutschland: Sozialwissenschaftliche Befunde. In L. Rensmann & J. H. Schoeps (Hrsg.), *Feindbild Judentum. Antisemitismus in Europa.* (S. 261-295). Verlag für Berlin-Brandenburg.

Fromm, E. (1964). *The Heart of Man: Its Genius for Good an Evil.* Harper & Row.

Gibson, J. L., & Duch, R., M. (1992). Anti-semitic attitudes of the mass public: Estimates and explanations base on a survey of the Moscow Oblast. *Public Opinion Quartley.* 56 (1), 1-28.

Glock, C. Y., & Stark, R. (1966). *Christian beliefs and anti-Semitism.* Harper and Row.

Goffman, E. (1959). *The presentation of self in everyday life.* Doubleday.

Goffman, E. (1967). *Stigma. Über Techniken der Bewältigung beschädigter Identität.* Suhrkamp.

Goffman, E. (1974). *Frame analysis: An essay on the organization of experience.* Harper & Row.

Golec de Zavala, A. (2024). *The psychology of collective narcissism: Insights from social identity theory.* Routledge.

Hagalil.com. (2003). Manifestations of anti-Semitism in the European Union. http://www.hagalil.com/antisemitismus/europa/eu-studie.html. Zugegriffen: 18. Februar 2025.

Hagalil.com. (2005). ECRI WIEN: A Working Definition of anti-Semitism. https://www.hagalil.com/antisemitismus/2005/01/definition.htm; Zugegriffen: 18. Februar 2025.

Heitmeyer, W. (Hrsg.) (2002). *Deutsche Zustände, Folge 1.* Suhrkamp.

Heitmeyer, W. (Hrsg.) (2012). *Deutsche Zustände, Folge 10.* Suhrkamp.

Heller, A., Dilling, M., Kiess, J., Decker, O., & Brähler, E. (2024). Methodische Überlegungen zur Erhebung rechtsextremer und autoritärer Einstellungen. In Decker, O., Kiess, J., Heller, A., & Brähler, E. (Hrsg.), *Vereint im Ressentiment. Autoritäre Dynamiken und rechtsextreme Einstellungen* (S. 207-227). Psychosozial-Verlag.

Hersh, E., & Royden, L. (2023). Antisemitic attitudes across the ideological spectrum. *Political Research Quarterly, 76*(2), 697–711.

Hewstone, M., Rubin, M., & Willis, H. (2002). Intergroup bias. *Annual Review of Psychology, 53*(1), 575–604.

Heyder, A., Iser, J., & Schmidt, P. (2005). Israelkritik oder Antisemitismus? Meinungsbildung zwischen Öffentlichkeit, Medien und Tabus. In W. Heitmeyer (Hrsg.), *Deutsche Zustände, Folge 3* (S. 144–165). Suhrkamp.

Horkheimer, M., & Adorno, T. W. (1969). *Dialektik der Aufklärung (Original 1944)*. Fischer.

IHRA. (2025). Working definition of antisemitism. https://holocaustremembrance.com/resources/working-definition-antisemitism. Zugegriffen: 19. Februar 2025.

Imhoff, R. (2010). Zwei Formen des modernen Antisemitismus? Eine Skala zur Messung primären und sekundären Antisemitismus. *Conflict & Communication, 9*(1).

Imhoff, R. (2020). Verschwörungsmentalität und Antisemitismus. In B. Bogerts, J. Häfele, & B. Schmidt (hrsg.), *Verschwörung, Ablehnung, Gewalt: Transdisziplinäre Perspektiven auf gruppenbezogene Aggression und Intoleranz* (S. 69–90). Springer VS.

Imhoff, R., Zimmer, F., Klein, O., António, J. H., Babinska, M., Bangerter, A. ... & Van Prooijen, J. W. (2022). Conspiracy mentality and political orientation across 26 countries. *Nature Human Behaviour, 6*(3), 392–403.

Institut für Demokratie und Zivilgesellschaft (2019). Neue Rechte und alte Ideen. Quelle: https://www.idz-jena.de/index.php?id=131. Zugegriffen: 15. Mai 2025.

Ionescu, D. (2022). Die Antisemitismusdefinition der IHRA im Handgemenge. Eine kritische Diskussion der Mobilisierungen gegen die erste internationale Antisemitismusdefinition. *conflict & communication online, 21*, 1.

Jikeli, G. (2024). *Gemessener Antisemitismus. Umfragen zu antisemitischen Einstellungen unter Muslim:innen in Europa und den USA*. Center for Antisemitism and Racism Studies: CARS Working Paper 018.

Jones-Wiley, D. G., Restori, A. F., Lee, H. B., & Ho, M. (2007). A research note on the Levinson and Sanford anti-Semitism Scale. *Perceptual and Motor Skills, 105*(3), 1023–1026.

Jüdische Allgemeine. (27.11.2020a). Attacke auf Rabbiner in Wien. https://www.juedische-allgemeine.de/juedische-welt/attacke-auf-rabbiner-in-wien/. Zugegriffen: 14. Februar 2025.

Jüdische Allgemeine. (5.11.2020b). Terror in Wien. https://www.juedische-allgemeine.de/juedische-welt/terror-in-wien/. Zugegriffen: 14. Februar 2025.

Karpenstein-Eßbach, C. (2004). *Einführung in die Kulturwissenschaft der Medien*. Wilhelm Fink Verlag.

Keilson, Hans. (1988). Linker Antisemitismus. *Psyche, 8*, 769–794.

Kempf, W. (2015). *Israelkritik zwischen Antisemitismus und Menschenrechtsidee: eine Spurensuche*. Verlag Irena Regener.

Kempf, W. (2024). Antisemitismus. In C. Cohrs, N. Knab, & G. Sommer (Hrsg.), *Handbuch friedenspsychologie*. https://handbuch-friedenspsychologie.de; https://doi.org/10.17192/es2022.0018.

Kiesel, D., & Eppenstein, T. (2020). Einleitung. In Zentralrat der Juden in Deutschland (Hrsg.), *„Du Jude". Antisemitismus-Studien und ihre pädagogischen Konsequenzen* (S. 9–13). Hentrich & Hentrich Verlag.

Klug, B. (2003). The collective Jew: Israel and the new antisemitism. *Patterns of Prejudice, 37*(2), 117–138.

Kopstein, J., Schugurensky, A., & Shenhav-Goldberg, R. (2024). Attitudes Toward Jews and Israel on California Campuses: Results from a New Survey. *Center for Antisemitism Research, Anti-Defamation League*. https://www.adl.org/resources/report/attitudes-toward-jews-and-israel-california-campuses-results-new-survey. Zugegriffen: 16. Februar 2025.

Kovács, A., & Fischer, G. (2021). Antisemitic prejudices in Europe: Survey in 16 European countries. IPSOS.

Kuhn, T. S. (1996; Original: 1962). *The Structure of Scientific Revolutions*. The University of Chicago Press.

Küntzel, M. (2018). Islamischer Antisemitismus als Forschungsbereich. Über Versäumnisse der Antisemitismusforschung in Deutschland. In M. Grimm & B. Kahmann (Hrsg.), *Antisemitismus im 21. Jahrhundert. Virulenz einer alten Feindschaft in Zeiten von Islamismus und Terror* (S. 135–156). Walter De Gruyter.

Küpper, B. (2024). Antisemitische Bedrohung. *Demokratie gegen Menschenfeindlichkeit, 9*(1), 29–32.

Landvai, P. (1972). *Antisemitismus ohne Juden: Entwicklungen und Tendenzen in Osteuropa*. Europaverlag.

Langmuir, G. I. (1990). *Towards a definition of antisemitism*. University of California Press: Center for Medieval and Renaissance Studies.

Lederer, G. (1994). Wie antisemitisch sind die Deutschen? In C. Kulke & Gerda Lederer (Hrsg.), *Der gewöhnliche Antisemitismus*. Centaurus-Verlagsanstalt.

Levinson, D. J., & Sanford, R. N. (1944). A scale for the measurement of anti-Semitism. *The Journal of Psychology, 17*(2), 339–370.

Loewenstein, R. M. (1968; Original: 1951). *Psychoanalyse des Antisemitismus.* Suhrkamp.

Marin, B. (1980). A post-Holocaust „anti-Semitism without anti-Semites"? Austria as a case in point. *Political Psychology, 2*(2), 57–74.

Marin, B. (2000). *Antisemitismus ohne Antisemiten.* Campus.

Meyer, T., Ontrup, R., & Schicha, C. (2000). *Die Inszenierung des Politischen. Zur Theatralität von Mediendiskursen.* Westdeutscher Verlag.

Neue Züricher Zeitung. (2024). Seit dem Hamas-Überfall vom 7. Oktober erlebt Europa eine Welle des Antisemitismus. https://www.nzz.ch/international/7-oktober-2023-hamas-ueberfall-loest-antisemitismus-welle-in-europa-aus-ld.1850912; Zugegriffen: 4. März 2025.

Nexusproject. (2021). The Nexus Document. Understanding Antisemitism at Its Nexus with Israel and Zionism. https://nexusproject.us/nexus-resources/the-nexus-document/. Zugegriffen: 20. Februar 2025.

Niedermayer, O., & Brähler, E. (2002). Rechtsextreme Einstellungen in Deutschland. Ergebnisse einer repräsentativen Erhebung im April 2002. *Arbeitshefte aus dem Otto-Stammer-Zentrum, Nr. 6.* Freie Universität.

Nipperdey, T., & Rürup, R. (1972). Antisemitismus. In O. Brunner, W. Conze, & R. Koselleck, (Hrsg.), *Geschichtliche Grundbegriffe. Historisches Lexikon zur politisch-sozialen Sprache, 1*, 129–153. Klett.

Nyhan, B., Yamaya, S., & Zeitzoff, T. (2024). How the relationship between education and antisemitism varies between countries. *Research & Politics, 11*(2), 20531680241262645.

Ostow, M. (1988). A contribution to the study of anti-Semitism. In Bergmann, W. (Hrsg.), *Error without trial. Psychological research on anti-Semitism.* Walter de Gruyter.

Penslar, D. (2022). Who's afraid of defining antisemitism?. *Antisemitism Studies, 6*(1), 133–145.

Petzold, S. (2003). *Antisemitische Einstellungen in Deutschland. Eine Explorationsstudie.* Unveröffentlichte Diplomarbeit. Friedrich-Schiller-Universität Jena.

Pew Research Center. (2019). European public opinion three decades after the fall of communism. https://www.pewresearch.org/global/2019/10/14/minority-groups/. Zugegriffen: 4. März 2025.

Pew Research Center. (2023). Anti-Jewish harassment occurred in 94 countries in 2020, up from earlier years. https://www.pewresearch.org/short-reads/2023/03/17/anti-jewish-harassment-occurred-in-94-countries-in-2020-up-from-earlier-years/; Zugegriffen: 4. März 2025.

Popper, K. (2005; Original: 1934). *Logik der Forschung*. Mohr Siebeck.

Postone, M. (1995). Nationalsozialismus und Antisemitismus. Ein theoretischer Versuch. In M. Werz (Hrsg.), *Antisemitismus und Gesellschaft*. Verlag Neue Kritik.

Rabinovici, D., Speck, U., & Sznaider, N. (Hrsg.) (2004). *Neuer Antisemitismus?* Eine globale Debatte Suhrkamp.

Ranc, J. (2016). *Eventuell nichtgewollter Antisemitismus. Zur Kommunikation antijüdischer Ressentiments unter deutschen Durchschnittsbürgern*. Verlag Westfälisches Dampfboot.

Renan, E. (1859). *Nonvelles considérations sur le caractère général des peuples sémitiques, et en particulier sur leur tendance au monothéisme*. Extrait du Journal Asiatique. Imprimerie Impériale.

Rensmann, L. (2004a). *Demokratie und Judenbild*. VS Verlag.

Rensmann, L. (2004b). Globalisierter Antisemitismus: Neue Wege der politik- und sozialwissenschaftlichen Forschung zu Judenfeindschaft im globalen und digitalen Zeitalter. In G. Gustenau & F. Hartleb (Hrsg.), *Antisemitismus auf dem Vormarsch. Neue ideologische Dynamiken* (S. 43–88). Nomos.

Rensmann, L. (2025). *Politischer Antisemitismus im postfaktischen Zeitalter*. Nomos.

RIAS – Bundesverband der Recherche- und Informationsstellen Antisemitismus e. V. (2025). Politischer Antisemitismus in Deutschland seit dem 7. Oktober 2023. https://report-antisemitism.de/documents/25-10-06_BVRIAS_Politischer-Antisemitismus-7-Oktober.pdf; Zugegriffen: 9. Okt. 2025.

Riedl, M. J., Joseff, K., Soorholtz, S., & Woolley, S. (2024). Platformed antisemitism on Twitter: Anti-Jewish rhetoric in political discourse surrounding the 2018 US midterm election. *new media & society*, 26(4), 2213–2233.

Salzborn, S. (2018. *Globaler Antisemitismus. Eine Spurensuche in den Abgründen der Moderne*. Beltz-Juventa.

Sartre, J.-P. (1973). Betrachtungen zur Judenfrage. In Ders. *Drei Essays*. Ullstein Verlag.

Schicha, C., & Ontrup, R. (1999). *Medieninszenierung im Wandel: Interdisziplinäre Zugänge*. LIT-Verlag.

Schoeps, J. H., & Schlör, J. (1995). *Antisemitismus – Vorurteile und Mythen*. Piper.

Schönbach, P. (1961). *Reaktionen auf die antisemitische Welle im Winter 1959/1960. Frankfurter Beiträge zur Soziologie, Sonderheft 3*. Europäische Verlagsanstalt.

Schüler-Springorum, S. (2020). Antisemitismus-Studien – ein Überblick. In D. Kiesel & T. Eppenstein (Hrsg.), *„Du Jude". Antisemitismus-Studien und ihre pädagogischen Konsequenzen* (S. 91–105). Hentrich & Hentrich Verlag.

Schuster, J. (2018). Vorwort. In S. Salzborn *Globaler Antisemitismus. Eine Spurensuche in den Abgründen der Moderne* (S. 7–13). Beltz-Juventa.

Schwarz-Friesel, M. (2020). Antisemitismus im Web 2.0 – Judenhass zwischen Kontinuität und digitaler Adaption. In Zentralrat der Juden in Deutschland (Hrsg.), *„Du Jude". Antisemitismus-Studien und ihre pädagogischen Konsequenzen* (S. 170–183). Hentrich & Hentrich Verlag.

Seel, M. (2001). Inszenierung als Erscheinenlassen – Thesen über die Reichweite eines Begriffs. In J. Früchtl & J. Zimmermann (Hrsg.), *Ästhetik der Inszenierung* (S. 48–62). Suhrkamp.

Service de Protection de la Communauté Juive. (2023). Les chiffres de l'antisémitisme en France en 2023. https://www.spcj.org/antis%C3%A9mitisme/chiffres-antis%C3%A9mitisme-france-2023-b; Zugegriffen: 4. März 2025.

Shani, M., Goldberg, D., & Van Zalk, M. H. (2025). "If you prick us, do we not bleed?" Antisemitism and psychosocial health among Jews in Germany. *Frontiers in Psychology, 15,* 1499295. https://doi.org/10.3389/fpsyg.2024.1499295.

Silbermann, A. (1982). *Sind wir Antisemiten?. Ausmaß und Wirkung eines sozialen Vorurteils in der Bundesrepublik Deutschland* Verlag Wissenschaft und Politik.

Simmel, E. (1993; Original: 1946). Antisemitismus und Massen--Psychopathologie. In E. Simmel (Hrsg.), *Antisemitismus.* Fischer.

Spiegel-Spezial. (1992, Nr. 2). Juden und Deutsche.

Steinschneider, M. (Hrsg.). (1860). *Hebraeische Bibliographie. Blätter für neuere und ältere Literatur des Judenthums, Band III, 13.* A. Asher & Comp.

Steinthal, H. (1860). Zur Charakteristik der semitischen Völker. *Zeitschrift für Völkerpsychologie und Sprachwissenschaft* (Bd. *1,* S. 328-345). Ferdinand Dümmler's Verlagsbuchhandlung.

Stosberg, T. (2025). Antisemitismus im Kulturbetrieb: Von der documenta fifteen zum 7. Oktober 2023. In O. Glöckner & G. Jikeli (Hrsg.), *Antisemitismus in Deutschland nach dem 7. Oktober 2023.* Georg Olms Verlag.

Strosberg, B. B. (2024). *Anti-semitism at the limit. Critical theory and psychoanalysis.* Palgrave Macmillan.

Sznaider, N. (2020). Antisemitismus zwischen Schwertern und Pflugscharen. In Zentralrat der Juden in Deutschland (Hrsg.), *„Du Jude". Antisemitismus--Studien und ihre pädagogischen Konsequenzen.* (S. 47–54). Hentrich & Hentrich Verlag.

Tagesspiegel. (2014). Zuckerberg, eine Krake: Antisemitismus-Vorwurf nach „SZ"-Karikatur. https://www.tagesspiegel.de/gesellschaft/medien/antisemitismus--vorwurf-nach-sz-karikatur-6919150.html; Zugegriffen: 22. Februar 2025.

Tajfel, H. (1969). Cognitive aspects of prejudice. *Journal of Biosocial Sciences, Supplement, 1*, 173–191.

Tajfel, H. (1970). Experiments in intergroup discrimination. *Scientific American, 223* (5), 96–102.

Tajfel, H. (1974). Social identity and intergroup behaviour. *Social Science Information, 13*, 65–93.

Tausch, A. (2024). *Antisemitismus, Terrorismus und politischer Islam.* Springer VS.

The Center for the Study of Contemporary European Jewry. (2025). *Antisemitism worldwide – Report for 2024.* https://cst.tau.ac.il/wp-content/uploads/2025/04/AntisemitismWorldwide_2024.pdf. Zugegriffen: 25. April 2025.

The Jerusalem Declaration on Antisemitism. (2021). https://jerusalemdeclaration.org/. Zugegriffen: 19. Februar 2025.

Ullrich, P. (2019). Gutachten zur «Arbeitsdefinition Antisemitismus» der International Holocaust Remembrance Alliance. Rosa-Luxemburg-Stiftung. https://www.rosalux.de/publikation/id/41168/gutachten-zur--arbeitsdefinition-antisemitismus-der-ihra; Zugegriffen: 19. Februar 2025.

Ullrich, P. (2024). Probleme der Begriffsbildung und Definition von Antisemitismus. In P. Ullrich et al. (Hrsg.), *Was ist Antisemitismus? Begriffe und Definitionen von Judenfeindschaft.* Herausgegeben vom Zentrum für Antisemitismusforschung (S. 193–267). Wallstein Verlag.

Ullrich, P., Arnold, S., Danilina, A., Holz, K., Jensen, U., Seidel, I., & Weynad, J. (Hrsg.) (2024). *Was ist Antisemitismus?. Begriffe und Definitionen von Judenfeindschaft.* Herausgegeben vom Zentrum für Antisemitismusforschung. Wallstein Verlag.

Unabhängigen Expertenkreis Antisemitismus. (2018). Antisemitismus in Deutschland – aktuelle Entwicklungen. Bundesministerium des Innern. https://www.antisemitismusbeauftragter.de/SharedDocs/downloads/Webs/BAS/DE/expertenbericht-antisemitismus-in-deutschland.html; Zugegriffen: 23. Februar 2025.

United Nations. (2005). PREVENTION OF DISCRIMINATION: Written statement* submitted by United Nations Watch, a non-governmental organization in special consultative status. E_CN.4_Sub.2_2005_NGO_32-EN.pdf; Zugegriffen: 18. Februar 2025.

Urban, S. (2023). 100 Tage zwischen Kunst und Kollektiven, Antisemitismus und Aktivismus. In RIAS Hessen Recherche- und Informationsstelle Antisemitismus (Hrsg.), *documenta fifteen – »Es wurde eine dunkelrote Linie überschritten«*. RIAS Hessen.

Von Kellenbach, K. (2024). Antijudaismus. In P. Ullrich et al. (Hrsg.), *Was ist Antisemitismus? Begriffe und Definitionen von Judenfeindschaft*. Herausgegeben vom Zentrum für Antisemitismusforschung (S. 18–22). Wallstein Verlag.

Waldzus, S., & Wenzel, M. (2008). Das Modell der Eigengruppenprojektion. In L. E. Petersen & B. Six (Hrsg.), *Stereotype, Vorurteile und soziale Diskriminierung* Beltz.

Weil, F. (1987). The extent and structure of anti-Semitism in Western populations since the Holocaust. In H. Fein (Ed.), *The Persisting Question. Sociological Perspectives and Social Contexts of Modern Antisemitism* (S. 164-189). Walter de Gruyter.

Welt. (2024). „Gibt faktisch kein offenes jüdisches Leben ohne Polizeischutz!". https://www.welt.de/politik/deutschland/article254689520/Antisemitismus-in-Berlin-Gibt-faktisch-kein-offenes-juedisches-Leben--ohne-Polizeischutz.html. Zugegriffen: 20. Februar 2025.

Weyand, J. (2024). Postkolonialer Antisemitismus. In P. Ullrich et al. (Hrsg.), *Was ist Antisemitismus? Begriffe und Definitionen von Judenfeindschaft*. Herausgegeben vom Zentrum für Antisemitismusforschung (S. 50–56). Wallstein Verlag.

Whine, M. (2009). At Issue: Devising Unified Criteria and Methods of Monitoring Anti-Semitism *Jewish Political Studies Review, 21*, 1/2, 63–78.

Wittenberg, R. (2000). Antisemitische Einstellungen in Deutschland zwischen 1994 und 1998. *Kölner Zeitschrift für Soziologie und Sozialpsychologie, 52* (1), 118–131.

Wittenberg, R., Prosch, B., & Abraham, M. (1991). Antisemitismus in der ehemaligen DDR. *Tribüne, 30*, 102–120.

Wittenberg, R., Prosch, B., & Abraham, M. (1995). Struktur und Ausmaß des Antisemitismus in der ehemaligen DDR. Ergebnisse einer repräsentativen Umfrage unter Erwachsenen und einer regional begrenzten schriftlichen Befragung unter Jugendlichen. In W. Benz (Hrsg.), *Jahrbuch für Antisemitismusforschung 4* (S. 88–106). Campus.

Wittenberg, R., & Schmidt, M. (2003). Antisemitische Einstellungen in Deutschland in den Jahren 1994 und 2002. Friedrich-Alexander-Universität Erlangen-Nürnberg: *Arbeits- und Diskussionspapier, 4*.

Zick, A., & Küpper, B. (2006). Soziale Dominanz. In H.-W. Bierhoff & D. Frey (Hrsg.), *Handbuch Sozialpsychologie und Kommunikationspsychologie* (S. 71–76). Hogrefe Verlag.

Zick, A., Küpper, B., & Berghan, W. (2019). *Verlorene Mitte – Feindselige Zustände*. Dietz Verlag.

Zick, A., Küpper, B., & Mokros, N. (2023). *Die distanzierte Mitte. Rechtsextreme und demokratiegefährdende Einstellungen in Deutschland 2022/23*. Dietz Verlag.

Zick, A., Küpper, B., & Hövermann, A. (2011). *Die Abwertung der Anderen. Eine europäische Zustandsbeschreibung zu Intoleranz, Vorurteilen und Diskriminierung*. Friedrich-Ebert-Stiftung.

Zimmermann, M. (2019). Im Arsenal des Antisemitismus. In C. Heilbronn, D. Rabinovici & N. Sznaider (Hrsg.), *Neuer Antisemitismus? Fortsetzung einer globalen Debatte* (S. 431–458). Suhrkamp.

3

Judenhass und Antisemitismus – die Geschichte einer Inszenierung

„»Auschwitz erinnern« wird zur Vorbedingung unserer Anstrengungen, den Antisemitismus, wie er vor Auschwitz existiert hat und nach Auschwitz weiterlebt, analysieren zu können. Mit Auschwitz bezeichnen wir die geschichtliche Konkretion, die menschliche Beziehungen unter dem Diktat entfesselter Herrschaft annehmen können. Dieses Erinnern von Auschwitz soll verhindern, dass es zum Exerzierfeld für eine soziologische Hypothese wird. Deshalb muss der historische und gesellschaftliche Kontext aufgehellt werden" (Claussen, 1987, S. 15).

3.1 Biblisches

Kaum ein Versuch, die Juden als Juden zu vernichten, kam bisher ohne Inszenierung aus. Meist schlägt die Inszenierung aber auch auf die Akteure der Inszenierung zurück. So auch der Versuch Hamans, des geistlichen Oberhaupts am Hofe des persischen Königs Ahasveros. Hamans

---

Wir übernehmen in diesem Kapitel Texte aus unserem Buch „Quo Vadis, Humanismus?" (Frindte, 2022).

W. Frindte, I. Frindte, *Warum die Juden? – Inszenierter Antisemitismus,* https://doi.org/10.1007/978-3-658-50561-5_3

Name wurde zum Symbol der Judenfeindschaft. Über die Geschichte berichtet das Buch Esther, über dessen historische Zuverlässigkeit sich freilich gut streiten lässt. Ahasveros, eigentlich Artaxerxes (möglicherweise 464 bis 424 v. u. Z.), hatte die schöne Jüdin Esther, die als Waise von ihrem Vetter Mordechai aufgezogen worden war, zu seiner Frau genommen, ohne von ihrer jüdischen Herkunft zu wissen. Mordechai weigerte sich, nachdem er ein Mordkomplott gegen Ahasveros aufgedeckt hatte, vor Haman, dem Oberpriester, die Knie zu beugen, ihm also die Ehrerbietung zu erweisen. Haman, der wiederum vom Jüdischsein Mordechai erfahren hatte, wurde voller Grimm und beschloss daraufhin, „alle Juden, die im ganzen Königreich des Ahasveros waren, zu vertilgen" (Esther, 3: 6–7). Der genaue Zeitpunkt wurde durch das Los bestimmt – daher auch der Name Purim (= Lose). Mit der Behauptung, dass die Juden den König und seine Gesetze missachteten, gelang es Haman den König zu einem Erlass zu überreden, der die Vernichtung der Juden vorsah.

> „Und die Schreiben wurden gesandt durch die Läufer in alle Länder des Königs, man solle vertilgen, töten und umbringen alle Juden, jung und alt, Kinder und Frauen, auf einen Tag, nämlich am dreizehnten Tag des zwölften Monats, das ist der Monat Adar, und ihr Hab und Gut plündern" (Esther, 3: 13–14).

Auch Mordechai erfuhr vom Erlass und setzte alles daran, seine Ziehtochter Esther von der geplanten Ermordung der Juden zu informieren. Ihr gelang es schließlich, den Perserkönig zu überzeugen, seinen Erlass zu widerrufen. Haman wurde am Galgen gerichtet und der König ließ den Erlass umkehren; die Juden durften nun sich an ihren Feinden im ganzen Reich rächen; sie töteten „fünfundsiebzigtausend von ihren Feinden; aber an die Güter legten sie die Hände nicht" (Esther, 9: 17). Mordechai und Esther erklärten das Purimfest daraufhin zum Feiertag der jüdischen Errettung.

> „Mordechai schrieb alles auf, was geschehen war. Er schickte Schreiben an alle Juden in allen Provinzen des Königs Artaxerxes nah und fern und machte ihnen zur Pflicht, den vierzehnten und den fünfzehnten Tag des Monats Adar in jedem Jahr als Festtag zu begehen. Das sind die Tage, an

denen die Juden wieder Ruhe hatten vor ihren Feinden; es ist der Monat, in dem sich ihr Kummer in Freude verwandelte und ihre Trauer in Glück. Sie sollten sie als Festtage mit Essen und Trinken begehen und sich gegenseitig beschenken, und auch den Armen sollten sie Geschenke geben" (Esther, 9:20–22).

Purim ist so zum Erinnerungsfest an die Errettung des jüdischen Volkes aus drohender Gefahr in der persischen Diaspora geworden. In der Synagoge wird aus diesem Anlass aus der Festrolle des Buches Esther vorgelesen und immer wenn der Name Haman fällt, darf so viel Krach wie möglich mit Tuten und Rasseln gemacht werden. Hamans Name wurde zum Symbol der Judenfeindschaft und die von Haman geplante Ermordung kann als eines der ersten (historisch nicht verbürgten) Beispiele der inszenierten Judenvernichtung gelesen werden. Aus Grimm über die verweigerte Huldigung durch den *einen* Juden Mordechai werden falsche Bilder über *die* Juden konstruiert und verbreitet, um so die Vernichtung begründen zu können.

Für die Nationalsozialisten war das Purimfest immer wieder Anlass, um den Juden die Ermordung ihrer Feinde vorzuwerfen und dem deutschen Volke alte Legenden über angebliche „Purimmorde", die die Juden an Nichtjuden begangen haben sollen, aufzutischen. So konnte manch Deutscher 1934 in der 11. Ausgabe des „Stürmer" unter der Überschrift „Die Mordnacht – Das Geheimnis des jüdischen Purimfestes ist enthüllt" u. a. Folgendes lesen:

„Mancher geheimnisvolle Mord, der nicht aufgedeckt werden konnte, ist nichts anderes als ein Opfermord für das Purimfest. Im März des Jahres 1929 (zur Zeit des Purimfestes) wurde in Gladbeck der Primaner Helmut Daube, ein prächtiger blonder Junge, durch Schächtschnitt getötet. Seine Leiche fand man vor dem Hause der Eltern. Und im März des Jahres 1932 (ebenfalls zur Zeit des Purimfestes) wurde die Dienstmagd Kaspar in Paderborn durch die Juden Meyer (Vater und Sohn) ebenfalls geschächtet und in kleine pfundgroße Fleischstücke zerschnitten. Beide Morde waren Purimfest-Opfermorde. Und tausende und abertausende von Morden könnte man diesen anfügen. Und wir wissen, der eine große Purimmord, nach dem das ganze Weltjudentum lechzt, ist der Mord an dem Führer und an seinen Kampfgenossen" („Der Stürmer", 1934, Nr. 11).

Man muss sicher nicht hinzufügen, dass keine dieser Legenden über angebliche Purimmorde auf Tatsachen gründete; oder muss man es doch betonen; muss man es immer wieder sagen, dass mit dem Vorwurf der Purim- und Ritualmorde das Morden erst losging, das Morden an den Juden?

3.2   Taufe oder Tod

„Mojsche, was soll eigentlich das P im Namen Haman?" „Im Namen Haman ist doch gar kein P." „Wieso ist keins drin?" „Was soll denn ein P im Namen Haman?" „Das frag ich doch gerade."

Wie auch immer, die Geschichte von Haman illustriert, dass die Judenfeindschaft eine Geschichte hat, die älter ist als das Christentum. So macht Gierlich (2022, S. 79 ff.) z. B. auf den ägyptischen Priesters Manetho aufmerksam, der in der 1. Hälfte des 3. Jahrhundert vor Chr. eine Geschichte Ägyptens in griechischer Sprache verfasste. Das Originalwerk sei zwar verloren gegangen, Fragmente fänden sich aber in den Schriften des Josephus Flavius (37/38 n. Chr. bis ca. 100 n. Chr.). Manetho erzählt in seinem Werk die Geschichte der Hyksos, einem Reitervolk aus dem syrisch-palästinensischen Raum, das in der sogenannten Zwischenzeit (ca. 1650 v. Chr.) im Norden Ägyptens eingefallen sei und dort seine Herrschaft etabliert habe. Nach einer etwa hundertjährigen Herrschaft der Hyksos sei es den Ägyptern gelungen, sich von dieser Herrschaft zu befreien. Nach dem Sieg über die Hyksos soll in Ägypten eine Seuche ausgebrochen sein, die von den Hyksos ihren Ausgang nahm und als „asiatische Krankheit" bezeichnet wird. Um die Ausbreitung der Seuche zu verhindern, haben die Ägypter die Hyksos zusammengetrieben und in die Verbannung geschickt. Die Hyksos hätten sich daraufhin um einen Anführer, der Moses genannt wird, versammelt, mit dem sie Ägypten verlassen hätten.[1] Gierlich betont nun, dass mit dieser Geschichte mehrere

---

[1] Eine ähnliche Geschichte erzählt der römische Geschichtsschreiber Tacitus (um 55 n. Chr. bis um 120). Als in Ägypten eine Seuche ausgebrochen sei, habe das Orakel von Ammon (antikes Orakel in der ägyptischen Oase Siwa) dem ägyptischen Pharao Boccoris (Bakenranef) befohlen, das Volk der Juden in andere Länder zu bringen, da es den Göttern verhasst sei (Thurau, 2024, S. 42).

historische Ereignisse verknüpft seien. Zum einen werden die Juden, da sie offenbar in derselben Gegend wie die Hyksos siedelten, mit diesen identifiziert, obwohl sie nicht mit diesen identisch waren. Zum anderen werden die Juden für eine aus Asien kommende Seuche verantwortlich gemacht, für die sie nicht verantwortlich sein konnten. Und schließlich sei zu bedenken, dass Manetho sein Geschichtswerk unter dem Eindruck der gerade überwundenen persischen Fremdherrschaft schrieb, die etwa um 900 v. u. Z. einsetzte und um 300 u. Z. von den Griechen abgelöst wurde. Die Perser waren für die Ägypter die „Asiaten", sie kamen aus der derselben Gegend wie die Hyksos und die Juden. Außerdem wurden die Juden in Ägypten der Kollaboration mit den Persern verdächtigt. Die Juden, die eine wichtige Bevölkerungsschicht in Ägypten darstellten, wurden somit zur Projektionsfläche für den Hass, den die Ägypter eigentlich gegenüber ihren Besatzern empfanden.

Von den Römern wurde diese Legende tradiert und weitergegeben, etwa von dem christlichen Schriftsteller Orosius, der im 5. Jh. n. Chr. eine Geschichte gegen die Heiden geschrieben hat und im Mittelalter in zahlreichen Schriften zitiert wird. Vor allem die Christen, so Gierlich, hätten damit zu einer Abwertung der Juden beigetragen.

Dass sich die christlich-antijüdischen Inszenierungen auf die testamentarischen Quellen des Christentums stützen, ist bekannt. Einen Verweis auf den „Ersten Brief des Paulus an die Thessalonicher" können wir uns aber doch nicht verkneifen. Immerhin handelt es sich bei Paulus von Tarsus, als Saulus (nach Saul, dem ersten König Israels) aus dem Stamm Benjamin geboren, um den König der Apostel. Seine Briefe an die christlichen Urgemeinden haben die kirchliche Glaubenslehre entscheidend beeinflusst und gelten als Grundlage für eine verbindliche Kirchenmoral:

> „Denn, liebe Brüder, ihr seid den gleichen Weg gegangen wie die Gemeinden Gottes in Judäa, die in Christus Jesus sind; ihr habt nämlich von euren Landsleuten dasselbe erlitten, was jene von den Juden erlitten haben. Die haben sogar den Herrn Jesus getötet und die Propheten und haben auch uns verfolgt. Sie gefallen Gott nicht und sind allen Menschen Feind" (Erster Brief des Paulus an die Thessalonicher 2, 14–16).

Die zunehmende Erstarkung des Christentums und die Übernahme seiner Glaubensgrundsätze als Staatsreligion am Ende des 4. Jahrhunderts müssen dabei für die Juden als verhängnisvolle Wende begriffen werden. Relativ gut überliefert ist die Zerstörung einer Synagoge im römischen Callinicum im Jahre 388 unserer Zeit durch einheimische Christen. Der römische Kaiser Theodosius I. ordnete den Wiederaufbau der Synagoge und die Bestrafung der Täter an. Daraufhin forderte Ambrosius, Bischoff von Mailand und Kirchenlehrer, den Kaiser in zwei Briefen auf, seine Anordnungen zurückzunehmen. Nach einigem Zögern folgte der Kaiser den Forderungen. Die Synagoge wurde nicht wieder aufgebaut und die Übertäter nicht bestraft. Man kann darüber streiten, ob die Intervention des Ambrosius judenfeindlich motiviert war oder nicht (Baltrusch, 2011). Als Zeichen für die zunehmende Rechtsunsicherheit der Jüdinnen und Juden im Römischen Reich kann der Synagogenstreit von 388 allemal gelesen werden.

Während der Herrschaft späterer römischer Kaiser, insbesondere unter der Regierung des Herakleios (610–641 n. Chr.), begann sich die Lage der Juden im Römischen Reich sichtbar zu verschlechtern. Es kam zu Zwangstaufen und zum Verbot, öffentliche Ämter zu bekleiden. Dennoch lebten die Juden noch in relativer Ruhe.

Im Hochmittelalter verschärfte sich ihre gesellschaftliche Situation weiter, sie „[…] waren als Anhänger einer »verworfenen« Religion bestenfalls geduldet" und wurden durch die Beschlüsse des 4. Laterankonzils gesellschaftlich ausgegrenzt (Bergmann, 2002, S. 10). Sie durften keinen Landbesitz mehr erwerben, nach wie vor keine öffentlichen Ämter einnehmen; mit dem Ausschluss aus den Zünften war ihnen der Handel und die Ausübung des Handwerks nur noch sehr eingeschränkt möglich, lediglich der den Christen verwehrte Geldverleih gegen Zins blieb den Juden allein vorbehalten.

Als zwischen 1347 und 1351 in Europa die Pest ausbrach, fielen ihr zwanzig bis dreißig Prozent der Bevölkerung zum Opfer. In den Kirchen und der profanen Öffentlichkeit aber wurden die Juden beschuldigt, die Pest durch Brunnenvergiftungen verursacht zu haben. Erstmals traten diese Beschuldigungen im Jahre 1348 in Savoyen auf und verbreiteten sich von dort nach Spanien, Nordfrankreich und Deutschland (vgl. Limor 2000, S. 144). Auch die dadurch initiierten Massaker an den

Juden nahmen diesen Weg. Geistliche und der Papst wiesen die Beschuldigungen zwar zurück, die Morde an den Juden nahmen dennoch ihren Lauf. In Straßburg, Worms, Würzburg, Frankfurt am Main, Köln, Erfurt und Nürnberg wurden die jüdischen Gemeinden fast vollständig ausgerottet.

Die Massaker an den Juden haben allerdings eine lange Geschichte. Besonders im fanatisierten Klima der Kreuzzüge (11.–13. Jahrhundert) kam es zu schweren Pogromen gegen die „Christusmörder". So gehörten Massenmorde an den Juden, bei denen ganze Gemeinden ausgelöscht wurden (z. B. Rouen, Troyes, Metz, Speyer, Mainz), fast schon zur notwendigen Startszene eines Kreuzzuges. Diese Pogrome entstanden z. T. aus der religiösen Überzeugung, die Juden seien die Feinde der Christen; auf ihnen läge ein Fluch, weil es Juden gewesen seien, die Jesus getötet hätten. Initiiert und inszeniert wurden die Pogrome jedoch in der Regel nicht durch die christliche Judenfeindschaft der Massen, sondern durch die Wortführer und Hauptorganisatoren der Kreuzzüge. So hatte einer ihrer Führer, Gottfried von Bouillon, den Schwur getan, nicht eher ins Heilige Land aufzubrechen, bis er an den Juden den Tod Christi gerächt habe, bis kein Träger eines jüdischen Namens mehr am Leben sei. Obwohl Kaiser Heinrich IV. 1090 in einem Schreiben (zur Kammerknechtschaft) alle Fürsten und Bischöfe aufforderte, sie mögen seine Kammerknechte, die Juden, in Schutz nehmen, kam es 1096 in Speyer zu einem Pogrom durch so genannte Kreuzfahrer an den Juden der Stadt. Mit dem Schlachtruf „Taufe oder Tod" setzten sich die Pogrome – meist gegen den Willen der jeweiligen Bischöfe – in Worms, Mainz, Trier, Regensburg und Metz fort. Hirsch und Schuder (1989, S. 84 ff.) berichten, dass in Speyer am 3. Mai 1096 elf Juden von einer Horde von Kreuzfahrern ermordet wurden, weil sie sich geweigert hatten, sich taufen zu lassen. In Worms stachelten die Kreuzfahrer die Wormser Bürger mit dem Gerücht an, die Juden hätten einen Christen ermordet. Daraufhin wurden am 18. Mai 1096 achthundert jüdische Männer, Frauen und Kinder ermordet. In Mainz baten die Juden den Erzbischof Ruthardt um Hilfe, er möge sie gegen die mordenden Banden schützen. Für die versprochene Hilfe zahlten die Juden zweihundert Silberstücke. Als die Kreuzfahrer unter Führung des Raubritters *Emicho von Leitningen* sich der Stadt näherten, ließ der Bischof die Stadttore verschließen. Der Legende nach sei es dann zu einem Streit unter den Kreuzfahrern gekommen, in dessen Folge einer zu Tode kam. Die Kreuzfahrer machten auch dafür die Juden verantwortlich und begannen die Stadttore zu belagern. Mainzer Bürger öffneten daraufhin die Tore und die Kreuzfahrer stürmten die Stadt. Die Mainzer Juden hatten sich bewaffnet, wehrten sich aber erfolglos gegen den Ansturm. Von Mainz zogen die mordenden Kreuzfahrer weiter nach Köln, Trier, Metz und Regensburg. Im Zuge des zweiten Kreuzzuges und in Folge des 4. Laterankonzils, das Papst Innocenz III. vom 11. bis 30. November 1215 in Rom berief, wiederholten sich die Pogrome, wiederum verbunden mit der Alternative Taufe oder Tod, in Deutschland und Frankreich.

Rudolf Hirsch und Rosemarie Schuder sehen in den Beschlüssen des 4. Laterankonzils (1213 bis 1215) einen frühen „Vorläufer der Nürnberger Gesetze" (Hirsch & Schoder, 1989, S. 109). Auf dieser Synode wurde nicht nur beschlossen, Mischehen zwischen Juden und Christen zu verbieten, sondern die Juden mussten sich fortan durch eine einheitliche Tracht, durch einen kreisförmigen gelben Fleck auf der Oberbekleidung und durch den spitzen „Judenhut" äußerlich von den Christen unterscheiden. Aber auch um wirtschaftliche Fragen, wie das Geldverleihen, ging es auf dem Konzil. Anerkannt wurde z. B., dass Juden Geld auf Zinsen verleihen durften. Gleichzeitig unterlagen sie aber einer ruinösen Besteuerung durch den Kaiser, die Fürsten und Bischöfe, was wiederum zur Erhöhung der Zinssätze durch die jüdischen Geldverleiher, zur anschließenden Empörung der Schuldner und schließlich zu Pogromen führte (vgl. auch De Lange, 1991, S. 35 f.). Die damit von den Nichtjuden sozial konstruierte Verbindung zwischen Geldverleih und Judentum schuf den Begriff des „jüdischen Wuchers" und machte ihn zu einem Begriff der Schande.

„Es ist eine Ironie der Geschichte, dass das Zinsverbot, von der Kirche so rigoros ausgesprochen, seinen Ursprung im Alten Testament, in der Tora, im Gesetzbuch der Judäer hatte. […] Im zweiten Buch Moses, Exodus, heißt es im Kapitel 22, Vers 24: »Wenn du einem Armen aus meinem Volk, der neben dir wohnt, Geld leihst, dann sei gegen ihn nicht wie ein Wucherer. Lege ihm keinen Zins auf«" (Hirsch & Schuder, 1989, S. 46).

Der Antijudaismus wurde durch die weltlichen und geistlichen Eliten dieser Zeit gezielt als Ventil inszeniert, um besonders den unteren Schichten eine für Staat oder Kirche ungefährliche Möglichkeit zu geben, die aus gesellschaftlichen Missständen und Schicksalsschlägen wie Hungersnöte oder Pestwellen resultierende Unzufriedenheit auszuleben. Neben den neutestamentarisch niedergeschriebenen und inszenierten Beschuldigungen des Christusmordes, der Stigmatisierung der Juden als Teufelssöhne durch den Klerus und dem Vorwurf der Brunnenvergiftung lassen sich weitere religiös motivierte Anschuldigungen anführen: Der Hostienfrevel, also die Zerstörung oder Durchstechung der Hostie und die Ritualmord-Legende. Ideologischer oder christlich-religiös inszenierter Hintergrund des Vorwurfs vom Hostienfrevel ist die sogenannte Transsubstantiationslehre der katholischen Kirche. Diese Lehre, die auf dem erwähnten 4. Laterankonzil im Jahre 1215 zum Dogma erhoben wurde, besagt, dass bei der Eucharistiefeier, also dem (Heiligen) Abendmahl, durch das dargebotene Brot (die Hostie, meist aus ungesäuertem Teig) und den gereichten Wein der Leib Christus und das von ihm vergossene Blut „wahrhaft, wesentlich und wirklich gegenwärtig" werden. In der Folge des Laterankonzils wurde den Juden vorgeworfen, sie würden die Hostien schänden, so wie sie einst Christus gemartert hätten. Zu diesem Zwecke würden sich die Juden Hostien beschaffen und diese mit Messern durchbohren, zerstoßen und verbrennen, um Jesus immer wieder neu zu verspotten. Solch inszenierte Legenden wurden zum wiederholten Anlass für Pogrome gegen die jüdischen Gemeinden. So kam es nach einer angeblichen Hostienschändung im Jahre 1298 zu antijüdischen Aufständen zunächst in der Umgebung der Stadt Röttingen und anschließend in Rothenburg, Würzburg, Bamberg und Nürnberg (Limor, 2000, S. 143 f.).

Obgleich zwischen dem 12. und 15. Jahrhundert Päpste immer wieder Verordnungen erließen, in denen die Hostienschändung durch die Juden als falsch zurückgewiesen und die grundlegenden Rechte der Juden betont wurden, blieb der inszenierte Vorwurf über Jahrhunderte hinweg Verleumdungsmittel ohne Beweiszwang. Auch gegen die Legende vom Ritualmord an Christenknaben wandten sich die Päpste, allerdings meist ebenfalls ohne großen Erfolg. Der Vorwurf, die Juden würden zum Pessachfest Christenkinder kreuzigen oder schlachten, um deren Blut zu konsumieren, war ein mächtiges Werkzeug der Judenfeinde. Die Boshaftigkeit dieser Beschuldigung wird schon dadurch deutlich, dass Juden jeglicher Genuss von Blut durch ihre Religion untersagt ist.

> „Jedoch bleibe stark, keinesfalls das Blut zu essen, iss es nicht, auf die Erde schütte es wie Wasser, iss es nicht, damits dir und deinen Söhnen nach dir gut ergehe, weil du das in SEINEN Augen Gerade getan hast" (5. Moses 12, 23–26, in der Verdeutschung von Buber & Rosenzweig, 1987, S. 511).

Im Januar 1492 übergaben muslimische Truppen unter Führung des Emirs *Abu Abdallah* kampflos die Stadt Granada an die Soldaten der spanisch-katholischen Königin Isabella I. von Kastilien und ihrem Ehemann König Ferdinand II. von Aragón. Damit war die letzte muslimische Bastion auf der Iberischen Halbinsel gefallen und für die Juden ging ein „Goldenes Zeitalter" zu Ende, ein Zeitalter, in dem ihr Leben und Wirtschaften von den muslimischen Herrschern weitgehend toleriert wurde (Bossong, 2008, S. 8).[2] Die Muslime hatten im Jahre 711 n. Chr. die Iberische Halbinsel erobert, auf der seit der Zerstörung des Zweiten Tempels von Jerusalem im Jahre 70 n. Chr. auch viele Jüdinnen und Juden siedelten.

Nun sollte damit Schluss sein. Im März 1492 beschlossen die spanisch-katholischen Könige mit dem *Alhambra-Edikt*, dass die im nun vereinigten spanischen Königreich lebenden Jüdinnen und Juden entweder zum christlichen Glauben übertreten oder Spanien verlassen müssen (Bossong, 2008, S. 53 f.). Damit wurde, just in dem Jahr, als sich Christoph Columbus aufmachte, um den Westen der Erde zu erkunden und zu kolonialisieren, das Ende des Goldenen Zeitalters besiegelt. Die Jüdinnen und Juden, die sich weigerten, zum christlichen Glauben zu konvertieren, wanderten aus, nach Nordafrika, nach Frankreich, auf die griechische Halbinsel, in das Herrschaftsgebiet des Osmanischen Reiches, nach Venedig, ins Land des Calvinismus, also in die Niederlande oder nach Jerusalem (Ben-Chanan, 1999, S. 24). Viele versuchten in das scheinbar

---

[2] Während der muslimischen Herrschaft über die Iberische Halbinsel lebten Jüdinnen und Juden dort als Dhimmijjún, als Schutzbürger minderen Rechts (Ben-Chanan, 1999, S. 11). So golden waren ihre Lebensumstände indes doch nicht. 1066 kam es in Granada zu einem Massaker, in dem mehr als 4000 Jüdinnen und Juden getötet wurden.

sichere Portugal zu fliehen. Hier waren sie allerdings auch nicht sicher vor Zwangstaufen, religiös motivierten Pogromen oder Vertreibungen im Namen des christlichen Gottes. Zwischen 1496 und 1497 wurden die Juden in Portugal entweder zwangsgetauft oder aus dem Land getrieben. Für jene, die sich taufen ließen, den sogenannten Kryptojuden oder Converos, war das Leiden keinesfalls vorbei. Im Jahre 1506 fielen mehrere Tausend getaufte Jüdinnen und Juden in Lissabon einem Massaker zum Opfer (Gerber, 2000, S. 205). Die Pest hatte Lissabon heimgesucht und wieder einmal wurden die Juden – im Namen des christlichen Gottes – dafür verantwortlich gemacht.

3.3 Luther, Judenfeindlichkeit und zögerliche Emanzipationsversuche im 17. und 18. Jahrhundert

Martin Luthers judenfeindliche Pamphlete, Tischgespräche und Predigten müssen an dieser Stelle ebenfalls erwähnt werden. Ungeziefer-, Gift- und Seuchenmetaphern besaßen dabei besondere stilistische Relevanz. In seiner bekannten Schrift „Von den Juden und ihren Lügen" (aus dem Jahre 1543) meinte Luther, dass man ihre „[…]Synagoga oder Schule mit feur anstecke und, was nicht verbrenen will, mit erden uber heuffe und beschütte". „Ein solch verzweivelt, durchböset, durchgifftet, durchteufelt ding ists umb diese Juden, so diese 1400 jar unser plage, pestilenz und alles unglück gewest und noch sind" (Luther, 1920, S. 523, 528; Original: 1543).

Zwischen 1290 und 1541 wurden die Juden, wenn sie sich nicht dem christlichen Glauben unterwerfen wollten, aus den meisten europäischen Ländern vertrieben: so zuerst aus england, dann aus Frankreich, Spanien, aus dem Erzbistum Magdeburg, aus Sachsen, aus Thüringen, aus Brandenburg. Den Vertreibungen gingen jeweils Edikte oder Verfügungen der Landesfürsten voraus. Aber, um keine Missverständnisse aufkommen zu lassen, die Juden versuchten sich, wenn auch mit beschränkten und friedlichen Mitteln gegen die Vertreibungen zu wehren. Und es ist von Wert an dieser Stelle an einen Juden zu erinnern, der in

Wort, Schrift und Tat gegen die Vertreibungserlasse auftrat. Es handelt sich um *Josel von Rosheim*, auch Josef ben Gerson Loans, der um 1478 im elsässischen Hagenau geboren wurde und 1554 in Rosheim starb. Um 1510 wurde er von der elsässischen Landjudenschaft zum Vorsteher und später zum Fürsprecher und Interessenvertreter aller Juden in Deutschland ernannt. Von Kaiser Karl V. erhielt er bei dessen Krönung 1520 in Aachen ein Privileg – als „Befehlshaber unserer Judenschaft im Heiligen Reiche" – für ganz Deutschland und vertrat die Juden auf den Reichstagen in Worms 1521 sowie in Augsburg 1530 (Hirsch & Schuder, 1989). Im Juni 1537 machte sich Josel von Rosheim auf nach Wittenberg, um mit Martin Luthers Hilfe gegen das Austreibungsmandat der Juden aus Sachsen bei Kurfürst Johann Friedrich vorzusprechen. Luther empfing Josel von Rosheim nicht und weigerte sich auch, sich für die sächsischen Juden einzusetzen. In einem Brief schrieb Luther an Josel von Rosheim, in dem er den „lieben Freund" erinnerte, dass doch die Juden den Jesus verflucht und gelästert hätten und am liebsten „[…] all die Seinen umb alles brächten, was sie sind und was sie haben" (Luther, 1938, S. 90). Sie, die Juden möchten sich doch einen anderen Fürsprecher suchen. Im Anschluss an seine letzte in Eisleben gehaltene Predigt am 14. Februar 1546 forderte Luther schließlich die Christen auf, die Juden zu vertreiben, wenn sie nicht bereit seien, sich zum Christentum bekehren zu lassen (Luther, 1914, S. 195–196; Original:1546).

Ein gewisser Status quo für die europäischen Juden trat ein, nachdem Papst Paul IV. im Jahre 1555 mit der Bulle „Cum nimis absurdum" die Präsenz der Juden in Europa als gegeben formulierte und gleichzeitig strikte Anweisungen über die Behandlung der Juden formulierte. Ihnen wurde das Wohnen in abgesonderten Vierteln (den Ghettos) nun ebenso vorgeschrieben wie das Tragen sichtbarer Kennzeichen an ihrer Kleidung. Grundeigentum durften sie ebenfalls nicht besitzen, keine christlichen Bediensteten anstellen und keine freundschaftlichen Beziehungen zu Christen pflegen.

> „Trotz ihrer repressiven Ausrichtung trugen die neuen Maßnahmen dazu bei, den Platz der Juden innerhalb der christlichen Welt zu sichern […] Waren die Vertreibungen gewissermaßen eine deutliche Bekundung, dass

es für die Juden keinen Platz innerhalb der christlichen Welt gebe, wurde ihnen mit der Einrichtung von Ghettos eine klar definierte Nische in der Gesellschaft zugestanden" (Limor, 2000, S. 158).

Mit besonderer humaner Freundlichkeit gegenüber den Juden hat das allerdings wenig zu tun.

Um dem gemeinen Volk Erklärungen für die ökonomischen Unsicherheiten, Seuchengefahren und drohenden Naturkatastrophen zu liefern, wurden im Europa des 14., 15. und 16. Jahrhunderts die falschen Bilder über die Juden genutzt und die Judenfeindlichkeit bewusst geschürt. Nur sehr wenigen jüdischen Händlern und Kaufleuten gelang es, sich dieser Judenfeindlichkeit zu erwehren und im späten Mittelalter bzw. zur Reformationszeit zu angesehenen Lieferanten der Fürstenhöfe aufzusteigen. Die überwiegende Mehrheit der jüdischen Bevölkerung lebte entweder eher schlecht als recht vom Hausier- und Trödelhandel bzw. von der Pfandleihe am Rande der Gesellschaft oder wurde gezwungen, die „Heimat" zu verlassen.

Der Westfälische Frieden, mit dem 1648 der Dreißigjährige Krieg beendet wurde, läutete ein Zeitalter wachsender religiöser Toleranz ein, in deren Folge auch zahlreiche Juden aus Osteuropa und Afrika wieder nach Mittel- und Westeuropa zurückwanderten. Mit dem Ende des Krieges und dem Beginn der kapitalistischen Entwicklung verloren Handel und Kreditgeschäfte ihren anrüchigen Charakter. Den vormals gesellschaftlich stigmatisierten (jüdischen) Geldverleihern war es möglich, aufgrund der ansteigenden Nachfrage nach Kapital, Vermögen zu schaffen. Ähnliches trifft auch auf die Hausier- und Trödelhändler zu.

Doch wo Licht ist, da ist auch Schatten: Der Aufstieg der jüdischen Kaufleute ließ Konkurrenzen zwischen jüdischen und nichtjüdischen Händlern entstehen und gebar ein weiteres antijüdisches Vorurteil, das des jüdischen Kaufmanns, dessen „trickreiches, unredliches und geldgieriges" Geschäftsgebaren Ursprung des ökonomischen Erfolges war. Das Stereotyp des geldgierigen, raffsüchtigen und auf unlautere Weise zu wirtschaftlichen Erfolg gekommenen Juden hat sich, wie später noch gezeigt wird, bis in das 21. Jahrhundert gehalten.

Dennoch, obwohl nur zögerlich und von Rückschlägen begleitet, kann das 17. Jahrhundert als Wendepunkt für die jüdische Geschichte verstanden werden. Die rechtliche Stellung der jüdischen Bevölkerung besserte sich erheblich. Davon profitierte allerdings zunächst nur eine verschwindend kleine Gruppe von Juden. Im Kurfürstentum Brandenburg von Friedrich Wilhelm I. war es der Hofjude *Israel Aaron*, der den Auftrag erhielt, für die Armee und den kurfürstlichen Hof Waren zu besorgen, die im Lande nicht produziert wurden. *Samuel Oppenheimer*, 1635 in Heidelberg geboren, wurde zum einflussreichen Hofjuden am Hofe des österreichischen Kaisers Leopold I. und nach ihm, im Jahre 1703, folgte der Finanzier *Samson Wertheimer*. *Moses Wulff* wurde 1685 als Hofjude des anhaltinischen Fürsten Johan Georg I. nach Dessau berufen. Der als „Jud Süß" bekannt gewordene *Joseph Oppenheimer* (1692–1738) war Finanzberater des Herzogs von Württemberg.

Zunehmend gereichten die Privilegien der Hofjuden auch den Judengemeinden zum Vorteil. Die Hofjuden fungierten als direkte oder indirekte Beschützer der armen Gemeinden, in denen sie nicht selten als Gemeindevorsteher fungierten. Auf diese Weise konnten sich die Judengemeinden direkt mit ihren Petitionen an die Fürsten wenden, um auf lokale Missstände aufmerksam zu machen. All dies war – so *Hannah Arendt* – ein großer Vorzug gegenüber der nichtjüdischen Bevölkerung, „[…] die ohne alle Beziehung zu den höheren Machthabern der Ausbeutung der feudalen Großgrundbesitzer meist hilflos ausgeliefert waren" (Arendt, 2001, S. 48).

Dass diese Vorzüge aber auch ins Gegenteil umschlagen konnten, darf nicht vergessen werden. In Wien folgte der Kaiser 1669 dem Druck der katholischen Kirche und ließ per Dekret die mittellosen und wenig bemittelten Juden ausweisen (Hirsch & Schuder, 1989, S. 452 ff.). Im Brandenburg von Friedrich Wilhelm I. beschwerten sich Zünfte und Gilden wegen der vom Kurfürsten geförderten Ansiedlung und Handelstätigkeit von Juden. In verschiedenen Edikten und Verordnungen wurde in der Regierungszeit von Friedrich Wilhelm I. die Zuwanderung von Juden nach Preußen begrenzt oder von der Zahlung hoher Summen abhängig gemacht.

Nach dem Siebenjährigen Krieg (1756–1763) und der Auflösung des polnischen Staates zwischen 1772 und 1795 wanderten viele Jüdinnen und Juden in deutsche Gebiete, besonders nach Preußen. Nach verschiedenen preußischen Verordnungen, mit denen das Leben der Juden in Preußen eingeschränkt wurde, erließ Friedrich II. von Preußen 1750 das „Revidierte General-Privilegium und Reglement". Damit sollte das jüdische Leben neu geregelt werden. So wurden die in Preußen lebenden Juden in Abhängigkeit von ihren materiellen und finanziellen Ressourcen in soziale Kategorien eingeteilt. Es gab – vereinfacht gesagt – die „Generalprivilegierten", zu denen nach wie vor die „Hofjuden" gehörten, die das Geld besorgten, um die Kriegszüge und das Leben am preußischen Hof zu garantieren. Es gab die Juden, die dafür, dass sie und ihre Nachkommen im preußischen Staat leben durften, bezahlen mussten. Eine weitere Gruppe waren die Bediensteten, wie Rabbiner, Schullehrer, Schächter, deren Wohnrecht auf die Dauer ihrer jeweiligen Anstellung begrenzt war und schließlich die Juden und deren Familien, die wegen ihrer Armut keinen oder nur einen zeitlich begrenzten Schutz bzw. gar kein Recht auf Sesshaftigkeit besaßen (vgl. auch Dieckmann, 2017). Trotz dieser Einschränkungen wuchsen die jüdischen Gemeinden in Preußen. 1784 lebten in Berlin zirka 3.600 Jüdinnen und Juden, im gesamten preußischen Königreich zwischen 150.000 und 175.000 (Volkov, 2000, S. 4). Die Privilegierten, begüterte Juden, die als Bankiers, Finanziers oder Münzlieferanten tätig waren, wie beispielsweise *Veitel Heine Ephraim* (1703–1775) oder *Isaak Daniel Itzig* (1750–1806), waren zwar sehr reich; ihre Zahl allerdings verschwindend gering. Mehr als 50% der jüdischen Arbeitskräfte waren als Tagelöhner, Handlungsgehilfen oder Hausangestellte tätig (Volkov, 2000, S. 7). Dazu kam eine große Zahl von Juden ohne festen Wohnsitz, die als „Betteljuden" durch die preußischen Lande zogen, dort aber eigentlich per Dekret nicht geduldet waren. Wie auch immer: Ob nun als privilegierte „Hofjuden", mehr oder weniger geschützte und geduldete Arbeitskräfte oder als geächtete Nichtsesshafte, die Jüdinnen und Juden „störten" die christlich-preußische Ordnung.

Ende des 18. Jahrhunderts brachten sich die Judengegner wieder in Stellung. Leute wie *Traugott Friedrich Hartmann* (1749–1833) oder *Karl Wilhelm Friedrich Grattenauer* (1773–1838) hetzten gegen die Emanzipation der Juden und gegen die Aufklärung. Hartmann kommt in seinem Werk „Untersuchung ob die bürgerliche Freiheit der Juden gestattet sei" zu dem Schluss, „[...] eben so wenig wird ein vernünftiger Staat die Juden sogleich zu Bauern, Handwerksleuten, niedrigen und hohen

Staatsdienern erklären können, ohne sich nicht seine weit brauchbarern und nützlichern Leute auszurotten" (Hartmann, 1783, S. 208) Und Grattenauer schreibt in seiner Schrift „Ueber die physische und moralische Verfassung der heutigen Juden" aus dem Jahre 1791 von den Juden als ein unmoralisches Volk der Wucherer und Gauner, von denen man sich befreien müsse. Kein Volk habe eine solch schlechte Moral wie die Juden, solch abscheuliche Sitten und elende Denkungsart (Grattenauer, 1791, S. 3).

So oder so, Ende des 18. Jahrhunderts begann ein Zeitalter der jüdischen Emanzipation. 1778 gründeten *David Friedländer* (1750–1834) und *Isaak Daniel Itzig* die erste öffentliche „Jüdische Freyschule", in der jüdische Kinder armer Eltern in Schreiben, Rechnen, Hebräisch, Deutsch und auch Französisch unterrichtet wurden (Schoeps, 2001). *Henriette Herz*, Frau des jüdischen Arztes und Philosophen *Marcus Herz*, gründete in Berlin einen ersten literarischen Salon, der zwischen 1780 und 1803 zum Treffpunkt von jüdischen und nichtjüdischen Intellektuellen, Künstlern, Literaten und jungen Adligen wurde. Jean Paul, Friedrich Schiller, die Brüder Friedrich und August Wilhelm Schlegel, Wilhelm und Alexander von Humboldt und Friedrich Schleiermacher haben den Salon besucht (Greulich-Janssen, 2007). Gast im Salon der Frau Herz war hin und wieder auch der preußische Staatsrat *Christian Wilhelm Dohm*, der sich für die staatsbürgerliche Gleichstellung der Juden einsetzte. Dohm veröffentlichte 1781 – wohl auf Anregung von Moses Mendelssohn – ein Buch mit dem Titel „Über die bürgerliche Verbesserung der Juden" (Dohm, 1781). Dieser Titel markierte sehr bald einen „[…] unter christlichen und jüdischen Intellektuellen geführten Diskurs, mit dem eine allmähliche Angleichung jüdischer Rechte an die der Mehrheitsgesellschaft durch Erziehung angestrebt wurde" (Battenberg, 2010). 1790 gründete *Rahel Varnhagen von Ense*, damals noch unverheiratete Rahel Levin, eine Freundin von Henriette Herz, ebenfalls einen literarischen Salon, der jüdische und nichtjüdische Intellektuelle, Politiker und Adlige anzog und zum Experimentierfeld für die Überwindung nationaler, rassischer, religiöser oder ständischer Schranken und Vorurteile (Danzer, 2007, S. 162) werden sollte.

Das Zeitalter der jüdischen Emanzipation ist ohne einen ganz Großen unter den Aufklärern, ohne den Juden Moses Mendelssohn, nicht denkbar.

3.4   Mendelssohn, Lessing, Lavater, Kant und andere

Im Jüdischen Museum zu Berlin entdeckten wir eine Druckgrafik mit dem Titel „Lavater und Lessing bei Moses Mendelssohn". Es handelt sich um einen Stich, dessen Vorlage ein Gemälde von *Moritz Daniel Oppenheim* (1800–1882) ist. Auf dem Bild und seiner Vorlage sehen wir *Moses Mendelssohn* an einem Tische mit einem Schachbrett sitzen. Er soll ein begnadeter Schachspieler gewesen sein. Ihm gegenüber hat der Zürcher Pfarrer *Johann Kaspar Lavater* (1741–1801) Platz genommen. Hinter den beiden und vor einem großen Bücherregal steht *Gotthold Ephraim Lessing* (1729–1781). Im Hintergrund rechts betritt eine Frau mit einem Tablett den Raum.

Ein Dreiertreffen von Mendelssohn, Lavater und Lessing hat es nie gegeben. Eine große Freundschaft zwischen Moses Mendelssohn, dem großen jüdischen Aufklärer, und Gotthold Ephraim Lessing, dem Pastorensohn, indes schon. Moses Mendelssohn, geboren am 6. September 1729 in Dessau und gestorben am 4. Januar 1786 in Berlin, war 1743 nach Berlin gekommen, arbeitete zunächst als Hauslehrer und später als Buchhalter in der Fabrik des Seidenhändlers Bernhard Isaak. Bald machte er sich aber einen Namen als Philosoph und Aufklärer. 1752 soll Mendelssohn Lessing tatsächlich beim Schachspielen kennengelernt haben: *Gotthold Ephraim Lessing*, der große Menschenfreund, Aufklärer und Humanist, der Dichter und Verfasser von Lustspielen (z. B. „Die Juden", 1749; „Minna von Barnhelm", 1767), Trauerspielen (z. B. „Miss Sara Sampson", 1755 und „Emilia Galotti", 1772), ästhetischen Schriften (z. B. über die Verfertigung von Theaterstücken) und des dramatischen Gedichts „Nathan der Weise" (1779).

Auch wenn die Handlung im Jerusalem zur Zeit des Dritten Kreuzzuges im Jahre 1192 spielt, ist unübersehbar, dass Lessings „Nathan" deutliche Züge des Aufklärers Moses Mendelssohn trägt. Die freundschaftliche Beziehung, die Lessing mit Mendelssohn verband, hat auch entscheidenden Anteil am Zustandekommen des „Nathan". In der Schlüsselszene des Dramas – der bekannten „Ringparabel" – lässt *Saladin*, der muslimische Eroberer Jerusalems, Nathan zu sich rufen und legt ihm die Frage vor, welche der drei monotheistischen Religionen er denn für die wahre halte: „[…] Da du nun so weise bist: so sage mir doch einmal – Was für ein Glaube, was für ein Gesetz hat dir am meisten eingeleuchtet?" Nathan, der Aufklärer, antwortet nach einiger Bedenkzeit mit der „Parabel des Ringes" und dem Hinweis, dass Gott die drei Religionen (Christentum, Islam und Judentum) gleichermaßen liebe und es deshalb darauf ankomme, was der Mensch mit seinem Leben und seiner Umwelt mache.

Die Ringparabel gilt als ein Schlüsseltext der Aufklärung und als dramaturgisch inszenierte Darstellung der Toleranzidee. Lessing geht in seiner Aufklärung noch einen Schritt weiter: Es geht ihm nicht nur um die Duldung der Anderen und deren Religion, sondern um die Anerkennung eines Menschen als Menschen, der *unabhängig* von seiner Religion anderen Menschen gleichwertig gegenübersteht. So wird z. B. die Besiegelung der Freundschaft mit dem Tempelherrn von Nathan mit folgenden Worten eingeleitet: „Sind Christ und Jude eher Christ und Jude, /Als Mensch? Ah! wenn ich einen mehr in Euch / gefunden hätte, dem es genügt, ein Mensch zu heißen". Damit fordert Lessing ein Humanitätsideal, in dessen Mittelpunkt der Begriff des Menschen sowie sein individuelles Handeln, an dem die Menschen zu messen sind, stehen und nicht eine bestimmte Religionszugehörigkeit zum Maßstab für das Gute und Schöne gemacht werden sollten.

Mit dem Guten, Schönen und Erhabenen des Menschen beschäftigte sich auch der Schweizer Pfarrer *Johann Kaspar Lavater*, der Schachpartner Mendelssohns auf besagtem Bilde. Mit seinen „Physiognomischen Fragmenten zur Beförderung der Menschenkenntnis und Menschenliebe" (Lavater, 1772) löste Lavater geradezu eine Modewelle aus. Sein in ganz Europa verbreitetes Buch behandelt die Frage, wie aus bestimmten Gesichtsformen auf bestimmte Charaktere geschlossen werden kann. Dabei ging er von der Vermutung aus, dass die „Oberfläche des Menschen", von ihm Physiognomie genannt, etwas Wahres über den Menschen verrate. In den europäischen Gesellschaften brach damals die Sucht aus, Gesichtsprofile deuten zu lassen – so wie man später, mit kaum weniger Berechtigung, die Handschrift deuten ließ, um Aufschluss über den Charakter der Schreiberin oder des Schreibers zu erhalten. Lavater ließ Porträts „bedeutender Menschen" anfertigen, um diese mit den Charakteren dieser Personen zu vergleichen und auf diese Weise seine Lehre von der Physiognomik zu begründen. Auch Goethe war zeitweise von Lavaters Deutungen begeistert (Goethe, 1984, S. 724 f.; Original: 1830).

Der kleine und dennoch geistig so große *Georg Christoph Lichtenberg* (1742–1799), Professor für Naturwissenschaft an der Universität Göttingen, hielt von Lavaters „Theorie" gar nichts. In seiner Schrift „Über Physiognomik; wider die Physiognomen. Zu beförderung der Menschenliebe und Menschenkenntnis" (erschienen 1778) vermerkt Lichtenberg bissig: „Denn ob Physiognomik überhaupt, auch in ihrer größten Vollkommenheit, je Menschenliebe befördern werde, ist wenigstens ungewiss: daß aber mächtige, beliebte und dabei tätige Stümper in ihr, der Gesellschaft gefährlich werden können, ist gewiss" (Lichtenberg, 1998a, S. 264; Original: 1778). Auch an anderer Stelle hat sich Lichtenberg nicht gerade wohlwollend über Lavater geäußert, so schon vor 1778 in einer Streitschrift mit dem vollständigen Titel „Timorus, das ist, Vertheidigung zweyer Israeliten, die durch die Kräftigkeit der Lavaterischen Beweisgründe und der Göttingischen Mettwürste bewogen, den wahren Glauben angenommen haben" (Lichtenberg,1998b, S. 205 ff.; Original: 1773).[3] Anlass dieser Streitschrift Lichtenbergs war eine 1769 von Lavater verfasste Taufpredigt, die er mit einer Vorrede versehen an Moses Mendelssohn geschickt hatte. Dieser war als „erste(r) große(r) jüdische(r) Philosoph der deutschen Aufklärung" kein Unbekannter mehr in Deutschland (Volkov, 2000, S. 10). Zwei Jahre vor Lavaters unseliger Schrift hatte Mendelssohn mit seinem Buch „Phädon oder über die Unsterblichkeit der Seele" (2013, Original: 1767) Aufsehen erregt und die

---

[3] Lichtenberg bezieht sich in seiner Streitschrift auf die Predigt Lavaters, aber auch auf Bekehrung zweier Göttinger Juden (mittels Göttinger Mettwürste, wie Lichtenberg ironisch formuliert) im Sommer 1771 (siehe Kommentar des Herausgebers zu Lichtenbergs Streitschrift, Lichtenberg, 1998d, S. 82ff.).

Brücke zwischen der deutschen Aufklärung und der jüdischen *Haskala*[4] geschlagen. Als gläubiger Jude und jemand, der sich für die Gleichberechtigung der Juden in Europa einsetzte, wurde Mendelssohn nun in der besagten Vorrede von Lavater aufgefordert, entweder das Christentum zu widerlegen oder sein Jüdischsein aufzugeben und zu konvertieren. Über dieses Ansinnen Lavaters empörte sich auch Lichtenberg und schreibt von Lavaters „Unverstand und Mangel an philosophischer Welt" (Lichtenberg, 1998b, S. 232). In den Sudelbüchern wurde Lichtenberg noch deutlicher: „Geh' heilloser Schwätzer [...]. Was muss Johann Kaspar Lavater für ein Mann sein, dem bei Lesung einer schönen Gesinnung Mendelssohns der Wunsch aufstoßen kann: wär er doch ein Christ. Warum wünscht er ihm nicht bei der Gelegenheit auch das volle preußische Maß" (Lichtenberg, 1998c, S. 161).

In seinen Erwiderungen auf Lavaters Taufpredigt und die Forderung, sich auch taufen zu lassen, konterte Mendelssohn beherrscht, überlegen und diplomatisch. Er bekennt sich zu seinem Judentum, zu den Gesetzen seiner Väter und weist respektvoll auch Lavaters Ansinnen, das Christentum zu widerlegen, zurück (vgl. auch Mevorah, 2010).

1771 sollte Moses Mendelssohn in die Berliner Akademie gewählt werden, was aber wegen seines Jüdischseins von Friedrich dem Großen, König in Preußen, abgelehnt wurde. Vielleicht haben diese Zurückweisung und der Angriff von Lavater ihn, Mendelssohn, veranlasst, sich nun einem Vorhaben zu widmen, dass eigentlich gar nicht geplant war: die Übersetzung des Pentateuch, der Fünf Bücher Moses, ins Deutsche. In einem Brief an seinen Freund August Hennings, der zu dieser Zeit dänischer Legationsrat in Berlin war, schreibt Mendelssohn am 29. Juni 1779:

„Nach dem ersten Plan meines Lebens, so wie ich ihn in meinen besseren Jahren entwarf, war ich weit entfernt, jemals ein Bibelherausgeber oder Uebersetzer zu werden. Ich wollte mich bloß darauf einschränken, des Tages seidene Zeuge anfertigen zu lassen, und in Nebenstunden der Philosophie einige Liebkosungen abzugewinnen. Es hat aber der Vorsehung gefallen,

---

[4] Das ist die Ende des 18. Jahrhunderts entstandene jüdische Aufklärung, zu der neben Mendelssohn, die Gründer jüdischer Schulen David Friedländer (1750–1834) und Israel Jacobson (1768–1828), der Schriftsteller Saul Ascher (1767–1822) oder der Freund Mendelssohns Hartwig Wessely gehörten (Sorkin, 2000).

mich einen ganz anderen Weg zu führen. Ich verlor die Fähigkeit zu meditieren, und mit ihr Anfangs den größten Teil meiner Zufriedenheit. Nach einiger Untersuchung fand ich, daß der Überrest meiner Kräfte noch hinreichen könne, meinen Kindern und vielleicht einem ansehnlichen Theil meiner Nation einen guten Dienst zu erzeigen, wenn ich ihnen eine bessere Uebersetzung und Erklärung der heiligen Bücher in die Hände gebe, als sie bisher gehabt. Dieses ist der erste Schritt zur Cultur, von welcher meine Nation leider! in einer solchen Entfernung gehalten wird, daß man an der Möglichkeit einer Besserung beynahe verzweifeln möchte" (Mendelssohn an August Hennings am 29. Juni 1779, zit. n. Weinberg, 1989, S. 97).

Wichtige Teile der Übersetzung erschienen zwischen 1770 und postum 1788. Die *Maskilim*, also die Anhänger der *Haskalah*, begrüßten Mendelssohns Vorhaben, sahen sie darin doch Möglichkeiten, um einerseits die rationale Deutung des Judentums sowie dessen Säkularisierung voranzutreiben und andererseits den Nichtjuden den Reichtum jüdischen Schrifttums nahezubringen.

Für Mendelssohn war die Übersetzung Teil seines Aufklärungsprogramms. Dieses wiederum hat er im September 1784 in einem kleinen Aufsatz mit dem Titel „Was heißt aufklären?" kurz, aber gewichtig dargelegt (Mendelssohn, 1974, S. 4 ff.; Original: 1784). In diesem Aufsatz bezieht sich Mendelssohn auf den Beitrag eines Berliner Pfarrers, namens *Johann Friedrich Zöllner*. Zöllner hatte sich in der „Berliner Monatsschrift" vom Dezember 1783 über die Zivilehe aufgeregt, also für den ohne kirchlichen Segen geschlossenen Ehebund, und dafür den „Sittenverfall", die Aufklärung und die Aufklärer verantwortlich gemacht. Auch habe er, Zöllner, eine Antwort, was denn „Aufklärung" eigentlich sei, bisher nirgendwo gefunden.

Mendelssohn antwortete nun in der „Berliner Monatsschrift" vom September 1784 auf die vom Pfarrerleben gestellte Frage. Zentrales Maß und Ziel aller Bestrebungen und Bemühungen sei, so Mendelssohn, die Bestimmung des Menschen als Mensch. Mit diesen Bemühungen meint Mendelssohn vor allem die Bildung, die sich wiederum in Kultur und Aufklärung aufteilen lasse. Kultur richte sich auf das Praktische des menschlichen Lebens, z. B. auf den gesellschaftlichen Umgang, die Poesie oder die Beredsamkeit. Aufklärung hingegen beziehe sich auf das Theoretische, auf die vernünftige Erkenntnis und die Fertigkeit zum vernünftigen Nachdenken über die Dinge des menschlichen Lebens.

„Eine Sprache erlanget *Aufklärung* durch die Wissenschaften und erlanget Kultur durch gesellschaftlichen Umgang, Poesie und Beredsamkeit" (Mendelssohn, 1974, S. 4; Hervorh. im Original).

Fast am Schluss seines Aufsatzes schreibt Mendelssohn den folgenden Satz, der uns eindringlich auf die heutigen haltlosen Zeiten sowie auf die aktuellen Angriffe auf unsere humanistischen Errungenschaften verweist: „Missbrauch der Aufklärung schwächt das moralische Gefühl, führt zu *Hartsinn, Egoismus, Irrelegion* und *Anarchie*, Missbrauch der Kultur erzeuget *Üppigkeit, Gleißnerei, Weichlichkeit, Aberglauben* und *Sklaverei* (Mendelssohn, 1974, S. 8; Hervorh. im Original).[5]

Freiheit statt Absolutismus, Gleichheit statt Ständeordnung, Erfahrung und wissenschaftliche Erkenntnis statt Aberglauben, Toleranz statt Dogmatismus – so lauteten die Ideen der Aufklärer. Für die Juden sollte das bedeuten, auch ihnen müsse die Gleichheit gegenüber allen anderen Menschen zugestanden und ihre freie Religionsausübung toleriert werden. Das hieße auch, den Widerspruch – Akzeptanz der Juden als Menschen, sofern sie ihr Jüdischsein als Privatsache betrachteten – wie den gordischen Knoten zu zerschlagen.

Und damit sind wir beim großen Philosophen aus Königsberg. Auch *Immanuel Kant* (1724–1804). ließ sich bekanntlich nicht lange bitten und beantwortete die Frage, nach dem, was Aufklärung sei, ebenfalls. Seine Antwort mag die mittlerweile berühmtere sein, wurde aber erst drei Monate später, in der Dezemberausgabe 1784 der „Berliner Monatsschrift" publiziert. Die bekannte Passage aus der Kant'schen Schrift ist es wert, immer wieder einmal zitiert zu werden:

„Aufklärung ist der Ausgang des Menschen aus seiner selbst verschuldeten Unmündigkeit. Unmündigkeit ist das Unvermögen, sich seines Verstandes ohne Leitung eines anderen zu bedienen. Selbstverschuldet ist diese Unmündigkeit, wenn die Ursache derselben nicht am Mangel des Verstandes, sondern der Entschließung und des Mutes liegt, sich seiner ohne Leitung eines anderen zu bedienen. Sapere aude! Habe Mut, dich deines

---

[5] Gleißnerei oder Gleisnerei bedeutet so viel wie Heuchelei und Scheinheiligkeit.

eigenen Verstandes zu bedienen! ist also der Wahlspruch der Aufklärung" (Kant, 1784, S. 481; hier zitiert nach Kant, 1974, S. 9).

Karl Vorländer (1860–1928), der den Sozialdemokraten die Ideen Kants nahe zu bringen versuchte, beklagt, dass dieser gelegentlich bei Tische die Juden als Vampire bezeichnet habe (Vorländer, 1993, Teil 2, S. 74). In einer Fußnote seiner Schrift „Anthropologie in pragmatischer Hinsicht" schreibt Kant vom Wuchergeist der „unter uns lebenden Palästiner" (Kant, AA, Band VII, S. 205; Original: 1796/97) und meint keinesfalls die Palästinenser, was ja ebenfalls eine rassistische Diffamierung wäre. Nein, Kant meint die Juden. Wie *Gudrun Hentges* (2004, S. 14) zu zeigen vermag – ist die semantische Lage eindeutig: Kant fordert von den Juden die Übernahme einer rein moralischen Religion (eben das Christentum) und damit den Verzicht auf die Gesetze und Satzungen der Väter, um so dem Judentum (nicht den einzelnen Jüdinnen und Juden) den Garaus zu machen. Mit einzelnen Juden war Kant, dies muss erwähnt werden – allerdings durchaus freundlich, wenn nicht gar in Freundschaft verbunden. Mit Moses Mendelssohn pflegte er einen intensiven und freundlichen Briefkontakt und legte auf dessen Urteil großen Wert. Auch seinen jüdischen Studenten, allen voran Marcus Herz (1747–1803), David Friedländer (1750–1835) und Issak Abraham Euchel (1756–1804), war Kant sehr zugetan. Besonders zu *Marcus Herz* hatte er ein sehr freundschaftliches, fast väterliches Verhältnis. Herz hörte von 1766 bis 1770 bei Kant Vorlesungen und nahm an dessen philosophischen Disputationen teil. Mit einem Empfehlungsbrief an Moses Mendelssohn ging Herz anschließend nach Berlin und wirkte nach Abschluss seines Studiums dort als Philosoph und hoch angesehener Arzt (Graupe, 1961, S. 313 f.). Herzens Frau, Henriette Herz, war die schon gewürdigte Gründerin des ersten jüdischen Salons in Berlin.

Auf Ausschnitte einer Vorlesung, die Kant ab 1772/73 in Königsberg unter dem Titel „Physische Geographie" gehalten hat, ist ebenfalls zu verweisen. Es muss eine populäre und gut besuchte Vorlesung gewesen sein, folgt man Karl Vorländer (1993, Teil 2, S. 65). Kant hat diese Vorlesung allerdings nie publiziert. Der heute zugängliche Text stützt sich auf Vorlesungsmitschriften, die Kants Schüler und Kollege Friedrich Theodor Rink 1802 als Buch veröffentlichte. Wir zitieren auszugsweise aus Kants

„Gesammelten Schriften", Band IX, und dort aus dem Abschnitt „Vom Menschen" (Kant, AA, Band IX, S. 312–317):

> „Man kann sagen, daß es nur in Afrika und Neuguinea wahre Neger[6] giebt. Nicht allein die gleichsam geräucherte schwarze Farbe, sondern auch die schwarzen, wollichten Haare, das breite Gesicht, die platte Nase, die aufgeworfenen Lippen, machen das Merkmal derselben aus, ingleichen plumpe und große Knochen [...] In Afrika nennt man Mohren solche Braune, die von den Mauren abstammen. Die eigentlich Schwarzen aber sind Neger [...] Die Mohren, ingleichen alle Einwohner der heißen Zone, haben eine dicke Haut, wie man sie denn auch nicht mit Ruthen, sondern gespaltenen Röhren peitschet, wenn man sie züchtiget, damit das Blut einen Ausgang finde, und nicht unter der dicken Haut eitere. [...] In den heißen Ländern reift der Mensch in allen Stücken früher, erreicht aber nicht die Vollkommenheit der temperirten Zonen. Die Menschheit ist in ihrer größten Vollkommenheit in der Race der Weißen. Die gelben Indianer haben schon ein geringeres Talent. Die Neger sind weit tiefer und am tiefsten steht ein Theil der amerikanischen Völkerschaften. [...] Der Einwohner des gemäßigten Erdstriches, vornehmlich des mittleren Theiles desselben ist schöner an Körper, arbeitsamer, scherzhafter, gemäßigter in seinen Leidenschaften, verständiger, als irgendeine andere Gattung der Menschen in der Welt. Daher haben diese Völker zu allen Zeiten die andern belehrt, und durch die Waffen bezwungen".

Das waren keine semantischen Ausrutscher, die sich Kant in seinen Vorlesungen leistete. Kants Äußerungen über die Verschiedenartigkeit der Rassen im Allgemeinen und über die Überlegenheit der Weißen im Besonderen sind Teil seiner Rassentheorie. Es wundert deshalb nicht, wenn heutige Vertreterinnen und Vertreter der *postcolonial studies* Immanuel Kant als theoretischen Vordenker des Kolonialismus und des Rassismus betrachten (Dhawan, 2017). Zu den postkolonialen Studien gehören jene wissenschaftlichen Bemühungen, die sich mit den Wirkungen und Folgen kolonialer Willkür des „Westens" beschäftigen. Darauf wird später noch einzugehen sein (*Abschn.* 4.5). Zur Ehrenrettung Kants muss

---

[6] Immer dann, wenn in Originalzitaten das N-Wort benutzt wird, behalten wir es bewusst bei, um die damit von den jeweiligen Autoren (und es sind überwiegend Männer) ausgedrückte sprachliche Diskriminierung kenntlich zu machen.

allerdings ergänzt werden, dass er sich im zunehmenden Alter von seinen rassistischen Auffassungen mehr oder weniger distanzierte. So kritisierte er in der erwähnten Schrift „Zum ewigen Frieden" die moderne Sklaverei und den europäischen Kolonialismus (z. B. Kant, AA, Band VIII, S. 358 f.; Original: 1795; auch Herb, 2018, S. 393). Ein schaler Nachgeschmack bleibt dennoch.

3.5 Revolutionäre, Nationalisten und Judenfeinde in der ersten Hälfte des 19. Jahrhunderts

Am 14. Juli 1789 stürmten die Pariser Bürger und Bürgerinnen die Bastille, das Staatsgefängnis und die Revolution begann. Der König kapitulierte am 17. Juli. Etwas mehr als einen Monat später, am 26. August 1789, verabschiedete die inzwischen gegründete französische Nationalversammlung, die „Erklärung der Menschen- und Bürgerrechte".

Im Artikel 1 dieser Erklärung steht zu lesen: „Die Menschen werden frei und gleich an Rechten geboren und bleiben es. Gesellschaftliche Unterschiede dürfen nur im allgemeinen Nutzen begründet sein" (Fritzsche, 2016, S. 225). Die Rechte der Frauen spielten in dieser Erklärung indes keine explizite Rolle, auch nicht die der Juden. Allerdings tauchte, nachdem die französische Nationalversammlung im September 1791 die erste republikanische Verfassung verabschiedete, eine Schrift auf, in der die Frauenrechte als Menschenrechte eingeklagt und festgehalten wurden. In dieser Schrift („Dèclaration des droits de la femme et de la citoyenne", Erklärung der Rechte der Frau und Bürgerin), geschrieben von *Olympe de Gouges* (geboren als Marie Gouze, 1748–1793), wird u. a. die Anerkennung der Frauen als gleichberechtigte und gleichermaßen verpflichtete Gesellschaftsmitglieder gefordert. Olympe de Gouges war keine Unbekannte in den französischen Intellektuellenkreisen. Sie stand den Girondisten nahe, jener Gruppe von Mitgliedern der französischen Nationalversammlung aus dem Département Gironde, die eigentlich Gegner der konstitutionellen Monarchie waren, aber wegen Royalismus in der Phase des Terrors (1792–1794) verfolgt wurden. Olympe de Gouges wurde als Royalistin angeklagt, hingerichtet und sehr bald vergessen (vgl. Gerhard, 2009, S. 15 ff.).

Obwohl der gleichberechtigte Status der Juden in der „Erklärung der Menschen- und Bürgerrechte" nicht explizit erwähnt wird, forderten einige Abgeordnete der französischen Nationalversammlung, dass den Juden ebenfalls die gleichen Rechte zugestanden werden müssen. Bekannt ist vor allem die Entschiedenheit, mit der sich *Stanislas de Clermont-Tonnerres* in einer Rede für die Gleichberechtigung der Juden einsetzt, als er während der Emanzipationsdebatte im Dezember 1789 den berühmten Satz sagte: „Den Juden als Nation muss man alles verweigern; als Individuen muss man ihnen alles zugestehen" (Sznaider, 2008, S. 10). Für diese zunächst durchaus revolutionäre Entscheidung bezahlten die Juden jedoch einen hohen Preis: Die bürgerliche Nation sollte *einerseits* keine Unterschiede mehr zwischen Juden und Nicht-Juden machen, während die Juden *andererseits* auf ihre kategoriale Selbstdefinition als Juden zu verzichten hätten. Den Juden seien die gleichen Menschenrechte wie den Nicht-Juden zu gewähren; Bürgerrechte als sozial geachtete und geschützte Minderheit müssten ihnen allerdings verweigert werden. Wie auch immer: Im Januar 1790 erhielten die sephardischen Juden in Bordeaux und Avignon und ein Jahr später die Juden in ganz Frankreich die volle Staatsbürgerschaft (Gerson, 2011, S. 136).

Mit der Gründung des Rheinbundes im Juli 1806, dem Ende des Heiligen Römischen Reiches im August 1806 und mit dem Sieg der Napoleonischen Truppen über Preußen bei Jena und Auerstedt im Oktober 1806 kamen nicht nur die Ideale der Französischen Revolution in die europäischen Lande (Freiheit statt Absolutismus, Gleichheit statt Ständeordnung, Brüderlichkeit statt Feindschaft).

Der Widerstand gegen die Napoleonische Herrschaft wuchs indes ebenso wie die Abwehrreaktionen auf die Europäisierung dieser Ideale. Wichtiger Ideengeber für den Widerstand war *Johann Gottlieb Fichte*. Zwischen dem 13. Dezember 1807 und dem 20. März 1808 hielt er in Berlin, das von den Truppen Napoléons besetzt war, seine „Reden an die deutsche Nation". Nachdem die deutsche Nation nahezu ausgelöscht sei, müsse eine neue deutsche Nationalerziehung dafür sorgen, ein neues deutsches Menschengeschlecht heranbilden zu können. Nationalerziehung ziele auf die Erziehung zur Sittlichkeit und Gemeinschaft, bedeute philosophischen Unterricht, körperliche Übungen, die – da bezieht sich Fichte auf Pestalozzi – „[…] mit der geistigen nothwendig Hand in Hand gehend fortschreiten muss" (Fichte, 2013, S. 207; Original: 1808). So sei es möglich, dass sich „[…] eine einzige fortfließende und zusammenhängende Flamme vaterländischer Denkart sich verbreite und entzünde" (ebd., S. 305).

Mit der Nationalerziehung im Besonderen hatte es auch *Friedrich Ludwig Jahn* (1778–1852), der nach verschiedenen Versuchen, einen Studienabschluss in Halle, Frankfurt an der Oder und Greifswald zu erreichen, und nach mehreren Anstellungen als Hauslehrer (u. a. in Jena) schließlich 1810 in Berlin landete. Dort popularisierte er nicht nur das Turnen, dessen Bedeutung er übrigens bei *Johann Christoph Friedrich GutsMuths* und *Christian Gotthilf Salzmann* im Thüringischen Schnepfenthal gelernt hatte, sondern entwickelt in seiner 1810 erschienen Schrift „Deutsches Volkstum" ein Programm zur nationalorientierten „Volkserziehung". Es ging darum, Jugendlichen und jungen Männern eine patriotische Gesinnung zu vermitteln und sie körperlich zu stählen, um als künftige Rekruten in den Krieg gegen Napoléons Truppen zu ziehen. Das war ganz im Sinne von Ernst Moritz Arndt und von Fichte. *Heinrich von Kleist* (1777–1811), *Theodor Körner* (1791–1813) und *Friedrich Schleiermacher* (1768–1834) forderten ebenfalls eine Nationalerziehung, um den deutschen Gemein- und Widerstandssinn zu stärken.

Ernst Moritz Arndt gab 1813 seine „Lieder für Teutsche" heraus, träumte von einem Gott, „[…] der Eisen wachsen ließ" und rief den teutschen Männern zu: „Heraus! Heraus! Zu Tod und Sieg! Die Schande soll vergehen, der Welschen List und Trug! Die Ehre soll erstehen, wo Hermann Römer schlug" (Arndt, 1813, S. 81, S. 126). *Theodor Körner* verherrlichte „Lützows wilde Jagd" und fiel im August 1813 bei einer Schlacht im Mecklenburgischen als Mitglied des Lützowschen Freikorps. Johann Gottlieb Fichte, seit 1810 Dekan der Philosophischen Fakultät an der Berliner Friedrich-Wilhelms-Universität, bildete mit akademischen Kollegen, so u. a. mit Friedrich Schleichermacher einen „Landsturm" und übte sich im Kriegsspiel. Man soll Fichte, so berichten es Zeitzeugen, auf dem Wege zu den Übungen „[…] bis an die Zähne bewaffnet, zwei Pistolen im breiten Gürtel, einen Pallasch (Säbel, WF/IF) hinter sich herschleppend" (zit. nach Dörfler-Dierken, 2017, S. 316) gesehen haben. Von Albert Dietrich Schadow (1797–1869), der als Freiwilliger an den Befreiungskriegen teilnahm und später ein angesehener Architekt wurde, gibt es eine Zeichnung, die 1862 in der „Gartenlaube" nachgedruckt wurde und auf der Fichte als Landwehrmann mit leichtem Bauchansatz nun doch wieder mit zwei Pistolen und Säbel abgebildet ist (Die Gartenlaube, 1862).

Wie auch immer, jetzt rafften sich die Intellektuellen zur „kollektiven Tathandlung" (Safranski, 2007, S. 185) gegen Napoléon auf. Man turnte mit Jahn, um sich fit für künftige Zeiten zu machen oder handelte eher im Konspirativen, wie Friedrich Schleiermacher, der sich an Unternehmen der preußischen Reformpartei um Reichsfreiherr vom und zum Stein und Karl August von Hardenberg beteiligte, um Volkskrieg und Umsturz zu organisieren, aber auch wichtige Reformen im Bildungsbereich anzustoßen.

Und noch andere taten etwas sehr Deutsches, sie gründeten Vereine. So zum Beispiel *Achim von Arnim*, der 1809 zum romantischen „Dreigestirn" von Heidelberg gehörte (Safranski, 2007, S. 181). 1810 ging von Arnim nach Berlin und gründete 1811 den Verein „Die christlich-deutsche Tischgesellschaft". Zu den Mitgliedern gehörten neben dem Vereinsgründer u. a. Mitglieder aus dem preußischen Hochadel, preußische Beamter und Militärs, wie Carl v. Clausewitz, Professoren der Berliner Universität, so Schleiermacher und Fichte, Schriftsteller, wie Heinrich von Kleist oder Clemens Brentano. Man bezahlte für die Mitgliedschaft, traf sich zum Essen, hielt patriotische Tischreden und Vorträge. Frauen, „Philister", also die aus Sicht romantischer Patrioten bornierten, allzu nüchternen Aufklärer, und Juden, auch die getauften, waren von der Mitgliedschaft ausgeschlossen (ausführlich Nienhaus, 2013, S. 7 ff.).

Auch sonst war der Verein nicht sonderlich freundlich gegenüber Jüdinnen und Juden. Bekannt geworden sind vor allem die von Arnim gehaltene Tischrede „Über die Kennzeichen des Judenthums" und Brentanos Satire „Der Philister vor, in und nach der Geschichte". Arnim wie Brentano verspotteten die Juden, verhöhnten ihren Glauben und verknüpften christlichen Judenhass mit der Ablehnung der (jüdischen) kapitalistischen Markt- und Geldwirtschaft. Ein Beispiel, das man sich auf der Zunge zergehen lassen muss:

„Die Juden, als von welchen noch viele Exemplare in persona vorräthig, die von jeder ihren zwölf Stämmen für die Kreuzigung des Herrn anhängenden Schmach Zeugnis geben können, will ich gar nicht berühren, da jeder, der sich ein Kabinett zu sammeln begierig, nicht weit nach ihnen zu botanisieren braucht; er kann diese von den egyptischen Plagen übrig gebliebenen Fliegen in seiner Kammer mit alten Kleidern, an seinem Theetische mit Theaterzetteln und ästhetischem Geschwätz, auf der Börse mit Pfandbriefen, und überall mit Ekel, und Humanität und Aufklärung, Hasenpelzen und Weißfischen genugsam einfangen" (Brentano, 1811, S. 4).

Mit derartigen antijüdischen Inszenierungen konterkarierten nicht nur die Romantiker staatliche Bemühungen, den Juden „Emanzipation", also Gleichberechtigung zu ermöglichen. Vor allem vom leitenden preußischen Minister, Fürst *Karl August von Hardenberg*, und vom Direktor der Sektion für Kultus und Unterricht im Preußischen Ministerium des Inneren, *Wilhelm Freiherr von Humboldt*, also von zwei Feudalherren wurde das so genannte „Preußische Emanzipationsedikt" konzipiert und 1812 verabschiedet. Mit diesem Edikt reagierte die Preußische Regierung auf die vernichtende Niederlage gegen Napoléon. Preußens ökonomische und militärische Macht musste durch Modernisierung des Staates wiederhergestellt werden. Dafür war es notwendig, Standesschranken wie Leibeigenschaft, Zunftzwang und Sonderrechte für Juden aufzuheben. Mit dem Emanzipationsedikt vom 11.03.1812 erlangten die preußischen Juden Bürgerrechte. Das wäre die Lösung des Widerspruchs – Akzeptanz der Juden als Menschen, sofern sie ihr Jüdischsein als Privatsache betrachteten – im Interesse der Juden gewesen. Die feierten die Reform, veranstalteten Gottesdienste, gelobten dem preußischen König echte Treue und unbedingten Gehorsam und kämpften ein Jahr später auf den Schlachtfeldern der Befreiungskriege Seite an Seite mit ihren nichtjüdischen Mitbürgern (vgl. auch Hirsch & Schoder, 1989, S. 486).

Auch im Thüringischen, respektive in Sachsen-Weimar, tat sich etwas und man sah 1812/1813 die Zeit des Aufbegehrens gegen die Napoleonische Herrschaft für gekommen. An der Jenaer Universität verkündete zum Beispiel *Heinrich Luden* (1778–1847) seine bereits 1809 erhobenen Forderungen nach „Unabhängigkeit von außen und Freiheit im Innern" (Luden, 1809).[7] Vor allem Ludens Appelle an seine Studenten, als Deutsche nicht die Geschichte der Deutschen zu vergessen, sondern deren Geschichte und die des Vaterlands zu studieren, scheint bei seinen Hörern Eindruck hinterlassen haben. Robert und Richard Keil, zwei deutschnationale Burschenschaftler, dass sich die Jenaer „[…] Studirenden in dem Wintersemester 1812/13 um Luden's Katheder sich gedrängt und in der Stille des Abends seiner begeisternden Entwicklungen der bedeutsamsten Momente in der neuesten Geschichte mit immer steigender Theilnahme gehorcht" haben (Keil & Keil. 1865, S. 57).

Im Oktober 1813 wurde die Grand Armée in der Völkerschlacht bei Leipzig von den verbündeten Truppen Russlands, Preußens, Österreichs und Schweden besiegt. Im April 1814 dankte Napoléon ab. Im Juni 1815 folgte die totale Niederlage in der Schlacht von Waterloo.

Vom September 1814 bis Juni 1815 tanzte in Wien der Kongress. Und wenn nicht getanzt wurde, dann stritten, verhandelten und beschlossen die Vertreter der Siegermächte die Neuaufteilung Europas und eine Heilige Allianz zwischen Österreich, Preußen und Russland. Die christliche Religion wurde als Grundlage der politischen Ordnung hervorgehoben und die feudalen Strukturen in den meisten europäischen Ländern wiederhergestellt. Das Nationale gewann die Oberhand über das Internationale.

Die Studenten in Deutschland und mit ihnen einige ihrer Professoren hatten nach dem Sieg über Napoléon ebenfalls das Patriotische im Sinn. In diesem Geiste gründeten sie am 12. Juni 1815 in Jena die Urburschenschaft und feierten im Oktober 1817 das Wartburgfest.

---

[7] Von 1823 bis 1832 war Heinrich Luden Vertreter der Universität Jena im Landtag des Großherzogtums Sachsen-Weimar-Eisenach. Als der Landtag 1823 ein „Judengesetz" diskutierte, war Heinrich Luden einer der Befürworter. So hob er in einer seiner Landtagsreden u. a. hervor: „»Gleiche Erfüllung der Bürgerpflichten gewähre gleichen Genuss der Bürgerrechte«; dass es anerkannt und ausgesprochen werde: Der Jude, der Nichts wider sich hat, als den Umstand, dass er Jude ist, soll von diesem Bürgerrechte nicht ausgeschlossen sein" (zit. n. Geiger & Hess, 1904, S. 651). In dem dann verabschiedeten „Judengesetz" wurde den Juden die gleichen Rechte und Pflichten wie anderen Untertanen zugestanden. Sie durften ihre Religion und ihre Gebräuche frei ausüben und die Landesuniversität und höhere Schulen besuchen. Eine freie Berufswahl war allerdings eingeschränkt. Ein Zuzug weiterer Juden und Jüdinnen in das Großherzogtum wurde verboten.

Zirka 450 bis 500 Studenten und einige Professoren, so der Mediziner und Philosoph Lorenz Oken (1779–1851) und der seit 1816 in Jena lehrende Philosoph Jakob Friedrich Fries (1773–1843) kamen nach Eisenach. Es wurden, ganz im Geiste von Jahn, Turnvorführungen organisiert, nationale Lieder gesungen, erstmals die schwarz-rot-goldene Fahne geschwungen, Reden gehalten und Forderungen formuliert. Auch Fries grüßte die „Deutschen Jünglinge", erinnerte an Luther und beschwor den Geist der Wahrheit, der Freiheit und der deutschen Einheit (Fries, 1999, S. 64; Original: 1818). Oken veröffentlichte wenig später in der Zeitschrift „Isis" einen Bericht vom Fest auf der Burg. Die Studenten, so schreibt er, woher sie auch kommen mögen, aus Österreich, Preußen, Thüringen oder sonst woher, seien universale Menschen. Diese Universalität erstrecke sich aber nicht auf die ganze Welt, sondern habe zum Ziel, dass die Studenten (und das ganze deutsche Volk samt seiner Fürsten) gebildete Deutsche werden, „die sich alle gleich sind, und deren Geschäft überall frei ist" (Oken 1999, S. 57; Original: 1817). Okens Bericht schließt mit einer Liste von Büchern und anderen Dingen, die von den Studenten auf dem Markt von Eisenach dem „Feuergericht" übergeben wurden.

Ja, auf dem Wartburgfest wurden Bücher verbrannt. Verbrannt wurden, um nur einige der wichtigsten Schriften zu nennen: der Code Civil, Bücher, die sich kritisch mit Jahn und seinem Turnen beschäftigten, das Buch „Geschichte des deutschen Reichs" von August von Kotzebue (1761–1819) oder das Buch „Germanomanie" von Saul Ascher (1767–1822). Jakob Friedrich Fries soll die Liste der zu verbrennenden Bücher vor dem Fest auf der Wartburg abgesegnet haben (Ries, 2019, S. 129).

Heinrich Heine schreibt 1840 in seiner Denkschrift „Ludwig Börne" und im Rückblick auf das Wartburgfest: „[…] auf der Wartburg herrschte […] jener unbeschränkte Teutomanismus, der viel von Liebe und Glaube greinte, dessen Liebe aber nichts anders war als Hass des Fremden und dessen Glaube nur in der Unvernunft bestand, und der in seiner Unwissenheit nichts Besseres zu erfinden wusste, als Bücher zu verbrennen!" (Heine, 1968, S. 415; Original: 1840).

Die Rede von Fries auf der Wartburg, der Bericht von Oken über das Fest und vor allem die patriotische Aufmüpfigkeit der Studenten waren wohl nicht ganz im Sinne der Regierungen in den restaurierten europäischen Feudalstaaten. Die Befreiung von der Napoleonischen Herrschaft entsprach zwar ganz und gar ihren Interessen; Forderungen nach einem einheitlichen Deutschland, in dem alle (ausgenommen die Juden) gleich sind, gingen dann doch etwas zu weit.

Und als am 23. März 1819 auch noch der antiliberale Dichter *August Friedrich Ferdinand von Kotzebue* (1761–1819), der ein mittelmäßiger Schriftsteller und russischer Geheimagent gewesen sein soll, durch den Jenaer Burschenschaftler Karl Ludwig Sand ermordet wurde, war das Fass am überlaufen. Die Regierungen Österreichs und Preußens beschwerten sich beim Großherzog in Weimar. Der wies seinen Minister Goethe an, die Zeitschrift „Isis" zu verbieten und den Professoren Fries und Oken die Lehrbefugnis zu entziehen. Auch Jahn kam nicht ungeschoren davon. Sein „Deutscher Bund" und das Turner-Wesen wurden von österreichischen Spitzeln als umstürzlerisch eingeschätzt (Ries, 2019, S. 129). Die preußische Regierung verbot seine Turnbewegungen und steckte Jahn wegen Hochverrats für einige Jahre hinter Gitter.

1822 sprach eine Kabinettsorder des preußischen Königs den Juden das Recht ab, höhere Militärposten zu besetzen; eine andere Order im selben Jahr verbot den Juden das Recht zur Bekleidung von akademischen Lehr- und Schulämtern, ein Recht, das ihnen im Emanzipationsedikt zugesagt worden war.

Mit der Restauration der alten Verhältnisse wurden auch die Pogrome gegen die Juden wieder inszeniert. Die Judenverfolgung begann mit den „Hep-Hep – Jud' verreck" – Rufen und den darauffolgenden Überfällen auf Juden am 3. August 1819 in Würzburg. Die Pogrome setzten sich in ganz Deutschland fort, erreichten Frankfurt a. M., Hamburg, Krakau, Graz, Wien und Kopenhagen (Katz, 1994). Zwischen 1819 und 1848 fanden fast in jedem Jahr irgendwo in Deutschland judenfeindliche Unruhen, Plünderungen, Misshandlungen und Synagogenverwüstungen statt: 1820, 1821, 1826 in Würzburg, 1830 in München, Hamburg, Hanau, Breslau, Mannheim, Karlsruhe, 1831 in Breslau und Reichhall, 1833 in Mühlbach/Baden, 1834 im Rheinland, 1835 in Hamburg, 1843 in Karlsruhe, 1844 wieder in Breslau, 1845 in Regensburg, 1846 in Buchau, 1847 in Berlin und Paderborn, 1848 in 130 Städten in ganz Europa.

3.6   Von der Judenfeindlichkeit zum Antisemitismus in der zweiten Hälfte des 19. Jahrhunderts

Am Schluss seiner „frommen Helene" lässt *Wilhelm Busch* (1832–1908) den Onkel Nolte sinnieren: „Das Gute – dieser Satz steht fest – ist stets das Böse, was man lässt!". Leider konnte es auch Wilhelm Busch nicht lassen, sich mit seinen Gedichten und Zeichnungen an der Inszenierung antisemitischer Stereotype zu beteiligen. Onkel Nolte holt das fromme Lenchen bekanntlich zu anfangs der Geschichte aufs Land, weil das städtische Leben doch allzu viel Lasterfreuden bereithält. Da ist die sittenlose Presse, da sind die zierlichen Mosjös und die Damen „mit den süßen himmlisch hohen Prachtpopös". Auf den Gassen wimmelt aber noch mehr: „Und der Jud mit krummer Ferse, / Krummer Nas' und krummer Hos'/ Schlängelt sich zur hohen Börse / Tiefverderbt und seelenlos" (Busch, 1959, S. 204; Original: 1872).[8]

In den Jahren nach 1870/1871 wird die Börse zur öffentlich verbreiteten Metapher, für das Spinnennetz, dass die Juden weben, um sich die Welt zu unterwerfen. Es geht schlicht und ergreifend um die falschen Bilder vom Juden, der in seiner Unersättlichkeit, seiner Wucherei, seelenlos die guten Christenmenschen bedrängt und übers Ohr haut.

Nach der Gründung des Deutschen Reiches im Jahre 1871 boomte die deutsche Wirtschaft. Der nunmehr gesamtdeutsche Markt ohne Zollgrenzen und wirtschaftsfreundliche Gesetze sowie eine Menge Geldes, das durch Reparationszahlungen aus Frankreich floss, beförderten die wirtschaftliche Entwicklungen, die Gründung von zahlreichen Banken und Aktiengesellschaften (so z. B. 1871 die Schering AG oder 1872 die Dresdner Bank AG, die Deutsche Bank war bereits 1870 als Aktiengesellschaft gegründet worden). Auch die Freude an Börsenspekulationen erreichte bei jenen, die es sich leisten konnten, Spitzenwerte. Das änderte sich sehr bald. 1873 kam es, von Wien ausgehend, zu einer Finanz- und

---

[8] Stereotype Bilder über die Juden mit der krummen Nase und dem schlauen Blick finden sich auch in der Geschichte von „Plisch und Plum" und dort in der Karikatur des „Schmulchen Schievelbeiner" (Busch, 1959, S. 479; Original: 1882).

Überproduktionskrise, die bald England, die USA und auch Deutschland erreichte.

Und wer war schuld? Die Juden. So sahen es auf jeden Fall die modernen Judenfeinde. 1874 und 1875 erschien in der „Gartenlaube" eine Reihe von Artikeln zum besagten Börsen- und Gründerkrach. Der Verfasser war Otto Glagau (1834–1892). Ein Jahr später folgte eine stark erweiterte Sammlung der Artikel als Buch (Glagau, 1876). Glagau macht vor allem die Juden für den Börsenkrach und die Finanzkrise in Europa verantwortlich; eigentlich macht er die Juden für alles Üble verantwortlich. Ein längeres Beispielzitat:

> „Aber mit der Uebermacht, welche die Juden erringen, mit den grossen Reichthümern, welche sie zusammenraffen, kann man auch merken, wie sie mehr und mehr dem Materialismus und der Corruption verfallen […]. Die in Berlin sich so breit machende Prostitution, die auf hiesigen Theatern blühenden Possenzoten und aus dem Französischen übertragenen Ehebruchsdramen und Demimondestücke (frivole, anrüchige Stücke, WF/IF) werden wesentlich von den Juden begünstigt und gefördert; wie denn auch frivole Bücher, obscöne Bilder ihren Hauptsatz unter Juden finden […]. Vorzugsweise aus Juden recrutieren sich die Wucherer und ‚Halsabschneider‘, die Kuppler und Hehler, die Polizeispione und politischen Denuncianten" (Glagau, 1876, S. 345).

Die „Judenfrage" durch Aufklärung und Bildung zu lösen, konnte schon Mitte des 19. Jahrhunderts in Deutschland als gescheitert angesehen werden. Die Aufklärung war gescheitert, weil nicht alle Gesellschaftsmitglieder des nationalstaatlichen Gemeinwesens in gleicher Weise durch Bildung erreichbar waren und weil die soziale „Erblichkeit" emotional besetzter Vorurteile (über Fremde, über Andere, über Juden) unterschätzt wurde. Nicht zuletzt hängt das Scheitern auch mit der deutschen Romantik zusammen. Ihr ging es nicht darum, die Unterschiedlichkeit und gleichberechtigte Existenz verschiedener Sprachen, Kulturen und Traditionen zu akzeptieren und zu tolerieren, sondern die Dominanz der deutschen Sprache, Geschichte und Kultur zu betonen. In Bezug auf die Emanzipation der Juden scheiterte die Aufklärung, weil sie das Judentum ausschließlich in religiösen Kategorien interpretierte und zu überwinden versuchte. Das „falsche Bewusstsein" über die Juden als „Handelsvolk" konnte die Aufklärung nicht widerlegen.

Sowohl gegen die ausschließlich religiöse Fremdinterpretation als auch gegen das Stigma, wuchernde Händler zu sein, mussten sich die Juden wehren, wenn sie ihre soziale Identität als Juden nicht aufzugeben bereit waren. Wollten die Juden dem Assimilationsdruck der deutschen Gesellschaft nachgeben, mussten sie die kulturelle Konformität als Vorbedingung für ihre soziale und politische Emanzipation akzeptieren. Folgen in diesen Fällen waren entweder die Scham über die eigene Herkunft oder – wie später im Falle des Zionismus – die Rückbesinnung auf und die Identifikation mit den sprachlichen und kulturellen Traditionen des eigenen Volkes. Die Aufklärung scheiterte nicht zuletzt, weil sie auf einen zunehmenden Nationalismus in der deutschen Bevölkerung traf, der – auch in anderen europäischen Ländern – vor allem durch die nicht erfüllbaren Träume von territorialer Überlegenheit und Gewalt gespeist wurde. Der Doppelcharakter dieses Nationalismus realisierte sich zum einen in der Selbsterhöhung des jeweils eigenen Staatsvolkes und zum anderen im Zwang auf bisher als „ethnisch fremd" beurteilte Gruppen, sich der Dominanz des Staatsvolkes unterzuordnen. Dabei erwiesen sich die Juden als die Gruppe innerhalb des eigenen Nationalstaates, auf die sich dieser Zwang am ehesten anwenden ließ bzw. angewandt werden „musste". Judenfeindschaft hatte sich zum Antisemitismus entwickelt, aus der brutalen Gewalt gegen Juden war die kalkulierte, weil ideologisch fundierte Gewalt gegen Juden als Juden geworden.

Aber: Ganz ohne Ergebnis blieben die „Emanzipationsbemühungen" für die Juden nicht:

„Vor allem durften Juden jetzt ihren Wohnort frei wählen, unbegrenzt Familien gründen, jeden beliebigen Beruf ausüben – allerdings nicht im öffentlichen Dienst und, in Preußen, nicht im Offizierskorps. Auch wurden sie von den entehrenden Sondersteuern befreit. Zu den wichtigsten neu gewonnenen Rechten gehörte auch das auf Bildung. Alle öffentlichen Schulen und Universitäten standen Juden jetzt offen. In wenigen Jahrzehnten schon konnten viele deutsche Juden es zu bedeutendem Wohlstand bringen. Finden wir im deutschen Judentum vor 1800 einen Anteil von 1–2 % Angehörige der Oberschicht, dagegen 75 % Bettel- und Elendsjuden, so betrugen die Zahlen 1848 für Preußen: 30 % Groß- und Mittelbürger, 25 % Kleinbürger; 40 % der deutschen Juden lebten noch immer am oder unter dem Existenzminimum. Gegen Ende des 19. Jahrhunderts ist die Zahl der Unterschichtjuden in Deutschland auf zirka 5 % gesunken. In knapp einem Jahrhundert war also der größere Teil der deutschen Juden ins Besitz- und Bildungsbürgertum aufgestiegen. Keineswegs waren jetzt alle Juden reich, aber die meisten waren wohlhabend oder hatten zumindest ihr Auskommen" (Ben-Chanan, 1997, S. 16).

Trotz der immer wiederkehrenden Anfeindungen und des gefährlichen, rassistisch fundierten Bodensatzes antijüdischer Agitation waren die Integrationsbestrebungen der jüdischen Bevölkerung also nicht ganz erfolglos. Juden sahen sich als Teil des deutschen Vaterlandes. Ihr Patriotismus und der Wunsch nach Herstellung der deutschen Einheit unterschieden sich nicht von der politischen Denkweise der christlichen Bevölkerung. Die „Judenfrage" war damit aber nicht gelöst.

Als der besagte Börsenkrach von 1873 in Deutschland mit der allgemeinen Wirtschaftskrise in den „Gründerkrach" überging, wurden dafür die Juden verantwortlich gemacht. Die falschen Bilder über die Juden, so wie sie die traditionelle christliche Judenfeindschaft produzierte, bekamen mit der kapitalistischen Entwicklung entsprechende Facetten (z. B. von der „jüdischen Vorherrschaft" oder der „jüdischen Weltherrschaft"). In dieser Phase der wirtschaftlichen Depression erschienen reihenweise antisemitische Artikel, die das Judenbild vieler Deutscher beeinflussten. Reinhard Rürup (1987) spricht von einem „postemanzipatorischen Phänomen", um den Antisemitismus nach der Reichsgründung zu beschreiben. Es ist ein Antisemitismus, der die faktischen und/oder gesetzlich verankerten Rechte der Juden wieder rückgängig zu machen versucht. Er tat dies massenwirksam und er wurde massenmedial inszeniert. Die antisemitischen Agitatoren sprachen in großen Sälen vor Hunderten von Menschen; sie bedienten sich der modernen Verbreitungsmedien, Zeitungen, Zeitschriften, Broschüren und Flugblätter (Ben-Chanan, 1997, S. 23). Große Tageszeitungen (wie die altkonservative „Preußische Zeitung" oder die katholische Zentrumsparteizeitung „Germania"), regionale Blätter, aber auch − wie erwähnt − so populäre Zeitschriften, wie die kleinbürgerliche „Gartenlaube" oder die satirische Wochenschrift „Simplicissimus" übernahmen die antisemitische Inszenierung. Zur „Judenfrage" erschienen zwischen 1873 und 1890 mehr als 500 Schriften.

Mit seinen antiliberalen und antikapitalistischen Strömungen richtete der Antisemitismus sich insbesondere gegen die Freiheits- und Gleichheitsideale der Französischen Revolution. Zur gleichen Zeit markierte in Frankreich die Dreyfus-Affäre den Übergang zum modernen Antisemitismus. Der französische Artilleriehauptmann *Alfred Dreyfus* (1859–1935), Elsässer und erster Jude im französischen Generalstab, wurde 1894 fälschlicherweise der Spionage für das Deutsche Reich und des Landesverrats bezichtigt und zu lebenslanger Haft verurteilt. Nachdem französische Intellektuelle, allen voran *Émile Zola*, die führenden Militärs und Politiker wegen falscher Anschuldigungen kritisierten und ihnen Versagen vorwarfen, wuchs sich das Ganze zu einer Staatsaffäre aus. 1899 wurde Dreyfus begnadigt und erst 1906 rehabilitiert. Die Affäre um Alfred Dreyfus zeigte die Möglichkeiten von zivilcouragiertem Handeln auf, machte aber auch die gesellschaftliche Spaltung in Anti-Semiten und Anti-Anti-Semiten deutlich. *Theodor Herzl* (1860–1904) hatte die Dreyfus-Affäre als Korrespondent der Wiener Zeitung „Neue Freie Presse" beobachtet (siehe auch: *Abschn.* 1.2) und daraus die Schlussfolgerung gezogen, ein friedliches und humanes Zusammenleben von Juden und Nicht-Juden sei in Europa nicht möglich.

Neben Otto Glagau gehörte Wilhelm Marr zu den ersten antisemitischen Agitatoren neuen Stils in Deutschland. Marr (1819–1904) war Journalist und kritisierte, wie Glagau, in dem 1879 erschienen Pamphlet „Der Sieg des Judenthums über das Germanenthum" den wirtschaftlichen und politischen Einfluss der Juden und versuchte den Antisemitismus rassistisch und biologistisch zu begründen. Ab 1881 gab Marr „Zwanglose antisemitische Hefte" heraus und versuchte eine „Antisemitenliga" zu gründen, um das deutsche Vaterland „vor der vollständigen Verjudung" zu retten (Hirsch & Schuder, 1989, S. 501). Der Ansatz der „Antisemitenliga" kann als Vorläufer des ideologischen Rassenantisemitismus angesehen werden. Die von Marr lancierte „Antisemiten-Petition" aus den Jahren 1880/81 forderte den Ausschluss der Juden von öffentlichen Ämtern und half das Schlagwort

„Antisemitismus" im Deutschen Reich bekannt zu machen. Die Petition wurde von 250.000 Bürgern unterzeichnet.

Einflussreich als Antisemit war auch der protestantische Hofprediger Adolf Stoecker (1835–1909), der ebenfalls im Jahr 1879 mit seiner judenfeindlichen Rede „Unsere Forderungen an das moderne Judentum" die antisemitische Bühne betrat. Mit der von Stoecker gegründeten antisemitischen „Christlich-Sozialen Partei" wurde der politische Antisemitismus zur Massenbewegung. Unterstützt wurde Stoecker vom Historiker Heinrich von Treitschke (1834–1896), von dem der später von den Nationalsozialisten übernommene Satz: „Die Juden sind unser Unglück" stammt (von Treitschke, 1881, S. 4). Treitschke löste damit den Skandal des „Berliner Antisemitismusstreits" aus, in dem sich der Historiker Theodor Mommsen, aber auch der Breslauer Rabbiner Manuel Joël, der Soziologe Werner Sombart, der Mediävist Harry Breslau und der Historiker Heinrich Graetz scharf gegen den Antisemitismus und seine scheinhistorische Begründung wandten.

1889 gründete *Max Liebermann von Sonnenberg* (1848–1911) die antisemitische „Deutschsoziale Partei". 1890 kam die „Antisemitische Volkspartei" dazu. Bei den Reichstagswahlen im Jahre 1890 erhielten die antisemitischen Parteien 48.000 Stimmen; 1893 bekamen sie 263.000 Stimmen und zogen mit 16 Abgeordneten in den Reichstag. Obwohl in späteren Wahlen der Zulauf zu diesen Parteien wieder rückläufig war, blieben viele Vereine und Verbände fortan antisemitisch eingestellt, so u. a. der 1893 gegründete Bund der Landwirte, der ebenfalls 1893 gegründete deutschnationale „Handlungsgehülfenverband", der 1890 von Bürgern aus der Mittelschicht gegründete Alldeutsche Verband, der Reichskammerbund oder das angesehene Offizierskorps.

Auch die deutsche Studentenschaft äußerte sich zunehmend antisemitischer. Beispielsweise übernahm der „Kyffhäuserverband" judenfeindliche Inhalte in seine politische Programmatik und hat dadurch nicht unwesentlich zur antisemitischen Prägung der nachwachsenden geistigen Elite des Kaiserreichs beigetragen. Diese Vereine und Bünde blieben auch in der Weimarer Republik bestehen und gingen 1933 als antisemitischer Grundstock in der NSDAP auf (vgl. Ben-Chanan, 1997, S. 24).

Flankiert und nachhaltig pseudotheoretisch aufgeladen wurden die politischen Inszenierungen des Antisemitismus durch rassentheoretische Schriften z. B. von Graf Gobineau (1816–1882), der eine Überlegenheit der „arischen Rasse" zu erkennen meinte, Richard Wagner (1813–1883), der zunächst unter dem Pseudonym Karl Freidank, später mit seinem Klarnamen, eine musikalische Unfähigkeit der „jüdischen Rasse" am Beispiel von Meyerbeer und Mendelssohn-Bartholdy behauptete, Paul Böttcher, der sich Paul de Lagarde nannte (1827–1891) und die Unschädlichkeit des „jüdischen Ungeziefers" forderte, Karl Eugen Dühring (1833–1921), jener Dühring, der samt seiner umwälzenden Wissenschaft von Friedrich Engels verspottet wurde und der sich selbst für den eigentlichen Begründer des Antisemitismus hielt und schließlich Houston Stewart Chamberlain (1855–1927), Richard Wagners Schwiegersohn, von dem der Begriff „Reinheit der arischen Rasse" stammt.

Wir blicken kurz in Richard Wagners Schrift vom „Judenthum in der Musik" und finden dort u. a. dies: „Der Jude, der bekanntlich einen Gott ganz für sich hat, fällt uns im gemeinen Leben zunächst durch seine äußere Erscheinung auf, die, gleichviel welcher europäischen Nationalität wir angehören, etwas dieser Nationalität unangenehm Fremdartiges hat: wir wünschen unwillkürlich mit einem so aussehenden Menschen Nichts gemein zu haben" (Wagner, 1869, S. 13).

Wagner hat den jüdischen Gottesdienst verachtet, Giacomo Meyerbeer (geboren als Jacob Liebmann Meyer Beer), den bekannten und erfolgreichen Opernkomponisten, beneidet und Mendelssohn-Bartholdy erst bewundert und ihn später als unfähig diffamiert. Wagners Antisemitismus ist eine ambivalente Mischung von begehrten und beneideten sowie diffamierenden Merkmalen. Insofern dürfte Wagner sich kaum von anderen Antisemiten der Zeit unterscheiden. Friedrich Nietzsche, der bekanntlich anfangs ein großer Fan von Richard Wagner war und sich hin und wieder nicht gerade judenfreundlich äußerte, verabschiedete sich schließlich vom teutschen Tonkünstler auch wegen dessen Antisemitismus. „Mein größtes Erlebnis", schreibt Nietzsche 1888, „war eine *Genesung*, Wagner gehört bloß zu meinen Krankheiten" (Nietzsche, 1999, Teil 2, S. 291; Hervor. im Original).

Werner Bergmann sieht das Neue im Antisemitismus des ausgehenden 19. Jahrhunderts

„[...] in seinem Charakter als soziale und kulturelle Bewegung, in der Berufung auf den Volkswillen, in der Rhetorik von der Befreiung des Judentums als Lösung aller Probleme und in der Legitimation durch »wissenschaftliche« Theorien und »historische« Argumente. Mit der Verknüpfung nationaler und christlicher Vorstellungen entwickelte sich der Antisemitismus zu einer allgemeinen Weltanschauung, die die Juden als »Symbol der Zeit« [...] benutzte, das für die als bedrohlich erlebten Züge der Modernität insgesamt stand [...]. Mit dieser Generalisierung der »Judenfrage« wurden politische, soziale und ökonomische Interessengegensätze aus ihrem Kontext gelöst und zu einem prinzipiellen Gegensatz von Deutsch-/Germanentum vs. Judentum gemacht" (Bergmann, 2002, S. 42 f.).

Die besondere Brisanz der Umdeutung bestand also in der Universalität des modernen Antisemitismus. Damit wurde eine einfache und brauchbare Ideologie geschaffen, mittels derer man sämtliche ökonomische, politische und soziale Schwierigkeiten auf die seit Jahrhunderten ungeliebte jüdische Minderheit abwälzen konnte.

3.7 Marx und der Antisemitismus – auch eine Inszenierung?

An Karl Marx kommt man nicht vorbei, wenn es um Ursachen und Interpretationen von Antisemitismus geht. Warum?

In seinen Briefen an Friedrich Engels sprang Marx in der Regel ziemlich ruppig mit Ferdinand Lassalle um. Ferdinand Lassalle (1825–1864) war seit der Revolution 1848/1849 mit Marx und Engels bekannt und gründete im Mai 1863 den Allgemeinen Deutschen Arbeiterverein, bekanntlich den Vorläufer der Sozialdemokratischen Partei Deutschlands.

In einem Brief vom 30. Juli 1862 an den „lieben Engels" schreibt Marx über Lassalle u. a.:

„Es ist mir jetzt völlig klar, dass er, wie auch seine Kopfbildung und sein Haarwuchs beweist, – von den Negern abstammt, die sich dem Zug des Moses aus Ägypten anschlossen (wenn nicht seine mutter oder Großmutter von väterlicher Seite sich mit einem Nigger kreuzten). Nun, diese Verbindung von Judentum und Germanentum mit der negerhaften Grundsubstanz müssen ein sonderbares Produkt hervorbringen. Die Zudringlichkeit des Burschen ist auch niggerhaft" (Marx an Engels in Manchester, 30. Juli 1862, Marx, 1964a, MEW, Band 30, S. 259).

Wenn das kein Antisemitismus ist, oder?

Am 2. September 1864 teilt Marx per Telegramm seinem Freund Engels mit, dass Lassalle in einem Duell, dass er mit einem früheren Verlobten seiner Geliebten ausgetragen hatte, lebensgefährlich verwundet und anschließend gestorben sei (Marx an Engels in Manchester, 2. September 1864, Marx, 1964b, MEW, Band 30, S. 427).

Engels antwortet prompt am 4. September:

„Du kannst Dir denken, wie mich die Nachricht überraschte. Lassalle mag sonst gewesen sein, persönlich, literarisch, wissenschaftlich, wer er war, aber politisch war er sicher einer der bedeutendsten Kerle in Deutschland. Er war für uns gegenwärtig ein sehr unsicherer Freund, zukünftig ein ziemlich sicherer Feind, aber einerlei, es trifft einen doch hart, wenn man sieht, wie Deutschland alle einigermaßen tüchtigen Leute der extremen Partei kaputtmacht. Welcher Jubel wird unter den Fabrikanten und unter den Fortschrittsschweinhunden herrschen, Lassalle war doch der einzige Kerl in Deutschland selbst, vor dem sie Angst hatten" (Engels an Marx in London, 4. September 1864, Engels, 1964, MEW, Band 30, S. 429).

Und noch einmal Marx darauf am 7. September:

„Das Unglück des Lassalle ist mir dieser Tage verdammt durch den Kopf gegangen. Er war doch immer einer von der vieille souche[9] und der Feind unserer Feinde. Dabei kam die Sache so überraschend, dass es schwierig ist zu glauben, dass ein so geräuschvoller, stirring, pushing[10] Mensch nun maustot ist und altogether das Maul halten muss" (ebd., S. 432).

---

[9] vom alten Stamm

[10] rühriger, vorwärtsdrängender

Im Kondolenzbrief, den Marx am 12. September 1864 an Sophie von Hatzfeldt, der Förderin von Ferdinand Lassalle, schrieb, bezeichnet Marx Lassalle als einen der Menschen, auf die er, Marx, viel hielt (Marx, 1964c, MEW, Band 30, S. 673; Original: 1864). Vielleicht lässt sich vor diesem Hintergrund die o.g. diskriminierende Beschreibung des jüdischen Niggers Lassalle doch eher als Ausdruck eines privaten Marxschen Antisemitismus lesen, eines antisemitischen Vorurteils des getauften Juden Marx, der mit zwei Zungen spricht und schreibt?

Diese Annahme von den „zwei Zungen" ist nicht ganz von der Hand zu weisen. Marx und Engels korrespondieren in ihren privaten Briefen in einem direkten, persönlichen und frechen Stil, der sich von jenem, in dem ihre für die Publikation vorgesehenen Arbeiten abgefasst sind, in gravierender Weise unterscheidet. Während in den Briefen Personen schonungslos charakterisiert (auch beschimpft und mit Klatsch überhäuft) werden, geht es in den Publikationen von Marx und Engels um die gnadenlose Analyse gesellschaftlicher Umstände, Zustände und Prozesse, hinter der die Privatheit der Individuen zurückzutreten hat. Man könnte also die Bösartigkeiten, die der Jude Marx und der Nichtjude Engels über den Juden Lassalle austauschen, als Treppenwitze der Geschichte betrachten. Aber die zwischen Marx und Engels ausgetauschten Bösartigkeiten wirken nach und werden genutzt, manifeste oder latente antisemitische Vorurteile in die Jetztzeit zu transportieren.

Viel wirkungsvoller und bis heute nachhaltiger ist allerdings eine kleine Schrift, die Marx 1844 mit dem Titel „Zur Judenfrage" in den „Deutsch-Französischen Jahrbüchern" veröffentlichte (Marx, 1961, MEW, Band 1, 347–377; Original: 1844). Marx schrieb diesen Artikel in Erwiderung auf Bruno Bauer. Bauers Kernthesen in den von Marx kritisierten Schriften liefen auf die Forderung hinaus, die Juden sollten sich, um sich von Unterdrückung und Diskriminierung befreien und politisch emanzipieren zu können, ebenso wie übrigens die Christen auch, zunächst einmal vom christlichen Staat emanzipieren. Voraussetzung dafür wiederum sei die Aufgabe ihrer Religion und ihres Judentums generell. Das weist Marx zurück und schlägt seinerseits zu. Und wie!

Die Empörung, die Marx mit seinem Konter auslöste, ist bis heute zu spüren, in wissenschaftlich seriösen Argumentationen (vgl. Herf, 2025; Löwenthal, 1990; Schoeps, 1998; u. a.) ebenso wie in populärwissenschaftlichen Darstellungen (z. B. De Lange 2000). Auch die deutschen Nationalisten der Jetztzeit haben von der Schrift des jungen Marx Kenntnis genommen (vgl. z. B. Landtag NRW, 2020; Kleine Anfrage des Abgeordneten Herbert Strotebeck, AfD).

Die Versuche, Marx vor den Vorwürfen zu retten, seine Schrift gehöre zu den „Klassikern des Antisemitismus", sind ebenfalls zahlreich (z. B. Haury, 2002; Holz, 2001; Claussen, 1987, Löwenthal, 1990; Fromm, 1961). Löwenthal (1990) meint, Marxens Schrift „Zur Judenfrage" sei

> „… das klassische Dokument eines Antisemiten, dessen Geschichte noch nicht geschrieben ist, nämlich des jüdischen Antisemitismus. Diese kleine Schrift, die jeder einmal gelesen haben sollte, enthält Sätze von einer antisemitischen Härte und Pointiertheit, frei von aller Konzession und all jenen widerwärtigen Komplimenten, die nichtjüdische Antisemiten vor dem Juden als Einzelpersönlichkeit zu machen pflegen" (Löwenthal, 1990, S. 64).

Marx entwickelt seine Argumentation in *zwei* Schritten: Der *erste* ist ausschließlich auf die Bauersche Arbeit „Die Judenfrage" (Bauer, 1843a) bezogen. Marx wirft Bauer vor, er sehe im Judentum „»[…] eine beleidigende Tatsache für das religiöse Auge des Christen. Sobald sein Auge aufhört, religiös zu sein, hört diese Tatsache auf beleidigend zu sein" (Marx, 1961, MEW, Band 1, S. 372). Die einseitige Forderung, Emanzipation der Juden sei nur durch die Juden selbst möglich und notwendig, ist für Marx nicht nur nicht akzeptabel, sondern vor allem halbherzig. Politische Emanzipation der Juden sei, so Marx, durchaus möglich ohne sich „vollständig und widerspruchslos vom Judentum loszusagen" (Marx, ebd., S. 361). Dies vor allem deshalb, weil das „Privilegium des Glaubens […] ein allgemeines Menschenrecht" (Marx, ebd., S. 363) sei. *Politische* Emanzipation aber ist nicht mit der vollständigen „menschlichen Emanzipation" identisch, sondern sei „[…] die Reduktion des Menschen, einerseits auf das Mitglied der bürgerlichen Gesellschaft, auf das *egoistische unabhängige* Individuum, andererseits auf den *Staatsbürger*, auf die moralische Person" (Marx, ebd., S. 370; Hervorhebungen im Original). Mit beiden Reduktionen will sich Marx nicht abfinden, weil sie nicht seiner Auffassungen vom menschlichen Wesen, so wie in der sechsten Feuerbachthese formuliert, entsprechen. Um dem menschlichen Wesen gerecht zu werden, müsse es um *menschliche* Emanzipation gehen. Die interessiert ihn und die fordert er ein. Auch für die Juden. In Hegelscher Manier schließt Marx seinen *ersten* Argumentationsschritt ab:

> „Erst wenn der wirkliche individuelle Mensch den abstrakten Staatsbürger in sich zurücknimmt und als individueller Mensch in seinem empirischen Leben, in seiner individuellen Arbeit, in seinen individuellen Verhältnissen, *Gattungswesen* geworden ist, erst wenn der Mensch seine ‚forces propres‘ als gesellschaftliche Kräfte erkannt und organisiert hat und daher die *gesellschaftliche* Kraft nicht mehr in der Gestalt der *politischen* Kraft von sich trennt, erst dann ist die menschliche Emanzipation vollbracht" (Marx, 1961, MEW, Band 1, 370; Hervorh. im Original).

Das ist zu erklären: Marxistisch orientierte Wissenschaftlerinnen und Wissenschaftler haben daraufhin gewiesen, dass mit dem Marxschen Begriff des „Gattungswesen" ein neues Verständnis des menschlichen Wesens substituiert werde (vgl. z. B. Sève, 1972, S. 82; und die sechste Feuerbachthese). In der „Deutschen Ideologie" wird dieser Begriff bekanntlich noch einmal spezifiziert. Menschliche Emanzipation heißt nicht nur politische, staatliche, sondern vor allem und primär individuelle Kontrolle und Beherrschung der Produktivkräfte, Kapitalien und sozialen Verkehrsformen, heißt Lebensformen, „[…] worin die freie Entwicklung eines jeden die Bedingung für die freie Entwicklung aller ist" (Marx & Engels, 1980a, MEW, Band 4, S. 482; Original: 1847/1848).

Das ist wahrlich utopisch und nicht minder humanistisch; ob es realistisch ist, müssen andere beantworten. Wir wagen aber zu behaupten, dass eine solche Auffassung von menschlicher Emanzipation nicht nur die Voraussetzung für die Überwindung des Antisemitismus impliziert, sondern mit den Worten von Leo Löwenthal (1990, S. 64) einer „wahrhaft maimonidischen Haltung", also einer universalistischen Sicht auf die Gesamtheit von Wirklichkeit entspricht.[11] Spiegelt eine solche Auffassung nicht auch im positiven Sinne jüdisches Selbst- und Zukunftsver-

---

[11] Maimonides; Mose Ben Maimon, 30.3.1135–13.12.1204, bedeutendster jüdischer Philosoph des Mittelalters, Gesetzeslehrer und Leibarzt des Sultans von Ägypten.

ständnis wider? Bekanntlich hat der jüdische Messianismus sehr unterschiedliche Formen entwickelt. Er reicht von der Wiedererrichtung des Reiches Davids bis zu utopischen Vorstellungen über ein universales Friedensreich. Es geht aber nicht nur um Erlösung im religiösen Sinne, sondern auch um eine Erlösung vom Bösen und Übel dieser Welt. Genau das scheint auch die Marxsche Utopie beschreiben zu wollen. Fast euphorisch schreibt Leo Löwenthal deshalb über Marx:

"Karl Marx ist die wirkliche Fortsetzung der in Maimonides kulminierenden Rationalisierung des Judentums. Er führt in grandioser Einseitigkeit und denkerischer Überlegenheit die Linie des universalistischen Erkenntnisprozesses fort. So ist der Enkel einer langen Reihe von Rabbinern, obwohl er schon als Kind getaufter Eltern das Licht der Welt erblickt, ein treuer Erbe edelster rabbinischer Tradition geworden" (Löwenthal, 1990, S. 62).

Dass eine solche Bewertung manchem schwerfällt, macht der *zweite* Argumentationsschritt deutlich, mit dem sich Marx auf Bauers Schriften einlässt. Dieser zweite Schritt widmet sich Bauers Schrift „Die Fähigkeit der heutigen Juden und Christen, frei zu werden" (Bauer, 1843b). Bauer behandele die Emanzipation der Juden als theologische Frage; tatsächlich müsse aber nach den gesellschaftlichen Elementen gefragt werden, die zu überwinden seien, um die Emanzipationsfähigkeit der Juden erklären zu können. Betrachtet werden dürfe nicht der „Sabbatjude", sondern der „Alltagsjude". Und in dieser Betrachtung zieht Marx offenbar gewaltig vom antisemitischen Leder. Zunächst bestimmt Marx den Ausgangspunkt, eben „den Alltagsjuden" seiner Suche: Das Geheimnis der Religion müsse im „wirklichen Juden" gesucht werden. Dieser, der „wirkliche Jude" wird wie folgt charakterisiert: „Welches ist der weltliche Grund des Judentums? Das *praktische* Bedürfnis, der *Eigennutz*. Welches ist der weltliche Kultus des Juden? Der *Schacher*. Welches ist sein weltlicher Gott? Das *Geld*" (Marx 1961, MEW, Band 1, S. 372; Original: 1844; Hervorh. im Original).

Dies gesetzt und die im ersten Argumentationsschritt entfalteten Ableitungen mitdenkend (siehe oben), liegt die Schlussfolgerung für Marx auf der Hand:

„Nun wohl! Die Emanzipation vom *Schacher* und vom *Geld,* also vom praktischen, realen Judentum wäre die Selbstemanzipation unsrer Zeit [...] Wir erkennen also im Judentum ein allgemeines *gegenwärtiges antisoziales* Element, welches durch die geschichtliche Entwicklung, an welcher die Juden in dieser schlechten Beziehung eifrig mitgearbeitet, auf seine jetzige Höhe getrieben wurde, auf eine Höhe, auf welcher es sich notwendig auflösen muss" (Marx, ebd., S. 372 f.; Hervorh. im Original).

Diese Schlussfolgerung wird nun erläutert und auf die Spitze getrieben:

„Weil das reale Wesen des Juden in der bürgerlichen gesellschaft sich allgemein verwirklicht, verweltlicht hat, darum konnte die bürgerliche Gesellschaft den Juden nicht von der *Unwirklichkeit* seines *religiösen* Wesens, welches eben nur die ideale Anschauung des praktischen Bedürfnisses ist, überzeugen. Also nicht nur im Pentateuch oder im Talmud, in der jetzigen Gesellschaft finden wir das Wesen des heutigen Juden, nicht als ein abstraktes, sondern als ein höchst empirisches Wesen, nicht nur als Beschränktheit des Juden, sondern als die jüdische Beschränktheit der Gesellschaft. Sobald es der Gesellschaft gelingt, das *empirische* Wesen des Judentums, den Schacher und seine Voraussetzungen aufzuheben, ist der Jude *unmöglich* geworden, weil sein Bewusstsein keinen Gegenstand mehr hat, weil die subjektive Basis des Judentums, das praktische Bedürfnis vermenschlicht, weil der Konflikt der individuell-sinnlichen Existenz mit der Gattungsexistenz des Menschen aufgehoben ist. Die *gesellschaftliche* Emanzipation des Juden ist die *Emanzipation der Gesellschaft vom Judentum*" (Marx, 1961, MEW, Band 1, S. 377; Hervorh. im Original).

Der letzte Satz, der auch am Ende von Marxens Schrift steht, ist die Quintessenz des Ganzen. Der Vorhang wird geschlossen und alle Fragen bleiben offen, oder? Keinesfalls. Damit ging das Fragen erst los: Was mag Marx bewegt haben, die Juden derart zu diffamieren? Haben wir es gar mit einem zugespitzten Ausdruck jüdischen Selbsthasses zu tun? Gab Marx mit seiner Schrift den linken Antisemiten eine Anleitung zum Handeln in die Hand? Oder haben wir Marx nur missverstanden? Alles ist möglich und wird deshalb auch in diversen Veröffentlichungen reflektiert. Sehen wir uns einige Interpretationen der Marxschen Argumentation genauer an: Julius Schoeps macht darauf aufmerksam, dass man nur dann, wenn man Marxens Aussagen wörtlich nehme, ihm Judenfeindlichkeit unterstellen könne. Von seinen Zeitgenossen seien Marxens Aussagen nicht immer verstanden worden. Und auch „[...] manche der Marx-Jünger und Marx-Epigonen haben die Identifikation von Judentum und Kapitalismus nur dazu benutzt, um mit Berufung auf Karl Marx und seine Äußerungen zur »Judenfrage« ihre antisemitischen Vorurteile und Einstellungen zu legitimieren" (Schoeps, 1998, S. 159).

Dass der Jude Marx die Juden in seiner Analyse nicht geschont hat, sie – und damit auch sich selbst (?) – als antisoziales Element bezeichnete, wird nicht selten als Ausdruck eines „Jüdischen Selbsthasses" beschrieben und erklärt. Dieser Begriff wurde 1930 von dem Philosophen Theodor Lessing (Lessing, 1930) eingeführt.[12] Es handelt sich dabei, wie Sander L. Gilman ausführt, um „[...] eine Art der Selbstverleugnung [...], die es unter Juden zu allen Zeiten gegeben hat" (Gilman, 1993, S. 11). Sozial-psychologisch gesprochen, haben wir es beim Selbsthass mit einer Ingroup-Diskriminierung zu tun, die vor allem dann auftritt, wenn die Grenzen der eigenen Bezugsgruppe (also der Ingroup) als undurchlässig wahrgenommen werden, ein Wechsel von einer sozialen Gruppe in eine andere nicht möglich erscheint. Allerdings werden in dieser sozialpsychologischen Begriffsfassung weder der Realitätsverlust der Ingroup-Wahrnehmung noch die sozialen Ursachen derartiger Etikettierung deutlich. Gilman ist es auch, der auf den „selbsthassenden Juden" (Gilman, 1993, S. 225) und auf die von E. J. Lesser vorgelegte Fallstudie „Karl Marx als Jude" (Lesser, 1924) verweist. Lesser habe gezeigt, wie jüdisch Marxens Sprache auch dann sei, wenn er die Juden verdamme. Was immer er (Marx) auch unternehme, erweise ihn als „Vollblut-Juden".

Hannah Arendt kann mit einer solchen Charakterisierung nichts anfangen. Die antijüdischen Äußerungen von Marx sind aus ihrer Sicht Ausdruck eines innerjüdischen Konflikts, den man ganz und gar

---

[12] Theodor Lessing wurde am 8.2.1872 als Sohn eines jüdischen Arztes geboren. Er lehrte als Privat-dozent für Pädagogik und Philosophie an der Technischen Hochschule Hannover und ab 1919 auch an der Volkshochschule. Nachdem Lessing 1925 mit einem Artikel im Prager Tagblatt vor der Wahl des in Hannover lebenden Hindenburg zum Reichspräsidenten gewarnt hatte, erzwang die überwiegend nationalistisch eingestellte Studenterschaft Lessings Beurlaubung. Nach konkreten Drohungen gegen ihn verließ Lessing 1933 Hannover und emigrierte zunächst nach Prag, dann nach Marienbad. Dort wurde er in der Nacht vom 30. zum 31. August 1933 von National-sozialisten ermordet.

missverstehe, „[…] wenn man in ihnen einen jüdischen ‚Selbsthass‘ zu entdecken meint" (Arendt, 2001, S. 164). Dieser „innerjüdische Konflikt" sei der zwischen den „Ausnahmejuden des Reichtums, die notwendigerweise Juden blieben" und den jüdischen Intellektuellen, die wenigstens anscheinend das Judentum verlassen mussten, „[…] wenn sie nicht verhungern wollten" (ebd., S. 163).

Es dürfte zu billig sein, Hannah Arendt nun ihrerseits jüdischen Selbsthass zu unterstellen. Damit wäre nur das Feld wechselseitiger Etikettierungen eröffnet, das Problem der Marxschen Argumentationen zur „Judenfrage" aber keinesfalls gelöst.

Marx als Marxist? Das Fragezeichen muss sein, steht doch zunächst zu fragen: Was Marxismus ist und heute sein kann? Eine Antwort auf diese Frage scheint im Hinblick auf Marxens Argumentation zur „Judenfrage" nicht unwichtig. Marxismus ist Kritik der historisch gewordenen sozialen Wirklichkeit. Das ist keine primär moralische oder ideologische Kritik, sondern vor allem die Kritik der politischen Ökonomie, die „[…] Ableitung und Entwicklung der ökonomischen Formen und Wirkungszusammenhänge der bürgerlichen Gesellschaft" (Haug, 1976, S. 185). In dieser historischen Kritik sozialer Formen des Gegenwärtigen geht es nicht um die Lage konkreter Personen, sondern um „abstrakt gesellschaftliche Personen", um „ökonomische Charaktermasken der Personen", die „[…] nur die Personifikationen der ökonomischen Verhältnisse sind, als deren Träger sie sich gegenübertreten" (Marx, 1977, MEW, Band 23, S. 100; Original: 1867).

Nun, 1844, als Marx seine Schrift „Zur Judenfrage" veröffentlichte, war der Sechsundzwanzigjährige auf dem Weg, diese kritische Methode zur *Analyse der historisch gewordenen ökonomischen Verhältnisse* zu entwickeln. Wohl gemerkt, auf dem Weg! Marx analysiert in seiner Schrift nicht das konkrete Verhalten einzelner Juden; es geht ihm um die Kritik der Macht des Geldes und des „Geldmenschen".

> „Das Geld ist das dem Menschen entfremdete Wesen seiner Arbeit und seines Daseins, und dies fremde Wesen beherrscht ihn, und er betet es an" (Marx, 1961, MEW, Band 1, S. 375; Original: 1844).

Der egoistische, eigennützige Geldmensch wird von Marx eben nicht als konkreter jüdischer Kapitalist beschrieben, sondern als Personifikation der sozialen Verhältnisse, wie sie als *Erscheinung* von der bürgerlichen Gesellschaft *wahrgenommen* werden. Ob Marx diese Erscheinung, die „chimärische Nationalität des Juden" mit der „Nationalität des Kaufmanns, überhaupt des Geldmenschen" gleichzusetzen, auch als das *Wesen* begreift, das es zu *erkennen* gilt, bleibt zunächst offen. Wir gehen einmal davon aus, dass Marx über die historischen Hintergründe Bescheid wusste, durch die die Juden in Folge des IV. päpstlichen Laterankonzils im Jahre 1215 durch die Christen zu der stigmatisierten sozialen Gruppe *gemacht* wurden.

Dass Marx in dieser „chimärischen Nationalität" der Juden keinesfalls ein Merkmal sah, dass ausschließlich dem Judentum zuzuschreiben sei, macht auch folgender Satz deutlich: „Das grund- und bodenlose Gesetz des Juden ist nur die religiöse Karikatur der grund- und bodenlosen Moralität und des Rechts überhaupt, der nur *formellen* Riten, mit welchen sich die Welt des Eigennutzes umgibt" (Marx, 1961, MEW, Band 1, S. 375; Hervorh. im Original). Mit anderen Worten: Dort, wo die „Alltagsjuden" als eigennützige Schacher erscheinen, spiegeln sie nur die allgemeine (unmoralische) Herrschaft des Geldes in der bürgerlichen Gesellschaft wider. Sie sind nichts anderes als „Personifikationen der ökonomischen Verhältnisse", die von ihnen nicht erschaffen wurden. In dieser Interpretation ließen sich die Marxschen Argumentationen vor allem als Kritik an diesen ökonomischen Verhältnissen und weniger als Kritik an den Juden lesen.

Detlef Claussen wird noch deutlicher in seiner Sicht auf Marxens Schrift:

„Nach Marx von 1843 herrschen nicht die Juden, sondern das Geld. Aber das ist Schein, falscher Schein, den der Marx der »Judenfrage« noch nicht durchschaut. Er nimmt den Repräsentanten der Ökonomie für die ganze: das Geld für die Gesamtheit der ökonomischen Verhältnisse. Nicht die »Geldmacht« herrscht über die Politik, wie Marx in »Zur Judenfrage« schreibt, sondern die Politik wird von der Ökonomie bestimmt. Die empirischen Juden werden dadurch aber von Marx nicht als die wahren Herrscher dargestellt. Wer dies behauptet, macht aus dem jungen Marx den späten Wagner" (Claussen, 1987., S. 70 f.).

Denn – und noch einmal Claussen:

„Noch ist Marx verborgen, wie er zu einer bestimmten Erkenntnis der bürgerlichen Gesellschaft gelangen kann. Er wird selbst Opfer der Geschichtslosigkeit seiner Analyse, die das Verhältnis von Abstraktion und Konkretion verkehrt. Im Geld glaubt er den Schlüssel der Gesellschaftserkenntnis gefunden zu haben; das Geld besitzt auf dieser Abstraktionsstufe nur die Wirkung eines Schlüssellochs, das einen verzerrten Blick auf die gesellschaftliche Wirklichkeit erlaubt. »Mensch« und »Jude« bleiben geschichtslose Metaphern für gesellschaftliche Verhältnisse" (Claussen, ebd., S. 71).

Diese gesellschaftlichen Verhältnisse der bürgerlichen Gesellschaft werden nicht durch das Geld, nicht durch Handel und Geldverleih, sondern durch Warenproduktion und – wie der spätere Marx im „Kapital" darstellt – mehrwertschaffende Arbeit bestimmt. Marxens Fokus in seiner Schrift zur „Judenfrage" ist auf die Zirkulationssphäre gerichtet. Die prototypischen Charaktermasken, die dort zu finden sind, scheinen die Juden zu sein, die Jahrhunderte lang in diese Sphäre gedrängt wurden. Erst mit dem „Kapital" entwickelt Marx eine Perspektive, aus der sich die *historisch gewordenen ökonomischen Verhältnisse* kritisieren lassen. Die sich daraus ergebenden Möglichkeiten zur Beantwortung der „Judenfrage" und zum Umgang mit dem Antisemitismus wurden von Karl Marx nicht mehr aufgegriffen; sie gehören zu einer anderen Geschichte, die Horkheimer und Adorno (1969, Original 1944) und andere zu erzählen versuchten. So schreiben Horkheimer und Adorno im unverkennbaren Bezug auf Marx, ohne ihn allerdings zu erwähnen:

„Die Juden hatten die Zirkulationssphäre nicht allein besetzt. Aber sie waren allzu lange in sie eingesperrt, als dass sie nicht den Hass, den sie seit je ertrugen, durch ihr Wesen zurückspiegelten. Ihnen war im Gegensatz zum arischen Kollegen der Zugang zum Ursprung des Mehrwerts weithin verschlossen. Zum Eigentum an Produktionsmitteln hat man sie nur schwer und spät gelangen lassen" (Horkheimer & Adorno, 1969, S. 183).

Schlussendlich: Die politische Linke war und ist nicht frei von Antisemitismus. Brumlik (1991) belegt, dass sich bei den Frühsozialisten[13] von Blanqui bis Fourrier, von Saint-Simon über Proudhon bis zum frühen Anarchisten Bakunin sowohl Verharmlosungen antisemitischer Ressentiments als auch offen rassistisch-antisemitische Argumentationen nachweisen lassen. Keilson (1988) verweist beispielhaft auf August Bebels programmatische Rede „Antisemitismus und Sozialdemokratie" auf dem Kölner Parteitag im Oktober 1893. Bebel kritisiert den Antisemitismus als fortschrittsfeindliche Bewegung, benutzt in der Charakterisierung der Juden aber fast wortwörtlich jene Formulierungen, die Marx in seiner Schrift „Zur Judenfrage" zur Charakterisierung des „wahren Juden" verwendet. Für Keilson ist dies ein Beleg für die Kontinuität antisemitischer Verunglimpfungen in der sozialistischen Bewegung. Silberner sieht in Marx einen „ausgesprochenen Antisemiten" und in den Marxschen Aussagen zur „Judenfrage" gar den Schlüssel für die „antisemitische Tradition des modernen Sozialismus" (Silberner, 1983, S. 42).

Die Sache mit dem Schlüssel ist indes nicht so einfach, wie sie von Silberner dargestellt wird: Nur dann, wenn von Marxens dialektischer Darstellung abgesehen werde, könne man in seiner Schrift „Zur Judenfrage" antisemitische Elemente entdecken, argumentieren Thomas Haury (2002, S. 180) und Klaus Holz (2001, S. 432). Überdies lasse sich keine auch nur vage Genealogie aufzeigen, die vom vermeintlichen Antisemitismus der Marxschen Theorie zu den antizionistischen und antisemitischen Texten des 20. Jahrhunderts führen würden.

Marx inszeniert sich in seiner Schrift „Zur Judenfrage" nicht als Antisemit. Es handelt sich auch nicht um Selbsthass, der ihn motivierte, das zu schreiben, was er geschrieben hat. In noch „vor-marxistischer" Weise analysiert er die prototypischen Charaktermasken der kapitalistischen Gesellschaft und findet dort die Juden. Den modernen Antisemitismus kann Marx damit aber nicht erklären. Mit dem als Antizionismus getarnten Antisemitismus seiner Nachfolger in den kommunistischen

---

[13] Die Unterscheidung zwischen utopischem und wissenschaftlichem Sozialismus findet sich erstmals 1848 im „Manifest der Kommunistischen Partei" (Marx & Engels, 1980, MEW, Band 4; Original: 1848). Weithin üblich wurde sie durch die populäre Schrift von Friedrich Engels „Die Entwicklung des Sozialismus von der Utopie zur Wissenschaft" aus dem Jahre 1880 (Engels, 1962, MEW, Band 19; Original: 1880).

Parteien und den neuen linken Bewegungen, hat Marx aber auch nichts zu tun. Dass diese sich auf Marx berufen, hat der tote Mann nicht zu verantworten. Seine mit antijüdischen Stereotypen gespickte Beschreibung der „antisozialen Elemente" im Judentum machen es allerdings nicht leicht, den Humanismus im Marxschen Werk zu entdecken.

3.8   Die zwanziger Jahre und der Antisemitismus

Nach der Hyperinflation im Jahre 1923, einer anschließenden Währungsreform und der Gewährung internationaler Anleihen stabilisierte sich die wirtschaftliche Lage in Deutschland im Jahre 1924 deutlich. Die goldenen Zwanziger begannen. Die Industrie konnte ihre Produktion steigern. Der Lebensstandard vieler Menschen verbesserte sich. Die deutsche Film- und Rundfunkbranche boomte. Und die Menschen tanzten, gingen ins Theater, in Konzerte, in die Varietés. Jazzmusik, Bubikopf, kurze Röcke, Erotik, Kokolores und Koks, Gender-Mix und Freikörperkultur, Gewalt und Kriminalität, Sexualaufklärung und Prostitution, Hochkonjunktur und Armut – all das und noch mehr kennzeichnete die kurze Zeit der goldenen Zwanziger zwischen 1924 und 1929.

Die Goldenen Zwanziger waren ein Experimentierfeld der Avantgarde, eine „Unterwanderung der bürgerlichen Kultur" (Reckwitz, 2020, S. 289) sowie Inszenierungsmöglichkeiten für Architektur, Kunst, Literatur, Musik, Wissenschaft und Glamour. Zu den zwanziger Jahren gehört indes auch der Antisemitismus. Vor allem zwischen 1919 und 1924 machte sich das bemerkbar. Gewalttätige Angriffe auf Juden häuften sich. Aus Sicht eines nicht geringen Teils der Bevölkerung waren die Juden Schuld an den gesellschaftlichen Veränderungen, an der Kriegsniederlage, der Novemberrevolution und an der wirtschaftlichen Not. Der Erste Weltkrieg band alle Deutschen zwar zeitweise in vermeintlich patriotische Pflichten ein. Doch verschärfte er auch die sozialökonomische Lage, sodass die antisemitische Ideologie neuen Aufschwung bekam. Schon während des Krieges tauchten die Vorwürfe von den „jüdischen Drückebergern" und „jüdischen Kriegsgewinnlern" auf (Ullrich, 2019, S. 58).

Nach seinem Sturz lastete Kaiser Wilhelm II. die Kriegsniederlage den „jüdischen" Führern der Arbeiterbewegung an und forderte die „Ausrottung" der Juden.

1919 erschien eine deutsche Übersetzung der „Protokolle der Weisen von Zion". In dieser 1903 in der Presse des zaristischen Russlands lancierten antisemitischen Sammlung von angeblichen Mitschriften jüdischer Geheimsitzungen wurde behauptet, die Juden strebten eine „Weltherrschaft" an. Es handelt sich bei dieser Sammlung um eine Fälschung, die möglicherweise in Frankreich in der Zeit von 1894 bis 1899 produziert wurde, in der Zeit also, in der in Frankreich mit der Dreyfus-Affäre eine neue Welle des Antisemitismus entstand. In wenigen Jahren wurden mehrere 100.000 Exemplare der antisemitischen Schrift in Deutschland verkauft (Hein, 1996, S. 134 f.). Auch in Frankreich, Großbritannien und den USA wurden die „Protokolle" in den 1920er-Jahren in großer Auflage vertrieben und zu der weit verbreitetsten antisemitischen Schrift des 20. Jahrhunderts. Henry Ford, der Gründer des Autoherstellers Ford Motor Company, ließ 1920 die „Protokolle" in einer Millionenauflage drucken. Adolf Hitler zitiert in „Mein Kampf" aus den „Protokollen". Und noch heute beziehen sich viele Antisemiten und Verschwörungstheoretiker auf dieses antisemitische Machwerk. In der islamischen Welt gehört es nach wie vor zu den Bestsellern.

Im Februar 1919 wurde der erste Ministerpräsident Bayerns, Kurt Eisner, ermordet. Im Mai 1919 ermordeten Freikorps-Soldaten den Philosophen und Pazifisten Gustav Landauer. Matthias Erzberger, ein führender Politiker der Zentrumspartei, wurde im August 1921 ebenfalls durch völkisch-nationale Freikorps-Soldaten getötet. Im Juni 1922 folgte der Mord an Walther Rathenau (1867–1922), dem damaligen Reichsaußenminister. Rathenau war Jude und Deutscher, „[...] der mit seiner zweifachen Identität kämpfte, aber darauf bestand, dass beides vereinbar war" (Volkov, 2012, S. 227). Den Mord hatte die „Organisation Consul", eine terroristische Brigade des Freikorps, in Auftrag gegeben. Man vergesse nicht: Rosa Luxemburg, Karl Liebknecht, Kurt Eisner, Gustav Landauer und Walther Rathenau waren Juden, Matthias Erzberger ein Judenfreund.

Nicht nur die deutschnationalen Antisemiten machten Anfang der 1920er-Jahre mobil. In den Reihen der Kommunistischen Partei (KPD) gab es ebenfalls Mitglieder, die auf antisemitische Stereotype, wie das

„jüdische Kapital", die „jüdischen Kapitalisten" oder das „Judenkapital" zurückgriffen, um – wie auch immer – Zustimmung im bürgerlichen Lager zu erhaschen. So soll Ruth Fischer, damals Vorsitzende der Berliner KPD, im Juli 1923 in einer Rede vor völkischen Studenten gesagt haben: „Tretet die Judenkapitalisten nieder, hängt sie an die Laterne, zertrampelt sie". Der „Vorwärts", das Zentralorgan der SPD, zitierte diese Rede nach Aussagen eines Augenzeugen, verbrieft ist der Satz allerdings nicht (Keßler, 2013, S. 129). Clara Zetkin, Mitglied der KPD, Friedenskämpferin, Frauenrechtlerin und Reichstagsabgeordnete warnte auf einem KPD-Parteitag im März 1924 dagegen vor „faschistischen Antisemiten" und „antisemitischen Unterströmungen" in den eigenen Reihen (zit. n. Haury, 2002, S. 278).

Im November 1923 kam es in Berlin zum sogenannten Scheunenviertel-Pogrom. Das Scheunenviertel, eine Arbeitergegend nordwestlich vom Alexanderplatz, gehörte seit der Wende zum 20. Jahrhundert zu den ärmlichsten und eng besiedelten Gebieten Berlins mit einer großen, erkennbar osteuropäisch-jüdischen Bevölkerung. Am Anfang stand, wie so oft, ein Gerücht über die Juden, das Gerücht nämlich, osteuropäische Juden hätten Gelder, die eigentlich für die Unterstützung von Arbeitslosen vorgesehen waren, veruntreut, gestohlen oder den staatlichen Behörden abgekauft. Daraufhin verhaftete die Berliner Polizei mehrere hundert jüdische Männer, Frauen und Kinder. Jüdische Geschäfte wurden überfallen und Juden beraubt (ausführlich: Krampitz, 2023). Alfred Döblin nahm 1924 die Ausschreitungen gegen die Juden im Scheunenviertel zum Anlass, um sich mit der Judenfeindlichkeit, dem Schicksal jüdischer Emigranten und der Möglichkeit eines eigenen jüdischen Staats auseinanderzusetzen (Döblin, 1924). Auch der „Centralverein deutscher Staatsbürger jüdischen Glaubens" (C.V.), der größte jüdische Verein in Deutschland, gegründet 1893, reagierte auf die antisemitischen Ausschreitungen und gab 1924 die „Anti-Anti-Blätter zur Abwehr" heraus (zu finden auch auf den Seiten der Bibliothek der Humboldt-Universität). Einer der führenden Vertreter des C.V., Julius Goldstein, außerordentlicher Professor an der TH Darmstadt, hatte sich schon vor dem Ersten Weltkrieg auf der Generalversammlung des Vereins gegen den Antisemitismus gewandt (Gempp-Friedrich, 2021). In seinem erstmals 1921 erschienen Buch „Rasse und Politik" setzte er sich entschieden mit der „Rassenlehre" auseinander und kritisierte vehement die Versuche, mit der Rassenlehre den Antisemitismus erklären zu wollen (Goldstein, 1921). 1925 später meldete sich der Soziologe Franz Oppenheimer (1864–1943), zu Wort. Er schreibt zwar vom Antisemitismus, nennt ihn aber einen „[…] Sonderfall einer überaus verbreiteten primitiven gruppenseelischen Tatsache: des Gruppenhasses" (Oppenheimer, 1925, S. 149). Der Antisemitismus sei, wie Klassenhass, Massenhass und Rassenhass eine Begleiterscheinung des Kapitalismus. 1926 erschien eine Schrift von Fritz Bernstein mit dem Titel „Der Antisemitismus als Gruppenerscheinung" (Nachdruck 1980 mit einem Nachwort von Henri Tajfel).[14] Bernstein war sich der semantischen Problematik des Begriffs Antisemitismus sehr wohl bewusst. In Wirklichkeit bedeute „Antisemitismus […] etwas anderes, als der Name besagt" (Bernstein, 1980, S. 17). Deshalb diskutiert er zunächst andere „Ersatzworte" (Anti-Judaismus, Judenhass), sieht von diesen aber ab und bleibt beim „Antisemitismus", der sich als Begriff im täglichen Sprachgebrauch eingebürgert habe. Für diesen Antisemitismus seien weder die Juden an sich verantwortlich, noch lasse er sich auf „jüdische Eigenschaften" (ebd., S. 47) zurückführen. Ähnlich wie Oppenheimer legt sich Bernstein schließlich fest, im Antisemitismus eine besondere Form von Gruppenfeindschaft zu sehen, „[…] welche gegen schwache und unterlegene ethnische Minoritätsgruppen gerichtet ist" (Bernstein, 1980, S. 220). Als „Spezialfall einer Allgemeinerscheinung", so seine Schlussfolgerung, ließen die „antisemitischen Erscheinungsformen" keine „Sondererklärungen" zu und die „charakteristischen Merkmale der Judenfeindschaft" könnten „in anderen Gruppenfeindschaften" wiedergefunden werden. Bernstein versuchte also, eine allgemeine Theorie des Antisemitismus zu entwickeln, in der sich dieser als Besonderes gegenüber allgemeinen Feindschaften zwischen Gruppen finden lassen könnte. Das sind – angesichts der besagten judenfeindlichen Pogrome – zumindest überraschende Generalisierungen oder Gleichsetzungen, die

---

[14] Fritz (Peretz) Bernstein wurde 1890 als Shlomo Fritz Bernstein in Meiningen geboren, ist in Eisenach aufgewachsen, 1909 zunächst nach Holland ausgewandert, hat sich dort als Vorsitzender in der niederländischen Zionistischen Liga engagiert, ist dann 1936 nach Palästina geflüchtet und 1971 in Jerusalem gestorben. Bernstein gehörte 1948 zu den Unterzeichnern der israelischen Unabhängigkeitserklärung. Später bekleidete er in Israel verschiedene Ministerämter.

uns später in den Diskussionen über Antisemitismus und Vorurteilen sowie in den postkolonialen Gedankenspielen über Antisemitismus und Rassismus in neuen „Kleidern" wieder begegnen werden. Henri Tajfel, der, wie gesagt, 1980 ein Nachwort zur deutschen Neuausgabe von Bernsteins Buch schrieb und darin seine Hochachtung gegenüber dem Autor äußerte, bekannte übrigens auch seine Zweifel an dessen allgemeiner Theorie des Antisemitismus. Vielleicht gelang es Bernstein, den Antisemitismus der 1920er-Jahre in Deutschland zu erklären. Den eliminatorischen Antisemitismus, der sich wenige Jahre später auf die Ausgrenzung, Ausschaltung und Beseitigung der Juden richtete, konnte Bernstein 1926 nicht kennen und auch nicht erklären (siehe auch: Billig, 2014).[15]

Arnold Zweig bezog ebenfalls Stellung zu den antisemitischen Vorfällen nach dem Ersten Weltkrieg und der Novemberrevolution. 1919 erschien Zweigs Aufsatz „Die antisemitische Welle" in der „Weltbühne", die damals von Siegfried Jacobsohn und nach dessen Tod ab 1926 von Kurt Tucholsky geleitet wurde. 1920 veröffentlichte Zweig mehrere Artikel zum „heutigen Antisemitismus" in der Monatszeitschrift „Der Jude". 1927 folgte „Caliban oder Politik und Leidenschaft", ein „Sach- und Kampfbuch" (Zweig, 1993, S. 13; Original: 1927). Antisemitismus, so Zweig, sei ein Massenphänomen, dass nicht individualpsychologisch, sondern als „Gruppenaffekt" Teil nationalistischer Abgrenzungsversuche verstanden werden müsse. Auch diese Sicht ähnelt der von Oppenheimer oder Bernstein. Sie nimmt überdies eine Besonderheit vorweg, die in heutigen sozialpsychologischen Theorien mit dem Begriff der Gruppen- oder Intergruppen-Emotionen verbunden wird und deren mangelnde Beachtung in der modernen Antisemitismusforschung hin und wieder beklagt wird (z. B. Hahn, 2021; Jensen & Schüler-Springorum, 2013).

Dass der Antisemitismus nichts mit den Juden zu tun, sondern jene kennzeichnet, die sich antisemitisch inszenieren, wird auch von Arnold Zweig betont:

---

[15] Ausführliche Beiträge über Julius Goldstein, Fritz Bernstein und Arnold Zweig und deren Auseinandersetzung mit dem Antisemitismus finden sich in dem lobenswerten Band „Beschreibungsversuche der Judenfeindschaft. Zur Geschichte der Antisemitismusforschung vor 1944", herausgegeben von Hans-Joachim Hahn und Olaf Kistenmacher (2015).

> „Der Antisemit sieht seine Machtgier in den Juden hinein – sollte das nicht aufzeigen, für wen der Antisemitismus die tiefere Gefahr ist? Nämlich nicht für den Juden, als welcher dabei höchstens ein individuelles Leben zu verlieren hat, sondern für den Deutschen, dem es hier an die Zukunft geht? Der Antisemitismus kann notwendig nur auf die Gegenwart des Juden wirken und seinen Willen zur Zukunft stählen; […], dem Deutschen aber, der ihm erliegt, schneidet er den Weg zur Zukunft ab" (Zweig, 1993, S. 29).

Im März 1927 bat Arnold Zweig in einem Brief an Sigmund Freud darum, ihm, Freud, das Buch „Caliban" widmen zu dürfen. Freud freute sich und es begann ein reger Briefaustausch zwischen den beiden. In einem Brief an Arnold Zweig schreibt Freud am 2.12.1927: „In der Frage des Antisemitismus habe ich wenig Lust, Erklärungen zu suchen, verspüre eine starke Neigung, mich meinen Affekten zu überlassen, und fühle mich in der ganz unwissenschaftlichen Einstellung bestärkt, dass die Menschen so durchschnittlich und im großen Ganzen doch elendes Gesindel sind" (Freud, 1969, S. 11; Original: 1927).

Zwei andere große Denker, Martin (Mordechai) Buber (1878–1965) und Franz (Louis August) Rosenzweig (1886–1929), setzten in dieser Zeit dem Antisemitismus etwas ganz Großes, Optimistisches, entgegen – die Verdeutschung des Alten Testaments. Zwischen Dezember 1925 und 1927 erschienen „Die fünf Bücher der Weisung", die Übersetzung des ersten Teils der hebräischen Bibel. So haben Buber und Rosenzweig die ersten Zeilen aus den Fünf-Büchern verdeutscht: „Im Anfang schuf Gott den Himmel und die Erde. / Die Erde aber war Irrsal und Wirrsal. / Finsternis über Urwirbels Antlitz" (Buber & Rosenzweig, 1987, S. 9; Original: 1925).

Franz Rosenzweig starb 1929. Martin Buber entkam dem Faschismus, emigrierte 1938 nach Palästina, wurde Professor an der Hebräischen Universität in Jerusalem und setzte dort seine Übersetzungsarbeit fort. Für beide ist das Alte Testament, wie sie es in Anlehnung an die deutsche Umgangssprache nennen, die größte Urkunde der Wirklichkeit. Sie hebt sich ab von den anderen großen Büchern der Weltreligion, weil sie „[…] das Volk gegen die nationale Selbstzwecksetzung, die Gruppeneigensucht, den »Atem der Weltgeschichte«" stellt. Mit dieser Urkunde wird das (jüdische) Volk verpflichtet, „[…] die Gemeinschaft der Seinen als

Modell einer Gemeinschaft der so vielen und so verschiedenen Völker…" zu errichten (Buber, 2012, S. 39). Und im Zentrum dieses Modells steht die Verheißung des Friedens. Das Optimistische, oder euphorischer formuliert: das Humanistische in der Verdeutschung der Tora steckt weniger im Ringen um die passenden deutschen Wörter. Darüber haben Buber und Rosenzweig umfangreich Bericht gegeben. Das Humanistische der Verdeutschung findet sich im Glauben Bubers, auch nach dem „Kampf um Israel" (Buber, 1933) werden sich noch Menschen finden, die die Hebräische Bibel in verdeutschter Sprache lesen wollen.

1929 waren die goldenen Jahre abrupt vorbei. Die Weltwirtschaftskrise, ausgelöst durch den Zusammenbruch der New Yorker Börse, erreichte Europa und Deutschland. Während die einen noch tanzten, Freizügigkeit und sexuelle Gleichberechtigung genossen, radikalisierten sich die anderen. Und der Antisemitismus nahm wieder Fahrt auf. Die Gewalt gegen Juden wurde brutaler, organisierter und tödlicher. Die Abgesänge auf die Humanität und die Protagonisten der Unmenschlichkeit waren bald nicht mehr zu überhören und zu übersehen.

3.9   „Rassenhygiene" und „Endlösung"

Nach der Machtübernahme Hitlers und dem Aufstieg der NSDAP zur Regierungspartei begann das dunkelste Kapitel in der Geschichte des Judentums. Hitlers „Antisemitismus der Vernunft", ein pseudowissenschaftliches Konglomerat aus Sozialdarwinismus, Rassenutopie und radikalen Elementen des völkischen Antisemitismus wurde zum „Heilmittel" der innenpolitischen Schwierigkeiten Deutschlands verklärt und zur Staatsdoktrin erhoben. Nicht mehr allein Diskriminierung und Entrechtung der jüdischen Bevölkerung, sondern die Entfernung der Juden aus der Gesellschaft war der Zweck antisemitischer Propaganda.

Bereits am 7. April 1933 hatten die Nationalsozialisten das „Gesetz zur Wiederherstellung des Berufsbeamtentums" verabschiedet, in dessen Folge „nicht-arische" und politisch unerwünschte Beamte in den Ruhestand versetzt wurden. Das betraf alle jüdischen Professoren. Bis Ende 1933 wurden an den deutschen Universitäten 313 ordentliche und 109 außerordentlich Professoren, etwa 400 Honorarprofessoren und Privatdozenten sowie mehr als 500 Mitarbeiter an wissenschaftlichen Instituten, Museen und Bibliotheken entlassen (Jaeger, 1993, S. 221). Stefan L. Wolff berichtet, dass 1145 von 7979 aktiven Personen des Lehrkörpers an deutschen Universitäten bis April 1936 entlassen wurden (Wolff, 1993, S. 270).

Ein Drittel aller ordentlichen Professoren und zahlreiche Lehrkräfte in höheren Rängen, die sich mit psychologischen Themen in Lehre und Forschung befassten, verloren durch die Judenverfolgung ihre Anstellungen. Damit wurde die deutsche progressive Psychologie nahezu zum Schweigen gebracht. Von den 308 im deutschen Sprachraum lebenden Mitgliedern der *Deutschen Gesellschaft für Psychologie* im Jahre 1932 emigrierten ab 1933 insgesamt 45, also 14,6 % (Ash, 1985, S. 74). Darunter waren die meisten der damals führenden Psychologen, unter anderen Curt Bondy (Göttingen), Charlotte und Karl Bühler (Wien), Jonas Cohn (Freiburg), Adhémar Gelb (Halle), Erich von Hornbostel (Berlin), David Katz (Rostock), Wolfgang Köhler (Berlin), Kurt Lewin (Berlin), Wilhelm Peters (Jena), Otto Selz (Mannheim, später in seinem holländischen Exil von den Nazis verhaftet und in Auschwitz ermordet), William Stern (Hamburg), Max Wertheimer (Frankfurt), Traugott E. K. Oesterreich (Tübingen), Heinz Werner (Hamburg), Karl Duncker, Helene Frank, Liselotte Frankl, Else Frenkel-Brunswik, Marie Jahoda, Paul Felix Lazarsfeld, die Psychoanalytikerinnen Edith Buxbaum, Frieda Reichmann-Fromm und die Psychoanalytiker Alfred Adler, Siegfried Bernfeld, Otto Fenichel, Sigmund Freud, Ernst Fromm, Wilhelm Reich u. v. a.

Hart getroffen hat es ebenfalls die Physik. Durchschnittlich mussten mehr als 15 % des Lehrpersonals der Physik an den deutschen Hochschulen aufgrund des „Gesetz zur Wiederherstellung des Berufsbeamtentums" nach 1933 ihre Arbeitsstätten verlassen. An der Universität Leipzig wurden 33 % der Lehrenden in der Physik entlassen; in Göttingen waren es sogar 50 % (Fischer, 1991). Zu den bekannten Physikern, die Deutschland verließen, oder besser: verlassen mussten, gehören u. a. Albert Einstein, der schon 1933 in die USA flüchtete, Max Born, der in Göttingen (u. a. mit Wolfgang Pauli) wichtige Grundlagen der Quantenmechanik schuf und nach Großbritannien emigriert, James Frank, der aus Protest gegen das o.g. Gesetz 1933 seine Professur in Göttingen niederlegte, Lise

Meitner, die bekanntlich entscheidend an der Entdeckung der Kernspaltung beteiligt war und – so wie auch der Physikprofessor Walter Gordon – nach Schweden emigrierte, Fritz Haber,[16] der als Frontsoldat im Ersten Weltkrieg zunächst nicht unter das Gesetz fiel, aber ebenfalls aus Protest seine Professur abgab, Hans Bethe, der über Großbritannien in die USA ging und dort an der Entwicklung der Atombombe mitwirkte, Hans Reichenbach, der bis 1933 an der Berliner Universität eine außerordentliche Professur für Philosophie der Physik innehatte, Otto Stern war 1931 bis 1932 Mitglied des Senats der Hamburger Universität und emigrierte ebenfalls in die USA, Edward Teller, der später als „Vater der Wasserstoffbombe" bekannt werden sollte, Eugene Paul Wigner, der 1930 noch eine außerordentliche Professur für Theoretische Physik an der Technische Hochschule in Berlin erhielt und nach seiner Emigration aus Deutschland u. a. in Princeton eine Professur für Mathematik bekam und 1963 den Nobelpreis für Physik erhielt usw.

Eine ausführliche Liste der Mitglieder der Deutschen Physikalischen Gesellschaft (DPG), zu denen auch zahlreiche Physiker*innen aus der Industrie oder aus industrienahen Forschungsinstituten gehörten, und die Opfer rassischer Diskriminierung wurden, berichtet Stefan L. Wolff (2006). Indes, nicht alle „nicht-arischen" Physiker wollten die Entlassung ihrer jüdischen Kolleg*innen durch den nationalsozialistischen Staat einfach so hinnehmen. Der Vorsitzende der DPG, Max von Laue (Professor in Berlin und Vizedirektor des Kaiser-Wilhelm-Instituts für Physik), bat in einem Rundschreiben an die Mitglieder der DPG um Informationen, wer von den wissenschaftlich tätigen Physiker*innen, einschließlich älterer Studenten, von der Entlassung betroffen sei, um sich so ein Bild von der katastrophalen Lage machen zu können. Prominente Physiker, wie er oder Max Planck und Werner Heisenberg, hofften darauf, dass sich die Lage beruhigen werde und die entlassenen Kollegen bald wieder eingestellt werden (Wolff, 1993, 2006). Paul Ewald, der einen jüdischen Großvater[17] hatte und somit ebenfalls als Nicht-Arier galt, aber 1933 noch von Entlassung bedroht war, legte im Frühjahr 1933 sein Amt als

---

[16] Fritz Haber entwickelte im Ersten Weltkrieg auch das Giftgas.

[17] Nach dem „Gesetz zur Wiederherstellung des Berufsbeamtentums" waren Nicht-Arier all jene, die mindestens ein Großelternteil hatten, dass der jüdischen Konfession angehörte.

Rektor der TH Stuttgart nieder. Max Wien, Professor für Experimentalphysik an der Universität Jena, beklagte 1937/38 gemeinsam mit Werner Heisenberg und Hans Geiger (damals Direktor des Physikalischen Instituts an der TH Berlin) in einer Denkschrift (nicht zuletzt in Folge der Entlassungen jüdischer Mitarbeiter*innen) das Nachwuchsproblem in der Physik (Wolff, 1993). Unter dem Nachwuchs der deutschen Physikerelite waren übrigens nicht wenige, die ihren Antisemitismus auszuleben versuchten, indem sie Lehrveranstaltungen „nicht-arischer" Wissenschaftler*innen zu boykottieren versuchten.

Die Physik in Deutschland hatte noch andere Sorgen. Bereits in den 1920er-Jahren hatte sich in der Wissenschaftlergemeinschaft eine Bewegung zu etablieren versucht, die sich „Deutsche Physik" nannte. Gegründet und angeführt wurde sie von den Nobelpreisträgern Philipp Lenard (1862–1947) und Johannes Stark (1874–1957). Beide waren glühende Anhänger nationalistischer und antisemitischer Ideen. Mit diesen Ideen versuchten sie und ihre Anhänger die „jüdische" Physik im Allgemeinen und die Quantenmechanik im Besonderen zu diskriminieren. Durch den Einfluss der „Juden" auf die „deutsche" Physik sei diese entartet worden. Zu den „weißen" Juden zählte für Stark auch Werner Heisenberg. Heisenberg sei ein Beispiel für die „Statthalter des Judentums", zu denen Stark auch Max Planck und von Laue zählte. Sie alle müssten verschwinden wie die Juden selbst (zit. n. Hoffmann, 1982, S. 100). Der Anspruch von Lenard und Stark, die deutsche Physik zu politisieren und zu ideologisieren, passte natürlich ganz gut in das Portfolio der nationalsozialistischen Ideologie (Fischer, 2023, S. 148). Und das wurde von den Nazis belohnt. So wurde Stark 1933 Präsident der Physikalisch-Technischen Reichsanstalt und 1934 Präsident der Deutschen Forschungsgemeinschaft. Dass schließlich die „arischen" Physiker den Kampf um die Physik aufgeben mussten, hat sicher auch mit den wissenschaftlichen Erfolgen der modernen Physik im Rahmen von Forschungsprojekten des nationalsozialistischen Staates zu tun.[18] 1938 entdeckten

---

[18] Den endgültigen Rückzug der „Deutschen Physik" besiegelte im November 1940 ein als „Münchner Religionsgespräch" bekannt gewordenes Treffen zwischen Vertretern der „Deutschen Physik" und ihren Gegnern (darunter u. a. Carl Ramsauer und Carl Friedrich von Weizäcker). In einer Vereinbarung mussten die „Deutschen Physiker" die Theoretische Physik, die Relativitätstheorie und die Quantenmechanik als wissenschaftliche Erfahrungen anerkennen.

Otto Hahn, Fritz Straßmann (und Lise Meitner, die zu dieser Zeit bereits im Exil war) die Kernspaltung, deren militärische Bedeutung auch der Wehrmacht sehr schnell klar wurde. Ab 1939/1940 leitete Werner Heisenberg das sogenannte Uranprojekt des Heereswaffenamts.

Auch berühmte Künstler, wie Willi Baumeister und Max Beckmann, Otto Dix, Karl Hofer, Paul Klee und Gerhard Mareks verloren ihre Professuren an den Kunstakademien. Neben den schon genannten Psycholog*innen und Physiker*innen flüchteten Künstler, Schauspielerinnen und Schauspieler, Regisseure, Theatermacher, Musikerinnen und Musiker, Komponisten, Architekten, Wissenschaftler und Politiker aus Deutschland. Die beispielhafte Aufzählung ist lückenhaft: die Schauspieler Curt Bois und Peter Lorre, die Schauspielerinnen Marlene Dietrich, Asta Nielsen und Lilli Palmer, die Regisseure Fritz Kortner und Billy Wilder, die Sänger Ernst Busch, Jan Kiepura und Richard Tauber, die Komponisten Paul Dessau, Friedrich Hollaender, Arnold Schönberg und Kurt Weill, die Maler und Grafiker Max Ernst, Lyonel Feininger, George Grosz, Lea Grundig, John Heartfield, Paul Klee, Oskar Kokoschka, László Moholy-Nagy, Felix Nussbaum, Kurt Schwitters, die Schriftstellerinnen Mascha Kaléko, Else Lasker-Schüler, Anna Seghers, Grete (Alex) Weiskopf und Hedda Zinner, die Schriftsteller Bertolt Brecht, Max Brod, Alfred Döblin, Fritz Erpenbeck, Lion Feuchtwanger, Erich Fried, Stefan Heym, Heinrich und Thomas Mann, Robert Musil, Erich Maria Remarque, Joseph Roth, Gershom Scholem, Friedrich Wolf, Stefan Zweig, die Architekten Walter Gropius und Ludwig Mies van der Rohe, die Philosophin Hannah Arendt, die Philosophen Theodor W. Adorno, Günther Anders, Walter Benjamin, Ernst Bloch, Martin Buber, Max Horkheimer, Georg Lukács, Herbert Marcuse, Hans Mayer, Helmuth Plessner, Karl Popper, Manès Sperber, die Soziologen Norbert Elias, Siegfried Kracauer, Leo Löwenthal, Friedrich Pollock, Karl Mannheim, Alfred Schütz und Alphons Silbermann und viele mehr (siehe auch: Wikipedia, 2025: Liste bekannter deutschsprachiger Emigranten und Exilanten, 1933–1945).

Andere wurden von den Nationalsozialisten in Zuchthäuser und Konzentrationslager gesperrt, so der Schriftsteller Jean Améry, der Physiker Richard Apt (ermordet in Bergen-Belsen), die Psychologen Bruno Bettelheim, Max Brahn (ermordet in Auschwitz), Heinrich Düker, Otto

Selz (ermordet in Auschwitz), der Politiker und Journalist Emil Carlebach, der Psychoanalytiker Ernst Federn, der Psychiater Viktor Emil Frankl, der Mediziner und Philosoph Ludwik Fleck, der französische Soziologe Maurice Halbwachs (ermordet in Buchenwald), der ungarische Schriftsteller Imre Kertés, der italienische Schriftsteller Primo Levi, die österreichische Ärztin Ella Lingens-Reiner, der Schriftsteller und Pazifist Erich Mühsam (ermordet im Konzentrationslager Oranienburg), der Philologe und Psychologe David Ernst Oppenheim (ermordet in Theresienstadt), der Chemiker Franz Pollitzer und die Physikerin Gertrud Rothgießer (beide ermordet in Auschwitz), der spanische Schriftsteller Jorge Semprún, u. v. a. Der Psychologe Kurt Huber (München) war Mitglied in der Widerstandgruppe „Weiße Rose" und wurde 1944 hingerichtet.

Der größte Teil der „arischen" Beamten unterzeichneten im November 1933 ein Bekenntnis zu Adolf Hitler unter dem Titel „Mit Adolf Hitler für des deutschen Volkes Ehre, Freiheit und Recht!". Zu den Unterzeichnern gehörten bekannte Psychologen, wie Narziß Ach aus Göttingen, Georg Anschütz aus Hamburg, Ernst Broermann aus Bonn, Erich Jaensch aus Marburg, Otto Klemm, Felix Krueger, Philipp Lersch und Wilhelm Wirth aus Leipzig oder Werner Straub aus Dresden. Nur wenige nicht-jüdische Psychologen äußerten ihre Bedenken gegen die nationalsozialistischen Gleichschaltungsbestrebungen, so der Berliner Gestaltpsychologe Wolfgang Köhler (1887–1967).[19]

Die Nürnberger Rassengesetze wurden am 15. September 1935 auf dem 7. Reichsparteitag der NSDAP in Nürnberg einstimmig beschlossen. Damit stellten die Nationalsozialisten ihre antisemitische Ideologie auf eine juristische Grundlage. Die Rassengesetze enthielten das „Gesetz zum Schutze des deutschen Blutes und der deutschen Ehre (Blutschutzgesetz)", das „Reichsbürgergesetz" und das „Reichsflaggengesetz". Zur „Reinhaltung des deutschen Bluts", einem zentralen Bestandteil der nationalsozialistischen Ideologie, verbot das so genannte Blutschutzgesetz Ehen zwischen Juden und Nicht-Juden sowie deren außerehelichen Geschlechtsverkehr. Als Strafe drohten Gefängnis und Zuchthaus. Jüdinnen und Juden wurde es untersagt, „arische" Dienstmädchen unter 45

---

[19] 1935 ließ sich Wolfgang Köhler emeritieren und wanderte in die USA aus.

Jahren zu beschäftigen. Hintergrund war die ideologische Unterstellung, „der Jude" würde sich sonst an diesen vergehen. Zudem wurde ihnen verboten, die zur Reichsflagge erklärte Hakenkreuzflagge zu hissen. Im Reichsbürgergesetz wurde festgelegt, dass nur „Staatsangehörige deutschen oder artverwandten Blutes" Reichsbürger sein können. Bekanntlich erhielten die Rassegesetze durch die Kommentare von Wilhelm Stuckart und Hans Josef Maria Globke den vermeintlich offiziellen Rechtsanstrich. Auf Globke gehen die gesetzlichen Festlegungen zurück, nach denen Jüdinnen und Juden in ihren Pässen ab 1937 durch ein „J" zu kennzeichnen waren und – ab 1938 – ihrem eigentlichen Vornamen noch den Beinamen „Sara" bzw. „Israel" beifügen mussten. Hans Josef Maria Globke, und das ist ebenfalls nicht vergessen, war nicht nur wichtiger Mitverfasser und Kommentator der Rassegesetze, sondern zwischen 1953 und 1963 unter dem damaligen Bundeskanzler Konrad Adenauer Chef des Bundeskanzleramts!

Mit den Nürnberger Rassegesetzen wurden auch die Sinti und Roma zu „Rassefremden" erklärt. 1938 erließ der Reichsführer der SS und Chef der deutschen Polizei, Heinrich Himmler, einen „Runderlass zur Bekämpfung der Zigeunerplage". Die praktische Durchführung des Erlasses lag in den Händen der Polizei und der „Rassenhygienischen und bevölkerungsbiologischen Forschungsstelle", die der Mediziner und Psychologe Robert Ritter leitete (Frings, 2015, S. 82 ff.). Ab Mitte Mai 1940 begann die Massendeportation von Sinti und Roma in Ghettos und Konzentrationslager. Über die Zahl der dort ermordeten Sinti und Roma existieren keine gesicherten Angaben. Geschätzt wird, dass zwischen 200.000 und 500.000 Opfer zu beklagen sind.

Die Ermordung Kranker und Behinderter gehörte ebenfalls zur Rassenpolitik der Nationalsozialisten. 1933 verabschiedeten die Nationalsozialisten das „Gesetz zur Verhütung erbkranken Nachwuchses". Damit wurde es möglich, alle jene Menschen, die nicht den Vorstellungen vom „gesunden Volkskörper" entsprachen, zu sterilisieren. Ab 1934 sollen bis Kriegsende mindestens 360.000 Zwangssterilisationen durchgeführt worden sein. Mit einem „Gesetz zum Schutze der Erbgesundheit des deutschen Volkes" aus dem Jahre 1935 wurde Menschen mit bestimmten Krankheiten verboten zu heiraten (Frei, 1991, S. 10). Um die „arische"

Volksgemeinschaft zu säubern und zu erneuern, folgte ab 1939 ein umfassendes „Euthanasie-Programm". Ausgedacht und initiiert haben es Mitarbeiter aus dem Stab Adolf Hitlers sowie einflussreiche Psychiater. Menschen mit erblichen und unheilbaren Krankheiten, mit „Missbildungen", „leistungsunfähige", „asoziale" oder „rassefremde" Menschen, all jene also, die als „minderwertig" oder „lebensunwert" galten, sollten fortan aus dem deutschen „Volkskörper" entfernt werden. Rund 200.000 Kinder und Erwachsene mit psychischen und somatischen Erkrankungen wurden im Rahmen des „Euthanasie-Programms" totgespritzt, vergast, erschossen (Aly, 2013). Die „wissenschaftlichen" Belege für das menschenverachtende „Euthanasie-Programm" lieferten vor allem Anthropologen und Biologen. Sie beteiligten sich an der Ausbildung von „Eignungsprüfern" des Rasse- und Siedlungsprogramms, schrieben „Abstammungsgutachten", um die „biologischen" Eltern von Juden, „Halb- und Viertel-Juden" ausfindig zu machen und waren selbst an der „ethnischen Säuberung" beteiligt. Das sogenannte Reichssippenamt hatte im Jahre 1943 für derartige Arbeiten 22 rassenbiologische Institute und zwölf zusätzliche Experten gelistet (Masson, 1999). Unter den Experten waren – um nur einige Beispiele zu nennen – Leute wie *Hans Friedrich Karl Günther* (1891–1968), *Fritz Arlt* (1912–2004), *Egon von Eickstedt* (1892–1965), *Hans Fleischhacker* (1912–1992), *Wilhelm Gieseler* (1900–1976), *Ilse Schwidetzky* (1907–1997) oder *Josef Mengele* (1911–1979). Der Rassentheoretiker Günther lehrte einige Jahre in Jena, später in Berlin und Freiburg, wurde von Himmler hochgeschätzt und publizierte nach 1945 in der Bundesrepublik Deutschland in rechtsextremen Journalen. Der SS-Mann Arlt verantwortete u. a. als Leiter des Landesamts für Rassen-, Sippen- und Bevölkerungswesen in Schlesien die dortige „ethnische Säuberung". Nach 1945 gehörte er u. a. der Geschäftsführung der Bundesvereinigung der Deutschen Arbeitgeberverbände an. Der Anthropologe und Rassentheoretiker von Eickstedt erstellte mit seinen Mitarbeitern an der Universität Breslau im großen Stile „Abstammungsgutachten". Auf Empfehlung von Hans-Georg Gadamer übernahm von Eickstedt nach 1945 kurzzeitig die Leitung des Anthropologischen Instituts an der Universität Leipzig und ging dann als Professor für Ethnologie an die Universität Mainz. Nach seiner Emeritierung übernahm seine ehemalige Mitarbeiterin und Rassentheoretikerin aus Breslau, Ilse Schwidetzky, den Lehrstuhl in Mainz. Wilhelm Gieseler, Professor für Rassenbiologie an der Universität Tübingen, war Hauptsturmführer im Rasse- und Siedlungshauptamt der SS (RuSHA-SS). Sein Mitarbeiter Hans Fleischhacker, der in Jena studiert hat, wurde 1941 SS-Obersturmführer sowie Eignungsprüfer beim RuSHA-SS. 1943 besuchte er Auschwitz, um (lebendiges) „Material" für eine „jüdische Skelettsammlung" zu sammeln. Dazu führte er anthropologische Messungen an 86 jüdischen Lagerinsassen durch, die anschließend deportiert und ermordet wurden. Im Oktober 1945 wurde Fleischhacker aus dem universitären Dienst entlassen. Nach der Einstufung als „Mitläufer" und verschiedenen anderen Anstellungen kehrte Fleischhacker 1960 als wissenschaftlicher Assistent an die Universität Tübingen zurück. Nach einer erneuten Anklage wegen der Tätigkeit in Auschwitz wurde er 1971 freigesprochen und arbeitete später bis zu seiner Emeritierung als Professur an der Universität Frankfurt am Main (alle Angaben ausführlich: Masson, 1999, S. 12 ff.). Über den Lagerarzt von Auschwitz-Birkenau Dr. *Josef Mengele* lohnt es nicht, irgendwelche Worte zu verlieren.

Einflussreiche Psychologen unterstützten die nationalsozialistische „Rassenhygiene" sowie das „Euthanasie-Programm" ebenfalls. Wir beschränken uns auf drei Beispiele: *Friedrich Sander*, Psychologieprofessor in Jena, war nicht nur eifriges Mitglied der NSDAP, sondern schrieb engagiert über die notwendige „Ausschaltung des parasitisch wuchernden Judentums" (Sander, 1937, zit. n. Wittmann, 2002, S. 317).[20] *Eduard Spranger*, der schillernde Vielschreiber und Erfinder des „Dritten Humanismus", schrieb 1938 (Nachdruck 1941) von den Maßnahmen der Eugenik „[...] zur Sicherung eines gesunden und – wenn nötig – zur Ausmerzung eines kranken Nachwuchses" (Spanger, 1938, zit. n. Ortmeyer, 2008, S. 57). Im Mittelpunkt der Medizin stünde nun nicht mehr die Gesunderhaltung und Heilung des Einzelnen, sondern die Volkshygiene. *Philipp Lersch*,[21] Psychologieprofessor in Leipzig, hielt im De-

---

[20] Nach 1945 lehrte Sander (1889–1971) bis zu seiner Emeritierung im Jahre 1958 an der Universität Bonn.

[21] Lersch (1898–1971) lehrte nach 1945 bis 1966 an der Universität München. Von 1954 bis 1955 war der Präsident der Deutschen Gesellschaft für Psychologie.

zember 1941 einen Vortrag im Auditorium maximum der Leipziger Universität, in dem er vom Recht sprach, „[…] den Eintritt minderwertiger Anlagen – körperlicher Krankheiten, geistiger, seelischer, sittlicher und sozialer Minderwertigkeiten – in den Erbgang zu verhindern, also die Träger minderwertiger Erbanlagen von der Fortpflanzung auszuschließen" (Lersch, 1941, zit. n. Matthes, 1989, S. 4).

Am 9. November 1938, dem Massenpogrom, das die NSDAP und die SA geplant und organisiert hatten, wurden jüdische Geschäfte, Privathäuser, Wohnungen und Synagogen zerstört. Hunderte Juden kamen in dieser Nacht ums Leben; 30.000 Juden wurden anschließend in Konzentrationslagern interniert; Jüdinnen und Juden mussten eine kollektive Sondersteuer in Höhe von über einer Milliarde Reichsmark zahlen; aus den ihnen noch verbliebenen Berufen wurden sie verdrängt und durften keine Kinos, Theater und Konzerte mehr besuchen. Tausende von Jüdinnen und Juden verließen daraufhin Deutschland. Was mit den Dagebliebenen geschehen sollte, konnten die Deutschen spätestens seit Hitlers Rede im Reichstag am 30. Januar 1939, dem Jahrestag der „Machtergreifung" ahnen.

„Wenn es dem internationalen Finanzjudentum innerhalb und außerhalb Europas gelingen sollte, die Völker noch einmal in einen Weltkrieg zu stürzen, dann wird das Ergebnis nicht die Bolschewisierung der Erde und damit der Sieg des Judentums sein, sondern die Vernichtung der jüdischen Rasse in Europa" (Hitler, am 30.1.1939; zit. n. Maruhn, 1995, S. 52).

Die Rede Hitlers wurde gefilmt, vom Rundfunk ausgestrahlt und in allen Zeitungen im Wortlaut abgedruckt.

Mit der Wannsee-Konferenz im Januar 1942 und den anschließenden Massendeportationen begann dann die letzte Phase der nationalsozialistischen Vernichtungspolitik, die in der systematischen, millionenfachen Ermordung der Juden endete. Die Öfen wurden angeheizt. Und sechs Millionen Juden starben in Auschwitz und Treblinka, in Belzec und Sobibor, in Majdanek und Chelmno.

In den großen Vernichtungslagern waren zwischen 1941 und 1945 Tausende SS-Leute, Wehrmachtsangehörige, Aufseherinnen tätig. An der „Ostfront" beteiligten sich an der Ermordung der Juden die Einsatzgruppen der Sicherheitspolizei, Regimenter der Ordnungspolizei und Einheiten der Wehrmacht (Hilberg, 1997). Und an der „Heimatfront" waren die Deutschen überwiegend davon überzeugt, dass die Juden nichts mit der arischen Rasse gemein haben; lokale Behörden beteiligten sich aktiv und engagiert, damit die Deportationen in die Vernichtungslager auch reibungslos vonstattengingen (vgl. z. B. Gruner, 2002, S. 130 ff.). Christopher Browning schrieb schon vor Jahren:

> „Die meisten Deutschen sind sicher nicht als fanatische oder »paranoide« Antisemiten zu bezeichnen, hatten aber doch eine »moderat«, »latent« oder »passiv« antisemitische Grundhaltung; sie betrachteten die Juden als »entpersönlichte«, abstrakt-fremde Wesenheit jenseits menschlichen Mitleids und hielten die »Judenfrage« für einen Bereich, in dem der Staat berechtigterweise eine Lösung anstrebte" (Browning, 1985, S. 106, zit. n. Bauman, 2002, S. 92).

Genau das meinte auch Goldhagen, als er schrieb, der Antisemitismus sei in der deutschen Kultur und Gesellschaft endemisch gewesen (Goldhagen, 1996, S. 69).

Literatur

Aly, G. (2013). *Die Belasteten: „Euthanasie" 1939–1945. Eine Gesellschaftsgeschichte.* Fischer.

Arendt, H. (2001; Original 1951). *Elemente und Ursprünge totaler Herrschaft.* Piper.

Arndt, E. M. (1813). Lieder für Teutsche. Bayerische Staatsbibliothek digital. https://reader.digitale-sammlungen.de/de/fs1/object/display/bsb10104690_00001.html. Zugegriffen: 3. Apr. 2025.

Ash, G M. (1985). Die experimentelle Psychologie an den deutschsprachigen Universitäten von der Wilhelminischen Zeit bis zum Nationalsozialismus. In G. M. Ash & U. Geuter (Hrsg.), *Geschichte der deutschen Psychologie im 20. Jahrhundert.* (S. 45–82). Westdeutscher Verlag.

Baltrusch, E. (2011). Jüdische Räume. *Rom und Mailand in der Spätantike: Repräsentationen städtischer Räume in Literatur, Architektur und Kunst, 4,* 379–392.

Battenberg, F. (2010). Judenemanzipation im 18. und 19. Jahrhundert. In Europäische Geschichte Online (EGO), herausgegeben vom institut für Europäische Geschichte (IEG), Mainz 2010-12-03. http://www.ieg-ego.eu/battenbergf-2010-de. Zugegriffen: 1. Apr. 2025.

Bauer, B. (1843a). *Die Judenfrage*. Verlag Friedrich Otto.

Bauer, B. (1843b). *Die Fähigkeit der heutigen Juden und Christen, frei zu werden*. Verlag des Literarischen Comptoirs.

Bauman, Z. (2002). *Dialektik der Ordnung*. Europäische Verlagsanstalt.

Ben-Chanan, Y. (1997). Juden und Deutsche. *Polis, 24. Schriftenreihe der Hessischen Landeszentrale für politische Bildung.*

Ben-Chanan, Y. (1999). Juden im maurischen und christlichen Spanien (711–1492). In N. Rehrmann & A. Koechert (Hrsg.), *Spanien und die Sepharden*. (S. 7–25). Max Niemeyer Verlag.

Bergmann, W. (2002). *Geschichte des Antisemitismus*. C.H. Beck.

Bernstein, F. (1980, Original: 1926). *Der Antisemitismus als Gruppenerscheinung*. Jüdischer Verlag.

Billig, M. (2014). Henri Tajfel, Peretz Bernstein and the History of *Der Antisemitismus*. In C. Tileaga & J. Byford (Eds.), *Psychology and History. Interdisciplinary Explorations* (S. 223–242). Cambridge University Press.

Bossong, G. (2008). *Die Sepharden: Geschichte und Kultur der spanischen Juden*. C.H. Beck.

Browning, C. R. (1985). *Fateful month*. Holmes & Meier.

Brentano, C. (1811). *Der Philister vor: in und nach der Geschichte. Scherzhafte Abhandlung. Faksimiledruck des in Berlin im Jahre 1811 erschienenen Originals.* Ernst Frensdorff. https://books.google.de/books?hl=de&lr=&id=t4hBAAAAYAAJ&oi=fnd&pg=PA2&dq=Brentano+%2B+Der+Philister+vor,+in+und+nach+der+Geschichte. Zugegriffen: 3. Apr. 2025.

Brumlik, M. (1991). Antisemitismus im Frühsozialismus und Anarchismus. In L. Heid & A. Paucker (Hrsg.), *Juden und deutsche Arbeiterbewegung bis 1933*. (35–42). Mohr.

Buber, M. (2012). Schriften zur Bibelübersetzung. In *Martin Buber Werkausgabe*, Band 14. Gütersloher Verlagshaus.

Buber, M. (1933). *Kampf um Israel*. Berlin: Schocken Verlag.

Buber, M. & Rosenzweig, F. (1987; Original: 1925). *Die Schrift. Band 1: Die fünf Bücher der Weisung* (Verdeutschung). Lambert Schneider.

Busch, W. (1959). Die fromme Helene. *Busch-Werke, Historisch-kritische Gesamtausgabe*, Band 2; herausgegeben von Friedrich Bohne. Standard.

Claussen, D. (1987). *Grenzen der Aufklärung. Die gesellschaftliche Genese des modernen Antisemitismus*. Fischer.

Danzer, G. (2007). Rahel Varnhagen – eine Frau entdeckt sich über die Kultur. In E. Pilz (Hrsg.), *Bedeutsame Frauen des 18. Jahrhunderts* (S. 157ff.). Königshauen & Neumann.

De Lange, N. (1991). *Jüdische Welt*. Christian Verlag.

De Lange, N. (Hrsg.) (2000). *Illustrierte Geschichte des Judentums*. Campus.

„Der Stürmer", 1934, Nr. 11. Quelle: http://www.humanist.de/kriminalmuseum/st-t3411.htm; Zugegriffen: 30. März 2025.

Dhawan, N. (2017). Die Aufklärung retten: Postkoloniale Interventionen. *Zeitschrift für Politische Theorie, 7*, 249–255.

Die Gartenlaube (1862). https://de.wikisource.org/wiki/Datei:Die_Gartenlaube_(1862)_b_396.jpg. Zugegriffen: 3. Apr. 2025.

Dieckmann, I. A. (2017). Juden in Brandenburg (1671 bis 1871). Historisches Lexikon Brandenburgs. http://brandenburgikon.net/index.php/de/sachlexikon/juden-in-brandenburg-1671-bis-1871. Zugegriffen: 1. Apr. 2025.

Döblin, A. (1924). „Zionismus und westliche Kultur", Vortrag. In A. Döblin (Hrsg), *Schriften zur Jüdischen Frage*. Fischer.

Dohm, C. W. (1781). *Über die bürgerliche Verbesserung der Juden*. Friedrich Nicolai.

Dörfler-Dierken, A. (2017). Fichtes Reden an die deutsche Nation. Multivalenzen fördern missbräuchliche Rezeptionen. In K. Hagemann, M. Hofbauer & M. Rink (Hrsg*.), Die Völkerschlacht bei Leipzig* (S. 303–328). Walter de Gruyter.

Engels, F. (1964; Original: 1864). Engels an Marx in London, 4. September 1864. In *Karl Marx & Friedrich Engels, Werke, Band 30*. Dietz.

Engels, F. (1962; Original: 1880). Die Entwicklung des Sozialismus von der Utopie zur Wissenschaft. In *Karl Marx & Friedrich Engels, Werke, Band 19*. Dietz.

Fichte, J. G. (2013, Original: 1808). *Fichtes Reden an die deutsche Nation*. Severus Verlag.

Fischer, K. (1991). Die Emigration deutschsprachiger Physiker nach 1933, Strukturen und Wirkungen. In H. A. Strauss et al. (Hrsg.), *Die Emigration der Wissenschaften nach 1933, Disziplingeschichtliche Studien* (S. 25–72). Saur.

Fischer, E. P. (2023). *Ein Scheiterhaufen der Wissenschaft. Die Großen an ihren Grenzen*. Springer.

Frei, N. (Hrsg.) (1991). *Medizin und Gesundheitspolitik in der NS-Zeit*. Oldenbourg.

Freud, S. (1969). Brief an Arnold Zweig 1927. In E. L. Freud (Hrsg.), *Sigmund Freud – Arnold Zweig Briefwechsel*. Fischer.

Fries, J. F. (1999; Original: 1818). An die deutschen Burschen. In A. Hummel & T. Neumann (Hrsg.), *Quellen zur Geschichte Thüringens* (S. 65–69). Landeszentrale für politische Bildung.

Frings, K. (2015). Opferkonkurrenzen. Debatten um den Völkermord an den Sinti und Roma und neue Forschungsperspektiven. *S:I.M.O.N. – Shoah: Intervention. Methods. Documentation, 2*, 1, S. 79–101. https://www.ceeol.com/search/article-detail?id=836354. Zugegriffen: 4. Apr. 2025.

Frindte, W. (2022). *Quo Vadis, Humanismus?*. Springer.

Fritzsche, K. P. (2016). *Menschenrechte: Eine Einführung mit Dokumenten*. Ferdinand Schöningh.

Fromm, E. (1961). *Marx's Concept of Man. With a Translation from Marx's Economic and Philosophical Manuscripts by T. B. Bottomore*. F. Ungar Publishing Co.

Geiger, L., & Hess, M. (1904). Das Weimarer Judengesetz von 1823. *Monatsschrift für Geschichte und Wissenschaft des Judentums, 48*(11/12), 641–660.

Gempp-Friedrich, T. (2021). Zugehörigskeitsnarrative im Centralverein: Erzählungen von Anpassung und Selbstermächtigung ab 1914. In R. Denz & T. Gempp-Friedrich (Hrsg.), *Centralverein deutscher Staatsbürger jüdischen Glaubens* (135–151). De Gruyter.

Gerber, J. S. (2000). „Im Osten weilt mein Herz…". In N. de Lange (Hrsg.), *Illustrierte Geschichte des Judentums* (S. 161–221). Campus.

Gerhard, U. (2009). *Frauenbewegung und Feminismus: Eine Geschichte seit 1789*. C. H. Beck.

Gerson, D. (2011). Französische Revolution. In W. Benz (Hrsg.), *Handbuch des Antisemitismus. Judenfeindschaft in Geschichte und Gegenwart, Band 4* (S. 134–136). Walter de Gruyter.

Gierlich, G. (2022) *Miteinander und Gegeneinander. Die Religion der Juden und Christen im Römischen Reich*. wbg Academic.

Gilman, S. L. (1993). *Jüdischer Selbsthass. Antisemitismus und die verborgene Sprache der Juden*. Jüdischer Verlag.

Glagau, O. (1876, 4. Auflage). *Der Börsen- und Gründungs-Schwindel in Berlin*. Verlag von Paul Frohberg.

Goethe, J. W. (1984; Original: 1830). *Aus meinem Leben. Dichtung und Wahrheit*. Aufbau Verlag.

Goldhagen, D. J. (1996). *Hitlers willige Vollstrecker*. Siedler Verlag.

Goldstein, J. (1921*). Rasse und Politik*. Neuwerk-Verlag.

Grattenauer, K. W. F. (1791). *Ueber die physische und moralische Verfassung der heutigen Juden*. Voss.

Graupe, H. M. (1961). Kant und das Judentum. *Zeitschrift für Religions-und Geistesgeschichte*, 13, 4, S. 308–333.

Greulich-Janssen, G. (2007). Henriette Herz – die erste deutsche Salonière. In E. Pilz (Hrsg.), *Bedeutsame Frauen des 18. Jahrhunderts.* (S. 83ff.). Königshauen & Neumann.

Gruner, W. (2002). Die Verfolgung der deutschen Juden im NS-Staat 1933–1945. In W. Benz & A. Königseder (Hrsg.), *Judenfeindschaft als Paradigma* (S. 130–136). Metropol Verlag.

Hahn, H. J. (2021). Die geteilten Gefühle des Antisemitismus. Prolegomena zu einer Reflexionsgeschichte antijüdischer Emotionen. In S. Schüler-Springorum & J. Süselbeck (Hrsg.), *Emotionen und Antisemitismus* (S. 85–106). Wallstein Verlag.

Hartmann, T. F. (1783). *Untersuchung ob die bürgerliche Freiheit der Juden gestattet sei.* Siegismund Friedrich Hesse.

Haug, W. F. (1976). *Vorlesungen zur Einführung ins „Kapital".* Pahl-Rugenstein.

Haury, T. (2002). *Antisemitismus von links.* Hamburger Edition.

Hein, A. (1996). *„Es ist viel »Hitler« in Wagner": Rassismus und antisemitische Deutschtumsideologie in den „Bayreuther Blättern".* Niemeyer.

Heine, H. (1968; Original: 1840). Ludwig Börne. Eine Denkschrift. In *Heinrich Heine Werke, Band 4.* Insel Verlag.

Hentges, G. (2004). Das Janusgesicht der Aufklärung. Antijudaismus und Antisemitismus in der Philosophie von Kant, Fichte und Hegel. In S. Salzborn (Hrsg.), *Antisemitismus – Geschichte und Gegenwart.* Netzwerk für politische Bildung, Kultur und Kommunikation e.V.

Herb, K. (2018). Unter Bleichgesichtern. Kants Kritik der kolonialen Vernunft. *ZfP – Zeitschrift für Politik*, 65(4), 381–398.

Herf, J. (2025). *Drei Gesichter des Antisemitismus.* Hentrich & Hentrich.

Hilberg, R. (1997). *Täter, Opfer, Zuschauer. Die Vernichtung der Juden 1933–1945.* Fischer.

Hirsch, R. & Schuder, R. (1989). *Der gelbe Fleck.* Rütten & Loening.

Hoffmann, D. (1982). Johannes Stark – eine Persönlichkeit im Spannungsfeld von wissenschaftlicher Forschung und faschistischer Ideologie. In Philosophie und Naturwissenschaft in Vergangenheit und Gegenwart. *Humboldt-Universität zu Berlin.* 22, S. 90–101.

Holz, K. (2001). *Nationaler Antisemitismus. Wissenssoziologie einer Weltanschauung.* Hamburger Edition.

Horkheimer, M. & Adorno, T. W. (1969, Original 1944). *Dialektik der Aufklärung*. Fischer.

Jaeger, S. (1993). Zur Widerständigkeit der Hochschullehrer zu Beginn der nationalsozialistischen Herrschaft. *Psychologie und Geschichte, 4*, S. 219–228.

Jensen, U., & Schüler-Springorum, S. (2013). Einführung: Gefühle gegen Juden. Die Emotionsgeschichte des modernen Antisemitismus: Die Emotionsgeschichte des modernen Antisemitismus. *Geschichte und Gesellschaft, 39*(4), 413–442.

Kant, I. (1974; Original: 1784). Beantwortung der Frage: Was ist Aufklärung? In E. Bahr (Hrsg.), *Was ist Aufklärung?* Reclam.

Kant, I. (AA, Band IX). Physische Geographie, Vom Menschen. In Kant, I. *Gesammelte Schriften, Band IX,* S. 311–320. Hrsg.: Bd. 1–22 Preußische Akademie der Wissenschaften, Bd. 23 Deutsche Akademie der Wissenschaften zu Berlin, ab Bd. 24 Akademie der Wissenschaften zu Göttingen. Walter de Gruyter & Co. korpora.org/Kant/aa09/312.html. Zugegriffen: 10. Okt. 2020.

Kant, I. (AA, Band VII, Original: 1796/97). Anthropologie in pragmatischer Hinsicht. In Kant, I. *Gesammelte Schriften, Band VII,* S. 117–333. Hrsg.: Bd. 1–22 Preußische Akademie der Wissenschaften, Bd. 23 Deutsche Akademie der Wissenschaften zu Berlin, ab Bd. 24 Akademie der Wissenschaften zu Göttingen. Walter de Gruyter & Co. korpora.org/Kant/aa07/205.html. Zugegriffen: 2. Apr. 2025.

Kant, I. (AA, Band VIII, Original:1795). Zum ewigen Frieden. Ein philosophischer Entwurf. In Kant, I. *Gesammelte Schriften, Band VIII,* S. 341–386. Hrsg.: Bd. 1–22 Preußische Akademie der Wissenschaften, Bd. 23 Deutsche Akademie der Wissenschaften zu Berlin, ab Bd. 24 Akademie der Wissenschaften zu Göttingen. Walter de Gruyter & Co. https://korpora.org/Kant/aa08/358.html, Zugegriffen: 2. Apr. 2025.

Kant, I. (1784). Beantwortung der Frage: Was ist Aufklärung? *Berlinische Monatsschrift, Dezember,* S. 481–494.

Katz, J. (1994). *Die Hep-Hep-Verfolgungen des Jahres 1819.* Metropol-Verlag.

Keil, R. & Keil, R. (1865). *Die Gründung der deutschen Burschenschaft in Jena.* Friedrich Mauke.

Keilson, H. (1988). Linker Antisemitismus. *Psyche, Heft 8,* 769–794.

Keßler, M. (2013). *Ruth Fischer. Ein Leben mit und gegen Kommunisten (1895–1961).* Böhlau Verlag.

Krampitz, K. (2023). *Pogrom im Scheunenviertel. Antisemitismus in der Weimarer Republik und die Berliner Ausschreitungen 1923.* Verbrecher Verlag.

Landtag NRW (2020). Kleine Anfrage des Abgeordneten Herbert Strotebeck (AfD). https://www.landtag.nrw.de/Dokumentenservice/portal/WWW/dokumentenarchiv/Dokument/MMD17-8861.pdf;jsessionid=7DC94CCB3219C103A8E55BDE788FE092. Zugegriffen: 4. Apr. 2025.

Lavater, J. C. (1772). *Physiognomischen Fragmenten zur Beförderung der Menschenkenntnis und Menschenliebe.* Weidmanns Erben & Heinrich Steiner und Compagnie.

Lesser, E. J. (1924). Karl Marx als Jude. *Der Jude, 8,* 173–181.

Lessing, T. (1930). *Jüdischer Selbsthass.* Jüdischer Verlag.

Lichtenberg, G. C. (1998a; Original: 1778). Über die Physiognomik. *Schriften und Briefe, Band III* (S. 256ff.). Herausgegeben von W. Promies. Zweitausendeins.

Lichtenberg, G. C. (1998b; Original: 1773). Timorus. *Schriften und Briefe, Band III* (S. 205ff.). Herausgegeben von W. Promies. Zweitausendeins.

Lichtenberg, G. C. (1998c). Sudelbücher I. *Schriften und Briefe, Band I.* Herausgegeben von W. Promies. Zweitausendeins.

Lichtenberg, G. C. (1998d). Kommentar zu Band III. Herausgegeben von W. Promies. Zweitausendeins.

Limor, O. (2000). Das verworfene Volk. In N. de Lange (Hrsg.), *Illustrierte Geschichte des Judentums* (S. 105–159). Campus.

Löwenthal, L. (1990). *Der Untergang der Dämonologien.* Reclam.

Luden, H. (1809). *Ansichten des Rheinbundes.* Justus Friedrich Danckwerts.

Luther, M. (1914; Original: 1546). Vermahnung wider die Juden. *Weimarer Ausgabe*, Band 51, S. 195–196. Hermann Böhlaus Nachfolger. https://archive.org/details/werkekritischege51luthuoft. Zugegriffen: 30. März 2025.

Luther, M. (1920; Original: 1543). Von den Juden und ihren Lügen. *Weimarer Ausgabe,* Band 53, 412–552. Hermann Böhlaus Nachfolger. https://archive.org/details/werkekritischege53luthuoft. Zugegriffen: 30. März 2025.

Luther, M. (1938; Original: 1537). Luther an den Juden Josel. *Weimarer Ausgabe*, Briefwechsel, Band 8, 89–91. Hermann Böhlaus Nachfolger. https://archive.org/details/werkebriefwechse08luthuoft. Zugegriffen: 30. März 2025.

Maruhn, S. (1995). Das deutsche Volk war eingeweiht. *Die Zeit*, Nr. 22, 26. Mai 1995.

Marx, K. & Engels, F. (1980a). Die deutsche Ideologie. In *Karl Marx & Friedrich Engels, Werke, Band 4.* Dietz Verlag.

Marx, K. (1961; Original: 1844). Zur Judenfrage. In *Karl Marx & Friedrich Engels, Werke, Band 1.* Dietz Verlag.

Marx, K. (1964a, Original: 1862). Marx an Engels in Manchester, 30. Juli 1862. In *Karl Marx, & Friedrich Engels, Werke, Band 30*. Dietz Verlag.

Marx, K. (1964b, Original: 1864). Marx an Engels in Manchester, 2. September 1864. In *Karl Marx & Friedrich Engels, Werke, Band 30*. Dietz Verlag.

Marx, K. (1964c; Original: 1864). Marx an Sophie von Hatzfeldt in Berlin, 12. September 1864. In *Karl Marx & Friedrich Engels, Werke, Band 30*. Dietz Verlag.

Marx, K. (1977; Original: 1867). Das Kapital. Band 1. In *Karl Marx & Friedrich Engels, Werke, Band 23*. Dietz Verlag.

Marx, K. & Engels, F. (1980b; Original: 1848). Manifest der Kommunistischen Partei. In *Karl Marx & Friedrich Engels, Werke, Band 4*. Dietz Verlag.

Masson, B. (1999). Anthropologie und Humangenetik im Nationalsozialismus oder: Wie schreiben deutsche Wissenschaftler ihre eigene Wissenschaftsgeschichte. In H. Kaupen-Haas & C. Saller (Hrsg.), *Wissenschaftlicher Rassismus*. (S. 12–64). Campus.

Matthes, P. (1989). Zur Kontinuität in der deutschen Psychologie über die Zeit des Nationalsozialismus hinaus. *Psychologie und Geschichte, 1*(3), 1–11.

Mendelssohn, M. (1974; Original: 1784). Über die Frage: was heißt aufklären? In E. Bahr (Hrsg.), *Was ist Aufklärung?* Reclam.

Mendelssohn, M. (2013; Original: 1767). *Phädon oder über die Unsterblichkeit der Seele*. Felix Meiner Verlag.

Mevorah, B. (2010). Johann Kaspar Lavaters Auseinandersetzung mit Moses Mendelssohn über die Zukunft des Judentums. *Zwingliana, 14*(8), 431–450.

Nienhaus, S. (2013). *Geschichte der deutschen Tischgesellschaft*. Max Niemeyer Verlag.

Nietzsche, F. (1999, Original: 1888). Der Fall Wagner. *Friedrich Nietzsche Werke*, Teil 2. Zweitausendeins.

Oken, L. (1999; Original: 1817). Der Studentenfrieden auf der Wartburg. In A. Hummel & T. Neumann (Hrsg.), *Quellen zur Geschichte Thüringens* (S. 65–69). Erfurt: Landeszentrale für politische Bildung.

Oppenheimer, F. (1925). Der Antisemitismus im Lichte der Soziologie. *Der Morgen, Monatsschrift der deutschen Juden, Juni*, 148–161.

Ortmeyer, B. (2008). *Eduard Spranger und die NS-Zeit. Forschungsbericht 7.1*. Frankfurt a.M.: Johann Wolfgang Goethe-Universität.

Reckwitz A. (2020). *Das hybride Subjekt. Eine Theorie der Subjektkulturen von der bürgerlichen Moderne zur Postmoderne*. Suhrkamp Verlag.

Ries, K. (2019). Die erste „Demo" in Deutschland. Das Wartburgfest von 1817 als radikal-demokratischer Aufbruch. In M. Fröhlich, O. W. Lembcke &

F. Weber-Stein (Hrsg.), *Universitas. Ideen, Individuen und Institutionen in Politik und Wissenschaft* (S. 111–133). Nomos.

Rürup, R. (1987). *Emanzipation und Antisemitismus. Studien zur „Judenfrage" der bürgerlichen Gesellschaft*. Suhrkamp.

Safranski, R. (2007). *Romantik. Eine deutsche Affäre*. Carl Hanser Verlag.

Schoeps, J. H. (1998). *Das Gewaltsyndrom. Verformungen und Brüche im deutsch-jüdischen Verhältnis*. Argon.

Schoeps, J. H. (2001). Chevrat Chinuch Nearim: Die jüdische Freischule in Berlin. *Zeitschrift für Religions-und Geistesgeschichte, 53*(3), 274–277.

Sève, L. (1972). *Marxismus und Theorie der Persönlichkeit*. Dietz.

Silberner, E. (1983). *Kommunisten und Judenfrage. Zur Geschichte von Theorie und Praxis des Kommunismus*. Westdeutscher Verlag.

Sorkin, D. (2000). Auf dem Weg in die Moderne. In N. De Lange, (Hrsg.), *Illustrierte Geschichte des Judentums*. (S. 223- 279). Campus.

Sznaider, N. (2008). *Gedächtnisraum Europa: Die Visionen des europäischen Kosmopolitismus. Eine jüdische Perspektive*. transcript.

Thurau, F. (2024). „Ein heimtückisches Volk, das sich unter alle Völker der Welt mischte": (Antisemitische?) Verschwörungserzählungen in der Antike. (S. 35–59). In Zarbock, L.; Richter, S.; Seul, M. u. a. (Hrsg.), *Kommunikations- und Äußerungsformen des Judenhasses im Wandel*. Verlag Barbara Budrich.

Ullrich, A. (2019). *Von „jüdischem Optimismus" und „unausbleiblicher Enttäuschung"*. Walter de Gruyter.

Volkov, S. (2000). *Die Juden in Deutschland 1780–1918*. Oldenbourg Verlag.

Volkov, S. (2012). *Walther Rathenaus – Ein jüdisches Leben in Deutschland*. C.H. Beck.

Von Treitschke, H. (1881). *Ein Wort über unser Judenthum*. Verlag G. Reimer.

Vorländer, K. (1993; Original: 1924). *Immanuel Kant – Der Mann und das Werk*. Felix Meiner Verlag.

Wagner, R. (1869). *Das Judenthum in der Musik*. Verlagsbuchhandlung von J.J. Weber.

Weinberg, W. (1989). Moses Mendelssohns Übersetzungen und Kommentare der Bibel. *Zeitschrift für Religions-und Geistesgeschichte, 41*(2), 97–118.

Wikipedia (2025). https://de.wikipedia.org/wiki/Liste_bekannter_deutschsprachiger_Emigranten_und_Exilanten_(1933%E2%80%931945). Zugegriffen: 10. Mai 2025.

Wittmann, S. (2002). „Die paradoxe Doppelnatur des Intellektuellen"- Der Fall Friedrich Sander. *Psychologie und Geschichte, 10* (3/4), 309–322.

Wolff, S. L. (1993). Vertreibung und Emigration in der Physik. *Physik in unserer Zeit, 24*(6), 267–273.

Wolff, S. L. (2006). Die Ausgrenzung und Vertreibung von Physikern im Nationalsozialismus: Welche Rolle spielte die Deutsche Physikalische Gesellschaft? In D. Hoffmann & M. Walker (Hrsg.), *Physiker zwischen Autonomie und Anpassung* (91–138). Wiley.

Zweig, A. (1993; Original: 1927). *Caliban oder Politik und Leidenschaft. Versuch über die menschlichen Gruppenleidenschaften dargetan am Antisemitismus.* Aufbau-Verlag.

4

„Drei Gesichter des Antisemitismus" – und mehr

4.1 Verordneter Antizionismus – Antisemitismus in der DDR

UdSSR. Moskau. Der Parteivorsitzende: ‚Jakubowitsch! Sie waren nicht auf der letzten Parteiversammlung!?" Jakubowitsch: „Bitte, glauben Sie mir, wenn ich gewusst hätte, dass es die letzte ist, wäre ich sogar zusammen mit meiner ganzen Familie gekommen!" (aus: „Witze der Juden", Landmann, 1998).

Am 8. Mai 1945 kapitulierte die deutsche Wehrmacht. Wenige Tage zuvor, am 30. April, hatte sich Hitler das Leben genommen. Der Krieg in Europa war zu Ende. Es begannen die Tage der Befreiung, die von vielen Deutschen als Niederlage erlebt wurden. Weit im Osten ging der Krieg weiter. Die Sowjetunion hatte sich auf der Konferenz von Jalta im Februar 1945 gemeinsam mit Großbritannien und den USA auf eine Aufteilung Deutschlands geeinigt und sich verpflichtet, am Krieg gegen

---

Diesen Teil der Überschrift haben wir uns bei Jeffrey Herf (2025) ausgeborgt. Die drei Gesichter des Antisemitismus sind geprägt von der rechten, linken und islamischen Judenfeindlichkeit.

© Der/die Autor(en), exklusiv lizenziert an Springer Fachmedien Wiesbaden GmbH, ein Teil von Springer Nature 2026
W. Frindte, I. Frindte, *Warum die Juden? – Inszenierter Antisemitismus,*
https://doi.org/10.1007/978-3-658-50561-5_4

Japan teilzunehmen. Am 6. August, warf ein US-amerikanisches Flugzeug eine Atombombe auf Hiroshima ab. Am 9. August folgte der Atombombenabwurf über Nagasaki. In beiden Angriffen wurden schätzungsweise 130.000 Menschen sofort getötet. Im Zweiten Weltkrieg ließen zwischen 50 und 70 Mio. Menschen ihr Leben, davon knapp fünf Millionen Deutsche und mehr als 20 Mio. Menschen in der Sowjetunion (Woyke, 2016, S. 126 f.).

Viele kamen – meist zögerlich – zurück nach Ostdeutschland, Antifaschisten, Kommunisten, Sozialisten, Stalinisten, Christen, Juden, Atheisten, Humanisten, Intellektuelle, Politikerinnen und Politiker, Künstlerinnen und Künstler, Spezialistinnen und Spezialisten, die Verfolgten und Verjagten sowie ihre Familien. Auch KZ-Insassen und Kriegsgefangene kehrten heim, sofern sie Vernichtung, Hunger oder Verfolgung überlebt hatten. Bei allen weltanschaulichen, ideologischen oder religiösen Unterschieden einte die meisten Rückkehrer ein Wunsch: Nie wieder!

Auf dem VII. Weltkongress der Kommunistischen Internationale, dem Zusammenschluss kommunistischer Parteien, hatte Georgi Dimitroff 1935 in Moskau seine berühmte Rede über die faschistischen Herrschaftsmethoden gehalten und vom Faschismus als „[…] die offene, terroristische Diktatur der reaktionärsten, chauvinistischsten, am meisten imperialistischen Elemente des Finanzkapitals" gesprochen (zit. n. Peters, 2006, S. 26). Diese, heute vereinfachend als „Dimitroff-Formel" bekannte Ansage führte zu der fatalen Annahme, mit der Abschaffung der großkapitalistischen Herrschaft seien auch die wichtigsten Ursachen für Faschismus und Nationalsozialismus beseitigt. Die Schuld für die Verbrechen des Nationalsozialismus wurden damit in der sowjetischen Besatzungszone und in der späteren DDR an das Finanzkapital und deren nationalsozialistische „Agenten" delegiert und das „Volk" quasi von der Verantwortung freigesprochen. Ralph Giordano nannte das den „verordneten Antifaschismus" (Giordano, 1987, S. 219).

Diejenigen, die 1945 in Ostdeutschland begannen, eine neue, sozialistische Gesellschaft zu gründen, waren sicher überzeugte Antifaschisten. Mit Aufenthalten in Konzentrationslagern, faschistischem Zuchthaus oder dem Zwang ins Exil hatten sie ihre Überzeugungen während des Nationalsozialismus bezahlen müssen. Gemessen an der Mehrheit des deutschen Volkes in der damaligen sowjetischen Besatzungszone gehörten die wirklichen Antifaschisten der ersten Stunden mit ihrem Antifaschismus aber eindeutig zur Minderheit. Ihre antifaschistische Überzeugung machten sie allerdings – qua Partei- und Staatspolitik – zum Maß und zum offiziellen Bezugssystem für die Bevölkerungsmehrheit. Kraft der offiziellen antifaschistischen Politik wurde den schweigenden, mitmachenden Mitläufern des Dritten Reiches die „Gnade der Reue" (Weiß, 1990, S. 15) verweigert. Der Mythos vom DDR-Antifaschismus war, um an Erich Fromm zu erinnern, der ideologische Inhalt eines Gesellschafts-Charakters, mit dem viele DDR-Bürgerinnen und -Bürger sympathisierten. Als integraler Bestandteil der DDR-Staatsräson, so Christoph Classen, ließ der Mythos „[...] keinen Raum für eine offene gesellschaftliche Aneignung und Aushandlung von Geschichte und Erinnerung" (Classen, 2018, S. 108).

Zu den Mythen gehört auch die Annahme, die DDR und die sozialistischen Länder seien sozusagen vom Antisemitismus befreite Zonen gewesen. Im Oktober 1949 wurde *László Rajk,* Spanienkämpfer, Außenminister und Generalsekretär der Nationalen Volksfront Ungarn, wegen Spionage im Auftrage der USA und Jugoslawiens von einem ungarischen Gericht zum Tode verurteilt und hingerichtet. Der Rajk-Prozess war der Auftakt für zahlreiche Schauprozesse in Bukarest, Prag, Sofia, Warschau und Berlin. In den Prozessen wurden vor allem Kommunisten, die während des Nationalsozialismus in westliche Länder emigriert waren, wegen Spionage, Trotzkismus oder, wie es hieß, Titoismus (gemeint ist die Anhängerschaft zum jugoslawischen Staatschefs Josip Broz Tito) angeklagt und verurteilt.

In der DDR traf es zuerst *Paul Merker,* der 1946 aus dem mexikanischen Exil zurückgekehrt war. Bereits im Exil hatte sich Merker, der selbst kein Jude war, für die Wiedergutmachungen an Juden ausgesprochen und gefordert, ihnen ihr Eigentum zurückzugeben und den künftigen Staat Israel in die Entschädigungen mit einzubeziehen. Nach seiner Rückkehr wurde Merker Mitglied des Zentralkomitees der SED und Leiter der Deutschen Zentralverwaltung für Arbeit und Sozialfürsorge in der Sowjetischen Besatzungszone. Dabei setzte er sich nach wie vor für eine finanzielle Wiedergutmachung an allen lebenden Juden ein und plädierte für enge freundschaftliche Beziehungen Israels mit der Sowjetunion und den neuen demokratischen Ländern Osteuropas. Das entsprach zunächst durchaus der marxistisch-leninistischen Parteilinie. So hatten die Sowjetunion und andere Volksdemokratien die jüdische Bevölkerung Palästinas noch bis 1948 gegen die „arabische Aggression" unterstützt. Und im April 1948 bot der stellvertretende Vorsitzende der SED, Otto Grotewohl, dem Jischuw[1] an, Schiffe bereitzustellen, um Juden nach Palästina zu bringen (vgl. auch Herzog, 1999). Auch staatliche Zahlungen von Aufbauhilfen für Palästina waren schon geplant. Im Sommer 1948 veröffentlichte das ZK der SED eine Mitteilung, in der Wilhelm Pieck den Teilungsbeschluss der UNO und die Schaffung eines jüdischen Staates in Palästina begrüßte. Nach der Gründung des israelischen Staates änderte sich allerdings bald die proisraelische Haltung in der Sowjetunion und den osteuropäischen Ländern. Der Staat Israel wurde zum „imperialistischen Feind und Handlanger des USA-Imperialismus" erklärt und der Antizionismus zu einem Zentralbegriff mit deutlichen antisemitischen Untertönen im Kampf gegen die „Agenten des Imperialismus". Gleichzeitig wurde – auf Forderung von Stalin – innerhalb der kommunistischen Parteien ein Kampf gegen die so genannten „Kosmopoliten" und „westliche Agenten" geführt. Der Vorwurf des „Kosmopolitentums" hing sicher auch mit Stalins Abneigung gegen die Juden (Luks, 1997), vor allem aber mit dem von ihm initiierten „Sozialismus im eigenen Land" zusammen, eine gegen die von Trotzki proklamierte Konzeption der „Weltrevolution" gerichtete Idee.

Im August 1950 wurde Paul Merker aus der SED ausgeschlossen. Dann folgte 1952 in Prag der Prozess gegen *Rudolf Slánsky* (damals Generalsekretär der Kommunistischen Partei der Tschechoslowakei) und andere Kommunisten. Der Slánsky-Prozess, der zweifellos den Höhepunkt der „Säuberungswellen" innerhalb der „Kommunistischen Internationale" darstellt, ist ein prototypisches Beispiel für die kalkulierte Inszenierung des Antisemitismus mit marxistisch-leninistischem Vorzeichen. Dieser größte Schauprozess der tschechischen Nachkriegszeit führte zur Hinrichtung zahlreicher Juden, die hohe Stellungen innehatte. Slánsky wurde unter dem Vorwurf, ein „imperialistisches Agentenzentrum" gebildet zu haben, zum Tode verurteilt und erschossen. Insgesamt wurden 233 Todesurteile ausgesprochen und 178 vollstreckt. 35.000 Personen wurden zu hohen Gefängnisstrafen verurteilt (Holz, 2001, S. 437).

---

[1] Jischuw: Jüdische Gesamteinwohnerschaft in Palästina

Nach dem Slánsky-Prozess gerieten auch Paul Merker sowie andere „Westemigranten" in der DDR erneut in das Fadenkreuz „antizionistischer" Maßnahmen. Dazu gehörten u. a. Leo Bauer, Franz Dahlem, Bruno Goldhammer, Rudolf Herrnstadt, Erich Jungmann, Alfred Kantorowicz, Leo Löwenkopf (Vorsitzender der Jüdischen Gemeinde Dresdens), Julius Meyer (Vorsitzender der Jüdischen Gemeinde in Ostberlin und Mitglied der Volkskammer), Fritz Sperling, Wolfgang Steinitz (Kommunist, Linguist und Volkskundler), Leo Zuckermann, zeitweilig Kanzleichef von Wilhelm Pieck. Ihnen wurde Spionage für den amerikanischen Geheimdienst vorgeworfen.

Der Hintergrund, den das Oberste Gericht der DDR konstruierte, bezog sich auf die angeblichen oder tatsächlichen Kontakte mit dem US-Amerikaner Noël H. Field, dem Direktor eines Hilfswerkes, das im Krieg kommunistische Emigranten unterstützt hatte. Noël H. Field hatte Paul Merker und anderen bei ihrer Flucht aus Nazi-Deutschland geholfen, war im Rahmen des Rajk-Prozesses verhaftet worden und hatte, wohl unter Folter, seine Zusammenarbeit mit dem US-amerikanischen Geheimdienst gestanden. Auch den Namen von Paul Merker soll er dabei genannt haben (Barth & Schweizer, 2005).

Paul Merker und die anderen Angeklagten hielt man also für Spione des US-Imperialismus. Mehr noch: Da sich Merker – wie erwähnt – bereits im mexikanischen Exil kritisch mit der nationalsozialistischen Rassentheorie und der Judenverfolgung auseinandergesetzt sowie die Wiedergutmachung der verfolgten Jüdinnen und Juden gefordert hatte (Herf 2025, S. 150 ff.,), traf ihn nun auch noch der Vorwurf, zionistischer Agent zu sein. Hermann Matern, führendes SED-Mitglied und Vorsitzender der Zentralen Parteikommission der SED, teilte in einer Erklärung des ZK der SED mit, Merker habe schon während seines mexikanischen Exils die „Interessen zionistischer Monopolkapitalisten" verteidigt.[2] „Es unterliegt keinem Zweifel mehr, dass Merker ein Subjekt der USA-Finanzoligarchie ist, der die Entschädigung der jüdischen Vermö-

---

[2] Matern bezog sich wohl auch auf einen Brief, den sowjetische Agenten des NKWD (Volkskommissariat für innere Angelegenheiten, das zwischen 1938 und 1953 von Lawrenti Beria geleitet wurde) im März 1951 Walter Ulbricht übergeben wurde. In diesem Brief wurde Merker vorgeworfen, während seines Exils in Mexiko die Sowjetunion diffamiert zu haben (siehe auch: Kießling, 1994, S. 119).

gen nur fordert, um dem USA-Finanzkapital das Eindringen in Deutschland zu ermöglichen. Das ist die wahre Ursache seines Zionismus" (Dokumente der SED 1954, Band 4, zit. n. Haury, 2002, S. 396).

Über die Inszenierung der Prozesse gegen Merker und die anderen wurde in der DDR-Presse ausführlich berichtet. Kein Wunder also, dass damals die meisten Vorsitzenden der jüdischen Gemeinden aus der DDR in den Westen flüchteten. Sie hatten Angst bekommen, weil die Staatssicherheit Listen über die Juden anlegte und zu diesem Zweck DDR-Bürger jüdischer Herkunft stundenlangen Verhören unterzog. Zahlreichen Juden wurden die Anerkennung als Opfer des Faschismus und die damit verbundene Rente entzogen (Haury, ebd., S. 401). Jüdische Mitglieder der SED wurden aufgefordert, aus den jüdischen Gemeinden auszutreten, so auch Hanna Wolf, die Rektorin der Parteihochschule beim ZK der SED. Diese Juden, es mögen 1946 ca. 2400 gewesen sein, waren nach 1945 in den Osten Deutschlands zurückgekehrt, um einen deutschen Staat mit antifaschistisch-demokratischem Programm, ohne Ausbeutung, ohne Militarismus und ohne Rassendiskriminierung aufzubauen (vgl. auch Maser, 1995, S. 341).

Zu ihnen gehörten der Schriftsteller Stefan Heym, der Literaturhistoriker Hans Mayer, Alexander Abusch, der spätere Kulturminister, stellvertretender Vorsitzender des Ministerrates der DDR und Ehrenpräsident des Kulturbundes, die späteren Mitglieder des Zentralkomitees der SED Gerhard Eisler und Albert Norden sowie der Literaturhistoriker Alfred Kantorowicz, der Wissenschaftshistoriker Jürgen Kuczynski, der Historiker Helmut Eschwege, der Theatermann Walter Felsenstein, die Theaterfrau Helene Weigel, die Schriftstellerin Anna Seghers, der Komponist Hanns Eisler und der Schriftsteller Arnold Zweig, der Philosoph Ernst Bloch, der Grafiker John Heartfield, der Schriftsteller Friedrich Wolf und seine Söhne Konrad (der Filmregisseur) und Markus (später Leiter des Auslandsgeheimdienstes der Staatssicherheit), u. v. a.. Viele von ihnen haben beim Aufbau der DDR eine wichtige Rolle gespielt.

Nach dem Tode von Stalin 1953 schien die Verfolgung der „zionistischen Agenten" aufzuhören. Merker indes wurde 1955 zu acht Jahren Zuchthaus verurteilt, 1956 aus der Haft entlassen und für unschuldig erklärt. Auch in die SED wurde er wiederaufgenommen, aber niemals öffentlich rehabilitiert. Leo Bauer wurde zu Lagerhaft in Sibirien verurteilt

und nach seiner Entlassung Berater von Willy Brandt. Alfred Kantorowicz, Leo Löwenkopf und Julius Meyer flüchteten in den Westen. 1961
ging Ernst Bloch ebenfalls in die Bundesrepublik. Zwei Jahre später folgte
ihm Hans Mayer. Jürgen Kuczynski und Anna Seghers, die beide ebenfalls ins Visier der Ankläger geraten waren, passten sich offiziell der SED-
Ideologie an. Andere, wie Wolfgang Steinitz oder Rudolf Herrnstadt re-
signierten und starben vor ihrer Zeit (vgl. auch: Leo, 2018).

Die Jüdischen Gemeinden in der DDR erhielten nach Stalins Tod wieder finanzielle Unterstützung, so wie andere Religionsgemeinschaften
auch. Aus staatlichen Mitteln wurden auch die Funktionäre und Mitarbeiter der Gemeinden bezahlt; ebenso der Wiederaufbau bzw. die In-
standsetzung der Synagogen und Gebetsräume in Ostberlin, Dresden,
Erfurt, Halle, Leipzig, Karl-Marx-Stadt, Magdeburg und Schwerin
(Maser, 1995, S. 355). Staatlich finanziert wurden in den 1980er-Jahren
ebenfalls ein Jüdisches Altersheim, eine koschere Fleischerei und ein
wöchentlich aus Ungarn eingeflogener Schächter. Aber es gab kaum noch
religiös aktive Juden in der DDR. Seit dem Tod des Rabbiners Riesen-
burger 1965 hatten die Jüdischen Gemeinden in der DDR keinen ständigen Rabbiner mehr. Zwischen 1966 und 1969 amtierte der Budapester
Rabbiner Ödon Singer gastweise in der DDR. Erst im September 1987
wurde als Folge einer neuen Politik Honeckers gegenüber dem Judentum
in Ostberlin wieder ein Rabbiner berufen (vgl. Maser, 1995, S. 353).

Die nichtreligiösen Juden spielten nach wie vor eine wichtige Rolle in
der DDR, nur waren sie eben nicht als Juden zu erkennen. Das Jüdische
wurde mit Vergangenem assoziiert und Israel mit dem amerikanischen
Imperialismus. Bis in die 1980er-Jahre weigerte sich die DDR-Regierung,
ernsthaft mit Israel zu verhandeln oder mit anderen jüdischen Organisationen mehr als nur geringfügige Restitutionen für jüdische NS-Opfer zu
gewähren. Gleichzeitig gab es in der DDR einen militanten Antizionismus, der seinen Höhepunkt während des Sechs-Tage-Krieges 1967 und
während der israelischen Invasion im Libanon im Jahre 1982 erreichte
(siehe ausführlich: Herf, 2025, S. 176 ff.).

Dass das Judentum und die Shoah in der DDR tabuisiert wurden,
haben Wissenschaftler*innen lange beklagt. Mittlerweile werden die
Sichtweisen differenzierter (z. B. Frei u.a., 2019). Alexander Walther
(2019) macht zu Recht darauf aufmerksam, dass die Shoah in der DDR

weder vertuscht noch bagatellisiert wurde. Die Erinnerung daran nahm in der offiziellen politischen und kulturellen Selbstdarstellung durchaus einen wichtigen Platz ein, z. B. in zahlreichen DEFA-Filme, wie Kurt Maetzigs „Ehe im Schatten", Konrad Wolfs Film „Professor Mamlock" (auf der Grundlage des gleichnamigen Theaterstücks von Friedrich Wolf), Frank Beyers Verfilmung „Jakob der Lügner" nach dem gleichnamigen Buch von Jurek Becker oder „Bronsteins Kinder" in der Regie von Jerzy Kawalerowicz und ebenfalls auf der Grundlage eines Buches von Jurek Becker. Ende der 1950er-Jahre erschien „Das Tagebuch der Anne Frank". Die Veröffentlichung von Primo Levis autobiografischem Bericht „Ist das ein Mensch?" hingegen scheiterte, weil er nicht der offiziellen Selbstinszenierung der DDR-Führung entsprach (Meinert, 2001).

Dennoch: Die antifaschistische Ideologie dominierte die Erinnerungskultur und den Umgang mit dem Nationalsozialismus in der DDR. Gleichzeitig wurden antisemitische Straftaten hart verfolgt; etwa die Schändung jüdischer Friedhöfe, Schmierereien mit faschistischen Losungen, das Zeigen des Hitlergrusses. Marion Neiss (2001) nennt Beispiele von Friedhofschändungen in der DDR aus den Jahren 1949, 1966, 1969, 1970, 1971 und 1972. Die SED versuchte derartige judenfeindliche und antisemitische Vorfälle weitgehend unter Verschluss zu halten.

Nach Auschwitz trat auch die DDR ein schwieriges Erbe an. Gemeistert hat sie es nicht. Die 2007 von der *Amadeu Antonio Stiftung* gemeinsam mit Jugendlichen erarbeitete Wanderausstellung „»Das hat's bei uns nicht gegeben!« Antisemitismus in der DDR" und die sehr unterschiedlichen Reaktionen jener, die diese Ausstellung besuchten, haben das eindrucksvoll gezeigt (Amadeu Antonio Stiftung, 2010).

Ob der von der SED praktizierte Antizionismus ein „unerklärter Krieg gegen Israel" (Herf, 2025, S. 176 ff.), ein „Teil einer antiimperialistischen Verschwörungstheorie" (Herzog, 1999) oder ein „[…] von deutschem Nationalismus und seinen Begründungsschwierigkeiten nach 1945 gespeister und geprägter, antizionistisch verkleideter »sekundärer Antisemitismus«" (Haury, 2002, S. 465) war, ist unwichtig. Entscheidend ist, dass die Juden in der DDR, wenn sie denn in der DDR bleiben wollten, ihr Jüdischsein verdrängen mussten.

Die Wiedergutmachungsforderungen des als „faschistischen Aggressor" bezeichneten Staates Israel wurden von der DDR-Obrigkeit abgelehnt. Ebenso wenig zeigte sich die DDR lange nicht bereit, erbenlose jüdische Immobilien und Vermögen aus der Hand zu geben.

Es lässt sich darüber streiten, ob die DDR ein antisemitischer Staat war oder nicht. Oren Osterer (2014) hat mittels einer umfangreichen Inhaltsanalyse das Israelbild in den Tageszeitungen der DDR untersucht. Dabei konzentrierte er sich darauf, wie politische Großereignisse, in denen Israel eine zentrale Rolle spielte in den DDR-Zeitungen geframt und interpretiert wurden: die Gründung des Staates Israel 1948, der Eichmann-Prozess 1961, der Sechstagekrieg 1967, das Olympia-Attentat von München 1972, der Frieden mit Ägypten 1979 und die erste Intifada Ende der 1980er-Jahre. Der DDR und der SED pauschal ein antisemitisches Weltbild zu unterstellen, lasse sich empirisch nicht begründen, so Oren Osterer:

> „Realistischer erscheint, dass Antisemitismus vor allem der Systemkonkurrenz (Eichmann-Prozess, Olympia-Attentat) und dem vermeintlichen globalen Kampf gegen den Imperialismus (Sechstagekrieg) untergeordnet war und dann zum Vorschein kam, wenn es dem übergeordneten Interesse dienlich erschien. So israelfeindlich und antizionistisch die DDR und die Berichterstattung in ihren Tageszeitungen auch war, die Behauptung, die DDR sei grundsätzlich ein antisemitischer Staat gewesen, erfährt auf Grundlage der vorliegenden Untersuchung keine Unterstützung. Gleichzeitig muss festgehalten werden, dass die SED-Agitation, und folglich auch die DDR-Zeitungen, nicht immun gegen Antisemitismus waren. Es lässt sich demnach schlussfolgern, dass der Antisemitismus als Motiv des Israelbildes in den Händen der SED-Agitationsbürokratie ein argumentatives Stilmittel unter vielen, aber keineswegs dominierend war. Antisemitismus wurde immer dann eingesetzt, wenn es den politisch-agitatorischen Zielen dienlich erschien" (Osterer, 2014, S. 195).

Es gibt – außer zahlreichen Belegen zu judenfeindliche Straftaten – wenig *empirisch belastbare* Hinweise zu den Meinungen und Einstellungen der DDR-Bevölkerung über Juden und Israel. Einige Hinweise mit anekdotischer Evidenz finden sich in Kurzaufsätzen, die im Rahmen verschiedener Studien des damaligen Zentralinstituts für Jugendforschung (ZIJ) von Schüler*innen und Lehrlingen geschrieben wurden (hier: ZIJ, 1988). Die dafür vorgegebene Frage lautete: „Was empfinden Sie, wenn

Sie an die Zeit das Faschismus denken?". Zwei der Antworten wollen wir an dieser Stelle zitieren.

> „Die faschistische Zeit war schon eine schwere Zeit, da Juden und die Arbeiterklasse schikaniert, verfolgt, verhaftet und vernichtet wurden. Aber Hitler hat es geschafft, Arbeitslosenzahl stark zu reduzieren und ich meine, Hitler hat nicht anders gehandelt als Cäsar oder sonst wer. Man kann ja auch nicht genau sagen, warum Hitler so stark gegen Juden reagierte" (ZIJ, 1988, S. 57).

> „Wenn ich höre, dass soundsoviel Millionen Juden in KZs umgekommen sind, so bin ich natürlich darüber entsetzt und empört (letztlich aber abgestumpft). Wenn ich dies aber an einem Schicksal von einem Juden erfahre, so wird mir diese Tatsache erst richtig bewusst oder geht mir sehr nahe" (ebd., S. 58).

Befragt wurden in dieser Studie aus dem Jahre 1988 insgesamt 1905 Schüler*innen (9. und 10. Klasse), Lehrlinge, junge Arbeiter*innen und Angestellte und Studierende. Der Aussage „Hitler wollte nur das Beste für das deutsche Volk" stimmten 4 % der Schüler*innen, 11 % der Lehrlinge und 4 % der Arbeiter*innen zu.

Diese Befunde sind an sich so problematisch nicht, auch wenn man davon ausgehen kann, dass sie von einem hohen Maß an sozialer Erwünschtheit beeinflusst sind. Gemessen an den politisch-ideologischen Vorgaben durch Partei und Staat in der DDR sind die Ergebnisse indes bedenklich schon.

Eine Sternstunde darf nicht vergessen werden. Auf ihrer zweiten Sitzung, am 12. April 1990, verabschiedete die erste und letzte freigewählte Volkskammer der DDR einmütig, bei 21 Enthaltungen, eine Erklärung, die auch heute noch von Bestand ist. Wir zitieren in Auszügen:

> „Das erste frei gewählte Parlament der DDR bekennt sich im Namen der Bürgerinnen und Bürger dieses Landes zur Mitverantwortung für Demütigung, Vertreibung und Ermordung jüdischer Frauen, Männer und Kinder. Wir empfinden Trauer und Scham und bekennen uns zu dieser Last der deutschen Geschichte. Wir bitten die Juden in aller Welt um Verzeihung. Wir bitten das Volk in Israel um Verzeihung für Heuchelei und Feindselig-

keit der offiziellen DDR-Politik gegenüber dem Staat Israel und für die Verfolgung und Entwürdigung jüdischer Mitbürger auch nach 1945 in unserem Lande [...]. Wir wissen uns verpflichtet, die jüdische Religion, Kultur und Tradition in Deutschland in besonderer Weise zu fördern und zu schützen und jüdische Friedhöfe, Synagogen und Gedenkstätten dauernd zu pflegen und zu erhalten [...] Wir treten dafür ein, verfolgten Juden in der DDR Asyl zu gewähren" (Bundestag.de, 2021, S. 23).

4.2   „lechts und rinks" – Antisemitismus und Antizionismus in der BRD

Bundesrepublik 1946. Die Not im Lande zwingt viele, durch Dienstleistungen für Ausländer – etwa als Gepäckträger am Bahnhof oder Flughafen – etwas dazuzuverdienen. Ein amerikanischer Jude entsteigt dem Auslandsexpress. Von allen Seiten greifen Hände nach seinen Koffern. „Halt!", ruft er dem ersten zu. „Waren Sie Nazi?". „Was fällt Ihnen ein!", protestiert dieser empört. „Und Sie?", fragt der Jude einen zweiten. „Aber nein!", versichert auch dieser. Der Jude wendet sich an einen dritten: „Na, und Sie?". Auch dieser weist es entrüstet zurück. „Und Sie, waren Sie Nazi?", fragt der Jude den nächsten. „Ja." „Endlich ein ehrlicher Mensch", ruft der Jude begeistert aus, „nehmen Sie meinen Koffer!" (aus: „Witze der Juden", Landmann, 1998).

Schon wenige Tage nach der Befreiung entwickelte sich in großen deutschen Städten wieder ein jüdisches Gemeindeleben. Am 1. April 1945 fand der erste jüdische Gottesdienst in Frankfurt am Main statt und am 29. April 1945 konstituierte sich der Vorstand der jüdischen Gemeinde in Köln. 1948 existierten bereits wieder über 100 jüdische Gemeinden in Deutschland; allerdings mit sehr geringen Mitgliederzahlen.

Mit der Niederlage des nationalsozialistischen Deutschlands war der Antisemitismus allerdings keinesfalls über Nacht verschwunden. Vereinzelt sollen im Sommer und Herbst 1945 jüdische Friedhöfe geschändet, Grabsteine umgeworfen, beschmiert oder zerstört worden sein, so im bayerischen Diespeck, im hessischen Alsbach und in Osnabrück (Lenhard, 2021).

Im zweiten Nachkriegsjahr, 1946, nahmen antisemitische Taten schlagartig zu. Antisemitische Einstellungen wurden nicht nur wieder öffentlich geäußert, antisemitische Diskriminierung wurde auch praktiziert. Zurückgeführt wird diese scheinbare Veränderung, die keine war, häufig auf die Konflikte zwischen Deutschen und den jüdischen „Displaced Persons" (DPs).

Als DPs wurden die Flüchtlinge bezeichnet, die während des Nationalsozialismus in Arbeits- und Vernichtungslager verschleppt wurden und nach dem Krieg wieder in ihre Heimat bzw. nach Deutschland zurückkamen. Dabei handelte es sich um Zwangsarbeiter, Kriegsgefangene und ehemalige Konzentrationslagerhäftlinge. Im Verlaufe des Jahres 1945 verließen die meisten nichtjüdischen DPs Deutschland wieder, die Zahl der jüdischen DPs dagegen stieg an. Im Sommer 1947 lebten etwa 145.000 jüdische DPs in Deutschland. Das Anwachsen der Zahl der *jüdischen* DPs hing nicht zuletzt mit den Pogromen zusammen, die nach 1945 in Polen stattfanden und denen rund tausend Juden zum Opfer fielen (Brenner 1995, S. 25 ff.). So wurden im Juli 1946 im polnischen Kielce 40 Juden ermordet und mehr als 80 verletzt. Der Anlass war wieder einmal ein Gerücht, das Gerücht, Juden hätten einen christlichen Jungen entführt. Tatsächlich war der Junge auf Besuch bei der Großmutter und kam zwei Tage nach seinem Ausflug wieder zu den Eltern zurück.

Nun kamen also diese „Ostjuden" ins Land der Täter und passten so gar nicht mehr ins deutsche Bild der „eigenen Juden". Ablehnung, Diskriminierung und die Drohung, die Gaskammern würden noch existieren, waren offenbar keine seltenen Reaktionen, mit denen die Deutschen die jüdischen DPs empfingen (Benz, 2000, S. 57).

Im Dezember 1946 führte die US-Militärregierung eine Umfrage (OMGUS-Surveys) unter knapp 3500 Deutschen in der *amerikanischen* Besatzungszone und in Westberlin durch. Dabei äußerte jeder fünfte Befragte (18 %) im hohen Maße antisemitische Vorurteile; sie wurden als „starke (intense) Antisemiten" eingestuft, weitere 21 % klassifizierte man als „Antisemiten" und noch einmal 22 % als „Rassisten" (Merritt & Merritt 1970, S. 146). Im April 1948 wurde die Studie wiederholt. Nun fanden die Befrager noch 19 % Antisemiten, 14 % stark antisemitisch eingestellte Personen und 26 % Rassisten. Überdies unternahmen die Forscher*innen von OMGUS einen interessanten Versuch. Sie wollten testen, ob sich Unterschiede ergeben, je nachdem, ob die Aussagen, die zu beantworten waren, als von Hitler stammend oder als allgemein Meinungen ausgegeben wurde. So antwortete die Hälfte einer Stichprobe auf die Frage: „Vor dem Krieg wurde oft gesagt, dass Teile Europas mit beträchtlichen deutschen Minderheiten (z. B. das Sudetenland) rechtlich wieder an Deutschland angegliedert werden sollten; waren Sie damit einverstanden oder nicht?" Die andere Hälfte erhielt die Frage: „Vor dem Krieg sagte Hitler oft, dass Teile Europas mit beträchtlichen deutschen Minderheiten (z. B. das Sudetenland) rechtlich wieder an Deutschland angegliedert werden sollten; waren Sie damit einverstanden oder nicht?" 36 % der ersten Stichprobe stimmten zu, ebenso wie 39 % der zweiten Stichprobe. Ein ähnliches Fragenpaar befasste sich mit der Vorkriegsstimmung, dass „[...] nur das internationale Judentum vom Krieg profitieren würde". In diesem Fall stimmten 14 % der verallgemeinerten Aussage zu, und 11 % waren bereit, sich in ihrer Annahme mit Hitler zu identifizieren. Ein drittes Fragenpaar bezog sich auf die vermeintliche Überlegenheit der „nordischen Rasse" und lieferte ähnliche Ergebnisse wie das zweite. Es gab also keine auffallend signifikanten Unterschiede in den Antworten auf unterschiedlich formulierte Fragen. Merritt und Merritt (1970, S. 32) schlussfolgern, dass Hitler und der nationalsozialistische Propagandaapparat nicht die alleinigen Ideengeber für die öffentliche Meinung im nationalsozialistischen Deutschland waren, sondern dass nationalistische und antisemitische Auffassungen und Vorstellungen in der Mehrheit der deutschen Bevölkerung möglicherweise durch die Propaganda nur verstärkt wurden. Weitere Hinweise darauf fänden sich in der mangelnden Bereitschaft der Nachkriegsbevölkerung, den Nationalsozialismus vollständig abzulehnen. In elf Umfragen zwischen November 1945 und Dezember 1946 haben durchschnittlich 47 % der Aussage zugestimmt, der Nationalsozialismus sei eine gute Idee, die nur schlecht umgesetzt worden sei. Bis August 1947 war diese Zahl auf 55 % gestiegen und blieb während der restlichen Besatzungszeit nahezu konstant.

Das neu gegründete Institut für Demoskopie in Allensbach (IfD) stellte 1949 in einer repräsentativen Bevölkerungsgruppe die Frage, wie die Einstellung der Deutschen zu den Juden sei. Ein Zehntel äußerte sich demonstrativ antisemitisch, zusätzlich standen 28 % Juden ablehnend oder reserviert gegenüber (vgl. IfD, 1986, S. 10). Weitere Hinweise für weit verbreitete antisemitische Vorbehalte der Nachkriegsdeutschen lassen sich der IfD-Umfrage aus dem Jahre 1952 entnehmen: So meinten beispielsweise 37 % der Befragten, dass es für Deutschland besser wäre, keine Juden im Land zu haben (vgl. IfD, 1986, S. 22).

Nichtsdestotrotz: Die offizielle Politik der Bundesrepublik Deutschland richtete sich von Anfang an auch gegen Antisemitismus. Mit Bundespräsident Theodor Heuss bekannte sich im Dezember 1949 erstmals ein führender Repräsentant des bundesdeutschen Staates angesichts der „teuflischen Verbrechen" am jüdischen Volk zu einer *Kollektivscham* aller Deutschen. Eine *Kollektivschuld* als Umkehrung der kollektiven Verfolgung der Juden lehnte Heuss dagegen ab. Auch Bundeskanzler Adenauer äußerte sich in der Sitzung des Deutschen Bundestages am 27. September 1951 in dieser Weise:

> „Die Bundesregierung und mit ihr die große Mehrheit des deutschen Volkes sind sich des unermesslichen Leides bewusst, das in der Zeit des Nationalsozialismus über die Juden in Deutschland und in den besetzten Gebieten gebracht wurde. Das deutsche Volk hat in seiner überwiegenden Mehrheit die an den Juden begangenen Verbrechen verabscheut und hat sich an ihnen nicht beteiligt [...] Die Bundesregierung wird für den baldigen Abschluss der Wiedergutmachungsgesetzgebung und ihre gerechte Durchführung Sorge tragen" (Adenauer, 1951).

Die Gesamtleistungen deutscher Wiedergutmachung beliefen sich 2022 auf rund 82 Mrd. EUR. Für jüdische Opfer des Nationalsozialismus werden außerdem jährlich Mittel (Renten, Pflegkosten) in Höhe von ca. 1,44 Mrd. EUR ausgezahlt (Auswärtiges Amt, 2024). Indes, sechs Millionen Jüdinnen und Juden, die in den Vernichtungslagern ermordet wurden, lassen sich ebenso wenig *wiedergutmachen,* wie die physischen und psychischen Leiden der Überlebenden und ihrer Nachkommen. Niemand kann ernsthaft daran denken, dass Jüdinnen und Juden für die Gräuel des Nationalsozialismus entschädigt werden können; jeder Versuch konnte deshalb nur eine symbolische Handlung bleiben. So ist es auch konsequent, wenn im Hebräischen „Wiedergutmachung" in diesem Zusammenhang auch gar nicht verwendet wird, sondern von „Shilumim" gesprochen wird, was auf Deutsch schlicht und einfach „Zahlungen" bedeutet.

Solche zu erhalten, war von Anfang an nicht leicht. Die gesetzlichen Bestimmungen, um aufgrund der Schäden an Leib und Seele finanzielle Entschädigung zu erhalten, waren äußerst kompliziert. Das sogenannte Bundesentschädigungsgesetz (am 29. Juni 1956 rückwirkend zum 1. Oktober 1953 verabschiedet) sah einen sehr umfangreichen Prozess vor, den Holocaust-Überlebende durchlaufen mussten, um von der Bundesrepublik für ihr Leiden im Nationalsozialismus „entschädigt" zu werden (Pross, 1988, S. 133 f.). Zunächst hatten die Antragsteller ein Formular auszufüllen und anzugeben, welche „Schäden an Körper und Gesundheit" sie erlitten haben. „Unter Angabe von Beweismitteln" mussten sie dann aufschreiben, durch welche „Verfolgungsmaßnahmen" die Schäden verursacht wurden. Weiterhin war anzugeben, bei welchen Ärzten und in welchen Krankenhäusern und Sanatorien die Antragsteller bisher behandelt wurden. Schließlich musste detailliert Auskunft gegeben werden über die eigenen wirtschaftlichen und persönlichen (finanziellen) Verhältnisse vor der Verfolgung. Danach wurde durch das Entschädigungsamt ein Arzt am Wohnort (in Israel oder Deutschland) des Verfolgten beauftragt, ein Gutachten anzufertigen. Der Gutachter musste sämtliche Leiden des Antragstellers auflisten und die Minderung der Erwerbsfähigkeit errechnen. Anschließend hatte der Arzt festzustellen, welche Leiden durch die Verfolgung verursacht sein könnten und in welcher Form diese Ursachen aufgetreten sind; ob es sich um ein „anlagebedingtes Leiden" handelt oder ob das Leiden wesentlich durch die Verfolgung bedingt ist. Die Gutachten der Ärzte wurden dann in den deutschen Entschädigungsämtern durch deutsche Prüfärzte beurteilt. Allerdings wurden zahlreiche Anträge auf Entschädigung abgelehnt; nicht zuletzt, weil manche Prüfärzte in Deutschland bis in die 1960er-Jahre einer „vorherrschenden medizinischen Lehrmeinung" bzw. einem dominierenden medizinischen Paradigma folgten, das besagte: Eine verfolgungsbedingte psychische Schädigung kann es nicht geben, weil der menschliche Organismus auch bei schweren psychischen Traumata in der Lage sei, die Belastungen sehr schnell auszugleichen und zu kompensieren (Durst, 2002, S. 3). Viele Überlebende unterließen es deshalb, einen Entschädigungsantrag zu stellen – auch aus Angst, durch das Entschädigungsverfahren Erinnerungen an die im Konzentrationslager erlittenen Qualen erneut durchleben zu müssen. Andere wollten den deutschen Behörden gegenüber nicht als Bettler auftreten oder kein „Blutgeld" von den ehemaligen Tätern beziehen. Letztlich wurde die individuelle „Wiedergutmachung" in der Bundesrepublik „institutionell eingekapselt" und auf die Gutachter übertragen. Sowohl die deutschen als auch die israelischen Gutachter mussten nicht nur die Bürde der Begegnung mit den Opfern tragen. Oftmals waren die israelischen Gutachter selbst Verfolgte des Nazi-Regimes (Rieck & Eshet, 2009).

Der US-Hochkommissar John McCloy stellte im Sommer 1949 vor Vertretern jüdischer Gemeinden fest: „Das Verhalten der Deutschen zu den wenigen Juden in ihrer Mitte ist ein Prüfstein ihrer Gesittung und eines echten demokratischen Aufbauwillens" (McCloy, J.; zit. n. Bergmann, 1997, S. 16). McCloys Feststellung war ja eigentlich nur Ausformulierung praktischer Handlungen in Folge des Potsdamer Abkommens. Dort hatten die Alliierten u. a. beschlossen, das politische, wirtschaftliche, kulturelle und geistige Leben Deutschlands zu entnazifizieren. Im „Gesetz zur Befreiung von Nationalsozialismus und Militarismus" vom 5. März 1946 wurde die Entnazifizierung durch den Kontrollrat der Besatzungsmächte für alle Zonen für verbindlich erklärt. Die Entnazifizierung in den Westzonen betraf zwölf Millionen Menschen. Dabei ging es u. a. um die politische Bereinigung der Ämter und Stellungen von ehemaligen Nazis. Von den über zwölf Millionen Personen wurden bis Juni 1948 mehr als neun Millionen als nicht betroffen eingestuft. Bis zum offiziellen Ende der Entnazifizierung im Sommer 1949 waren 1600 Personen als „Hauptschuldige" und 21.600 als „Belastete" eingestuft sowie 27.000 mit Berufsverbot für politische Ämter belegt worden (Gerhardt & Gantner, 2009, S. 58).

Gegen knapp vier Millionen Deutsche wurden jegliche Verfahren im Rahmen der Entnazifizierung eingestellt. Die Alliierten hatten die Bundesdeutschen in die Selbständigkeit entlassen und die begannen, nicht zuletzt vor dem Hintergrund der „roten Gefahr", eine Politik, die der damalige CDU-Innenminister von Schleswig-Holstein Paul Pagel 1951 „Renazifizierung" nannte. Die Folgen sind bekannt und müssen hier nicht ausführlich dargestellt werden; deshalb nur kleine Erinnerungen an bundesdeutsche Politikväter: *Hans Globke,* richtungweisender Kommentator der Nürnberger Rassengesetze aus dem Jahre 1935, wurde nach dem Krieg zuerst Vizepräsident des nordrhein-westfälischen Landesrechnungshofes, 1949 Ministerialdirigent im Bundeskanzleramt, 1950 Leiter der Hauptabteilung für innere Angelegenheiten und 1953 – trotz heftiger Proteste seitens der Opposition und einem Teil der deutschen Presse – Staatssekretär im Adenauer Kabinett; *Adolf Heusinger,* als Offizier im NS-Generalstab Planer von Hitlers Angriffskriegen, war zusammen mit Nazi-General *Hans Speidel* erster Befehlshaber der Bundeswehr und ab 1957 erster Generalinspekteur der Bundeswehr; *Kurt Georg Kiesinger* trat bereits vor 1933 der NSDAP bei, war von 1940 bis 1945 Propaganda-Chef der Rundfunkpolitischen Abteilung im Auswärtigen Amt, verbüßte nach Kriegsende eine mehrmonatige Haftstrafe im Internierungslager für NS-Verbrecher in Ludwigsburg und war von 1966 bis 1969 deutscher Bundeskanzler; *Waldemar Kraft* trat 1943 in die NSDAP ein, war Ehren-Hauptsturmführer der SS und wurde 1953 Bundesminister für besondere Aufgaben im Kabinett von Adenauer; *Theodor Oberländer,* 1933 der NSDAP beigetreten, war SA-Obersturmbannführer in Pommern und wurde 1957 unter Konrad Adenauer Bundesminister für Vertriebene, Flüchtlinge und Kriegsgeschädigte.

Die Geschichten dieser und anderer ehemaliger Nazis wurden erstmals im „Weißbuch der VVN – in Sachen Demokratie"[3] aus dem Jahr 1960 (neu herausgegeben 2004) publiziert. Richtig „spannend" wurden die Geschichten dann aber im so genannten „Braunbuch", das der für Propaganda und für die Aufarbeitung der Nazi- und Kriegsverbrechen zuständige SED-Funktionär und DDR-Politiker Albert Norden 1965 herausgab. Das „Braunbuch" listete die Namen von 1800 angeblich schwer belasteten führenden Nazi-Funktionären und Kriegsverbrechern auf, die in der damaligen BRD entscheidende Funktionen innehatten. In dem 340 Seiten umfassenden Buch wurden 15 Minister und Staatssekretäre in der BRD, 100 Generale und Admirale der Bundeswehr, 828 hohe Justizbeamte, Staatsanwälte und Richter sowie 245 leitende Beamte des Auswärtigen Amtes, der Botschaften und Konsulate und 297 hohe Beamte der Polizei und des Verfassungsschutzes als „Stützen der Hitlerdiktatur, Wegbereiter und Nutznießer der Judenverfolgung" oder „über-

---

[3] VVN steht für Vereinigung der Verfolgten des Naziregimes.

führte Mörder von Antifaschisten" bezeichnet (vgl. auch den von Norbert Podewin 2002 herausgegebenen Reprint des „Braunbuches").

Über die Alt-Nazis, die nach einer gewissen Schonfrist in den 1950er-Jahren wieder in der Wirtschaft, Justiz, im diplomatischen Dienst, in der wissenschaftlichen Lehre und Forschung etc. tätig wurden, ist ebenfalls genug geschrieben worden (vgl. z. B. Frei, 1999). So vaterlos war die Gesellschaft gar nicht, die sich nun demokratisch inszenierte.

Die seit Jahrzehnten verfestigten antisemitischen Vorurteile in der deutschen Bevölkerung ließen sich weder durch die Umerziehungsbemühungen der Alliierten noch durch offizielle politische Appelle „aus den Köpfen zu löschen". Das politische Bemühen, die nationalsozialistische Vergangenheit zu bewältigen und die Frage der Wiedergutmachungszahlungen für das den Juden zugefügte Leid öffentlich und auf parlamentarischer Ebene zu thematisieren, hatte keineswegs nur die gewünschten Ergebnisse. 1949 betonten noch 54 % der Bundesdeutschen die Pflicht zur Wiedergutmachung gegenüber den deutschen Juden und 1951 plädierten sogar 68 % dafür, den Juden, die gelitten hatten, zu helfen. Ein Jahr später indes lehnten 68 % der Bundesbürger jegliche Zahlung an Israel ab oder hielten sie für überhöht (Noelle & Neumann 1956). Dass weite Teile der Bevölkerung mit den Wiedergutmachungszahlungen nicht einverstanden waren, hatte einerseits ökonomische Gründe und hing zum anderen mit der Ablehnung vieler Deutscher zusammen, eine Verantwortung für nationalsozialistischen Verbrechen zu übernehmen. Die ökonomischen Gründe mögen ja nachvollziehbar sein; wer gibt schon, wenn er gerade sein neu gebautes Haus mit Hypotheken belastet hat.

Im September 1959 wurde die Kölner Synagoge in der Roonstraße feierlich eingeweiht, um drei Monate später, am Weihnachtsabend, mit antisemitischen Parolen beschmiert zu werden. Die Täter waren zwei 25-jährige Mitglieder der „Deutschen Reichspartei". Diesem Anschlag auf die Kölner Synagoge folgte 1959/1960 eine Welle antisemitischer Schmierereien. Bis Ende Januar 1960 wurden 684 Fällen registriert. Einige westdeutsche Politiker, z. B. Franz-Josef Strauß, meinten, hinter den antisemitischen Vorfällen könnten nur die ostdeutschen Kommunisten stecken. In einem schnell herausgegebenen „Weißbuch" der Bundesregierung wurden die Taten als „unpolitische Rowdy- und Rauschtaten" bagatellisiert (Becker et al., 2020). Für Peter Schönbach vom Institut für Sozialforschung in Frankfurt am Main waren diese Vorfälle Grund genug, genauer hinzuschauen. In einer relativ kleinen Umfrage wenige Tage nach den antisemitischen Schmierereien wollte er von den Befragten wissen, welche Meinung sie zu den „antisemitischen Parolen und Hakenkreuzen an Häusern und Brückenpfeilern" haben und ob sie diese billigen (Schönbach, 1960). Als Vergleich bot sich eine zeitgleich von Johan Galtung in den USA durchgeführte Studie an (Galtung, 1960). Auch dort war es im Frühjahr zu einer Welle antisemitischer Handlungen gekommen. „Während aber in der Frankfurter Befragung die als antisemitisch Eingestuften (ca. 16 %) die Ereignisse mehrheitlich bagatellisierten und als »unpolitische Streiche von Halbstarken und dummen Jungen« abtaten, war in den USA das genaue Gegenteil der Fall: die Vorfälle wurden als »politisch sehr bedeutsam« aufgewertet" (Stender, 2020, S. 24). In Deutschland war der Antisemitismus keinesfalls verschwunden; seine Existenz wurde aber geleugnet oder verdrängt. Diesen Widerspruch versuchte Schönbach durch den Begriff „Sekundärer Antisemitismus" in den Griff zu bekommen (Schönbach, 1961; siehe auch *Abschn.* 2.1).

Auf die antisemitischen Vorfälle im Winter 1959/1960 beschloss der Bundestag im Juni 1960 übrigens eine Neufassung des Strafgesetzbuches, in dem Hass sowie die Aufforderung zu Gewalt- oder Willkürmaßnahmen gegen Teile der Bevölkerung und das Beschimpfen und Verleumden unter Strafe gestellt wurden.

Bedenkt man, dass, wenn in der frühen Bundesrepublik über Jüdinnen und Juden diskutiert wurde, vornehmlich die Wiedergutmachungszahlen an den Staat Israel und der 1961/62 in Jerusalem stattgefundene Prozess gegen den SS-Obersturmbannführer Adolf Eichmann im Fokus der öffentlichen Aufmerksamkeit standen, drängt sich eine weitere Frage auf: Könnte es sein, dass mit dieser Fokussierung der falsche Schein entstand, die Juden, auch die in Deutschland lebenden, verkörperten Israel; Israel und Judentum seien quasi identisch?

Vielleicht war es gerade dieser falsche Schein, der in den 1960er- und 1970er-Jahren mit dazu beitrug, dass sich die bundesdeutsche Gesellschaft in ihrer Einstellung gegenüber dem Staat Israel zunehmend zu spalten begann. *Zum Ersten* bewunderten viele Deutsche die enorme Aufbauleistung in Israel und brachten auch der Kibbuzim-Bewegung viel

Sympathie entgegen. *Zum Zweiten* organisierte sich die extreme Rechte neu. Nachdem im Jahre 1952 die „Sozialistische Reichspartei" (SRP) vom Bundesverfassungsgericht verboten worden war, gründete sich 1964 die NPD, deren Gründer Adolf von Thadden nicht nur die „Umerziehung seit 1945" kritisierte, sondern auch die Opferzahlen der Shoah und die Echtheit des „Tagebuchs der Anne Frank" bezweifelte (Weber, 2025, S. 262). Am 6. November 1966 erreichte die NPD bei der hessischen Landtagswahl 7,9 % und acht Mandate. 1967 folgten Bayern mit 7,4 %, Rheinland-Pfalz mit 6,9 %, Schleswig-Holstein mit 5,8 %, Niedersachsen mit 7,0 %, Bremen mit 8,9 % und Baden-Württemberg mit 9,8 %. Die Mitgliederzahl erreichte im selben Jahr mit 28.000 Mitgliedern ihren Höchststand (Assheuer & Sarkowicz, 1992). Der Eichmann-Prozess 1961 in Jerusalem und der 1963 beginnende Auschwitz-Prozess in Frankfurt am Main nahmen die „neuen" extremen Rechten zum Anlass, um sich vehement gegen eine „Vergangenheitsbewältigung" zu wehren. Einer der Lautesten dürfte zur damaligen Zeit der Schweizer Publizist Armin Mohler (1920–2003) gewesen sein, der zeitweise auch Privatsekretär von Ernst Jünger war. Volker Weiß (2017) sowie Gideon Botsch und Kollegen (Botsch et al., 2023) zählen ihn zu den Vordenkern der heutigen „Neuen Rechten". Mohler strebte eine „Konservative Revolution" an, wetterte gegen „Medienleute" und liberale Intellektuelle, die fortwährend von „Antifaschismus" reden würden, und warnte vor der Gefahr, hinter einem „moralisierenden Rauchvorhang" „aus den Deutschen Untermenschen zu machen" (zit. n. Weber, 2025, S. 274).

Drittens betrachtete die politische Linke in dieser Zeit die kapitalistische Entwicklung bzw. die israelische Innen- und Außenpolitik zunehmend skeptisch. Spätestens mit dem Sechs-Tage-Krieg im Juni 1967, drei Tage nach dem *Benno Ohnesorg* während einer Demonstration gegen das Schah-Regime erschossen wurde, nahm die linke Israelkritik antizionistische Züge an. Regierung und Springer-Presse feierten indes den Sieg Israels mit einer Blitzkriegsbegeisterung. Die „Neuen Linken 68er" kritisierten in diesem Zusammenhang nicht nur die zögerliche Aufarbeitung der Nazivergangenheit der Väter und Großväter, sondern verurteilten – quasi in einem Aufwasch – Israel als „imperialistischfaschistisches Staatsgebilde". Die palästinensische *Al Fatah* wurde zum avantgardistischen Akteur der sozialrevolutionären Umwandlungsprozesse in der Dritten Welt stilisiert und die Juden als „Faschisten" beschimpft, „[…] die in Kollaboration mit dem amerikanische Kapital das palästinensische Volk ausradieren wollen" (ein Zitat der „Tupamaros Westberlin"[4]; zit. n. Haury, 1992, S. 130 f.). In diesen Kontext gehört auch der gescheiterte Bombenanschlag auf das jüdische Gemeindehaus in Westberlin am 9. November 1969. Der Anschlag wurde von den „Tupamaros West-Berlin" verübt. Im Bekennerschreiben, das vier Tage nach dem Attentat mit dem Titel „Schalom + Napalm" erschien, hieß es u. a., die Überlebenden der Shoah seien Faschisten geworden, weil sie das palästinensische Volk ausradieren wollen. Linke Aktivisten, wie Detlev Claussen oder Daniel Cohn-Bendit, wandten sich entschieden gegen derartige Angriffe auf jüdische Einrichtungen in Deutschland, sahen aber in den jüdischen Gemeinden auch „Zentren der Finanzierung des zionistischen Staates" (zit. n. Stein, 2011, S. 50 f.). Am 13. Februar 1970 kam es zu einem terroristischen Brandanschlag auf das jüdische Altenheim der Israelitischen Kultusgemeinde in München. Sieben Bewohner starben, sechs weitere wurden schwer verletzt. „Es war der schlimmste Anschlag auf Juden in Deutschland seit 1945" (Herf, 2025, S. 221).

Im Jahre 1970 häuften sich Bombenanschläge auf Flugzeuge der EL Al bzw. anderer Fluglinien, die nach Israel auf dem Weg waren. Und dann verübte die palästinensische Terrorgruppe „Schwarzer September" im September 1972 den Anschlag während der Olympischen Spiele in München. Elf Mitglieder der israelischen Olympiamannschaft kamen dabei ums Leben. Wenige Wochen später meldete sich Ulrike Meinhof zu Wort, der wegen ihrer Aktivitäten in der Terrorgruppe „Rote Armee Fraktion" der Prozess gemacht werden sollte. In einer Schrift mit dem Titel „Die Aktion des Schwarzen September" verteidigte sie den Terroranschlag in München. Am Schluss dieser Schrift liest man: „Die Aktion des Schwarzen September in München wird aus dem Gedächtnis des antiimperialistischen Kampfes nicht mehr zu verdrängen sein. Der Tod der arabischen Genossen wiegt schwerer als der Tai-Berg. DER STEIN, DEN SIE IN FÜRSTENFELDBRUCK AUFGEHOBEN HABEN,

---

[4] Die Tupamaros Westberlin war eine linke Terrorgruppe, die sich in ihrem Namen auf die Untergrundbewegung „Movimiento de Liberación Nacional – Tupamaros" aus Uruguay bezogen. Die Tupamaros Westberlin wurden von Dieter Kunzelmann (1939–2018), einem linksradikalen antisemitischen Politaktivisten, gegründet.

DIESE BESTIEN, WIRD AUF IHRE EIGENEN FÜSSE FALLEN! SOLIDARITÄT MIT DEM BEFREIUNGSKAMPF DES PALASTIN-ENSSCHEN VOLKES! SOLIDARITÄT MIT DER REVOLUTION IN VIETRAM! REVOLUTIONÄRE ALLER VÖLKER VEREINIGT EUCH!" (RAF, o.J.; Hervorh. im Original; siehe auch: Herf, 2025, S. 225).

Am 27. Juni 1976 wurde ein Air-France-Flugzeug, das sich auf dem Weg von Tel Aviv nach Paris befand, von Mitgliedern der Volksfront zur Befreiung Palästinas (PFLP) nach Entebbe in Uganda entführt. Unter den 258 Passagieren waren mehr als hundert Israelis, die nach der Freilassung der nichtjüdischen Passagiere als Geiseln festgehalten wurden. Beteiligt an der Entführung waren auch zwei Mitglieder der deutschen Terrorgruppe „Revolutionäre Zellen". Der linke Antisemitismus im antizionistischen Gewande verschärfte sich noch einmal, als die israelische Armee 1982 die Libanon-Invasion startete und das von christlichen Milizen durchgeführte Massaker in den Flüchtlingslagern von Sabra und Schatila[5] bekannt wurde. Die Etikettierungen, die die radikalen Linken dabei in ihren Argumentationen nutzten, glichen denen, die auch den verordneten Antizionismus in den sozialistischen Ländern kennzeichnete: Der Zionismus sei die „Ideologie jüdischer Kapitalisten"; zwischen dem „Antisemitismus des NS-Faschismus" und dem Zionismus" bestehe eine „ideologische Verwandtschaft"; der „Zionistenstaat" sei der imperialistische „Brückenkopf gegen die nationalen Befreiungsbewegungen" und müsse als „der Feind aller Menschen" betrachtet werden (alle Zitate n. Haury,1992, S. 125 ff.).

Was die politische Kultur betrifft, so könnte man vielleicht behaupten, der erfolgreiche Wiederaufbau Deutschlands und die Einführung rechtsstaatlicher und demokratischer Prinzipien in der Bundesrepublik mögen einen Rückgang des Antisemitismus befördert haben. Frederick Weil (1987), der sich auf Befunde des Instituts für Demoskopie stützt, schlussfolgert, dass die Zustimmung zu der Aussage „Würden Sie sagen, es wäre

---

[5] Im September 1982 veranstalteten christliche Milizen in den palästinensischen Flüchtlingslagern im Süden des Libanon ein Blutbad. Israelische Truppen, die sich in der Nähe befanden und über das Massaker informiert waren, griffen nicht ein.

besser, keine Juden im Land zu haben" zwischen den Jahren 1952 und 1983 von 37 % auf 9 % zurückgegangen sei. Die von Alphons Silbermann 1974 durchgeführte Studie scheint dem zu widersprechen (Silbermann, 1982). Silbermann berichtet, dass ca. 20 % der Befragten mehr oder weniger starke antisemitische Vorurteile äußerten, 30 % tolerant gegenüber Juden seien und ca. 50 % zumindest noch Reste antisemitischer Einstellungen aufwiesen. Obwohl Bergmann und Erb (1991, S. 60) Silbermanns Ergebnisse „mehr als kühn" bezeichnen, gehen auch sie für die 1970er- und 1980er-Jahre von einem stabilen Rest von Antisemiten aus, der je nach gewählter Analysemethode etwa 15 bis 20 % der Bevölkerung betrage. 1987 konstatieren sie auf der Grundlage einer repräsentativen Befragung von 2102 westdeutschen Erwachsenen, dass 6,9 % der Befragten als „vehement antisemitische", 11,6 % als „stark antisemitisch" und 33,2 % als „potentiell antisemitisch" eingestuft werden können (Bergmann & Erb,1991, S. 61).

In dieser Zeit zeigte sich eine inhaltliche Veränderung des Judenbildes. Die Stereotype vom „feigen", „arbeitsscheuen" und „schachernden" Juden kleiden sich im neuen Gewand des „nachtragenden" und des „nie verzeihenden" Juden, der aus der Shoah finanziellen Nutzen zu ziehen versucht (vgl. auch Freytag, 2000, S. 59). Ergänzt werde diese Einstellung durch Uminterpretationen der Judenverfolgung und -vernichtung, sowie der Zuschreibung einer Mitschuld der Juden an ihrer Verfolgung.

In diesem Zusammenhang beobachten Bergmann und Erb (1986, 1991, 2000) seit Jahren einen Nachkriegs-Antisemitismus, der als reprivatisierter, nicht-militanter, nicht-fanatischer und „entideologisierter Antisemitismus" ohne öffentliche Legitimation, ohne propagandistischen Träger und ohne Selbstbewusstsein einer Ideologie sei. Dieser sekundäre Antisemitismus – in Anlehnung an Peter Schönbach (1961) – erhalte seine Dynamik aus dem Umgang mit der Nazi-Vergangenheit, dem Holocaust und insbesondere aus der Schuldfrage. Mit der öffentlichen Tabuisierung judenfeindlicher Ansichten habe sich in Deutschland eine so genannte Kommunikationslatenz entwickelt, die zu großen Teilen bis in die heutige Zeit hinein fortbestehe.

Unter „Kommunikationslatenz" verstehen Bergmann und Erb die Form,

„[…] in der antisemitische Einstellungen heute in der Bundesrepublik existieren: In der anonymen Befragungssituation (und möglicherweise auch in privater Kommunikation) kommen bei einem nicht geringen Anteil der Bevölkerung sehr deutlich antijüdische Ressentiments zum Vorschein, während diese in der Öffentlichkeit, etwa in der Kommunikation mit Fremden, in öffentlichen Veranstaltungen oder in den Medien […] nicht geäußert werden. Diese Kommunikationslatenz verdankt sich einem extremen öffentlichen Meinungsdruck, da sowohl die Medien wie auch Prestigepersonen des öffentlichen Lebens, Parteien, Kirchen, die Erziehungsinstitutionen etc. antisemitische Einstellungen konsonant verurteilen und bekämpfen" (Bergmann & Erb 1991, S. 502).

Die Kommunikationslatenz habe in der Bundesrepublik die Funktion des (innerstaatlichen) Strukturschutzes und sei auch außenpolitisch bedeutungsvoll gewesen. Bundesdeutsche Integrationsbestrebungen ins westliche Lager und außenpolitischer Druck erforderte die glaubhafte Bestätigung der gelobten Besserung. In diesem Sinne müssten auch die auf parlamentarischer Ebene verabschiedeten Gesetze zur Wiedergutmachung als Staatsraison verstanden werden. Die notwendige Durchsetzung der Entschädigungsleistungen konnte nur durch die Schaffung entsprechender Kommunikationsverbote gelingen, da eine breite gesellschaftliche Debatte aufgrund der noch vorhanden antisemitischen Ressentiments in weiten Teilen der Bevölkerung für die Verabschiedung entsprechender Gesetze äußerst hinderlich gewesen wäre. Jahrzehnte nach Kriegsende scheint es nun so, dass die staatlichen Tabus und die damit verordnende Kommunikationslatenz zunehmend und gehäuft durchbrochen werden. Dafür spreche, dass die Nachkriegsgeneration, weil durch die „Gnade der späten Geburt" selbst nicht in die NS-Verbrechen der Väter involviert, nicht mehr in Verantwortung genommen werden wolle und auf die Aufhebung des „unnormalen" Kommunikationsverbotes dränge. Dies bedeute zwar nicht, dass das Kommunikationsverbot nicht mehr existiere. „Harte" öffentliche antisemitische Äußerungen sind auch weiterhin von strafrechtlicher Relevanz, da sie mit der bundesdeutschen Grundordnung unvereinbar sind. Es bedeute aber, dass das antisemitische Potential der Bevölkerung nicht mehr negiert und öffentlich thematisiert wird. Auch die historische Aufarbeitung der NS-Vergangenheit und damit auch die Auseinandersetzung mit der antisemitischen Ideologie des Nationalsozialismus seien seit einiger Zeit möglich. Doch im Grunde verhindern gerade die vorhandenen antisemitischen Einstellungen die Einleitung eines „natürlichen Verhältnisses, das nicht durch den Zusammenhang von Schuld und Opfer bestimmt wird" (Bergmann & Erb, 1986, S. 229). Sie verhindern es, weil ihre Inhalte auf der antisemitischen NS-Ideologie aufbauen, weil sie die Juden für den Antisemitismus verantwortlich machen und die deutsche Schuld relativieren.

In einer vom Institut für Demoskopie Allensbach gemeinsam mit dem Zentrum für Antisemitismusforschung und unter der Leitung von Werner Bergmann und Rainer Erb 1988 durchgeführten Studie (Institut für Demoskopie Allensbach, 1988, S. 428) mit Bürger*innen aus Westdeutschland und Westberlin im Alter ab 16 Jahren kommen die Autoren zu dem Schluss: Die Bevölkerung insgesamt definiere ihre Position zu Juden in erster Linie über drei Aussagen: Die Negierung einer persönlichen Schuld, die Betonung der eigenen Vorurteilsfreiheit gegenüber Juden und Scham über die deutschen Verbrechen an Juden. 83 % der Bevölkerung seien sich persönlich keiner Schuld gegenüber Juden bewusst. 75 % betonen, keinen Unterschied zwischen Juden und anderen Menschen zu machen, 61 % äußern Scham über die deutschen Verbrechen an Juden. 22 % würden die These vertreten, dass Juden an ihrem Schicksal eine Mitschuld trifft. 15 % der Bevölkerung betonen, dass sie ihre Meinung über Juden nicht ohne weiteres jedem Gesprächspartner offenbaren, 10 % berichten von einer antijüdischen Familientradition. 71 % der antijüdisch eingestellten Personen vertreten die Auffassung, dass Juden an Hass und Verfolgung Mitschuld tragen.

50 Jahre nach dem Novemberpogrom 1938 drückte sich die Ablehnung von Jüdinnen und Juden in der alten Bundesrepublik durch Uminterpretationen der Judenverfolgung und -vernichtung, sowie durch die Zuschreibung einer Mitschuld der Juden an ihrer Verfolgung aus.

Theaterstücke, wie Rainer Werner Fassbinders Stück „Der Müll, die Stadt und der Tod" aus dem Jahre 1985, in dem der reiche jüdische Immobilienspekulant u. a. auf einen überzeugten Nazi trifft, skandalisierten das Verhältnis zwischen Juden und Nichtjuden und zeigten, wie stark dieses Verhältnis noch immer von der deutschen Schlussstrichmentalität belastet war. Das wird auch in den nachfolgenden Jahren so bleiben und sich im vereinten Deutschland u. a. in der Walser-Bubis-Debatte wiederfinden lassen (siehe auch: *Abschn.* 4.3).

Und doch gab es Hoffnung. Anfang 1979 strahlten die Dritten Programme des Ersten Deutschen Fernsehens eine deutsche Übersetzung der US-amerikanischen Fernsehserie „Holocaust – Die Geschichte der Familie Weiss" aus. Zum ersten Mal wurde im deutschen Fernsehen das Thema Judenverfolgung und -vernichtung in Form einer Spielfilmhandlung behandelt. Insgesamt hatte die Serie für deutsche Verhältnisse eine sehr hohe Sehbeteiligung von zirka 43 bis 48 %. Das bedeutet, dass jeder zweite Erwachsene die Serie gesehen haben muss. Vor allem Jüngere, Männliche, Gebildetere und politisch Interessierte gehörten offenbar zu den Zuschauerinnen und Zuschauern. Vor und nach der Ausstrahlung der Serie wurde durch ein Meinungsforschungsinstitut eine Befragungsstudie als Längsschnitt mit vier Erhebungswellen durchgeführt (Weichert, 1980). 73 % urteilten über die Fernsehserie positiv, sieben Prozent negativ, zwanzig Prozent hatten keine Meinung. Mehr als die Hälfte sprach von Erschütterung, Scham und Tränen. Neun Prozent der Zuschauer zeigten sich aber auch empört darüber, dass „man uns Deutsche auf diese Weise verunglimpft".[6] Die Zahl derer, die eine Mitschuld aller Deutschen an der Vernichtung der Juden anerkannten, stieg von 16 % vor der Ausstrahlung der Sendung auf 22 % nach der Ausstrahlung. Ebenso nahmen die Zustimmung zu, Entschädigungsleistungen und die Empörung über Bestrebungen zu, NS-Verbrechen verjähren zu lassen (Ernst, 1980). Ob und wie derartige filmische Darstellungen der Shoah von den Rezipienten aufgenommen werden, hängt allerdings entscheidend davon ab, ob sich die Rezipienten mit den Opfern oder mit den Tätern identifizieren. So konnten Hormuth und Stephan (1981) in einer experimentellen Studie zeigen, dass Zuschauerinnen und Zuschauer, die sich beim Ansehen der Fernsehserie mit den Nazis und nicht mit den Opfern identifizierten, eher den Juden die Schuld für die nationalsozialistischen Verbrechen gaben.

---

[6] Der schon erwähnte Armin Mohler sah in der Ausstrahlung des Films einen weiteren Beleg für die neue Phase des Geschichtskampfes. „Als Urheber betrachtete er das amerikanische Judentum, das sich mit dem Mehrteiler eine wirksame politische Waffe geschmiedet habe" (zit. n. Weber, 2025, S. 273).

Am Ende der 1980er-Jahre, so lässt sich zusammenfassen, haben wir es in der BRD zum *einen* mit den staatlichen Tabus und einer Kommunikationslatenz zu tun. Das heißt, Es gibt zwar einerseits antisemitische Einstellungen in der westdeutschen Bevölkerung, die aber andererseits nicht in die Öffentlichkeit drängen. Zum *zweiten* existieren diese Einstellungen nicht im luftleeren Raum, sondern gehören zur Weltsicht eines nicht kleinen Teils der deutschen Bevölkerung. *Drittens* werden die Tabus und Kommunikationsverbote immer häufiger durchbrochen, weil, so Bergmann und Erb (1986, S. 229 ff.), Teile der Nachkriegsgeneration durch die „Gnade der späten Geburt" selbst nicht in die NS-Verbrechen ihrer Väter involviert waren und keine Verantwortung mehr übernehmen wollten. *Viertens* fand der Antisemitismus durch den Antizionismus der Linken oder durch die Geschichtsrelativierung neurechter Akteure immer wieder auch Eingang in die öffentlichen Kommunikationsräume. Und *fünftens* wurden die ambivalenten öffentlichen und privaten Diskussionen über Verantwortung, Shoah und dem Verhältnis zwischen Juden und Deutschen durch einen Streit deutscher Historiker und Philosophen flankiert, der als Historikerstreit zur jüngsten deutschen Geschichte gehört und sich 1986/1987 in der Bundesrepublik abspielte. Opponenten im Streit waren Ernst Nolte, Andreas Hillgruber, Michael Stürmer und Klaus Hildebrand, denen Jürgen Habermas, Hans Mommsen und einige andere „Geschichtsrevisionismus" vorwarfen. Die Auseinandersetzungen drehten sich u. a. um die Einzigartigkeit der nationalsozialistischen Verbrechen und darum, inwieweit die Shoah als Folge der vorausgegangenen stalinistischen Verbrechen verstanden werden müsse. Sieger im Streit, in dem es auch darum ging, wer in der Bundesrepublik die kulturelle Hegemonie innehat, gab es am Ende wohl nicht. Geblieben ist das große Wort vom *Verfassungspatriotismus,* ein Begriff, den der Politikwissenschaftler *Dolf Sternberg* 1970 (1907–1989) erstmals in die öffentliche Debatte einführte und den Jürgen Habermas gegen die Geschichtsrevisionisten in Stellung brachte: „Der einzige Patriotismus, der uns dem Westen nicht entfremdet, ist ein Verfassungspatriotismus. Eine in Überzeugungen verankerte Bindung an universalistische Verfassungsprinzipien hat sich leider in der Kulturnation der Deutschen erst nach – und durch – Auschwitz bilden können" (Habermas, 1986).

4.3 Moralkeulen, Schlussstriche und Antisemitismus – vom Faszinosum antisemitischer Skandale im neuen Deutschland

Ein junger Berliner Jude traf in der U-Bahn auf dem Weg ein Bekannten, der gerade ein Nazi-Blatt las. Der junge Jude ärgerte sich über dieses eigenartige Verhalten, und er sprach den Lesenden an: „Chajmkele, was ist denn mit Dir los. Wozu liest Du so einen Dreck?" Chajim blickte auf und sagte: „Hi Ruven, ich kann Dir die Zeitung nur empfehlen. Früher las ich in der Zeitung über Terroropfer in Israel, über Antisemitismus in Europa, über die Finanznot der Gemeinden, jüdische Projekte suchen dringend Spender, Selbsthilfegruppen für Überlebende müssen eingestellt werden, die Öffentlichkeitsarbeit ist ein Flop, die unterschiedlichen Richtungen streiten sich, die Jugend interessiert sich immer weniger für jüdische Belange...". „Schon gut, das weiß ich selbst!" „Naja, dann hab' ich mal zu diesem Blatt gewechselt, und ich kann Dir sagen, die Nachrichten sind um einiges besser: ‚Zionistische Lobbys beherrschen die öffentliche Meinung, das Judentum bemüht sich geschlossen seine Ziele zu verfolgen, wir beherrschen Regierungen und Banken, schwimmen alle in Geld und stecken alle unter einer Decke'...".

Die Schändung jüdischer Friedhöfe gehört seit 1945 fast schon zu den Alltagsritualen der deutschen Antisemiten und Antisemitinnen. Marion Neiss (2001) geht davon aus, dass es seit Kriegsende mindestens 1140 Fälle von Schändungen jüdischer Grabanlagen in Deutschland gegeben habe. Mit Beginn der 1990er-Jahre wuchs die Zahl der Schändungen rapide an und lag – nach Angaben des Verfassungsschutzes – in den 1990er-Jahren zwischen 25 und 90 Fällen pro Jahr; 2023 wurden 14 Störungen der Totenruhe registriert (Verfassungsschutz, 2024). Die Dunkelziffer dürfte – bei rund 2000 jüdischen Friedhöfe in Deutschland – viel höher sein. Horkheimer und Adorno vermerken: „Die Verwüstung der Friedhöfe ist keine Ausschreitung des Antisemitismus, sie ist er selbst" (1969, S. 192).

Nur scheint das die deutsche Öffentlichkeit kaum zur Kenntnis zu nehmen. Das mag an der geringen Anzahl der Schändungen liegen; es kann aber auch mit der „liberalen" Haltung des Publikums zusammenhängen, das erst dann den Antisemitismus zur Kenntnis nimmt, wenn er Aufsehen erregt und zum Skandal wird.

Einer der bekannteste Skandal der 1990er-Jahre ist sicher verbunden mit Walsers Wort von der „Moralkeule Auschwitz", gesprochen zur Verleihung des Friedenspreises des deutschen Buchhandels am 11.10.1998. Zur Erinnerung an Martin Walser, der „vor Kühnheit zitternd" meinte:

> „Auschwitz eignet sich nicht, dafür Drohroutine zu werden, jederzeit einsetzbares Einschüchterungsmittel oder Moralkeule oder auch nur Pflichtübung. Was durch Ritualisierung zustande kommt, ist von der Qualität des Lippengebets. Aber in welchen Verdacht gerät man, wenn man sagt, die Deutschen seien jetzt ein ganz normales Volk, eine ganz gewöhnliche Gesellschaft? In der Diskussion um das Holocaustdenkmal in Berlin kann die Nachwelt einmal nachlesen, was Leute anrichteten, die sich für das Gewissen von anderen verantwortlich fühlten. Die Betonierung des Zentrums der Hauptstadt mit einem fußballfeldgroßen Alptraum. Die Monumentalisierung der Schande" (Walser, 1998).

Der damalige Vorsitzende des Zentralrats der Juden in Deutschland, Ignatz Bubis, bezeichnete die Rede als „geistige Brandstiftung" und setzte damit eine lange Debatte in Gang. Tobias Jaecker hat in hervorragender Weise die so genannte Bubis-Walser-Debatte analysiert, sodass wir uns erlauben, eine ausführlichere Passage aus dieser Analyse zu zitieren:

> „Ignatz Bubis blieb mit seiner Kritik der »geistigen Brandstiftung« zunächst fast allein. Sein Verdacht, Walser habe mit der »Instrumentalisierung zu gegenwärtigen Zwecken« die seinerzeitigen Entschädigungsforderungen von NS-Zwangsarbeitern gemeint, wurde von Walser bestritten. Zugleich warf er Bubis vor, »aus dem Dialog zwischen Menschen« ausgetreten zu sein. Andere stellten Bubis' Kritik zunächst als eine verständliche Empfindsamkeit der Opfer dar. Die Debatte dynamisierte sich, als Bubis seine Kritik am 9. November 1998 anlässlich des 60. Jahrestags der »Reichspogromnacht« wiederholte: Walsers Rede sei der Versuch, »Geschichte zu verdrängen beziehungsweise die Erinnerung auszulöschen«. Kurz darauf meldete sich Klaus von Dohnanyi in der FAZ zu Wort. Er beklagte die Tragik deutscher Schuldverstrickung und versuchte, die ver

meintlich moralisch überlegene Position der Juden zu konterkarieren: »Allerdings müssten sich natürlich auch die jüdischen Bürger in Deutschland fragen, ob sie sich so sehr viel tapferer als die meisten Deutschen verhalten hätten, wenn nach 33 ‚nur' die Behinderten, die Homosexuellen oder die Roma in die Vernichtungslager geschleppt worden wären«. Zu Recht wies Bubis dies als »bösartig« zurück, legten Dohnanyis Aussagen doch nahe, die Verantwortung zu relativieren, das Täter- und Opfer-Verhältnis umzukehren und die Juden zu einer Versöhnung zu erpressen. [...] Ein von der FAZ organisiertes Gespräch zwischen Walser und Bubis sowie FAZ-Herausgeber Frank Schirrmacher und Salomon Korn vom Zentralrat der Juden markiert den Schlusspunkt der Debatte. Es sollte der symbolischen Befriedung des gesellschaftlichen Konflikts dienen, der vielerorts als »Missverständnis« (Tagesspiegel) tituliert worden war – Bubis habe Walser falsch interpretiert und ihn somit ungerechtfertigt kritisiert. Bubis nahm seinen Vorwurf der geistigen Brandstiftung während des Gesprächs zurück, obwohl Walser ausdrücklich darauf bestand, dass er nicht missverstanden worden sei. Außerdem verkündete Walser in aggressivem Ton, dass er sich schon mit der Vergangenheit beschäftigt habe, als Bubis »noch mit ganz anderen Dingen beschäftigt« gewesen sei. Opfer und Täter, die Traumatisierung der Überlebenden, die sich nicht so frei für oder gegen ein Hinschauen entscheiden können, all dies wurde damit von Walser beiseite gewischt. Walser berief sich außerdem vehement auf die positiven Reaktionen, die er bekommen habe" (Jaecker, 2003).

Im Frühsommer 2002 veröffentlichte Walser dann sein unrühmliches Buch „Tod eines Kritikers". Nachdem die „Frankfurter Allgemeine Zeitung" (FAZ) einen Vorabdruck des Buches mit der Begründung abgelehnt hatte, es sei ein „Dokument des Hasses" mit „antisemitischen Klischees" (siehe auch Salzborn & Schwietring, 2003, S. 60), äußerte sich Walser empört und drohte mit rechtlichen Schritten. Ausführlich lässt Walser seine Figuren über die Ermordung eines Literaturkritikers fantasieren, der als der Holocaust-Überlebende Marcel Reich-Ranicki zu erkennen ist. Die öffentlichen Debatten um das Buch waren divers. So warf beispielsweise Jan Philipp Reemtsma in der Frankfurter Allgemeinen Zeitung Walser „Kontrollverlust" und latenten Antisemitismus vor (Reemtsma, 2002). Arno Widmann (2002) hingegen hielt Walsers Buch für eines der besten Bücher. Das Buch wurde veröffentlicht und zum Bestseller.

Fast zeitgleich, ebenfalls im Frühsommer 2002, meldete sich auch der damalige Landesvorsitzende der FDP in Nordrhein-Westfalen, Jürgen W. Möllemann, zu Wort. Möllemann unterstützte öffentlich den Nordrhein-Westfälischen Landtagsabgeordneten Jamal Karsli (damals noch bei den Grünen), der im Zuge der Eskalation des Israel-Palästina-Konfliktes öffentlich von einem „Vernichtungskrieg" Ariel Scharons gegen die Palästinenser und von einer „zionistischen Lobby" gesprochen hatte, die jegliche Kritik an der israelischen Kriegspolitik verhindere. Karsli verließ im April 2002 die Partei der „Bündnis-Grünen" und wurde auf Betreiben Möllemanns in die FDP-Fraktion NRWs aufgenommen, was wiederum die öffentliche und auch in den Reihen der FDP zu hörende Kritik an Möllemann provozierte. Möllemann wehrte sich vehement gegen diese Kritik und griff dabei vor allem in einem ZDF-Interview den damaligen Vizepräsidenten des Zentralrats der Juden in Deutschland, Michel Friedman, an. Kurz vor der anstehenden Bundestagswahl 2002 gipfelte der Konflikt zwischen Möllemann und der zornigen Öffentlichkeit in einem umstrittenen Flugblatt, das Möllemann an alle Haushalte in Nordrhein-Westfalen verteilen ließ. Nach dem Bundestag wurden Details der fragwürdigen und wahrscheinlich rechtswidrigen Finanzierung der Flugblattaktion bekannt. Möllemann verlor immer mehr Rückhalt in der FDP. Schließlich kam er dem vom Parteivorstand beschlossenen Ausschluss aus der FDP zuvor und trat im März 2003 aus der FDP aus. Dass Möllemann wenig später seinem Leben ein Ende setzte, hat den von ihm inszenierten Skandal nicht besser gemacht. Im Gegenteil.

Eh wir uns in der fast dunklen Geschichte verlieren, blicken wir auf die jüngste Vergangenheit.

Am 17. Januar 2017 hielt der Vorsitzende der Thüringer AfD, *Björn Höcke,* in Dresden eine Rede, in der er in Anspielung auf das Denkmal für die ermordeten Juden Europas in Berlin von einem „Denkmal der Schande" sprach. *Höcke* meinte nicht die Ermordung der Juden; das Holocaust-Mahnmal vielmehr sei für ihn eine Schande. Die vollständige Passage in *Höckes* Rede lautet:

„Wir Deutschen – und ich rede jetzt nicht von euch Patrioten, die sich hier heute versammelt haben – wir Deutschen, also unser Volk, sind das einzige Volk der Welt, das sich ein Denkmal der Schande in das Herz seiner Hauptstadt gepflanzt hat" (das vollständige Transkript der Rede finden sich unter: Der Tagesspiegel, 2017).

Nachdem der Vorstand der AfD drohte, *Höcke* aus der AfD auszuschließen, entschuldigte er sich Mitte Februar 2017 auf dem Thüringer Landesparteitag der AfD mit den Worten: „Ich habe ein großes, ein wichtiges Thema leider in einer Bierzeltrede vergeigt" (Der Spiegel, 2017). Das „Bierzelt", von dem *Höcke* spricht, ist das *Ballhaus Watzke* in Dresden an der Ecke Leipziger und Kötzschenbroder Straße. Auf seiner Webseite wirbt das Ballhaus u. a. damit, über einen der schönsten Ballsäle Sachsens zu verfügen. Nun, darum soll es hier nicht gehen.

Derartige Argumentationsformen, wie sie Höcke benutzt, sind geeignet, den Holocaust zu relativieren, die Schuld zu verharmlosen und der Verantwortung zu widersprechen. *Höckes* Rede im Allgemeinen und die oben zitierte Passage im Besonderen verweisen auf etwas, dass *Julijana Ranc* „Vergegenwärtigungsabwehr" nennt (Ranc, 2016, S. 160ff.). Mit diesem leicht sperrigen Begriff möchte die Autorin u. a. darauf aufmerksam machen, dass „[…] es auch beim Nachgeborenen-Antisemitismus ‚gemischtere' Gefühle sind, die (oder genauer: deren Vergegenwärtigung) abgewehrt und aversiv gegen die Juden gewendet werden" (S. 161). Es geht also nicht nur um Erinnerungs-, Vergangenheits-, oder Schuldabwehr, sondern um eine grundlegende Tendenz, gegenwärtige (rationale und emotionale) Konsequenzen aus vergangenen Geschehnissen zu meiden, um die irreale (und narzisstische) individuelle und kollektive Selbstkonstruktion nicht zu gefährden. In seiner Rede forderte *Höcke* „eine erinnerungspolitische Wende um 180 Grad" angesichts der „dämliche(n) Bewältigungspolitik" (Der Tagesspiegel, 2017).[7]

---

[7] Björn Höcke gelingt es immer wieder, den Nerv seiner Zuhörer*innen zu treffen. Im Mai 2021 und im Dezember 2023 soll er die verbotene Parole „Alles für Deutschland" der Sturmabteilung (SA) verwendet haben. Er meint dagegen, vom Verbot dieses Ausrufes nicht gewusst zu haben. Das Landgericht verurteilte ihn trotzdem zu einer Geldstrafe in Höhe von 13.000 € (Tagesschau, 2024).

Knapp eineinhalb Jahre später, im Juni 2018, spricht dann Alexander Gauland auf einem Kongress der „Jungen Alternative" seine unrühmlichen Sätze:

„Aber wir wollen weder in der Welt noch in Europa aufgehen. Wir haben eine ruhmreiche Geschichte, die länger dauerte als 12 Jahre. Und nur wenn wir uns zu dieser Geschichte bekennen, haben wir die Kraft, die Zukunft zu gestalten. Ja, wir bekennen uns zu unserer Verantwortung für die 12 Jahre. Aber, liebe Freunde, Hitler und die Nazis sind nur ein Vogelschiss in unserer über 1000-jährigen Geschichte" (zit. n. AfD-Bundestag, o.J.).

Derartige Entgleisungen, gewollt oder nicht, sind ja nichts Neues, auch antisemitische Skandale nicht. In Erinnerung ist der Antisemitismusskandal auf der *documenta fifteen* im Frühsommer 2022. Die Künstlergruppe *Taring Padi* aus Indonesien präsentierte auf dem Platz vor dem Fridericianum in Kassel ein Großgemälde. Darauf abgebildet waren u. a. unverkennbar ein Mossad-Angehöriger mit Schweinekopf sowie ein Jude mit Schläfenlocken, Zigarre und SS-Hut. Nach Protesten wurde das Gemälde abgehangen. Im Verlaufe der documenta tauchten noch weitere antisemitisch konnotierte Werke auf.[8] Das Kuratorenkollektiv *Ruang rupa* der documenta teilte in einem Offenen Brief mit, im Rahmen der *documenta fiffteen* seien zu keinem Zeitpunkt antisemitische Äußerungen gemacht worden. Man trete entschieden den Versuchen entgegen, Künstler*innen zu delegitimieren. Unter den Beteiligten gebe es keinen Antisemitismus und keine Israelfeindlichkeit. Es sei ein Skandal, dass „Qualitätsmedien" Internet-Recherchen von Amateuren so aufgebauscht hätten. Politiker*innen, wie Claudia Roth, oder Wissenschaftler, wie Meron Mendel, Direktor er Bildungsstätte Anne Frank, hingegen sahen in dem Bild eine klare antisemitische Hetze. Wenig später entschuldigten sich das Kuratorenkollektiv *Ruangrupa* und das Künstlerkollektiv *Taring Padi*

---

[8] Folgt man dem Abschlussbericht, den das „Gremium zur fachwissenschaftlichen Begleitung der documenta fifteen" vorgelegt hat, so transportierten zwei Kunstwerke eindeutig antisemitische Aussagen, bei zwei weiteren legen israelfeindlichen Bildinhalte dies nahe (Abschlussbericht, 2022).

für die antisemitischen Darstellungen (siehe ausführlich: RIAS Hessen, 2023).[9]

Haben die judenunfreundlichen Äußerungen von Walser oder Möllemann, die Artikulationen von Höcke und Gauland, die antisemitisch gestalteten Kunstwerke auf der Documenta oder andere antisemitische Inszenierungen das Potential als Skandale die Öffentlichkeit aufzuregen und aufzurütteln oder gehören solche Inszenierungen mittlerweile zum Alltag des gesellschaftlichen Umgangs? Wann werden antisemitische Debatten zu Skandalen, wer sind die Skandalbeteiligten und was wollen sie mit der Skandalisierung erreichen?

„Das altgriechische Wort *»scándalon«,* auf das der moderne Begriff des Skandals zurückgeht, bedeutet ursprünglich das »Stellhölzchen« einer Tierfalle, welche zuklappt, wenn jenes berührt wird. In der Bibel taucht das *»scándalon«* bzw. das lateinische *»scandalum«* zuerst in seiner bis heute allgemeinsten Bedeutung des »Ärgernisses« auf. Es bezeichnet hier den Verstoß gegen den religiösen Glauben, oder genauer: den Stein des Anstoßes, der in Sünde stolpern lässt. Die Konnotation des Anstößigen behält das *»scandalum«* der Bibel auch in seiner ersten Übertragung in eine westeuropäische Sprache, ins Französische bei, wo das Adjektiv *»scandaleux«* für etwas steht, was schmählich ist und öffentlich Ärgernis erregt. Zu Beginn des 18. Jahrhunderts dann wurde das französische *»scandale«* ins Neuhochdeutsche entlehnt: als »schmachvolles Aufsehen erregender Vorgang« verzeichnet den »Scandal« das Deutsche Wörterbuch der Gebrüder Grimm [...], und bei dieser Bedeutung, die vom Ende des 18. Jahrhunderts an in den Begriffen »Skandalgeschichte«, »Skandalpresse«, »Skandalprozess« zum Ausdruck kommt, ist es im öffentlichen Gebrauch des Wortes geblieben" (Neckel, 1989, S. 56; Hervorh. im Original).

Der Skandal – ein schmachvolles Aufsehen erregender Vorgang!?

Skandale erregen Aufsehen, wenn es Akteure gibt, die Aufsehen erregen, Beobachter, die sich über die Akteure erregen und eine Öffentlichkeit, die auf die Skandalisierung reagiert. Die eigentliche Inszenierung eines skandalträchtigen Tuns geschieht indes in sogenannten Skandal-

---

[9] Tim Stosberg (2025) belegt, dass der antisemitische Skandal auf der documenta fifteen eine Vorgeschichte hat und auch vorangegangene Kasseler Kunstausstellungen nicht frei von antiisraelischen Präsentationen waren.

zellen. Entscheidend, so dünkt es uns, dürfte sein, dass das skandalträchtige Tun in der Regel in diversen Gruppen und Zirkeln inszeniert wird. Eine der Ursachen für die Skandal-Inszenierung scheint die Tendenz sozialer Gruppen und Interaktionsgemeinschaften zu sein, sich im Verlaufe ihrer Entwicklung und im Interesse der internen Machtspiele von ihren Umwelten abzuschotten. Innerhalb solch exklusiver Zirkel entwickeln sich Arbeitsbedingungen und Gruppenkulturen, die Janis (1972) als „group-think" bezeichnet und u. a. durch folgende Merkmale beschrieben hat: ein hohes Maß an Kohäsion, Absonderung von der Umwelt, autoritäre Führung, Illusionen der Unverwundbarkeit, kollektive Rationalisierungen, Abbau moralischer Bedenken, abwertende Verkennung der „anderen", Sanktionen gegen Dissidenten. In Anlehnung an Max Gluckman (1989) können wir Gruppen oder Gemeinschaften, die in dieser Weise gruppeninterne und -externe Wirklichkeit zu deuten versuchen, auch *Skandalzellen* nennen. Hier werden die kalkulierten Normenverstöße vorbereitet und die – bezogen auf den Antisemitismus – kalkulierten Tabuverstöße inszeniert. Nicht selten werden die kalkulierten Normenverstöße mit diversen Verschwörungsmythen verquickt. Über die Macher (und Macherinnen) der Verschwörungsmythen und deren Intentionen wissen wir mittlerweile recht gut Bescheid (z. B. Frindte, 2021; Lamberty, 2025). Es sind die rechtsextremen, sich manchmal auch links gebenden, rassistischen und antisemitischen Gruppen, Think Tanks oder klandestinen Bünde, die die Mythen zum Beispiel über den „tiefen Staat", die „Lügenpresse", den „Großen Austausch" oder die „zionistische Weltverschwörung" verbreiten.

Ein prototypisches Beispiel für eine Skandalzelle dürfte das neurechte „Institut für Staatspolitik" von Götz Kubitschek und seiner Ehefrau Ellen Kositza im Sachsen-Anhaltischen Schnellroda sein, in dem auch Björn Höcke gern zu Gast ist. Kubitschek hat zwar 2024 mitgeteilt, dass sich das Institut aufgelöst habe, über den Podcast „Kanal Schnellroda" werden weiterhin Nachrichten und „Argumente" über „Schuldkult", „Umerziehung" und „Tätervolk" verteilt. Martin Sellner von der „Identitären Bewegung" spricht dort über „Trump, Musk und Wir" und den Schuldkult, der Fraktionsgeschäftsführer der AfD in Brandenburg, Erik Lehnert, äußert sich oder Maximilian Krah. Schnellroda ist einer der Orte, in denen sich die neurechten Strategen treffen, um die skandalträchtigen, geschichtsrevisionistischen Verstöße vorzubereiten (siehe auch: Pfahl-Traughber, 2022).

2022, im Jahr der *documenta fifteen,* befragten Oliver Decker und Kolleg*innen in der „Leipziger-Autoritarismus-Studie" über 2500 Personen ab dem 16. Lebensjahr nach ihren Meinungen zu rechtsextremen und politischen Aussagen (Decker et al., 2022, S. 42). Der Aussage „Auch heute noch ist der Einfluss der Juden groß" stimmten 7,2 % der Befragten (7,7 % im Osten und 7,0 im Westen) voll und ganz bzw. überwiegend zu. 21,6 % (im Osten 27,6 und im Westen 20,0 %) stimmten dieser Aussage zum Teil zu.

Inwieweit solche Ergebnisse einschlägiger und repräsentativer Umfragen etwas mit den antisemitischen (skandalträchtigen) Inszenierungen im öffentlichen Raum zu tun haben, lässt sich empirisch allerdings nicht exakt belegen. Ganz blind sind Sozialwissenschaftler*innen in diesem Zusammenhang indes auch wieder nicht.

Hinz et al. (2024) führten im Dezember 2023 eine Umfrage unter 2000 Studierenden in Deutschland durch, also zu der Zeit als in Deutschland und in anderen Ländern zahlreiche propalästinensische Demonstrationen stattfanden, auf denen (siehe oben) mit Rufen, wie „From the river to the sea" skandalisiert wurde. Die Autor*innen fanden u. a., a) dass sich die Mehrheit der befragten Studierenden über den aktuellen Nahostkonflikt Sorgen macht, insbesondere über das Leid der palästinensischen (70 %) und der israelischen Bevölkerung (61 %); b) 71 % der Studierenden sehen in dem Angriff der Hamas am 7. Oktober 2023 einen „verabscheuungswürdigen Terrorakt"; c) 10 % der Studierenden sehen sich als „volle Unterstützer" und 16 % als „potenzielle Unterstützer" der BDS-Forderungen.[10] d) Gruppe werde insbesondere bei „Israel-Kritik" und radikalen Elementen des Protests mobilisiert, etwa die Verbrennung israelischer Flaggen und anti-israelischer Transparente (Hinz et al., 2024).

Die Rolle der Medien in der Inszenierung und Skandalisierung von Antisemitismus muss nicht besonders betont werden; wir wollen sie aber auch nicht übersehen. Skandale werden nicht von Medien gemacht, son-

---

[10] Diese Forderungen lauten, wie erwähnt, u. a.: „Vereint euch jetzt, um den #GazaGenozid zu stoppen und die israelische Apartheid zu beenden" (siehe oben).

dern durch die Medien zum Laufen gebracht. Das gilt mutatis mutandis auch für Antisemitismus-Skandale. Auch sie werden von politischen Interessengruppen inszeniert und mittels der Verbreitungsmedien dramatisiert. Und dort erregen sie Aufsehen, weil sie dem staunenden Publikum neue Möglichkeitsräume für die eigene soziale Identität öffnen, weil enthüllt wird, was die meisten schon ahnten, viele gern möchten, aber nur wenige tun.

Allerdings müssen wir einschränken und etwas ausholen: Bekanntlich bilden Verbreitungsmedien die Wirklichkeit nicht einfach ab, sondern konstruieren diese, indem sie ein ausgewähltes mediales Angebot bereitstellen. Journalisten, Redaktionen und Rundfunkräte fungieren hierbei als „Konstrukteure" des medialen Angebots, indem sie zunächst die Themen und dann das entsprechende Bild- und Tonmaterial selektieren, zusammenstellen und schließlich präsentieren. Diese Prozesse und Ergebnisse auf Seiten der Medienproduzenten bestimmen das an den Rezipienten gerichtete mediale „Wirklichkeitsangebot". Auf Seiten des Rezipienten kann die mediale Berichterstattung bestimmte Wirklichkeitskonzepte salient machen, widerspiegeln, festigen und erweitern oder entsprechende Interpretationen von Ereignissen sowie bestimmte Bewertungen fördern – so z. B. auch in Bezug auf muslimische und nicht muslimische Eigen- und Fremdgruppen, deren Beziehungen und mögliche wechselseitige Vorurteile. Beispielsweise konnten für US-amerikanische Stichproben im Kontext des 11. September Zusammenhänge zwischen dem Ausmaß der Mediennutzung und einem erhöhten Bedrohungserleben sowie verstärkten Vorurteilen gegenüber Muslimen berichtet werden (z. B. Persson & Musher-Eizenman, 2005). Im Zusammenhang mit der Berichterstattung über die Ermordung des niederländischen Filmemachers Theo van Gogh im November 2004 durch einen islamistischen Fundamentalisten konnte gezeigt werden, dass auch hier das Ausmaß der Mediennutzung kurz nach dem Ereignis positiv mit vorurteilsbehafteten Einstellungen gegenüber Muslimen korreliert (Boomgaarden & de Vreese, 2007).

Vor allem „negative" Ereignisse, also solche, die z. B. auf Normabweichungen und Skandale hindeuten, Kontroversen auszulösen vermögen oder mit sozialen Konflikten verknüpft sind, besitzen einen hohen Nachrichtenwert, werden deshalb von den Medien bevorzugt berichtet und vom Publikum aufmerksam beachtet. Eine durch die Rezipienten in Gang gesetzte und durch die Journalisten gefütterte Aufmerksamkeitsspirale kann in solchen Fällen einen hohen Handlungsdruck auch auf die politischen, wirtschaftlichen und wissenschaftlichen Eliten ausüben. Schlüsselereignisse können als Auslöser für einen *Medienhype* angesehen werden; im Deutschen könnte man auch von *Medienrummel* sprechen (Vasterman, 2005, S. 515).

Unter einem Medienhype lässt sich der gesamte Prozess subsumieren, der in Folge eines Schlüsselereignisses zu einer plötzlichen Veränderung der Berichterstattung führt. Die medialen Berichte nehmen rasant zu und immer mehr Journalisten berichten über ein und dasselbe Thema. Jedes kleine Vorkommnis wird zur wichtigsten Neuigkeit des Tages, sofern es das gleiche Ereignis betrifft.

Ein Ereignis wird quasi zu einem Selbstläufer, indem sich die Berichte über das Ereignis nicht mehr nur auf das Ereignis, sondern auf die Berichte über die Berichte usw. beziehen. Diese Eigendynamik kommt allerdings nur dann zustande, wenn es sich bei dem Auslöseereignis tatsächlich um ein Schlüsselereignis, also um ein Ereignis mit überdurchschnittlichem Aufmerksamkeitswert, handelt. Das Schlüsselereignis und die darauf bezogene Eigendynamik der Berichterstattung generieren ein generelles Nachrichtenthema, das als Ausgangspunkt für die weitere Suche nach immer neuen Nachrichten betrachtet werden kann und gegebenenfalls zu einer Uniformität in der journalistischen Nachrichtenselektion führt. Nach einer gewissen Zeit lässt sich eine *Absenkung der Nachrichtenschwellen* beobachten, die dazu beiträgt, dass mit dem generellen Nachrichtenthema verwandte Nachrichten eine größere Chance haben, publiziert zu werden als solche, die mit dem Nachrichtenthema nicht oder nur marginal zusammenhängen. Und so folgt auch bald eine Abnahme der öffentlichen Aufmerksamkeit; auch Journalisten verlieren das Interesse am Nachrichtenthema und wenden sich anderen Neuigkeiten zu.

Der Verlauf eines Medienhypes zeigt sich auch in der Fernsehberichterstattung über die oben beispielhaft erwähnten mehr oder weniger skandalträchtigen antisemitischen Inszenierungen. Die Friedenspreisrede von Walser, Höckes Ausspruch vom „Denkmal der Schande" oder eine propalästinensische Demonstration, auf der „From the river to the sea –

Palestine will be free" skandiert wird, können als Schlüsselereignisse betrachtet werden, denen die „klassische" Berichterstattung einige Wochen intensiv folgt, um sich danach anderen Themen zuzuwenden.[11] Hin und wieder taucht das ursprüngliche Thema, das mit dem Schlüsselereignis verbunden ist, z. B. in politischen Debatten oder wissenschaftlichen Publikationen auf. Großartige Konsequenzen haben die ursprünglichen Medienhypes allerdings nicht. *Die kurzzeitige Skandalisierung antisemitischer Taten, um unsere o.g. Frage nicht zu vergessen, reiht sich als vorübergehendes Ereignis ein in den alltäglichen Antisemitismus.*

In den sozialen Medien scheint die Thematisierung israelbezogener und/oder antisemitischer Themen einer anderen Logik zu folgen. Zunächst existieren vor einem Schlüsselereignis, wie dem 7. Oktober 2023, zahlreiche „Vorereignisse", die auf facebook, TikTok, Youtube, Instagram oder Reddit gepostet und bei einschneidenden Ereignissen (z. B. bei Bombenanschlägen oder Reaktionen der israelischen Armee) intensiv kommentiert werden. Kurz nach dem eigentlichen Schlüsselereignis, also zum Beispiel dem 7. Oktober oder nach propalästinensischen Demonstrationen, polarisieren sich die Kommentare, meist ohne Kommunikation zwischen den polarisierten Pro- und Anti-Gruppierungen, die sich mit den Schlüsselereignissen beschäftigen. Den jeweils polarisierten Gruppierungen schließen sich rasant weitere Kommentator*innen an (vgl. auch: Guerra et al., 2024). Auf diese Weise kann es in den sozialen Medien auf der einen Seite z. B. zu einer Mobilisierung extremer Israelgegner und auf der anderen Seite zur Zunahme von israelfreundlich gesinnten Follower kommen.

Seit dem 7. Oktober 2023 lässt sich in den sozialen Medien die extreme Polarisierung von „Israelgegnern" und „Israelunterstützern" beobachten. Auf TikTok, Instagram oder X (ehemals Twitter) werden vor allem von propalästinensischen Akteur*innen Posts, Videos und Informationen mit israelfeindlichen und antisemitischen Inhalten abgesetzt. Posts, in denen der Terror der Hamas, das Leid der israelischen Opfer und die Ermordeten thematisiert werden, haben es im Gegensatz schwer.

---

[11] Wir haben in einer Analyse der Debatten um das Buch „Deutschland schafft sich ab" von Thilo Sarrazin zeigen können, dass der damit verbundene Medienhype drei bis vier Wochen dauerte (Frindte, 2013, S. 175ff.).

Diese gehen deutlich weniger viral, werden also weniger geliked und weniger oft gesehen (Mayer-Rüth & Siggelkow, 2023). Friedhelm Hartwig (2024) hebt besonders jene sozialen Netzwerke hervor, in denen sich nach dem 7. Oktober 2023 nicht nur Israelgegner, sondern auch Anhänger der in Deutschland verbotenen Hizb ut-Tahrir[12] äußern. Zu ihnen gehören *Generation Islam, Realität Islam, Muslim Interaktiv* und der besonders populäre Kanal *Botschaft des Islam.* Seit dem 7. Oktober 2023 erreicht diese Formation besonders hohe Reichweiten nicht nur in den Kanälen selbst, sondern auch in popkulturellen Milieus.

Dass die sozialen Medien auf diese Weise zum Erstarken des globalen Jihadismus und zu einer weltweit vernetzten Kultur radikaler und extremistischer Islamisten beigetragen können, ist nicht von der Hand zu weisen. Doch wie kommt das? Was läuft in den sozialen Medien anders als in den „klassischen" Medien? Nach welchen Logiken vollzieht sich die Thematisierung und Skandalisierung israelbezogener und/oder antisemitischer Themen in den sozialen Medien?

Eine mögliche Erklärung lieferte der US-amerikanische Internet-Aktivist Eli Pariser in seinem viel beachteten Buch (Pariser, 2011). Pariser bemerkte, dass ihm beispielsweise im sozialen Netzwerk *Facebook* zunehmend nur noch Nachrichten angezeigt wurden, die weitgehend seiner eigenen (eher linken) politischen Einstellung entsprachen; andere Informationen verschwanden einfach. Für diese Vorgänge macht Pariser zum Großteil automatische Empfehlungssysteme *(Recommender Systems)* verantwortlich. Facebook verdient – wie bekannt – Geld dadurch, dass Nutzer*innen möglichst passende Werbung angezeigt wird, für die Firmen oder andere Organisationen bezahlen. Dadurch ist Facebook natürlich zum einen daran interessiert, möglichst viel über die Vorlieben und Interessen der Nutzer*innen zu erfahren. Zum anderen geht es aber auch darum sicherzustellen, dass die Nutzer*innen möglichst viel Zeit auf Facebook und möglichst wenig Zeit auf anderen Plattformen verbringen. Deshalb empfiehlt das Empfehlungssystem nach Möglichkeit Inhalte, die den Nutzer*innen gefallen werden und orientiert sich dabei einerseits daran, welche Inhalte vielen anderen Nutzer*innen bereits gefallen haben *(Collaborative Filtering).* Andererseits werden Inhalte empfohlen, die

---

[12] Es handelt sich dabei um eine islamistische Bewegung, die einen globalen Kalifatstaat anstrebt.

denjenigen ähneln, die bereits konsumiert wurden *(Content Based Filtering)* Beide Prozesse tragen dazu bei, dass Nutzer*innen zunehmend von Facebook mit genau auf sie zugeschnittenen Informationen versorgt werden. Auf Dauer landen sie — wenn man einmal außer Acht lässt, dass es natürlich noch andere Informationsquellen gibt — in ihrer eigenen personalisierten *Filterblase:* Einem perfekt auf sie zugeschnittenen Informationsuniversum. Auch andere soziale Medien und Suchmaschinen, wie TikTok oder *Google,* verwenden derartige Empfehlungssysteme.

Man kann sich nun gut vorstellen, dass es für Gesellschaften nicht gut ist, wenn ihre Mitglieder in derartigen Filterblasen leben: In einer demokratischen Gesellschaft ist es notwendig, dass sich alle Mitglieder zumindest auf eine rudimentäre Faktenbasis einigen können, auf deren Grundlage gesellschaftliche Entscheidungen diskutiert und beschlossen werden können. Wenn nun diese Basis verloren geht, verschwindet auch die Grundlage für konstruktive Diskussionen.

Und es kann noch schlimmer kommen: Man kennt in der psychologischen Forschung schon lange das Phänomen der *Gruppenpolarisation (Group Polarization Effect):* Wenn ausschließlich Menschen mit einer ähnlichen Einstellung zu einem bestimmten Thema miteinander diskutieren, ist die Wahrscheinlichkeit hoch, dass sie am Ende der Diskussion eine radikalere Einstellung zu dem Thema haben, als davor. Bestehen die Diskussionsgruppen aus Teilnehmer*innen mit unterschiedlichen Einstellungen, werden sich die Einstellungen eher angleichen und die radikalen Positionen verschieben sich in Richtung des Gruppenmittelwerts. Nun ist es so, dass Menschen sich gerne mit Menschen vernetzen, die ihnen in bestimmter Hinsicht ähnlich sind, beispielsweise ähnliche Einstellungen und Meinungen haben wie sie selbst. Dieses Phänomen ist auch als soziale Homophilie *(Social Homophily)* bekannt. Es ist nun anzunehmen, dass dies auch für soziale Netzwerke gilt. Insofern gibt es auch soziale Faktoren, die zur Entstehung solcher Blasen beitragen. Eine häufige Bezeichnung für die Entstehung solch radikalisierter Gemeinschaften in sozialen Netzwerken ist der Begriff *Echokammer-Effekt (Echo Chamber Effect;* Garrett, 2009).

Überdies bevorzugen Menschen, wenn sie die Wahl haben, Informationen, die ihre Ansichten bestätigen, finden diese Informationen zudem glaubwürdiger und geben sie lieber an andere weiter. Insgesamt tragen also Faktoren auf drei Ebenen — der technischen (z. B. Empfehlungssysteme), der sozialen (z. B. soziale Homophilie) und der individuellen (z. B. Bestätigungsfehler) — möglicherweise dazu bei, dass im Internet Echokammern entstehen, deren Mitglieder sich immer weiter von der Mehrheitsgesellschaft distanzieren und sich zunehmend radikalisieren (Geschke et al., 2019).

Fassen wir zusammen

Politische Skandale im Allgemeinen und antisemitische Skandale im Besonderen haben wenig mit der Verletzung allgemein gültiger sozialer Normen zu tun. Es handelt sich eher um die durch soziale Gruppen oder Gemeinschaften vorgenommene Etikettierung eines Ereignisses als nichtkonform. Die in den „klassischen" Verbreitungsmedien als politische und/oder antisemitische Skandale etikettierten Vorkommnisse haben offenbar eine kurze „Lebenszeit". Die gesellschaftliche Erregungskurve steigt kurz an, um alsbald wieder abzusinken. Der im Skandal skandalisierte Antisemitismus weicht der Normalität der Alltäglichkeit. In den sozialen Medien hingegen können antisemitische Skandale, falls sie überhaupt zur sozialen Erregung beizutragen vermögen, zur Polarisierung von Skandalverursachern und Skandalankläger*innen führen. Die Polarisierung wird allerdings nicht ausgefochten, sondern die polarisierten Akteursgruppen bespielen ihre jeweiligen Echokammern, in denen sie sich u. U. auch radikalisieren können.

Nach dem 7. Oktober 2023 inszenierten nicht nur muslimisch sozialisierte Menschen ihre antisemitischen und antiisraelischen Einstellungen auf Demonstrationen, in Hochschulen, im alltäglichen Umgang oder in strafrechtlicher Weise. Auch Linksorientierte, Rechtsextreme, Friedensbewegte und Konservative. Einen aufschlussreichen Blick auf die politischen Orientierungen deutscher Erwachsener nach dem 7.Oktober 2023 haben Zacher und Shemla (2024) gewagt. In einer mehrwelligen Studie untersuchten sie zwischen von Oktober 2023 bis Mai 2024 Einstellungen von 600 berufstätigen Personen gegenüber Israel. Nicht ganz unerwartet, aber dennoch bemerkenswert, fanden die Autoren eine kurvilineare, U-förmige Assoziationen zwischen politischer Links-Rechts-Ideologie und Einstellungen gegenüber Israel. Jene, die sich im politischen Spektrum links verorten (potentielle Wähler*innen der Partei „Die Linke") sowie jene, die sich rechts einordnen (potentielle AfD-Wähler*innen) äußern sich deutlich ablehnender gegenüber Israel als jene, deren Parteipräferenzen eher in der Mitte des politischen Spektrums (Grüne, SPD, CDU, FDP) liegen. Zacher und Shemla betonen zum Schluss ihrer Analyse, dass negative Einstellungen gegenüber Israel durch neue Formen des Antisemitismus angeheizt werden, Formen, die Israel aus einer „antikolonialen Perspektive" als Aggressor und als Alleinverantwortlichen für die Massaker vom 7. Oktober 2023 betrachten (Zacher & Shemla 2024, S. 972).

Eva Illouz, die sich selbst als Linke bezeichnet und gegenüber der israelischen Politik unter Netanjahu kritisch eingestellt ist, fragt sich in diesem Zusammenhang, wie es möglich war, „[…] dass ein Teil der progressiven Linken mit Gleichgültigkeit oder Freude auf ein Massaker reagieren konnte, insbesondere an den Universitäten? Warum sind diese Künstler:innen, Professor:innen und Intellektuellen – die doch eigentlich auf der Seite der Menschlichkeit stehen sollten – in einem solchen Maße indifferent gegenüber einem Massaker an Juden und Jüdinnen geblieben? Welche Position auch immer man zur militärischen Reaktion Israels vertritt, rechtfertigen die Ereignisse des 7. Oktobers doch eine Reaktion des Mitleids…" (Illouz, 2025, S. 16).

Für Eva Illouz ist ein sich „tugendhaft gebende(r) Antisemitismus" für den „krankhaften Jubel" über die Verkündung des Massakers" (ebd., S. 25) verantwortlich, ein Antisemitismus, in dem für die „globale Linke" die palästinensische Sache – trotz des Pogroms am 7. Oktober 2023 – das Gute und Israel das schlechthin Böse verkörpere (ebd., S. 88; vgl. auch Kaufhold, 2025).[13]

Aber was ist links, was rechts? „manche meinen/lechts und rinks/kann man nicht velwechsern/werch ein illtum" (Jandl, 1997). Das muss uns noch beschäftigen.

---

[13] Für den von den „Linken" dabei vertretenden Moralismus macht Illouz u. a. einen „Campus-Antisemitismus" verantwortlich, der stark von postmodernen Theorien und postkolonialen Diskussionen beeinflusst sei (Illouz, 2025, S. 28ff.).

4.4   Kleiner Exkurs: Postkoloniale Gedankenspiele, Antisemitismus und Israel

„Was ist aber diese große Aufgabe unserer Zeit? Es ist die Emanzipation. Nicht bloß die der Irländer, Griechen, Frankfurter Juden, westindischen Schwarzen und dergleichen gedrückten Volkes, sondern es ist die Emanzipation der ganzen Welt..." (Heine, 1968, S. 294f.; Original: 1828).

„Siedlerkolonialismus", „Stop the Genocide" an der palästinensischen Bevölkerung, „Völkermord im Gazastreifen", „Deutsche Komplizenschaft mit dem zionistischen Projekt". Das sind nicht nur einige Wörter und Aufrufe, die seit dem Oktober 2023 auf Bannern pro-palästinensischer Demonstrationen zu lesen sind. Es handelt sich auch um Worte, mit denen Nichtregierungs- bzw. Nonprofit-Organisationen, wie *Amnesty International* (2024), *Human Rights Watch* (2024) oder *Middle East Monitor* (2025) hantieren, um die israelische Politik im Umgang mit den Palästinensern zu beschreiben. Und es sind Begriffe, die von Mitgliedern diverser Wissenschaftsgemeinschaften ebenfalls genutzt werden, z. B. von Vertreter*innen der *Postcolonial Studies,* der *Critical Race Studies* oder der *Whiteness Studies.*

Diese heterogenen, multidisziplinären Forschungsrichtungen beschäftigen sich nicht nur mit den Wirkungen und Hinterlassenschaften des Kolonialismus, sondern führen nahezu alle sozialen, politischen und kulturellen Probleme der Jetztzeit, einschließlich des menschengemachten Klimawandels, auf die koloniale Dominanz des „weißen Westens" zurück. Der Rassismus der Weißen sei Ursache *und* Folge der kolonialen Verbrechen in Vergangenheit und Gegenwart. Auch den Antisemitismus und den Holocaust sehen einige Vertreterinnen und Vertreter des Postkolonialismus als Teil der Kolonialgeschichte so wie die massenhafte Versklavung, Vertreibung und Vernichtung kolonialisierter Völker. Die moderne Form von Kolonialisierung manifestiere sich in der Unterdrückung der Palästinenser durch die Israelis (vgl. z. B. Barghouti, 2021; Veracini, 2025). Dabei geht es gar nicht darum, den Holocaust zu leugnen, sondern ihm – nach der „post-kolonialen Wende" – die Singularität abzusprechen und den Antisemitismus sowie die Massenvernichtung der Juden in die Geschichte des kolonialen Rassismus einzuordnen. Vor allem jene Wissenschaftler*innen, die die Völkermorde an indigenen Völkern untersuchen, meinen, die These von der Einzigartigkeit des Holocaust sei dogmatisch und würde die Sichtweisen der Opfer kolonialer Völkermorde negieren und einen hegemonialen Eurozentrismus befördern.

In Deutschland hat der australische und in den USA lehrende Politikwissenschaftler A. Dirk Moses im Sommer 2021 für Aufregung gesorgt, als er den Beschluss des Deutschen Bundestages vom Mai 2019 kritisierte, in dem die BDS-Boykottaufrufe[14] gegen Israel als antisemitisch bezeichnet wurden. Dieser Beschluss wurde mit den Stimmen von CDU/CSU, SPD, FDP und großen Teilen der Grünen sowie eines fraktionslosen Abgeordneten verabschiedet (Bundestag, 2019). Moses nannte diesen Beschluss das „bislang unheilvollste Signal" für die Ignoranz, mit der die bundesdeutschen Eliten den Kampf der Palästinenser gegen die Kolonialisierung durch Israel zu leugnen versuchen.

> „Die Erinnerung an den Holocaust als Zivilisationsbruch ist für viele das moralische Fundament der Bundesrepublik. Diesen mit anderen Genoziden zu vergleichen, gilt ihnen daher als eine Häresie, als Abfall vom rechten Glauben. Es ist an der Zeit, diesen Katechismus aufzugeben" (Moses, 2021).

Deutsche Wissenschaftseliten würden, so Moses, im Verein mit führenden Politikerinnen und Politikern auf der Einzigartigkeit des Holocaust bestehen und ihn als „heiliges Trauma" betrachten, „[…] das um keinen Preis durch andere Ereignisse – etwa durch nichtjüdische Opfer oder andere Völkermorde – kontaminiert werden darf, da dies seine sakrale Erlösungsfunktion beeinträchtigen würde".

---

[14] BDS bedeutet: „Boycott, Divestment and Sanctions" bzw. Boykott, Desinvestitionen und Sanktionen. Die Anhängerinnen und Anhänger fordern, man solle den Staat Israel wegen der „Besetzung und Kolonialisierung des 1967 besetzten arabischen Landes" wirtschaftlich, politisch und kulturell boykottieren (BDS, 2021). Es handelt sich um eine transnationale Kampagne, die sich zwar auf Beschlüsse der UNO beruft und die Beachtung der Menschenrechte einfordert, letztlich aber versucht, den Staat Israel vom Rest der Welt zu isolieren.

Keine Frage, die Aufarbeitung der kolonialen Verbrechen des „Westens" ist dringend notwendig, die intellektuellen Vordenker müssen benannt und der alte und neue Rassismus bekämpft werden. Die Geschichte der Judenfeindlichkeit beginnt indes früher als die der Kolonialverbrechen (siehe: *Kap.* 3). Und der Holocaust war mehr als eine schreckliche Ausuferung des Kolonialismus.

Dan Diner, Saul Friedländer, Norbert Frei, Jürgen Habermas und Sybille Steinbacher wiesen die Thesen von A. Dirk Moses vehement zurück (Friedländer et al., 2022). Habermas macht darauf aufmerksam, dass der Vergleich des Holocaust mit den kolonialen Genoziden einen „spezifischen Unterschied" ignoriere. Während es bei den deutschen Verbrechen im „Osten" um rücksichtslose „Gewinnung von Lebensraum" ging, in dessen Folge die dort ansässigen slawischen Völker unterdrückt, ausgebeutet und auch getötet wurden, wurden die deportierten Juden aus „[…] dem einzigen Grund, weil sie Juden waren, ermordet" (Habermas, 2022, in: Friedländer et al., 2022, S. 11). Die Vernichtung der Juden richtete sich nicht gegen Fremde, sondern gegen die eigenen Bürger, „[…] die als subversive Gefahr erst kenntlich gemacht und schrittweise aus der eigenen Bevölkerung ausgegrenzt werden mussten, bevor sie in die Vernichtungslager abtransportiert wurden". Das ist der Unterschied, der den Unterschied macht, auf den Saul Friedländer ebenfalls hinweist. „Der Unterschied", so Friedländer, „liegt im historischen Kontext des jeweiligen Genozids. In diesem Sinne – und nur in diesem – ist der Holocaust besonders und tatsächlich präzedenzlos" (Friedländer et al. ebd., S. 18). Dieser Kontext und seine historische Gewordenheit, ein zwei Jahrtausend alter Hass gegenüber Jüdinnen und Juden, sei entscheidend, um die Einzigartigkeit der Shoa zu begreifen. Die darauf bezogene Erinnerungskultur entspringe keinem irgendwie formulierten „Katechismus", sondern habe sich in Deutschland sehr langsam über Generationen entwickelt und nichts mit einer verborgenen politischen Agenda zu tun. Sybille Steinbacher hält Moses entgegen, verglichen mit anderen Völkermorden, wie dem an den Herero und Nama, an den Armeniern oder an den Tutsi, war die Judenvernichtung einzigartig. Sie war es deshalb, weil die „Endlösung der Judenfrage" eben nicht in der Tradition eines kolonialistischen Programms stand, sondern ausschließlich von einer eigenen fanatischen Hemmungslosigkeit angetrieben wurde (Steinbacher, 2022 in: Friedländer et al., 2022, S. 64).

Was bezweckt also der kulturrevolutionäre Furor, mit dem Moses und andere vom angeblichen Vergleichsverbot schreien? „Die Attacke richtet sich gegen die hart erkämpften Errungenschaften der Gedenkkultur hierzulande genauso wie gegen Israel, das stellvertretend gemeint ist, wenn es um den Topos von der Einzigartigkeit des Holocaust geht. Juden dürfen deshalb keine besondere Opfergruppe sein, weil, wie es heißt, Schluss sein müsse mit der selbstangemaßten jüdischen Hegemonie" (Steinbacher ebd., S. 66). Schlicht und ergreifend steckt hinter den postkolonialistischen Ergüssen von A. Dirk Moses eine anti-israelische Attitüde mit antisemitischem Zuschnitt.

Aber wie ist das nun mit den Postcolonial Studies und dem Antisemitismus?

Wolfram Stender (2024) identifiziert in den aufgeheizten Diskussionen, in denen Antworten auf diese Frage aufeinanderprallen, drei sehr unterschiedliche Positionen und Akteursgruppen: *Zum einen* jene, die in den *Postcolonial Studies* und *Whiteness Studies* aktuelle Formen des „israelbezogenen Antisemitismus" zu erkennen meinen. Zu den Kritiker*innen dieser Studien zählt Stender den Antisemitismusbeauftragten der Bundesregierung Felix Klein und – wie Stender schreibt (2024, S. 474) – Autor*innen aus dem Umfeld der „Antideutschen", wie beispielsweise Ingo Elbe. Felix Klein hat sich mehrfach in deutschen Feuilletons mit Positionen der Postcolonial Studies auseinandergesetzt, in denen u. a. von dem Kameruner Philosophen und Theoretiker des Postkolonialismus Joseph-Achille Mbembe Israel als „siedlerkolonialistisches" oder „imperialistisches Projekt" oder als „Apartheidstaat" bezeichnet wird (z. B. Klein, 2024; zit. n. Stender, 2024). Von Ingo Elbe (2024) stammt eine sehr grundsätzliche Auseinandersetzung mit antisemitischen Topoi in den Arbeiten der Protagonistin*innen der Postcolonial Scientists. In diesen Arbeiten entdeckt Elbe im Wesentlichen drei Argumentationsstränge: die Anhänger*innen der Postcolonial Studies bedienen sich des Vorwurfs, die Juden würden sich als „auserwählte Opfer" betrachten; der Holocaust sei kein antijüdisches, sondern ein koloniales Verbrechen; Israel sei ein privilegiertes, rassistisches und kindermordendes Kolonialgebilde. Eine *zweite Position* in den Debatten um Antisemitismus und

Postkolonialismus sieht Wolfram Stender in den Versuchen postkolonialer Forscher*innen, den Antisemitismusvorwurf abzuwehren und ihn als politische Waffe zu bezeichnen, die gerade von den Kritiker*innen einer „kritischen Wissenschaft" eingesetzt werde. Verteidiger*innen postkolonialer Theorienentwürfe würden indes von Antisemitismus in der eigenen Disziplin nichts wissen wollen (Stender, 2024, S. 477).

Deshalb plädiert Stender für eine *dritte Position,* die auch uns sympathisch ist:

> „Eine Konsequenz aus der überhitzten Debatte über »postkolonialen Antisemitismus« kann deshalb nicht der Rückzug postkolonialer Theorie in eine Abwehrhaltung oder argumentative Immunisierungsstrategie sein. Im Gegenteil: Wie die Antisemitismuskritik der rassismuskritischen Reflexion bedarf, um nicht wider Willen rassifizierende Logiken zu reproduzieren, ist antisemitismuskritische Selbstreflexivität für postkoloniale Theorien unverzichtbar" (Stender, 2024, S. 479).

4.5 Islamischer Antisemitismus – Import aus Europa oder genuiner Bestandteil des Islam?

„Wer sich selbst und andre kennt, wird auch hier erkennen: Orient und Okzident sind nicht mehr zu trennen" (Goethe, 1988, S. 337; Gedichte aus dem Nachlass).[15]

Spätestens seit der „Al-Aqsa Intifada" im Jahre 2000, dem 11. September 2001, dem sogenannten Mohammed-Karikaturenstreit und dem Arabischen Frühling in den 2010er-Jahren wird über die Zunahme antisemitischer Propaganda in islamisch geprägten Ländern wissenschaftlich reflektiert und ein „neuer" bzw. „islamischer Antisemitismus" diagnostiziert (Brettfeld & Wetzels, 2007; Grigat, 2023; Holz & Haury, 2021; Küntzel, 2002; Rabinovici et al., 2004 u. v. a.). Allerdings ist es sicher

---

[15] Dieser Satz ist die erste Strophe aus einem Gedicht ohne Titel aus dem Goethe'schen Nachlass. Die zweite Strophe lautet „Sinnig zwischen beiden Welten / Sich zu wiegen, laß ich gelten; / Also zwischen Ost- und Westen / Sich bewegen, seis zum Besten!" (Goethe 1988, S. 337).

nicht falsch zu behaupten, dass dieser „neue" Antisemitismus bereits seit der „Islamischen Revolution" im Iran 1979 ein staatliches Gesicht hat. Das durch diese Revolution an die Macht gekommene „Mullah-Regime" erklärte die Vernichtung des „zionistischen Regimes" in Israel zu einem der Hauptziele (vgl. auch Grigat, 2018).

In der Literatur wird darüber diskutiert, a) ob es sich dabei um einen „neuen Antisemitismus" handele, der „im Wesentlichen einen Import aus Europa" darstelle und sich aus der Verknüpfung von islamistischer Judenfeindschaft und europäischem Antisemitismus speise (z. B. Breitman, 2007; Holz & Haury, 2021), b) ob die islamische Judenfeindlichkeit ein genuiner Bestandteil des Islam sei, der sich zum einen auf entsprechende Suren im Koran stütze und sich zum anderen des modernen europäischen Antisemitismus bediene (z. B. Küntzel, 2002), c) ob sich der „neue Antisemitismus" hinter der Camouflage der „Israelkritik" verstecke und nur eine Folgeerscheinung des Palästinakonflikts sei (Cohen et al., 2009; Dantschke, 2010), ob d) antisemitische und anti-israelische Einstellungen bei muslimischen Migranten eher auf unterschiedliche Zugehörigkeitskonstruktionen in den vielfältig gespaltenen Migrationsgesellschaften Europas verweisen (z. B. Stender, 2008) oder ob e) der „islamistische Antisemitismus" vor allem ein zentrales Merkmal radikal-islamistischer Gruppierungen und Organisationen sei (Bericht des unabhängigen Expertenkreises Antisemitismus, 2011) bzw. ein differenzierterer Blick auf die verschiedenen islamischen Glaubensgemeinschaften angemessener wäre (z. B. Öztürk & Pickel, 2022).

Matthias Küntzel (z. B. 2002) belegt sehr eindrucksvoll, dass in der islamischen Religion eine der Wurzeln des heutigen islamischen Antisemitismus zu finden ist. Zu Beginn seiner Laufbahn als Prophet sei Mohammed den jüdischen Traditionen noch zugeneigt gewesen. Später vertrieb er die Juden aus Medina und ließ Hunderte von ihnen töten. Neben den Christen galten die Juden im Einflussbereich des Islam als Dhimmis, als Menschen zweiter Klasse. Ihnen wurde zwar ein gewisser Schutz gewährt, aber nur dann, wenn sie sich der islamischen Herrschaft unterordneten. Im Koran, Sure 9, Vers 29 heißt es diesbezüglich: „Kämpft gegen diejenigen, die nicht an Allah und nicht an den Jüngsten Tag glauben und nicht verbieten, was Allah und Sein Gesandter verboten haben, und nicht die Religion der Wahrheit befolgen – von denjenigen, denen die Schrift gegeben wurde –, bis sie den Tribut aus der Hand entrichten und gefügig sind!".[16]

Zwar gebe es, schreibt Küntzel, im Koran auch pro-jüdische Aussagen, doch dominieren Verse, in denen die Juden als Feinde, „Affen" und „Schweine" abgewertet werden.[17] Der Dhimmis-Status der Juden wurde zwar in der Mitte des 19. Jahrhunderts abgeschafft, die Diskriminierung von Jüdinnen und Juden im arabischen Raum endete damit keinesfalls.

Ulrike Becker (2020, S. 78) machte uns auf eine Studie von Georges Bensoussan (2019) aufmerksam, der anhand diplomatischer Quellen, Archivmaterialien, Polizeiakten und Erzählungen von Zeitzeug*innen ein Klima der Angst und Unsicherheit im arabischen Raum des 19. und 20 Jahrhunderts belegen kann. Bensoussan schildert zahlreiche Alltags-szenen aus Marokko, Algerien, Irak, Jemen, Ägypten oder Tunesien, in denen Jüdinnen und Juden grausamen Züchtigungen ohne den gerings-ten Grund ausgesetzt waren. Es habe ein „System der Gewalt" und eine „Toleranz der Verachtung" existiert, in dem die Juden als Tiere behandelt wurden (Bensoussan, 2019, S. 45).

Im 19. Jahrhundert verbindet sich der religiöse Antijudaismus mit den Verschwörungserzählungen der christlichen Judenfeindschaft und An-fang des 20. Jahrhunderts mit dem modernen Antisemitismus. In den 1920er-Jahren wurden die „Protokolle der Weisen von Zion" ins Arabi-sche übersetzt. Während des Nationalsozialismus gab es nicht nur die be-kannte Freundschaft zwischen Adolf Hitler und dem Großmufti von Pa-lästina, Sayid Amin al Husseini. Über den wohl leistungsstärksten Kurz-wellensender der Welt wurden von Zeesen südlich von Berlin aus zwischen 1939 und 1945 täglich arabischsprachige Botschaften in die Welt geschickt. „Hier wurden antisemitische Hetzbeiträge geschickt mit Zitaten aus dem Koran und arabischen Musikbeiträgen vermischt. Die Alliierten des Zweiten Weltkriegs wurden als von »Juden« abhängige Mächte gezeichnet und den Zuhörern das Bild von den »Vereinten Jüdi-

---

[16] Zitiert nach https://islam.de/13827.php?sura=9; Zugegriffen: 10. April 2025.

[17] Aufgerufen wird in diesem Kontext z. B. gern die Sure 5, Vers 60: „Sag: Soll ich euch kundtun, was als Belohnung bei Allah (noch) schlechter ist? – Diejenigen, die Allah verflucht hat und denen Er zürnt und aus denen Er Affen und Schweine gemacht hat und die falschen Göttern dienen. Diese befinden sich in einer (noch) schlechteren Lage und sind (noch) weiter vom rechten Weg abgeirrt".

schen Nationen« eingetrichtert. Gleichzeitig wurden Juden als die schlimmsten Feinde des Islam attackiert" (Küntzel, 2019, S. 184).

1928 gründete sich in Ägypten die Muslimbruderschaft, die sich für die weltweite Stärkung des Islam und der Umma, der globalen muslimischen Glaubensgemeinschaft, einsetzt. Im Zweiten Weltkrieg wurde die Bruderschaft finanziell von Deutschland unterstützt. Sayyid Qutb (1906–1966), ein prominentes Mitglied der Bruderschaft, bezeichnete die Juden in seinen Schriften (z. B. in dem Aufsatz „Unser Kampf mit den Juden" von 1950) als Aggressoren und forderte deren Vernichtung. Derartige antisemitische Parolen flossen ein in die 1988 verfasste und bis heute gültige Charta der Terrororganisation Hamas (vgl. auch Küntzel, 2022).

Die Propaganda-Rolle, die der nationalsozialistische Sender in Zeesen damals spielte, haben heute unterschiedliche mediale Formate übernommen. In arabischen und türkischen Zeitungen, Zeitschriften, Schulbüchern, Fernsehserien, Fernsehnachrichten, in den sozialen Medien, öffentlichen Stellungnahmen und Ansprachen religiös einflussreicher Muslime werden unverhohlen antisemitische, antizionistische und anti-israelische Inhalte verbreitet.

Es handelt sich um ein relativ gut bearbeitetes Forschungsfeld, in dem es um antisemitische und antiisraelischen Inhalte in klassischen und sozialen Medien geht sowie um Fragen über die Zusammenhänge von Mediennutzung und antisemitischen und antiisraelischen Einstellungen von Muslimen. Hier finden sich u. a. Arbeiten zu (inhaltsanalytischen) Studien über Debatten in arabischen Zeitungen im Gefolge der Zweiten Indifada („Al-Aqsa-Intifada" in den 2000er-Jahren) oder im Kontext des Streits um die o.g. Mohammed-Karikaturen (z. B. Webman, 2012), um Analysen antisemitischer Verschwörungsmythen im türkischen Fernsehen (z. B. Çevik, 2024) und um Untersuchungen zum Antisemitismus in den sozialen Medien (z. B. Hübscher & von Mering, 2024). Zudem existieren systematische Studien über Zusammenhänge zwischen Medienberichterstattung, religiös-politischen Orientierungen von Muslimen sowie deren Integrations- bzw. Radikalisierungsbereitschaft (u. a. Kulacatan & Behr, 2022; Brettfeld & Wetzels, 2007; Güney, 2024; Niemand, 2023 u. v. a.).

Unsere eigenen (schon etwas in die Jahre gekommenen) medienwissenschaftlichen Inhaltsanalysen konzentrierten sich auf die Analyse von Fernsehinhalten, auf die Fernsehnutzung sowie auf deren Wirkungseffekte. Im Rahmen des Forschungsprojekts „Lebenswelten junger Muslime" (Frindte et al., 2012, 2016; Frindte, 2013) haben wir die TV-Berichterstattung in deutschen, türkischen und arabischen Fernsehsendern untersucht. Dafür wurden über eineinhalb Jahre die Hauptnachrichten von ARD, ZDF, Sat.1, RTL, Al Jazeera, Al Arabiya, TRT Türk und Kanal D/Euro D vollständig aufgezeichnet und ausgewertet. Die Auswertungen belegen u. a., dass in arabischen und türkischen Nachrichten häufiger als in deutschen TV-Nachrichten bildliche und textliche Nachrichtensequenzen zu finden sind, in denen zuerst Palästinenser als Opfer und Israelis (und Juden) als Täter dargestellt werden. In den deutschen öffentlich-rechtlichen Sendern (ARD und ZDF) treten Muslime häufig als anti-israelische und pro-palästinensische Akteure auf. Auch im türkischen Sender Kanal D werden Muslime als anti-israelisch eingestellt präsentiert. Überdies zeigen Kanal D und Al Jazeera den „Westen" bzw. die „Westler" als überwiegend anti-islamisch orientiert. Außerdem fanden wir in der Berichterstattung über spektakuläre Ereignisse – sogenannte „Trigger Events" – ein Muster, das mit der *Abb.* 4.1 illustriert wird: Wie erkennbar ist, berichten der türkische Senders Kanal D aber auch im Sender TRT Türk über den „Westen" vornehmlich als Bedrohung. Andererseits und spiegelbildlich taucht in den Ereignisberichten der deutschen öffentlich-rechtlichen und privaten Sender – und kaum in den Berichten der anderen Sender – der „Islam" als Bedrohung auf. Besonders dramatisch (durchgezogene schwarze Linie) wird vor allem im türkischen Sender Kanal D berichtet.

Durch die mediale Inszenierung spektakulärer Ereignisse können auch die Mythen über „den Islam" und „den Westen" als Selbst- und Fremdkategorisierungen salient werden und als Bezugssysteme für die wechselseitigen Vorurteile ins Spiel kommen.

Monika Schwarz-Friesel untersucht mit ihrem Team seit Jahren, wie sich Judenhass im Internet, aber auch in den Kommentarbereichen der klassischen Medien verbreitet. Riesige Textmengen wurden analysiert, Kommentare in Online-Qualitätsmedien, in Fan-Foren, auf Ratgeber-Portalen, in Blogs, auf Twitter, Youtube, Facebook oder Instagram. Dabei

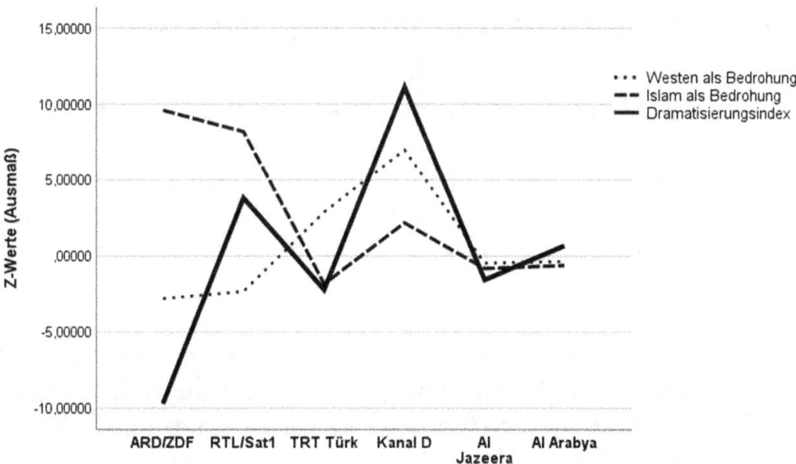

Abb. 4.1 „Islam" und „Westen" als Bedrohung und Dramatisierung in verschiedenen Nachrichtensendern; der quantitative Umfang von Berichten und die Dramatisierung wird mit Z-Scores wiedergegeben. Für alle Berichte der acht Sender wurde zudem die formale Gestaltung (dramatische Sprechweise, explosives Vokabular, Übertreibungen und Toneffekte) codiert und ein sogenannter Dramatisierungsindex errechnet (Die z-Transformation ist ein statistisches Hilfsmittel, um Werte aus unterschiedlichen Datenquellen (oder Stichproben) vergleichbar zu machen.)

zeigen sich u. a. eine zunehmende Radikalisierung, eine Kontinuität antijüdischer Stereotype und die Symbiose von Juden- und Israelhass. „Die Büchse der digitalen Pandora ist weit geöffnet" (Schwarz-Friesel, 2020a, S. 182). Im Web 2.0 gibt es – das zeigen ihre Analysen – diverse Foren, die sich ausschließlich der Stigmatisierung und Diffamierung des jüdischen Staates widmen. Die Rhetorik auf Twitter und anderen Social Media belege eine Radikalisierung mit einer weitreichenden Barbarisierung (Schwarz-Friesel, 2020b, S. 52).

Gemessen am Gesamtaufkommen der verschiedenen Kommunikationsinhalte in den sozialen Medien dürfte das Ausmaß von antisemitischen Äußerungen allerdings eher gering sein (Bossetta, 2022). Die zahlreichen Gegennarrative und Präventionsansätze, die sich in den sozialen Medien gegen den Antisemitismus und die Antisemit*innen richten, werden ebenfalls nur selten gewürdigt und wissenschaftlich erforscht (z. B. Müller et al., 2024).

4.6   Religion, Diskriminierung oder Fundamentalismus: Sozialwissenschaftliche Beobachtungen

„Ein Element der Verwirrung ist, dass es oft nicht gelingt, den Unterschied zu erkennen zwischen der Identifikation mit den eigenen Wurzeln, dem Verstehen derer, die andere Wurzeln haben, und der Beurteilung, was gut und was schlecht ist" (Eco, 2012, S. 202).

Zu den frühen erwähnenswerten Studien zum „neuen Antisemitismus" in der muslimischen Bevölkerung gehören die Untersuchungen von Brettfeld und Wetzels (2007) sowie von Mansel und Spaiser (2012). Brettfeld und Wetzels (2007) befragten 970 muslimische Personen im Alter von 18 bis 80 Jahren, zudem „muslimische Jugendliche" der 9. und 10. Klasse u. a. zu ihren Einstellungen gegenüber Juden. 15,7 % stimmten der Aussage zu, dass „Menschen jüdischen Glaubens überheblich und geldgierig" seien. Dagegen waren nur 7,4 % der nichtmuslimischen Jugendlichen mit Migrationshintergrund und 5,4 % der „nichtmuslimischen Einheimischen" dieser Meinung. Betrachtet man die jungen Muslime im Hinblick auf ihre religiöse Orientierung, so finden sich bei fundamental Orientierten 49,6 % mit antisemitischen Einstellungen, bei Traditionell-Konservativen 42,8 %, bei Orthodox-Religiöse 29,5 % und bei gering Religiösen 13,6 % (Brettfeld & Wetzels, 2007, S. 279).

Mansel und Spaiser (2012) interviewten 2404 Schülerinnen und Schüler mit und ohne muslimischen Migrationshintergrund zum „israelbezogenen Antisemitismus". 35,7 % der muslimischen Jugendlichen stimmten zum Beispiel der Aussage „Durch die israelische Politik werden mir Juden immer unsympathischer" »völlig zu«. Unter den deutschen Jugendlichen ohne Migrationshintergrund fanden sich nur 3,6 %, die dieser Aussage zustimmten; bei den nichtmuslimischen Aussiedlern waren es 4,5 % und bei „sonstigen" jugendlichen Migrant*innen 5,7 %. Der Aussage „Bei der Politik, die Israel betreibt, kann ich gut verstehen, dass man etwas gegen Juden hat" stimmten zehnmal so viele muslimische Jugendliche wie altersgleiche Deutsche »voll zu« (Mansel & Spaiser, 2012, S. 227). Insgesamt erwiesen sich die religiöse Diskriminierung, die

Nutzung von Verbreitungsmedien aus dem Herkunftsland sowie der Einfluss von Moscheebesuchen als starke Prädiktoren für israelbezogene antisemitische Einstellungen.

In einer neueren Übersichtsarbeit wertete Gunther Jikeli (2024) 33 Umfragen aus 15 europäischen Ländern und den USA aus, um differenziert der Frage nach dem Antisemitismus unter Muslim*innen in westlichen Ländern nachzugehen.[18] Insgesamt wurden in den Umfragen 35.000 Muslim*innen befragt. Die Ergebnisse belegen, dass Antisemitismus unter Muslim*innen um ein Vielfaches höher liegt als in der Gesamtbevölkerung. „Die Zustimmungswerte zu antisemitischen Aussagen schwanken je nach Erhebungsdesign und Fragestellung, liegen aber in den meisten Erhebungen zwischen 30 und 50 % (Jikeli, 2024, S. 2). Es könne davon ausgegangen werden, dass für einen großen Teil der Muslim*innen antisemitische Interpretationen zur Norm im sozialen Umfeld gehören. In einigen Umfragen zeigen sich zwar Korrelationen zwischen antisemitischen Einstellungen von Muslimen mit demografischen und sozioökonomischen Faktoren. Der wichtigste Korrelationsfaktor für antisemitische Einstellungen sei jedoch die muslimische Identität, also die starke Identifikation mit der Umma, der Gemeinschaft der Muslime. Gunther Jikeli bekräftigt zudem die Bedeutung von islamischer Praxis, der Häufigkeit von Moscheebesuchen und der Religiosität für die Ausprägung antisemitischer Einstellungen (Jikeli, 2024, S. 23).

Auf derartige Zusammenhänge machen auch Fischer und Wetzels (2024) aufmerksam. Sie nutzen Daten aus der jährlichen Bevölkerungsumfrage „Menschen in Deutschland" (MID), um Hintergründe antisemitischer Ressentiments bei Muslim*innen und den Stellenwert von Religion und Religiosität für die Erklärung von Antisemitismus zu untersuchen. In die Analyse wurden drei Erhebungswellen aus den Jahren 2021 (1302 Muslime mit Migrationshintergrund, MHG), 2022 (1247 mit MHG) und 2023 (1313 mit MHG) einbezogen. Erfasst wurden antisemitische Einstellungen mit zwei Aussagen „Juden haben in Deutschland zu viel Einfluss" und „Juden kann man nicht trauen". In der Ge-

---

[18] Eine ähnlich umfassende Analyse von 52 verfügbarer Umfrageergebnisse aus Österreich, Belgien, Dänemark, Frankreich, Deutschland, Ungarn, Italien, Lettland, den Niederlanden, Polen, Russland, Spanien, Schweden, Großbritannien und den USA findet sich bei Jikeli (2023).

samtbevölkerung lag die Zustimmung im Jahre 2023 zu diesen Aussagen bei 5,8 bzw. 2,8 %; in der Stichgruppe der Muslime mit Migrationshintergrund bei 29,0 bzw. 18,7 %. Multivariate Analysen belegen schließlich, dass sich die ausgeprägten antisemitischen Einstellungen von Muslim*innen zwar auch mit dem Migrationshintergrund, kollektiven Marginalisierungswahrnehmungen und vermehrten ökonomische Einschränkungen sowie einer Neigung zu Verschwörungsmentalität erklären lassen. Den stärksten statistischen Zusammenhang mit den antisemitischen Einstellungen weisen allerdings die muslimische Religionszugehörigkeit, die kollektive Religionspraxis (z. B. Häufigkeit von Moscheebesuche) und der religiöse Fundamentalismus auf.

Ähnliche Befunde lieferte das schon erwähnte und in die Jahre gekommene Projekt „Lebenswelten junger Muslime" (Frindte et al., 2012; Frindte, 2013). In dieser Studie wurde nicht nur die Nachrichtenberichterstattung von deutschen, türkischen und arabischen Fernsehsendern analysiert (siehe *Abschn.* 4.4). Wir fragten auch junge Muslime (mit und ohne deutsche Staatsangehörigkeit) im Alter zwischen 14 und 32 Jahren zu *zwei Erhebungszeitpunkten* (erste Welle 2009 mit 700 Personen, zweite Welle 2010 mit 350 Personen) sowie Nichtmuslime mit deutscher Staatsangehörigkeit (206 bzw. 100 Personen) u. a. auch nach ihren Einstellungen zu Juden und zu Israel. Die Teilnehmer/innen wurden zudem gebeten, ihre Geburtsregion und ihre Zugehörigkeit zu einer der islamischen Glaubensrichtungen anzugeben. 75,7 % der Befragten bezeichneten sich als Sunniten, 10,8 % als Schiiten, 5,9 % als Aleviten und 7,6 % als Ahmadi. 54,2 % der Befragten wurden in Deutschland geboren, 16,3 % in der Türkei, 13,6 % in Afghanistan, im Irak, im Iran oder in Pakistan, 5,7 % im Nahen Osten oder auf der Arabischen Halbinsel, 5,1 % in der Balkanregion, 3,1 % in Afrika (z. B. Ägypten, Libyen, Somalia), 2,0 % machten keine Angaben.

Nicht nur aus Nostalgie haben wir die damaligen Daten noch einmal einer Sekundäranalyse unterworfen. Es geht uns um die Suche nach weiteren komplexen Zusammenhängen zwischen Vorurteilen gegenüber Jüdinnen und Juden bzw. antiisraelischen Ressentiments und anderen relevanten individuellen und sozialen Faktoren. Wir haben uns dabei von den (bereits berichteten) Befunden über den Einfluss a) der Religiosität, b) erlebter gruppenbezogener Diskriminierung, c) der muslimischen

Identität, d) der Zugehörigkeit zu bestimmten muslimischen Glaubensrichtungen, e) des Fernsehens und der sozialen Medien sowie f) individueller Dispositionen (hier: autoritäre Überzeugungen) leiten lassen.

Den theoretischen Hintergrund und Rahmen für die Sekundäranalyse lieferte uns eine „Theorie des politischen bzw. religiösen Fundamentalismus" (Frindte & Geschke, 2016). Diesem Rahmen folgend gehen wir davon aus, dass der Einfluss verschiedener mikro-, meso- und makrosozialer Faktoren, also z. B. autoritäre Überzeugungen, erlebte Diskriminierungen, traditionelle Religiosität, die Mediennutzung usw., auf antisemitische und/oder antiisraelische Ressentiments ganz entschieden davon abhängt, ob sich Menschen mit fundamentalistischen Gruppen, Gemeinschaften oder Bewegungen identifizieren und mit diesen sozialen Gruppen, Gemeinschaften oder Bewegungen relevante soziale Vorstellungen teilen. Die *sozialen Identitätskonstruktionen* fungieren – nach unserer Annahme – als *Vermittler bzw. Mediatoren* zwischen mikro-, meso- und makrosozialer Faktoren und diversen Einstellungen, in unserem Falle möglichen antisemitischen bzw. antiisraelischen Ressentiments von Muslimen.

Zu den sozialen bzw. kollektiven Identitätskonstruktionen junger Muslime können (siehe auch: Frindte, et al., 2016) a) die dominante Identifikation mit der muslimischen Gemeinschaft, der Umma und b) eine ausgeprägte islamistisch-fundamentalistische Überzeugung gehören. Für diese Facetten gab es in unserem Projekt „Lebenswelten junger Muslime" bereits gut funktionierende Kurzskalen (Cronbachs Alpha zwischen.67 und .78). Der in den Interviews mit den jungen Muslimen eingesetzte Fragebogen enthielt zudem Skalen zur Messung von traditioneller Religiosität (González, 2011), gruppenbasierter Emotionen (Smith, 1993), politischer Gewaltakzeptanz, autoritärer Überzeugungen (Funke, 2005), gruppenbezogener Diskriminierung (Fleischmann et al., 2011), TV- und Internetnutzung (siehe auch: Eyssel et al., 2015), von Vorurteilen gegenüber dem „Westen" und Deutschland und zu Einstellungen gegenüber familiären Sitten und Bräuchen. Bei der Erfassung antisemitischer bzw. antiisraelischer Ressentiments mussten wir uns indes beschränken. Im ursprünglichen Projekt ließen sich aus forschungspraktischen Zeitgründen nur Items einsetzen, um Vorurteile gegenüber Juden und Israel zu erheben. Antiisraelische Einstellungen wurde erfasst

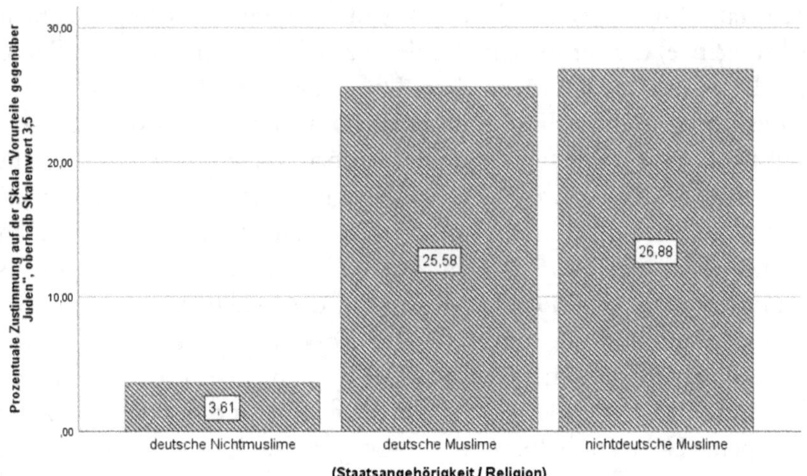

Abb. 4.2 Prozentuale Zustimmungen der Nicht-Muslime und der Muslime auf der Skala „Vorurteile gegenüber Juden" (Welle 1). Die Unterschiede zwischen den Nicht-Muslimen und den Muslimen sind hochsignifikant [$F(2, 859) = 63{,}87$; $p < .001$ $\eta^2 = .13$]; die Unterschiede zwischen den beiden Muslimgruppen nicht.

mit dem Item „Israel ist allein schuldig an der Entstehung und Aufrechterhaltung der Konflikte im Nahen Osten"; Antizionismus mit dem Item „Es wäre besser, wenn die Juden den Nahen Osten verlassen würden." Beide Items korrelieren hoch positiv miteinander und wurden per Mittelwertsbildung als Skala („Vorurteile gegenüber Juden und Israel") zusammengefasst.

Wir illustrieren in Abb. 4.2 zunächst Unterschiede in den Vorurteilen gegenüber Juden und Israel zwischen Muslimen und Nicht-Muslimen in der ersten Erhebung (Welle 1).

Abgetragen sind in der Abbildung die prozentualen Häufigkeiten der Zustimmung oberhalb des Skalenwerts 3,5 auf der fünfstufigen Antwortskala. Mit anderen Worten: Hier finden sich die prozentualen Häufigkeiten der Personen, die auf den Antwortskalen, auf denen die entsprechenden Vorurteils-Items beantwortet werden sollten, mit 4 („stimme zu") bzw. 5 („stimme voll und ganz zu") geantwortet haben. Das heißt: Muslime mit und ohne deutsche Staatsangehörigkeit äußern signifikant größere Vorurteile als deutsche Nichtmuslime. Das ist sicher nicht überraschend.

Es bestärkt uns aber, die Daten im Rahmen einer Sekundäranalyse zu nutzen, um danach zu fragen, inwieweit individuelle Dispositionen (wie autoritäre Überzeugungen), die traditionelle Religiosität, erlebte Diskriminierungen, die Präferenz für türkisches und/oder arabisches Fernsehens oder die Präferenz für islamisch-fundamentalistische Webseiten in ihrem *Einfluss auf die Vorurteile gegenüber Juden und Israel* durch eine starke Identifikation mit der muslimischen Gemeinschaft und eine ausgeprägte islamistisch-fundamentalistische Überzeugung *vermittelt* werden. Im Forschungsprojekt „Lebenswelten junger Muslime" hatte sich zudem gezeigt, dass negative gruppenbasierte Emotionen,[19] wie Wut und Hass auf den Westen einerseits mit gruppenbezogener Diskriminierung, autoritären Überzeugungen und Präferenzen für türkisches bzw. arabisches Fernsehen korrelieren und andererseits ausgeprägte Zusammenhänge mit Vorurteilen gegenüber Juden bzw. Israel aufweisen. Wir vermuten deshalb, dass diese gruppenbasierten Emotionen gleichfalls zu den Vermittlervariablen gehören könnten.

Die, wenn man so will, Kernthese ist also relativ simpel und lautet: *Die soziale Identifikation mit der Umma, ausgeprägte fundamentalistische Überzeugungen und negative gruppenbasierte Emotionen fungieren als Mediatoren zwischen den o.g. individuellen und sozialen Bedingungen und den Vorurteilen gegenüber Juden und Israel.*

Stefan Hößl spricht in ähnlichen Zusammenhängen von „Wir-Gemeinschaft" der Muslime und kann mit den Befunden aus qualitativen Interviews mit jungen Muslimen belegen, wie diese „vorgestellte Gemeinschaft" nicht nur die Solidarität unter den Muslimen befördert, sondern auch als Scharnier für israelfeindliche und antisemitische Ressentiments fungieren kann (Hößl, 2020, S. 387 f.).

Ohne noch einmal auf die Operationalisierung der Variablen einzugehen, die wir für die Prüfung dieser These nutzten, präsentieren wir gleich unser Vorgehen: In einfachen Korrelationsrechnungen erwiesen sich die Variablen „autoritäre Überzeugungen", „traditionelle Religiosi-

---

[19] Gruppenbasierte (oder kollektive) Emotionen sind Emotionen, die relativ übereinstimmend von Mitgliedern einer Gruppe oder Gemeinschaft geteilt werden und wesentlich von der Identifikation mit dieser Gruppe oder Gemeinschaft bestimmt werden (z. B. Kessler & Hollbach, 2005).

tät", „Präferenz für türkisches und/oder arabisches Fernsehens", „Präferenz für islamisch-fundamentalistische Webseiten" sowie „wahrgenommener Diskriminierung als Muslime" (jeweils erhoben in Erhebungswelle 1) als jene, die mit der Identifikation mit muslimischer Gemeinschaft, islamistischen Fundamentalismus, negativen Gruppenemotionen und den Vorurteile gegenüber Juden und Israel (jeweils erhoben in Erhebungswelle 2) signifikant am stärksten korrelierten. Mit diesen Variablen wurde dann eine Mediatoranalyse mit dem Statistikprogramm SPSS und dem Skript „PROCESS" (Hayes, 2022) gerechnet. Abb. 4.3, an die man sich erst einmal gewöhnen muss, illustriert die Ergebnisse.

Was besagen die Befunde?

Die Abb. 4.3 illustriert zunächst, dass die Prädiktoren (auf der linken Seite) in signifikanter Weise die Mediatoren „Identifikation mit der muslimischen Gemeinschaft", „Islamischer Fundamentalismus" und „Wut und Hass auf den Westen§ beeinflussen (gestrichelte Linien). Besonders auffallend sind die positiv signifikanten Koeffizienten[20] der „Traditionellen Religiosität" auf die Identifikation und den Fundamentalismus (.56 bzw. .51), der „Autoritären Überzeugungen" auf die Identifikation (.25) und die gruppenbasierten Emotionen (.25) sowie der „Präferenz für arabisches bzw. türkisches Fernsehen" auf die Emotionen (.27 bzw. .30), die „Präferenz für fundamentalistische Webseiten" (.41) auf die Identifikation und auf den Fundamentalismus (.23). Darüber hinaus finden sich signifikante Pfade (die fetten Linien) von den Prädiktoren auf „Vorurteile gegenüber Juden/Israel). Hier sind jeweils zwei Werte angezeigt, mit und ohne Klammern. Die signifikant positiven Werte in den Klammern zeigen die sogenannten „totalen" Effekte der Prädiktoren auf die Vorurteile an, also jene Werte, die sich ergeben, wenn man die Mediatoren (Identifikation, Fundamentalismus und gruppenbasierte Emotionen) quasi vernachlässigen würde. Besonders stark ausgeprägt sind die Koeffizienten „Autoritäre Überzeugungen" (.32) und „Präferenz für türkisches Fernsehen" (.35). Bezieht man nun die Mediatoren „Identifikation",

---

[20] Es handelt sich um Beta-Koeffizienten, die theoretisch einen Wert von -1.00 bis +1.00 annehmen können.

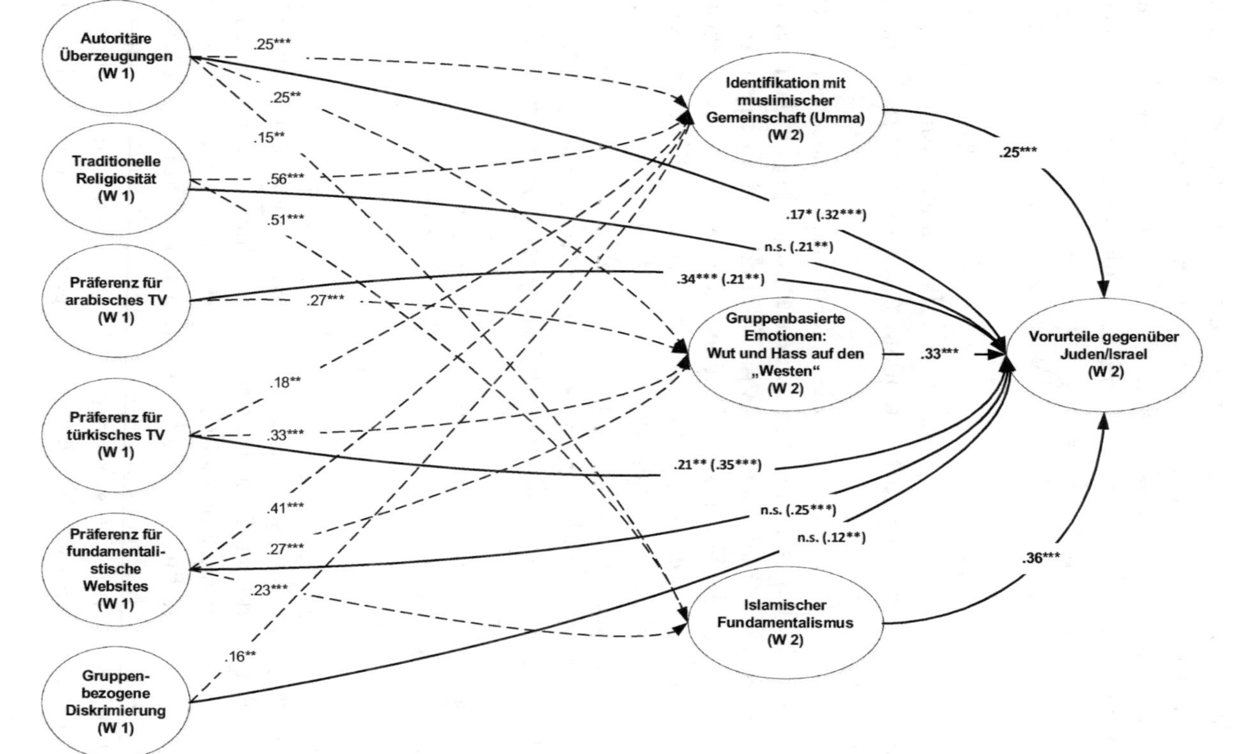

Abb. 4.3   Zusammenfassende Darstellung der Mediatoranalyse. Anmerkungen: Signifikanzniveaus: * = p <,05; ** = p <,01; *** = p <,001; die in Klammern angegebenen höhere Werte geben den Koeffizienten wieder, der sich ohne Einführung der Mediatoren ergibt (Modell-Zusammenfassung: N = 325; R^2 = ,36; MSE = ,60; p = ,000. Nur signifikante Pfade werden dargestellt.)

„Fundamentalismus" und „Emotionen" in die Betrachtung ein, so werden die Werte ohne Klammern relevant. Zu sehen ist nun, dass sich der starke Einfluss der „Autoritären Überzeugungen" und des türkischen Fernsehens verringert, aber noch signifikant bleibt (.17 bzw. 21), die „Präferenz für arabisches Fernsehen" in ihrer Wirkung auf die Vorurteile sich verstärkt (.34), die Einflüsse der „Traditionellen Religiosität", der „Präferenzen für fundamentalistische Webseiten" sowie der „Gruppenbezogenen Diskriminierung" gar verschwinden (jeweils nichtsignifikant, n.s.). Und zuletzt können wir noch die signifikanten Pfade von der Identifikation auf die Vorurteile (.25), vom Fundamentalismus auf die Vorurteile (.36) und von den Emotionen auf die Vorurteile (.33) hervorheben.

Die Botschaft, die wir aus diesen Befunden ableiten möchten, lautet somit: Autoritäre Überzeugungen, Präferenzen für arabisches Fernsehen (z. B. Al Jazeera, Al Arabiya oder Al-Aqsa TV) und für türkisches Fernsehen können u. U. die Vorurteile gegenüber Juden und Israel verstärken. Die Einflüsse traditionell-religiöser Orientierungen, das Erleben gruppenbezogener Diskriminierung (als Muslim) oder die Präferenz für fundamentalistische Webseiten scheinen hingegen marginal zu sein. Das gilt dann, wenn die „Identifikation mit der muslimischen Gemeinschaft", der „Islamische Fundamentalismus" und die gruppenbasierten Emotionen berücksichtigt werden.

Dass das Erleben gruppenbezogener Diskriminierung (als Muslim) oder die Präferenz für fundamentalistische Webseiten in unserer Analyse nur eine marginale Rolle spielen, ist so überraschend nicht. Die erlebte Diskriminierung als Muslima oder Muslim bzw. kollektive Marginalisierungswahrnehmungen zeigten sich in der o.g. Studie von Fischer und Wetzels (2024) bereits gegenüber dem religiösen Fundamentalismus als weniger robuste Erklärer für antisemitische Einstellungen. Ebenso dürfte das Scrollen durch fundamentalistische Webseiten zwar nicht irrelevant sein, wenn sich Muslime ein „Bild" von „den Juden" zu machen versuchen. Gegenüber den Fernsehnachrichten über spektakuläre Ereignisse im Nahen oder Mittleren Osten oder den Erzählungen darüber während eines Moscheebesuchs wurden die Mitteilungen darüber auf Webseiten von den befragten Muslimen (im Jahre 2009 und 2010) möglicherweise nur als Sekundärinformation bewertet.

Erklärungsbedürftiger erscheint uns indes der marginale Einfluss, den die traditionelle Religiosität auf die Vorurteile gegenüber Juden und Israel zu haben scheint; ein Ergebnis übrigens, das sich auch Stefan Hößl (2020, S. 383) in seinen qualitativen Interviews mit jungen Muslimen bestätigen konnte.

Allerdings ist die Identifikation mit der sozialen und religiösen Gemeinschaft der Muslime, als einer der entscheidenden Vermittler, nicht ohne Bezug zu traditionell-religiösen Orientierungen und Überzeugungen denkbar. Um die soziale Identität als Muslim bzw. Muslima wahren zu können, sind der Islam und seine Gebote das zentrale Referenzsystem. Traditionelle Religiosität ist dabei die Basis für die Identifikation mit diesem Referenzsystem. Dann allerdings, wenn dieses Referenzsystem quasi als das einzig wahre und wirkliche Wertesystem anerkannt wird, um die eigene soziale Identität fundieren und stabilisieren zu können, ist der Weg in den Islamistischen Fundamentalismus nicht weit.

Auch der islamische Fundamentalismus ist deshalb kaum ohne Religion vorstellbar. Er ist aber mehr als traditionelle Religion; er ist politisch, weil er sich gegen den Säkularismus der Moderne richtet, ein dualistisches Weltbild propagiert (gut vs. böse), sich in ihren Lehren auf göttliche Autorität beruft, manche von anderen Anhängern der gleichen Religion geteilten Einstellungen pauschal ausschließt (Selektivität) und in der eine starke Fixierung auf das „Jüngste Gericht" (Messianismus/ Millenialismus) zu finden ist (vgl. Almond et al., 2003). Darin und in negativen gruppenbasierten Emotionen gegenüber dem „Westen" im Allgemeinen stecken die potentiellen Radikalisierungsindikatoren, die sich aus unserer Sicht vornehmlich in den Vorurteilen gegenüber Jüdinnen, Juden und Israel widerspiegeln. Und diese Radikalisierung ist gefährlich, nicht nur für Jüdinnen und Juden. Von den islamisch-fundamentalistischen Überzeugungen über Vorurteile gegenüber dem „Westen" und den „Juden" ist es, wie wir an anderer Stelle zeigen konnten, ein relativ kurzer Weg zur Bereitschaft junger Muslime ideologisch-religiöse Gewalt nicht nur zu akzeptieren, sondern auch selbst anzuwenden (Frindte et al., 2016).

Literatur

Abschlussbericht (2022). Gremium zur fachwissenschaftlichen Begleitung der documenta fifteen. https://www.documenta.de/files/230202_Abschlussbericht.pdf; Zugegriffen: 6. Apr. 2025.

Adenauer, K. (1951). Rede an den Deutschen Bundestages am 27. September 1951. http://www.segne-israel.de/dokumente/1951adenauer.htm; Zugegriffen: 8. Apr. 2025.

AfD-Bundestag. (o.J.). Wortlaut der umstrittenen Passage der Rede von Alexander Gauland. https://afdbundestag.de/wortlaut-der-umstrittenen-passage-der-rede-von-alexander-gauland/. Zugegriffen: 6. Apr. 2025.

Almond, G. A., Appleby, R. S., & Sivan, E. (2003). *Strong religion: The rise of fundamentalisms around the world.* University of Chicago Press.

Amadeu Antonio Stiftung (2010). *„Das hat's bei uns nicht gegeben!". Antisemitismus in der DDR. Das Buch zur Ausstellung.* Amadeu Antonio Stiftung.

Amnesty International. (2024). Amnesty International investigation concludes Israel is committing genocide against Palestinians in Gaza. https://www.amnesty.org/en/latest/news/2024/12/amnesty-international-concludes-israel-is-committing-genocide-against-palestinians-in-gaza/. Zugegriffen: 10. Apr. 2025.

Assheuer, T. & Sarkowicz, H. (1992). *Rechtsradikale in Deutschland, Die alte und die neue Rechte.* C.H. Beck.

Auswärtiges Amt. (2024). Deutschland und Israel: Bilaterale Beziehungen. https://www.auswaertiges-amt.de/de/service/laender/israel-node/bilateral-203806. Zugegriffen: 8. Apr. 2025.

Barghouti, O. (2021). BDS: Nonviolent, globalized palestinian resistance to Israel's settler colonialism and apartheid. *Journal of Palestine Studies, 50*(2), 108–125.

Barth, B. -R. & Schweizer, W. (Hrsg.) (2005). *Der Fall Noel Field. Schlüsselfigur der Schauprozesse in Osteuropa.* BasisDruck.

BDS. (2021). https://bds-kampagne.de/aufruf/deutschlandweiter-bds-aufruf/. Zugegriffen: 14. Mai 2025.

Becker, M., Oy, G. & Schneider, C. (2020). Die Welle als Muster. Sechs Thesen zur anhaltenden Bedeutung der „antisemitischen Welle" 1959/1960. *Sozial. Geschichte Online, 28*, 119–146.

Becker, U. (2020). Islamischer Antisemitismus. In Institut für Demokratie und Zivilgesellschaft (Hrsg.), *Wissen schafft Demokratie. Schwerpunkt Antisemitismus, Band* 8, S. 74–85.

Bensoussan, G. (2019). *Die Juden der arabischen Welt. Die verbotene Frage.* Hentrich & Hentrich.

Benz, W. (2000). Reaktionen auf den Holocaust. Antisemitismus, Antizionismus und Philosemitismus. In O. Romberg & S. Urban-Fahr (Hrsg.), *Juden in Deutschland nach 1945: Bürger oder „Mit"-Bürger.* (S. 54–68). Bundeszentrale für politische Bildung.

Bergmann, W. & Erb, R. (1986). Kommunikationslatenz, Moral und öffentliche Meinung. Theoretische Überlegungen zum Antisemitismus in der Bundesrepublik Deutschland. *Kölner Zeitschrift für Soziologie und Sozialpsychologie, 38,* 223–246.

Bergmann, W. & Erb, R. (1991). *Antisemitismus in der Bundesrepublik Deutschland. Ergebnisse der empirischen Forschung 1946–1989.* Leske und Budrich.

Bergmann, W. & Erb, R. (2000). Antisemitismus in der Bundesrepublik Deutschland 1996. In R. Alba, P. Schmidt & M. Wasmer (Hrsg.), *Deutsche und Ausländer: Freunde, Fremde oder Feinde? Empirische Befunde und theoretische Erklärungen.* (S. 401–438). Westdeutscher Verlag.

Bergmann, W. (1997). *Antisemitismus in öffentlichen Konflikten. Kollektives Lernen in der politischen Kultur der Bundesrepublik 1949–1998.* Campus.

Boomgaarden, H. G., & de Vreese, C. H. (2007). Dramatic real-world events and public opinion dynamics: Media coverage and its impact on public reactions to an assassination. *International Journal of Public Opinion Research, 19*(3), 354–366.

Bossetta, M. (2022). Antisemitism on social platforms: Placing the problem into perspective. In M. Hübscher & S. von Mering (Eds.), *Antisemitism on social media* (S. 22–241). Routledge.

Botsch, G., Kopke, C., & Wilke, K. (Hrsg.). (2023). *Rechtsextrem: Biografien nach 1945.* Walter de Gruyter.

Breitman, R. (2007). Muslim anti-Semitism: Historical background. *Current Psychology, 26,* 213–222.

Brenner, M. (1995). *Nach dem Holocaust. Juden in Deutschland 1945–1950.* C.H. Beck.

Brettfeld, K., & Wetzels, P. (2007). *Muslime in Deutschland – Integration, Integrationsbarrieren, Religion sowie Einstellungen zu Demokratie, Rechtsstaat und politisch-religiös motivierter Gewalt.* Universität Tübingen. https://tobias-lib.ub.uni-tuebingen.de/xmlui/handle/10900/63010. Zugegriffen: 10. Apr. 2025.

Bundestag (2019). Antrag: BDS-Boykottaufruf verurteilen. https://www.bundestag.de/webarchiv/presse/hib/2019_05/643058–643058. Zugegriffen: 14. Mai 2025.

Bundestag.de (2021). Volkskammer der Deutschen Demokratischen Republik. http://webarchiv.bundestag.de/volkskammer/dokumente/protokolle/1002.pdf. Zugegriffen: 6. Apr. 2025.

Çevik, S. B. (2024). Mainstreaming anti-Semitism on Turkey's public broadcaster TRT: Examining Payitaht: Abdülhamid. *Global Media and Communication, 20*(2), 197–216.

Classen, C. (2018). Macht durch Moral? Anmerkungen zum Antifaschismus in der DDR. In E. Heitzer, M. Jander, P. Poutrus, A. Kahane (Hrsg.), *Nach Auschwitz. Schwieriges Erbe DDR: Plädoyer für einen Paradigmenwechsel in der DDR-Zeitgeschichtsforschung.* (S. 97–109). Wochenschau.

Cohen, F., Harber, K. D., Jussim, L., & Bhasin, G. (2009). Modern anti-semitism and anti-Israeli attitudes. *Journal of Personality and Social Psychology, 97(2)*, 290–306.

Dantschke, C. (2010). Feindbild Juden. Zur Funktionalität der antisemitischen Gemeinschaftsideologie in muslimisch geprägten Milieus. In W. Stender, G. Follert, & M. Özdogan (Hrsg.), *Konstellationen des Antisemitismus* (S. 139–146). VS Verlag.

Decker, O., Kiess, J., Heller, A., Schuler, J. & Brähler, E. (2022). Die Leipziger Autoritarismus Studie 2022: Methode, Ergebnisse und Langzeitverlauf. In O. Decker, J. Kiess, A. Heller & E. Brähler (Hrsg.), *Autoritäre Dynamiken in unsicheren Zeiten.* Psychosozial-Verlag.

Der Spiegel. (2017). Höcke entschuldigt sich auf AfD-Parteitag. https://www.spiegel.de/politik/deutschland/bjoern-hoecke-vor-der-afd-entschuldigung-fuer-dresden-rede-a-1135230.html; Zugegriffen: 6. Apr. 2025.

Der Tagesspiegel. (2017). Höcke-Rede im Wortlaut: „Gemütszustand eines total besiegten Volkes". https://www.tagesspiegel.de/politik/gemutszustand-eines-total-besiegten-volkes-5488489.html. Zugegriffen: 6. Apr. 2025.

Durst, N. (2002). Emotional wounds that never heal. *Jewish Political Studies Review, 14*(3/4), 119–129.

Eco, U. (2012). *Im Krebsgang voran.* Deutscher Taschenbuch Verlag.

Elbe, I. (2024). *Antisemitismus und postkoloniale Theorie. Der „progressive" Angriff auf Israel, Judentum und Holocausterinnerung.* Edition TIAMAT.

Ernst, T. (1980). „Holocaust" in der Bundesrepublik: Impulse, Reaktionen und Konsequenzen der Fernsehserie aus der Sicht politischer Bildung. *Rundfunk und Fernsehen, 28. Jahrgang*, Heft 4, S. 509–533.

Eyssel, J., Geschke, D. & Frindte, W. (2015). Is seeing believing? The relationship between TV consumption and islamophobia in German majority society. *Journal of Media Psychology, 27*(4), 190–202.

Fischer, J. M. K., Wetzels, P., Brettfeld, K., & Farren, D. (2024). Antisemitismus bei Jugendlichen und Heranwachsenden in Deutschland: zur Bedeutung von Migrationshintergrund und Religion: Ergebnisse der repräsentativen MOTRA-Befragung „Junge Menschen in Deutschland, 2022 "(JuMiD). *Forschungsbericht.* https://krimdok.uni-tuebingen.de/Record/190083636X; Zugegriffen: 20. Apr. 2025.

Fischer, J. M. K., Wetzels, P. (2024). Die Verbreitung antisemitischer Einstellungen in Deutschland: Befunde aktueller repräsentativer Befragungen zu Trends seit 2021 und den Einflüssen von Migrationshintergrund, Religionszugehörigkeit und Religiosität. *Zeitschrift für Religion, Gesellschaft und Politik.* https://doi.org/10.1007/s41682-024-00167-6.

Fleischmann, F., Phalet, K. & Klein, O. (2011). Religious identification and politicization in the face of discrimination: Support for political Islam and political action among the Turkish and Moroccan second generation in Europe. *British Journal of Social Psychology, 50*(4), 628–648.

Frei, N. (1999). *Vergangenheitspolitik. Die Anfänge der Bundesrepublik und die NS- Vergangenheit.* DTV.

Frei, N., Morina, C., Maubach, F., & Tändler, M. (2019). *Zur rechten Zeit: Wider die Rückkehr des Nationalismus.* Ullstein Buchverlage.

Freytag, R. (2000). Antisemitismus im Nachkriegsdeutschland. In D. Sturzbecher & R. Freytag (Hrsg.), *Antisemitismus unter Jugendlichen.* (S. 49–75). Hogrefe.

Friedländer, S. (2022). Ein Genozid wie jeder andere? In S. Friedländer, N. Frei, S. Steinbacher & D. Diner (Hrsg.), *Ein Verbrechen ohne Namen: Anmerkungen zum neuen Streit über den Holocaust.* C.H. Beck.

Friedländer, S., Frei, N., Steinbacher, S. & Diner, D. (2022). *Ein Verbrechen ohne Namen: Anmerkungen zum neuen Streit über den Holocaust.* C.H. Beck.

Frindte, W. & Geschke, D. (2016). Ideologien der Ungleichwertigkeit und Rechtsextremismus aus der Sicht der Theorie eines identitätsstiftenden politischen Fundamentalismus. In Frindte, W. et al. (Hrsg.), *Rechtsextremismus und „Nationalsozialistischer Untergrund " Interdisziplinäre Debatten, Befunde und Bilanzen* (S. 149–192). Springer VS.

Frindte, W. (2013). *Der Islam und der Westen.* Springer VS.

Frindte, W. (2021). „Aber sonst aber sonst: Alles Lüge " – Fake News und Verschwörungserzählungen in Corona-Zeiten. *Institut für Demokratie und Zivilgesellschaft (Hrsg.). Wissen schafft Demokratie,* 9, S. 14–27.

Frindte, W., Boehnke, K., Kreikenbom, H. & Wagner, W. (Hrsg.). (2012). *Lebenswelten junger Muslime in Deutschland.* Bundesministerium des Inneren – Schriften zur inneren Sicherheit.

Frindte, W., Ben Slama, B., Dietrich, N., Pisoiu, D., Uhlmann, M. & Kausch, M. (2016). Motivationen und Karrieren salafistischer Dschihadistinnen und Dschihadisten. In J. Biene, C. Daase, J. Junk & H. Müller (Hrsg.), *Salafismus und Dschihadismus in Deutschland: Ursachen, Dynamiken, Handlungsempfehlungen* (117–158). Campus.

Galtung, J. (1960). Anti-Semitism in making. A study of American high school students. *Institute for Social Research Oslo (PRIO), Report 1.*

Garrett, R. K. (2009). Echo chambers online?: Politically motivated selective exposure among internet news users. *Journal of Computer-Mediated Communication, 14*(2), 265–285.

Gerhardt, U., & Gantner, G. (2009). Ritualprozess Entnazifizierung: eine These zur gesellschaftlichen Transformation der Nachkriegszeit. Diskussionsbeiträge des SFB 619 »Ritualdynamik« der Ruprecht-Karls-Universität Heidelberg. Nr. 7/Juli 2004. https://archiv.ub.uni-heidelberg.de/volltextserver/4827/; Zugegriffen: 4. Mai 2025.

Geschke, D., Lorenz, J., & Holtz, P. (2019). The triple-filter bubble: Using agent-based modelling to test a meta-theoretical framework for the emergence of filter bubbles and echo chambers. *British Journal of Social Psychology, 58*(1), 129–149.

Giordano, R. (1987). *Die zweite Schuld oder von der Last, Deutscher zu sein.* Rasch und Röhring.

Gluckman, M. (1989). Klatsch und Skandal. In Ebbighausen, R. & Neckel, S. (Hrsg.), *Anatomie des politischen Skandals.* Suhrkamp.

Goethe, J. W. (1988). *Berliner Ausgabe. Band 3.* Aufbau Verlag.

González, A. L. (2011). Measuring religiosity in a majority Muslim context: Gender, religious salience, and religious experience among Kuwaiti college students – a research note. *Journal for the Scientific Study of Religion, 50*(2), 339–350.

Grigat, S. (2018). Antisemitismus im Iran seit 1979. In M. Grimm & B. Kahmann (Hrsg.), *Antisemitismus im 21. Jahrhundert.* (S. 199–223). De Gruyter Oldenbourg.

Grigat, S. (2023). *Kritik des Antisemitismus in der Gegenwart.* Nomos.

Guerra, A., Lepre, M., & Karakus, O. (2024). Quantifying extreme opinions on reddit amidst the 2023 Israeli-Palestinian conflict. *arXiv preprint arXiv:2412.10913.*

Güney, S. (2024). Meinungsführerschaft im digitalen Wandel – eine intersektionale analyse der religiösen Orientierung von Muslim* innen im Marginalisierungskontext. In E. Grittmann, K. F. Müller, C. Peil, & J. Pinseler (Hrsg.), *Medien und Ungleichheiten (trans-)nationale Perspektiven auf Geschlecht, Diversität und Identität (1–14)*. Deutsche Gesellschaft für Publizistik- und Kommunikationswissenschaft e.V.

Habermas, J. (1986). Eine Art Schadensabwicklung. Die apologetischen Tendenzen in der deutschen Zeitgeschichtsschreibung. In Die Zeit, 11. Juli 1986. https://www.zeit.de/1986/29/eine-art-schadensabwicklung. Zugegriffen: 6. Apr. 2025.

Habermas, J. (2022). Statt eines Vorworts. In S. Friedländer, N. Frei, S. Steinbacher & D. Diner (Hrsg.), *Ein Verbrechen ohne Namen: Anmerkungen zum neuen Streit über den Holocaust.* C.H. Beck.

Hartwig, F. (2024). Instrumentalisierung des Nahostkonflikts in den sozialen Medien. In: Der Nahostkonflikt als Katalysator. Antisemitismus, Rassismus und Radikalisierung in Deutschland. Herausgegeben von Bundesarbeitsgemeinschaft religiös begründeter Extremismus e. V. Berlin. https://www.bag-relex.de/wp-content/uploads/2024/10/BAG-RelEx_Ligante_7_Online.pdf. Zugegriffen: 6. Apr. 2025.

Haury, T. (1992). Zur Logik des bundesdeutschen Antizionismus. In L. Poliakov (Hrsg.), *Vom Antizionismus zum Antisemitismus* (S. 125–155). Ça Ira.

Haury, T. (2002). *Antisemitismus von links.* Hamburger Edition.

Hayes, A. F. (2022). *Introduction to mediation, moderation, and conditional Process analysis.* Guilford Press.

Heine, H. (1968; Original: 1828). Italienische Reise von München nach Genua. In *Heinrich Heine Werke, Band 2.* Insel Verlag.

Herf, J. (2025). *Drei Gesichter des Antisemitismus.* Hentrich & Hentrich.

Herzog, A. (1999). War die DDR antisemitisch? Kritische Anmerkungen zu den Studien einiger Historiker. *Leipziger Beiträge zu Hochschule und Wissenschaft, 1–2*, 62–74.

Hinz, T., Marczuk, A. & Multrus, F. (2024). Studentisches Meinungsklima zur Gewalteskalation in Israel und Gaza und Antisemitismus an deutschen Hochschulen, Working Paper Series, No. 16, University of Konstanz, Cluster of Excellence „The Politics of Inequality", Konstanz. https://doi.org/10.48787/kops/352-2-1a59j9v824fmw4. Zugegriffen: 6. Apr. 2025.

Holz, K. & Haury, T. (2021). *Antisemitismus gegen Israel.* Hamburger Edition.

Holz, K. (2001). *Nationaler Antisemitismus. Wissenssoziologie einer Weltanschauung.* Hamburger Edition.

Horkheimer, M. & Adorno, T. W. (1969, Original 1944). *Dialektik der Aufklärung*. Fischer.

Hormuth, S. E. & Stephan, W. G. (1981). Effects of viewing "holocaust" on Germans and Americans: A just-world analysis. *Journal of Applied Social Psychology, 11*(3), S. 240–251.

Hößl, S. E. (2020). *Antisemitismus unter „muslimischen Jugendlichen". Empirische Perspektiven auf Antisemitismus im Zusammenhang mit Religiösem im Denken und Wahrnehmen Jugendlicher.* Springer VS.

Hübscher, M. & von Mering, S. (Hrsg.) (2024). *Antisemitismus in den sozialen Medien.* Verlag Barbara Budrich.

Human Rights Watch (2024). Israel's Crime of Extermination, Acts of Genocide in Gaza. https://www.hrw.org/news/2024/12/19/israels-crime-extermination-acts-genocide-gaza. Zugegriffen: 10. Apr. 2025.

IfD – Institut für Demoskopie (1986). Deutsche und Juden vier Jahrzehnte danach. Eine Repräsentativbefragung im Auftrag des „stern" von Renate Köcher. Institut für Demoskopie.

Illouz, E. (2025). *Der 8. Oktober.* Suhrkamp.

Jaecker, T. (2003). Erinnern oder Vergessen? Die Walser-Bubis-Debatte. https://www.jaecker.com/2003/10/erinnern-oder-vergessen-die-walser-bubis-debatte/. Zugegriffen: 6. Apr. 2025.

Jandl, E. (1997). *Lechts und rinks. Gedichte, statements, peppermints.* Deutscher Taschenbuchverlag.

Janis, I. (1972). *Victims of groupthink.* Houghton Mifflin.

Jikeli, G. (2023). How do Muslims and Jews in Christian countries see each other today? A survey review. *Religions, 14*(3), 412.

Jikeli, G. (2024). Gemessener Antisemitismus. Umfragen zu antisemitischen Einstellungen unter Muslim:innen in Europa und den USA. *CARS Working Papers 018. Center for Antisemitism and Racism Studies.* https://kidoks.bsz-bw.de/files/4607/CARS_WorkingPaper_018.pdf. Zugegriffen: 10. Apr. 2025.

Kaufhold, R. (2025). Der Antizionismus als eine tugendhafte Ideologie. https://jungle.world/blog/von-tunis-nach-teheran/2025/09/der-antizionismus-als-eine-tugendhafte-ideologie. Zugegriffen: 28. Sept. 2025.

Kessler, T. & Hollbach, S. (2005). Group-based emotions as determinants of ingroup identification. *Journal of Experimental Social Psychology, 41*(6), 677–685.

Kießling, W. (1994). Im Widerstreit mit Moskau: Paul Merker und die Bewegung Freies Deutschland in Mexiko. In K. Kohut & P. von Zur Mühlen (Hrsg.), *Alternative Lateinamerika: das deutsche Exil in der Zeit des Nationalsozialismus* (S. 117–132). Vervuert Verlagsgesellschaft.

Klein, F. (2024). Hierarchien des Hasses. Frankfurter Allgemeine Zeitung, 20.02.2024.

Kulacatan, M. & Behr, H. H. (2022). *DİTİB Jugendstudie 2021: Lebensweltliche Einstellungen junger Muslim:Innen in Deutschland*. Beltz Juventa.

Küntzel, M. (2002). *Djihad und Judenhass. Über den neuen antijüdischen Krieg*. ça ira Verlag.

Küntzel, M. (2019). Von Zeesen bis Beirut. Nationalsozialismus und Antisemitismus in der arabischen Welt. In C. Heilbronn, D. Rabinovici & N. Sznaider (Hrsg.), *Neuer Antisemitismus? Fortsetzung einer globalen Debatte* (S. 182–218). Suhrkamp.

Küntzel, M. (2022). Islamischer Antisemitismus. CARS Working Papers 004. Center for Antisemitism and Racism Studies. https://kidoks.bsz-bw.de/files/3705/CARS_Workingpaper_004.pdf. Zugegriffen: 10. Apr. 2025.

Lamberty, P. (2025). Verschwörungserzählungen und die AfD. In M. Quent & F. Virchow (Hrsg.), *Rechtsextrem, das neue Normal? Die AfD zwischen Verbot und Machtübernahme*. Piper.

Landmann, S. (1998). *Die klassischen Witze der Juden*. Ullstein.

Lenhard, P. (2021). Antisemitismus in Deutschland nach 1945. https://www.bpb.de/shop/zeitschriften/izpb/juedisches-leben-348/juedisches-leben-348/341628/antisemitismus-in-deutschland-nach-1945/; Zugegriffen: 3. Apr. 2025.

Leo, A. (2018). Die Falle der Loyalität: Wolfgang Steinitz und die Generation der DDR-Gründungsväter und –mütter. In E. Heitzer, M. Jander, P. Poutrus, A. Kahane (Hrsg.), *Nach Auschwitz. Schwieriges Erbe DDR: Plädoyer für einen Paradigmenwechsel in der DDR-Zeitgeschichtsforschung*. (S. 9–38). Wochenschau.

Luks, L. (1997). Zum Stalinschen Antisemitismus – Brüche und Widersprüche. *Jahrbuch für historische Kommunismusforschung*, S. 9–50. Akademie.

Mansel, J. & Spaiser, V. (2012). Antisemitische Einstellungen bei Jugendlichen aus muslimisch geprägten Sozialisationskontexten. In W. Heitmeyer (Hrsg.). *Deutsche Zustände, Folge 10*. Suhrkamp.

Maser, P. (1995). Juden und Jüdische Gemeinden in der DDR. In W. Bergmann, R. Erb & A. Lichtblau (Hrsg.), *Schwieriges Erbe*. Campus.

Mayer-Rüth, O. & Siggelkow, P. (2023). Warum pro-palästinensische Posts dominieren. https://www.tagesschau.de/faktenfinder/israel-hamas-social-media-100.html. Zugegriffen: 10. Apr. 2025.

Meinert, J. (2001). Geschichte eines Verbots. Warum Primo Levis Hauptwerk in der DDR nicht erscheinen durfte. In A. Leo & P. Reif-Spirek (Hrsg.), *Vielstimmiges Schweigen*. Metropol Verlag.

Merritt, A. J. & Merritt, R. L. (1970). *Public opinion in occupied Germany.* University of Illinois Press.

Middle East Monitor (2025). Half a Million Join „Nakba 77" National Demonstration in London to Demand an End to the Genocide in Gaza. https://www.middleeastmonitor.com/20250517-half-a-million-join-nakba-77-national-demonstration-in-london-to-demand-an-end-to-the-genocide-in-gaza/. Zugegriffen: 26. Mai 2025.

Moses, A. D. (2021). Der Katechismus der Deutschen. https://geschichtedergegenwart.ch/der-katechismus-der-deutschen/. Zugegriffen: 14. Mai 2025.

Müller, H. S., Nolte, A. & Voß, J. (2024). Das Projekt „Israel-Palästina-Bildungsvideos" (Interview). In E. Firsova-Eckert & K. E. Schubert (Hrsg.), *Israelbezogener Antisemitismus, der Nahostkonflikt und Bildung: Analysen und didaktische Impulse* (100–111). Verlag Barbara Budrich.

Neckel, S. (1989). Das Stellhölzchen der Macht. Zur Soziologie des politischen Skandals. In R. Ebbighausen & S. Neckel (Hrsg.), *Anatomie des politischen Skandals*. Suhrkamp.

Neiss, M. (2001). Friedhofschändungen in Deutschland. In W. Benz (Hrsg.), *Jahrbuch für Antisemitismus, 10.* Campus.

Niemand, S. (2023). Rezeption muslimischer Repräsentationen und gesellschaftlicher Zusammenhalt: Wie sich Angehörige der muslimischen Diaspora zu Medienbildern des Islams positionieren. *MedienPädagogik: Zeitschrift für Theorie und Praxis der Medienbildung, 19,* 145–168.

Noelle, E. & Neumann, E. P. (Hrsg.) (1956). *Jahrbuch der öffentlichen Meinung 1947–1955.* Institut für Demoskopie.

Osterer, O. (2014). Das Israelbild in Tageszeitungen der DDR. Inauguraldissertation. München: Ludwig-Maximilians-Universität. https://edoc.ub.uni-muenchen.de/16472/. Zugegriffen: 6. Apr. 2025.

Öztürk, C., & Pickel, G. (2022). Der Antisemitismus der Anderen: Für eine differenzierte Betrachtung antisemitischer Einstellungen unter Muslim:Innen in Deutschland. *Zeitschrift für Religion, Gesellschaft und Politik 6*(1), 189–231.

Pariser, E. (2011). *The filter bubble: What the Internet is hiding from you.* Penguin.

Persson, A. V., & Musher-Eizenman, D. R. (2005). College students' attitudes toward blacks and Arabs following a terrorist attack as a function of varying levels of media exposure. *Journal of Applied Social Psychology, 35*(9), 1879–1892.

Peters, T. (2006). *Der Antifaschismus der PDS aus antiextremistischer Sicht*. VS Verlag.

Pfahl-Traughber, A. (2022). *Intellektuelle Rechtsextremisten. Das Gefahrenpotenzial der Neuen Rechten*. Dietz.

Podewin, N. (Hrsg.) (2002). *„Braunbuch". Kriegs- und Naziverbrecher in der Bundesrepublik und in Westberlin. Staat, Wirtschaft, Verwaltung, Armee, Justiz, Wissenschaft*. Edition Ost.

Pross, C. (1988). *Wiedergutmachung: Der Kleinkrieg gegen die Opfer*. Athenäum.

Rabinovici, D., Speck, U., & Sznaider, N. (Hrsg.) (2004). *Neuer Antisemitismus? Eine globale Debatte*. Suhrkamp.

RAF (o.J.). Die Aktion des Schwarzen September in München - Zur Strategie des antimperialistischen Kampfes. https://socialhistoryportal.org/raf/text/307209; Zugegriffen: 6. Apr. 2025.

Ranc, J. (2016). *„Eventuell nichtgewollter Antisemitismus". Zur Kommunikation antijüdischer Ressentiments unter deutschen Durchschnittsbürger*. Verlag Westfälisches Dampfboot.

Reemtsma (2002). Ein antisemitischer Affektsturm. https://www.faz.net/aktuell/feuilleton/buecher/literatur/rezension-belletristik-ein-antisemitischer-affektsturm-163118.html. Zugegriffen: 6. Apr. 2025.

RIAS Hessen. (2023). *Documenta fifteen. »Es wurde eine dunkelrote Linie überschritten«*. RIAS Hessen Recherche- und Informationsstelle Antisemitismus Hessen am Demokratiezentrum Hessen Philipps-Universität Marburg.

Rieck, M. & Eshet, G. (2009). Die Bürde der Experten. Gespräche mit deutschen und israelischen Psychiatern über ihre Rolle als Gutachter in Entschädigungsverfahren. In N. Frei, J. Brunner & C. Goschler (Hrsg.). *Die Praxis der Wiedergutmachung*. Wallstein Verlag.

Salzborn, S. & Schwietring, M. (2003). Antizivilisatorische Affektmobilisierung. Zur Normalisierung des sekundären Antisemitismus. In M. Klundt, S. Salzborn, M. Schwietring & G. Wiegel (Hrsg.), *Erinnern, verdrängen, vergessen. Geschichtspolitische Wege ins 21. Jahrhundert*. NBKK-Verlag.

Schönbach, P. (1960). Fragebogen zur Studie Reaktionen auf die antisemitische Welle im Winter 1959/1960. https://search.gesis.org/research_data/ZA0196; Zugegriffen: 6. Apr. 2025.

Schönbach, P. (1961). Reaktionen auf die antisemitische Welle im Winter 1959/1960. *Frankfurter Beiträge zur Soziologie, Sonderheft 3*. Europäische Verlagsanstalt.

Schwarz-Friesel, M. (2020a). Antisemitismus im web 2.0 – Judenhass zwischen Kontinuität und digitaler adaption. In D. Kiesel & T. Eppenstein (Hrsg.), *„Du Jude". Antisemitismus-Studien und ihre pädagogischen Konsequenzen* (S. 170–183). Hentrich & Hentrich.

Schwarz-Friesel, M. (2020b). Israelbezogener Antisemitismus und der lange Atem des Anti-Judaismus – von ‚Brunnenvergiftern, Kindermördern, Landräubern'. In Institut für Demokratie und Zivilgesellschaft (Hrsg.), *Wissen schafft Demokratie. Schwerpunkt Antisemitismus* (Bd. 8, S. 42–57).

Silbermann, A. (1982). *Sind wir Antisemiten? Ausmaß und Wirkung eines sozialen Vorurteils in der Bundesrepublik Deutschland.* Verlag Wissenschaft und Politik.

Smith, E. R. (1993). Social identity and social emotions: Toward new conceptualizations of prejudice. In D. M. Mackie, D. L. Hamilton (Hrsg.), *Affect, cognition, and stereotyping: Interactive processes in group perception* (S. 297–315). Academic.

Stein, T. (2011). *Zwischen Antisemitismus und Israelkritik.* VS Verlag.

Steinbacher, S. (2022). Über Holocaustvergleiche und Kontinuitäten kolonialer Gewalt. In S. Friedländer, N. Frei, S. Steinbacher & D. Diner, D. (Hrsg.), *Ein Verbrechen ohne Namen: Anmerkungen zum neuen Streit über den Holocaust.* C.H. Beck.

Stender, W. (2008). Der Antisemitismusverdacht. Zur Diskussion über einen „migrantischen Antisemitismus" in Deutschland. *Migration und Soziale Arbeit, 30(3/4),* 284–291.

Stender, W. (2020). Das antisemitische Unbewusste. Zur politischen Psychologie des Antisemitismus in der Bundesrepublik Deutschland. In N. Hagen & T. Neuburger (Hrsg.), *Antisemitismus in der Migrationsgesellschaft* (21–40). innsbruck university press.

Stender, W. (2024). Wie antisemitisch ist postkoloniale Theorie? Analyse einer überhitzten Debatte. *GWP–Gesellschaft. Wirtschaft. Politik, 73*(4), 470–480.

Stosberg, T. (2025). Antisemitismus im Kulturbetrieb: Von der documenta fifteen zum 7. Oktober 2023. In O. Glöckner & G. Jikeli (Hrsg.), *Antisemitismus in Deutschland nach dem 7. Oktober 2023.* Georg Olms Verlag.

Tagesschau (2024). Höcke wegen NS-Parole zu Geldstrafe verurteilt. https://www.tagesschau.de/inland/innenpolitik/hoecke-verurteilt-100.html. Zugegriffen: 6. Apr. 2025.

Vasterman, P. L. M. (2005). Media-Hype. *European Journal of Communication, 20*(4), 508–530.

Veracini, L. (2025). Genocide in Gaza and the end of settler colonialism. *The Journal of Imperial and Commonwealth History,* 1–16. https://doi.org/10.1080/03086534.2025.2501221.

Verfassungsschutz. (2024). https://verfassungsschutzberichte.de/. Zugegriffen: 6. Apr. 2025.

Walser, M. (1998). Dankesrede von Martin Walser zur Verleihung des Friedenspreises des Deutschen Buchhandels in der Frankfurter Paulskirche am 11. Oktober 1998. https://www.friedenspreis-des-deutschen-buchhandels.de/alle-preistraeger-seit-1950/1990-1999/martin-walser. Zugegriffen: 6. Apr. 2025.

Walther, A. (2019). Keine Erinnerung, nirgends? Die Shoah und die DDR. Bonn: Bundeszentrale für politische Bildung. https://www.bpb.de/geschichte/zeitgeschichte/deutschlandarchiv/293937/keine-erinnerung-nirgends-die-shoah-und-die-ddr. Zugegriffen: 6. Apr. 2025.

Weber, F. (2025). Armin Mohler, die Neue Rechte und der Antisemitismus 1950 bis 1995. *Vierteljahrshefte für Zeitgeschichte, 73*(2), 253–289.

Webman, E. (2012). Discourses on antisemitism and islamophobia in Arab media. *European Societies, 14*(2), 222–239.

Weichert, D. (1980). „Holocaust" in der Bundesrepublik: Design, Methode und zentrale Ergebnisse der Begleituntersuchung. *Rundfunk und Fernsehen, 28. Jahrgang*, Heft 4, S. 488–508.

Weil, F. (1987). The extent and structure of anti-Semitism in Western populations since the Holocaust. In H. Fein (Hrsg.), *The persisting question*. Walter de Gruyter.

Weiß, K. (1990). Die neue alte Gefahr. Junge Faschisten in der DDR. *Kontext*, Heft 5.

Weiß, V. (2017). *Die autoritäre Revolte*. Bundeszentrale für politische Bildung.

Widmann, A. (2002). Martin Walsers ,Tod eines Kritikers'. https://www.perlentaucher.de/vom-nachttisch-geraeumt/martin-walsers-tod-eines-kritikers.html; Zugegriffen: 6. Apr. 2025.

Woyke, W. (2016). *Weltpolitik im Wandel*. Springer VS.

Zacher, H., & Shemla, M. (2024). Political ideology and attitudes towards Israel in Germany in the aftermath of the 10/7 massacres: a test of horseshoe theory. *Israel Affairs, 30*(5), 1–15. https://doi.org/10.1080/13537121.2024.2394299. Zugegriffen: 10. April 2025.

ZIJ – Zentralinstitut für Jugendforschung (1988). Politisch-historische Einstellungen der Jugendlichen 1988: Erstinformation. Leipzig. https://nbn-resolving.org/urn:nbn:de:0168-ssoar-402713. Zugegriffen: 8. Apr. 2025.

5

Erklärungs- und Beobachtungsprobleme

„Mancher klopft mit dem Hammer an der Wand herum und glaubt, er treffe jedes Mal den Nagel auf den Kopf" (Goethe, Maximen und Reflexionen, 1972, S. 493; Original: 1820).

5.1 Wissenschaftstheoretisches Vorgeplänkel[1]

„Die Interpretation einer Beobachtungssprache wird durch die Theorien bestimmt, die wir verwenden, um zu erklären, was wir beobachten, und sie ändert sich, sobald sich die Theorien ändern" (Feyerabend, 1978, S. 18).

Die Sozialpsychologen Elliot Aronson und Merrill Carlsmith schreiben 1968: „[...] where the ideas come from is not terribly important [...] the important and difficult feat involves translating a conceptual notion into a tight, workable, credible, meaningful set of experimental

---

[1] Wir sind so vermessen, uns auch in diesem Unterkapitel an Eigenprodukten zu orientieren (Frindte, 2024, Kapitel 14).

© Der/die Autor(en), exklusiv lizenziert an Springer Fachmedien Wiesbaden GmbH, ein Teil von Springer Nature 2026
W. Frindte, I. Frindte, *Warum die Juden? – Inszenierter Antisemitismus*,
https://doi.org/10.1007/978-3-658-50561-5_5

operations" (Aronson & Carlsmith, 1968, S. 37; zit. n. Kruglanski, 2001, S. 871).[2] Die Autoren sprechen eine Differenz an, die in der Wissenschaftstheorie spätestens seit Hans Reichenbach (1938) bekannt und auch benannt ist: die Differenz zwischen *Context of Discovery* und *Context of Justification* bzw. die Differenz zwischen Entdeckungs- und Begründungszusammenhang. Der *Context of Discovery* ist der Zusammenhang, der uns etwas über die Herkunft wissenschaftlicher Theorien erzählen kann. Anders als im *Context of Justification,* dem Zusammenhang, in dem wir unter Hinzuziehung eines wohlaus- gearbeiteten Methodenkanons (also einer Sammlung etablierter Forschungsmethoden) die empirische Gültigkeit wissenschaftlicher Theorien prüfen, verfügen wir – nach Reichenbach und seinen Nachfolger*innen – kaum über Heuristiken oder gar Regelwerke, mit denen wir uns auf die Suche nach empirisch gültigen Theorien machen können. Paul Feyerabend hat diese Dichotomie in mehreren Arbeiten kritisiert und darauf hingewiesen, dass auch der Context of Justification nie nur auf „objektiven" Verfahren fußt, sondern so wie der Context of Disvovery mit sehr viel Subjektivem und Unwägbarem verknüpft ist (vgl.z. B. Feyerabend, 1988, S. 162).

Zufall, Eingebung, Intuition, Glück oder spekulative Vorstellung scheinen sowohl die Theoriefindung als auch die angemessene Wahl der Methoden zu beeinflussen, um Theorien zu prüfen. Oder, wie Kruglanski meint, „inspiration, intuition, and imagination" (Kruglanski, 2001, S. 874). Einige Jahre zuvor beantwortete Gerd Gigerenzer die Frage, wie man eine Theorie findet, zunächst so:

> „Im englischen Sprachraum sagt man, dass wissenschaftliche Theorien im Kontext der drei 'B,s' entstünden: ‚bed', ‚bathroom' und ‚bicycle' […] Lehrbücher und Curricula lehren, mit welchen Methoden man herausfin- den kann, ob Theorien richtig oder falsch sind und unter welchen Randbe- dingungen; aber wenig darüber, woher diese Theorien kommen […] die Aufmerksamkeit gilt vornehmlich dem ‚context of justification', d. h. dem

---

[2] Sinngemäß: Wo die Ideen herkommen, ist nicht besonders wichtig […] Die wichtige und schwie- rige Aufgabe besteht darin, einen konzeptionellen Begriff in eine enge, praktikable, glaubwürdige und sinnvolle Reihe experimenteller Operationen zu übersetzen.

Kontext, in dem bereits vorhandene Theorien geprüft werden; der ‚context of discovery' d. h. der Kontext, in dem die Theorien entstehen, bleibt dagegen im Dunkeln" (Gigerenzer, 1988, S. 91).

Gigerenzer macht für das Dunkel im *context of discovery* vor allem Karl R. Popper verantwortlich. Paul Feyerabend sah es wohl ähnlich. Philosophen wie Popper hätten die Ignoranz gefördert, indem die Entstehung von Theorien als ein letztlich unerklärliches, mystisches Geschehen hingestellt wurde.

Aber woher kommen sie nun, (sozial-)psychologischen und sozialwissenschaftlichen Theorien?

„Auf die Frage nach der Herkunft von Theorien kann man [...] zumindest drei Klassen von Antworten erhalten: 1. Geschichten, wie jene, dass G. T. Fechner am 22. Oktober 1850, im Bett liegend, plötzlich das Konzept der psychophysischen Funktion vor sich sah[3]; 2. das induktive Argument, dass neue Theorien durch neue Daten entstehen; und 3. das Argument, dass neue Theorien durch neue Metaphern motiviert sind" (Gigerenzer, 1994, S. 111).

Dem dritten Argument gilt Gigerenzers Aufmerksamkeit. Viele Theorien, zumindest in der Psychologie, würden auf Metaphern aufbauen, die aus der „Werkzeugkiste" der Sozialwissenschaftler*innen stammen. Zugespitzt ließe sich also behaupten: Sozialwissenschaftler*innen konstruieren Theorien auch nach dem Bild, das sie von ihren eigenen Werkzeugen und von sich selbst als werkzeugschaffende und -anwendende Subjekte haben. Etwas despektierlich wäre dann zu vermuten, der mit psychischen Störungen beschäftigte Psychologe bzw. die Psychologin könnten in diversen Wahnvorstellungen die Gründe für die antisemitischen Ressentiments mancher Zeitgenoss*innen zu finden meinen.

---

[3] Gustav Theodor Fechner (1801–1887) gilt als Begründer der Psychophysik, eine psychologische Forschungsrichtung, in der die Beziehungen zwischen (physikalischen) Reizen und den Sinnesempfindungen untersucht werden. Die besagte psychophysische Funktion, auch als Fechners Gesetz bekannt, wird durch die schöne Formel $E = k \times \log R + f$ wiedergegeben, wobei E die Empfindungsstärke, R die Reizstärke, k und f Konstanten angeben. Diese Formel hat Fechner nach eigenem Bekunden morgens vor dem Aufstehen im Bett als „Erleuchtung" wahrgenommen (siehe auch: Antonelli, 2015, S. 19).

Forscher*innen, denen das Feld der Aggressionen vertraut und wichtig für ihre Forschungsambitionen ist, könnten u. U. geneigt sein, Antisemitismus als Folge von Frustrationen zu erklären. Usw. usf. So oder ähnlich könnte der Theoriefindungsprozess im Forschungsraum ablaufen.

Da dieser Kontext der Fabrikation von Erkenntnis aber immer auch ein sozialer ist, in dem Sozialwissenschaftler*innen meist in Gruppen arbeiten und mit anderen Gruppen und Gemeinschaften im sozialen Austausch stehen, müssen wir die o.g. Zuspitzung noch etwas weitertreiben: Sozialwissenschaftler*innen fabrizieren Erkenntnisse vor dem Hintergrund der Interaktions- und Kommunikationsmuster, mit denen sie ihre je eigenen Wirklichkeiten zu konstruieren pflegen. Anders gesagt: Die in den jeweiligen Gruppen interindividuell geteilten und weitergegebenen Deutungen von Welt, einschließlich des Bildes von der eigenen Gruppe, fungieren als wichtige Metaphern für die eigene Theoriebildung. Die Art und Weise, wie in solchen Gruppen z. B. Gruppenentscheidungen gefällt werden, wie sich Effekte des Gruppendenkens ausbilden, Minderheiten in den gemeinsamen Forschungsprozess einbezogen werden oder nicht, mit staatlichen Geldgebern gerechnet werden kann, Mythen über das wissenschaftliche Expertentum gepflegt und verbreitet werden – all dies und noch mehr gehört zum sprudelnden Quell, aus denen Sozialwissenschaftler*innen ihre Theorien im Allgemeinen und über den Antisemitismus im Besonderen schöpfen können.

Im Forschungskontext geschieht aber noch mehr: Es handelt sich auch um jene Räume in denen die Empirie fabriziert wird, mit der die Theorien begründet werden sollen. In diesem Kontext dreht sich letztlich das Karussell von Theorie und Empirie. Und dieses Karussell dreht sich infolge einer inneren Dynamik: Beobachten heißt nämlich, eine Unterscheidung zu treffen und zugleich eine Seite der Unterscheidung zu bezeichnen, zu benennen, mit einem Begriff zu verknüpfen, um sie künftig besser begreifen zu können. Jene Seite der Unterscheidung, die aus der Beobachtung ausgeschlossen wird, gerät quasi aus dem Blick, muss nicht erklärt werden und wird auch nicht zur Begründung von Erklärungen herangezogen. Die wissenschaftlichen Beobachter*innen (des Antisemitismus) sehen nur das, was sie für erklärungswürdig und erklärungsfähig halten, und sie erklären mit Hilfe ihrer Theorien auch nur das, was sie durch die Brille ihrer Theorie zu sehen meinen. In der Sprache der

Wissenschaftstheoretiker haben wir es hier *zum einen* mit dem bekannten Problem der Theoriehaltigkeit von Beobachtungen zu tun. *Zum anderen* aber – und das dürfte entscheidend sein – handelt es sich beim Kreisel von Theorie und Empirie, den die Akteure im Forschungskontext erzeugen, um einen selbstreferentiellen, also auf sich selbst bezogenen Kreislauf.

Ist es nicht so, dass Wissenschaftler´*innen zwar die Regeln einer guten wissenschaftlichen Praxis (z. B. der Formulierung von Fragestellungen und der Begründung von Hypothesen, der Auswahl geeigneter Forschungsmethoden, der quantitativen und qualitativen Datenauswertung und deren Interpretation) kennen und beherrschen, im eigentlichen Forschungsprozess und im Interesse der Erkenntnis aber nicht selten gegen diese Regeln verstoßen und verstoßen müssen? Wir meinen damit nicht das auch in den Sozialwissenschaften vorgekommene bewusste Täuschen und Lügen mancher „schwarzen Schafe".[4] Nein, wir meinen die Art und Weise, wie Theorie und Empirie aufeinander bezogen werden. Theorie und Empirie werden nicht selten so lange variiert, bis sie zueinander passen und eine relativ stabile Interpretation der Befunde zulassen. Diese Vorgehensweise ist nicht nur üblich; sie ist auch sinnvoll. Denn die Nützlichkeit der Ergebnisse hängt nicht von starr vorgegebenen Regeln ab, wie Forschung sein sollte, sondern sie muss sich letztendlich im ‚wahren Leben' beweisen.

Dafür, dass die Forscherinnen und Forscher ihre Erkenntnisse in einem solchen rekursiven Forschungsprozess fabrizieren, müssen sie allerdings einen hohen Preis zahlen; den Preis, in zweifacher Weise mit Blindheit geschlagen zu werden: Zum einen schließen die Forscherinnen und Forscher durch ihre Entscheidung, etwas beobachten und untersuchen zu wollen, jene sonstigen Möglichkeiten aus, die eventuell auch noch beobachtet werden könnten. Zum anderen wird stets jene Unterscheidung, die die Forscherinnen und Forscher getroffen haben, um etwas zu beobachten, verdeckt. Die einmal getroffene Entscheidung, etwas zu beobachten, ist im Prozess der Beobachtung und Untersuchung nicht mehr präsent, denn kein Beobachter kann während des Beobachtens seine Beobachtung beobachten (vgl. Luhmann, 1991, S. 63 ff.). Allerdings: Ein

---

[4]Datenfälschungen und Datenmanipulationen machen – nach Schätzungen – in der Umfrageforschung etwa zwei Prozent aller Veröffentlichungen aus (Fanelli, 2009).

anderer Beobachter kann beobachten, welche Unterscheidungen die beobachteten Beobachter (also unsere Forscherinnen und Forscher) benutzen, und damit sehen, was diese nicht sehen können. Mit einer solchen Beobachtung *zweiter* Ordnung wird es möglich, jene Seiten wieder präsent zu machen, die die Beobachter erster Ordnung zuvor aus ihrer Beobachtung ausgeblendet haben. Das heißt, die Beobachtung zweiter Ordnung könnte helfen, die blinden Flecken der Beobachter erster Ordnung aufzudecken. Genau dies geschieht in einem Kontext, den wir gern den *Context of Validation* (Prüfraum) nennen. Das sind jene sozialen Bereiche, in denen die wissenschaftlichen Erkenntnisse ihre eigentliche wissenschaftliche und praktische Gültigkeit erhalten, indem sie durch die *scientific community* (die wissenschaftliche Gemeinschaft) legitimiert und von anderen gesellschaftlichen Gruppen als tatsächlich relevant akzeptiert werden. Jene, die im Forschungskontext ihre Erkenntnisse z. B. über den Antisemitismus fabriziert haben, müssen – wollen sie die Gültigkeit ihrer Fabrikate anerkannt bekommen – nachweisen, dass die Erkenntnisse in die wissenschaftlich anerkannten Bedeutungsräume passen. Anders gesagt: Die Akteure haben den Nachweis zu erbringen, dass sie die psychologischen Wirklichkeiten so deuten, wie dies den interindividuell übereinstimmenden Vorstellungen über das Psychische in wissenschaftlich etablierten *Deutegemeinschaften* entspricht.

Jürgen Klüver (1988) nannte vor Jahren die Versuche, mit denen Wissenschaftler ihre wissenschaftlichen Fabrikate zu explizieren und auf Gültigkeit zu prüfen versuchen, *literarische* und *kollektive Validierung*. Dabei wird versucht, die im „stillen Kämmerlein" oder in der Forschungsgruppe fabrizierten „wahren" wissenschaftlichen Erkenntnisse in den Bedeutungsraum der eigenen Scientific Community einzuordnen, das heißt, Anschlusshandeln zu praktizieren, indem die eigenen wissenschaftlichen Produkte am Wissensbestand der Community so lange abgeglichen werden, bis sie passen. Die eigene Scientific Community übernimmt dabei die Funktion des Beobachters zweiter Ordnung. Und diese Beobachter zweiter Ordnung fordern in der Regel, dass diejenigen, die ihre „Fabrikate" validiert haben möchten, die konventionalisierten und tradierten Regeln wissenschaftlichen Interpretierens und Kommunizierens beachten.

Aber, wie Paul Feyerabend feststellt:

„Man kann sich auf die Wissenschaftler einfach nicht verlassen. Sie haben ihre eigenen Interessen, die ihre Deutung der Evidenz und der Schlüssigkeit dieser Evidenz färben, sie *wissen* nur sehr wenig, geben aber vor, weitaus mehr zu wissen, sie verwenden Gerüchte, als handele es sich um wohlbestätigte Tatsachen, fromme Wünsche, als handele es sich um grundlegende »Prinzipien« des wissenschaftlichen Denkens, und selbst die sehr detaillierten Forschungsergebnisse beruhen auf Annahmen, die die Wissenschaftler oft nicht kennen und deren Inhalt und Reichweite sie nicht verstehen...“ (Feyerabend, 1980 S. 188 f.; Hervorh. im Original).

Und, um zumindest einen Grund für das hier vorgebrachte Vorgeplänkel zu nennen, die jeweils eigenen Interessen von Antisemitismusforscher*innen zeigen sich in diversen Streitigkeiten um den „neuen Antisemitismus“, um „blinde“ Flecke in der Kritischen Theorie, um das Verhältnis von Antisemitismus und Rassismus, um die Wurzeln des Islamischen Antisemitismus oder in Antisemitismus-Vorwürfen gegen Antisemitismusforscher*innen.

5.2   Hannah Arendt als Stichwortgeberin

Antisemit   „Alles Unglück kommt nur von den Juden!“
Jude   „Nein, von den Bicyclisten (Radfahrer).“
Antisemit   „Wieso von den Bicyclisten?“
Jude   „Wieso von den Juden?“

Mit diesem Witz weist Hannah Arendt in ihrem Hauptwerk „Elemente und Ursprünge totaler Herrschaft“ (2001, S. 34, Original: 1951) bekanntlich auf „überstürzt hingeworfenen Arbeitshypothesen“ hin, mit denen der Antisemitismus hin und wieder erklärt wird. Vor allem jener „[…] Mythos, der unter Intellektuellen einigermaßen in Mode kam, seit Sartre *den* Juden »existentialistisch« als jemanden bestimmte, der von anderen als Jude angesehen und definiert wird“ (Arendt, ebd., S. 27), liefert den Auftakt für Arendts weitere Argumentationen. In Jean-Paul Sartre's Essay „Portrait de l'antisémite“ (Sartre, 1994; Original: 1945) findet sich der mittlerweile berühmten Satz: „Nicht die Erfahrung schafft den Begriff des Juden, sondern das Vorurteil fälscht die Erfahrung. Wenn es keinen Juden gäbe, der Antisemit würde ihn erfinden" (Sartre, 1994, S. 12; zit. n. Vowinckel, 2000, S. 148).

Das ist nun gar nicht Arendts Auffassung. Judenhass und Antisemitismus seien in ihren Ähnlichkeiten und Unterschieden nur durch eine historisch-politische Analyse des „Verhältnisses zwischen Juden und Staat" zu klären (Arendt, 2001, S. 42). In dieser Analyse sei der Schlüssel für die wachsende Feindseligkeit bestimmter gesellschaftlicher Gruppen gegen die Juden zu finden.

Beide, Arendt ebenso wie Sartre, mussten sich daraufhin harsche Kritik gefallen lassen (vgl. auch: Vowinckel, 2000). Während man Sartre vorwarf, von der „Geschichtslosigkeit der Juden" zu sprechen, verstieß Arendt offenbar gegen das Verdikt, den Antisemitismus nicht mit der Existenz der Juden und ihrer Geschichte ins Verhältnis zu setzen. So, wie der Begriff des Antisemitismus mittlerweile eine „established convention" (Abschn. 2.1) geworden ist, so scheint die Annahme, der Antisemitismus sage gar nichts über die Juden, wohl aber über die Antisemiten aus, zum Grundwissen der Antisemitismusforschung zu gehören. Hannah Arendt weigert sich allerdings, von einem „ewigen Antisemitismus" zu reden. Derartige Theorien hält sie für absurd und gefährlich:

> „Sie würden den Antisemitismus zu einem Alibi für größere Verbrechen, als sie irgendjemand für möglich gehalten hätte, verhelfen, während andererseits die Behauptung, der Antisemitismus gerade garantiere das Weiterbestehen des Volkes, selbst unter den Bedingungen der Zerstreuung, von den Ereignissen auf das grauenhafteste widerlegt ist. Der Antisemitismus ist genau das, was er zu sein vorgibt: eine tödliche Gefahr für Juden und nichts sonst" (Arendt, 2001, S. 38).

Mit einer solchen Auffassung konterkariert Arendt auch Auffassungen, wie sie etwa Rafael Seligmann einmal in einem Interview mit der „Berliner Zeitung" äußerte. Auf die Frage, „Glauben Sie deshalb, dass es allein der Antisemitismus ist, der die Juden seit dreitausend Jahren zusammenhalten lässt?" antwortete Seligmann: „Das ist erwiesen! Ein Beispiel: In China gab es einige hundert Jahre lang Juden, dann gingen sie unter. Weil sich keiner um sie gekümmert hat. Keiner hat sie verfolgt. Die Juden haben sich immer mehr vermischt, irgendwann war's mal aus" (Seligmann, 1999).

Arendt dagegen ist davon überzeugt, dass die Juden als Volk in die Geschichte mit klaren Vorstellungen eintraten, „[…] jedenfalls mit einem wohl umschriebenen Plan davon, was es auf Erden auszuführen gedachte" (Arendt, 2001, S. 38).[5]

Insofern haben die Juden Geschichte nie nur erlitten, sondern auch mitgestaltet. Eben das zeichnet sie ja aus. Und so darf es eben auch nicht wundern, wenn Hannah Arendt in der „[…] Geschichte des Verhältnisses zwischen Juden und Staat den Schlüssel für die wachsende Feindseligkeit bestimmter gesellschaftlicher Gruppen gegen die Juden" finden will (Arendt, 2001, S. 42). Den Antisemitismus begreift sie demgemäß nicht nur als von den Juden unabhängige Ideologie, sondern versucht ihn vielmehr als Folge des besonderen Verhältnisses zwischen Juden und Staat zu erklären. Damit wendet sie sich nicht nur gegen Sartre, sondern auch gegen den „[…] moderne(n) Pöbel und seine Führer (die) seit den siebziger Jahren des vorigen Jahrhunderts (dem 19., WF/IF) unentwegt behaupten konnten, dass die Judenfrage den Schlüssel zur Geschichte überhaupt und die Ursache aller Übel darstelle" (ebd.).

Arendt argumentiert somit letztlich gegen drei „Fronten": gegen Sartres „Definition der Juden durch die Antisemiten", gegen die nicht weit davon entfernte Auffassung, der Antisemitismus habe gar nichts mit den Juden zu tun und gegen die antisemitische Auslegung der „Judenfrage", alles Übel käme von den Juden.

Weitere „hingeworfene Arbeitshypothesen" sind für Arendt Ansätze, die dem Antisemitismus des Nationalsozialismus „mit psychologischen Erklärungen eines halb geistesgestörten Fanatismus" (Arend, 2001, S. 29) beizukommen versuchen, „die Identifizierung des Antisemitismus mit Chauvinismus und Xenophobie" (S. 30) und die „Sündenbock- und Ventiltheorie" (S. 34). Sehen wir uns die von Arendt kritisierten Arbeitshypothesen etwas genauer an, um im anschließenden Abschnitt

---

[5] Zur Erinnerung, der EWIGE sprach zu Jaakob: „ICH bins, der GOtt deines Vaters Abraham und der GOtt Jizchaks. Das Erdland, auf dem du liegst, dir gebe ich es und deinem Samen. Dein Same wird sein wie der Staub der Erde. Ausbrechen wirst du westwärts, ostwärts, nordwärts, südwärts. Segnen werden sich mit dir alle Sippen des Bodens und mit deinem Samen" (Die Schrift, verdeutscht von Martin Buber und Franz Rosenzweig, 1987, Band 1, S.80).

eine Ordnung diverser Versuche über die Ursachen des Antisemitismus vorzustellen.

Die von Arendt angesprochenen psychologischen Erklärungen des Antise-mitismus, die auf Geistesstörungen, psychopathologische Strukturen oder andere individuelle „Normabweichungen" potentieller Antisemiten ver-weisen, sind seit Siegmund Freud en vogue. Wie Albrecht Hirschmüller (1988) hervorhebt, habe Freud, abgesehen von ein paar Bemerkungen in der Krankheitsgeschichte des Kleinen Hans (Freud, 1909), allerdings erst in seinem Werk „Der Mann Moses und die monotheistische Religion" aus dem Jahre 1939 eine psychoanalytische Antisemitismustheorie zu formulieren versucht. Der Antisemit, so die Grundaussage Freuds, hasse im gottesmörderischen Juden vor allem sich selbst und die eigenen ag-gressiven Impulsen gegenüber dem Vater.

Dass Freud dabei durchaus kulturhistorisch argumentiert, wollen wir nicht unerwähnt lassen und an einem längeren Zitat illustrieren:

> „Die tieferen Motive des Judenhasses wurzeln in längst vergangenen Zei-ten, sie wirken aus dem Unbewussten der Völker, und ich bin darauf ge-fasst, dass sie zunächst nicht glaubwürdig erscheinen werden. Ich wage die Behauptung, dass die Eifersucht auf das Volk, welches sich für das erstge-borene, bevorzugte Kind Gottvaters ausgab, bei den anderen heute noch nicht überwunden ist, so als ob sie dem Anspruch Glauben geschenkt hät-ten. Ferner hat unter den Sitten, durch die sich die Juden absonderten, die der Beschneidung einen unliebsamen, unheimlichen Eindruck gemacht, der sich wohl durch die Mahnung an die gefürchtete Kastration erklärt und damit an ein gern vergessenes Stück der urzeitlichen Vergangenheit rührt. Und endlich das späteste Motiv dieser Reihe, man sollte nicht ver-gessen, dass alle diese Völker, die sich heute im Judenhass hervortun, erst in späthistorischen Zeiten Christen geworden sind, oft durch blutigen Zwang dazu getrieben. Man könnte sagen, sie sind alle »schlecht getauft«, unter einer dünnen Tünche von Christentum sind sie geblieben, was ihre Ahnen waren, die einem barbarischen Polytheismus huldigten. Sie haben ihren Groll gegen die neue, ihnen aufgedrängte Religion nicht überwunden, aber sie haben ihn auf die Quelle verschoben, von der das Christentum zu ihnen kam. Die Tatsache, dass die Evangelien eine Geschichte erzählen, die unter Juden und eigentlich nur von Juden handelt, hat ihnen eine solche Ver-schiebung erleichtert. Ihr Judenhass ist im Grunde Christenhass, und man braucht sich nicht zu wundern, dass in der deutschen nationalsozialistischen

Revolution diese innige Beziehung der zwei monotheistischen Religionen in der feindseligen Behandlung beider so deutlich Ausdruck findet" (Freud, 1938, hier: 1986, S. 539).

Letztlich ist aber der Ödipus-Komplex für Freud die zentrale Wurzel des Antisemitismus. Von diesem Grundverständnis, so Hirschmüller (1988, S. 46), seien zunächst alle weiteren psychoanalytischen Auffassungen des Antisemitismus ausgegangen, um den Nachweis der unbewussten Struktur antisemitischer Einstellungen antreten zu können (vgl. auch: Grunberger, 1993).

Detlev Claussen (1987, S. 1) beklagte schon vor Jahren, dass gerade in Deutschland schnell, wenn das Wort Antisemitismus falle, auf die Spezialisten fürs Irrationale zurückgegriffen werde, zu denen auch die Psychoanalytiker zu rechnen seien. Deren Erklärungen scheitern dann, wenn sie gesellschaftliche Phänomene und Prozesse, wie eben den Antisemitismus, auf individuelle Besonderheiten reduzieren.

Jacob Katz (1993, S. 124 ff.) bringt es auf den Punkt. Er bezieht sich dabei u. a. auf die psychoanalytische Interpretation des Antisemitismus durch Saul Friedländer (1971). Friedländer glaube, so Katz, Hitler und seine Anhänger hätten eine allen gemeinsame Wahnvorstellung gehabt, die Juden seien Bazillen und müssten deshalb ausgerottet werden. Dass die Nationalsozialisten die Juden tatsächlich als Parasiten, Insekten und Bazillen bezeichneten, sei sicher nicht von der Hand zu weisen und ließe sich belegen. Daraus aber eine Theorie über das Unterbewusstsein Hitlers und jener zu machen, die an der Vernichtung der sechs Millionen Juden beteiligt gewesen seien, beruhe auf einem Analogieschluss auf der Basis medizinischer Fallstudien, in denen Patienten mit einer Bazillenphobie Reinigungsrituale entwickeln. Aber, so Katz, welch ein Unterschied bestehe zwischen beiden Dingen. Ein Patient, der sich von Bazillen belagert fühle, sei nicht im Entferntesten mit den Nationalsozialisten zu vergleichen, die sehr wohl wussten, dass sie bildlich sprachen, wenn sie Menschen als Bazillen bezeichneten.

Ernst Simmel hat schon 1946 (Simmel, 1946) darauf hingewiesen, dass es völlig verfehlt wäre anzunehmen, der Antisemitismus als Massenbewegung mit nationaler und internationaler Anziehungskraft käme durch das Zusammenwirken vieler neurotischer Individuen zustande:

„Der Durchschnitts-Antisemit scheint eine relative normale, gut angepasste Persönlichkeit zu sein. Er geht seinen Geschäften nach, sorgt für seine Familie usw. Doch er hasst die Juden, und es tut ihm gut zu wissen, dass viele seiner Freunde seine Gefühle teilen" (Simmel, 1993, S. 61; Original 1946).

Dennoch gehören, soweit wir das zu überschauen vermögen, paranoide Projektionen eines unbewussten Schuldgefühls und einer tiefen narzisstischen Kränkung auch in gegenwärtigen psychoanalytischen Ansätzen nach wie vor zu den zentralen psychischen Ursachen für das Entstehen antisemitischer Einstellungen. Lajos Székély (1989) hebt in diesem Sinne vor allem zwei Quellen des Antisemitismus seit dem Holocaust hervor: die Furcht vor der Vernichtungsangst der Juden, weil sie zu einer Rollenverkehrung führen könne, in deren Folge die Juden sich an ihren früheren Mördern rächen könnten und ein falsches Mitleid für die Juden, das sich in Hass verwandeln könne, sobald die Situation der Juden sich verbessert habe. Jacob A. Arlow (1992) sieht aus psychoanalytischer Sicht im Hass und der Wut auf das Fremde die zentralen Aspekte des Antisemitismus. Martin Wangh (1992) macht autoritäre Erziehungsideale und geschwächte Ich-Strukturen für neuere Formen des Antisemitismus verantwortlich.

Dass psychoanalytisch orientierte Forscher*innen ihre empirischen Befunde überwiegend im klinisch-psychologischen Kontext erheben, mag ein gewichtiger Grund für die Skepsis sein, die „Nicht-Analytiker" den psychoanalytischen Interpretationen entgegenbringen. Ein anderer hängt wohl mit der impliziten Reduktion von mehr oder weniger sozial konstruierten Prozessen, in diesem Falle des Antisemitismus als sozialem Phänomen, auf individuelle Persönlichkeitsstrukturen zusammen (siehe auch: Brunner, 2016; Elmers, 2024). Detlev Claussen warf in diesem Kontext der Psychoanalyse „Personalisation" und „Psychologisierung" vor:

„Der Antisemitismus erscheint als Resultat einer psychischen Fehlentwicklung. Die bedeutendste Zusammenkunft in Deutschland zu diesem Thema, von Alexander Mitscherlich 1962 initiiert, machte den Antisemitismus konsequent zur Vorurteilskrankheit; der Antisemit erscheint als abnorme Abweichung. Im Gefolge des geschlechtsspezifischen Differenzierungsprozesses der Wissenschaften hat Margarete Mitscherlich-Nielsen den Antisemitismus erst kürzlich als Männerkrankheit interpretiert. Der geschlechtsspezifische Sozialisationsprozess wird hier für gesellschaftlich bare Münze genommen. Die Vermittlung fällt aus, weil die Grenze psychoanalytischer Theoriebildung nicht reflektiert wird, eine Art interpretatorischer Deutungsallmacht" (Claussen, 1987, S. 4 f).

Claussen verweist prototypisch auf zwei, von den psychoanalytischen Forscherinnen und Forschern meist vernachlässigte Aspekte antisemitischer Einstellungen: Nämlich einerseits auf ihre soziale Konstruktion, d. h. auf die sozialen Strukturen, die Antisemitismus als soziales Phänomen erst ermöglichen und andererseits auf die ebenfalls meist verkürzten sozialen Vermittlungsglieder, durch die antisemitische Orientierungen individualisiert werden.

Dass die von Arendt kritisierten „psychologischen Erklärungen" aber durchaus wertvolle Hypothesen über die individuellen Besonderheiten antisemitisch eingestellter Menschen zu generieren vermochten, sollte bei aller Skepsis dennoch nicht übersehen werden. Wolfgang Benz (2004, S. 239) hat mit Recht darauf hingewiesen, dass ohne Freuds Psychoanalyse nicht nur die Theorie vom autoritären Charakter, sondern auch die psychologischen Einsichten in den Zusammenhang von Frustration und Aggression sowie die im Zusammenwirken mit sozialwissenschaftlichen Einsichten entwickelten gruppenpsychologischen Vorurteilstheorien nicht denkbar wären.

Wir werden deshalb, nicht nur, weil eine psychologische Perspektive unserer Profession entspricht, psychologische Erklärungen des Antisemitismus im Weiteren nicht aus den Augen verlieren.

Das gilt im weitesten Sinne auch für die von Hannah Arendt kritisierte *„Sündenbock- und Ventiltheorie"*,[6] eine Bezeichnung, die wohl von Otto Fenichel stammen dürfte (Fenichel, 1946, hier: 1993). Auf die Frage,

---

[6] Am jüdischen Versöhnungstag wird dem Wüstendämon Asasël ein Bock, der „Sündenbock", zugetrieben, um sich selbst von seinen eigenen Sünden und Schulden zu befreien. Der Sündenbock ist das Ersatzopfer, um sich nicht selbst opfern zu müssen. „Und Aron soll einen Stier, sein Sündenopfer, darbringen, dass er sich und sein Haus Sühne schaffe, und danach zwei Böcke nehmen und vor den HERRN stellen an der Tür der Stiftshütte und soll das Los werfen über die zwei Böcke: ein Los dem HERRN und das andere dem Asasël, und soll den Bock, auf welchen das Los für den HERRN fällt, opfern zum Sündenopfer. Aber den Bock, auf welchen das Los für Asasël fällt, soll er lebendig vor den HERRN stellen, dass er über ihm Sühne vollziehe und ihn zu Asasël in die Wüste schicke" (Mose 3, 16).

warum Juden für die Rolle des Sündenbocks geeigneter als Rothaarige sind, gibt Otto Fenichel zumindest zwei Antworten: Erstens, weil die Juden stets wehrloser als die Rothaarigen waren. Zweitens, weil in Zeiten übermäßigen Elends die Opfer dieses Elends selten in der Lage sind, den tatsächlichen Ursprung des Elends zu entdecken. Deshalb griffen die Opfer auf Aussagen zurück, die sich bereits in der Vergangenheit als Erklärungen ihres Elends angeboten hatten. Und dies seien eben die Juden, weil sie über Jahrhunderte hinweg als Repräsentanten des Geldes galten, unabhängig davon „[…] wie viel Armut zur selben Zeit unter den Juden herrschte" (Fenichel, 1993, S. 40).

Hannah Arendt scheint – übrigens ebenso wie Jacob Katz (1993, S. 122) - mit solchen Antworten nicht zufrieden zu sein. Bleibt doch nach wie vor offen, warum die Juden stets wehrloser waren und warum sie als Verkörperung des Geldes und des Schachers angesehen wurden und werden (vgl. Arendt, 2001, S. 35 ff.). Auch die in der psychologischen Vorurteilsforschung bekannteste und elaborierteste Sündenbock-Theorie von Berkowitz (1962) gibt auf solche Fragen keine befriedigenden Antworten. Berkowitz stützt sich auf die Frustrations-Aggressionshypothese, die bereits 1939 von Dollard und Kollegen (1939) formuliert wurde und besagt, dass Aggression immer die Wirkung einer Frustration sei und dass auch umgekehrt jede Frustration zu Aggression führe. Berkowitz reformulierte diese Hypothese und nahm an, dass Aggressionen in Folge von Frustrationen dann, wenn die Verursacher der Frustrationen nicht erreichbar sind, auf andere Ersatzursachen (andere Personen oder Gruppen) gerichtet werden können. Welche anderen Personen oder Gruppen als aggressive Ziele gesucht werden, hängt u. a. von deren Ähnlichkeit mit den eigentlichen Frustrationsquellen, von ihrer Sichtbarkeit, Erreichbarkeit und Fremdheit ab. Warum ganz bestimmte Minderheiten (z. B. Juden, Asylbewerber etc.) zu Zielgruppen der Sündenbock-Konstruktionen werden können, bleibt damit aber auch unbeantwortet.

In ähnlicher Weise hat bereits Gordon Allport (1954, deutsch: 1971) die Sündenbock-Theorie in ihren früheren Versionen kritisiert. Es bleibe völlig ungeklärt, warum einige Minderheiten geschätzt und andere gehasst werden; ebenso ungeklärt sei die Tatsache, dass es verschiedene Stufen und Arten von Abneigung gebe (Allport, 1971, S. 354). Mit Detlef Clausen (1987, S. 8) gesprochen, ließe sich also sagen: Psychologische

Untersuchungen zur Konstruktion von Sündenböcken stoßen immer wieder an die Grenze der Geschichte oder der historischen Gewordenheit falscher Konstruktionen. Dass sich Otto Fenichel dieser Grenze bewusst war, darf allerdings nicht verschwiegen werden (Fenichel, 1993, S. 57). Hannah Arendt jedenfalls will diese Grenze überblicken und den Antisemitismus im „Zersetzungsprozess des Nationalstaats" (Arendt, 2001, S. 43) historisch erklären.

Auch die von ihr kritisierte *Identifizierung des Antisemitismus mit Xenophobie* und anderen Vorurteilen gehört zu den tradierten und nach wie vor aktuellen Argumentationssträngen in den Antisemitismus-Debatten. So entwickelte Gordon W. Allport – wie an früherer Stelle bereits erwähnt (Abschn. 2.1) - in seinem Klassiker „The Nature of Prejudice" (1954) nicht nur einen aktuellen Zugang zur sozialpsychologischen Vorurteilsforschung, sondern provozierte auch die Frage, ob die modernen antisemitischen Vorurteile in ihrer psychologischen Struktur und Prozesshaftigkeit Vorurteile wie andere sind oder ob sie sich und in welcher Weise von anderen Vorurteilen unterscheiden lassen.

Für Freytag und Sturzbecher (2000, S. 9 ff.) beispielsweise ist der Antisemitismus ein gewöhnliches Vorurteil mit einer ungewöhnlichen Geschichte. Aus der Sicht der Sozialpsychologie – so die Autoren – unterscheiden sich die Vorurteile gegenüber Juden kaum vom Vorurteil gegenüber anderen Gruppen (Polen, Afrikaner. Homosexuelle). Inhaltliche Unterschiede seien aber dennoch hervorzuheben: 1. Judenfeindliche Einstellungen besäßen eine besondere historische Kontinuität, wenngleich sich ihre Inhalte über Jahrhunderte gewandelt haben und dem jeweiligen Zeitgeist angepasst wurden. 2. Judenfeindliche Vorurteile besäßen überdies eine hohe Komplexität und würden sich im Gegensatz zu anderen Ressentiments auf einen weiten Bereich von Ablehnungen beziehen. 3. Eine weitere Besonderheit antijüdischer Einstellungen sei die besondere Brutalität judenfeindlicher Handlungen, die zum Beispiel in Pogromen mit tausenden jüdischer Opfer zum Ausdruck komme.

Auch Simmel sah schon gravierende Unterschiede zwischen den, wie er schreibt, „*gelegentlichen* Manifestationen der »Massenmentalität«", also den aggressiven Gruppenaktionen gegenüber Minderheiten, und dem Antisemitismus (Simmel, 1993, S. 88; Hervorh. im Original). Von dieser Massenmentalität unterscheide sich der Antisemitismus in zweifacher

Weise: durch seinen chronischen Charakter im Prozess der Zivilisation und durch seine spezifischen Wahnvorstellungen. Simmel diagnostiziert aus psychoanalytischer Perspektive einen „latenten Ambivalenzkonflikt mit den Eltern" (ebd., S. 73), in dem sich der antisemitische Massenmensch befände. Dieser Ambivalenzkonflikt komme zu einer vorübergehenden Lösung, indem der Antisemit die „veräußerlichte elterliche Gewalt in zwei Teile" spalte, in die Liebe zum Führer und in den Hass gegenüber den Juden. Über diese Ambivalenz, auf die später noch ausführlicher einzugehen sein wird, ist in der Literatur zum Antisemitismus viel geschrieben worden. Otto Fenichel spricht aus psychoanalytischer Sicht vom Antisemitismus als „[...] eine Verdichtung der widersprüchlichen Bestrebungen: eines Aufruhrs der Triebe gegen die Obrigkeit sowie einer gegen das eigene Selbst gerichteten, grausamen Unterdrückung und Bestrafung für diese Rebellion" (Fenichel, 1993, S. 45; Original: 1946).

Ein beliebiges Vorurteil ist der Antisemitismus nicht, auch nicht ausschließlich auf individuelle Besonderheiten der Antisemiten zurückzuführen. Vielleicht ist es die „geistesgestörte", weil ohne Bezug auf die wirkliche Existenz der Juden konstruierte, Ambivalenz, mit der die Antisemiten die Juden als Verkörperung begehrter und verpönter Merkmale zu diskriminieren und zu diffamieren versuchen, um ihnen die Rechtmäßigkeit ihrer Existenz als Mitglieder sozialer Gemeinschaften abzusprechen.

Wir kommen darauf im Kap. 7 zurück.

5.3 Top down and Bottom up: Ein Ordnungsversuch möglicher Erklärungen

„Seit einiger Zeit schießen in Deutschland die Systeme [...] über Nacht zu Dutzenden auf wie die Pilze. Der kleinste Doktor Philosophiae, ja selbst der Studiosus tut nicht mehr mit unter einem vollständigen »System«" (Engels, 1972, S. 6; Original: 1894).

Vor mehr als zwanzig Jahren, im März 2005 veröffentlichte Götz Aly sein Buch „Hitlers Volksstaat. Raub, Rassenkrieg und nationaler Sozialismus" (Aly, 2005a). Den Kern des Buches bildet die Frage, wie es dem

NS-Regime gelang, sich trotz der selbstzerstörerischen Politik zwölf Jahre an der Macht zu halten. Alys Antwort: Fast alle Deutschen, die Nicht- und Antinazis eingeschlossen, hätten von den Raubzügen profitiert. 95 % der Deutschen hätten das NS-System nicht als System der Unfreiheit und des Terrors erlebt, sondern als Regime der sozialen Wärme. Die dafür nötigen Finanzen habe die NS-Regierung vor allem aus der Ausbeutung und Vernichtung der „Fremdstämmigen", der Juden, der Zwangsarbeiter und der Angehörigen unterworfener Völker gewonnen. Damit habe Hitler die Mehrheitsfähigkeit seiner Politik und seiner Kriegszüge im Wesentlichen nicht mit den Mitteln des politischen Fanatismus, sondern mit den Techniken des Sozialstaates erreicht.

Noch bevor das Buch erschien, stellte Götz Aly seine Thesen im „Spiegel" vor (Aly, 2005b). Vier Ausgaben später konterte der Historiker Hans-Ulrich Wehler ebenfalls im „Spiegel" (Wehler, 2005) scharf und warf Aly „engstirnigen Materialismus" vor. Er, Götz Aly, entpuppe sich als Verfechter einer materialistischen Geschichtsschreibung, privilegiere „[…] materielle Interessen mit dem Gestus des Hyperrealismus als dominante Antriebskräfte". Für die Erfassung der Bedingungen des Holocaust sei dieser „engstirnige Ansatz" ganz unangemessen. Um diese Bedingungen, die freiwillige Loyalität der Deutschen und deren radikalisierten Antisemitismus zu verstehen, müsse man den „Führermythos" und die Sehnsucht der Deutschen nach einem charismatischen Führer in den Mittelpunkt rücken. In „Die Zeit" vom 6. April 2005 wies Götz Aly nun die von Wehler formulierten Vorwürfe zurück (Aly, 2005c). Die Integrationskraft des Nationalsozialismus basiere nicht auf der radikalisierten antisemitischen Ideologie. Diese Ideologie, die es natürlich gegeben habe, werde aber nur verständlich, wenn gleichzeitig die damit legitimierte Politik der NS-Führung aufgeklärt werde. Um den Krieg vorzubereiten und zu führen, das deutsche Volk für die Kriegsführung zu gewinnen und gleichzeitig die Zahlungsfähigkeit des Reiches zu sichern, mussten die Juden enteignet und schließlich vernichtet werden.

Wir haben den Streit der beiden Historiker erwähnt, nicht, weil er wegen der wechselseitigen, sehr persönlichen Vorwürfe spannend ist. Das ist er auch. Vor allem aber scheint er paradigmatisch zu sein für die teils divergenten wissenschaftlichen Versuche, mit denen der Holocaust und der gegenwärtige Antisemitismus erklärt werden.

Diese Erklärungsversuche, auch jene, die Hannah Arendt kritisiert, bewegen sich – aus unserer Sicht – auf einer Dimension, deren *einer* Pol durch die mehr oder weniger von Wehler kritisierte materialistische Gesellschaftsanalyse gekennzeichnet ist. Den *anderen* Pol nehmen Analysen ein, in denen vornehmlich nach individuellen Besonderheiten (z. B. nach individuellen Ängsten der Antisemiten oder nach charismatischen Führerpersönlichkeiten antisemitischer Kollektive etc.) gefragt wird.

Materialistische Gesellschaftsanalyse zu betreiben, heißt zunächst einmal nach den materiellen Grundlagen historischer Prozesse zu fragen. Was ja so falsch nicht sein muss, auch wenn man in diesem Falle an Marx und Engels nicht ganz vorbeikommt. Der Begriff der materialistischen Geschichtsauffassung wurde nun einmal von Marx und Engels geprägt. Friedrich Engels zählt die materialistische Geschichtsauffassung (neben der Enthüllung der kapitalistischen Produktion vermittelst des Mehrwerts) zu den beiden großen Entdeckungen, die „wir Marx verdanken". Materialistische Gesellschaftsanalyse zu betreiben, heißt vor allem, die Geschichte in ihren Produktions- und Verkehrsverhältnissen zu begreifen und die ökonomische Struktur einer Gesellschaft als die reale Grundlage zu betrachten, von der aus „[...] der gesamte Überbau der rechtlichen und politischen Einrichtungen sowie der religiösen, philosophischen und sonstigen Vorstellungsweise eines jeden geschichtlichen Zeitabschnitts in letzter Instanz zu erklären" ist (Engels, 1962; Original: 1880; MEW, Band 19, S. 208).

Moishe Postone (1995; zuerst erschienen 1982), der wie Hannah Arendt die Sündenbock-Theorie als Erklärungsansatz für Antisemitismus kritisiert, geht von einer solchen materialistischen Gesellschaftsauffassung aus, um zu fragen, was die Besonderheit des Holocaust und des modernen Antisemitismus sei. Seine Antwort:

> „Sicher keine Frage der Quantität, sei es der Zahl der Menschen, die ermordet worden sind, noch des Ausmaßes ihres Leidens. Die Frage zielt vielmehr auf die qualitative Besonderheit. Bestimmte Aspekte der Ausrottung des europäischen Judentums bleiben so lange unerklärlich, wie der Antisemitismus als bloßes Beispiel für Vorurteil, Fremdenhass und Rassismus allgemein behandelt wird, als Beispiel für Sündenbock-Strategien, deren Opfer auch sehr gut Mitglieder irgendeiner anderen Gruppe hätten gewesen sein können. Charakteristisch für den Holocaust war der verhält-

nismäßig geringe Anteil an Emotion und unmittelbarem Hass (im Gegensatz zu Pogromen zum Beispiel); dafür aber ein Selbstverständnis ideologischer Mission, und, was das wichtigste ist: Der Holocaust hatte keine funktionelle Bedeutung. Die Ausrottung der Juden war kein Mittel zu einem anderen Zweck. Sie wurden nicht aus militärischen Gründen ausgerottet oder um gewaltsam Land zu nehmen (wie bei den amerikanischen Indianern); es ging auch nicht um die Auslöschung der potentiellen Widerstandskämpfer unter den Juden, mit dem Ziel, den Rest als Heloten besser ausbeuten zu können. (Dies war übrigens die Politik der Nazis Polen und Russen gegenüber.) Es gab auch kein »äußeres« Ziel. Die Ausrottung der Juden musste nicht nur total sein, sondern war sich selbst Zweck - Ausrottung um der Ausrottung willen -, ein Zweck, der absolute Priorität beanspruchte" (Postone, 1995, S. 29).

Der moderne Antisemitismus, der nicht mit dem täglichen antijüdischen Vorurteil verwechselt werden dürfe, sei eine Ideologie und als solche nur mit einer materialistischen, kapitalismuskritischen Erkenntnistheorie zu erklären. Postone sieht einen Zusammenhang zwischen dem Antisemitismus der Nationalsozialisten mit ihrem „antikapitalistischen" Selbstverständnis. Dieser „Antikapitalismus" richtete sich – so Postone - einerseits gegen die angeblich reichen Jüdinnen und Juden, die das deutsche Volk ausgeraubt hätten; andererseits wurden die Juden als Juden generell mit dem Kapitalismus identifiziert, mit seinen Krisen und Auswirkungen, sodass sie auch dann noch eine Gefahr darstellten, wenn sie individuell nicht von den kapitalistischen Verhältnissen profitieren.

„Es handelt sich dabei nicht um die bloße Wahrnehmung der Juden als Träger von Geld - wie im traditionellen Antisemitismus; vielmehr werden sie für ökonomische Krisen verantwortlich gemacht und mit gesellschaftlichen Umstrukturierungen und Umbrüchen identifiziert, die mit der raschen Industrialisierung einhergehen: explosive Verstädterung, der Untergang von traditionellen sozialen Klassen und Schichten, das Aufkommen eines großen, in zunehmendem Masse sich organisierenden industriellen Proletariats und so weiter. Mit anderen Worten: Die abstrakte Herrschaft des Kapitals, wie sie besonders mit der raschen Industrialisierung einhergeht, verstrickte die Menschen in das Netz dynamischer Kräfte, die, weil sie nicht durchschaut zu werden vermochten, in Gestalt des »Internationalen Judentums« wahrgenommen wurden" (Postone, 1995, S. 31).

Und diese Wahrnehmung habe sich ausschließlich auf das finanz- und zinstragende Kapital gerichtet und das produzierende Kapital, also die eigentliche materielle Basis des Kapitals ausgeblendet. Postone greift in diesem Zusammenhang den Marxschen Ansatz vom *Fetischcharakter der Ware* auf (Marx, 1977; Original: 1867, MEW, Band 23, S. 85 ff.). So wie die Ware eine konkrete, dingliche und eine abstrakte, wertbezogene Dimension habe, so würde auch die kapitalistische Gesellschaft *in zwei voneinander getrennten Formen* erscheinen: Die Produktion, wie die Industrie, stehe für das Konkrete, für die Arbeit; das Geld hingegen, die Börse und die Wertform für das Abstrakte, für das, was das Kapital und den Kapitalismus eigentlich (aber eben fälschlicherweise) charakterisiere. Dass die mehrwertschaffende Produktion die eigentliche Basis kapitalistischer Produktion und Ausbeutung sei, werde von den Gesellschaftsmitgliedern nicht erkannt. Indem nun die Juden mit dem Geld, der Börse, also dem Finanzkapital identifiziert werden, würden sie mit dem Kapitalismus überhaupt gleichgesetzt. Die von den Nationalsozialisten propagierte „antikapitalistische" Revolte geriet so zur Revolte gegen die Juden.

Man muss sich Postones marxistischer Sicht nicht unbedingt anschließen, um den Antisemitismus mittels (materialistischer) Gesellschaftsanalyse zu untersuchen. Auch Hannah Arendts historische Analyse ist auf die politik-historischen Rahmenbedingungen gerichtet, innerhalb derer antisemitische Einstellungen konstruiert werden. Gesellschaftsanalysen sind zunächst mal wissenschaftliche Analysen über makro-soziale Verhältnisse (z. B. über den Niedergang des Nationalstaates und das Anwachsen der antisemitischen Bewegung bei Arendt, 2001; über Wesen und Erscheinung des Kapitalismus und die Wahrnehmung der Juden als personifiziertes Kapital bei Postone, 1995).

Klaus Holz und Thomas Haury betreiben, wenn sie die „national-antisemitische Weltanschauung" im Zusammenhang von Nationalismus und Antisemitismus zu rekonstruieren versuchen, in diesem Sinne ebenfalls Geschichtsanalyse. Sicher tun sie das nicht primär auf einer – im Sinne Marxens – materialistisch-konzeptuellen Grundlage. Beide Autoren beklagen die mangelhafte Forschungslage zum Zusammenhang zwischen modernen Antisemitismus und Nationalismus (vgl. auch Holz, 2001, S. 12; Haury, 2002, S. 41). Dabei haben sie nicht nur die Forschungen zum modernen Antisemitismus bis 1945 im Auge, sondern sehen besagten blinden Fleck auch in den sozialwissenschaftlichen Beschäftigungen mit dem „Antisemitismus nach Auschwitz" (Holz, ebd., S. 483 ff.; Haury, 2002, S. 428 ff.). In der wissenschaftlichen Literatur werde die Beziehung zwischen Antisemitismus und Nationalismus stets nur kurz konstatiert, aber kaum theoretisch entwickelt. Erst in den letzten Jahren finde dieses Thema innerhalb der Sozialwissenschaften verstärkt Beachtung (Haury, 2002, S. 41). Zwar habe schon Adorno (1973) auf den Zusammenhang zwischen Antisemitismus und Nationalismus hingewiesen, ihn aber nur unspezifisch gefasst (Haury, ebd., S. 103). Das gilt sicher auch für Horkheimers mehr oder weniger launige Arbeit zum „Problem des Autoritarismus, Nationalismus und Antisemitismus" (Horkheimer, 1963).

Blicken wir etwas ausführlicher auf die Arbeit von Klaus Holz. Beide, Antisemitismus und Nationalismus, hätten in der modernen Gesellschaft den Charakter einer Weltanschauung (Holz, 2001, S. 28 f.). In der nationalistischen Weltanschauung werde nicht nur zwischen „unserer" und „fremden Nationen" unterschieden, sondern es trete die Unterscheidung zwischen „allen Nationen" und „den Juden" in den Vordergrund, „[…] sodass »die Juden» als Gegenbegriff für alle «Nationen» der Welt präsentiert werden können" (ebd., S. 29).

Da die Verknüpfung von Nationalismus und Antisemitismus in der Forschung bisher nicht genügend analysiert sei, müsse es vorrangig um die Rekonstruktion dieser „national-antisemitischen Weltanschauung" gehen. Dabei sei zwischen einer Sozialpsychologie der Antisemiten und einer Soziologie des Antisemitismus zu unterscheiden. Der ersten gehe es um die Untersuchung der psychischen Prozesse, Funktionen und Ursachen des Antisemitismus; Referenzgröße der Untersuchung sei das Individuum.[7] In der Soziologie des Antisemitismus hingegen stünden antisemitische Kommunikationen und deren Kontexte im Mittelpunkt der Analyse. Die antisemitischen Kommunikationen wiederum könnten weder auf individuelle Vorurteile und Unbewusstes reduziert werden (wie „in der sozialpsychologisch geprägten Vorurteilsforschung"

---

[7] Dass wir die Referenzgröße sozialpsychologischen Denkens und Forschens keinesfalls auf das Individuum beschränken, haben wir an anderen Stellen zu zeigen versucht (Frindte, 1998; Frindte & Frindte, 2020).

vorherrschend, ebd., S. 23), noch seien sie mit den jeweiligen Kontexten identisch.

Reduktion von Antisemitismus auf die Kontexte, in denen er produziert und reproduziert wird, entdeckt Holz in nahezu allen theoretischen Konzeptionen, die sich aus soziologischer oder sozialpsychologischer Sicht dem Antisemitismus zuzuwenden versuchen. Kritisch beleuchtet er vier große Theoriefamilien:

- „Funktionalistische Theorien"; dazu zählt er u. a. die sozialwissenschaftliche Vorurteilsforschung im Sinne Gordon W. Allports (1954), die Frustrations-Aggressions-Hypothese (Dollard et al., 1939) und die auch von Hannah Arendt kritisierte „Sündenbock- und Ventiltheorie". Funktionalistische Theorien würden antisemitische Vorurteile einseitig auf die Funktionen reduzieren, die sie für eine Ingroup besitzen.
- „Korrespondenztheorien", in denen antisemitische Vorurteile „[...] aus der Interaktion zwischen Ingroup und Outgroup, Mehrheit und Minderheit oder aus angeblich tatsächlichen Besonderheiten der Juden, ihrer Berufsstruktur, Religion usw." (Holz, 2001, S. 62) abgeleitet würden.
- „Kausaltheorien", in denen Antisemitismus entweder auf psychische und/oder gesellschaftliche Ursachen zurückgeführt werden; gemeint sind z. B. Arbeiten, wie die von Horkheimer (1936) herausgegebenen „Studien über Autorität und Familie", Otto Fenichel's „Elemente einer psychoanalytischen Theorie des Antisemitismus" (Fenichel, 1946, hier: 1993), „The Authoritarian Personality" (Adorno et al., 1950) und Postones marxistischer Ansatz (Postone, 1995).
- „Differenztheorien", die nationale, antisemitische und xenophobe Semantiken mit Hilfe der Grundunterscheidung „Freund versus Feind" zu analysieren versuchen. Hierzu rechnet Holz vor allem die Arbeiten von Zygmunt Bauman (z. B. 1992).

Alle vier Theorieansätze weisen nach Holz das gleiche Problem auf, antisemitische Semantiken aus deren Kontexten zu erklären, ohne die Semantiken „[...] als relativ eigenständige, kulturelle Dimensionen des Sozialen zu analysieren" (Holz, 2001, S. 111).

Um diese Dimensionen der antisemitischen Semantiken zu untersuchen und den „Nationalen Antisemitismus" als generelle Struktur des „modernen Antisemitismus" bestimmen zu können, hat Holz Schüsseltexte aus der Geschichte des Antisemitismus einer hermeneutischen Rekonstruktion unterworfen: Heinrich von Treitschkes Text „Unsere Aussichten", mit dem dieser 1879 den „Berliner Antisemitismusstreit" auslöste; die Rede des Hof- und Dompredigers Adolf Stoecker „Unsre Forderungen an das moderne Judenthum", die ebenfalls 1879 gehalten und als Flugblatt in 14000 Exemplaren abgesetzt wurde; das nach Holz bedeutendste antisemitische Buch der jüngeren französischen Geschichte „La France Juive" von Édouard Drumont aus dem Jahre 1886, von dem bereits im ersten Jahr seines Erscheinens 100.000 Exemplare verkauft wurden; Adolf Hitlers Rede „Warum sind wir Antisemiten?" aus dem Jahre 1920; das Gerichtsprotokoll des antizionistischen Schauprozesses, der 1952 in Prag gegen Rudolf Slánský durchgeführt wurde und schließlich einen Kommentar, der in der größten österreichischen Tageszeitung „Neue Kronen Zeitung" 1986 veröffentlicht wurde und zur damaligen Waldheim-Affäre[8] Stellung nimmt.

Im Ergebnis seiner Analysen kann Holz schließlich feststellen, dass in allen sechs analysierten Texten ein gemeinsames Muster erkennbar ist, das eben den nationalen Antisemitismus kennzeichnet:

„Der Nationalismus ist für den modernen Antisemitismus konstitutiv. Im Antisemitismus dient das Judenbild dazu, eine Wir-Gruppe semantisch zu formieren. Selbst- und Fremdbild sind zwei Seiten einer Medaille. Deshalb kann das Judenbild nur als Gegenbild analysiert werden, durch das sich eine Wir-Gruppe ein Bild von sich macht. Im nationalen Antisemitismus entstanden Muster, die ein spezifisches Selbst- und ein komplementäres Fremdbild integrieren. Dem modernen antisemitischen Judenbild entspricht ein Selbstbild als Volk/Staat/Nation. Diese Muster sind eine semantische Tradition, die sich in die moderne Gesellschaft eingeschrieben hat.

---

[8] Kurt Waldheim war von 1972 bis 1982 UN-Generalsekretär. 1986 wurde er zum Bundespräsidenten Österreichs gewählt. Im Wahlkampf wurde durch Recherchen des Österreichischen Nachrichtenmagazins „profil" bekannt, dass Waldheim in seiner kurz zuvor erschienenen Autobiographie über sein Verhalten während der Nazizeit und im Zweiten Weltkrieg nur sehr lückenhaft informiert hatte. Insbesondere hatte er seine Mitgliedschaft in NS-Organisationen wie dem SA-Reiterkorps und seine Tätigkeit als Ordonnanzoffizier in Saloniki von 1942 bis 1943 verschwiegen.

> Der moderne Antisemitismus bildet ein Ensemble dieser Muster, das mit dem Begriff »nationaler Antisemitismus« treffender bezeichnet werden kann" (Holz, 2001, S. 540).

Ebenso wie Arendt arbeitet auch Holz den Zusammenhang zwischen Nation, Nationalismus und Antisemitismus heraus, interpretiert ihn aber in völlig anderer Weise. Die Juden bilden aus seiner Sicht das Gegenbild, mit dem sich die Wir-Gruppe als Nation konstruiert. Bestandteile dieser Konstruktion sind nach Holz überdies Prozesse der Täter-Opfer-Umkehr, die Kritik emotionaler Judenfeindschaft, um den eigenen Antisemitismus als rational begründet vorstellen zu können, die Einteilung in „gute" und „schlechte" Juden, eine Ethnisierung der nationalen Wir-Gruppe und der jüdischen Fremdgruppe, eine rassenbiologische „Unterfütterung" der Judenfeindschaft, ihre Verschleierung (der Camouflage) in öffentlichen Diskursen (z. B. durch antizionistische Argumentationen) und die Latenz der Judenvernichtung (z. B. durch die Leugnung von Auschwitz).

Ob und wie diese semantischen Muster sich nun in den interindividuellen Sichtweisen der Nichtjuden und in der tatsächlichen Kommunikation, in der kommunikativen Alltagspraxis, niederschlägt, kann Holz allerdings auch nicht beantworten. In einer Rezension des Holz'schen Buches kritisiert Ulrich Wyrwa vor allem diesen Aspekt, wenn er schreibt:

„[...] so lässt sich ebenso die These vertreten, dass die Konzentration auf die antisemitische Semantik keine Einsicht in die soziale Praxis und die konkrete Haltung der Antisemiten zulässt, oder, um das Wort Hegels »Der Begriff des Hundes bellt nicht« zu variieren: »Die Semantik des Antisemitismus tötet nicht«" (Wyrwa, 2003, S. 2).

Geschichts- und Gesellschaftsanalyse betreibt auch Lars Rensmann, um dem politischen Antisemitismus in postfaktischen Zeiten auf die Spur zu kommen (Rensmann, 2025). Das Forschungsfeld zum politischen Antisemitismus habe, obwohl empirisch nicht zu übersehen, bisher nicht genügende Beachtung in der nationalen wie internationalen (Politik-)Wissenschaft gefunden. Aber er ist wieder da oder noch da, im öffentlichen Raum. Der politische Antisemitismus tauche bei verschiedenen politischen Akteuren, Parteien und Bewegungen, in auto- oder theokratischen Regimen auf der ganzen Welt auf und werde durch sie befördert. In sehr heterogenen Kontexten zeige sich und habe sich der politische Antisemitismus etabliert; in rechtsradikalen Influencer-Szenen, in „alternativen" Medienwelten, in scheinbar harmlosen religiösen Kontexten, in der Popkultur, im Sport und anderswo. Rensmann (2025, S. 255 ff.) hebt drei Faktoren hervor, die sich als besonders wichtige Einflüsse für die „Wiederkehr des politischen Antisemitismus in Demokratien" herausgebildet haben: a) der ebenfalls erklärungsbedürftige Aufstieg autoritärer Akteure, Parteien und Bewegungen, b) der digitale Strukturwandel der Öffentlichkeit, c) die weitreichende (Legitimitäts-) Krise der Demokratie. Mit diesen Faktoren seien Gelegenheitsstrukturen verbunden, durch die weltweite antisemitische Mobilisierung möglich geworden sei und sich „normalisiert" habe. „Das Ausmaß und die Gewalt der politisch-kulturellen Normalisierung des Antisemitismus in seinen unterschiedlichen Formen hängt durchaus von einer Vielzahl spezifischer Dimensionen jeweiliger nationaler politisch-kultureller Gelegenheitsstrukturen ab – von der Bedeutung der jeweiligen antisemitischen Akteure und Parteien, vom jeweiligen Verhalten des demokratischen Staates und seiner Institutionen, von intermediären Organisationen und (konkurrierenden) demokratisch-pluralistischen Parteien, den jeweiligen Bedingungen und Dynamiken der Medienökologie, dem Grad der Demokratiekrise und nicht zuletzt von der Stärke des jeweiligen historisch tradierten nationalen politisch-kulturellen Resonanzboden für Antisemitismus" (Rensmann, 2025, S. 258).

Um eine Formulierung des Sozialpsychologen Tom Pettigrew (1996, S. 116 ff.) aufzugreifen, könnte man aus wissenschaftstheoretischer Perspektive behaupten, Hannah Arendt, Moishe Postone, aber auch Klaus Holz, Thomas Haury, Lars Rensmann oder Zygmunt Bauman, der uns später noch beschäftigen wird (Kap. 6 und 7), nähern sich dem Antisemitismus mittels „Top-down Explanations". Auch wenn Pettigrew ausschließlich die sozialpsychologische Forschung im Allgemeinen (und nicht bezogen auf antisemitische Phänomene) behandelt, scheinen seine Überlegungen für unsere weiteren Ordnungsversuche nicht uninteressant zu sein (siehe auch folgende Tab. 5.1).

Pettigrew legt seinen Überlegungen zunächst ein einfaches *Mehrebenen-Konzept* zugrunde, um verschiedene sozialpsychologische Erklärungen zu unterscheiden: Auf einer *makro-sozialen* Erklärungsebene geht es um die sozialen Wirklichkeiten von gesellschaftlichen Strukturen und Kulturen;

Tab. 5.1 Mögliche wissenschaftliche Erklärungsebenen für Antisemitismus (nach Pettigrew, 1996)

Wissenschaftliche Erklärungsebenen	Beispiele		Erklärungsrichtungen	
			Top-down	Bottom-up
Makro-soziale oder sozio-strukturelle Ebene: Gesellschaftliche Strukturen und Kulturen	Gesellschaftlich konstruierte und tradierte Ambivalenz gegenüber den Juden als Juden	Historisch gewordener und ideologisch fundierter Nationalismus		
Meso-soziale Ebene: Gruppenprozesse und Intergruppen-Beziehungen	Ambivalentes Gruppenverhalten der Nichtjuden gegenüber den Juden als Juden	Ethnisierung der nationalen Wir-Gruppe und der jüdischen Fremdgruppe		
Mikro-soziale Ebene oder individuelle Ebene: Persönlichkeit	Individuelle ambivalente Einstellungen der Nichtjuden gegenüber den Juden als Juden	Individuelle antisemitische Einstellungen		

also in unserem Kontext z. B. um die gesellschaftlich konstruierte Ambivalenz der Juden. Eine *meso-soziale* Erklärungsebene, die für Pettigrew das eigentliche sozialpsychologische Forschungsgebiet darstellt, bezieht sich auf Gruppenprozesse und Intergruppen-Beziehungen, also z. B. um das Agieren antisemitischer Gruppierungen, Institutionen und Organisationen. Auf der *mikro-sozialen* Erklärungsebene werden intra- und interindividuelle Prozesse untersucht, also z. B. die individuellen Besonderheiten der Antisemiten.

Ein weiterer Vorschlag Pettigrews bezieht sich auf zwei grundlegenden Richtungen der sozialpsychologischen Analysen und Erklärungen. Eine erste Erklärungsrichtung heißt bei Pettigrew „Top-down-Explanation". Dabei fragen Sozialpsychologen z. B. danach, 1. in welcher Weise wissenschaftliche Erkenntnisse über Kulturen und gesellschaftliche Strukturen geeignet sind, um Prozesse in und zwischen Gruppen zu erklären und 2. inwieweit diese Gruppenprozesse auch auf die mikro-soziale Erklärungsebene wirken. Die zweite Erklärungsrichtung (die „Bottom-up-Explanation") geht den umgekehrten Weg: Sozialpsychologen fragen hier z. B. danach, in welcher Weise wissenschaftliche Erkenntnisse (z. B. aus der Persönlichkeitspsychologie) über individuelle Besonderheiten geeignet sind, um Prozesse in und zwischen Gruppen zu erklären und inwieweit dabei dieses Wissen auch auf makro-soziale Prozesse übertragbar ist.

Aussagen über die individuellen Besonderheiten der Antisemiten oder über das Verhalten antisemitischer Gruppierungen bleiben bei Top-down-Explanationen meist vage oder werden gar nicht erst formuliert. So weigert sich Hannah Arendt, psychologische Spekulationen über den Antisemitismus überhaupt zu formulieren und Postone betont zwar (1995, S. 32), dass er sozialpsychologische oder psychoanalytische Erklärungen nicht negieren möchte, aber zunächst ein historisch-erkenntnistheoretischer Zusammenhang entwickelt werden müsse, „innerhalb dessen weitere psychologische Spezifizierung stattfinden" können. Pettigrew (1996, S. 112) warnt gar vor einem „klassischen Fehlschluss", wenn Phänomene auf der Mikro- bzw. individuellen Ebene von Makrophänomenen abgeleitet werden.

Der Gefahr einer psychologischen Unschärfe versuchen „Bottom-up-Explanations" zu umgehen, indem sie z. B. danach fragen, in welcher Weise wissenschaftliche Erkenntnisse über individuelle oder gruppenspezifische Besonderheiten (z. B. individuelle Ängste, phylogenetisch gewordene Gruppenfeindschaften oder ressourcenbedingter Wettbewerb zwischen Gruppen) geeignet sind, um antisemitische Erscheinungen in und zwischen Gruppen zu erklären und inwieweit dabei diese Erklärungen auch auf makro-soziale Prozesse übertragbar sind. Die historisch ältesten Ansätze, die sich derartiger „Bottom-Up-Explanations" bedienen, basieren auf den schon erwähnten psychoanalytischen Konzeptionen (vgl. Freud, 1909; Grunberger, 1993). Zu den Bottom-up-Explanationen gehören die frühen Studien zum autoritären Charakter (Fromm, 1936, 1941; Adorno, Frenkel-Brunswick, Levinson & Nevitt, 1950) und ihre vom psychoanalytischen Hintergrund befreiten Nachfolger-Konzeptionen, auf die später (Kap. 6) noch einzugehen sein wird.[9] Zu neueren Arbeiten mit Bottom-up-Intentionen lassen sich jene Forschungen zählen, die Persönlichkeitsmerkmale, wie die sogenannte *Dunkle Triade,* zur Erklärung antisemitischer Einstellungen genutzt werden. Gemeint ist eine Kombination von drei Merkmalen, Machiavellismus, Narzissmus und Psychopathie (Paulhus & Williams, 2002). *Machiavellismus* beschreibt eine Tendenz, andere Menschen auszunutzen und zu manipulieren, verbunden mit einem starken Eigeninteresse. *Narzissmus* äußert sich in Selbstüberschätzung, Ichbezogenheit, Überempfindlichkeit gegenüber Kritik und einem Mangel an Einfühlungsvermögen Mit dem Merkmal der *Psychopathie* verbinden sich antisoziales Verhalten, Egoismus, Gefühllosigkeit und Impulsivität. Die drei Merkmale korrelieren häufig positiv miteinander sowie negativ mit dem Persönlichkeitsfaktor soziale Verträglichkeit und verweisen auf einen antisozialen Kern einer Person.

Alex Bertrams und Ann Krispenz (2025) haben z. B. knapp 4000 Personen aus den USA und Großbritannien nach klassischen judenfeindlichen und antizionistischen Auffassungen befragt und ihnen zudem verschiedene Persönlichkeitstest vorgelegt, mit denen u. a. Narzissmus,

---

[9] Erich Fromm ist sich der damit verbundenen Problematik durchaus bewusst. In „Escape from Freedom" fragt er sich und seiner Leser*innen, ob sich Beobachtungen von Einzelpersonen auf die psychologische Beurteilung von Gruppen anwenden lassen. Fromm bejaht die Frage. „Jede Gruppe besteht ja aus Individuen und nichts anderem als Individuen. Daher kann es sich bei den psychologischen Mechanismen, die wir bei einer Gruppe am Werk sehen, nur um Mechanismen handeln, die auch beim einzelnen am Werk sind" (Fromm, 1941; hier zitiert aus: Fromm, E. (GA, I, S. 297 f.; Erich-Fromm-Gesamtausgabe in 12 Bänden, Band I, herausgegeben von R. Funk. Stuttgart: Deutsche Verlags-Anstalt. Wir sehen das allerdings etwas komplizierter.

Psychopathie und Machiavellismus getestet wurden. Die Ergebnisse sind ziemlich eindeutig: Menschen mit hohen Werten auf diesen Persönlichkeitsdimensionen fühlen sich von antisemitischen Ideologien angezogen. Die Ergebnisse neuerer Meta-Analysen legen indes nahe, gegenüber Zusammenhängen zwischen den Merkmalen der dunklen Triade und politischen Orientierungen und vorurteilsbehafteten Einstellungen skeptisch zu sein (z. B. Bartolo & Powell, 2024). In den meisten Studien zeigten sich nur marginale Zusammenhänge.[10]

Überdies, da, wo politikwissenschaftliche und gesellschaftsanalytische Erklärungsansätze im Sinne der „Top-Down-Explanation" mehr oder weniger fundierte gesellschaftliche Rahmenvorstellungen beschreiben, innerhalb derer sich Antisemitismus entwickelt, ausdrückt und wandelt, müssen psychologische Erklärungsmuster scheitern, wenn sie von individuellen Beschaffenheiten auf komplexere gesellschaftliche Verhältnisse zu extrapolieren versuchen.

Eine dritte, neben den Top-down- und Bottom-up-Explanationen zu platzierende Erklärungsrichtung hätten wir dann vor uns, wenn von der – wie es bei Pettigrew heißt – meso-sozialen Erklärungsebene ausgegangen wird, um zum einen die individuellen Einstellungen der Antisemiten und zum anderen die makro-sozialen Kontexte zu erklären, in denen sich Antisemitismus entwickeln kann.

Aus moderner Perspektive liefern vor allem der von Henri Tajfel entwickelte *Social Identity Approach* und seine Nachfolgetheorien brauchbare Aussagen, um auf einer meso-sozialen Ebene die Funktion und die Bedeutung antisemitischer Einstellungen als Funktion der sozialen Identität eines einzelnen Menschen zu beschreiben (vgl. Tajfel & Turner, 1979). Der *Social Identity Approach* (SIA) beschäftigt sich explizit mit sozialpsychologischen Prozessen in und zwischen Gruppen. Die Grundannahme ist, dass Menschen sich im Kontext von Gruppen anders verhalten als in einem Kontext, in dem sie als Personen mit Personen interagieren. Menschen tendieren nach diesen Annahmen dazu, andere Menschen nach besonders

---

[10] Allerdings darf auch nicht übersehen werden, dass Menschen mit ausgeprägten narzisstischen und psychopathischen Eigenschaften sowie mit geringeren kognitiven Fähigkeiten im Internet besonders aktiv und laut sind. Das zeigt zum Beispiel eine weitgehend repräsentative Studie in den USA, China, Singapur, Indonesien, Malaysia, den Philippinen, Thailand und Vietnam (Ahmed & Masood, 2025).

auffälligen Merkmalen in Gruppen zusammenzufassen.[11] Sie ordnen sich solchen Gruppen zu und gewinnen Zugehörigkeit, Selbstgewissheit und Selbstachtung, kurz Identität aus dem Vergleich mit eigenen Bezugsgruppen und anderen relevanten Fremdgruppen. Dabei werden – vereinfacht gesagt – die eigenen Bezugsgruppen (die Ingroups) im Interesse einer positiven sozialen Identität in der Regel aufgewertet (Ingroup-Favorisierung) und die relevanten Fremdgruppen (Outgroups) abgewertet (Outgroup-Diskriminierung). Das heißt, von der im SIA thematisierten meso-sozialen Erklärungsebene müsste sich auch auf die mikro-soziale Ebene der individuellen Prozess- und Strukturbesonderheiten antisemitischer Einstellungen schließen lassen. Allerdings scheinen sich die Vertreter des Social Identity Approach weitgehend einig zu sein, dass ihr Ansatz nicht ausreicht, um extreme Formen der Diskriminierung zu erklären (z. B. Hewstone, Rubin & Willis, 2002). Auch erheben die Vertreter der modernen sozialpsychologischen Vorurteilstheorien, wie eben auch des Social Identity Approaches gar nicht den Anspruch, die makro-sozialen Hintergründe sozialer Vorurteile zu erklären. Es geht ihnen ausschließlich um die psychologischen Mechanismen, also um die mikro-sozialen Prozesse und meso-sozialen Strukturen vorurteilsbehafteter Bewertungen und Handlungen.

Das gilt auch für eine andere aktuelle sozialpsychologische Theorie, die Integrated Threat Theory of Prejudice (ITT; Stephan & Stephan, 2013; Stephan & Renfro, 2002). Obwohl das Modell auf der Basis zahlreicher empirischer Studien mehrfach überarbeitet wurde, konnten die Grundannahmen der ITT über die Antezedenzien von Vorurteilen empirisch weitgehend bestätigt werden: Als wesentliche Prädiktoren für Vorurteile werden „[…] realistic threats, symbolic threats, threats stemming from intergroup anxiety, and threats arising from negative stereotypes" hervorgehoben" (Stephan et al., 2002, S. 1243).

Das in der ITT zentrale „Bedrohungs-Paradigma" spielt in der Literatur zum Antisemitismus mittlerweile eine wichtige Rolle. Mikołaj Henryk Winiewski und Dominika Bulska (2024) nutzen zum Beispiel die in der ITT hervorgehobenen „realistischen" und „symbolischen" Bedrohungskomponenten, um einen Erklärungsansatz zu entwickeln, mit

---

[11] Die Vertreter des *Social Identity Approach* sprechen dann, wenn wir Menschen uns mit einer bestimmten Gruppe oder Gemeinschaft identifizieren, von der *Salienz* einer sozialen Kategorie. Wir werden den Salienz-Begriff in diesem Zusammenhang noch häufiger benutzen.

dem verschiedene Pogrome gegen Jüdinnen und Juden beschrieben werden können. Gestützt auf den Grundannahmen der ITT entwickelte Rusi Jaspal (2023) ein Modell, mit dem antisemitische Einstellungen als Folge von realistischen, symbolischen und hybriden Bedrohungen durch Jüdinnen und Juden konzipiert werden. Einfluss auf die Wahrnehmung von Bedrohungen haben in diesem Modell Persönlichkeitseigenschaften, negative soziale Repräsentationen (bzw. Konstruktionen) und die soziale bzw. kollektive Identität der Personen mit antisemitischen Einstellungen. Alles in allem könnte die ITT eine theoretische Grundlage für künftige empirische Untersuchungen sein. Wir werden deshalb die Theorie nicht aus den Augen verlieren und im Abschn. 7.2 zum Anlass für ein künftiges sozialwissenschaftliches bzw. sozialpsychologisches Programm zur Erforschung des Antisemitismus nehmen.

Natürlich wäre es fruchtbarer, sowohl „Top-Down-" als auch „Bottom-Up-Explanationen" zu bevorzugen, also letztlich eine interdisziplinäre Forschungspraxis bei der Erforschung des Antisemitismus anzustreben. Da solche Forschungswege ziemlich rar sind, scheint Bernd Marins (2000) Feststellung, die Forschungspraxis leide unter einer „disziplinären Blindheit", nach wie vor seine Gültigkeit zu besitzen. Politisch und historisch gesehen, lässt sich der moderne Antisemitismus kaum als zwangsläufiges, mit den ökonomischen Krisen des Imperialismus verbundenes Ereignis interpretieren. Das Ursachengefüge war und ist komplizierter, weil komplexer. Marin (2000) fordert deshalb ein anspruchsvolles Forschungsprogramm, dass sowohl die historische Analyse des Antisemitismus bis zum Holocaust als auch die sozialwissenschaftliche Untersuchung des Ausmaßes, der Art und der Intensität des „[…] nach-faschistischen Antisemitismus" in Europa und dessen Verknüpfung mit der NS-Vergangenheit und dem Nahost-Konflikt einschließt, um so „die veränderte psychosoziale Dynamik des Antisemitismus der Gegenwart zu erkennen und wirksam zu bekämpfen" (Marin, 2000, S. 108). Wie gesagt, ein solch anspruchsvolles Forschungsprogramm existiert bisher nicht. Vielleicht ist es auch gar nicht realisierbar. Dass sich Sozialwissenschaftler*innen darum bemühen, der Komplexität des Forschungsgegenstandes „Antisemitismus" dennoch auf die Spur zu kommen und dass diese Spurensuche hin und wieder gar nicht so leicht ist, soll der folgende Abschnitt illustrieren.

5.4 „Der Beobachter sieht nichts" – Methodenprobleme

„Psychologen sind Durchschauer der Leere und Schwindler der Tiefe" (Karl Kraus, 1984, S. 103).

Diverses

Die Beziehungen zwischen politikwissenschaftlichen, historisch arbeitenden und sozialwissenschaftlich orientierten Antisemitismusforscher*innen waren immer schon spannungsreich. Das liegt auch an den Sozialwissenschaften selbst: Die Methoden, die Sozialwissenschaftler*innen gern nutzen, um etwas über komplexe Wirklichkeiten zu erfahren, sind meist Experimente, Befragungen und Interviews. Die Forscher*innen erfahren dabei meist nur das, was die „Proband*innen", die Befragten, über sich und ihre Lebensbedingungen preisgeben wollen. Das Problem besteht also nicht nur darin, was die Befragten erzählen, sondern vor allem wie sie diese spezifische Kommunikation mit den Forscher*innen im Experiment oder in der Befragung zu managen, zu steuern, zu inszenieren vermögen.

Kenneth Gergen (1991, S. 185 ff.) spricht von Selbstnarrationen und verweist damit darauf, dass Aussagen über das eigene Selbst, eingeschlossen Aussagen über die eigenen Einstellungen, Orientierungen und Überzeugungen, immer auch Erzählungen über die eigene Identität sind. Mit solchen Erzählungen beschreiben oder konstruieren die Erzähler*innen auch ihre Position in sozialen Kontexten, ihren Platz im Netz relevanter sozialer Beziehungen. Die Beschreibung und Konstruktion der Identität mittels derartiger Narrationen dienen des Sichverständlich-Machens im doppelten Sinne, der Selbstvergewisserung und der Selbstpräsentation. Verlauf und Ziel einer solchen Erzählung sind durch erwünschte und unerwünschte Ereignisse gekennzeichnet, die den Rahmen der Erzählung bilden. Was erzählt wird, hängt vom Wertesystem der Erzähler*innen und den vermuteten Erwartungen der Hörer*innen ab. Damit wird gleichermaßen die Ordnung der berichteten Beschreibungen strukturiert. Das Erzählte muss in sich konsistent und schlüssig sein, um glaubwürdig zu erscheinen.

Wir beginnen mit einem eigenen, etwas in die Jahre gekommenen Beispiel[12]: In einer Fragebogenstudie, mit denen wir 1998 mehr als 2100 deutsche Jugendliche Brandenburgs, Schleswig-Holsteins, Bayerns und Thüringens im Alter von 11 bis 19 Jahren befragten, wurden die Jugendlichen auch gebeten, über die Rolle ihrer Großeltern in der Zeit des Nationalsozialismus nachzudenken (Frindte, 1999). In den Antworten der Jugendlichen zeigten sich einige interessante Zusammenhänge: Auffällig ist zunächst – betrachtet man die Gesamtstichprobe – dass 20 % Jugendlichen angeben, ihre Großeltern seien in dieser Zeit im Exil gewesen. Das dürfte indes relativ unwahrscheinlich sein, kann aber verschiedene Ursachen haben. Es könnte am unklaren Begriff „Exil" liegen, der als „Vertreibung" oder als „kriegsbedingter Aufenthalten" z. B. in der Kriegsgefangenschaft verstanden wurde. Es mag auch an einem besonderen Legendenkonstruktionsprozess liegen, nach dem Motto: meine Großeltern hatten mit all dem nichts zu tun, mussten deshalb Deutschland verlassen o. ä. Auch im Ost-West-Vergleich (Jugendliche aus Thüringen und Brandenburg versus aus Bayern und Schleswig-Holstein) zeigt sich eine interessante Tendenz, die in der Dokumentation der ost-west spezifischen Bearbeitung des Nationalsozialismus häufig erwähnt wird. Die ostdeutschen Jugendlichen erzählen von ihren Großeltern eher, dass sie Kommunisten waren oder im KZ gewesen sind, am Volkssturm teilgenommen haben oder im Exil waren. SS- oder NSDAP-Mitgliedschaft, Wehrmachtsangehörigkeit aber auch Mitgliedschaft in der SPD werden dagegen eher von westdeutschen Jugendlichen über ihre Großeltern berichtet. Das mag durchaus den Wirklichkeiten entsprochen haben, scheint aber wohl eher auf die Versuche zu verweisen, mit denen die Jugendlichen das Verhältnis ihrer Familien zum Nationalsozialismus narrativ mit dem Kontext der jeweiligen Lebenswelten nach 1945 verknüpfen.

Noch auffälliger werden die Versuche, eine konsistente Selbstdarstellung herzustellen, von der aus auch geschichtliche Ereignisse betrachtet werden, wenn man die Aussagen von Jugendlichen, die sich politisch

---

[12] Wir wählen in diesem Unterkapitel für die Methodenkritik vor allem unsere eigenen Forschungsarbeiten. Nicht aus Nostalgie, sondern um eine pauschale Kolleg*innen-Kritik zu vermeiden, beginnen wir mit Selbstkritik. Bekanntlich hat Lenin bereits im Frühjahr 1904 zur „Selbstkritik und rücksichtslosen Enthüllung der eigenen Mängel" aufgerufen (Lenin, W.I. „Ein Schritt vorwärts, zwei Schritte zurück", Werke, Band 7, Berlin 1956); .

Tab. 5.2 Großeltern zur Zeit des Nationalsozialismus und politische Orientierungen der befragten Jugendlichen (Angaben in Prozent; die jeweils fett gedruckten Angaben verweisen auf signifikante Unterschiede)

„Meine Großeltern waren in der Zeit des Nationalsozialismus…"			
	Gesamtstichprobe	„Linke" politische Orientierung	„Rechte" politische Orientierung
In der Wehrmacht	55,1	55,7	48,8
Kommunisten	3,4	4,1	3,0
In der NSDAP	6,7	5,4	**11,6**
Im KZ	5,2	5,4	4,8
In der SS	5,5	3,7	**12,5**
Im Volkssturm	6,1	6,0	8,0
Sozialdemokraten	3,5	**5,6**	1,5
Im Exil	14,5	14,0	9,8

eher rechts einordnen, mit jenen, die sich links verorten, vergleicht. Die folgende Tabelle illustriert die Befunde. Sich selbst als rechts bezeichnende Jugendliche erzählen auch von ihren Großeltern vermehrt, dass diese in der NSDAP und in der SS Mitglied gewesen seien. (Tab. 5.2)

Wie Jugendliche über ihre Großeltern und deren Position im Nationalsozialismus berichten, scheint also nicht unabhängig davon zu sein, wie sich die Jugendlichen selbst politisch verorten und vice versa. Insbesondere bei Jugendlichen, die sich im politischen Spektrum rechts einordnen, fällt auf, dass sie einen Zusammenhang zwischen den eigenen politischen Orientierungen und denen ihrer Großeltern herzustellen versuchen. Natürlich wäre dieser Zusammenhang auch plausibel erklärbar, wenn man davon ausgeht, dass die politischen Orientierungen rechter Jugendlicher durch eine spezifische Weltsicht ihrer Großeltern beeinflusst sein könnten. Ob die Jugendlichen in diesem Falle von den Großeltern beeinflusst wurden oder ob die Jugendlichen ihre Erzählungen über die Großeltern mit den eigenen Erzählungen (über die politische Einordnung) passfähig zu machen versuchen, lässt sich nicht entscheiden. Was sich aber vermuten lässt, ist, dass die Auseinandersetzung mit dem Nationalsozialismus Teil einer narrativen Selbstverortung sein kann. …
Auch wenn es nicht wahr ist, so lässt es sich jedenfalls gut erzählen.

Selbstnarrationen, auch jene über die eigenen antisemitischen oder nicht-antisemitischen Einstellungen, sind keine Monologe. Selbstnarrationen sind eingebunden in einen fortlaufenden Prozess des interpersonalen Austausches. Auch Befragungen, mehr noch Interviews, haben den Charakter von Wechselreden, Dialoge also. Dialoge sind Prozesse, in denen zwei oder mehrere Personen wechselseitig (reziprok), bewusst (reflexiv) und in raumzeitlich definier- und beobachtbaren Situationen durch verbale und/oder nonverbale Äußerungen Konstruktionen von Wirklichkeit erzeugen. Das in einem Dialog Gesagte ist zunächst Ergebnis eben dieser Reziprozität, Reflexivität und raumzeitlichen Situiertheit. Das heißt nichts anderes, als dass die Aussagen, die in einem Dialog (und hier: in einer Befragung oder in einem Interview) gemacht werden, zunächst einmal nicht auf *objektive Wahrheit* geprüft werden können, sondern daran, ob und wie sie (die Aussagen) in den Kontext des dialogischen Prozesses passen.

Durch die Themen und den Aufbau der Befragung oder des Interviews, durch die wechselseitigen Wahrnehmungen und Urteile, die sich Frager*innen und Befragter voneinander bilden, durch die Reihenfolge von Frage und Antworten etc. wird während des Frage-Antwort-Dialogs ein sozialer Kontext präsent, der mit vielfältigen Kommunikationsregeln angefüllt ist (Regeln der political correctness, der sozialen Erwünschtheit, der Selbstdarstellung etc.). In der Interpretation der Antworten, die die Befragten abgeben, sollte deshalb nicht unberücksichtigt bleiben, wie derartige Regeln jeweils beschaffen sind, ob die Befragten diese Regeln wahrnehmen und in welcher Weise sie diese Regeln selbst beachten, um den Kommunikationsprozess mit den wissenschaftlichen Befragern zu steuern. Das heißt, dann, wenn die sozialwissenschaftliche Analyse zum Beispiel auf interindividuelle Unterschiede im Ausmaß und in der Qualität von antisemitischen und rechtsextremen Einstellungen verweisen, ist zu fragen, ob diese Unterschiede nicht auch durch den interindividuell unterschiedlichen Umgang mit besagten Kommunikationsregeln verursacht sein können. Eben das war der Ausgangspunkt für Werner Bergmann und Rainer Erb (1991), das Konstrukt „Kommunikationslatenz" in die Antisemitismusforschung einzuführen. Wir kommen darauf noch einmal zurück.

Nehmen wir vorerst noch ein empirisches Beispiel aus der Vergangenheit. Dorit Wammetsberger (2005) befragte im Rahmen ihrer Untersuchung über den Zusammenhang zwischen antisemitischen und nationalistischen Einstellungen 309 erwachsene Deutsche mit einem standardisierten Fragebogen. Der Fragebogen enthielt Skalen zum klassisch-manifesten Antisemitismus und zum sekundären Antisemitismus nach 1945. Außerdem wurden die Befragten nach ihren Einstellungen zur deutschen Nation (z. B. nach ihrer Identifikation mit Deutschland und mit deutschen Symbolen, nach ihren Bindungen an Deutschland etc.) befragt. Der Fragebogen wurde den Befragten in zwei Versionen vorgelegt. Ein Teil der Befragten erhielt eine Fragebogenversion, in der zunächst die Fragen über die deutsche Nation zu beantworten waren und anschließend die Skalen zum Antisemitismus. Der andere Teil der Befragten erhielt eine Version, in der diese Reihenfolge der Skalen genau umgekehrt war (zuerst die Skalen zum Antisemitismus und danach die zur Nation). Die Verteilung der beiden Versionen an die Befragten erfolgte per Zufall. Der Vergleich der Antworten auf die Fragen in beiden Versionen zeigte wiederum ein interessantes, wenn auch nicht unbekanntes Phänomen: Die Personen, die den Fragebogen der zweiten Version beantworteten, äußern sich in den Skalen signifikant antisemitischer als jene Befragten, die den Fragebogen der ersten Version bearbeiteten. Das heißt, diejenigen Personen, die gleich die Fragen zum Antisemitismus zu beantworten hatten, äußerten signifikant höhere antisemitische Einstellungen als jene Personen, die zunächst ihre Einstellungen zur deutschen Nation und danach zum Antisemitismus kundtun sollten. Man mag über die Ursachen dieser Befunde spekulieren. Vielleicht haben die Fragen und Aussagen zur deutschen Nation in der ersten Fragebogenversion Normen der political correctness und der sozialen Erwünschtheit bewusstgemacht, nach denen sich die Befragten explizit zu richten versuchten. Frei nach dem Motto: „Ah, in dem Fragebogen geht es um Deutschland und seine Geschichte, also halte ich mich im weiteren zurück". Auf jeden Fall illustrieren die Ergebnisse ein weiteres methodisches Problem sozialwissenschaftlicher Untersuchungen zum Antisemitismus, das in der Literatur auch als Reihenfolge- oder Kontexteffekt der dargebotenen Fragen bzw. Items bekannt ist (Föhl & Friedrich, 2022).

Es wird aber noch problematischer. Nach wie vor sind Sozialwissenschaftler vehement geneigt, die Aussagen, die in Dialogen gemacht werden, zu quantifizieren, in Zahlen zu verwandeln und diese dann als Maße einer doch irgendwie beschaffenen Wirklichkeit zu interpretieren. Dass solcherart Neigungen mit Kants kritischer Sicht auf die Psychologie zu tun haben, ändert nichts an der Problematik des

Sachverhalts. Kants implizite Kritik an der Nichtmathematisierbarkeit psychologischer Einsichten hat bekanntlich späterhin Psychologinnen und Psychologen – und nicht nur die – motiviert, dem Königsberger zu zeigen, dass die Sache mit der Mathematik in der Psychologie doch irgendwie funktionieren kann.

Nur zu Erinnerung an den Großen aus Königsberg, der bekanntlich so ganz frei von antijüdischen Stereotypen auch nicht war (siehe: Abschn. 3.4): In der Vorrede zu den „Metaphysischen Anfangsgründen der Naturwissenschaft" heißt es u. a.:

> „Ich behaupte aber, dass in jeder besonderen Naturlehre nur so viel eigentliche Wissenschaft angetroffen werden könne, als darin Mathematik anzutreffen ist [...] Noch weiter aber als Chemie, muss empirische Seelenlehre jederzeit von dem Range einer eigentlich so zu nennenden Naturwissenschaft entfernt bleiben, erstlich weil Mathematik auf die Phänomene des inneren Sinns und ihre Gesetze nicht anwendbar ist" (Kant, AA, Band IV, S. 470f.).

Seitdem scheinen sich Psychologen und Sozialwissenschaftler maßlos auf die Suche nach der Messbarkeit des Psychischen gemacht zu haben. Präzise scheinen psychologische und sozialwissenschaftliche Aussagen erst dann zu sein, wenn sie sich mit einer bestimmten Zahl kennzeichnen lassen. Psychologisches Messen wird demzufolge als das Zuordnen von Zahlen zu Objekten begriffen (Bortz & Döhring, 1995, S. 64).

Aber was ist ein Maß in Psychologie und Sozialwissenschaften? Und ist das Maß nun qualitativ oder quantitativ qualifiziert? Mit Hegel sind wir der Meinung, dass im Maße „[...], abstrakt ausgedrückt, Qualität und Quantität" vereinigt sind (Hegel, Wissenschaft der Logik, Erster Teil; hier 1979, S. 387; Original: 1812/1813). Auch in der sozialpsychologischen und sozialwissenschaftlichen Forschung treten qualitative und quantitative Beschaffenheiten in der dialektischen Einheit des Maßes auf. Es kann somit weder der Qualität noch der Quantität ein Vorrang in der sozialwissenschaftlichen und sozialpsychologischen Analyse gegeben werden.

Ein beliebiges Ding, das zum Gegenstand der Erkenntnis gemacht wird, ist also durchgängig qualitativ und quantitativ bestimmt. Auch in der psychologischen und sozialwissenschaftlichen Forschung treten beide Beschaffenheiten in der dialektischen Einheit des Maßes auf.

Um der möglichen Esoterik unserer Argumentation etwas realere Würze zu geben, wieder ein Beispiel: Dass nationale wie internationale Befunde über Ausmaß und Veränderung (also hinsichtlich des quantitativen Aspekts) antisemitischer Einstellungen (die in diesem Falle die jeweils zu betrachtende Qualität darstellen) nur selten kompatibel sind, mag an den z. T. diversen theoretischen und methodischen Ausrichtungen der betreffenden Studien liegen. Zwar ähneln sich einige der eingesetzten Instrumente und Skalen zur Erhebung antisemitischer Einstellungen durchaus. Man vergleiche zum Beispiel die in früheren Kapiteln erwähnten Studien von Bergmann und Erb (1991), Cohen et al., (2009), Decker, Kies & Brähler (2024), Zacher und Shemla (2024) oder Zick et al., (2023). Da es aber bisher nur wenige Metaanalysen und substantielle interkulturelle Validierungsstudien zur Erfassung antisemitischer Einstellungen gibt, sind Aussagen über interkulturelle Unterschiede oder Ähnlichkeiten antisemitischer Einstellungen kaum seriös zu formulieren. Benz und Bergmann (1997, S. 15f.) beklagten schon vor Jahren, dass die Antisemitismusforschung primär nationalgeschichtlich bzw. ideengeschichtlich vorgegangen sei, systematische komparative Vergleiche mit wenigen Ausnahmen aber kaum angestrebt wurden. Viel geändert hat sich – mit wenigen Ausnahmen – seitdem nicht. Zu den Ausnahmen gehören sicher die Studien der Anti Defamation League (z. B. ADL, 2023), des Pew Research Centers (z. B. 2023) oder die Mehrländer-Studie von Ildikó Barna und Kolleg*innen (Barma et al., 2022).

Bleiben wir aber zunächst in Deutschland. Sowohl in der „Mitte-Studie" von Zick und Kolleg*innen aus dem Jahre 2023 (Zick, Küpper & Mokros, 2023) als auch in der „Leipziger Autoritarismus-Studie" von 2024 (Decker et al., 2024) verwenden die Autor*innen übereinstimmend drei Aussagen, um manifeste bzw. tradierte antisemitische Einstellungen zu erfassen: „Auch heute noch ist der Einfluss der Juden zu groß"; „Die Juden arbeiten mehr als andere Menschen mit üblen Tricks, um das zu erreichen, was sie wollen"; „Die Juden haben einfach etwas Besonderes und Eigentümliches an sich und passen nicht so recht zu uns". Die dazu erhobenen Zustimmungen werden in beiden Studien gemittelt und unter der Dimension „Antisemitismus" weiter interpretiert. In der Leipziger Studie werden überdies antisemitische Einstellungen mit weiteren Aussagen gemessen, wie gesagt z. B. zum israelbezogenen Antisemitismus oder zum Schuldabwehr-Antisemitismus. Das wirft die Frage auf, ob es nicht möglich wäre, zumindest in der deutschen Gemeinschaft der Antisemitismusforscher*innen auch nach einem methodischen Konsens über die in quantitativen Studien einsetzbaren Skalen zur Erfassung antisemitischer Einstellungen zu suchen.[13] Mit Blick auf die fortlaufenden Debatten in und außerhalb der scientific communities der Antisemitismusforscher*innen über alten und neuen Antisemitismus, verkürzte und weite Antisemitismusdefinitionen, über postkolonialen Antisemitismus und Rassismus etc. (z. B. Brumlik, 2021; Rensmann, 2025; Yuval-Davis, 2024; Ziai, 2021; siehe auch: Kap. 2), fällt es allerdings schwer, sich vorzustellen, ein solcher Konsens sei machbar.

Auch in konzeptionell und methodisch elaborierten Untersuchungen des Antisemitismus, wie eben in der „Mitte-Studie", der „Leipziger Autoritarismus-Studie" oder in unseren eigenen Arbeiten wird die Dialektik von Qualität und Quantität des Forschungsgegenstandes nicht immer befriedigend beherrscht. Versucht man beispielsweise den antisemitischen Einstellungen mit Hilfe standardisierter Fragebogen auf die Spur zu kommen, werden den Befragten in der Regel – wie erwähnt – verschiedene mehr oder wenig antisemitisch formulierte Aussagen oder Fragen vorgelegt, auf die die Befragten reagieren sollen. Die sozialwissenschaftliche Methodenlehre beschäftigt sich in diesem Zusammenhang seit Jahrzehnten mit der Frage, wie umfangreich der jeweils vorzulegende Frage- oder Antwortkatalog sein muss, um die Einstellungen zum Erfragten hinlänglich erfassen zu können. Die Frage berührt bekanntlich das Verhältnis von Validität und Reliabilität der eingesetzten Instrumente, mit denen die jeweiligen Einstellungen erhoben werden. Zur Erinnerung: Die Reliabilität einer Befragung, einer Skala oder Messung kennzeichnet den Grad der Genauigkeit, mit dem Etwas untersucht bzw. gemessen wird, unabhängig davon, was gemessen wird. Man kann sich das auch beispielhaft so vorstellen: Die Zielgenauigkeit einer Kanone ist

---

[13] In der Rechtsextremismusforschung wurde ein solcher Konsens in den frühen 2000er-Jahren geschaffen und eine „Konsensdefinition" vorgeschlagen. Auf deren Basis wurde eine Skala zur Messung von rechtsextremen Einstellungen entwickelt, die in mehreren Studien und eben auch in den „Mitte-Studien" und in den „Leipziger Autoritarismus-Studien" eingesetzt wird. Sicher, auch an diesem Konsens lässt sich manches kritisieren (Frindte et al. 2016, S. 52). Vergleiche zwischen unterschiedlichen quantitativen Untersuchungen zu rechtsextremen Einstellungen wurden dadurch aber valider.

dann hoch, je häufiger die abgeschossenen Kanonenkugeln immer an der gleichen Stelle einschlagen, unabhängig davon, ob diese Stelle auch das anvisierte Ziel ist. Die Validität gibt bekanntlich an, wie gut eine Befragung, eine Skala oder Messung in der Lage sind, um genau das zu erfassen bzw. zu messen, was zu erfassen bzw. zu messen ist. Valide wäre besagte Kanone, wenn die mit ihr abgeschossenen Kugeln auch tatsächlich die anvisierten Ziele treffen würden.

Der deutsche Altmeister der psychologischen Methodenlehre, Gustav Lienert, sah die via regia der Reliabilitätsverbesserung eines Fragebogens oder eines psychologischen Tests darin, die Anzahl der Einzelfragen bzw. Testaufgaben zu vergrößern (Lienert, 1967, S. 242). Das heißt, nach Lienert müssten reliable Fragebögen oder Skalen aus einer genügend großen Anzahl von Fragen oder Aussagen bestehen, um genau zu sein.

Im früheren Forschungsprojekt „Gruppenbezogene Menschenfeindlichkeit", dass von Wilhelm Heitmeyer geleitet wurde, setzten die Autoren in der Regel eine reduzierte Anzahl von Items ein, um die jeweiligen Facetten des besagten Syndroms „Gruppenbezogene Menschenfeindlichkeit" zu untersuchen. In den Erhebungswellen aus den Jahren 2002 und 2003 (Heitmeyer, 2002, 2003) wurden – folgt man den publizierten Angaben – jeweils zwei Items oder Aussagen genutzt, um antisemitische Einstellungen zu erheben: „Juden haben in Deutschland zu viel Einfluss" und „Durch ihr Verhalten sind die Juden an ihren Verfolgungen mitschuldig". Im Jahre 2004 wurde – wie im Kap. 2 berichtet – das theoretische Konzept des Antisemitismus im Rahmen des Forschungsprojekts erweitert (Heyder, Iser & Schmidt, 2005). Antisemitische Einstellungen wurden nun in sechs Facetten unterteilt. Jede Facette wird aber wiederum mit jeweils zwei Items erfasst. Die Autoren sind sich der damit verbundenen Problematik (des Einsatzes und der Reliabilität von Kurzskalen) durchaus bewusst und verweisen im Sinne eines Autoritätsbeweises auf die Arbeit von Meloen, van der Linden und de Witte (1996). Die wiederum haben aber nicht Antisemitismus-Skalen, sondern die Güte von Kurz- und Langversionen zur Erfassung des Autoritarismus geprüft. Die Autoren können zwar zeigen, dass die von ihnen untersuchten Kurzversionen der Autoritarismus-Skalen nicht sonderlich schlechter sind als die geprüften Langfassungen. Auch andere Studien zeigen, dass die Güte von Einzelitems u. U. nicht schlechter sein muss als die einer

Mehr-Item-Skala (Bergkvist & Rossiter, 2007). Wir haben uns – wie berichtet (z. B. Abschn. 4.5) - ebenfalls auf die Güte von Kurzskalen verlassen. Ob die damit ermittelten Ergebnisse allerdings ebenso valide sind wie die mittels umfangreicher Skalen zur Erfassung von antisemitischen Einstellungen erhobenen Befunde, ist bisher nicht erwiesen.

Um im Hegelschen Bilde zu bleiben: Wieviel quantitativen (Skalen-) Aufwandes es bedarf, um der Qualität der antisemitischen Einstellungen gerecht zu werden, scheint eine nach wie vor schwierig zu beantwortende Frage zu sein.

Implizites

Nicht minder gravierend ist noch ein weiteres theoretisches und methodisches Problem in der sozialwissenschaftlichen Untersuchung antisemitischer Einstellungen – das Problem der Untersuchung impliziter oder latenter (antisemitischer) Einstellungen. Was ist gemeint? 1988 hat Werner Bergmann (1988) in einer Besprechung eines 1979 erschienen Artikels von Bernd Marin auf eine mögliche doppelte Latenz antisemitischer Einstellungen hingewiesen: zum einen auf eine Kommunikationslatenz, nach der sich Antisemitismus öffentlich nicht artikulieren darf und zum anderen auf eine psychische Latenz, insofern der Antisemit sich über seinen eigenen Antisemitismus täuscht und ihn zu verdrängen versucht. Den Begriff Kommunikationslatenz haben Bergmann und Erb (1986) in Anlehnung an Niklas Luhmann eingeführt, um – wie an früherer Stelle (Kap. 2) schon dargestellt – das Phänomen zu beschreiben, dass in Folge eines extremen öffentlichen Meinungsdrucks antisemitische Vorurteile in der Öffentlichkeit nicht geäußert werden. Von Bewusstseinslatenz dagegen lässt sich dann sprechen, wenn – im Falle des Antisemitismus – Antisemiten sich ihrer antisemitischen Einstellungen nicht bewusst sind und/oder sie zu verdrängen versuchen. Antisemitismusforscher stehen in beiden Fällen, der Kommunikationslatenz und der Bewusstseinslatenz, vor Lenins berühmter Frage: ЧТО ДЕЛАТЬ? Oder modern gewendet: Wie lassen sich individuell und sozial latente antisemitische Einstellungen untersuchen? Da latente antisemitische Einstellungen eben nicht öffentlich geäußert werden, sind sie auch schwer nachzuweisen.

Seit etwa zwanzig Jahren ist sich auch die sozialpsychologische Vorurteilsforschung dieses Problems bewusst. Vor allem in der US-amerikanischen Vorurteilsforschung sind sich die Forscher*innen vor dem Hintergrund interethnischer Diskriminierungen und Konflikte schon seit längerem einig darüber, dass Vorurteile heute selten offen geäußert werden, sondern sich hinter subtilen, modernen, symbolischen oder aversiven Einstellungen gegenüber ethnischen Minderheiten verstecken. Konzepte, wie der „aversive racism" (Dovidio & Gaertner, 1986), der „symbolic racism" (Kinder & Sears, 1981), der „modern racism" (McConahay, 1986) oder die Unterscheidung von „unterschwelligem" und „offenem" Rassismus (vgl. Pettigrew und Meertens, 1995) wurden entwickelt, um das „tatsächliche" Ausmaß der negativen Einstellungen der Menschen erklären zu können. Vor allem das Konzept des „Subtle and Blatant Prejudice" von Pettigrew und Meertens (1995) gehört zu den international renommierten Ansätzen, mit denen man versucht, den subtilen Einstellungen gegenüber ethnischen Minderheiten auf die Spur zu kommen (vgl. auch: Stanke et al., 2024). „Blatant prejudice" oder offene Vorurteile drücken sich nach Pettigrew und Meertens durch allgemeine Abneigung oder Abscheu gegenüber „Fremden" sowie durch Widerstände gegen allzu häufige Begegnungen und enge Kontakte mit den Angehörigen fremder Gruppen, den „outgroups", aus. Derartige Vorurteile unterliegen zwar einer zunehmenden öffentlichen Kritik, werden als sozial unerwünscht angesehen, existieren aber offenbar weiterhin. Übertragen auf antisemitische Einstellungen wäre hier etwa an Aussagen zu denken, die wir als Ausdruck manifester antisemitischer Einstellungen bezeichnen: z. B. „Es wäre besser für Deutschland, keine Juden im Land zu haben." Oder: „Ich gehöre zu denen, die keine Juden mögen".

„Subtile Vorurteile" sind nach Einschätzung von Pettigrew und Meertens (1995, S. 58 ff.) durch drei Facetten gekennzeichnet: a. durch eine Verteidigung traditioneller Werte, b. durch die Übertreibung kultureller Differenzen und c. durch das Zurückweisen positiver Emotionen gegenüber den outgroups und der Überbewertung der Merkmale der eigenen Gruppe. Wiederum bezogen auf den Antisemitismus könnte man den sekundären Antisemitismus, aber auch Formen des Anti-Zionismus und der Israelkritik zu den subtileren antisemitischen Einstellungen zählen.

Um subtile Formen von Vorurteilen ermitteln zu können, haben Pettigrew und Meertens eine 10-Item-Likert-Skala entwickelt, deren einzelne Items faktorenanalytisch drei Gruppen zugeordnet werden können, die den drei angeführten Facetten entsprechen. Erfolgreich wurde die Skala erstmalig 1988 im sogenannten Eurobarometer, einer repräsentativen Umfrage in allen damaligen EU-Ländern, getestet. Zahlreiche Replikationen in nationalen Untersuchungen schlossen sich an (als Übersicht: Pettigrew & Meertens, 2001). Die Ergebnisse lassen insgesamt die Schlussfolgerung zu, dass sich Vorurteile gegenüber „Fremden" in den westlichen Industrieländern unter dem Druck der political correctness teilweise in „modernisierten", „subtileren" Formen äußern. Sofern derartige Vorurteile nicht mit ebenso subtileren Methoden untersucht werden, besteht zwangsläufig die Gefahr, die Verbreitung und Stärke genereller diskriminierender Einstellungen systematisch zu unterschätzen. Das gilt – cum grano salis – auch für antisemitische Einstellungen.

Als Beispiel greifen wir noch einmal auf unsere früheren Antisemitismus-Studie zurück (Frindte et al., 2005; Wettig, 2005). Neben Aussagen, mit denen klassische bzw. manifeste antisemitische Einstellungen erfasst werden sollten und die – nach Pettigrew und Meertens – offene Vorurteile gegenüber Juden abbilden können, haben wir den Befragten auch Aussagen vorgelegt, die den Items aus der „Subtle Prejudice-Scale" angelehnt waren. Die folgende Abbildung gibt den Vergleich der Zustimmungen zu jeweils zwei der vorgelegten Aussagen in Anlehnung an die „subtle" bzw. „blatant" Vorurteils-Items wieder, wobei die ersten zwei Aussagen zu den subtilen und die beiden anderen Aussagen zu den offenen (blatant) zu zählen sind.(Abb. 5.1)

Der Vergleich ist offensichtlich: Während gerade mal zwei bis drei Prozent der Befragten den offenen Aussagen zustimmen, steigt die Zustimmung auf 12 bis fast 48 %, zieht man die subtilen Aussagen zu Rate.

Ein Problem lässt sich mit dem Einsatz subtiler Aussagen zur Erfassung antisemitischer Einstellungen allerdings nicht aus der Welt schaffen: Da „subtile Antisemiten" bedeutend sensibler gegenüber sozialer Erwünschtheit sind, ist nicht auszuschließen, dass sie die Absichten der Antisemitismusforscher*innen, die diese mit subtilen Items verfolgen, durchschauen. Folglich könnte auch der Einsatz entsprechender subtiler

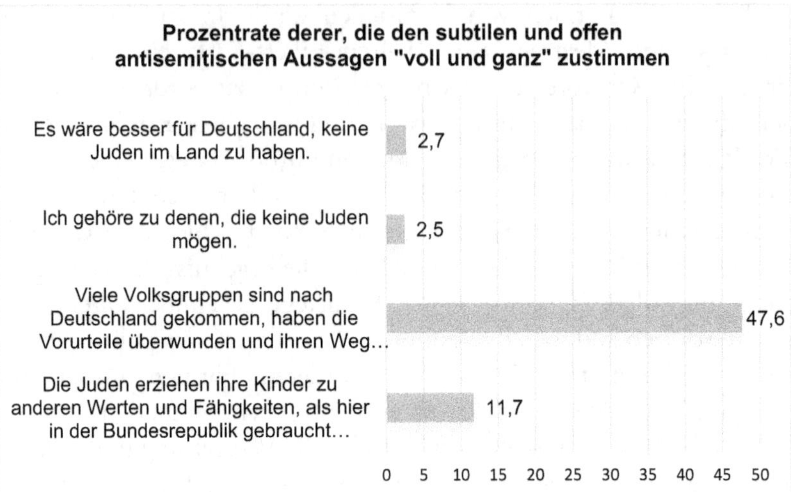

Abb. 5.1 Zustimmung zu subtilen und offenen antisemitischen Aussagen

Einstellungsskalen nur zu einer weiteren systematischen Verzerrung in der Einschätzung des Ausmaßes antisemitischer Einstellungen führen. Kritiker*innen des Ansatzes von Pettigrew und Meertens (1995) bezweifeln überdies, dass diese unterschiedlichen Formen von Vorurteilen überhaupt getrennt zu betrachten oder gar empirisch zu unterscheiden sind (Coenders, et al., 2001, die Replik von Pettigrew & Meertens, 2001).

Erinnern wir uns noch einmal an die von Bergmann (1988) hervorgehobene mögliche doppelte Latenz antisemitischer Einstellungen: die Kommunikationslatenz als das Vermeiden, die eigenen antisemitischen Einstellungen öffentlich zu kommunizieren und die psychische Latenz als Verdrängung der eigenen Einstellungen. Beide latente Formen antisemitischer Einstellungen lassen sich auch mit dem Ansatz von Pettigrew und Meertens nur bedingt untersuchen. Das gilt – wiederum cum grano salis – auch für andere diskriminierende Einstellungen und Vorurteile. So wundert es nicht, dass die Sozialpsychologen in den letzten Jahrzehnten große theoretische und methodische Anstrengungen unternommen haben, um doch irgendwie die psychische „Black Box" zu knacken.

Zu den interessantesten Bemühungen auf diesem Gebiet gehören sicherlich die Ansätze, die sich mit der Unterscheidung von expliziten und impliziten Einstellungen beschäftigen. In der Literatur wird dabei auch von bewussten und unbewussten Einstellungen oder kontrollierten versus unkontrollierten Einstellungen gesprochen. Explizite oder bewusste Einstellungen – so die Konzeption – unterliegen einer bewussten Kontrolle und Verarbeitung durch das Individuum; implizite Einstellungen hingegen entziehen sich dieser bewussten Kontrolle und unterliegen einer weitgehend automatischen oder unbewussten Verarbeitung. Ob und wie sich explizite Einstellungen in einem vorurteilsbehafteten Verhalten äußern und inwiefern explizite und implizite Einstellungen korrelieren, hängt zu dem – so die Annahme (Fazio & Dunton, 1997) – von der Motivation ab, die eigenen Vorurteil zu kontrollieren (Motivation to Control Prejudiced Reaction). Eine hohe Motivation zur Kontrolle bzw. zum Management der eigenen Vorurteile liegt dann vor, wenn eine Person z. B. bestrebt ist, die eigenen Vorurteile oder Einstellungen gegenüber Juden in der Öffentlichkeit möglichst nicht zu äußern, um sich entweder als nichtantisemitisch darzustellen und/oder nicht gegen bestimmte Regeln der sozialen Erwünschtheit zu verstoßen. Zur Erfassung dieser Motivation liegen inzwischen auch gut funktionierende Instrumente vor, z. B. die Skala „Motivation to respond without Prejudice" von Plant und Devine (1998).

Wir verzichten auf eine Darstellung der verschiedenen, sehr elaborierten theoretischen Ansätze, die sich mit der Unterscheidung, dem Zusammenhang und den Auswirkungen der beiden unterschiedlichen Einstellungsformen beschäftigen (vgl. ausführlich: Wettig, 2005, Gniechwitz, 2006). Interessanter sind an dieser Stelle die methodischen Versuche, implizite Einstellungen zu untersuchen, ohne dass sich die Untersuchungsteilnehmer darüber im Klaren sind, dass ihre Einstellungen zu einem bestimmten Sachverhalt erfasst werden sollen. Diese sogenannten impliziten Methoden sollen es erlauben, negative Einstellungen zu testen, die außerhalb der gezielten Kontrolle und des Bewusstseins von vorgeblich vorurteilsfreie Personen liegen.

Wenn dies tatsächlich möglich sein sollte, hätten wir eine hervorragende Möglichkeit gefunden, um auch latente antisemitische Einstellungen zu untersuchen. Also lohnt sich ein Blick auf das methodische Vorgehen: Eine der bekanntesten Methoden ist der Implicite Association Test (IAT, Greenwald, McGhee & Schwartz, 1998). Der IAT beruht auf der Überlegung, dass Menschen schneller in der Lage sind,

Wörter, Begriffe oder Bilder, die sie als ähnlich bewerten, gemeinsam zu klassifizieren.

Stellen Sie sich vor, Sie sitzen vor einem Computerbildschirm, auf dem Wörter erscheinen. Auf diese Wörter sollen Sie reagieren und zwar in unterschiedlicher Weise: In einer ersten Bedingung werden Sie aufgefordert, auf der Tastatur des Computers immer eine bestimmte linke Taste zu drücken, wenn der Name einer Blumensorte (z. B. Rose) und ein positives Adjektiv (z. B. schön) am Bildschirm präsentiert werden, sowie eine bestimmte rechte Taste, wenn eine Ungezieferart (z. B. Kakerlake) und ein negatives Adjektiv (z. B. eklig) auftauchen. In einer zweiten Bedingung müssen Sie links bei einer Blumensorte und einem negativen Adjektiv sowie rechts bei einer Ungezieferart und einem positiven Adjektiv drücken. Die zweite Bedingung ist in der Regel schwerer zu bewältigen, denn wir sind gewohnt, Blumen positiver zu betrachten als Ungeziefer. Die Reaktionszeit zur Bewältigung der zweiten Aufgabe wird länger als die in der ersten Aufgabe sein.

Etwas Ähnliches könnte passieren, wenn Sie aufgefordert wären, in einer ersten Aufgabe auf Begriffspaare wie *„Deutsche/sauber"* und *„Juden/ unangenehm"* und in einer zweiten auf *„Juden/gut"* und *„Deutsche/faul"* zu reagieren. Bestimmte vorurteilsbehaftete Einstellungen vorausgesetzt, müsste die Reaktion bei der Ähnlichkeitsbewertung im zweiten Fall entschieden langsamer sein. Mit dem IAT wird also geprüft, wieviel Zeit eine Person benötigt, um am Computer auf „stimmige" und „unstimmige" Begriffs-, Kategorien- oder auch Bildpaare zu reagieren. Die jeweilige Reaktionszeit unterliegt nicht der bewussten Kontrolle, sondern ist das Resultat automatisch aktivierter Gedächtnisstrukturen.

In einigen Studien hat man an Stelle der computergestützten Aufgaben Fragebogen eingesetzt (vgl.z. B. Lowery, Hardin & Sinclair, 2001). Dabei werden nicht die Reaktionszeiten gemessen, sondern die Probanden mussten innerhalb einer gesetzten Zeitfrist (in der Regel 20 s) ankreuzen, ob die jeweiligen Begriffspaare (z. B. Deutsche/sauber oder Juden/unangenehm) „korrekte" oder „inkorrekte" Zuordnungen enthalten. Susan Wettig (2005; Gniechwitz, 2006) hat in einer sehr aufwendigen Prozedur einen solchen fragebogengestützten IAT entwickelt, um implizite Einstellungen gegenüber Juden zu untersuchen. Sehen wir uns das Verfahren, das aus mehreren methodischen Schritten besteht, etwas genauer an, um zu prüfen, ob derartige Vorgehensweisen geeignet sind, die diskutierten methodischen Probleme zu lösen:

1. Um die Probanden an die etwas ungewohnten Aufgaben zu gewöhnen, müssen sie zunächst einen so genannten „Blumen-IAT" bearbeiten. Dabei handelt es um Wortkombinationen, in denen z. B. die schon erwähnten Blumen-, und Ungeziefernamen mit positiven oder negativen Adjektiven gekoppelt dargeboten werden und zu klassifizieren sind.

2. Anschließend wird den Probanden der so genannte „Juden-IAT", das eigentliche Erhebungsverfahren zu Untersuchung impliziter antisemitischer Einstellungen, vorgelegt. Der „Juden-IAT" besteht aus einer Liste von Wortpaaren, in denen entweder ein nichtjüdischer oder jüdischer Vorname (z. B. Wilhelm oder Issak) mit einem positiven oder negativen Adjektiv (z. B. angenehm oder bösartig) gekoppelt war.[14] Die Probanden werden aufgefordert, die aus ihrer Sicht zutreffenden, stimmigen Wortkopplungen möglichst schnell zu kennzeichnen.

3. Aus den von den Probanden innerhalb einer bestimmten Zeit (20 s) gekennzeichneten Wortkopplungen wird ein Index gebildet, der auf das Ausmaß impliziter Vorurteile gegenüber Juden verweisen soll. Dieser Index berechnet sich im Prinzip nach folgender Vorschrift: Zunächst werden die von den Probanden innerhalb der vorgegebenen Zeit als „stimmig" gekennzeichneten Wortpaare ausgezählt, in denen deutsche Vornamen mit einem positiven Adjektiv (z. B. Wilhelm – angenehm) und jüdische Vornamen mit einem negativen Adjektiv (z. B. Issak – bösartig) verknüpft sind. Im zweiten Schritt folgt die Auszählung der als „stimmig" gekennzeichneten Wortpaare mit deutschen Vornamen und einem negativen Adjektiv (z. B. Frank – brutal) bzw. jüdischen Vornamen und einem positiven Adjektiv (z. B. Jeremias – angenehm). Von der ermittelten Summe aus dem ersten Schritt wird die ermittelte Summe aus dem zweiten Schritt subtrahiert. Personen, bei denen die Differenz einen negativen Wert ergibt, werden als „implizit vorurteilsfrei" eingestuft, Personen mit einem Differenzwert größer 0 dagegen als „zu impliziten Vorurteilen neigend" klassifiziert.

---

[14] Der Auswahl der Vornamen und der Adjektive gingen verschiedene Vorstudien voraus.

4. Nach der Beantwortung des „Juden-IAT" werden *explizite* antisemitische Einstellungen erfasst. Dies geschieht in gewohnter Weise, in dem die Probanden gebeten werden, explizite Aussagen über Juden zu bewerten. Susan Wettig hat sich dabei – den Jenaer Vorarbeiten folgend – vor allem auf die Erhebung von manifest antisemitischen Einstellungen (z. B. ausgedrückt in der Aussage „Es wäre für Deutschland besser, keine Juden im Land zu haben"), auf sekundäre antisemitische Einstellungen (z. B. „Jahrzehnte nach Kriegsende sollten wir nicht mehr so viel über die Judenverfolgung reden, sondern endlich einen Schluss-Strich unter die Vergangenheit ziehen") und anti-israelische Einstellungen (z. B. „Was die Israelis den Palästinensern antun, ähnelt dem, was die Nazis den Juden angetan haben") konzentriert. Um diese expliziten Einstellungen zu untersuchen, wurden entsprechende Skalen konstruiert, die eine sehr zufrieden stellende Gesamt-Reliabilität mit einem Cronbachs Alpha zwischen.80 und .90 aufweisen.

5. Nach der Beantwortung der expliziten Aussagen über Juden und Israelis werden die Probanden noch aufgefordert, eine Skala zur Motivation der Vorurteilskontrolle zu beantworten. Diese Skala stützt sich auf das US-amerikanische Original von Plant und Devine (1998). Außerdem wurden – ebenfalls mit entsprechenden Instrumenten – das Ausmaß autoritärer Einstellungen und die Soziale Dominanzorientierung erfasst. Zu diesen Zwecken wurde den Probanden die in Jena von Friedrich Funke (2002, 2005) entwickelte „Right-Wing-Authoritarianism[3]-D-Skala" (RWA) und eine aus dem Amerikanischen übersetzte Skala zur Sozialen Dominanzorientierung (SDO; Six, Wolfradt & Zick, 2001; Andrejewski, Frindte & Geschke, 2016; siehe mehr: Abschn. 6.2) vorgelegt. Die theoretischen Hintergründe beider Skalen werden uns im nächsten Kapitel noch ausgiebig beschäftigen, deshalb an dieser Stelle zunächst nur eine kurze Anmerkung zum besseren Verständnis: Unter Autoritarismus soll jene individuell relativ stabile Neigung verstanden werden, sich Autoritäten zu unterwerfen, aggressiv gegen Außenseiter vorzugehen und sich beständig konventionellen Normen anzupassen (Altemeyer, 1996, 1998). Soziale Dominanzorientierung bezieht sich auf das Ausmaß, in dem Menschen der Meinung sind, manche soziale Gruppen wären besser und mehr wert als andere (Sidanius & Pratto, 1999).

Erlauben wir uns einen kurzen Blick auf die Ergebnisse, die Susan Wettig (2005) mit ihrem Verfahren ermitteln konnte. Sie stützte sich dabei auf eine deutsche Stichprobe mit 213 erwachsenen Personen im Alter von 19 bis über 68 Jahren (57 % Frauen und 43 % Männer). Die Auswertung des „Juden-IAT" legte zunächst den Schluss nahe, dass knapp 48 % der insgesamt 213 befragten Personen als implizit vorurteilsfrei eingestuft werden können. Ob und inwieweit die 52 %, die demnach über implizite antisemitische Vorurteile oder Einstellungen verfügen, zu den latenten Antisemiten gehören, ließ sich damit aber noch nicht mit Bestimmtheit sagen. Im nächsten Schritt prüfte die Autorin deshalb, inwieweit die als implizit bewerteten antisemitischen Einstellungen (gemessen mit dem „Juden-IAT") und explizite antisemitische Einstellungen miteinander korrelieren. Auch die dabei gefundenen Ergebnisse waren zunächst nicht sonderlich aufschlussreich. Es zeigte sich ein zwar signifikanter, aber sehr geringer Zusammenhang zwischen impliziten und expliziten Einstellungen ($r = ,167$; $p < ,01$). Etwas lax formuliert, könnte man sagen, dieser Zusammenhang verweist darauf, dass es in der untersuchten Stichprobe durchaus eine kleine Gruppe von Personen gibt, die sowohl implizit als auch explizit antisemitisch eingestellt sind. Nicht mehr und nicht weniger. Was hinter den impliziten Einstellungen derjenigen steckt, die sich nicht explizit antisemitisch äußern, lässt sich nicht sagen. Man könnte allenfalls vermuten, dass es sich bei den mit dem „Juden-IAT" gemessenen impliziten (antisemitischen) Einstellungen dieser Personen gar nicht um latente *diskriminierende* Einstellungen handelt, sondern um das Wissen über kulturelle Stereotype. Das könnte heißen, diejenigen, die nach Bewältigung des „Juden-IAT" als zu „impliziten Vorurteilen neigend" eingestuft wurden, *wissen* zwar, dass man in der eigenen sozialen Deutegemeinschaft deutsche Vornamen eher mit positiven Eigenschaften und jüdische Vornamen eher mit negativen Eigenschaften als umgekehrt assoziiert, würden aber selbst eine solche Assoziation *nie befürworten*.

Spannender und aufschlussreicher ist allerdings ein anderer Zusammenhang: Susan Wettig ging in ihrer Studie – im Einklang mit Fazio und Dunton (1997) - auch davon aus, dass der Zusammenhang zwischen impliziten und expliziten antisemitischen Einstellungen durch die Motivation, die eigenen Vorurteile und deren öffentliche Präsentation zu kontrollieren und zu managen, moderiert wird. Das bedeutet, dass implizite antisemitische Einstellungen nur dann auch in expliziter Art und Weise nachweisbar sind (also zwischen beiden Einstellungsformen ein positiver Zusammenhang besteht), wenn die betreffenden Personen *nicht oder nur gering* motiviert sind, ihre eigenen Vorurteile zu kontrollieren. Personen mit einer entsprechend hohen Motivation dagegen unterdrücken bewusst ihre impliziten Einstellungen und äußern sich darüber in der Öffentlichkeit nicht explizit. Tatsächlich konnte Susan Wettig empirische Belege beibringen, die diese „tricky relation" nahe legen.

In einer multiplen Regressionsanalyse[15] zeigte sich, dass das Ausmaß impliziter antisemitischer Einstellungen *und* die Ausprägung der (externalen und internalen) Motivation zur Vorurteilskontrolle als gemeinsame Prädiktoren für explizite antisemitische Einstellungen geeignet sind. Das heißt, explizite antisemitische Einstellungen lassen sich vorhersagen, wenn man sowohl die impliziten antisemitischen Einstellungen einer Person als auch die Motivation, die eigenen antisemitischen Vorurteile und deren öffentliche Präsentation zu kontrollieren, ermittelt. Die Abb. 5.2 illustriert einen Ausschnitt aus den Befunden und gibt auch die statistischen Kennwerte wieder

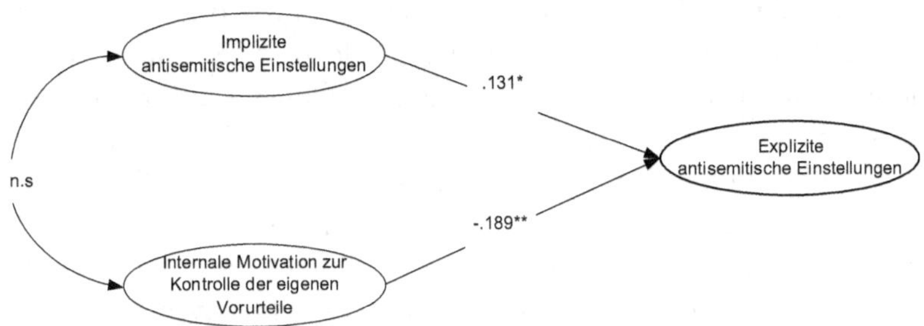

Abb. 5.2 Multiple Regression; der standardisierte Regressionskoeffizient für implizite Einstellungen (.131) ist auf dem 5 %-Niveau, der für die internale Motivation zur Vorurteilskontrolle (-.189) auf dem 1 %-Niveau signifikant; R^2 = .11

---

[15] Die Regressionsanalyse ist ein statistisches Verfahren, um den Einfluss einer oder mehrerer unabhängiger Variablen (Einflussgrößen, Prädiktoren) auf eine zuweilen auch mehrere abhängige Variablen (Zielgröße) zu ermitteln.

Man könnte auch sagen, je ausgeprägter implizite antisemitische Einstellungen und je niedriger die (implizite) Motivation, die eigenen Vorurteile zu kontrollieren, umso eher ist auch mit expliziten antisemitischen Einstellungen zu rechnen.

Allerdings zeigen die Ergebnisse der Regressionsanalyse den Expert*innen auch, dass noch andere, in der Rechnung unberücksichtigte Variablen für das Ausmaß der expliziten antisemitischen Einstellungen verantwortlich sein müssen. Deshalb ist Susan Wettig (2005) in ihrer Analyse noch ein Stück weiter gegangen. In einer weiteren Regressionsanalyse prüfte sie, ob und in welchem Umfange sich explizite und implizite antisemitische Einstellungen aus den autoritären und sozial-dominanten Orientierungen vorhersagen lassen. Auch hierzu eine illustrierende Abbildung eines Ergebnisausschnitts und anschließend der Versuch einer Erklärung.(Abb. 5.3)

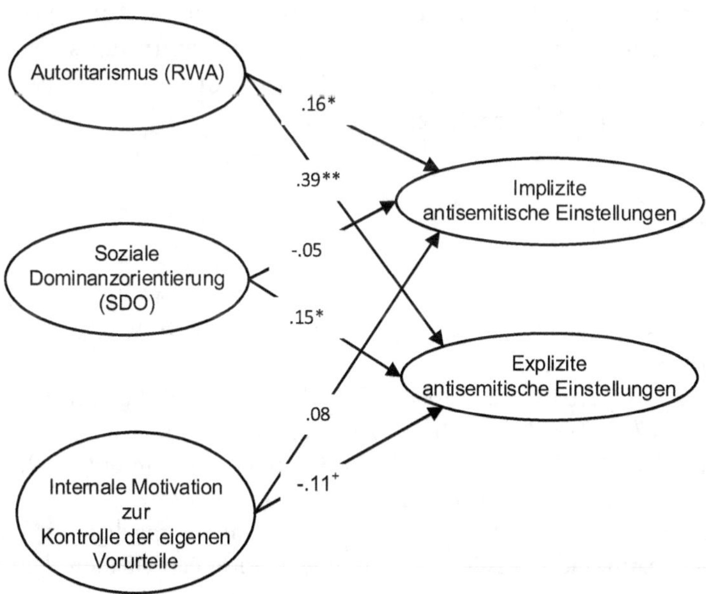

Abb. 5.3 Zusammengefasste Ergebnisse mehrerer Multipler Regressionsanalyse; R^2 zwischen .269 und .04; ** = signifikant auf .01-Niveau; * = signifikant auf .05-Niveau; + = signifikant auf .07-Niveau

Autoritarismus erweist sich offenbar als der stärkste Prädiktor sowohl für explizite als auch für implizite antisemitische Einstellungen. Zwischen dem Autoritarismus und der sozialen Dominanzorientierung (SDO) zeigt sich zwar eine signifikante Korrelation (r = ,218), deren Stärke allerdings relativ gering ausfällt. Ebenso geringfügig, wenn auch signifikant, ist der Einfluss der SDO auf explizite Einstellungen. Die internale Motivation zur Kontrolle der eigenen Vorurteile hingegen ist in ihrer Wirkung zu vernachlässigen.

Versucht man nun, aus den Befunden, wie sie in den beiden Abbildungen illustriert sind, ein erklärendes Muster abzuleiten, so könnte man meinen: Implizite Einstellungen gegenüber Juden (gemessen z. B. mit „Juden-IAT") haben dann etwas mit Antisemitismus zu tun, wenn sie von Personen vertreten werden, die dazu neigen, ihre Vorurteile und deren öffentliche Präsentation so zu kontrollieren, dass sie den öffentlichen Normen nicht widersprechen. Sozial erwünscht in dieser Weise verhalten sich offenbar autoritär eingestellte Personen. Autoritäre buckeln nach oben, treten nach unten, verhalten sich konform gegenüber den tradierten Konventionen und meinen, Antisemitismus sei eine gute Sache, die man aber nicht immer und überall öffentlich machen muss. Das wird uns noch beschäftigen (Kap. 6).

Literatur

ADL. (2023). The ADL Global 100: An Index of Antisemitism. https://www.adl.org/sites/default/files/pdfs/2023–05/ADL-Global100-2023_1.pdf. Zugegriffen: 14. Febr. 2025.

Adorno, T. W. (1973). Zur Bekämpfung des Antisemitismus heute. In Ders. *Kritik. Kleine Schriften zur Gesellschaft.* Suhrkamp.

Adorno, T. W., Frenkel-Brunswick, E., Levinson, D. J., & Sanford, R. N. (1950). *The Authoritarian Personality.* Harper & Row.

Ahmed, S., & Masood, M. (2025). Dark personalities in the digital arena: How psychopathy and narcissism shape online political participation. *Humanities and Social Sciences Communications, 12*(1), 1–11.

Allport, W. G. (1954). *The Nature of Prejudice.* Addison-Wesley.

Allport, W. G. (1971). *Die Natur des Vorurteils.* Kiepenheuer & Witsch.

Altemeyer, R. (1996). *The Authoritarian Specter*. Harvard University Press.

Altemeyer, R. (1998). The other„authoritarian personality". *Advances in Experimental Social Psychology, 30*, 47–92.

Aly, G. (2005a). *Hitlers Volksstaat. Raub, Rassenkrieg und nationaler Sozialismus*. Fischer.

Aly, G. (2005b). Die Wohlfühl-Diktatur. *Der Spiegel, 10*.

Aly, G. (2005c). Wie die Nazis ihr Volk kauften. *Die Zeit, Nr. 15*. Zugegriffen: 6. Apr. 2005.

Andrejewski, S., Frindte, W., & Geschke, D. (2016). Der Einfluss von rechtsgerichtetem Autoritarismus und sozialer Dominanzorientierung auf homophobe Einstellungen. *Journal for Deradicalization, 7*, 26–67.

Antonelli, M. (Hrsg.). (2015). Franz Brentano, Gustav Theodor Fechner. *Briefwechsel über Psychophysik, 1874–1878*. Walter de Gruyter.

Arendt, H. (2001; Original: 1951). *Elemente und Ursprünge totaler Herrschaft*. Piper.

Arlow, J. A. (1992). Aggression und Vorurteil: Psychoanalytische Betrachtungen zur Ritualmordbeschuldigung gegen die Juden. Psyche – Zeitschrift für *Psychoanalyse und ihre Anwendungen, 46*(12), 1122–1132.

Aronson, E., & Carlsmith, J. M. (1968). Experimentation in social psychology. In G. Lindzey, & E. Aronson (Hrsg.), *Handbook of Social Psychology* (Bd. 2, S. 1–79). Addison Wesley.

Barna, I., Kohut, T., Bilewicz, M., Gyarfášová, O., Kocián, J., Meseznikov, G., & Babinska, M. (2022). Survey on antisemitic prejudice in the visegrád countries. In *Research Report*. Tom Lantos Institute.

Bartolo, A., & Powell, C. (2024). Associations between the dark tetrad and political orientation: A systematic review with meta-analysis. *Personality and Individual Differences, 218*, 112498.

Bauman, Z. (1992). *Moderne und Ambivalenz*. Junius.

Benz, W. (2004). *Was ist Antisemitismus?* Beck.

Benz, W., & Bergmann, W. (1997). *Antisemitismus – Vorgeschichte des Völkermords?* In W. Benz & W. Bergmann (Hrsg.), *Vorurteil und Völkermord*. Herder.

Bergkvist, L., & Rossiter, J. R. (2007). The predictive validity of multiple-item versus single-item measures of the same constructs. *Journal of Marketing Research, 44*(2), 175–184.

Bergmann, W. (1988). Politische Psychologie des Antisemitismus. In H. König. (Hrsg.), *Politische Psychologie heute, Leviathan Sonderheft*. (S. 217–234). Westdeutscher Verlag.

Bergmann, W., & Erb, R. (1986). Kommunikationslatenz, Moral und öffentliche Meinung. Theoretische Überlegungen zum Antisemitismus in der Bundesrepublik Deutschland. *Kölner Zeitschrift für Soziologie und Sozialpsychologie, 38*(2), S. 223–246.

Bergmann, W., & Erb, R. (1991). *Antisemitismus in der Bundesrepublik Deutschland. Ergebnisse der empirischen Forschung 1946 – 1989.* Leske und Budrich.

Berkowitz, L. (1962). *Aggression: A social psychological analysis.* McGraw-Hill.

Bertrams, A., & Krispenz, A. (2025). Antisemitism as a dark-ego vehicle. *Current Psychology, 44*(1), 676–692.

Bortz, J., & Döring, N. (1995). *Forschungsmethoden und Evaluation.* Springer.

Brumlik, M. (2021). *Postkolonialer Antisemitismus. Achille Mbembe, die palästinensische BDS-Bewegung und andere Aufreger.* VSA-Verlag.

Brunner, M. (2016). Vom Ressentiment zum Massenwahn. In C. Busch, M. Gehrlein, & T. Uhlig (Hrsg.), *Schiefheilungen.* Springer VS.

Buber, M., & Rosenzweig, F. (1987). Die Schrift. *Band 1: Die fünf Bücher der Weisung (Verdeutschung).* Schneider.

Claussen, D., (1987). Über Psychoanalyse und Antisemitismus. *Psyche, 41*(1), 1–21.

Coenders, M., Scheepers, P., Sniderman, P. M., & Verberk, G. (2001). Blatant and subtle prejudice: Dimensions, determinants, and consequences; some comments on Pettigrew and Meertens. *European Journal of Social Psychology, 31*(3), 281–297.

Cohen, F., Jussim, L., Harber, K. D., & Bhasin, G. (2009). Modern anti-Semitism and anti-Israeli attitudes. *Journal of Personality and Social Psychology, 97*(2), 290–306.

Decker, O., Kiess, J., & Brähler, E. (2024). Antisemitismus als individuelles Ressentiment und gesellschaftliches Sediment – empirische Befunde. In O. Decker, J. Kiess, A. Heller, & E. Brähler (Hrsg.), *Vereint im Ressentiment. Autoritäre Dynamiken und rechtsextreme Einstellungen.* (S. 133–160). Psychosozial-Verlag.

Dollard, J., Doob, L. W., Miller, N. E., Mowrer, O. H., & Sears, R. T. (1939). *Frustration and Aggression.* Yale University Press.

Dovidio, J. F., & Gaertner, S. L. (1986). Prejudice, discrimination, and racism: Historical trends and contemporary approaches. In J. F. Dovidio & S. L. Gaertner (Hrsg.), *Prejudice, discrimination, and racism* (S. 1–34). Academic.

Elmers, S. (2024). Was ist moderner Antisemitismus? Ein Erklärungsvorschlag auf Grundlage der Theorien von Freud, Fromm und Postone. *Center for Antisemitism and Racism Studies: CARS Working Paper 024.*

Engels, F. (1962). Die Entwicklung des Sozialismus von der Utopie zur Wissenschaft. In *Karl Marx & Friedrich Engels, Werke, Band 19*. Dietz Verlag.

Engels, F. (1972). Herrn Eugen Dühring's Umwälzung der Wissenschaft. In *Karl Marx & Friedrich Engels, Werke, Band 20*. Dietz Verlag.

Fanelli, D. (2009). How many scientists fabricate and falsify research? A systematic review and meta-analysis of survey data. *PloS One, 4*(5), e5738.

Fazio, R. H., & Dunton, B. C. (1997). Categorization by race: The impact of automatic and controlled components of racial prejudice. *Journal of Experimental and Social Psychology, 33*(5), 451–70.

Fenichel, O. (1946). Elements of a Psychoanalytic Theory of anti-Semitism. In E. Simmel (Hrsg.), *Anti-Semitism*. International Universities Press.

Fenichel, O. (1993). Elemente einer psychoanalytischen Theorie des Antisemitismus. In E. Simmel (Hrsg.), *Antisemitismus*. Fischer.

Feyerabend, P. K. (1978). *Der wissenschaftstheoretische Realismus und die Autorität der Wissenschaften*. Vieweg & Sohn.

Feyerabend, P. K. (1980; Original: 1978). *Erkenntnis für freie Menschen*. Suhrkamp.

Feyerabend, P. K. (1988). Knowledge and the role of theories. *Philosophy of the Social Sciences, 18*(2), 157–178.

Föhl, U., & Friedrich, C. (2022). *Quick Guide Onlinefragebogen*. Springer Gabler.

Freud, S. (1974). Analyse der Phobie eines fünfjährigen Knaben. In S. Freud (Hrsg.), *Studienausgabe, Band 8, herausgegeben von Alexander Mitscherlich, Angela Richards & James Strachey*. Fischer.

Freud, S. (1986; Original: 1939). Der Mann Moses und die monotheistische Religion. In S. Freud, *Kulturtheoretische Schriften*. Fischer.

Freytag, R., & Sturzbecher, D. (2000). *Die Psychologie des Antisemitismus*. In D. Sturzbecher & R. Freytag. (Hrsg.), *Antisemitismus unter Jugendlichen*. Hogrefe.

Friedländer, S. (1971). *L'Antisémitisme nazi. Histoire d'une psychose collective*.

Frindte, W. (1998). *Soziale Konstruktionen*. Westdeutscher Verlag.

Frindte, W. (Hrsg.). (1999). *Fremde, Freunde, Feindlichkeiten*. Westdeutscher Verlag.

Frindte, W., & Frindte, I (2020). *Halt in haltlosen Zeiten – Eine sozialpsychologische Spurensuche*. Springer.

Frindte, W. (2024). *Wider die Borniertheit und den Chauvinismus – mit Paul Feyerabend durch absurde Zeiten*. Springer VS.

Frindte, W., Wammetsberger, D., & Wettig, S. (2005). Old and new anti-Semitic attitudes in the context of authoritarianism and social dominance orientation – two studies in Germany. *Peace and Conflict: Journal of Peace Psychology, 11*(3), 239–266.

Frindte, W., Geschke, D., Haußecker, N., & Schmidtke, F (2016). Ein systematisierender Überblick über Entwicklungslinien der Rechtsextremismusforschung von 1990 bis 2013. In W. Frindte, et al. (Hrsg.), *Rechtsextremismus und „Nationalsozialistischer Untergrund " interdisziplinäre Debatten, Befunde und Bilanzen* (S. 25–96). Springer VS.

Fromm, E. (1936). Studien über Autorität und Familie. Sozialpsychologischer Teil. *Schriften des Instituts für Sozialforschung,* (Vol. 5). Félix Alcan.

Fromm, E. (1941). *Escape from freedom.* Avon Books.

Fromm, E. (GA, I; Original: 1941). Original: Die Furcht vor der Freiheit. In *Erich-Fromm-Gesamtausgabe in 12 Bänden (GA, Band I).* Deutsche Verlags-Anstalt.

Funke, F. (2002). *Die dreidimensionale Struktur von Autoritarismus.* Unveröffentlichte Dissertation. Friedrich-Schiller-Universität Jena.

Funke, F. (2005). The dimensionality of right-wing authoritarianism: Lessons from the Dilemma between Theory and Measurement. *Political Psychology, 26*(2), 195–218.

Gergen, K. J. (1991). *Realities and relationships. Soundings in social construction.* Harvard University Press.

Gigerenzer, G. (1988). Woher kommen Theorien über kognitive Prozesse? *Psychologische Rundschau, 39,* 91–100.

Gigerenzer, G. (1994). Woher kommen die Theorien über kognitive Prozesse? In A. Schorr (Hrsg.), *Die Psychologie und die Methodenfrage.* Hogrefe.

Gniechwitz, S. (2006). *Antisemitismus im Lichte der modernen Vorurteilsforschung: Kognitive Grundlagen latenter Vorurteile gegenüber Juden in Deutschland.* Wissenschaftlicher Verlag.

Goethe, J. W. (1972). Maximen und Reflexionen. *Berliner Ausgabe, Band 18.* Aufbau Verlag.

Greenwald, A., McGhee, D., & Schwartz, J. (1998). Measuring individual differences in implicit cognition: The implicit association test. *Journal of Personality and Social Psychology, 74*(6), 1464–1480.

Grunberger, B. (1993). On narcissism, aggressivity and anti-Semitism. *International Forum of Psychoanalysis, 2*(4), 237–241.

Haury, T. (2002). *Antisemitismus von links.* Hamburger Edition.

Hegel, G. W. F. (1979; Original: 1812/1813). Wissenschaft der Logik. In *Werke, Band 5*. Suhrkamp.

Heitmeyer, W. (Hrsg.). (2002). *Deutsche Zustände, Folge 1*. Suhrkamp.

Heitmeyer, W. (Hrsg.). (2003). *Deutsche Zustände, Folge 2*. Suhrkamp.

Hewstone, M., Rubin, M., & Willis, H. (2002). Intergroup bias. *Annual Review of Psychology, 53*, 575–604.

Heyder, A., Iser, J., & Schmidt, P. (2005). Israelkritik oder Antisemitismus? Meinungsbildung zwischen Öffentlichkeit, Medien und Tabus. In W. Heitmeyer (Hrsg.), *Deutsche Zustände, Folge 3* (S. 144–165). Suhrkamp.

Hirschmüller, A. (1988). Psychoanalyse und Antisemitismus. *Luzifer-Amor, 1*(2), S. 41–54.

Holz, K. (2001). *Nationaler Antisemitismus. Wissenssoziologie einer Weltanschauung*. Hamburger Edition.

Horkheimer, M. (1963). Sozialpsychologische Forschungen zum Problem des Autoritarismus, Nationalismus und Antisemitismus. In W. V. Baeyer-Katte, G. Baumert, W. Jacobsen, T. Scharmann, & H. Wiesbrock (Hrsg.), *Autoritarismus und Nationalismus – ein deutsches Problem*. Europäische Verlagsanstalt.

Jaspal, R. (2023). The social psychology of contemporary antisemitism. *Israel Affairs, 29*(1), 31–51.

Kant, I. 1781). AA, Band IV, Original: Metaphysische Anfangsgründe der Naturwissenschaft. *Gesammelte Schriften, (Band IV*, S. 1ff.). Hrsg.: Band 1–22 Preußische Akademie der Wissenschaften, Band 23 Deutsche Akademie der Wissenschaften zu Berlin, ab Band 24 Akademie der Wissenschaften zu Göttingen. Walter de Gruyter & Co. https://korpora.org/kant/aa04/470.html. Zugegriffen: 12. Mai. 2025.

Katz, J. (1993). *Messianismus und Zionismus. Zur Jüdischen Sozialgeschichte*. Jüdischer Verlag.

Kinder, D. R, & Sears, D. O (1981). Prejudice and politics. Symbolic racism versus racial threats to the good life. *Journal of Personality and Social Psychology, 40*(3), 414–431.

Klüver, J. (1988). *Die Konstruktion der sozialen Realität Wissenschaft: Alltag und System*. Vieweg.

Kraus, K. (1984). *Aphorismen und Gedichte, Auswahl 1903–33*. Volk und Welt.

Kruglanski, A. W. (2001). That „Vision Thing". The State of Theory in Social and Personality Psychology at the Edge of the New Millennium. *Journal of Personality and Social Psychology, 80*(6), 871–875.

Lenin, W. I. (1956; Original: 1904). Ein Schritt vorwärts, zwei Schritte zurück, *Lenin Werke, Band 7*. Dietz Verlag.

Lienert, G. A. (1967). *Testaufbau und Testanalyse*. Julius Beltz.

Lowery, B.S., Hardin, C.D., & Sinclair, S. (2001). Social influence effects on automatic racial prejudice. *Journal of Personality and Social Psychology, 81*(5), 842–855.

Luhmann, N. (1991). Wie lassen sich latente Strukturen beobachten? In P. Watzlawick & P. Krieg (Hrsg.), *Das Auge des Betrachters*. Piper.

Marin, B. (2000). *Antisemitismus ohne Antisemiten*. Campus.

Marx, K. (1977*)*. Das Kapital, Band 1. In *Karl Marx & Friedrich Engels, Werke, Band 23*. Dietz Verlag.

McConahay, J. B. (1986). Modern racism, ambivalence, and the modern racism scale. In J. F. Dovidio & S. L. Gaertner (Hrsg.), *Prejudice, discrimination, and racism* (S. 91–125). Academic.

Meloen, D. J., van der Linden, G., & de Witte, H. (1996). A test of the approaches of Adorno u. a., Lederer and Altemeyer of authoritarianism in Belgian Flanders: A research note. *Political Psychology, 17*(4), 643–656.

Paulhus, D. L., & Williams, K. M. (2002). The dark triad of personality: Narcissism, machiavellianism, and psychopathy. *Journal of Research in Personality, 36*(6), 556–563.

Pettigrew, T. F., & Meertens, R. W. (1995). Subtle and blatant prejudice in Western Europe. *European Journal of Social Psychology, 25*(1), 57–75.

Pettigrew, T. F., & Meertens, R. W. (2001). In defense of the subtle prejudice concept: A retort. *European Journal of Social Psychology, 31*(3), 299–309.

Pettigrew, T. F. (1996). *How to think like a social scientist*. Harper Collins.

Pew Research Center. (2023). Anti-Jewish harassment occurred in 94 countries in 2020, up from earlier years. https://www.pewresearch.org/short-reads/2023/03/17/anti-jewish-harassment-occurred-in-94-countries-in-2020-up-from-earlier-years/;. Zugegriffen: 4. März. 2025.

Plant, A. E., & Devine, P. G. (1998). Internal and external motivation to respond without prejudice. *Journal of Personality and Social Psychology, 75*(3), 811–832.

Postone, M. (1995). Nationalsozialismus und Antisemitismus. Ein theoretischer Versuch. In M. Werz (Hrsg.), *Antisemitismus und Gesellschaft*. Verlag Neue Kritik.

Reichenbach, H. (1938). *Experience and prediction. An analysis of the foundations and the structure of knowledge*. The University of Chicago Press.

Rensmann, L. (2025). *Politischer Antisemitismus im postfaktischen Zeitalter*. Nomos.

Sartre, J. P. (1994; Original: 1945). *Überlegungen zur Judenfrage*. Rowohlt.

Seligmann, R. (1999). *Wer hat Israel gegründet?* Interview mit dem Schriftsteller Rafael Seligmann über Judentum und Antisemitismus, Assimilation und diverse Befangenheiten in Deutschland. Berliner Zeitung vom 4. Dezember 1999. https://www.berliner-zeitung.de/interview-mit-dem-schriftsteller-rafael-seligmann-ueber-judentum-und-antisemitismus-assimilation-und-diverse-befangenheiten-in-deutschland-wer-hat-israel-gegruendet-li.9809;. Zugegriffen: 20. April 2025.

Sidanius, J., & Pratto, F. (1999). *Social dominance: An intergroup theory of social hierarchy and oppression*. Cambridge University Press.

Simmel, E. (1946). Antisemitismus und Massen-Psychopathologie. In E. Simmel (Hrsg.), *Antisemitismus*. Fischer.

Six, B., Wolfradt, U., & Zick, A. (2001). Autoritarismus und soziale Dominanzorientierung als generalisierte Einstellungen. *Zeitschrift für Politische Psychologie, 9*, 23–40.

Stanke, F. A., Kuper, N., Fetz, K., & Echterhoff, G. (2024). Discriminatory, yet socially accepted? Targets' perceptions of subtle and blatant expressions of ethno-racial prejudice. *Frontiers in Social Psychology, 2*, https://doi.org/10.3389/frsps.2024.1343514.

Stephan, W. G., & Stephan, C. W. (2013). An integrated threat theory of prejudice. In S. Oskamp (Hrsg.), *Reducing prejudice and discrimination* (S. 23–45). Psychology Press.

Stephan, W. G., & Renfro, C. L. (2002). The role of threat in intergroup relations. In D. M. Mackie & E. R. Smith (Hrsg.), *From prejudice to intergroup emotions. Differentiated reactions to social groups* (S. 191–208). Psychology Press.

Stephan, W. G., Boniecki, K. A., Ybarra, O., Bettencourt, A., Ervin, K. S., Jackson, L. A., & Renfro, C. (2002). The role of threats in the racial attitudes of Blacks and White. *Personality and Social Psychology Bulletin, 28*(9), 1242–1254.

Székély, L. (1989). Tradition und infantile Fantasien in den Gestalten des modernen Antisemitismus. *Zeitschrift für psychoanalytische Theorie und Praxis, IV*(3), 250–269.

Tajfel, H., & Turner, J. C. (1979). An integrative theory of intergroup conflict. In W. G. Austin & S. Worchel (Hrsg.), *The social psychology of intergroup relations* (S. 33–47). Brooks/Cole Publishing.

Vowinckel, A. (2000). Hannah Arendt und Jean-Paul Sartre: Zweierlei Interpretation des Antisemitismus. In W. Benz (Hrsg.), *Jahrbuch für Antisemitismusforschung 9*. Campus.

Wammetsberger, D. (2005). *Holocaust und Vaterland. Der Zusammenhang zwischen antisemitischen und nationsbezogenen Einstellungen in Deutschland*. Unveröffentlichte Dissertation. Friedrich-Schiller-Universität Jena.

Wangh, M. (1992). Psychoanalytische Betrachtungen zur Dynamik und Genese des Vorurteils, des Antisemitismus und des Nazismus. *Psyche – Zeitschrift für Psychoanalyse und ihre Anwendungen, 46*(12), 1152–1176.

Wehler, H. U. (2005). Engstirniger Materialismus. *Der Spiegel*, 14.

Wettig, S. (2005). *Antisemitismus im Lichte der modernen Vorurteilsforschung – Kognitive Grundlagen latenter Vorurteile gegenüber Juden in Deutschland*. Unveröffentlichte Dissertation. Friedrich-Schiller-Universität Jena.

Winiewski, M. H., & Bulska, D. (2024). Model of collective violence – Structural and psychological antecedents of pogrom violence. *Conflict Resolution Quarterly, 41*(4), 453–474.

Wyrwa, U. (2003). Antisemitismus im Vergleich: Italien und Deutschland 1870–1914. In W. Benz & A. Königseder (Hrsg.), *Judenfeindschaft als Paradigma* (S. 102–105). Metropol Verlag.

Yuval-Davis, N. (2024). Antisemitism is a Form of Racism – or is it? *Sociology, 58*(4), 779–795.

Zacher, H., & Shemla, M. (2024). Political ideology and attitudes towards Israel in Germany in the aftermath of the 10/7 massacres: A test of horseshoe theory. *Israel Affairs, 30*(5), 963–977.

Ziai, A. (2021). Antisemitismus, Rassismus und postkoloniale Studien – Drängende Fragen zur „Causa Mbembe ". *Politisches Lernen, 39*(1+2).

Zick, A., Küpper, B., & Mokros, N. (2023). *Die distanzierte Mitte. Rechtsextreme und demokratiegefährdende Einstellungen in Deutschland 2022/23*. Dietz.

6

Autoritarismus und Antisemitismus

6.1 Untertanen und Radfahrer – Erinnerungen[1]

„Diederich schwenkte den Hut, er brüllte auf, dass die Herren im Wagen ihr Gespräch unterbrachen. Der rechts neigte sich vor, – und sie sahen einander an, Diederich und sein Kaiser. Der Kaiser lächelte kalt prüfend mit den Augenfalten und die Falten am Mund ließ er ein wenig herab. Diederich lief ein Stück mit, die Augen weit aufgerissen, immer schreiend und den Hut schwenkend, und einige Sekunden lang waren sie, indes ringsum dahinten eine fremde Menge ihnen Beifall klatschte, in der Mitte des leeren Platzes und unter einem knallblauen Himmel ganz miteinander allein, der Kaiser und sein Untertan" (Heinrich Mann „Der Untertan", Leipzig, 1918, S. 405).

Die Protagonisten der Unmenschlichkeit haben schon zu Beginn des 20. Jahrhunderts ihre Hüte jubelnd in die Luft geworfen. Einer der wenigen,

---

[1] Wir bedanken uns herzlich bei Friedrich Funke. Seine Arbeiten und Ideen sowie die gemeinsamen Diskussionen mit ihm haben uns wichtige Impulse für die folgenden Abschnitte geliefert (vgl. auch Funke, 2002, 2005).

© Der/die Autor(en), exklusiv lizenziert an Springer Fachmedien Wiesbaden GmbH, ein Teil von Springer Nature 2026
W. Frindte, I. Frindte, *Warum die Juden? – Inszenierter Antisemitismus*,
https://doi.org/10.1007/978-3-658-50561-5_6

die das früh registrierten und schonungslos kritisierten, war *Heinrich Mann* (1871–1950). Während sein Bruder *Thomas Mann* zwischen 1915 und 1918 die „Betrachtungen eines Unpolitischen" ausbrütete und gegen die „Feinde Deutschlands in seinen eigenen Mauern" wetterte (Mann, 2001; Original: 1918), hatte Heinrich Mann seinen Roman „Der Untertan" längst abgeschlossen. Vielleicht ist es das bekannteste Buch, das Heinrich Mann geschrieben hat; sicher dürfte es zu den schärfsten Analysen der politischen Machtverhältnisse des deutschen Untertanengeistes im deutschen Kaiserreich gehören. Diederich Heßling, der Hauptheld im Roman, ist der Prototyp des deutschen „Radfahrers", der nach oben buckelt und nach unten tritt. „Wer treten will, muss sich treten lassen", so Heßlings Motto. Heinrich Mann begann den Roman 1906 und schloss ihn 1914 ab; 1918 erschien er offiziell im Kurt-Wolff-Verlag Leipzig, nach dem bereits 1916 einige wenige Exemplare gedruckt worden waren. *Kurt Tucholsky* besprach den Roman 1919 in der „Weltbühne" und bezeichnete das Buch als das „Herbarium des deutschen Mannes". „Denn", so Tucholsky, „diese beiden Charaktereigenschaften sind an Heßling, sind am Deutschen auf das subtilste ausgebildet: sklavisches Unterordnungsgefühl und sklavisches Herrschaftsgelüst. Er braucht Gewalten, Gewalten, denen er sich beugt wie der Naturmensch vor dem Gewitter, Gewalten, die er selbst zu erringen sucht, um andere zu ducken" (Tucholsky 1919, hier zit. n. Tucholsky, 1972, S. 409).

Heinrich Mann erzählt die Sozialisation eines Sozialcharakters, der einige Jahre später schreckliche regimetragende Wirklichkeit werden sollte, der Sozialcharakter des „Autoritären":

> „Einmal nur, in Untertertia, geschah es, dass Diederich jede Rücksicht vergaß, sich blindlings betätigte und zum siegestrunkenen Unterdrücker ward. Er hatte, wie es üblich und geboten war, den einzigen Juden seiner Klasse gehänselt, nun aber schritt er zu einer ungewöhnlichen Kundgebung. Aus Klötzen, die zum Zeichnen dienten, erbaute er auf dem Katheder ein Kreuz und drückte den Juden davor in die Knie. Er hielt ihn fest, trotz allem Widerstand; er war stark! Was Diederich stark machte, war der Beifall ringsum, die Menge, aus der heraus Arme ihm halfen, die überwältigende Mehrheit drinnen und draußen. Denn durch ihn handelte die Christenheit von Netzig. Wie wohl man sich fühlte bei geteilter Verant-

wortlichkeit und einem Selbstbewusstsein, das kollektiv war!" (Mann, 1918, S. 8).

Das ist der autoritäre Sozialcharakter, der sich antisemitisch inszeniert. Die Theorien des autoritären Charakters sind wohl die wirkungsmächtigsten, nachhaltigsten und umstrittensten Ansätze, mit denen Sozialwissenschaftlerinnen und Sozialwissenschaftler den Faschismus, den Einfluss der nationalsozialistischen Bewegung auf „Hitlers willige Vollstrecker" (Goldhagen, 1996) und den Vernichtungs-Antisemitismus zu erklären versuchen. Freilich ohne wissenschaftlichen Anspruch (oder vielleicht gerade deshalb) gelang es Heinrich Mann, mit dem „Untertan" ein Musterbeispiel ideologischer Forschung vorzulegen.

Wir wissen nicht, ob die Altmeister der Autoritarismusforschung Manns „Untertan" gelesen haben. So abwegig wäre es nicht. Kurt Tucholskys Romanbesprechung endet mit folgenden Sätzen:

„So wollen wir kämpfen. Nicht gegen die Herrscher, die es immer geben wird, nicht gegen Menschen, die Verordnungen für andre machen, Lasten den anderen aufbürden und Arbeit den anderen. Wir wollen ihnen die entziehen, auf deren Rücken sie tanzten, die, die stumpfsinnig und immer zufrieden das Unheil dieses Landes verschuldet haben, die, die wir den Staub der Heimat von den beblümten Pantoffeln gerne schütteln sähen: die Untertanen!" (Tucholsky, 1972, S. 414).

Seit 90 Jahren steht dieser autoritäre Sozialcharakter nun im Mittelpunkt eines gigantischen Forschungsprogramms, mit dem diejenigen Elemente der Persönlichkeitsstruktur analysiert werden, „[...] die zu feindseligen Reaktionen gegenüber religiösen und ethnischen Minoritäten prädisponieren" (Horkheimer, 1968, S. VII).

Die zahlreich erschienenen sozialwissenschaftlichen bzw. psychologischen Autoritarismus-Konzeptionen sind mehr oder weniger stark schon von den frühen Arbeiten Erich Fromms (1900–1980) beeinflusst.[2] So betont Rainer Funk, dass es nicht Adorno war, „[...] der das Phänomen des Autoritarismus und des Faschismus mit Hilfe einer autoritären Charakterbildung erklärte, sondern Fromm [...] und zwar 15 Jahre bevor Adornos Untersuchung zur «Authoritarian Personality» veröffentlicht wurde"

---

[2] Zur Biographie von Erich Fromm – siehe z. B. Funk (2011) und Frindte (2022).

(Funk, 2020, S. 100). Dazu gehören u. a. die Studie aus dem Jahre 1929 mit dem späteren Titel „Arbeiter und Angestellte am Vorabend des Dritten Reiches" (Fromm & Bonß, 1980, in: Fromm, GA, III) oder Fromms Beiträge im fünften Band der Schriften des Frankfurter Instituts für Sozialforschung von 1936 (Fromm, 1936, in: Fromm, GA, I).[3]

Mit der Studie „Arbeiter und Angestellte am Vorabend des Dritten Reiches" aus dem Jahre 1929 wollten Fromm und Kolleginnen[4] Einstellungen und politische Verhaltensweisen von Angestellten und Arbeitern untersuchen. Dafür wurde ein umfangreicher Fragebogen entwickelt, der aus 271 weitgehend offenen Fragen bestand. Gefragt wurde u. a. nach der beruflichen Lage, dem Lebensstandard, nach Parteizugehörigkeit, Wahlverhalten, Weltanschauung, politische Anschauungen, Haltungen zu Mitmenschen, nach Auffassungen zur Erziehung, nach Führung etc. Mit Hilfe von freien und christlichen Gewerkschaften wurden insgesamt 3000 Fragebögen verteilt. 1150 Fragebögen kamen ausgefüllt zu den Forscherinnen und Forschern zurück. Bis 1936 wurden knapp 600 unter der Federführung von Erich Fromm ausgewertet.

Hintergrund dieser Studie ist die Ende der 1920er und Anfang der 1930er-Jahre zunehmende Massenarbeitslosigkeit in Deutschland und die damit verbundene massenhafte Verelendung breiter Schichten der Bevölkerung. So lag die Arbeitslosigkeit in Deutschland im Jahre 1928 unter 1,5 Mio., stieg aber bis 1933 auf fast 5,5 Mio. an. Aus marxistischer Sicht, die damals von vielen Sozialwissenschaftler*innen geteilt wurde, hätte das eigentlich zu einer gesellschaftlichen Revolution führen müssen; die trat aber nicht ein. Die Krisen der kapitalistischen Produktionsweise hatten sich zwar zugespitzt, führten aber nicht zwangsläufig zu einem sozialistischen Klassen- und Revolutionsbewusstsein in der deutschen Arbeiterschaft. Das Proletariat polarisierte sich; ein großer Teil schien sich entgegen seinen ökonomischen Interessen zunehmend der faschistischen Ideologie zuzuwenden, und die Arbeiterparteien SPD und

---

[3] In der Regel stützen wir uns, wenn wir aus Arbeiten von Erich Fromm zitieren, auf die Erich-Fromm-Gesamtausgabe in 12 Bänden, herausgegeben von Rainer Funk. Stuttgart: Deutsche Verlags-Anstalt, zitiert als GA, Nummer des jeweiligen Bandes, Seitenzahl, Original.

[4] Die männlichen Kollegen sind damit selbstverständlich mitgemeint. Neben Erich Fromm waren an der Studie Hilde Weiss, Anna Hartoch, Herta Herzog und Ernst Schachtel beteiligt. Paul L. Lazarsfeld fungierte als wissenschaftlicher Berater für die statistische Auswertung.

KPD waren nicht in der Lage diese Entwicklung aufzuhalten. Die politischen Wahlergebnisse verdeutlichten die zunehmende politische Polarisierung; vor allem wanderten breite Massen der Arbeiterschaft nach „rechts" ab und wählten die NSDAP, die 1933 schließlich an die Macht kam. 1928 wählten 0,8 % aller Wählerinnen und Wähler die NSDAP, im Juli 1932 waren es schon 37,3 % und im März 1933 schließlich 52,4 %. In dieser gesellschaftlichen Situation stellten sich Erich Fromm und seine Kolleginnen die Frage, warum sich die politischen (Partei-)Orientierungen der Arbeiter und Angestellten nicht mit den tatsächlichen Einstellungen (oder besser: den unbewussten Motiven) decken. Sofern es möglich ist, so die Annahme, die tiefverwurzelten (unbewussten) politischen Einstellungen aufzudecken, könnte man u. U. vorhersagen, ob die Arbeiter und Angestellten gegen eine Machtübernahme durch die Nazis kämpfen oder sie unterstützen werden. Die Auswertung und Veröffentlichung der Studie aus dem Jahre 1929 verzögerte sich indes – nicht zuletzt durch eine Lungenerkrankung Fromms und vor allem durch den von den Nationalsozialisten erzwungenen Weggang des Frankfurter *Instituts für Sozialforschung* von Deutschland schließlich in die USA – um mehrere Jahre.

Sieht man einmal von den nicht leicht zu durchschauenden Auswertungsstrategien ab, so lassen sich aus Rohmanuskripten der Studie über „Arbeiter und Angestellte am Vorabend des Dritten Reiches" u. a. folgende Ergebnissen ableiten (Fromm & Bonß, 1980, 188 f.):

- Nur etwa 15 % der „Linken" stimmten mit der „sozialistischen Linie sowohl im Denken als auch im Fühlen" überein und waren u. U. bereit, den „Mut, die Opferbereitschaft und die Spontanität" aufzubringen, „die zur Führung der weniger aktiven Elemente und zur Besiegung des Gegners notwendig sind".
- Sieben Prozent der Sozialdemokraten und 27 % der Kommunisten „waren weitgehend konsistent radikal".
- Außerdem schienen neun Prozent derjenigen, die sich zur Sozialdemokratie bekennen, eindeutig autoritär orientiert zu sein; bei den Kommunisten waren das nur ein Prozent, bei den Bürgerlichen 28 % und unter den Nationalsozialisten fanden sich 47 % mit eindeutig autoritären Orientierungen.

Es ist eigentlich egal, inwieweit diese und die anderen Ergebnisse der frühen Studie den damaligen gesellschaftlichen Wirklichkeiten entsprechen. Anzunehmen ist auf jeden Fall, dass Erich Fromm und seine Kolleginnen einerseits besorgt waren über die mangelnde Bereitschaft der Arbeiter und Angestellten, sich gegen die Ideologie der Nationalsozialisten zu wehren. Andererseits wollte Fromm auf die Gefahren aufmerksam machen, die von autoritären Haltungen eines großen Teils der Arbeiterschaft und besonders von den Nationalsozialisten ausgehen könnten.

1936 erschien dann im Pariser Verlag *Librairie Félix Alcan* ein Forschungsbericht zu „Studien über Autorität und Familie" als fünfter Band der Schriften des Instituts für Sozialforschung (Fromm et al., 1936). In einer „Ersten Abteilung" dieser Publikation entwickelt Horkheimer die philosophisch-historischen Grundlagen des Verhältnisses von Autorität in der modernen Gesellschaft. Ebenfalls in der „Ersten Abteilung" versucht Fromm eine Integration von Marxismus und psychoanalytischer Theorie, in dem er darauf verweist, dass die ökonomische und soziale Struktur der kapitalistischen Gesellschaft einen Menschentypus forme, der durch eine spezifische (autoritär-masochistische) Charakterstruktur gekennzeichnet sei, nämlich a) durch eine lustvolle Unterwerfung unter Autoritäten, b) durch ein Bestreben, über Schwächere und Unterlegene zu herrschen, sowie c) durch ein starres Festhalten an das „schicksalhaft Gegebene" (Fromm GA, I: 176; Original: 1936). Damit sind drei Komponenten autoritärer Überzeugungen benannt, die bekanntlich neben sechs weiteren Dimensionen auch zum Kern der „Authoritarian Personality" (TAP) gehören (Adorno et al., 1950).

Oesterreich (1996, S. 31) weist – ebenso wie Rainer Funk (s. o.) – darauf hin, dass vor allem Fromms Beitrag als der erste ausgearbeitete Entwurf über die autoritäre Persönlichkeit angesehen werden kann.[5] Allerdings werde Fromm nicht selten der Vorwurf gemacht, er habe eine „psychologische Faschismustheorie" vorgelegt, in der konkrete gesell-

---

[5] Mit dem „autoritären Charakter" beschäftigten sich in dieser Zeit nicht nur die Forscher des Frankfurter Instituts. Funke (2002, S. 28) verweist z. B. auf das seiner Meinung nach erste amerikanischen Fragebogeninstrument zur Erfassung von Autoritarismus, das 1936 von Stagner (1936) vorgelegt wurde. Allerdings basierte der Fragebogen auf einer nicht sonderlich elaborierten theoretischen Basis. Ähnliches gilt auch für die *Political and Economic Progressivism Scale* von Newcomb (1943). Eine mehr qualitative Beschreibung autoritärer Charakterstrukturen stammt überdies von Maslow (1943).

schaftliche Rahmenbedingungen weitgehend unterbelichtet bleiben. Unter Verweis auf Billig (1978) betont Oesterreich, Fromm habe sehr wohl in seinen späteren Arbeiten die gesellschaftliche Bedingtheit psychischer Strukturen erkannt. Fromms Ansatz wurzele in einer an Marx orientierten Theorie der Entfremdung, nach der der Kapitalismus die traditionelle und damit sichere Identitätsfindung der Menschen im Feudalismus zerstört und ihnen eine Freiheit gegeben habe, die sie nicht bewältigen konnten. Deshalb hoffe der Einzelne, durch Unterwerfung unter einen Führer und durch Aufgabe von Individualinteressen zugunsten von Gruppeninteressen die verloren gegangene Sicherheit wiederzugewinnen (Oesterreich, 1996, S. 38). Vor allem in seinem späteren Buch „Escape from Freedom" (Fromm, GA, I; Original: 1941) habe Fromm diesen Zusammenhang ausführlich expliziert. Dass sich Fromm mit diesem Ansatz auch von der Freud'schen Sexualtheorie, auf die er sich noch bis 1936 zu beziehen versuchte, immer mehr verabschiedete, sei nur am Rande erwähnt, führte aber schließlich zu einem Bruch mit Horkheimer und den anderen Frankfurtern. Zunächst aber mussten die Mitarbeiter des Frankfurter Instituts für Sozialforschung Deutschland verlassen.

Unmittelbar nach der Ernennung Hitlers zum Reichskanzler im Januar 1933 siedelte Horkheimer nach Genf um. Am 13. März 1933 wurde das Institut von der Kriminalpolizei geschlossen und danach dem NS-Studentenbund zur Verfügung gestellt. Ende Juli wurde Horkheimer über die Entscheidung der Gestapo informiert, dass das Institut wegen staatsfeindlicher Bestrebungen beschlagnahmt worden sei. 1934, Horkheimer war inzwischen in die USA emigriert, wurde entschieden, das Institut an die New Yorker Columbia University zu verlegen und einige der Mitarbeiter, Pollock, Löwenthal, Marcuse, Adorno, Fromm, Grossmann, Wittfogel und schließlich Neumann und Kirchheimer, dorthin zu holen.

Schon bald nach der Emigration des Instituts begannen die Forscher mit den Planungen eines Projekts zum Antisemitismus. Auslöser und Ausgangspunkt dazu waren die Erfahrungen der „Frankfurter" Emigranten mit dem Nationalsozialismus in Deutschland. Aber auch die Einsichten der Kritischen Theoretiker, ihre Forschungsarbeit stärker empirisch auszurichten, um die amerikanische Öffentlichkeit zu erreichen, dürften die Entscheidungen, sich der Erforschung des Antisemitismus zu zuwenden, mit beeinflusst haben. Wichtige konzeptionelle Überlegungen wurden von Horkheimer und Adorno in enger Zusammenarbeit mit den Psychologen R. Nevitt Sanford und Else Frenkel-Brunswik von der Psychologischen Abteilung der Universität Berkeley in Kalifornien zwischen Frühjahr 1943 und Sommer 1944 entwickelt. Entscheidende finanzielle Unterstützung für das Forschungsprojekt kam vom *American Jewish Committee*. Erste Ergebnisse der gemeinsamen Arbeit des später als *Berkeley Gruppe* bekannt gewordenen Teams wurden auf einem Symposium im Juni 1944 in San Francisco vorgestellt und 1946 als Buch veröffentlicht (Simmel, 1946, deutsch: 1993). Im ersten Beitrag des Buches stellt Max Horkheimer dezidiert die „Erforschung des Antisemitismus" als Ziel des Forschungsprojektes heraus (Horkheimer, 1993, S. 24; Original: 1946). Dieser Fokus wurde relativ schnell auf die Frage erweitert, was Menschen dazu treibt, sich unmenschlichen Zielen unterzuordnen. Mitte der 1940er-Jahre begannen dann die eigentlichen Studien zum „faschistischen Charakter", die unter dem Titel „The Authoritarian Personality" (TAP) im Jahre 1950 publiziert wurden. Dabei konnte sich die Berkeley-Gruppe auf eine Reihe von Arbeiten stützen, die sich in den 1940er-Jahren ausdrücklich mit der Frage befassten, welche psychischen Charakteristika sich bei Antisemiten und Nationalsozialisten (bzw. ihren Anhängern) finden lassen (z. B. Fenichel, 1940; Levinson & Sanford, 1944). Die TAP stellt also eher einen Wendepunkt denn einen Ausgangspunkt für die Erforschung des Autoritarismus und verwandter Konstrukte dar.

Der von Adorno et al. (1950) herausgegebenen Band „The Authoritarian Personality" ist Teil des fünfbändigen Gesamtwerkes mit dem Titel „Studies in Prejudice". In der deutschen Öffentlichkeit wird das vollständige Forschungsprojekt meist auf das Konzept der „Autoritären Persönlichkeit" reduziert und dieses wiederum fast unzertrennlich mit dem Namen von Adorno verknüpft. Die deutsche Veröffentlichung von Teilen der „Authoritarian Personality" 1968 im Verlag *de Munter* Amsterdam und später 1973 bei Suhrkamp erweckte schließlich den Eindruck, es handele sich bei Adorno um den Autor der Studien und Frenkel-Brunswik, Levinson und Sanford seien lediglich Koautoren gewesen. Stone et al. (1993, S. 13) betrachten es demzufolge als eine „Ironie des Schicksals", dass nur aufgrund Adornos offizieller Namensänderung im

Jahre 1943 die „Authoritarian Personality" nicht unter „Frenkel-Brunswik et al." zitiert wird.[6]

Ursprünglich sollte der Band „The Fascist Character" lauten, dann „The Potential Fascist"; schließlich wurde „The Authoritarian Personality" daraus und damit war das wissenschaftliche Forschungsprogramm zur begrifflichen Wirklichkeit geworden. Die Psychogenese der Persönlichkeitsstrukturen, die mit dem Begriff des *Autoritarismus* beschrieben werden, erklären die Autoren der TAP durch Verweis auf die patriarchalischen Sozialisationspraktiken, Familienverhältnisse und Erziehungspraktiken im Mittelstande der Weimarer Zeit (so Else Frenkel-Brunswik im Kapitel X der TAP). Die Erziehungsmuster seien geprägt von einer dominanten Vaterfigur, emotionaler Kälte und strikter Disziplinierung. Das führe bei den Kindern zu starken, aber nicht ausgelebten Hassgefühlen gegenüber dem Vater im Speziellen und den Eltern im Allgemeinen. Der „angestaute" Hass werde auf Schwächere, soziale Randgruppen und Abweichler verschoben. Antisemitische und fremdenfeindliche Orientierungen Erwachsener seien demzufolge stabile Muster einer unkritischen Unterordnung unter (aggressive) Autoritäten zu interpretieren. Auf der Grundlage zahlreicher Interviews und der Inhaltsanalyse nationalsozialistischer Dokumente leiteten die Autorinnen und Autoren der TAP schließlich neun Konstrukte oder Dimensionen ab, die das Syndrom der *Autoritären Persönlichkeit* beschreiben sollten: Konventionalismus, Autoritäre Unterwürfigkeit, Autoritäre Aggression, Anti-Intrazeption, Aberglaube und Stereotypie, Machtdenken und „Kraftmeierei", Destruktivität und Zynismus, Projektivität sowie Sexualität. Diese neun Konstrukte bildeten die Grundlage für die Entwicklung der F-Skala (F-Faschismus), die später als Autoritarismus-Skala bekannt wurde und die in der TAP die Funktion hatte, die tiefer liegenden Persönlichkeitsstrukturen aufzudecken, die für ethnozentrische, antidemokratische und antisemitische Einstellungen verantwortlich zu machen sind. Kombiniert mit einer Ethnozentrismus-Skala, einer Antisemitismus-Skala sowie einer Skala zur Messung des politisch-ökonomischen Konservatismus wurde die F-Skala zwischen Mai 1945 und Juni 1946 schließlich zirka 2000

---

[6] Seit 1943 – nach seiner Einbürgerung als Bürger der USA – nannte sich Theodor Wiesengrund-Adorno bekanntlich nur noch „Theodor W. Adorno".

Personen aus Kalifornien sowie aus Oregon und Washington D.C. zur Beantwortung vorgelegt.

Schon bald sahen sich die Autorinnen und Autoren der TAP neben zahlreichen methodischen Kritiken massiven politischen Anfeindungen ausgesetzt. Eine zentrale methodische Kritik an der TAP bezog sich auf die ausschließlich positiven Formulierungen der Items der F-Skala. Bereits kurz nach Erscheinen der TAP wiesen Kritiker darauf hin, dass die Items so formuliert seien, dass sie starke Zustimmungen geradezu herausfordern würden (Smith, 1950). John J. Ray spitzte später die Kritik mit der Aussage zu: „A person with a high F score might be simply a careless responder rather than a genuine fascist" (Ray, 1983, S. 82).[7] Ein zweiter methodischer Kritikpunkt betraf die Bildungsabhängigkeit der Ergebnisse. Intelligentere Personen weisen in aller Regel geringere Autoritarismus Werte auf (Hyman & Sheatsley, 1954, S. 57). Die positive Lesart wäre, Bildung *per se* eine immunisierende Wirkung zuzuschreiben. Dies wäre jedoch sicher zu optimistisch, zumal Inhalt (und Form) der Bildung sicher wichtiger sind als die „Verweildauer" in schulischen Einrichtungen. Eine kritische Auslegung der Ergebnisse erscheint deshalb nach Funke (2002, S. 37) plausibler: intelligentere Personen durchschauen den Fragebogen eher.

Eine inhaltliche Kritik am Konzept der TAP bezog sich im aufkommenden Kalten Krieg auf die vermeintliche Ideologieanfälligkeit des Ansatzes und darauf, die strukturellen Ähnlichkeiten von Faschisten und Kommunisten ignoriert zu haben (z. B. Shils, 1954). Die Debatte wurde noch Jahre später erbittert fortgeführt (z. B. Hanson, 1969; Eysenck, 1981) und führte letztlich zur Entwicklung alternativer Autoritarismuskonzepte. Zu den bekannteren *frühen* alternativen Ansätzen gehören das Zweifaktorenmodell von Eysenck (1954) und der Dogmatismusansatz von Milton Rokeach (1960).[8] Nach Eysenck lassen sich politische Einstellungen durch die Dimensionen Konservatismus versus Radikalismus

---

[7] Sinngemäß: Eine Person mit einer hohen Punktzahl auf der F-Skala ist vielleicht nur ein unvorsichtiger Beantworter und kein echter Faschist.

[8] Neben den Konzeptionen von Eysenck und Rokeach können das Machiavellismus-Konzept von Christie und Geis (1970), das Konservatismus-Konzept von Wilson (1973) oder der Individualismus-Kollektivismus-Ansatz von Hofstede (1980) als Alternativkonzepte zur TAP angesehen werden (Six, 1996, S. 21 ff.).

sowie Tender- versus Tough-Mindedness beschreiben. Die starrsinnige (toughminded) Person ist Eysenck zufolge realistisch, pragmatisch, emotionslos und hat viel mit einem Machiavellisten gemein. Sein Spiegelbild (tenderminded) dagegen sei humanistisch und gefühlvoll. Diesen Persönlichkeitstypus ordnet Eysenck einer konservativen, politischen Einstellung zu, während „Starrsinnige" an beiden Extremen des politischen Spektrums zu finden seien. Uns soll an dieser Stelle nicht interessieren, ob Eysencks Ansatz sonderlich tragfähig ist. Zumindest jene, die sich im linken Spektrum verorten, würden sicher erheblichen Widerspruch gegen den Ansatz einlegen. Aber vielleicht würde das von Eysenck auch wieder als Bestätigung des von ihm vermuteten Starrsinns auf extremer Seite interpretiert werden. Altemeyer (1988, S. 260) und Billig (1982, S. 123) halten von Eysencks Ansatz nichts und meinen sogar, seine Daten, mit dem er seine Theorie zu begründen versuchte, seien manipuliert.

Rokeach (1960) wählte einen kognitionspsychologischen Ansatz, um rechts- und linksgerichteten Autoritarismus zu einem allgemeinen Autoritarismus zu integrieren, den er *Dogmatismus* nannte. Dogmatismus bezeichne eine Persönlichkeitsstruktur mit eher geschlossenen (closed-mindedness) statt offenen (open-mindedness) Denkverläufen und Überzeugungen (Belief Systems). Personen mit einem geschlossenen Belief System hätten Schwierigkeiten, zwischen relevanten und irrelevanten Informationen zu unterscheiden. Demzufolge könnten sie sich nicht entsprechend ihrer eigenen Bedürfnisse verhalten und würden sich stärker an Autoritäten orientieren. Ihr Dogmatismus diene dazu, Fremdes und Beängstigendes abzuwehren.

Eine gewisse Ähnlichkeit besteht indes zwischen dem kognitionspsychologischen Überlegungen von Rokeach und dem von Frenkel-Brunswik (1949) im Rahmen der TAP entwickelten Konzept der *Ambiguitätsintoleranz*. Ambiguitätsintoleranz bezeichnet das mangelnde Vermögen, Unsicherheiten und Vieldeutigkeiten zur Kenntnis zu nehmen und damit umzugehen. Else Frenkel-Brunswik (1948, 1949) hat in Vorarbeiten zur „Authoritarian Personality" die Ambiguitätsintoleranz als eine Tendenz bezeichnet, zu Schwarz-Weiß-Lösungen Zuflucht zu nehmen, voreilige Schlüsse zu ziehen, Menschen vorschnell abzulehnen oder bedingungslos zu akzeptieren. Im Konzept der TAP beschreibt die Ambiguitätsintoleranz quasi den kognitiven Stil, mit dem Autoritäre bevorzugt Informationen verarbeiten (Rubiales-Núñez et al., 2024).

In unseren eigenen, zugebenermaßen etwas älteren Arbeiten konnten wir die engen Zusammenhänge zwischen Ambiguitätsintoleranz, Autoritarismus und verschiedenen Wertorientierungen ebenfalls nachweisen, sowie den Konnex mit manifesten und latenten antisemitischen Einstellungen illustrieren (Frindte, 1999). In einer Fragebogenstudie mit mehr als 2100 deutschen Jugendlichen erhoben wir a) die Ambiguitätsintoleranz mit dem *Jenaer Ambiguitätsintoleranz-Fragebogen* (Wolfradt & Rademacher, 1999), b) autoritäre Überzeugungen mit der *Jenaer RWA³D-Skala* von Funke (2002, 2005), c) Wertorientierungen nach der Wertetheorie von Shalom Schwartz mit dem *Schwartz Value Survey* (Schwartz, 1992), sowie d) Skalen zum „manifesten Antisemitismus" und zum „sekundären Antisemitismus". Ausgewertet wurden die so erhobenen Daten mittels Multidimensionaler Skalierung (MDS).[9] Die folgende Abb. 6.1 zeigt nun ein zweidimensionales Ergebnis einer Multidimensionalen Skalierung, in die einerseits die (jeweils z-transformierten) Wertorientierungen (nach Schwartz), der manifeste und der sekundäre Antisemitismus, der Autoritarismus und die Ambiguitätsintoleranz eingingen.

Wie lässt sich diese Abbildung interpretieren? Zunächst einmal kann man sie als weitgehende Bestätigung der Wertestruktur betrachten, wie sie beispielsweise von Schwartz und Boehnke (2004) in Befragungen mit mehr als 5000 Personen aus 27 Ländern gefunden wurde. Vor allem die Polarisierung auf der Dimension 1 zeigt ein interessantes Bild: Auf der einen Seite dieser Dimension finden sich die Werte Universalismus, Wohltätigkeit, Selbstbestimmung, Stimulation, aber auch Leistung; liberale Werte also, an denen sich Menschen orientieren, die

---

[9] Die Multidimensionale Skalierung (MDS) ist – vereinfacht gesagt – ein statistisches Verfahren, mit dem bestimmt werden kann, wie ähnlich die Urteile von Personen sind, die diese über verschiedene Objekte oder Aussagen abgeben. Zum Beispiel könnte die Fragen lauten: Wie ähnlich urteilen Personen über antisemitische Aussagen und Wertorientierungen? Die Ergebnisse der MDS können auf zwei- oder mehrdimensionalen Räumen abgebildet werden. Die Abbildungen erlauben dann Aussagen z. B. darüber, ob Personen, die antisemitischen Aussagen sehr zustimmen, auch bestimmte Wertorientierungen, nach denen gefragt wurde, präferieren.

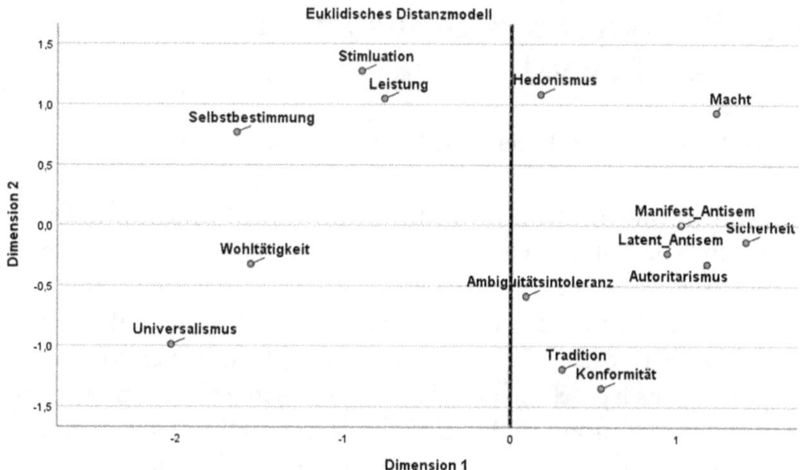

Abb. 6.1   Ergebnis einer multidimensionalen Skalierung der Wertorientierungen, des Autoritarismus, der Ambiguitätsintoleranz und des Antisemitismus

aktiv, leistungsorientiert und generell offen für Neues sind. Auf der anderen Seite der Dimension positionieren sich die Werte Konformität, Tradition, Sicherheit, Macht, aber auch Hedonismus; konservative Werte, nach denen u. E. vor allem Personen streben, die in Übereinstimmung mit traditionellen Normen und Konventionen das Erreichte bewahren und mit Macht verteidigen möchten und daraus Sicherheit schöpfen. Aufschlussreich ist nun, dass die konservativen Werte überdies eng mit Autoritarismus, Antisemitismus und Ambiguitätsintoleranz verknüpft sind.

Ist das eine empirische Bestätigung der autoritären Persönlichkeit? Sicher nicht. Aber Vermutungen lassen sich schon anstellen, etwa: Vor allem junge Menschen, die sich mit konservativen, traditionellen Werte identifizieren, leiten daraus Macht und Stärke ab, denen sie sich bereitwillig unterordnen, um Sicherheit zu gewinnen, welche sie vor allem durch ihre Unfähigkeit im Umgang mit Unsicherheiten und Vieldeutigkeiten angesichts von Jüdinnen und Juden bedroht sehen. Zugegeben, dass ist eine ausgesprochen kausale Interpretation von Befunden, die derartige Ursache-Wirkungserklärungen nicht begründen.

6.2   Das autoritäre Gespenst[10] und sein Revival

„Wir Menschen sind doch bessere Wilde" (Kraus, 1984, S. 150).

Sozialwissenschaftler*innen, Politikwissenschaftler*innen und Journalisten*innen beobachten schon seit längerem den Trend, der auch als „authoritarian Turn", „autoritäre Wende" oder „Renaissance des politischen Autoritarismus" bezeichnet werden kann (z. B. Boffo et al., 2019; Lindstaedt & Van den Bosch, 2024). Autoritarismus scheint ein globales Phänomen zu sein. Es handelt sich um Prozesse, die sich weltweit in verschiedenen Ländern (nicht nur in den USA, sondern auch in Argentinien, Brasilien, China, Indien, Russland, Ungarn, der Türkei und Venezuela), Regierungen, Parteien, sozialen und wirtschaftlichen Organisationen oder in Staatenverbänden beobachten lassen. Prozesse, die mit der Zerstörung demokratischer Strukturen und der wachsenden Macht einzelner Personen oder Gruppen, mit dem Abbau liberaler Freiheiten und der Etablierung illegaler Überwachungssysteme, mit der Desavouierung staatlicher Medien und der Verbreitung von Verschwörungsmythen einhergehen können.

Die Autoritarismusforschung ist bekanntlich ein weites Feld. Seit den 1980er-Jahren wurden zahlreiche soziologische, sozialpsychologische, politikwissenschaftliche Konzepte entwickelt, um die „Autoritären", die Organisationen, Akteure und Sympathisanten der „autoritären Wende", beobachten, analysieren und bewerten zu können (z. B. Altemeyer, 1981; Amlinger & Nachtwey, 2022; Brunner et al., 2024; Decker et al., 2024; Duckitt, 2022; Fuchs, 2018; Heitmeyer, 2018; McFarland, 2010; Oesterreich, 1996; Stenner, 2005; Weiß, 2017 u. v. a.).

Die allgemeine Frage, auf die Antworten gesucht werden, lautet: Inwieweit werden sozialwissenschaftliche und psychologische Ansätze zur Erforschung des Autoritarismus gegenwärtigen gesellschaftlichen Entwicklungen gerecht bzw. inwieweit lohnt es sich, nach alternativen oder ergänzenden Erklärungen zu suchen? Und im Besonderen geht es darum, nach Erklärungen für den weltweiten Anstieg des Antisemitismus zu fahnden.

---

[10] Der Titel dieses Abschnittes ist keine Erfindung von uns, sondern die deutsche Übersetzung des Titels eines Buches von Altemeyer (1996).

Die Veröffentlichung von *Robert Altemeyers* Buch „Right-wing Authoritarianism" aus dem Jahre 1981 gilt für viele Autor*innen als Zäsur und Beginn einer modernen Autoritarismusforschung (Altemeyer, 1981). Right-Wing-Authoritarianism (RWA) ist nach *Altemeyer* eine individuelle Differenzvariable, nach der Menschen sich mehr oder weniger stark Autoritäten unterwerfen, gegen Außenseiter vorgehen und sich konventionellen Normen anpassen. Mit diesem Ansatz des Autoritarismus hat Altemeyer das Bild vom *Radfahrer*, das schon Heinrich Mann in seinem Roman „Der Untertan" gezeichnet hat, als Metapher für den typischen Autoritären wieder ins Spiel gebracht: Hoch autoritär eingestellte Personen sind wie die legendären, traditionsbewussten deutschen „Radfahrer", die nach oben buckeln, nach unten treten und sich in eingefahrenen Gleisen bewegen. Altemeyer nennt die Hochautoritären „enemies of freedom" (Altemeyer, 1988). Zahlreiche Studien, die entweder den Ansatz von Altemeyer nutzen oder ihn erweitern und ergänzen, belegen, dass Autoritarismus auch ein starker Prädiktor neben anderen Variablen zu sein scheint, um z. B. neben kulturellen Vorurteilen, Neigungen zu Verschwörungsmythen, ablehnenden Einstellungen gegenüber dem menschengemachten Klimawandel, Diskriminierung von transgender Menschen, auch antisemitische Einstellungen oder die Präferenzen von weißen Menschen, Donald Trump 2016 als US-Präsidenten zu wählen, vorherzusagen (z. B. Dilling et al., 2025; Knuckey & Hassan, 2022 u. v. a.).

Ursprünglich als Persönlichkeitseigenschaft gedacht, wird Autoritarismus in den meisten psychologischen und sozialwissenschaftlichen Publikationen mittlerweile als generalisierte Einstellung oder als ideologische Überzeugung (ideological belief) definiert, die als individuelle Variable erhoben, aber auch als Gruppenphänomen interpretiert werden kann (z. B. Six, 1996). Oliver Decker und Kolleg*innen beobachten seit der Jahrtausendwende Zusammenhänge zwischen antisemitischen, rechtsextremen und autoritären Einstellungen in Deutschland. Schon recht früh unterscheiden sie zwischen einer individuellen Seite, die sie das *autoritäre Syndrom* nennen, und einer gesellschaftlichen Seite, die als autoritäre Dynamik bezeichnet wird (Decker & Brähler, 2000, 2018; Decker et al., 2024). Mit anderen Worten: Der autoritäre Nachbar mag unangenehm, nervig und auch aggressiv sein. Zum gesellschaftlichen Problem wird er erst, wenn er sich in bestimmten gesellschaftlichen Verhältnissen mit seinesgleichen identifiziert und Teil einer dynamisch wachsenden sozialen Bewegung wird.

Zu fragen ist allerdings, ob die Dimensionen des Autoritarismus, so wie sie von Erich Fromm konzipiert, von den Autorinnen der „Authoritarian Personality" erweitert, von Robert Altemeyer redefiniert sowie operationalisiert und in der *Leipziger Autoritarismus Studie* genutzt werden, überhaupt noch zeitgemäß und passfähig sind? Diese Frage treibt auch andere Sozialwissenschaftler*innen um.

Anfang der 1990er-Jahre haben sich Jim Sidanius und Felicia Pratto dieser Frage gestellt und mit der *Theorie der sozialen Dominanz* (SDT) eine Konzeption vorgelegt, mit der individuelle Dispositionen und gesellschaftliche Hintergründe für diskriminierende Vorurteile gleichermaßen thematisiert werden (Sidanius & Pratto, 1993, 1999). Kernthesen der *Sozialen Dominanz Theorie (SDT)* sind die Annahmen, dass alle menschlichen Gesellschaften auf Gruppenhierarchien gegründet sind. Durch solche Hierarchien sei es den Mitgliedern jener Gruppen, die quasi an der Spitze der gesellschaftlichen Hierarchien stehen, möglich, allein durch die Zugehörigkeit zu diesen Gruppen über einen herausgehobenen sozialen Status, über soziale und politische Autorität und über die damit verbundenen Privilegien zu verfügen, den Zugang zu ökonomischen Ressourcen zu bestimmen und gesellschaftlich relevante Werte und Normen zu formulieren und durchzusetzen. Vor allem drei soziale Hierarchiesysteme heben Sidanius & Pratto hervor (1999, S. 37 ff.): (a) die Altershierarchie, in der Erwachsene über mehr Status, Einfluss und Macht als Kinder verfügen; (b) die Geschlechterhierarchie, in der Männern mehr Macht und Überlegenheit als Frauen zugeschrieben wird und (c) so genannte Willkürlichkeitssysteme, in denen einzelnen Personen oder Gruppen scheinbar beliebig nach Klassen- oder Religionszugehörigkeit, ethnischer Zugehörigkeit, sexueller Orientierung, regionaler Herkunft oder Hautfarbe bevorzugt oder sozial diskriminiert werden.

Die hierarchischen Unterschiede und Ungleichheiten zwischen sozialen Gruppen und deren Mitglieder funktionieren nicht automatisch. Sie müssen durch allgemein geteilte „Wahrheiten" gerechtfertigt und legitimiert werden. Dies geschieht durch ideologische Konstruktionen, die die Autor*innen der SDT hierarchiefördernde, legitimierende Mythen nennen. Das können nationalistische Mythen, rassistische Ideologien, sexistische Auffassungen oder religiöse Glaubenssysteme sein. Solchen Mythen, Ideologien oder Glaubenssystemen stehen in modernen Gesellschaften allerdings auch Auffassungen entgegen, durch die bestehende Hierarchien in Frage gestellt und Gruppengleichheiten eingefordert werden. Dazu gehören z. B. Ideen einer multikulturellen Gesellschaft, sozialistische Utopien oder die Forderung nach allgemeinen Menschenrechten. Auch solche Auffassungen haben – nach Meinung der Autoren – mythische oder ideologische Strukturen. Wenn Ideologien verhaltensrelevante Wirkung entfalten wollen, müssen sie von den Mitgliedern einer Gesellschaft mehr oder weniger geteilt werden. An dieser Stelle kommt ein Konzept ins Spiel, dass zumindest indirekt mit dem Autoritarismus zu tun hat, die Soziale Dominanzorientierung (SDO). Darunter verstehen die Autoren der SDT eine allgemeine individuelle Orientierung oder Einstellung, gruppenbasierte Hierarchien zu befürworten oder abzulehnen. SDO wird definiert als „[...] very general individual differences orientation expressing the value that people place on nonegalitarian and hierarchically structured relationships among social groups" (Sidanius & Pratto, 1999, S. 61). Menschen mit starker Dominanzorientierung sind solche, die andere Menschen aufgrund ihrer Gruppenzugehörigkeit beurteilen und die Auffassung vertreten, dass die eigene Gruppe besser bzw. mehr wert sei als die der anderen. Um die Soziale Dominanzorientierung einzelner Personen erfassen zu können, haben Sidanius und Pratto eine Skala entwickelt, die auch in deutscher Übersetzung vorliegt (Six et al., 2001).

Die Sozialen Dominanz Theorie ist eine komplexe Theorie, der man sicher nicht vorwerfen kann, sie reduziere gesellschaftliche Rahmenbedingungen für autoritäres oder dominantes Verhalten auf individuelle Besonderheiten oder proklamiere ein kausales Wirkungsverhältnis zwischen den autoritären oder dominanten Einstellungen und den gesellschaftlichen Verhältnissen. Quasi als Zwischen- und Vermittlungsglieder zwischen gesellschaftlichen Verhältnissen (den gruppenbasierten Hierarchien) und dem individuellen Verhalten (den sozialen Dominanzorientierungen) fungieren die hierarchielegitimierenden und delegitimierenden Ideologien. Dabei scheint es nicht zufällig zu sein, dass die Autor*innen diese Ideologien als Mythen bezeichnen. Da spielt natürlich im Hintergrund Marxens Auffassung von der „bürgerlichen Ideologie" als „falsches Bewusstsein" eine Rolle (Sidanius et al., 2001). Vor allem aber: Legitimierende Mythen lassen sich nicht dem Wahrheitskriterium unterwerfen, so die Auffassung der Autor*innen. Vielmehr werden sie von den dominierenden Gruppen und Gemeinschaften geschaffen, konstruiert, um ihre Hegemonie durchsetzen zu können. Damit verknüpfen die Autor*innen ihre Theorie – gewollt oder nicht – mit sozial-konstruktivistischen Ideen.

Das ist schön und wird vermerkt, ändert aber nichts daran, dass in meisten empirischen Arbeiten, in denen auf die Soziale Dominanz Theorie zurückgegriffen wird, letztlich doch nur wieder die individuelle Einstellung gegenüber gesellschaftlichen Hierarchien untersucht wird, also die *Soziale Dominanzorientierung* – gemessen mit der erwähnten SDO-Skala. Das heißt, nicht die komplexe Struktur der Theorie der Sozialen Dominanz wird zur Erklärung von Vorurteilen und Diskriminierung genutzt, sondern eben nur das kleine, individuelle Teilchen.[11]

Ebenso wie in den Studien zu autoritären Überzeugungen finden sich in der nationalen und internationalen Forschung indes durchaus robuste Belege über den Zusammenhang von sozialen Dominanzorientierungen und antisemitischen, rassistischen, rechtspopulistischen und rechtsextremen Einstellungen (z. B. Lobato & Holbrook, 2024; Ozer et al., 2025 u. v. a.). Wir kommen auf diese und weitere Befunde im nächsten Unterkapitel zurück.

Robert Altemeyer wie auch Sidanius und Pratto betonen allerdings die konzeptuelle Eigenständigkeit von Autoritarismus (RWA) und Sozialer Dominanzorientierung (SDO). In Abgrenzung zu Altemeyers „enemies of freedom" könnten Personen mit hohen Ausprägungen von Sozialer Dominanzorientierung auch als „enemies of equality" bezeichnet werden (Lippa & Arad, 1999). Auch andere Studien belegen sowohl Gemeinsamkeiten (im Sinne von Korrelationen) zwischen Autoritarismus und Sozialer Dominanzorientierung als auch Unterschiede im Hinblick auf die Voraussagekraft für verschiedene diskriminierende Vorurteile (z. B. Bilewicz & Soral, 2022; Dellagiacoma et al., 2024; Duckitt et al., 2002; Frindte et al., 2005).

---

[11] Das wiederum hat 2003 zu einer Kontroverse zwischen Vertretern der Sozialen Dominanz Theorie (SDT) und der Theorie der Sozialen Identität (SIT) geführt. Die Vertreter der SIT äußerten ihren massiven Zweifel an der genuinen Erklärungskraft der SDT. Vor dem Hintergrund empirischer Befunde meinen Turner und Reynolds (2003, S. 202) u. a., Theorien, wie die SIT, würden bessere Erklärungen liefern können.

John Duckitt hat beide Konzepte, die Autoritären Überzeugungen und die Soziale Dominanzorientierung, in einem „dualen Prozessmodell" zusammengefasst (Duckitt, 2001). Er geht davon aus, dass Personen mit ausgeprägten autoritären Überzeugungen die Welt als bedrohlich und gefährlich wahrnehmen („Dangerous World"), sich deshalb konform verhalten und von anderen Menschen auch konformes Verhalten erwarten und einfordern. Personen mit ausgeprägter sozialer Dominanzorientierung hingegen nehmen die Welt als Dschungel voller Konkurrenzkampf wahr („Competitive World"), in dem man nur durch kämpferisches und dominantes Verhalten überleben kann (vgl. auch: Perry et al., 2013). Während Robert Altemeyer mit seinem Autoritarismus-Ansatz das Bild vom traditionsbewussten *Radfahrer* als Metapher für den typischen Autoritären nutzt, könnte man sagen, auch die sozial dominanten Personen fahren Rad, vorzugsweise mit dem Mountainbike und Kopfschutz und immer bereit, alles niederzufahren, das den eigenen Weg zu kreuzen versucht.

6.3 Autoritäre Antisemiten beobachtet und befragt

USA. Ein noch in der jüdischen Religionstradition aufgewachsener Ostjude konvertiert zum Protestantismus und tritt der entsprechenden Religionsgemeinschaft bei. Der Gemeindevorstand will den Konvertiten ehren und lädt ihn ein, die nächste Sonntagspredigt zu halten. Das ist für den ‚Neuchristen' aus Polen kein Problem. Er hat auch früher in der Synagoge oft eine homiletische Drosche (Predigt) vorgetragen. Unbefangen tritt er auf die Kanzel und beginnt mit den Worten: „Meine verehrten Herren Gojim!" (aus: „Witze der Juden", Landmann, 1998).

Frühe Studien

Die „verehrten Gojim", mit denen Frenkel-Brunswik und Sanford (1946, deutsch: 1993) ihre ersten Interviews durchführten, waren amerikanische Collegestudentinnen und –studenten (zum einen eine Gruppe von 76 Frauen und 24 Männer eines Psychologie-Grundkurses und zum anderen 140 Studentinnen des *Departments of Public Speaking* der Universität von Kalifornien). Diese Interviews und die daraus abgeleiteten Befunde gehören zu den Basics, auf die sich einige Jahre später die Autor*innen der TAP stützen konnten. Eine erste Veröffentlichung der Befunde erfolgte schon 1944 auf einem Symposium über Antisemitismus in San Francisco. Ein Jahr später erschien der Text im *Journal of Psychology* und dann mit einigen Veränderungen und Erweiterungen in einem von Simmel herausgegebenen Buch (Simmel, 1946).

In ihrer Studie stützen sich Frenkel-Brunswik und Sanford auf ein „kleines Sample", das Schlussfolgerungen über die antisemitischen Einstellungen und die Persönlichkeitsstruktur ganz „normaler" Mittelschichtvertreter/innen erlauben soll. Die Studierenden wurden gebeten, einen Fragebogen zum Antisemitismus[12] auszufüllen und Fragen zur öffentlichen Meinung, zur politischen Anhängerschaft und zur eigenen Gruppenzugehörigkeit zu beantworten. Anschließend wurden ihnen „projektive" Items vorgelegt, mit denen ein „indirekter Zugang zu den Zielen, Ängsten und Identifizierungen der Probanden" angestrebt wurde. Mit ausgewählten Personen, vor allem aus der Gruppe mit extremen Werten auf der Antisemitismus-Skala, wurden weitere Tiefeninterviews durchgeführt. Die Ergebnisse dieser Interviews wiederum bildeten die Grundlage für die Konstruktion eines neuen Fragebogens, der u. a. Konventionalismus, Aggression, Destruktivität, Einstellungen zur Familie, Aberglaube und Ichstärke der Befragten erfassen sollte. Variablen oder Konstrukte also, die – wenn Sie, verehrte Leserinnen und Leser, sich erinnern – später zu den neun Konstrukten oder Dimensionen der TAP vereint wurden.

> „Die antisemitische Persönlichkeit" – so das Fazit der Autoren – „ist durch typische Diskrepanzen zwischen den manifesten und den verborgenen Schichten der Persönlichkeit gekennzeichnet. Wie [...] gezeigt, bringen die antisemitischen Mädchen unseres Samples auf der manifesten Ebene Ergebenheit im Verhältnis zu ihren Eltern zum Ausdruck; andererseits erscheinen in ihren Geschichten die Elternfiguren in sehr ungünstigem Licht. An der Oberfläche findet sich eine Betonung moralischer Werte, von Freundlichkeit und Nächstenliebe, und diese Werte motivieren vielleicht auch in

---

[12] Dieser Antisemitismusfragebogen beruhte auf der von Levinson und Sanford (1944) entwickelten Skala.

gewissem Maße das Verhalten; in dem indirekten Material zeigt sich jedoch sehr viel Destruktivität. Dementsprechend gibt es einerseits einen ‚offiziellen Optimismus', andererseits Katastrophenfurcht, Konservatismus ebenso wie Anarchismus. Da steht die Vorstellung, dass jeder das bekommt, was er verdient, neben Zweifel und Zynismus. Der Glaube an das Übernatürliche geht einher mit materialistischem Streben nach gesellschaftlichem Status" (Frenkel-Brunswik & Sanford, 1993, S. 138; Original: 1946).

Mit anderen Worten: Die frühen Arbeiten von Else Frenkel-Brunswik und Nevitt Sanford, aber auch von Daniel J. Levinson haben bereits im Vorfeld zur Theorie der „autoritären Persönlichkeit" belegt, dass antisemitische Einstellungen „normaler" amerikanischer Collegestudentinnen mit autoritären Überzeugungen verknüpft sein können. Damit war der Zusammenhang hergestellt, um den es uns geht und der auch Forscher*innen nach der Veröffentlichung der TAP noch immer beschäftigt.

Allerdings sind die – verglichen mit den Untersuchungen zum Zusammenhang von Autoritarismus und Ethnozentrismus – veröffentlichten Arbeiten zur Verknüpfung von Autoritarismus und Antisemitismus nur schwer miteinander zu vergleichen. Ebenso wie bei der Untersuchung des Antisemitismus finden sich diverse und zunehmend von der ursprünglichen Konzeption der TAP abweichende theoretische, methodologische und methodische Zugänge, um den Zusammenhang von Autoritarismus und Antisemitismus aufzuklären. Das ist im Folgenden zu bedenken. Sehen wir uns aber trotzdem einige Beispiele an:

In einer Untersuchung aus dem Jahre 1964 belegten Selznick und Steinberg (1969) auf der Basis von zwei in den USA durchgeführten nationalen Umfragen einen Zusammenhang zwischen antisemitischen Einstellungen und autoritären Überzeugungen. Auch Rule (1970) konnte an einer limitierten Stichprobe mit insgesamt 200 amerikanischen Studierenden zeigen, dass Autoritarismus, gemessen mit der berühmten F-Skala, sowohl bei Männern wie bei Frauen einen starken Zusammenhang mit antisemitischen Einstellungen aufweist. Raden (1993, 1999) hingegen bezweifelt in Auseinandersetzung mit den Befunden von Selznick und Steinberg derartige Zusammenhänge. Er stützt sich in seinen Analysen auf nationale Umfragen in den USA aus den Jahren 1988 und 1990 und findet nur marginale Zusammenhänge zwischen Autoritaris-

mus und Antisemitismus. Verantwortlich für die Ausprägung antisemitischer Einstellungen scheinen noch andere Variablen als der
Autoritarismus zu sein.

Dass autoritäre Überzeugungen nicht allein für das Entstehen und die
Ausprägung antisemitischer Einstellungen verantwortlich sein können,
haben auch schon frühere Studien in den USA zeigen können. So prüfte
Kaufman (1957) den Zusammenhang zwischen autoritären Überzeugungen (gemessen mit der F-Skala), antisemitischen Einstellungen
(mit dem Antisemitismusfragebogen der Berkeley-Gruppen) und der
Zufriedenheit mit dem eigenen sozialen Status. An der Studie nahmen
213 Studierende teil. Im Vergleich zur Wirkung autoritärer Überzeugungen
zeigte sich die Zufriedenheit bzw. Unzufriedenheit mit dem eigenen Status
als stärkerer Prädiktor, um antisemitische Einstellungen vorauszusagen.

Neueres

Auch in der 1990 von Gibson und Duch (1992) in Moskau durchgeführten Studie mit 500 Personen schälten sich soziodemographische Variablen (Bildungsgrad und finanzieller Status) und politische Einstellungen (sozialer Konservatismus) als starke Prädiktoren für antisemitische Einstellungen heraus. Eine, ein Jahr zuvor ebenfalls in der
Sowjetunion durchgeführte, Untersuchung von McFarland, Ageyev und
Abalakina verwies auf einen weiteren interessanten Zusammenhang. Die
Autoren befragten 1989, also noch bevor die Sowjetunion zusammen-
brach, ca. 350 russisch sprechende Einwohner Moskaus und Tallinns
zum Autoritarismus (gemessen mit einer russischen Übersetzung der
„RWA-Skala"; Altemeyer, 1996). Neben der eigentlichen Zielstellung,
„linken Autoritarismus" zu untersuchen, erfassten die Autor*innen auch
Vorurteile über verschiedene Fremdgruppen (u. a. Kapitalisten, Juden,
Journalisten, Frauen, Jugendliche) und fanden signifikante Korrelationen
zwischen den Vorurteilen und den Autoritarismuswerten. Überraschend
war jedoch, dass der durchschnittliche Autoritarismus deutlich unter den
Werten aus Kanada oder Nordamerika lag. In der Konsequenz meinen
die Autor*innen, dass die simplifizierende Annahme, autoritäre politische Systeme würden zwangsläufig autoritäre Einstellungen „auf die Seele
binden", schlicht falsch sei (McFarland et al., 1993, S. 33).

Konig et al. (2001) kommen in einer repräsentativen Studie in den Niederlanden, die 1990 bis 1991 durchgeführt wurde und sich auf 1134 Erwachsene stützte, u. a. zu folgenden Ergebnissen: Stark religiöse Menschen äußern sich antisemitischer als nichtreligiöse, Männer stärker als Frauen, politisch Rechtsorientierte stärker als Linksortientierte, Hausfrauen, Handwerker und Bauern stärker als Industriearbeiter, Angestellte und Studierende; ältere, sozial wenig integrierte Personen mit hohem Autoritarismus und geringerer Bildung zeigen sich hochgradig antisemitischer als jüngere, sozial gut integrierte Personen mit geringen autoritären Überzeugungen und höherer Bildung. Vor allem der Autoritarismus, den die Autoren mit einer Skala erfassten, die eng an den neun Konstrukten der TAP angelehnt war, zeigte sich als sehr einflussreicher Faktor für die Ausprägung antisemitischer Einstellungen.

Bedeutsame Hinweise über den Zusammenhang zwischen autoritären Überzeugungen und antisemitischen Einstellungen lieferten auch Lederer und Kindervater (1995) auf der Basis zweier 1980 und 1992 in Österreich durchgeführter Jugendstudien. An der Studie im Jahre 1992 nahmen 293 Schuljugendliche im Durchschnittsalter teil. Die Ergebnisse bestätigen die erwarteten engen Zusammenhänge zwischen der Ausprägung antisemitischer Einstellungen und verschiedenen Facetten autoritärer Überzeugungen.

In einer nichtrepräsentativen Studie mit 188 tschechischen und 281 US-amerikanischen Erwachsenen fanden Dunbar und Simonova (2003) signifikante Zusammenhänge zwischen Autoritarismus (gemessen mit der „RWA-Skala" von Altemeyer, 1996) und antisemitischen Einstellungen (gemessen mit einer Skala von Selznick und Steinberg, 1969). Darüber hinaus wiesen tschechische Männer auffälligere autoritäre Überzeugungen und antisemitische Einstellungen als tschechische Frauen auf, während in der US-amerikanischen Stichprobe das Ausmaß autoritärer Überzeugungen und antisemitischer Einstellungen eher mit dem jeweiligen wirtschaftlichen Status variierte.

Damit die deutschen Leser*innen nicht in patriotische Schwelgereien verfallen, sei gleich an die Untersuchungen von Bergmann und Erb (2000) erinnert. In der an früherer Stelle bereits erwähnten ALLBUS-Umfrage aus dem Jahre 1996, an der 2140 westdeutsche und 1097 ostdeutsche Erwachsene teilgenommen haben, erwiesen sich die autoritäre

Dominanz (Führung) und die autoritäre Unterordnung (Anpassung) ebenfalls als stark signifikante Prädiktoren für antisemitische Einstellungen. Überdies korreliert das Ausmaß antisemitischer Einstellungen u. a. positiv mit dem Alter, negativ mit zunehmendem Bildungsstand und erneut positiv mit der politischen Links-Rechts-Einstufung.

An das Forschungsprojekt „Gruppenbezogene Menschenfeindlichkeit" von Wilhelm Heitmeyer und Kolleg*innen muss ebenfalls erinnert werden. In der Erhebung aus dem Jahre 2002, an dem 3000 deutsche Erwachsene teilnahmen, zeigte sich, je deutlicher jemand autoritäre Überzeugungen vertritt, desto eher stimmt er auch antisemitischen (aber auch anderen vorurteilsbehafteten) Äußerungen zu (Heitmeyer & Heyder, 2002, S. 62 f.).

Aktuelleres

Auch die neueren nationalen und internationalen Studien liefern robuste Befunde über die Zusammenhänge zwischen Antisemitismus und autoritären Überzeugungen. Schulz-Tomančok und Ziegler (2024) finden in einer vergleichenden Analyse zu den Dynamiken und möglichen Determinanten antisemitischer Einstellungen in Deutschland, Österreich, Polen und Ungarn nicht nur Unterschiede zwischen den Ländern, sondern auch den dominanten Einfluss autoritärer Überzeugungen auf entsprechende Einstellungen. Zwar seien antisemitischen Einstellungen in den jeweils deutschsprachigen Ländern sowie in Polen und Ungarn ähnlich ausgeprägt; in Deutschland und Österreich werde indes antisemitischen Aussagen weniger zugestimmt. Autoritäre Überzeugungen hingegen seien in Deutschland und Österreich stärker entwickelt als in Polen und Ungarn. In separaten Regressionsanalysen erweisen sich z. B. in der deutschen Stichprobe (N = 2000) als starke Prädiktoren für antisemitische Einstellungen vor allem das Geschlecht (Männer sind antisemitischer), der Migrationshintergrund (Personen mit einem solchen sind antisemitischer), die politische Orientierung (je rechter umso antisemitischer), das Vertrauen in politische Institutionen (je geringer umso antisemitischer), die soziale Dominanzorientierung – gemessen mit einer Kurzskala (je stärker die Orientierung umso antisemitischer) und autoritäre Überzeugungen (je eher sich Personen einen starken autoritären Führer wünschen, desto eher befürworten sie auch antisemitische Aussagen).

Der Ansatz von Decker und Kolleg*innen (Decker & Brähler, 2018; Decker et al., 2024) ist u. E. die elaborierteste Autoritarismus-Konzeption im deutschsprachigen Raum. Zum autoritären (individuellen) Syndrom gehören die von Erich Fromm, 1936 angedeuteten, in der „The Authoritarian Personality" (TAP) als Dimensionen aufgeführten und von Robert Altemeyer spezifizierten Facetten der *autoritären Aggression*, der *autoritären Unterwürfigkeit* und des *Konventionalismus*. Auch Verschwörungsmentalitäten (angelehnt an die Dimensionen „Aberglaube" und „Projektivität" der TAP) werden von Decker und Kolleg*innen zum autoritären Syndrom gezählt. In der „Leipziger Autoritarismus Studie" aus dem Jahre 2024, in der knapp 2500 erwachsene Personen aus Deutschland befragt wurden, zeigte sich, dass die Zustimmung zu den Facetten des autoritären Syndroms seit 2016 rückläufig, aber offenbar noch immer relativ ausgeprägt ist. 47,8 % der Befragten stimmen im Jahre 2024 Aussagen zur „Autoritären Aggression", 18,3 % Aussagen zur „Autoritären Unterwürfigkeit" und 31,9 % den Aussagen zum „Konventionalismus" zu (Decker et al., 2024, S. 81). Regressionsanalytische Auswertungen belegen überdies den signifikanten Einfluss der „autoritären Unterwürfigkeit", des „Konventionalismus", einer „Verschwörungsmentalität" und der „Ambiguitätstoleranz" auf antisemitische Ressentiments (ebd., S. 151).[13] Marius Dilling und Kolleg*innen (2025) bestätigen zudem auf der Grundlage der Daten der „Leipziger Autoritarismus Studie" aus dem Jahre 2022 (N = 2522), dass rechtsgerichteter Autoritarismus und Verschwörungsmentalität die Beziehung zwischen externer Kontrollüberzeugung und Fremdenfeindlichkeit (statistisch gesehen) partiell sowie Antisemitismus vollständige vermitteln. Soziale Krisen, so die Schlussfolgerung der Autor*innen, mache Menschen besonders anfällig dafür, die Kontrolle durch Verschwörungstheorien und Autoritarismus zurückzugewinnen.

---

[13] „Autoritäre Aggressionen" zeigen sich zwar auch als signifikante Prädiktoren, allerdings mit geringeren Effekten. „Verschwörungsmentalität" wird u. a. mit dem Item erhoben „Es gibt geheime Organisationen, die großen Einfluss auf politische Entscheidungen haben" und die „Ambiguitätstoleranz" u. a. mit dem Item „Es gibt zwei Arten von Menschen: die »Guten« und die »Bösen«".

Eigenes

Zur Ergänzung noch ein empirisches Beispiel aus der eigenen Mottenkiste, die wir bereits in den Abschn. 2.3 und 5.4 geöffnet haben (Frindte et al., 2005; Petzold, 2003). In dieser mit 410 Personen im Alter von 18 bis 83 Jahren hatten wir unser Modell über die möglichen Facetten antisemitischer Einstellungen spezifiziert und manifesten Antisemitismus, sekundären Antisemitismus, latenten Antisemitismus, Anti-Israelismus sowie Anti-Zionismus als bedeutsame Erscheinungen des gegenwärtigen Antisemitismus hervorgehoben. In einem zweiten Schritt, über den wir bisher noch nicht berichtet haben, interessierte uns, inwieweit Autoritarismus, Soziale Dominanzorientierung und politische Orientierungen als geeignete Prädiktoren des Antisemitismus in Frage kommen. Unser Interesse hing natürlich mit den bereits berichteten internationalen Diskussion über den Zusammenhang von Autoritarismus (RWA im Sinne Robert Altemeyers) und Sozialer Dominanzorientierung zusammen. Aus der postulierten Gegensätzlichkeit von RWA und SDO könnte man vermuten, dass beide Konzepte unterschiedlich gut geeignet sein müssten, antisemitische, fremdenfeindliche, diskriminierende Einstellungen zu erklären. Das wollten wir überprüfen.

Zur Erfassung des Right-Wing-Authoritarianism nutzten wir die *Jenaer Skala RWA³D-Skala* von Funke (2002, 2005). Die Soziale Dominanzorientierung erfassten wir mit der ins Deutsche übersetzten Version von Sidanius und Pratto (Six et al., 2001). Zusätzlich baten wir die Befragten um Angabe ihres Alters, Geschlechts und ihres Bildungsstandes. Außerdem wurden sie gebeten, ihren sozioökonomischen Status, ihre religiöse und politische Orientierung und ihre Parteienpräferenz auf einer Skala zu bewerten. Zur Überprüfung der Fragestellung, ob und inwieweit Autoritarismus, Soziale Dominanzorientierung und politische Orientierungen geeignete Prädiktoren für antisemitische Einstellungen sind, nutzten wir wieder den Strukturgleichungsansatz. Die vorher bestätigten Facetten „antisemitischer Einstellungen" wurden dabei als endogene latente Variablen eingeführt.[14] Mittels der Spezifikation von drei latenten

---

[14] Wie im Abshcn. 2.3 berichtet, hatte sich in Strukturgleichungsanalysen das ursprüngliche Fünffaktorenmodell des Antisemitismus nicht bestätigt. Manifester und latenter Antisemitismus bildeten einen Faktor, sodass sich ein Vierfaktorenmodell ergab. Dieses Vierfaktorenmodell haben wir in der hier berichteten Analyse genutzt.

exogenen Variablen wurde dann der Einfluss von Autoritarismus (RWA), Sozialer Dominanzorientierung (SDO) und Links-Rechts-Orientierung (Polit) auf den Antisemitismus geprüft. Abb. 6.2 bietet eine Darstellung der Analyseergebnisse.

Wie lässt sich diese Abbildung lesen? Nun zunächst einmal so, dass Autoritarismus (RWA), Sozialer DominanzOrientierungen und Links-

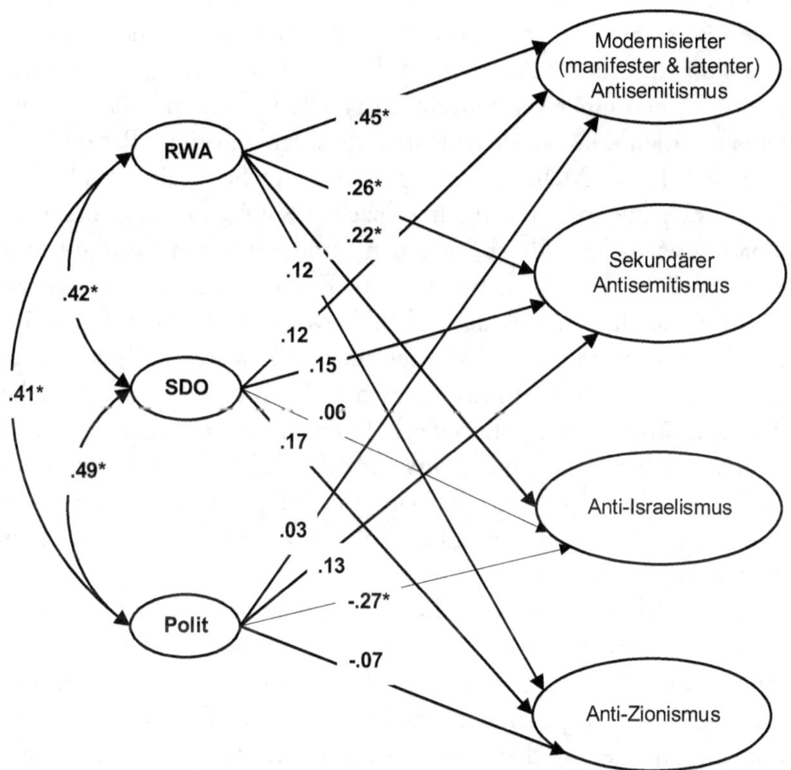

Abb. 6.2 Strukturgleichungsmodell: RWA, SDO und politische Orientierung als Prädiktoren für Antisemitismus (Anmerkungen für Expert*innen: Vereinfachtes Modell mit den Pfaden: RWA, SDO, Politische Orientierung und antisemitische Einstellungen; Modellkennwerte Satorra-Bentler Scaled chi^2 = 136.12; df = 84 (p = 0.00028); RMSEA = 0.040; CFI = 0.98;GFI = 0.94. Die Pfade von RWA zum Antizionismus und von SDO zu allen endogenen Variablen (Komponenten des Antisemitismus, der Ablehnung der Verantwortung für Juden und des Antizionismus) sind nicht signifikant.)

Rechts-Orientierung offenbar in unterschiedlichem Umfange als Prädiktoren für die vier Facetten des Antisemitismusmodells in Frage kommen. Nur der Autoritarismus weist signifikante Regressionsgewichte zum modernisierten Antisemitismus, zum sekundären Antisemitismus und zum Anti-Israelismus auf. Im Sinne der Kausalanalyse könnte man zunächst pauschal autoritäre Überzeugungen, erhoben mit der RWA³D-Skala, als relevante individuelle Ursachen für die Ausprägung antisemitischer Einstellungen ansehen. Die Zusammenhänge zwischen Autoritarismus und modernisiertem Antisemitismus könnten als Ausdruck einer konformen Anpassung autoritärer Personen an die von ihnen antizipierten traditionellen Normen einer vermeintlichen gesellschaftlichen Mehrheit interpretiert werden. Das würde bedeuten, dass sich autoritäre Personen einer gesellschaftlichen Mehrheit anzupassen versuchen, die in klassischer Weise Juden ablehnt, dies aber in offiziellen Räumen nie zugeben würde. So hatten wir ja an anderer Stelle den „modernisierten Antisemitismus" zu beschreiben versucht (Abschn. 2.3). Zur Erinnerung: Modernisierte Antisemiten halten an der klassischen Abwertung der Juden fest, würden auch deren Vertreibung und Vernichtung befürworten, wissen aber auch ihren eigenen Antisemitismus dadurch zu legitimieren, in dem sie herrschende kulturelle und politische Diskursthemen um- oder auszudeuten versuchen. Aber ist das angesichts der öffentlichen Tabuisierung judenfeindlicher Ansichten in Deutschland überhaupt möglich? Wir sind uns nicht sicher. Auf jeden Fall gibt es hier noch erheblichen Forschungs- und Diskussionsbedarf.

Verständlich dagegen ist der Befund, dass autoritäre Personen eine besondere Verantwortung der Deutschen gegenüber den Juden eher ablehnen, einen Schluss-Strich unter die Vergangenheit ziehen möchten und scharfe Kritik gegenüber Israel befürworten. Darauf verweisen die Zusammenhänge zwischen Autoritarismus, sekundärem Antisemitismus und Anti-Israelismus. Autoritäre Personen sehen möglicherweise in den rechtspopulistischen Varianten der öffentlichen „Schlussstrichdebatten" und den Diskussionen über die israelische Politik konventionelle Normen, unter deren Deckmantel sich auch antijüdische Äußerungen formulieren lassen.

Der ebenfalls in der Abbildung erkennbare negative Zusammenhang zwischen „Links-Rechts-Orientierung" und Anti-Israelismus könnte darauf hindeuten, dass eine überzogene Kritik an Israel vor allem von den Linksorientierten geäußert wird. Allerdings hatten wir im Abschn. 2.3 im Zusammenhang mit den dort vorgestellten Befunden einer Clusteranalyse darauf hingewiesen, dass das Lager der Israelkritiker ein durchaus heterogenes ist.

Dass die Soziale Dominanzorientierung keinen signifikanten Einfluss auf die Facetten „antisemitischer Einstellungen" auszuüben scheint, ist vor dem Hintergrund der Soziale Dominanz Theorie gar nicht so schlüssig zu erklären. Man könnte vielleicht sagen: Autoritäre reagieren auf die reale oder virtuelle Anwesenheit der Juden mit modernisiertem und sekundärem Antisemitismus und mit Anti-Israelismus. Von sozial dominant eingestellten Personen wird die jüdische Minderheit hingegen nicht als Bedrohung der eigenen Status- und Machtvorteile erlebt. Folglich fällt die antijüdische Diskriminierung gering aus, die überdies auch nicht durch kollektive Scheinrationalisierungen (öffentlich antisemitische Ideologien) legitimiert werden muss.

Zusammenfassend ließe sich angesichts der beispielhaften Verweise und unserer eigenen Studie behaupten, autoritäre Überzeugungen eignen sich offenbar recht gut, um den psychologischen Hintergrund antisemitisch eingestellter Personen zu beschreiben. So kommt denn auch Edward Dunbar nach Auswertung seiner Befunde über den Zusammenhang von Persönlichkeitseigenschaften, antisemitischen Einstellungen und rassistischen Vorurteilen zu der Schlussfolgerung: „Given the implication of this study, it is hoped that the role of personality traits will be investigated in the contemporary study of outgroup bias" (Dunbar, 1995, S. 276).

Allerdings, seit der Veröffentlichung der „Authoritarian Personality" (Adorno et al., 1950) verhallen derartige Rufe zwar nicht, treffen aber auf massive Widersprüche. Und dass der Widerspruch nicht ganz unbegründet ist, zeigen bei genauerem Hinsehen auch die Befunde unserer eigenen Studie. Besieht man sich noch einmal die statistischen Kennwerte unseres Strukturgleichungsmodells, so fällt zumindest den Expert*innen auf, dass der Varianzanteil, der durch die Prädiktoren (RWA, SDO und Links-Rechts-Orientierung) aufgeklärt wird, insgesamt recht klein ist. Man könnte vermuten, dass es neben den Variablen RWA, SDO und politische Orientierungen noch weitere Variablen gibt, die für Ausprägung der antisemitischen Facetten verantwortlich sind. Das hätten wir uns eigentlich auch denken können.

Nun gut, die Analyse dieses komplexen Ursachennetzes war nicht das Ziel der vorgestellten Studie. Es ging uns ausschließlich darum zu prüfen, wie gut der Autoritarismus (RWA) und die soziale Dominanzorientierung (SDO) geeignet sind, die Ausprägung antisemitischer Einstellungen vorherzusagen. Die Forderung nach einem komplexen Forschungsprogramm steht aber nach wie vor.

Fassen wir kurz zusammen: Auch internationale Übersichtsarbeiten bzw. Meta-Analysen bestätigen *einerseits* den starken Einfluss des Autoritarismus auf gruppenbezogene Vorurteile im Allgemeinen und auf antisemitische Einstellungen im Besonderen. Emma Onraet und Kolleg*innen (2015) werteten diesbezüglich 67 Studien mit 84.017 bzw. 23 Studien mit 27.011 Personen aus. Autoritarismus und Ethnozentrismus erwiesen sich dabei als die stärksten Prädiktoren für Vorurteile und rechtsgerichtete ideologische Einstellungen. *Andererseits* wird von Forscher*innen vorgeschlagen, die Grenzen der Autoritarismusforschung zu erweitern, z. B. stärker sowohl rechte wie auch linke Varianten des Autoritarismus zu untersuchen und vor allem die Ursachen des internationalen „authoritarian Turn" zu erforschen (z. B. Osborne et al., 2023).

6.4   Zum sozialen Charakter der Autoritären

Als das Signal gegeben wird, klettert die Kompanie aus dem Schützengraben und geht zum Sturmangriff vor. Nur Levy läuft nach hinten. Der Hauptmann greift ihn sich: „Da vorn steht der Feind!" Levy: „Nu, man wird doch noch Anlauf nehmen dürfen". (aus: „Vom armen Schnorrern und weisen Rabbis" von Janke, 1981).

Zygmunt Bauman, Stanley Milgram und Philip Zimbardo
Bauman (2002) lässt kaum einen guten Faden an der von Adorno et al. (1950) herausgegebenen „Authoritarian Personality". Für Adorno und seine Kolleg*innen sei der NS-Staat unmenschlich gewesen, weil die Nazis unmenschlich waren; die Nazis seien unmenschlich gewesen, weil Unmenschen eine Disposition zum Nazismus haben. Über- und außer-

individuelle Faktoren hätten die Autoren der TAP nicht nur nicht analysiert, sondern auch die düstere Erkenntnis nicht wahrhaben wollen, dass auch ein harmloser Mensch zum Täter werden könne. Das Problem der TAP sieht Bauman nicht darin, wem durch das Aufdecken individueller faschistischer Dispositionen die Schuld zugewiesen werde, sondern dass damit der Rest der Menschheit die Absolution erteilt bekomme.

„Die Ursachen unmenschlicher Taten", so Bauman (2002, S. 180), „sind sozialer und nicht individuell-dispositioneller Natur. In einem sozialen Kontext, der moralische Maßstäbe entkräftet und Unmenschlichkeit legitimiert, wird es auch Menschen geben, die grausam sind".

Um seine Auffassung zu begründen, verweist Bauman auf die berühmten Experimente von Milgram (1974a, b) und Philipp Zimbardo und Mitarbeiter*innen (1973).

Die Gehorsamkeitsexperimente von Stanley Milgram gehören sicher zu den bekanntesten und aus ethischen Gründen umstrittensten Experimenten der Psychologie (Frindte & Geschke, 2016). Mit seinen Experimenten wollte Milgram prüfen, ob und inwieweit Versuchspersonen solchen Anweisungen einer Autoritätsperson folgen, die den moralischen Normen zu widersprechen scheinen.[15] Dabei ging es ihm vor allem darum, den psychologischen Wurzeln, Ursachen und Folgen des Gehorsams auf die Spur kommen, der zur Ermordung von Millionen Juden durch die Nazis führte. Die Vernichtung der Juden durch gehorsame Nazis, aber auch die von US-amerikanischen Soldaten während des Vietnamkrieges verübten Grausamkeiten sind für Milgram im Jahre 1974 wichtige Indizien, wie Verantwortung abgeschüttelt und Einzelpersonen zu gedankenlosen Werkzeugen werden können. Noch entscheidender aber: Im Konzept von der *Banalität des Bösen*, mit dem Hannah Arendt nach dem Eichmann-Prozess in Jerusalem 1961 die furchtbare, massenvernichtende Normalität der deutschen Täter zu erklären versuchte, sieht Milgram einen entscheidenden Ausgangspunkt und eine Bestätigung seiner Forschungen. „Ganz gewöhnliche Menschen, die nur schlicht ihre Aufgabe erfüllen und keinerlei persönliche Feindseligkeiten empfinden,

---

[15] Die Experimente wurden in den Jahren 1961 und 1962 durchgeführt und 1963 erstmals publiziert. Bis zum Jahre 2000 lag die Anzahl der wissenschaftlichen Publikationen, in denen auf die Arbeiten von Stanley Milgram verwiesen wird, unter hundert und stieg ab 2001 exponentiell auf mehr als 800 Arbeiten pro Jahr (vgl. auch Reicher & Haslam, 2011).

können zu Handlungen in einem grausigen Vernichtungsprozess veranlasst werden" (Milgram, 1974b, S. 22).

Für sein Gefängnisexperiment, das im August 1971 durchgeführt wurde, rekrutierten Zimbardo und seine Mitarbeiter (Zimbardo et al., 1973) 24 Männer, die für ihre freiwillige Teilnahme an einem Experiment, dessen Zweck sie nicht kannten, bezahlt wurden. Im Keller des Psychologischen Instituts der Stanford Universität in Kalifornien ließ Zimbardo Zellen einbauen, um ein Gefängnis zu simulieren. Die Hälfte der Teilnehmer wurde zufällig der Gruppe der „Wärter" zugeteilt, die andere Hälfte erhielt die Rolle der Gefangenen zugewiesen. Die „Gefangenen" mussten Anstaltskleidung tragen und bekamen Nummern zugewiesen, mit denen sie von den „Wärtern" angeredet wurden. Die Wärter trugen Uniformen und bekamen die Aufgabe, die Kontrolle im „Gefängnis" aufrechtzuhalten. Das Anwenden von Gewalt war ihnen strikt untersagt. Das Interesse Zimbardos galt den Fragen: „Was geschieht, wenn man gute Menschen in eine schlechte Umgebung bringt? Siegt die Menschlichkeit über das Böse, oder triumphiert das Böse über die Menschlichkeit?" Ursprünglich sollte das Experiment 14 Tage dauern, wurde aber nach acht Tagen abgebrochen, da die Situation zu eskalieren drohte. Die „Wärter" verhielten sich zunehmend sadistisch gegenüber den „Gefangenen", die sich ihrerseits zunächst gegen die Willkür der Wärter zu Wehr setzten. Nach wenigen Tagen zeigten die Gefangenen aber Symptome von Passivität, Hilflosigkeit und Depression.

An beiden Experimenten hatten durchschnittliche normale US-Amerikaner teilgenommen. Weder im Milgram Experiment noch im Gefängnisexperiment von Zimbardo handelte es sich mehrheitlich um Sadisten oder autoritäre Personen. Dennoch kommt man nicht umhin, das Verhalten der Versuchspersonen als typisch autoritär zu bezeichnen (Oesterreich, 1996, S. 96 f.). Und doch könnten die Befunde aus den Experimenten als deutliche Bestätigung für Bauman's Argument interpretiert werden, dass Unmenschlichkeit eine Frage der sozialen Beziehungen und nicht Folge individueller Prädispositionen sei. Ganz so klar sind die Befunde allerdings doch nicht. Elms und Milgram (1966, zit. n. Oesterreich, 1996, S. 148) fanden nämlich, dass sich autoritäre Personen (deren autoritäre Überzeugung mit der berühmten F-Skala gemessen wurde) in der oben geschilderten experimentellen Situation gehorsamer verhalten als weniger autoritäre Personen. Auch im Gefängnisexperiment von Zimbardo zeigte sich, dass autoritäre Personen wegen ihrer Tendenz zur Unterordnung psychisch leichter mit der Situation, Gefangene in einem simulierten Gefängnis zu sein, zurechtkamen.

Der ausschließliche Verweis auf soziale Umstände als Ursachen für Gehorsamkeit und Gewaltbereitschaft greift allerdings auch zu kurz. Eher dürften die Ursachen unmenschlicher Taten in der Wechselbeziehung von sozialen Umständen und individuellen Besonderheiten zu finden sein. Diese, zugegebenermaßen sehr allgemeine Schlussfolgerung liefert den Hintergrund, vor dem in den letzten Jahren neuere theoretische Konzeptionen entwickelt wurden und in denen versucht wird, das Autoritarismuskonzept mit aktuelleren wissenschaftlichen Erkenntnissen zu verknüpfen, um es auch für zukünftige Forschungen nutzen zu können. Das ist insofern löblich, weil es ja Gründe geben muss, warum dieser Geist noch immer durch die Gemäuer sozialwissenschaftlicher Forschungen geistert.

Detlef Oesterreich

Da ist zunächst Detlef Oesterreichs *Konzept der „autoritären Reaktion"* zu nennen. Um die Genese autoritärer Überzeugungen zu erklären, präferiert er – ähnlich wie Robert Altemeyer – eine Theorie des sozialen Lernens. Autoritarismus habe seine motivationalen Ursachen in Angst und Verunsicherung und werde im Umgang mit Angst machenden und verunsichernden Situationen gelernt bzw. erfolgreich verlernt. In derartigen Situationen orientieren sich Menschen an denjenigen, die Sicherheit anbieten können. Das können Personen sein, die den Anschein erwecken, Macht zu besitzen, Schutz zu gewähren oder von sich aus Hilfe anbieten. Oesterreich nennt diese Orientierung an Schutz gewährenden Instanzen die „Flucht in die Sicherheit" (Oesterreich, 2000, S. 73). Dabei handele es sich um eine menschliche Grundreaktion und nicht automatisch um ein irrationales Verhalten. Ein solches Verhalten könne durchaus zweckrational sein, auch wenn das primäre Ziel individueller Sozialisation im Erreichen individueller Autonomie bestehe. Problematisch werde die autoritäre Reaktion erst, wenn der Einzelne nicht lerne, mit der eigenen autoritären Reaktion angemessen umzugehen. Wenn Angst und Verunsicherung erzeugende Situationen zu ständigen Überforderungen führen, erfolge immer wieder die Flucht in die Sicherheit der Eltern oder anderer Schutz gewährender Instanzen. Im Ergebnis lerne der betreffende Mensch nie, selbstständig und angemessen mit Konflikten und Verunsicherungen umzugehen. Die autoritäre Persönlichkeit sei unter dieser Perspektive das Ergebnis einer misslungenen Aufarbeitung oder Befreiung von der autoritären Reaktion (vgl. auch Oesterreich, 1996, S. 123).

Im Gegensatz zu klassischen Auffassungen, nach der autoritäre Persönlichkeiten durch einen autoritären Erziehungsstil sozialisiert werden, ist es in Oesterreichs Konzeption eher ein überbehütender und einschränkender Erziehungsstil, der Unselbständigkeit begünstigt und autonomes Verhalten hemmt. In seiner Konzeption vertritt Oesterreich überdies eine entschiedene gesellschaftskritische Position und holt damit den gesellschaftskritischen Impetus der frühen Jahre des Frankfurter Instituts für Sozialforschung wieder zurück in den internationalen Schoß der Autoritarismusforschung. Typisch für die Entstehung autoritärer Persönlichkeiten im Sinne Oesterreichs seien Gesellschaften, die komplexe und hohe Anforderungen stellen, dem Einzelnen aber auch große individuelle Freiräume bei der Bewältigung dieser Anforderungen einräumen, Gesellschaften, die den Einzelnen ständig mit konfliktreichen Entscheidungssituationen konfrontieren, die nur schwer durchschaubar sind. Solche Situationen, und da bezieht sich Oesterreich (1996, S. 137 f.) auf Becks (1986) „Risikogesellschaft", bieten gleichermaßen Chancen und Risiken im Umgang mit autoritären Reaktionen. Vor allem moderne, demokratische Gesellschaften konfrontieren den Einzelnen wegen der herrschenden Ideologie von der Freiheit des Individuums mit fordernden, aber auch überfordernden Situationen. Bewältigung aber auch Verhaftetbleiben in der autoritären Reaktion wären somit gleichermaßen möglich. Demokratisch verfasste moderne Industriegesellschaften eignen sich deshalb besonders, autoritäre Persönlichkeiten hervorzubringen, weil hier das Potential überfordernder Konfliktsituationen, die vom Einzelnen zu bewältigen sind, größer sei als in totalitären Gesellschaften. In totalitären Gesellschaften hingegen bilden Anpassung und Gehorsam grundlegende Rahmenbedingungen, mit denen gelebt werden müsse. Gehorsam und Unterordnung entstünden demzufolge nicht aus Unsicherheit und Angst, sondern weil es in diesem Rahmen nicht anders gehe.

In mehreren Untersuchungen (Oesterreich 1993), die er seit 1991 an Ost- und Westberliner Gymnasien und Berufsschulen durchführte, kann Oesterreich zumindest belegen, dass die Ergebnisse nicht für die These einer autoritären „DDR-Persönlichkeit" sprechen.[16]

Um kurz abzuschweifen:

Lederer und Kindervater (1995) konnten allerdings auf der Basis von Vergleichsuntersuchungen, die 1990 in der noch existierenden DDR und 1991 in der alten Bundesrepublik durchgeführt wurden, u. a. zeigen, dass Schuljugendliche in der DDR signifikant häufiger autoritären Aussagen zustimmen als ihre Altersgenoss/innen der alten Bundesrepublik. Indes: Stellmacher et al. (2002) haben insgesamt 19 empirische Studien ausfindig gemacht, in denen nach 1991 autoritäre Überzeugungen in Ost- und Westdeutschland verglichen wurden. In 13 der 19 Studien wurden Unterschiede gefunden; allerdings waren in sieben Studien nur Unterschiede bezüglich einzelner Items oder einzelner Subskalen erkennbar. Zwei weitere Studien, in denen generelle Unterschiede berichtet werden, fanden sich zwar signifikante, aber nur relativ geringe Differenzen. In den drei verbleibenden Studien werden zwar relativ große Unterschiede zwischen Ost- und Westdeutschen berichtet (Dalbert, 1993; Schoebel, 1997; Lederer, 1995, 2000). Die Untersuchungen stützten sich aber entweder auf relativ kleine Stichproben (Dalbert) oder auf eine nur geringe Anzahl von Items (Schoebel). Und auch Gerda Lederers Befunde sind mit Vorsicht zu genießen, da die Daten mit einem Jahr Verzögerung zwischen Ost und West erhoben wurden. Stellmacher et al. (2002, S. 99) konstatieren deshalb, dass eine generelle unterschiedliche Autoritarismusneigung zwischen ost- und westdeutschen Personen nur selten festgestellt wurde.

Und doch reißen die Diskussionen über mögliche Ost-West-Unterschiede in den autoritären Überzeugungen und über vermeintliche „Diktatursozialisationen" nicht ab. Wir erinnern kurz an den „Freiheits-

---

[16] „Die Ergebnisse der Vergleichsuntersuchung bestätigen die Annahme, dass zwischen Ost- und Westberliner Jugendlichen keine Differenzen bezüglich autoritärer Persönlichkeitsmerkmale vorhanden sind. Varianzanalytisch aufgeschlüsselt erklärt sich Autoritarismus vor allem durch den Schultyp, den die Befragten besuchen, ihre Geschlechterzugehörigkeit und das Bildungsniveau ihrer Väter, überhaupt nicht dagegen durch einen Wohnort im Osten oder Westen" (Oesterreich, 1993, S. 186).

schock", den Ilko-Sascha Kowalczuk (2024) den Ostdeutschen zuzuschreiben versucht; ein Freiheitsschock, den ein nicht unbeträchtlicher
Teil der ostdeutschen Gesellschaft ab dem Herbst 1989 erlitten habe. Kowalczuk macht dafür die autoritären Strukturen in der DDR und die
SED-Ideologie verantwortlich, die es den Ostdeutschen nicht ermög-
lichten, demokratische und freiheitliche Erfahrungen zu sammeln und
im Handeln auszuprobieren. Sie waren und blieben „diktatursozialisiert".
Diese Sozialisierung werde in Gesprächen und Erzählungen von Eltern
und Großeltern tradiert und den später (also nach der Herbstrevolution)
geborenen Kindern und Enkeln weitergegeben (Kowalczuk, 2024, S. 95).
Dass nach dreißig und mehr Jahren nach wie vor deutliche Unterschiede
in den politischen Einstellungen der Ost- und Westdeutschen bestehen,
ist sicher nicht zu leugnen. Susanne Rippl kann auf der Datenbasis des
ALLBUS (Allgemeine Bevölkerungsumfrage der Sozialwissenschaften)
durchaus belegen, dass die letzte Generation, die ihre Kindheit und Jugend in der DDR verbrachte, „[…] auf die massiven Verunsicherungen
der Wendezeit mit dem Rückgriff auf autoritäre Reaktionsmuster und
einer Verklärung der DDR-Diktatur reagiert und dass diese Prägungen
bis heute fortwirken" (Rippl, 2024, S. 179). Allerdings war die DDR
politisch, kulturell und wirtschaftlich differenzierter als gemeinhin angenommen. Insofern waren auch die mikro-, meso- und makrosozialen
Sozialisationsinstanzen komplexer und komplizierter und nicht nur von
einer (auch heute noch nachwirkenden) Diktatursozialisation geprägt
(vgl. auch: Förster, 2002).

Noch einmal John Duckitt

John Duckitt entwickelte vor seinem bereits gewürdigten „dualen Prozessmodell" einen Vorschlag, in dem er Altemeyers Autoritarismuskonzeption
mit der auf die Beziehung von Gruppen spezialisierten Theorie der Sozialen Identität von Tajfel und Turner (1979) verknüpfte (Duckitt, 1989).
Ähnlich wie Oesterreich bricht Duckitt mit der traditionellen Perspektive
auf den Autoritarismus als individuelle Charakterstruktur. Autoritarismus
drücke die Vorstellung oder Überzeugung eines Individuums oder einer
Gruppe aus, wie die normativen Beziehungen innerhalb einer Gruppe beschaffen sein sollten. Diese Überzeugungen lassen sich als bipolares Kon-

strukt betrachten, dessen einer Pol durch die (autoritäre) Einstellung beschrieben wird, nach der alle persönlichen Bedürfnisse, Werte und Neigungen der Gruppenmitglieder dem Zusammenhalt und den Anforderungen der Gruppe unterzuordnen sind. Der andere. der nichtautoritaristische Pol, den Duckitt „libertarianism" nennt, beschreibt die Auffassung, dass Gruppenzusammenhalt und Gruppenanforderungen den Bedürfnissen nach Autonomie und Selbstbestimmung der einzelnen Gruppenmitglieder untergeordnet werden sollten. Vor diesem Hintergrund formuliert Duckitt Altermeyers Dimensionen folgendermaßen um: Je größer die Identifikation mit der jeweiligen Gruppe und die gruppeninterne oder durch Bedrohung von außen verursachte Forderung nach Gruppenkohäsion, also nach Zusammenhalt der Gruppenmitglieder, ist, umso größer (1) die Forderung nach Verhaltens- und Einstellungskonformität mit den Normen und Regeln der eigenen Gruppe (Konventionalismus), um so ausgeprägter (2) die Betonung von Respekt und bedingungslosem Gehorsam gegenüber dem Anführer und den Autoritäten der eigenen Gruppe (autoritäre Unterordnung) und umso stärker (3) die Intoleranz und Härte gegenüber Personen, die nicht mit den Regeln und Normen der eigenen Gruppe konform gehen (autoritäre Aggression).

Der Vorteil von Duckitts Konzeption liegt u. E. vor allem darin, durch den Bezug auf die Theorie der Sozialen Identität genauer jene Instanzen bestimmen zu können, die nach Oesterreich Schutz vor Unsicherheit und Angst zu bieten vermögen, also quasi die sicheren sozialen Räume bei der „Flucht in die Sicherheit" darstellen. Auch das soll festgehalten werden.

Stanley Feldman

Feldman (2000) geht ebenso wie Oesterreich davon aus, dass Autoritarismus ein Mechanismus ist, der vor bedrohlichen Situationen schützen soll. Autoritäres Verhalten entstehe aus der Wechselwirkung von autoritären Dispositionen und der Wahrnehmung aktueller Bedrohungen. Dass diese Wechselwirkung überhaupt zustande kommen kann, führt Feldman auf die spannungsvolle Dialektik von Individuum und Gesellschaft zurück. Der Einzelne sei einerseits bestrebt, individuelle Autonomie zu erreichen, werde aber andererseits immer wieder mit gesellschaftlich erzeugten und bedingten Verhaltensbeschränkungen konfrontiert. Dabei stützt sich Feldman auf die Wertetheorie von Schwartz (1992), in der u. a. Konformität und Selbstbestimmung als gegensätzliche Werte konzipiert sind, die – nach den Untersuchungen von Schwartz – offenbar über viele Kulturen hinweg von Bedeutung sind. Personen, die soziale Konformität sehr schätzen, werden nach Feldman (2000, S. 254) stärker an die Gültigkeit normativer Ordnungs- und Herrschaftsvorgaben glauben, sich diesen Vorgaben unterordnen und sie gegen Abweichler zu verteidigen suchen, sich also autoritär verhalten.

Konformität ist für Feldman somit das Synonym für Autoritarismus. Konformisten empfinden nach Feldman Überzeugungen, Werte und Verhaltensweisen, die mit der vorgegebenen normativen Ordnung nicht übereinstimmen, als Bedrohung. Autonome, nach Selbstbestimmung trachtende Personen hingegen haben dagegen starke Aversionen, sich gesellschaftlichen Normen, Regeln und Diktaten unterzuordnen. Situationen, die ihre individuelle Freiheit einschränken könnten, werden von diesen Personen als problematisch erlebt. Vor allem Personen, die soziale Konformität hoch bewerten, zeigen latente Bereitschaft zur Intoleranz und neigen bei Bedrohungen ihrer Wertüberzeugungen zu autoritären Aggressionen

Im Gegensatz zu Duckitt spielen in Feldmans Konzeption Prozesse der Identifikation mit relevanten Bezugsgruppen keine Rolle mehr. Dafür verweist Feldman auf kulturell verankerte Wertesysteme, mit denen vielleicht die von Oesterreich angesprochenen gesellschaftlichen Rahmenbedingungen (und die damit verbundenen mehr oder weniger komplexen und konfliktreichen Anforderungen) zu spezifizieren sind. Das soll ebenfalls vermerkt werden.

Thomas Kessler und Kollegen

In den Autoritarismus-Konzeptionen von Bauman, Oesterreich, Duckitt oder Feldman liegt der Fokus vor allem auf den sozialen Kontexten, innerhalb derer autoritäre Überzeugungen entstehen und funktionieren. Daran sind Clemens Lindner et al. (2024) ebenfalls interessiert. Sie betrachten autoritäre Überzeugungen als abhängige Variable und suchen nach individuellen und kontextuellen Faktoren, die als Prädiktoren für diese Überzeugungen in Frage kommen können. Anhand der Daten von vier Wellen des Panels zur Wahrnehmung von Kriminalität und Straftäter*innen (PaWaKS) wurden individuelle Autoritarismus-Werte (mittels einer RWA-Skala) von 1134 Personen erhoben und mit Befunden aus dem Politbarometer verglichen. Die Ergebnisse zeigen zunächst, dass der RWA-Wert einer Person zum vorherigen Messzeitpunkt ein starker Prädiktor für den RWA-Wert zum darauffolgenden Messzeitpunkt ist. Zudem bilden rechte Politikeinstellungen (gemessen mit der bekannten Sonntagsfrage) offenbar so etwas wie eine deskriptive Norm, die es erlaubt, die individuellen RWA-Werte positiv vorherzusagen. Die Autoren sehen in diesen Ergebnissen einen deutlichen Hinweis darauf, dass individuelle RWA-Werte nicht allein durch intraindividuelle Variablen bedingt sind, sondern auch ein Sozialisationsprodukt des Kontexts darstellen.

Das methodische Vorgehen von Lindner, Gelfort und Kessler ist ein wenig listig. Indem sie nicht einfach danach fragen, welche Folgen hohe Autoritarismuswerte haben könnten, sondern die Frage umdrehen und nach möglichen (sozialen) Ursachen für autoritäre Überzeugungen suchen, bringen sie eine – zumindest seltene – neue Perspektive in die Autoritarismusforschung. Allerdings darf es erlaubt sein zu fragen, ob die hier operationalisierten Kontextvariablen, Parteipräferenzen in der Sonntagsfrage, ausreichen, die sozialen Kontexte ausreichend abzubilden. Sicher ist den Autoren zuzustimmen, dass autoritäre Überzeugungen nicht einfach durch genetische Einflüsse fixiert sind, sondern sich über die gesamte Lebensphase entwickeln und verändern können. Welche Sozialisationserfahrungen, außer Parteibindungen, dabei noch wirken können, dürfte auch künftig die Autoritarismusforschung beschäftigen.

Ein empirisches Beispiel
Eine gewisse Ahnung von der Komplexität der Sozialisationsinstanzen, die Einfluss auf autoritäre Überzeugungen haben können, lieferte uns eine eigene Studie, die nicht, wie die bisher zitierten eigenen Untersuchungen, aus der „Mottenkiste" stammt.

Es handelt sich um ausgewählte Befunde einer standardisierten Befragung aus den Jahren 2018/2019 zum Einfluss von soziodemografischen und psychologischen Merkmalen auf rechtsextreme Einstellungen und zu den Möglichkeiten von Familie und Schule, rechtsextreme Einstellungen zu reduzieren. Befragt wurden 2112 Jugendliche (54,1 % weiblich) zwischen 14 und 19 Jahren aus den Regionen Hamburg, Nordrhein-Westfalen, Thüringen und aus bundesweit verorteten Schulpreisschulen.[17] Der Fragebogen enthielt u. a. Skalen, mit denen soziodemografische Merkmale (wie Alter, Geschlecht, Schulart, Bundesland als Herkunftsregion), Zufriedenheit in der Schule, persönliche Diskriminierungserfahrungen, Freizeitverhalten, Mediennutzungsverhalten (wie TV, Internet, Facebook, Instagam), generelle Wertorientierungen (wie Streben nach Sicherheit und Fleiß, nach sozialer Anerkennung, nach Unabhängigkeit, nach Macht und Dominanz), Familiendemokratie, elterliche Unterstützung bei schulischen Aufgaben, Mitbestimmung und politische Offenheit im Unterricht sowie rechtsextreme Einstellungen und autoritäre Überzeugungen erfasst werden sollten. Alle eingesetzten Skalen (mit fünfstufiger Likertskala) wiesen akzeptable bis sehr gute interne Konsistenzen auf (Cronbachs Alpha zwischen 0,60 und 0,93). Die Items der einzelnen Skalen wurden faktoranalysiert und als Skalenmittelwerte abgebildet. Die Skala zur Erhebung autoritärer Überzeugungen bestand aus sieben Items (ausgewählt aus der RWA³D-Skala, Funke, 2005), ist eindimensional und hochreliable. Eine Mehrebenenanalyse[18] lieferte zunächst ein Modell, das stattliche 86,30 % der Varianz aufklärte und den interaktiven Einfluss der Herkunftsregionen und der autoritären Überzeugungen auf rechtsextreme Einstellungen nahelegt (Frindte, 2021, S. 119 ff.). Abb. 6.3 illustriert diese Interaktion und verweist darauf, dass vor allem Thüringer Jugendliche mit ausgeprägten autoritären Überzeugungen rechtsextreme Einstellungen äußern.

In einer Sekundäranalyse der vorliegenden Daten suchten wir anschließend explorativ (ohne explizite theoretische Grundlage) nach Prädiktoren für die erhobenen autoritären Überzeugungen. In schrittweisen multiplen Regressionsanalysen wurden alle im Projekt operationalisierten Va-

---

[17] Schulpreisschulen sind Schulen aus dem gesamten Bundesgebiet, die im Rahmen des Wettbewerbs zum Deutschen Schulpreis in den letzten Jahren für hervorragende pädagogische Praxis ausgezeichnet wurden (Richter et al., 2020).

[18] Die Mehrebenenanalyse ist – vereinfacht gesagt – eine statistische Methode, mit der es möglich ist, hierarchisch vernetzte soziodemografische und individuelle Merkmale (in unserem Falle z. B. Schulart, Erhebungskontext, autoritäre Überzeugungen) in ihrem Einfluss auf eine abhängige Variable (z. B. rechtsextreme Einstellungen) abschätzen zu können.

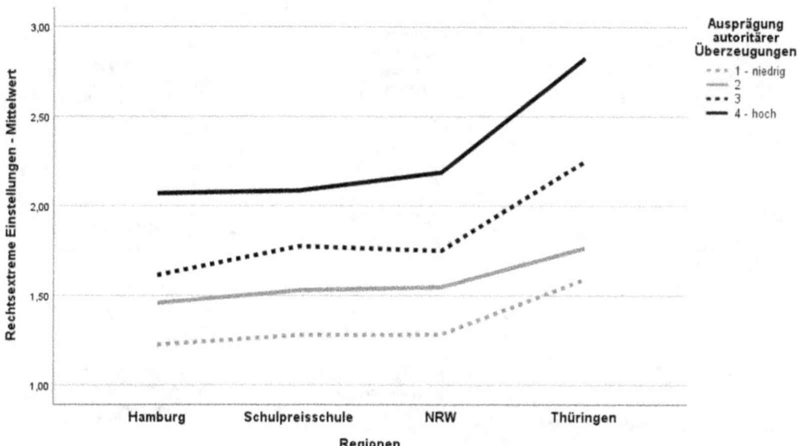

Abb. 6.3 Autoritäre Überzeugungen und rechtsextreme Einstellungen in verschiedenen Regionen

riablen in ihrem Einfluss auf die abhängige Variable „autoritäre Überzeugungen" geprüft. Ohne auf die ermittelten Regressionsmodelle im Einzelnen einzugehen, präsentieren wir in Abb. 6.4 das finale Modell (mit einem Anpassungsmaß von R^2 =.35).[19]

Festhalten können wir somit für unsere Stichprobe: Je höher die Schulform ist, die die befragten Schüler*innen besuchen, umso geringer scheint das Ausmaß ihrer autoritären Überzeugungen zu sein. Zudem äußern männliche Schüler stärker ausgeprägter autoritäre Überzeugungen als Mädchen und diverse Jugendliche. Einfluss auf das Ausmaß autoritärer Überzeugungen haben überdies die mangelnde elterliche Unterstützung bei schulischen Aufgaben, die Dominanz der Lehrer*innen in politischen Diskussionen und die Unterdrückung demokratischer Mitbestimmung im Unterricht, aber auch das Fernsehen sowie die häufige Nutzung sozialer Medien.

Im Sinne der bereits vorgestellten Befunde und Argumente von Lindner et al. (2024) haben wir es in unserem Falle also mit einem umfangreichen sozialen Kontext zu tun, in dem sich autoritäre Überzeugungen

---

[19] Ein Wert von 3.5 bedeutet, dass 35 % der Varianz der abhängigen Variable „autoritäre Überzeugungen" durch die unabhängigen Variablen erklärt werden kann.

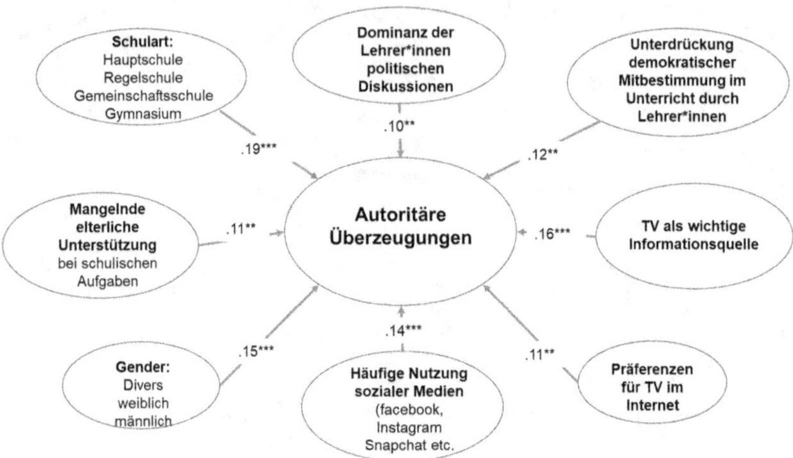

Abb. 6.4 Prädiktoren für autoritäre Überzeugungen. Anmerkungen: Signifikanzniveaus: * = p < .05; ** = p < .01; *** = p < .001. (Die angegebenen Zahlen sind Beta-Koeffizienten, die Werte zwischen −1.00 und +1.00 annehmen können und die Stärke des möglichen Einflusses auf die abhängige Variable anzeigen.)

entwickeln und entfalten können. Das ist eine so neue Einsicht indes auch wieder nicht. Robert Altemeyer machte schon in seinen frühen Arbeiten (1981, 1988) darauf aufmerksam, dass soziales Lernen bzw. das Lernen am Modell (nach Bandura, z. B. 1999) der entscheidende Prozess sei, in dem sich autoritäre Überzeugungen entwickeln können. Zu den Modellen, an dem sich die Lernenden dabei orientieren können, zählen – nach Altemeyer – nicht nur die Eltern, sondern auch Gleichaltrige, Comic-Figuren oder andere medial präsente Personen, Gruppen bzw. Ereignisse.

Einen wichtigen Beitrag zur Ausleuchtung relevanter Sozialisationskontexte für autoritäre Überzeugungen liefern zudem die verschiedenen Konzepte der Bindungs- und Attachment-Forschung, nach der sich bereits im ersten Lebensjahr emotionale Bindungen zu Hauptbezugspersonen entwickeln und im weiteren Lebensverlauf von relevanter Bedeutung sind (Bowlby et al., 1992). Im deutschsprachigen Bereich haben vor allem Christel Hopf und Gertrud Nummer-Winkler wichtige Beiträge zum Zusammenhang von kindlichen Bindungserfahrungen, familiären Bedingungen und Autoritarismus geleistet (z. B. Hopf, 1993; Nunner-Winkler, 1999).

Der in unserer Explorationsstudie nachweisbare Zusammenhang zwischen der Nutzung klassischer sowie sozialer Medien und den autoritären Überzeugungen spielt in der Autoritarismusforschung ebenfalls eine wichtige Rolle (z. B. Heumann, 2024).

Zu den Kontextbedingungen für autoritäre Überzeugungen gehören sicher auch makro- und meso-soziale Faktoren, wie politische Krisen und Debatten, wirtschaftliche Bedingungen (z. B. die eigene Arbeitslosigkeit oder die der Eltern, Freunde etc.), gesundheitliche Risiken (z. B. Pandemien und deren Bewältigung) interkulturelle Einflüsse (z. B. durch Migration) etc. Allerdings besteht auch hier noch immer Forschungsbedarf. Caroline Schnelle und Kollegen schlagen deshalb für die künftige Autoritarismusforschung ein Mehrebenmodell vor, in dem – angelehnt an den ökosystemischen Ansatz von Uri Bronfenbrenner (1981) – makro-, meso- und mikrosoziale Prozesse der Entwicklung autoritärer Überzeugungen unterschieden werden (Schnelle et al., 2021).

6.5 Gruppen-Narzissmus

„Der Mensch ist ein wahrer Narziss; er bespiegelt sich überall gern selbst, er legt sich als Folie der ganzen Welt unter" (Goethe, 1981, S. 270; Original: 1809).

Sind die Konzeptionen des Autoritarismus noch passfähig?
Nicht nur die Autoritarismusforschung hat sich seit Erich Fromms Studie zu „Arbeiter und Angestellte am Vorabend des Dritten Reiches" aus dem Jahre 1929 (Abschn. 6.1) weiterentwickelt; das Phänomen oder der Geist – wie man möchte – des Autoritarismus ist im steten Wandel. Das haben auch Carolin Amlinger und Oliver Nachtwey entdeckt. Besonders die Querdenker-Szene hat es ihnen angetan, betrachten sie die Querdenker*innen doch als Prototyp eines Sozialphänomens, das sie *libertären Autoritarismus* nennen (Amlinger & Nachtwey, 2022). Die typischen Autoritären sehen sie zwar immer noch am Werk, meinen aber einen

neuen, eben den libertär-autoritären Gesellschafts-Charakter identifiziert zu haben. Libertäre Autoritäre sind libertär, weil sie sich nicht mit einer externen Instanz identifizieren, sondern eine lose Ansammlung von Individuen bilden. Und sie sind autoritär, weil sie ihren Groll auf übergeordnete Instanzen richten und ihren Zorn auf unterlegene Gruppen (Frauen, Transgender, Migrant*innen, Jüdinnen und Juden).

Nimmt man die Libertären Autoritären in den Blick, so haben sie mit den klassischen Autoritären nicht viel gemeinsam. Mit den empirisch gut belegten drei Facetten des autoritären Syndroms („Autoritäre Aggression", „Autoritäre Unterwürfigkeit", „Konventionalismus"; siehe: Abschn. 6.2) sind die Libertären nicht mehr zu charakterisieren. Am ehesten, so schreiben Amlinger und Nachtwey, seien die Libertären Autoritären mit den von Erich Fromm knapp skizzierten „Rebellen" zu vergleichen, jenen Menschen, die zwar von einer Autorität abfallen, aber ihre autoritäre Charakterstruktur beibehalten (Fromm, GA, I: 184 f., 316 f.; Original 1936 bzw. 1941). Die Libertären Autoritären seien weder konventionalistisch noch unterwürfig, sondern aufmüpfig und manchmal auch aggressiv. Sie würden sich mit keiner externen Instanz identifizieren, sondern nur mit dem eigenen Ich. In einer Online-Befragung mit mehr als 1150 Personen aus der Schweiz und Deutschland fanden die Autor*innen u. a.: Die Mehrheit der befragten Querdenker*innen traut der Regierung, den Parteien und der EU nicht über den Weg, steht den „Mainstream"-Medien kritisch gegenüber, glaubt an Verschwörungserzählungen, ist aber weder fremden- noch islamfeindlich, vertritt stattdessen eher antiautoritäre Positionen, stimmt aber auch der Aussage zu, der Einfluss der Juden auf die Politik sei zu groß (Amlinger & Nachtwey, 2022, S. 257 ff.).

Eine solche Beschreibung scheint auch ganz gut zu jenen „Rebellen" zu passen, die sich um den wieder gewählten US-amerikanischen Präsidenten Donald Trump scharen. Francois Alexi Martel und Kolleg*innen (2025) untersuchten rund um den Sturm auf das Kapitol in Washington am 6. Januar 2021 in einer dreiwelligen Panelbefragung die Billigung autoritärer Aktionen (mit 575 Trump-Anhänger*innen und 923 Biden-Anhänger*innen eine Woche vor den Präsidentschaftswahlen 2020, mit 404 Trump- und 406 Biden-Anhänger*innen eine Woche nach den Wahlen und 288 Trump- und 310 Biden-Anhänger*innen eine Woche nach dem 6. Januar 2021). Die Befunde legen nahe, dass die Identifikation mit den USA keinen Effekt auf die Billigung autoritärer Aktionen (z. B. gegen Anhänger*innen der jeweiligen Gegenpartei, gegen Parteifremde oder Migrant*innen) aufwies. Auch eine starke Identifikation mit Joe Biden, dem damaligen Gewinner der Präsidentschaftswahlen, hatte keinerlei negative Effekte. Dagegen fühlten sich jene, die sich stark mit Donald Trump identifizierten, durch die Anhänger*innen der Gegenpartei (Demokraten) bedroht. Und je höher die wahrgenommene Bedrohung ist, umso eher befürworten diese Personen autoritäre Maßnahmen gegen die Demokraten. Das heißt, nicht der Autoritarismus bzw. die Akzeptanz autoritärer Maßnahmen ist der Ausgangspunkt des Problems, sondern die starke Identifizierung mit Trump erhöht die Unterstützung des politischen Autoritarismus.

Trumpismus

Trump wurde im Jahre 2024 nicht nur von wirtschaftlich abgehängten weißen Männern gewählt, sondern auch mehrheitlich von evangelikalen Protestanten und Katholiken. Darüber hinaus konnte er bei Latinos, bei Schwarzen, bei Frauen, bei den Jüngeren im Alter von 18 bis 29 Jahren, bei Personen ohne Collegeabschluss und in den ländlichen Gebieten punkten. Obwohl manche Amerikaner Trump nicht mögen, haben sie ihn gewählt, weil er Positionen vertritt, die auch die ihren sind: Bekämpfung der „illegalen Einwanderung", Bekämpfung der Inflation, Kampf gegen „Niedergang" des Landes, Kampf gegen „Abtreibung", für den Privatbesitz von Schusswaffen, gegen die Stärkung von Frauenrechten, gegen LGBTQ+, gegen den „deep state", also gegen scheinbar skrupellose Bürokraten und verfestigte, illegale Machtstrukturen innerhalb des Staates usw. Trump und seine Akteure bedienen diese Wählerwünsche: Massenhafte Abschiebungen illegaler Einwanderer stehen auf der Agenda, ebenso die Vollendung der Mauer zwischen den USA und Mexiko; durch hohe Einfuhrzölle soll die heimische Wirtschaft angekurbelt werden; die Staatsausgaben sollen drastisch gekürzt, tausende Bundesbeamte entlassen und durch loyale Unterstützer ersetzt werden; die Ausbeutung fossiler Energien soll massiv unterstützt werden usw.

Sieht man nun Trump und seinem Team zu, wie sie an einer neuen Zukunft basteln, so fällt Folgendes auf: Sie sind keine lose Ansammlung von Individuen, wie die von Amlinger und Nachtwey beschriebenen Libertären Autoritären. „Make America Great Again" (MAGA) ist nicht nur, wie zu Zeiten von Ronald Reagan, ein bloßer Wahlkampfslogan oder ein Schriftzug auf einem Basecap, sondern das Symbol einer sozialen Bewegung mit hoher Identifikationskraft, einem großen Reservoir an nationalistischen, rassistischen und antipluralistischen Ressentiments sowie einem schwer einzuschätzenden Gewaltpotential. Insofern lassen sich Trump und die MAGA-Bewegung durchaus als autoritär-aggressiv bezeichnen. Die Trump-Anhänger fühlen sich in ihren Einkommens-, Status- und Machtverhältnissen bedroht und folgen freiwillig einer autoritären Agenda, die von Trump nicht allein ausgedacht, von ihm aber rücksichtslos verkündet und von der MAGA-Bewegung verbreitet wird.

Autoritäre Aggression und autoritäre Unterwerfung scheinen durchaus Merkmale zu sein, um das Verhalten von Trump, der MAGA-Bewegung und den Trump-Anhängern zu beschreiben. Nur konventionalistisch sind sie nicht in ihrem Kampf gegen „Wokeness", den „tiefen Staat" und die Linken. Um es zu vereinfachen: Einerseits handelt es sich um die „kleinen Leute" in abgehängten Regionen, die unter Inflation oder Jobverlust leiden, und sich deshalb (vermeintliche) politische und wirtschaftliche Alternativen wünschen, in denen Nicht-Weiße keinen Platz haben. Andererseits sind es die Reichen, die ihre eigene Agenda entwickelt haben, von goldener Zukunft reden, vor allem aber ihre eigene Macht und ihr eigenes Geld meinen oder von der eigenen Langzeit-Existenz auf dem Mars bzw. als computerbasierte Mensch-Maschine träumen. Sie kämpfen gegen scheinbare Eliten, um den eigenen Elitarismus zukunftsfähig zu machen. Die Inbrunst, mit der sie diesen Kampf führen, definiert ihr politisches Wesen, ihre existentiellen Sorgen um sich selbst, ihre Identität und ihren Lebensstil. Das dürfte letztlich auch das Ziel der Tech-Milliardäre sein, die, wie Elon Musk und sein ehemaliger PayPal-Kollege Peter Thiel, der Softwareentwickler und Investor Marc Andreessen, der Skype-Mitgründer Jaan Tallin oder der Investor Benjamin Horowitz, die Wiederwahl von Donald Trump mit Millionen Dollar unterstützt haben. Aktuelle Probleme, gegenwärtige Krisen und Katastrophen sowie diejenigen, die darunter leiden, sind dabei nur Hindernisse, die ignoriert werden, um die eigene Macht und das eigenen Geld im Hier und Jetzt zu maximieren und für die Zukunft zu sichern.

Worum geht es also den Anhänger*innen Trumps? Geht es ihnen nur um das eigene Ego? Buckeln sie nicht mehr unterwürfig nach oben? Bewegen sie sich nicht mehr konventionell auf alten Bahnen, um Amerika in ein „goldenes Zeitalter" zu führen? Sind die Trump-Anhänger als libertäre Autoritäre aggressiv um das eigene Wohl bedacht? Kurz: Ist der Autoritarismus mithin noch ein passendes Konzept, um misogyne und elitäre soziale Bewegungen wie den Trumpismus zu beschreiben und zu analysieren?

Ein Revival

Aus politikwissenschaftlicher Perspektive hat Lars Rensmann (2021) den Elitarismus der Trumpisten schon vor einiger Zeit erklärt. Die Ideologie des Trumpismus fuße auf autoritärer Rebellion, Populismus, nationalismus, Ressentiments gegen Minderheiten und auf Verschwörungsmythen. Wie könnte aber eine adäquate (sozial-)psychologische Erklärung des Trumpismus bzw. ähnlicher sozialer Bewegungen aussehen?

Funk (2020) erinnerte daran, dass Erich Fromm bereits in den 1940er-Jahren die *Gesellschafts-Charaktere* in modernen Gesellschaften nicht mehr allein durch autoritäre Grundbestrebungen zu erklären versuchte. 1947 thematisiert Fromm zum Beispiel erstmals die „Marketing-Orientierung" bzw. den „Marketing-Charakter", eine soziale und sozial geprägte Orientierung, die in der Erfahrung wurzelt, dass man selbst eine Ware ist und einen Tauschwert hat, den man möglichst steigern möchte, um sich gut zu verkaufen (Fromm, GA, II: 47ff.; Original: 1947).[20] Einige Jahre später befasst sich Fromm mit den Funktionen des individuellen und des Gruppen-Narzissmus. Das Konzept des „Group Narcissism" hat er 1964 („The Heart of Man. Its Genius for Good and Evil") entwickelt und 1973 erweitert („The Anatomy of Human Destructiveness"). So wie beim individuellen lassen sich auch beim Gruppen-Narzissmus

---

[20] Die Marketing-Orientierung oder der Marketing-Charakter ist jener gesellschaftlich oder gruppenspezifisch vorherrschenden Orientierung nicht unähnlich, die Erving Goffman (1956) „Presentation of self in everyday life" genannt hat und die in den späteren sozialpsychologischen Theorien zum Beispiel zum Impression-Management, zur Selbstwirksamkeit oder zum Self Monitoring thematisiert wird.

lebensnotwenige von lebensbedrohlichen Funktionen unterscheiden. Lebensnotwendig ist eine gewisse narzisstische Orientierung auf das eigene Selbst, wenn es um die vorrangige Befriedigung der eigenen Bedürfnisse geht (Fromm, GA, II: 199ff.; Original: 1964). Problematisch werden narzisstische Orientierungen eines Einzelnen dann, wenn er sich nicht nur für wichtig hält, sondern die Bedürfnisse anderer Menschen in seiner vorgestellten Einzigartigkeit ignoriert, abwertet und u. U. bekämpft.

Auch der Gruppen-Narzissmus hat zunächst positive Funktionen. Er dient dem Überleben und dem Fortbestand der Familie, Gemeinschaft oder Gesellschaft, der man sich zugehörig fühlt. Dazu wird das Bild der jeweiligen Gruppe durch ihre Mitglieder überhöht und idealisiert. Gruppen-Narzissmus fördert „[…] die Gruppensolidarität und den internen Zusammenhalt und erleichtert die Manipulation der Gruppe, indem er an narzisstische Vorurteile appelliert." Und er ist „[…] äußerst wichtig als ein Element, das den Mitgliedern der Gruppe Befriedigung verschafft, insbesondere denjenigen unter ihnen, die an sich wenig Grund hätten, sich stolz und wertvoll zu finden" (Fromm, GA, VII: 182 f.; Original: 1973).

Bedrohlich wird der Gruppen-Narzissmus, wenn er zu einer sozialpsychologischen Quelle für soziale, wirtschaftliche und politische Diskriminierung und Aggression gegen andere Gruppen wird. Fromm spricht hier von „bösartigen Formen" des Gruppen-Narzissmus und nennt zum Beispiel die scheinbare „Überlegenheit der Weißen gegenüber den Negern" oder die „physische Vernichtung aller Juden als Beweis für die (scheinbare, WF/IF) Überlegenheit der Arier". Eine wichtige Rolle spiele dabei der Anführer einer Gruppe. Er beschwört und vertritt seine eigene Überlegenheit und Grandiosität sowie die seiner eigenen Gruppe in prototypischer Weise.

Mittlerweile gibt es eine Reihe internationaler Studien, in denen versucht wird, Gruppen-Narzissmus mittels standardisierter Instrumente zu operationalisieren und zur Erklärung zum Beispiel von Ethnozentrismus, Nationalismus, Populismus, Antisemitismus oder auch von Sympathien für Donald Trump zu nutzen (z. B. Federico & Golec de Zavala, 2018; Lyons et al., 2010). Zudem werden in einigen Arbeiten auch Zusammenhänge zwischen den (von Fromm thematisierten) Annahmen des

Gruppen-Narzissmus und den Kernaussagen aus der Theorie der sozialen Identität (SIT) von Henry Tajfel und Kolleg*innen diskutiert (Cichocka, 2016; Golec de Zavala, 2024). Laut SIT können das Streben nach positiver sozialer Identität und die übertriebene Bevorzugung der eigenen Gruppe die Voraussetzungen für Abwertung und Diskriminierung von Fremdgruppen sein (siehe: Abschn. 5.3). Die SIT und ihre Erweiterungen durch die Theorie der Selbstkategorisierung beschränken sich nicht auf die Erklärung zwischenmenschlichen und intergruppalen Verhaltens; auch ethnische Beziehungen und Rassismus, Ungleichheiten, sozialer Wandel oder Verschwörungsmythen etc. sind mittlerweile wichtige Themen, die untersucht werden.

Allerdings sind die inhaltlichen Unterschiede zwischen der SIT bzw. ihren Erweiterungen durch die Theorie der Selbstkategorisierung (SCT) und dem Frommschen Konzept des Gruppen-Narzissmus nicht zu übersehen. Nach der Theorie der Selbstkategorisierung hängt die Präferenz für die eigene Gruppe und die eventuelle Diskriminierung von Fremdgruppen von der Salienz der Gruppenmitgliedschaft ab, also davon, inwieweit den Gruppenmitgliedern die Zugehörigkeit zu einer bestimmten Gruppe überhaupt zugänglich und auffallend ist, sowie von dem Eindruck, dieser Gruppe ähnlich zu sein und zu dieser zu passen (Turner, 1985: 102). Das heißt, nach der SCT sind die übertriebene Bevorzugung der eigenen Gruppe (Eigengruppen-Favorisierung) und die mögliche Abwertung sowie die Diskriminierung von Fremdgruppen Folgen von kontextabhängigen, situativ relevanten und kognitiv bedeutungsvollen Dimensionen, die für den Vergleich zwischen Eigen- und Fremdgruppen zur Verfügung stehen.

Für Erich Fromm ist der Gruppen-Narzissmus dagegen ein *relativ stabiles* Moment eines Gesellschafts-Charakters. In dem 1941 erschienen Buch „Escape from Freedom" schreibt er: „Der Gesellschafts-Charakter [...] umfasst den wesentlichen Kern der Charakterstruktur der meisten Mitglieder einer Gruppe, wie er sich als Ergebnis der grundlegenden Erfahrungen und der Lebensweise dieser Gruppe entwickelt" (Fromm, GA, I: 379; Original: 1941). Der Gesellschafts-Charakter ist für Fromm das Mittelglied, das Vermittelnde zwischen dem individuellen Charakter und den gesellschaftlichen Verhältnissen. Zum einen führen die individuellen

Lebensumstände zur Internalisierung von Erfahrungen, die typisch und einmalig nur für den jeweiligen Menschen sind und seinen individuellen Charakter ausmachen. Als soziales Wesen ist der einzelne Mensch Mitglied in sozialen Gruppen und Gemeinschaften. Ihnen fühlt er oder sie sich zugehörig und identifiziert sich mit ihnen und ihren Werten, Normen und Erwartungen. Dadurch verinnerlicht der oder die Einzelne zum anderen die sozialen Erwartungen und sozioökonomischen Erfordernisse der Gruppen, Gemeinschaften, Gesellschaften, mit denen er bzw. sie sich identifizieren. Das kollektive Ergebnis dieser Internalisierung des Sozialen nennt Fromm eben Gesellschafts-Charakter.[21] Angesichts der nachmodernen Ausdifferenzierungen von Gesellschaft ist es allerdings naheliegend, eher von *Gruppen-Charakter* zusprechen. So weisen zum Beispiel Anhänger*innen rechtspopulistischer Parteien und rechtsextremer Bewegungen, die „völkischen Siedler" oder die Trumpisten andere Gruppen-Charaktere auf als Menschen, die sich im Kampf gegen den menschengemachten Klimawandel engagieren oder sich – trotz gravierender eigener Transformationserfahrungen – in Nichtregierungsorganisationen für Flüchtlingshilfe einsetzen. Während die einen kollektiv mit rechtsextremen Ideologien sympathisieren, halten die anderen Mitmenschlichkeit und Solidarität für hohe Güter.

Fromms Auffassung von Gruppen-Narzissmus ist Teil seines gesellschaftlichen Weltbildes, das auf die Humanisierung der Menschen und ihrer Lebensbedingungen ausgerichtet ist. Dafür musste Fromm das klassische psychoanalytische Begriffssystem erweitern und schärfen. Nicht die Libido oder der „Ödipus-Komplex" seien die zentralen Probleme des Menschen, sondern die mit seiner Existenz gegebenen Dichotomien (Angst vor der Freiheit versus Wunsch nach Einheit und Halt; Fähigkeit zu Hass und Zerstörung versus Fähigkeit zu Liebe und Vereinigung). Ob ein Mensch diese Dichotomien zu bewältigen vermag, hängt von den Möglichkeiten ab, seine grundlegenden Bedürfnisse befriedigen zu können. Zentral ist dabei das Bedürfnis nach sozialer Verbundenheit („Need

---

[21] In der sozialwissenschaftlichen Literatur findet man eine Reihe von Begriffen, die dem Gesellschafts-Charakter nicht unähnlich sind. Elias (1976; Original: 1939) und Pierre Bourdieu (1970) haben den Begriff des Habitus bzw. des sozialen Habitus in die Sozialwissenschaften eingeführt. Die von Reckwitz (2020) analysierten Subjektformen „als sozial-kulturelle Form der Subjekthaftigkeit" sind ebenfalls erwähnenswert

for Relatedness" bzw. „Need for Rootedness"). Für Fromm ist es ein „gebieterisches Bedürfnis", das hinter allen Erscheinungen der menschlichen Beziehungen stehe (Fromm, GA, IV: 26; Original: 1955). Erinnert sei an ähnliche Konzepte aus der nichtanalytischen Sozialpsychologie, zum Beispiel an das Bedürfnis nach Zugehörigkeit („need to belong", Baumeister & Leary, 1995) oder an das Bedürfnis nach bedeutungsvoller Existenz („quest for significance", Kruglanski & Bertelsen 2020).

Während – nach Fromm – die Befriedigung des Bedürfnisses nach sozialer Verbundenheit auf den Fortbestand sozialer Gemeinschaften gerichtet ist, ist dem Gruppen-Narzissmus eine Logik der Idealisierung (der eigenen Gruppe) und der Abwertung (anderer Gruppen) inhärent. Auch wenn der Gruppen-Narzissmus in diesem Sinne eine relativ stabile Tendenz zur Eigen- und Fremdgruppenwahrnehmung ist, liegt die Frage nach seiner sozialen Genese nahe. Diesbezüglich macht Erich Fromm gelegentlich darauf aufmerksam, dass destruktive Tendenzen, die ja auch im Gruppen-Narzissmus stecken, mit der Bedrohung der eigenen (individuellen wie gruppenbezogenen) Freiheit oder der eigenen Ideen verbunden sind (Fromm, GA, II: 135; Original: 1947). Um nun der Entstehung des Gruppen-Narzissmus auf die Spur zu kommen, ließen sich z. B. moderne sozialpsychologische Bedrohungstheorien, wie die – im Abschn. 5.3 erwähnte – *Integrated Threat Theory* (ITT), nutzen (z. B. Stephan & Renfro, 2002). Den Kern der ITT bildet die Unterscheidung von symbolischen und realistischen Bedrohungen. Realistische Bedrohungen können politischer oder ökonomischer Beschaffenheit sein oder sich auf Bedingungen beziehen, durch die das physische und materielle Wohlbefinden von Personen oder Gruppen in Frage gestellt werden kann. Zu symbolischen Bedrohungen zählen Angriffe auf Werte, Glauben, Einstellung und Weltsicht der Gruppe. So ist es denkbar und empirisch nachvollziehbar, dass der Gruppen-Narzissmus eine Folge (oder ein Grund) der Wahrnehmung realistischer und/oder symbolischer Bedrohungen sein kann (z. B. Guerra et al., 2022). Zumindest würde sich ein Feld zukünftiger Forschungen auftun.

Dort, wo der Gruppen-Narzissmus in seiner bedrohlichen, „bösen", Form blüht (z. B. in scheinbar abgehängten Regionen, in AfD-Hochburgen, in Demos gegen die „Corona-Diktatur", bei den „Wendehälsen 2.0", den „Querdenkerinnen", den Anhänger*innen von MAGA) liefert er den „Frustrierten", „Wutbürger*innen" und ihren Ideologen das mindset (vulgo: die Fühl-, Denk- und Verhaltensmuster), um – unabhängig vom sozialen Status – die unerfüllten Gefühle der Größe und Einzigartigkeit durch Verschwörungsmythen, Gruppenfeindlichkeit, Nationalismus oder Antisemitismus zu kompensieren.[22] Der Gruppen-Narzissmus scheint auch ein passender Begriff und nützlicher theoretischer Ansatz zu sein, um den Elitarismus der Trumpisten und ihrer Unterstützer im neuen Lichte zu betrachten (z. B. Funk, 2024).

Im Jahre 2017 veröffentlichten 27 amerikanische Psychiater*innen, Psycholog*innen und Therapeut*innen ihre Auffassungen, warum jemand wie Trump absolut amtsunfähig sei und niemals mit der Macht des amerikanischen Präsidenten hätte betraut werden dürfen (Lee, 2017). Die Autor*innen brachen mit ihren Statements eine wichtige ethische Grundregel (die Goldwater-Regel), nach der es nicht geboten sei, quasi via Ferndiagnose einer Person des öffentlichen Lebens einen seelischen Defekt zu unterstellen. Ähnlich unbotmäßig dürfte der Versuch sein, den Nai et al. (2019) gewagt haben. Sie baten psychologische Expert*innen, Donald Trump und andere politische Führungspersönlichkeiten mittels eines psychologischen Instruments (zur Diagnose der sogenannten Dunklen Triade mit den Dimensionen: grandioser Narzissmus als Selbstüberhöhung, Psychopathie als Rücksichtslosigkeit und Machiavellismus als Empathielosigkeit und Machbesessenheit; Paulhus & Williams, 2002; siehe auch: Abschn. 5.3) zu beurteilen. Die Ergebnisse zeigen u. a., Trump ragt auf diesen drei Dimensionen und im Vergleich mit anderen Politiker*innen besonders heraus. Er ist narzisstischer, psychopathischer, machtbesessener und manipulativer.

Erklärt das aber nun den Trumpismus? Nur zum Teil. Trump ist nicht der große „Führer", der durch seine Einzigartigkeit und sein Charisma die anderen in seinen Bann zieht. Er ist vielmehr seinen Bewunderern so ähnlich, dass er mit seinen Inszenierungen deren Gruppen-Narzissmus zu triggern und zu steigern vermag. Im (medial) inszenierten Zusammen-

---

[22] In einer Studie zu „Corona-Leugnern" fanden Tobias Rothmund und Kolleg*innen (Rothmund et al., 2022) zum Beispiel, dass Gruppen-Narzissmus ein starker Prädiktor für konspiratives Denken und rechtsgerichteten Einstellungen ist.

spiel von autoritärem Narzissmus des „Führers" und kollektivem Narzissmus sozialer Gruppierungen finden die affektgeladenen, realitätsverzerrenden, aggressiven, rassistischen Weltkonstruktionen mancher Gruppierungen eine passfähige psychologische Erklärung, die die individuelle mit der kollektiven Ebene verknüpft; was andere Erklärungen ja nicht ausschließt.

Jene, die an der Abschaffung demokratischer Grundstrukturen, am eigenen Elitarismus und Nationalismus sowie gegen den Pluralismus und Universalismus menschlicher Grundrechte arbeiten, lassen sich als *autoritär eingestellte Gruppen-Narzissten* bezeichnen. Sie sind autoritär eingestellt, weil sie schamlos schwache und unterlegene Gruppen diskriminieren, und sie sind Gruppen-Narzissten, weil sie sich ausschließlich und ohne Skrupel um ihre eigene Einzigartigkeit, ihre Macht und ihr Geld kümmern.

Gruppen-Narzissmus, Antisemitismus und Menschlichkeit – Sozialwissenschaftliche Beispiele

Beispiel 1: Während in den psychoanalytischen Wissenschaftlergemeinschaften der Narzissmus im Allgemeinen und der Gruppen-Narzissmus im Besonderen längst als Erklärungskonzept für antisemitische Ressentiments und für die Neigung zu Verschwörungsmythen akzeptiert ist (z. B. Falk, 2019; Grunberger, 1993), haben die „akademisch" arbeitenden Sozialwissenschaftler*innen eine Weile gebraucht, bis das Konzept auch bei ihnen „zündete". Das ist sicher auch den Arbeiten von Agnieszka Golec de Zavala zu verdanken (s. o.). In zwei Studien konnte sie gemeinsam mit Aleksandra Cichocka beispielsweise enge Zusammenhänge zwischen Gruppen- bzw. kollektiven Narzissmus und antisemitischen Einstellungen in Polen nachweisen (Golec de Zavala & Cichocka, 2012, 2015). Dieser Zusammenhang wird vermittelt a) über die wahrgenommene Bedrohung durch andere Gruppen und b) über die Überzeugung, Jüdinnen und Juden seien eine besonders bedrohliche Fremdgruppe, die insgeheim die Weltherrschaft anstrebe.

Beispiel 2: In einer statistisch aufwendigen Prozedur sind Kazarovytska und Imhoff (2022) in drei Studien der Frage nachgegangen, warum Deutsche was tun, um mit der negativen deutschen Vergangenheit und damit verbundenen möglichen Schuldgefühlen umzugehen und einen „Schlussstrich" unter die Geschichte zu ziehen. Die Autor*innen nennen dieses Bestreben „Wunsch nach historischem Abschluss". Dieser Wunsch bzw. das Bedürfnis nach einem „Schlussstrich" ist eng mit Gruppen- bzw. kollektiven Narzissmus verknüpft. Je ausgeprägter dieser ist, umso größer der besagte Wunsch. Das Interessante an den Ergebnissen der Autor*innen dürfte wohl auch der Befund sein, dass die Teilnehmer*innen der Studien keinesfalls die Gräueltaten im Nationalsozialismus leugnen wollen, sondern eher die Relevanz der historischen Fakten für die Gegenwart in Frage zu stellen versuchen.

Beispiel 3: Vor dem Hintergrund seiner humanistischen Weltanschauung hält Erich Fromm es ausdrücklich für möglich, den Gruppennarzissmus zu reduzieren oder sogar ganz verschwinden zu lassen, wenn sich Menschen als Weltbürger identifizieren. Fromm ist sich durchaus bewusst, dass dies derzeit eine Utopie ist, wenn auch eine positive. Doch er bleibt optimistisch. Und wir sind es auch und versuchen, unseren Optimismus anhand eines empirischen Beispiels zu veranschaulichen. Es stammt aus der erwähnten standardisierten Studie aus den Jahren 2018/2019 zu Zusammenhängen zwischen rechtsradikalen Einstellungen und soziodemografischen Variablen (Abschn. 6.4). Neben den schon berichteten Ergebnissen fanden wir einen interessanten und nicht zu erwartenden Befund. Wir baten die Jugendlichen auch anzugeben, inwieweit sie sich mit Deutschland, dem Bundesland, in dem sie leben, oder/und mit Europa identifizieren. Zirka 15 % der Befragten machten dazu keine Angaben, sondern äußerten, sie würden sich mit den Menschen allgemein bzw. den Erdenbürgern identifizieren. Daraufhin verglichen wir die politischen Orientierungen und Überzeugungen dieser Gruppe der befragten Jugendlichen mit jenen, die auf unsere Vorgaben (Deutschland, Bundesland und oder Europa als Identifikationsinstanz) antworteten. Das Ergebnis illustriert die Abb. 6.5.

Die Säulen in der Abbildung zeigen an, wieviel Prozent der Jugendlichen innerhalb einer Gruppen (die sich mit Deutschland, dem jeweiligen Bundesland, Europa identifizieren bzw. sich als „Menschen" bzw. „Erdenbürger" wahrnehmen) sich politisch rechts verorten, rassistischen,

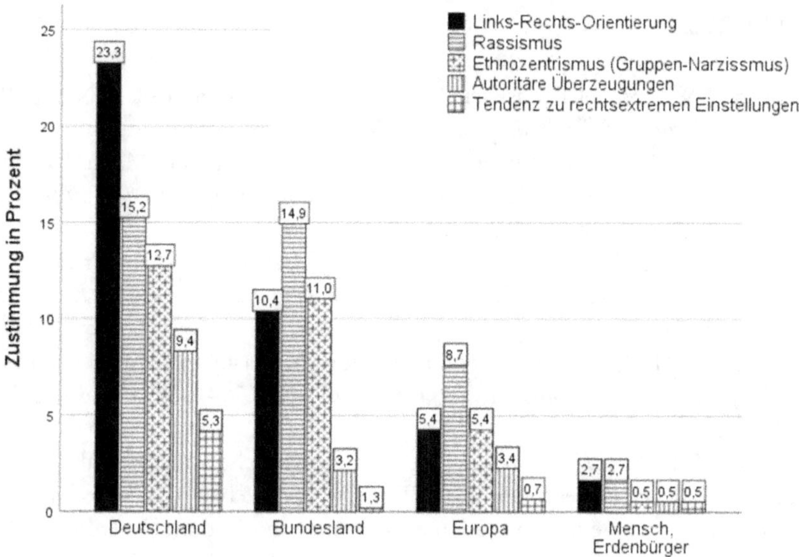

Abb. 6.5 Ausmaß politischer Orientierungen und Einstellungen sowie sozio-regionaler Identifikation (Die Operationalisierung der politischen Orientierungen, Einstellungen und Überzeugungen ist in Frindte (2021) beschrieben. Den Ethnozentrismus betrachten wir in Anlehnung an Bizumic und Duckitt (2008) als „Ausdruck von Narzissmus auf Gruppenebene".)

ethnozentristischen und autoritären Aussagen zustimmen und rechtsextreme (und antiisraelische) Einstellungen befürworten. Die Unterschiede in den politischen Orientierungen und Überzeugungen der verschiedenen Gruppen sind nicht zu übersehen und hochsignifikant.[23] Vor allem diejenigen Befragten, die sich weder mit Deutschland, ihrem Bundesland oder Europa identifizieren und stattdessen sich als Menschen bzw. Erdenbürger betrachten, fallen besonders positiv auf. Das wäre sicher im Sinne von Erich Fromm.

---

[23] Für Statistikexpert*innen: Multivariate Varianzanalysen bestätigten die signifikanten Unterschiede; $F(3, 2019) = 13{,}38$ p $<.001$, $\eta^2 = .06$.

Literatur

Adorno, T. W., Frenkel-Brunswick, E., Levinson, D. J., & Sanford, R. N. (1950). *The Authoritarian Personality.* Harper & Row.

Altemeyer, R. (1981). *Right-wing authoritarianism.* University of Manitoba Press.

Altemeyer, R. (1988). *Enemies of freedom: Understanding right-wing authoritarianism.* Jossey-Bass Inc. Publishers.

Altemeyer, R. (1996). *The authoritarian specter.* Harvard University Press.

Amlinger, C., & Nachtwey, O. (2022). *Gekränkte Freiheit. Aspekte des Libertären Autoritarismus.* Suhrkamp.

Bandura, A. (1999). A social cognitive theory of personality. In L. Pervin & O. John (Hrsg.), *Handbook of Personality* (S. 154–196). Guildford Publications.

Bauman, Z. (2002). *Dialektik der Ordnung.* Europäische Verlagsanstalt.

Baumeister, R. F., & Leary, M. R. (1995). The need to belong: Desire for interpersonal attachments as a fundamental human motivation. *Psychological Bulletin, 117*(3), 497–529.

Beck, U. (1986). *Risikogesellschaft. Auf dem Weg in eine andere Moderne.* Suhrkamp.

Bergmann, W. & Erb, R. (2000). Antisemitismus in der Bundesrepublik Deutschland 1996. In R. Alba, P. Schmidt & M. Wasmer (Hrsg.), *Deutsche und Ausländer: Freunde, Fremde oder Feinde? Empirische Befunde und theoretische Erklärungen.* (S. 401–438). Westdeutscher Verlag.

Bilewicz, M., & Soral, W. (2022). The politics of vaccine hesitancy: An ideological dual-process approach. *Social Psychological and Personality Science, 13*(6), 1080–1089.

Billig, M. (1978). *Fascists. A social psychological view of the National Front.* Academic Press.

Billig, M. (1982). *Ideology and social psychology.* Blackwell.

Bizumic, B. & Duckitt, J. (2008). „My group is not worthy of me“: Narcissism and ethnocentrism. *Political Psychology, 29*(3), 437–453.

Boffo, M., Saad-Filho, A. & Fine, B. (2019). Neoliberal capitalism: The authoritarian turn. *Socialist Register, 55*(1), 247–70.

Bourdieu, P. (1970). Der Habitus als Vermittlung zwischen Struktur und Praxis. In P. Bourdieu (Hrsg.), *Zur Soziologie der symbolischen Formen.* (S. 125–158). Suhrkamp.

Bowlby, J., Ainsworth, M., & Bretherton, I. (1992). The origins of attachment theory. *Developmental Psychology, 28*(5), 759–775.

Bronfenbrenner, U. (1981). *Die Ökologie der menschlichen Entwicklung.* Klett-Cotta.

Brunner, M., Domdey, A., Graage, N., Henze, D., & König, J. (Hrsg.) (2024). *Autoritäre Dynamiken in der Krise: Drei Fallstudien zu Agitation und autoritären Reaktionen in der Covid-19-Pandemie.* Springer.

Christie, R. & Geis, F. L. (1970). *Studies in Machiavellianism.* Academic.

Cichocka, A. (2016). Understanding defensive and secure in-group positivity: The role of collective narcissism. *European Review of Social Psychology, 27*(1), 283–317.

Dalbert, C. (1993). Psychisches Wohlbefinden und Persönlichkeit in Ost und west: Vergleich von Sozialisationseffekten in der früheren DDR und der alten BRD. *Zeitschrift für Sozialisationsforschung und Erziehungssoziologie, 13*, 82–94.

Decker, O. & Brähler, E. (2000). Antisemitische und autoritäre Einstellungen im vereinten Deutschland – Ergebnisse einer Repräsentativbefragung. *Psychosozial, 80*, 31–38.

Decker, O. & Brähler, E. (Hrsg.) (2018). *Flucht ins Autoritäre. Rechtsextreme Dynamiken in der Mitte der Gesellschaft. Die Leipziger Autoritarismus-Studie.* Psychosozial-Verlag.

Decker, O., Kiess, J., Heller, A., & Brähler, E. (Hrsg.). (2024). *Vereint im Ressentiment. Autoritäre Dynamiken und rechtsextreme Einstellungen.* Psychosozial-Verlag.

Dellagiacoma, L., Geschke, D. & Rothmund, T. (2024). Ideological attitudes predicting online hate speech: The differential effects of right-wing authoritarianism and social dominance orientation. *Frontiers in Social Psychology, 2*, 1389437. https://doi.org/10.3389/frsps.2024.1389437

Dilling, M., Sorrentino, A., Brähler, E., Fegert, J. M. & Decker, O. (2025). The authoritarian syndrome as an attempt to restore control and its mediating role in anti-Semitism and xenophobia in Germany. *Analyses of Social Issues and Public Policy, 25*(2), e70009.

Duckitt, J. H. (1989). Authoritarianism and group identification: A new view of an old construct. *Political Psychology, 10*(1), 63–84.

Duckitt, J. H. (2001). A dual-process cognitive-motivational theory of ideology and prejudice. In M. P. Zanna (Hrsg.), *Advances in Experimental Social Psychology* (S. 41–113). Academic Press. https://doi.org/10.1016/S0065-2601(01)80004-6

Duckitt, J. H. (2022). Authoritarianism: Conceptualization, research, and new developments. In G. G. Sibley & D. Osborne (Hrsg.), *The Cambridge Handbook of Political Psychology.* (S. 177–197). Cambridge University Press.

Duckitt, J. H., Wagner, C., du Plessis, I. & Birum, I. (2002). The psychological bases of ideology and prejudice: Testing a dual process model. *Journal of Personality and Social Psychology, 83*(1), 75–93.

Dunbar, E. (1995). The prejudiced personality, racism, and anti-Semitism: The PR scale forty years later. *Journal of Personality Assessment, 65*(2), 270–277.

Dunbar, E. & Simonova, L. (2003). Individual difference and social status predictors of anti-Semitism and racism US and Czech findings with the prejudice/tolerance and right wing authoritarianism scales. *International Journal of Intercultural Relations, 27*(5), 507–523.

Elias, N. (1976; Original: 1939). *Über den Prozess der Zivilisation. Soziogenetische und psychogenetische Untersuchungen.* Suhrkamp.

Elms, A. C. & Milgram, S. (1966). Personality characteristics associated with obedience and defiance toward authoritative command. *Journal of Experimental Research in Personality, 1*(4), 282–289.

Eysenck, H.-J. (1954). *The Psychology of Politics.* Routledge and Kegan Paul.

Eysenck, H.-J. (1981). Left-wing authoritarianism: Myth or reality? *Political Psychology, 3*(1/2), 234–238.

Falk, A. (2019, 1992). Unconscious aspects of the Arab-Israeli. In L. B. Boyer & R. Boyer (Hrsg.), *The psychoanalytic study of society.* Routledge.

Federico, C. M., & Golec de Zavala, A. (2018). Collective narcissism and the 2016 US presidential vote. *Public Opinion Quarterly, 82*(1), 110–121.

Feldman, S. (2000). Die Konzeptualisierung und die Messung von Autoritarismus: Ein neuer Ansatz. In S. Rippl, C. Seipel & A. Kindervater (Hrsg.), *Autoritarismus. Kontroversen und Ansätze der aktuellen Autoritarismusforschung.* (S. 69–90). Leske + Budrich.

Fenichel, O. (1940). The psychoanalysis of anti-Semitism. *American Imago, 1,* 24–36.

Förster, P. (2002). *Junge Ostdeutsche auf der Suche nach der Freiheit.* VS Verlag für Sozialwissenschaften.

Frenkel-Brunswik, E. (1948). A study of prejudice in children. *Human Relations, 1*(3), 295–306.

Frenkel-Brunswik, E. (1949). Intolerance of ambiguity as an emotional and perceptual personality variable. *Journal of Personality, 18*(1), 108–143.

Frenkel-Brunswik, E. & Sanford, R. N. (1993; Original 1946). Die antisemitische Persönlichkeit. In E. Simmel (Hrsg.), *Antisemitismus.* Fischer.

Frindte, W. (Hrsg.) (1999). *Fremde, Freunde, Feindlichkeiten.* Westdeutscher Verlag.

Frindte, W. (2021). „Mehr Demokratie wagen": Rechtsextreme Einstellungen von deutschen Jugendlichen und das Potenzial von demokratischer Praxis in Elternhaus und Schule. *ZRex – Zeitschrift für Rechtsextremismusforschung, 1*(1), 108–130.

Frindte, W. (2022). *Quo Vadis, Humanismus?* Springer.

Frindte, W., & Geschke, D. (2016). Stanley Milgram: Obedience to authority. An experiment view. In S. Salzborn (Hrsg.), *Klassiker der Sozialwissenschaften: 100 Schlüsselwerke im Portrait* (S. 296–301). Springer VS.

Frindte, W., Wammetsberger, D. & Wettig, S. (2005). Old and new anti-Semitic attitudes in the context of authoritarianism and social dominance orientation – Two studies in Germany. *Peace and Conflict: Journal of Peace Psychology, 11*(3), 239–266.

Fromm, E. (GA, I; Original: 1936). Studien über Autorität und Familie. Sozialpsychologischer Teil. In R. Funk (Hrsg.), *Erich-Fromm-Gesamtausgabe in 12 Bänden, Bd. I.* Deutsche Verlags-Anstalt.

Fromm, E. (GA, I; Original: 1941). Die Furcht vor der Freiheit. In R. Funk (Hrsg.), *Erich-Fromm-Gesamtausgabe in 12 Bänden, Bd. I.* Deutsche Verlags-Anstalt.

Fromm, E. (GA, II; Original: 1947). Psychoanalyse und Ethik. Bausteine zu einer humanistischen Charakterologie. In R. Funk (Hrsg.), *Erich-Fromm-Gesamtausgabe in 12 Bänden, Bd. II.* Deutsche Verlags-Anstalt.

Fromm, E. (GA, IV; Original: 1955). Wege aus einer kranken Gesellschaft. In R. Funk (Hrsg.), *Erich-Fromm-Gesamtausgabe in 12 Bänden, Bd. IV.* Deutsche Verlags-Anstalt.

Fromm, E. (GA, II; Original: 1964). Die Seele des Menschen. Ihre Fähigkeit zum Guten und Bösen. In R. Funk (Hrsg.), *Erich-Fromm-Gesamtausgabe in 12 Bänden, Bd. II.* Deutsche Verlags-Anstalt.

Fromm, E. (GA, viI; Original: 1973). Anatomie der menschlichen Destruktivität. In R. Funk (Hrsg.), *Erich-Fromm-Gesamtausgabe in 12 Bänden, Bd. VII.* Deutsche Verlags-Anstalt.

Fromm, E. & Bonß, W. (1980). Arbeiter und Angestellte am Vorabend des dritten Reiches. Eine sozialpsychologische Untersuchung. In R. Funk (Hrsg.), *Erich-Fromm-Gesamtausgabe in 12 Bänden, Bd. III.* Deutsche Verlags-Anstalt.

Fromm, E., Horkheimer, M. & Marcuse, H. (Hrsg.) (1936). Studien über Autorität und Familie. *Forschungsberichte aus dem Institut für Sozialforschung, Bd. V.* Félix Alcan.

Fuchs, C. (2018). *Digitale Demagogie. Autoritärer Kapitalismus in Zeiten von Trump und Twitter*. VSA Verlag.

Funk, R. (2011). *Erich Fromm – Liebe zum Leben*. dtv Verlag.

Funk, R. (2020). Flucht ins Autoritäre? Sozial-psychoanalytische Erklärungen gegenwärtiger politischer Entwicklungen nach Erich Fromm. In *Fromm Forum, 24/2020*, 99–123. Selbstverlag.

Funk, R. (2024). On the psychodynamics of right-wing populism: A Frommian perspective. *Psychoanalytic Inquiry, 44*(1), 38–44.

Funke, F. (2002). *Die dreidimensionale Struktur von Autoritarismus*. Unveröffentlichte Dissertation, Friedrich-Schiller-Universität Jena.

Funke, F. (2005). The dimensionality of right-wing authoritarianism: Lessons from the dilemma between theory and measurement. *Political Psychology, 26*(2), 195–218.

Gibson, L. J. & Duch, M. R. (1992), Anti-Semitic attitudes of the mass public: Estimates and explanations base on a survey of the Moscow oblast. *Public Opinion Quartley, 56*(1), 1–28.

Goethe, J. W. (1981, Original: 1809). Die Wahlverwandtschaften. *Werke, Hamburger Ausgabe, Bd. 6*. dtv.

Goffman, E. (1956). *The Presentation of Self in Everyday Life*. University of Edinburgh: Social Science Research Centre.

Goldhagen, D. J. (1996). *Hitlers willige Vollstrecker*. Siedler Verlag.

Golec de Zavala, A. (2024). *The psychology of collective narcissism: Insights from social identity theory*. Routledge.

Golec de Zavala, A. & Cichocka, A. (2012). Collective narcissism and anti-Semitism in Poland. *Group Processes & Intergroup Relations, 15*(2), 213–229.

Golec de Zavala, A. G., & Cichocka, A. (2015). Collective narcissism and anti-Semitism in Poland": Corrigenda. *Group Processes & Intergroup Relations, 18*(4), 573.

Grunberger, B. (1993). on narcissism, aggressivity and anti-Semitism. *International Forum of Psychoanalysis, 2*(4), 237–241.

Guerra, R., Bierwiaczonek, K., Ferreira, M., Golec de Zavala, A., Abakoumkin, G., Wildschut, T., & Sedikides, C. (2022). An intergroup approach to collective narcissism: Intergroup threats and hostility in four European Union countries. *Group Processes & Intergroup Relations, 25*(2), 415–433.

Hanson, D. J. (1969). Dogmatism among authoritarians of the right and the left. *Psychological Studies, 14*(1), 12–21.

Heitmeyer, W. (2018). *Autoritäre Versuchungen. Signaturen der Bedrohung*. Suhrkamp.

Heitmeyer, W. & Heyder, A. (2002). Autoritäre Haltungen. Rabiate Forderungen in unsicheren Zeiten. In W. Heitmeyer (Hrsg.), *Deutsche Zustände, Folge 1*. Suhrkamp.

Heumann, M. (2024). *Autoritäre Sozialtypen: Eine empirische Studie* (S. 5–9). Springer Fachmedien.

Hofstede, G. (1980). *Cultur's consequences: International differences in work-related values*. Sage.

Hopf, C. (1993). Authoritarians and their families: Qualitative studies on the origins of authoritarian dispositions. In W. F. Stone, G. Lederer, & R. Christie (Hrsg.), *Strength and weakness: The authoritarian personality today* (S. 119–143). Springer.

Horkheimer, M. (1968). *Vorwort zu „Der autoritäre Charakter", Bd. 1*, herausgegeben von T. W. Adorno, B. Bettelheim, E. Frenkel-Brunswik, N. Gutermann, M. Janowitz, D. J. Levinson, & N. R. Sanford (Hrsg.). Verlag de Munter.

Horkheimer, M. (1993; Original: 1946). Der soziologische Hintergrund des psychoanalytischen Forschungsansatzes. In E. Simmel (Hrsg.), *Antisemitismus*. (S. 23–34). Fischer.

Hyman, H. H. & Sheatsley, P. B. (1954). The Authoritarian Personality – A methodological critique. In R. Christie & M. Jahoda (Hrsg.), *Studies in the scope and method of »the authoritarian personality«. Continuities in social research*. (S. 50–122). Greenwood Press.

Janke, J. (Hrsg.). (1981). *Von armen Schnorrern und weisen Rabbis*. Verlag Volk und Welt.

Kaufman, W. C. (1957). Status, authoritarianism, and anti-Semitism. *American Journal of Sociology, 62*(4), 379–382.

Kazarovytska, F. & Imhoff, R. (2022). Too great to be guilty? Individuals high in collective narcissism demand closure regarding the past to attenuate collective guilt. *European Journal of Social Psychology, 52*(4), 748–771.

Knuckey, J & Hassan, K. (2022). Authoritarianism and support for trump in the 2016 presidential election. *The Social Science Journal, 59*(1), 47–60.

Konig, R., Scheepers, P. & Felling, A. (2001). Research on anti-Semitism: A reviw of previous findings and the case of the Netherlands in the 1990s. In K. Phalet & A. Örkény (Hrsg.), *Ethnic minorities and inter-ethnic relations in context: A Dutch Hungarian comparison* (S. 179–199). Ashgate.

Kowalczuk, I.-S. (2024). *Freiheitsschock. Eine andere Geschichte Ostdeutschlands von 1989 bis heute*. C.H.Beck

Kraus, K. (1984). *Aphorismen und Gedichte, Auswahl 1903–33*. Volk und Welt.

Kruglanski, A. W., & Bertelsen, P. (2020). Life psychology and significance quest: A complementary approach to violent extremism and counter-radicalisation. *Journal of Policing, Intelligence and Counter Terrorism, 15*(1), 1–22.

Landmann, S. (1998). *Die klassischen Witze der Juden*. Ullstein.

Lederer, G. (1995). Die „Autoritäre" Persönlichkeit: Geschichte und Theorie. In G. Lederer & P. Schmidt (Hrsg.), *Autoritarismus und Gesellschaft. Trendanalysen und vergleichende Jugenduntersuchungen 1945–1993*. Leske + Budrich.

Lederer, G. (2000). Autoritarismus und Fremdenfeindlichkeit im deutsch-deutschen Vergleich: Ein Land mit zwei Sozialisationskulturen. In S. Rippl, C. Seipel & A. Kindervater (Hrsg.), *Autoritarismus. Kontroversen und Ansätze der aktuellen Autoritarismusforschung*. (S. 199–214). Leske + Budrich.

Lederer, G. & Kindervater, A. (1995). Wandel des Autoritarismus bei Jugendlichen in Österreich. In G. Lederer & P. Schmidt (Hrsg.), *Autoritarismus und Gesellschaft. Trendanalysen und vergleichende Jugenduntersuchungen 1945–1993*. Leske + Budrich.

Lee, B. X. (Hrsg.) (2017). *The dangerous case of Donald Trump: 27 psychiatrists and mental health experts assess a president*. St Martin's Press.

Levinson, D. J. & Sanford, R. N. (1944). A scale for the measurement of anti-Semitism. *Journal of Psychology, 17*, 339–370.

Lindner, C., Gelfort, P. & Kessler, T. (2024). Soziale Determinanten des rechtsgerichteten Autoritarismus: RWA als abhängige Variable. In D. Wagner, J. L. Führer & F. Asbrock (Hrsg.), *Von Kriminalitätsfurcht zu Feindseligkeit* (S. 71–102). Nomos Verlagsgesellschaft.

Lindstaedt, N. & Van den Bosch, J. J. (Hrsg.) (2024). *Research Handbook on Authoritarianism*. Edward Elgar Publishing.

Lippa, A. R. & Arad, S. (1999). Gender, personality, and prejudice: The display of authoritarianism and social dominance in interviews with college men and woman. *Journal of Research in Personality, 33*(4), 463–493.

Lobato, E. J. C. & Holbrook, C. (2024). Prejudice is epistemically unwarranted belief. *Applied Cognitive Psychology, 38*(3), https://doi.org/10.1002/acp.4216.

Lyons, P. A., Kenworthy, J. B., & Popan, J. R. (2010). Ingroup identification and group-level narcissism as predictors of US citizens' attitudes and behavior toward Arab immigrants. *Personality and Social Psychology Bulletin, 36*(9), 1267–1280.

Mann, H. (1918). *Der Untertan*. Kurt Wolff Verlag.

Mann T. (2001; Original: 1918). *Betrachtungen eines Unpolitischen*. Fischer Taschenbuch.

Martel, F. A., Moniz, P., Ashokkumar, A. & Swann Jr, W. B. (2025). Identity fusion and support for political authoritarianism: Lessons from the US insurrection of 2021. *Political Psychology, 46*(1), 129–143.

Maslow, A. H. (1943). The authoritarian character structure. *Journal of Social Psychology, 18*(2), 401–411.

McFarland, S. (2010). Authoritarianism, social dominance, and other roots of generalized prejudice. *Political Psychology, 31*(3), 453–477.

McFarland, S., Ageyev, V. & Abalakina, M. (1993). The authoritarian personality in the United States and the former Soviet Union: Comparative studies. In W. F. Stones; G. Lederer & R. Christie (Hrsg), *Strength and weakness: The authoritarian personality today.* (S. 199–225). Springer.

Milgram, S. 1974a). *Obedience to Authority. An Experiment View.* Harper & Row.

Milgram, S. (1974b). *Das Milgram-Experiment. Zur Gehorsamsbereitschaft gegenüber Autoritäten.* Rowohlt.

Nai, A., Martínez i Coma, F., & Maier, J. (2019). Donald Trump, populism, and the age of extremes: Comparing the personality traits and campaigning styles of Trump and other leaders worldwide. *Presidential Studies Quarterly, 49*(3), 609–643.

Newcomb, T. M. (1943). *Personality and Social Change.* Dryden Press.

Nunner-Winkler, G. (1999). Development of moral understanding and moral motivations. In F. E. Weinert & W. Schneider (Hrsg.), *Individual development from 3 to 12: Findings from the Munich longitudinal study* (S. 253–290). Cambridge University Press.

Oesterreich, D. (1993). Leben die hässlichen Deutschen im Osten? Vergleich von Ost- und Westberliner Jugendlichen. In H.-U. Otto & R. Merten (Hrsg.), *Rechtsradikale Gewalt im vereinigten Deutschland.* Leske + Budrich.

Oesterreich, D. (1996). *Flucht in die Sicherheit.* Leske + Budrich.

Oesterreich, D. (2000). Autoritäre Persönlichkeit und Sozialisation im Elternhaus. Theoretische Überlegungen und empirische Ergebnisse. In S. Rippl, C. Seipel & A. Kindervater (Hrsg.), *Autoritarismus. Kontroversen und Ansätze der aktuellen Autoritarismusforschung.* (S. 69–90). Leske + Budrich.

Onraet, E., Van Hiel, A., Dhont, K., Hodson, G., Schittekatte, M. & De Pauw, S. (2015). The association of cognitive ability with right–wing ideological attitudes and prejudice: A meta–analytic review. *European Journal of Personality, 29*(6), 599–621.

Osborne, D., Costello, T. H., Duckitt, J., & Sibley, C. G. (2023). The psychological causes and societal consequences of authoritarianism. *Nature Reviews Psychology, 2*(4), 220–232.

Ozer, S., Obaidi, M. & Bergh, R. (2025). The impact of globalized conflicts: Examining attitudes toward Jews among Britons in the political context of the war in Gaza. *International Journal of Intercultural Relations, 107*, 102184.

Paulhus, D. L., & Williams, K. M. (2002). The dark triad of personality: Narcissism, Machiavellianism, and psychopathy. *Journal of Research in Personality, 36*(6), 556–563.

Perry, R., Sibley, C. G. & Duckitt, J. (2013). Dangerous and competitive worldviews: A meta-analysis of their associations with social dominance orientation and right-wing authoritarianism. *Journal of Research in Personality, 47*(1), 116–127. https://doi.org/10.1016/j.jrp.2012.10.004

Petzold, S. (2003). *Antisemitische Einstellungen in Deutschland. Eine Explorationsstudie.* Unveröffentlichte Diplomarbeit. Friedrich-Schiller-Universität Jena.

Raden, D. (1993). Relationships between anti-Semitism and authoritarian attitudes in a national survey. *Psychological Reports, 73*(1), 209–210.

Raden, D. (1999). Is anti-Semitism currently part of an authoritarian attitude syndrome. *Political Psychology, 20*(2), 323–343.

Ray, J. J. (1983). Defective validity of the Machiavellianism scale. *Journal of Social Psychology, 119*(2), 291–292.

Reckwitz, A. (2020). *Das hybride Subjekt. Eine Theorie der Subjektkulturen von der bürgerlichen Moderne zur Postmoderne.* Suhrkamp.

Reicher, S. & Haslam, S. A, (2011). After shock? Towards a social identity explanation of the Milgram ‚obedience' studies. *British Journal of Social Psychology, 50*(1), 163–169.

Rensmann, L. (2021). Im Schatten des Trumpismus: Autoritärer Populismus in der Regierung und Neuformierung der radikalen Rechten in den USA. *ZRex – Zeitschrift für Rechtsextremismusforschung, 1*(1), 5–25.

Richter, K., Wohlt, S. & Frindte, W. (2020). Einstellungen von einheimischen und geflüchteten Jugendlichen zur Demokratie und politischen Partizipation – Empirische Befunde. In K. Banz, W. Beutel, M Förster & J. Schindler (Hrsg.), *Geflüchtete in der Lehrerbildung.* (S. 65–83). Debus Verlag.

Rippl, S. (2024). Lange Linien? Politische Sozialisation und Ost-West-Unterschiede in der Präferenz für die AfD. In O. Hochman, A. Stanciu & A. Hadjar (Hrsg.), *40 Jahre ALLBUS – Die deutsche Gesellschaft im Wandel.* Springer VS.

Rokeach, M. (1960). *The open and closed mind.* Basic Books.

Rothmund, T., Farkhari, F., Ziemer, C.-T. & Azevedo, F. (2022). Psychological underpinnings of pandemic denial-patterns of disagreement with scientific experts in the German public during the COVID-19 pandemic. *Public Understanding of Science, 31*(4), 437–457.

Rubiales-Núñez, J., Rubio, A., Araya-Castillo, L. & Moraga-Flores, H. (2024). Evolution of ambiguity tolerance research a scientometric and bibliometric analysis. *Frontiers in Psychology, 15,* 1356992.

Rule, B. G. (1970). Factor structure of anti-Semitism, self-concept, and cognitive structure. *Personality: An International Journal, 1*(4), 319–332.

Schnelle, C., Baier, D., Hadjar, A., & Boehnke, K. (2021). Authoritarianism beyond disposition: A literature review of research on contextual antecedents. *Frontiers in Psychology, 12,* 676093.

Schoebel, C. (1997). *Macht Persönlichkeit einen Unterschied? Eine empirische Analyse über das Wechselverhältnis von politischer Kultur und Persönlichkeitsstruktur.* Edition Sigma.

Schulz-Tomančok, A. & Ziegler, P. (2024). Antisemitismus und autoritäre Einstellungen in Europa: Eine vergleichende Analyse der Dynamiken und Determinanten in Deutschland, Österreich Polen und Ungarn. *SWS-Rundschau, 64*(4).

Schwartz, S. (1992). Universals in the content and structure of values: Theoretical advances and empirical tests in 20 countries. *Advances in Experimental Social Psychology, 25,* 1–65.

Schwartz, S. H. & Boehnke, K. (2004). Evaluating the structure of human values with confirmatory factor analysis. *Journal of Research in Personality, 38*(3), 230–255.

Selznick, G. & Steinberg, S. (1969). *The tenacity of prejudice: anti-Semitism in contemporary America.* Harper and Row.

Shils, E. A. (1954). Authoritarianism: „Right" and „Left". In R. Christie & M. Jahoda (Eds.), *Studies in the scope and method of „The Authoritarian Personality".* (S. 24–49). Free Press.

Sidanius, J., Levin, S., Federico, C. M. & Pratto, F. (2001). Legitimizing ideologies. The social dominance approach. In J. T. Jost & B. Major (Hrsg.), *The psychology of legitimacy: Emerging perspectives on ideology, justice, and intergroup relations* (S. 307–331). Cambridge University Press.

Sidanius, J. & Pratto, F. (1993). The inevitability of oppression and the dynamics of social dominance. In P. M. Sniderman & P. E. Tetlock (Hrsg.), *Prejudice, politics, and the American dilemma* (S. 173–211). Stanford University Press.

Sidanius, J. & Pratto, F. (1999). *Social dominance: An intergroup theory of social hierarchy and oppression.* Cambridge University Press.

Simmel, E. (Hrsg.) (1946). *Anti-Semitism: A social disease.* International Universities Press.

Simmel, E. (Hrsg.) (1993). *Antisemitismus*. Fischer.

Six, B. (1996). Generalisierte Einstellungen. In M. Amelang (Hrsg.), *Enzyklopädie der Psychologie* (S. 1–50). Hogrefe.

Six, B., Wolfradt, U. & Zick, A. (2001). Autoritarismus und Soziale Dominanzorientierung als generalisierte Einstellungen. *Zeitschrift für Politische Psychologie, 9*, 23–40.

Smith, B. M. (1950). Review of the authoritarian personality. *Journal of Abnormal and Social Psychology, 45*(4), 775–779.

Stagner, R. (1936). Fascist attitudes: An exploratory study. *The Journal of Social Psychology, 7*(3), 309–319.

Stellmacher, J., Petzel, T. & Sommer, G. (2002). Autoritarismus und Einstellungen zu Menschenrechten im Ost-West-Vergleich. In K. Boehnke, D. Fuss & J. Hagan (Hrsg.), *Jugendgewalt und Rechtsextremismus. Soziologische und psychologische Analysen in internationaler Perspektive* (S. 93–118). Juventa Verlag.

Stenner, K. (2005). *The authoritarian dynamic*. Cambridge University Press.

Stephan, W. G. & Renfro, C. L. (2002). The role of threat in intergroup relations. In D. M. Mackie & E. R. Smith (Hrsg.), *From prejudice to intergroup emotions. Differentiated reactions to social groups* (S. 191–208). Psychology Press.

Stone, W. F., Lederer, G. & Christie, R. (Hrsg.). (1993). *Strength and weakness. The authoritarian personality today*. Springer.

Tajfel, H. & Turner, J. C. (1979). An integrative theory of intergroup conflict. In W. G. Austin, & S. Worchel (Hrsg.), *The social psychology of intergroup relations* (S. 33–47). Brooks/Cole Publishing.

Tucholsky, K. (1972; Original: 1919). „Der Untertan". *Kurt Tucholsky, Ausgewählte Werke, Bd. 1*. Verlag Volk und Welt.

Turner, J. C. (1985). Social categorization and the self-concept: A social cognitive theory of group behavior. In E. J. Lawler (Hrsg.), *Advances in group processes. A research annual, Bd. 2*. JAI Press.

Turner, J. C. & Reynolds, J. K. (2003). Why social dominance theory has been falsified. *British Journal of Social Psychology, 42*(2), 199–206.

Weiß, V. (2017). *Die autoritäre Revolte*. Klett-Cotta.

Wilson, G. D. (1973). The concept of conservatism. In G. D. Wilson (Hrsg.), *The psychology of conservatism* (S. 3–15). Academic.

Wolfradt, U. & Rademacher, J. (1999). Interpersonale Ambiguitätsintoleranz als klinisches Differentialkriterium: Skalenentwicklung und Validierung. *Zeitschrift für Differentielle und Diagnostische Psychologie, 20*(1), 72–79,

Zimbardo, P. G., Haney, C., Banks, W. C. & Jaffe, D. (1973). The mind is a formidable jailer: A Pirandellian prison. *The New York Times Magazine*, 36 ff.

7

Warum die Juden? – Antisemitische Ambivalenzen

7.1   Noch einmal Zygmunt Bauman

„Während andere Gruppen entweder als privilegiert oder unterprivilegiert stigmatisiert wurden, galten die Juden als beides zugleich" (Bauman, 2002, S. 56).

Für Zygmunt Bauman sind die Juden „[…] die prototypischen Fremden in einem Europa, das in Nationalstaaten zersplittert war", die „[…] letzte Inkongruenz – eine *nicht-nationale Nation*" (Bauman, 1992, S. 111; Hervorh. im Original), letztlich die „Verkörperung der Ambivalenz, d. h. der Un-Ordnung".

„Ambivalenz, die Möglichkeit, einen Gegenstand oder ein Ereignis mehr als nur einer Kategorie zuzuordnen, ist eine sprachspezifische Unordnung: ein Versagen der Nenn- (Trenn-)Funktion, die Sprache doch eigentlich erfüllen soll. Das Hauptsymptom der Unordnung ist das heftige Unbehagen, das wir empfinden, wenn wir außerstande sind, die Situation richtig zu lesen und zwischen alternativen Handlungen zu wählen" (Bauman, 1992, S. 13).

© Der/die Autor(en), exklusiv lizenziert an Springer Fachmedien Wiesbaden GmbH, ein Teil von Springer Nature 2026
W. Frindte, I. Frindte, *Warum die Juden? – Inszenierter Antisemitismus*,
https://doi.org/10.1007/978-3-658-50561-5_7

Und mit diesem Unbehagen sind die Antisemiten konfrontiert, wenn sie über die Juden zu urteilen und zu sprechen haben. Die Juden lassen sich nicht einordnen, weder in die Gruppe der Freunde noch in die der Feinde. Als Feinde sind sie physisch zu nahe und als Freunde bleiben sie den Einheimischen geistig zu fern. Damit untergraben die Juden als Juden die herrschenden sozialen Konstruktionen der Ordnung und „vergiften die Bequemlichkeit der Ordnung mit dem Misstrauen des Chaos" (Bauman, 1991, S.26). Die Juden sind „die inkarnierte Ambivalenz", gleichzeitig anziehend und abstoßend (Bauman, 1995, S. 49).

Wir schauen noch einmal in unsere empirische Mottenkiste und auf ein Ergebnis aus der Studie mit den 410 erwachsenen Personen aus dem Dezember 2002 und März 2003 (Frindte et al., 2005; siehe: Abschn. 6.3). Wir haben den erwachsenen Personen 31 Eigenschaften vorgelegt und darum gebeten, diese Eigenschaften danach zu bewerten, inwiefern sie auf Christen, Juden und Muslime zutreffen oder nicht. Diese Eigenschaftsliste entstammt einer früheren Untersuchung von Bergmann und Erb (1991) und diente dazu, Stereotype, die Deutsche Christen, Juden und Muslime gegenüber haben, zu untersuchen. Die folgende Abb. 7.1 gibt die Eigenschaften wieder, die den Christen, Juden und Muslimen jeweils signifikant (auf dem 0,01-Niveau) unterschiedlich zugeschrieben werden.

Die Abbildung zeigt: Den Muslimen (gestrichelte Linie) werden im Vergleich mit den Christen signifikant weniger positive Eigenschaften (z. B. erfolgreich, ehrgeizig, fleißig) zugeschrieben, dafür aber mehr negative Eigenschaften (z. B. unversöhnlich, feige). Die den Juden (durchgezogene Linie) überwiegend zugeschriebenen Eigenschaften stellen hingegen im Vergleich mit den Christen eine seltsame Mischung aus Positivem und Negativem dar. So werden die Juden als erfolgreicher, ehrgeiziger, klüger etc., aber auch unehrlicher, raffgieriger, geiziger und unversöhnlicher als die Christen bewertet. Man könnte meinen, aus der Sicht der Befragten zeichnen sich die Juden durch eine ambivalente Mischung von „begehrten" (ehrgeizig, klug, schlau, intelligent, fleißig, geschäftlich erfolgreich) und „verpönten" Merkmalen (gerissen, machthungrig, geizig, geldgierig) aus. Im Vergleich zwischen den Christen und den Muslimen zeigt sich dieses Ergebnis hingegen nicht.

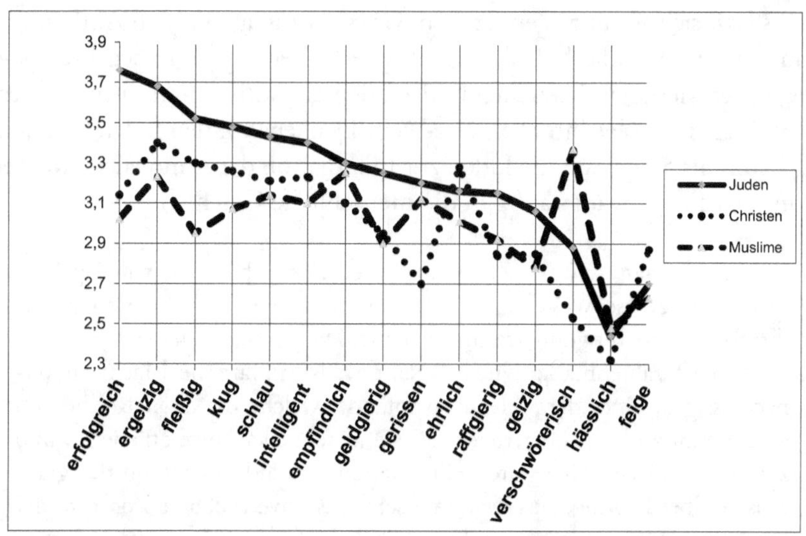

Abb. 7.1 Welche Eigenschaften werden Juden, Christen und Muslimen zugeschrieben?

Bereits 1953 konnten Sodhi und Bergius in ihrer Studie über „nationale Vorurteile" feststellen, dass die Stereotype der Deutschen gegenüber Juden im Vergleich zu anderen Stereotypen eine *ambivalente* Struktur aufwiesen (Sodhi & Bergius, 1953). Über diese Ambivalenz ist in der Literatur zum Antisemitismus viel geschrieben worden und wir hatten sie ebenfalls schon erwähnt (siehe: Abschn. 5.2). Bergmann und Erb (1991) fanden diese Ambivalenz, in der sich sowohl verpönte als auch begehrte Merkmale ausdrücken, ebenfalls. Klaus Holz (2001), dessen semantische Textanalysen auch schon erwähnt wurden, konnte die ambivalenten Beschreibungen der Juden z. B. in den antisemitischen Texten von Treitschke und Stoecker nachweisen. Salzborn et al. (2011, S. 1212) erinnern daran, dass der latente Antisemitismus aus psychoanalytischer Sicht als unbewusste, ambivalente Haltung gegenüber dem Judentum betrachtet werden kann. Jonathan Judaken fragt ebenfalls psychoanalytisch inspiriert, ob Hass die Emotion ist, die den Antisemitismus antreibt oder ob es die Ambivalenz und Kombination von Angst und Faszination sei (Judaken, 2018, S. 1222). Und Benjamin B. Strosberg (2024) greift Ideen von Zygmunt Bauman auf, um Antisemitismus als Reaktion auf die komplexen Realitäten von Ambivalenz und Anderssein zu analysieren.

Es lässt sich somit fragen: Haben wir es im Alltag mit dem Antisemitismus zu tun, der „die Juden" als ambivalente Verkörperung begehrter und verpönter Merkmale betrachtet und auf den die Antisemiten zurückgreifen, weil sie sich in Folge ihres Schwarz-Weiß-Denkens vor den Juden fürchten?

Baumans Frage, wie die Juden zur Inkarnation der Ambivalenz werden konnten, führt zwangsläufig in die menschliche Geschichte:

> „Von Anfang an, seit den Zeiten des Altertums, gab es eine widersprüchliche, auf gewisse Weise absurde Eigenschaft der jüdischen Existenz, die ihre Nachbarn verwunderte und nachdenklich gemacht haben muss: Sie waren eine zahlenmäßig winzige Nation, als militärische Macht zu vernachlässigen, eines der vielen Faustpfande, welche die alten Reiche von einem zum anderen übertrugen, als sie in schneller Folge aufstiegen und zusammenstürzten. Sie waren eine Nation, durchdrungen von der grandiosen Überzeugung, auserwählt zu sein, das unverrückbare Zentrum der Welt und der Geschichte zu bilden; wirklich so überzeugt von der eigenen Zentralität, dass sie auf den Rest des Universums – Natur wie Menschen – als Ressourcen Gottes blickten, derer er sich in seiner besonderen Beziehung zum auserwählten Volk bediente, um sie für Ehrfurcht zu belohnen oder für Missetaten zu strafen" (Bauman, 1995, S. 49).

Im Verlaufe ihrer Selbstdefinition und Selbstbehauptung behandelten die Christen die Juden in dieser Weise als etwas Sonderbares, als unheimliche, verwirrende und beängstigende Ungereimtheit. Man könne, so Bauman, sagen, dass die Juden als Schuttplatz dienten, auf dem alle Ambivalenzen des Universums abgeladen werden konnten, sodass die Identität der christlichen Welt aus einem Block und in Frieden mit sich selbst bestehen konnte. In diesem Sinne eigneten sich die Juden als „Abladeplatz" auch im „Ordnungsgestöber" der Spätmoderne.

7.2 Ambivalenzen in der Spätmoderne und der Antisemitismus

> „Der typisierte Jude erfüllte (erfüllt?, WF/IF) einen wichtigen Zweck. Er symbolisierte die grauenhaften Folgen der Grenzüberschreitung, die jedem drohten, der nicht an seinem Platz blieb und versuchte, bedingungsloser

Loyalität oder eindeutiger Entscheidung auszuweichen; der Jude war Prototyp und Urbild von Nonkonformismus, Heterodoxie, Anomalität und Verirrung. Der typisierte Jude galt als sichtbarer Beweis für die wahnwitzige, unheimliche Vernunft des Abweichlerischen und diskreditierte von vornherein jeden Gegenentwurf zur kirchlich definierten, tradierten und praktizierten Ordnung" (Bauman, 2002, S. 53f.).

Globale, makro- und mikro-soziale Ambivalenzen werden von manchen Personen und Gruppierungen als realistische und/oder symbolischen Bedrohungen erlebt, mit ambivalenten Stereotypen und Emotionen verknüpft und schließlich mit antisemitischen Ressentiments beantwortet.

Unsere Argumentationen haben wir in einem heuristischen Modell (Abb. 7.2) illustriert. Mit dem Modell werden keine ausschließlichen Kausalbeziehungen, sondern wechselseitige Einflüsse angenommen.

Ad 1. Gestützt auf den ökosystematischen Ansatz von Uri Bronfenbrenner (1981) nehmen wir *erstens* an, dass Menschen in der Spätmoderne mit diversen *ambivalenten* globalen, makro-sozialen, meso-sozialen und mikro-sozialen sowie individuellen Kontextfaktoren konfrontiert sind.

Die Spätmoderne, in der wir gegenwärtig leben und die in den 1970/1980er-Jahren begann, ist in der Krise, wie wir nicht erst seit Reckwitz und Rosa wissen (2021).[1] Seit dieser Zeit werden Ökonomie und Kultur globalisiert. Und gleichzeitig wirken die Merkmale der Moderne nach. Neben dem Bedeutungsverlust der Religion und verschiedenen Verlusterfahrungen (nicht zuletzt durch die totalitäre Gewalt im 20. Jahrhundert) treten in der Spätmoderne u. a. Statusverluste durch die Modernisierung oder ökologische Verluste in den Vordergrund. Mit drei Krisenmomenten haben – folgt man Reckwitz – die Menschen in der Spätmoderne besonders zu kämpfen: mit einer sozialen Krise der Anerkennung (die sich vor allem in der „[…] ökonomischen Asymmetrie zwischen den Modernisierungsgewinnern und Modernisierungsverlierern" ausdrückt, (Reckwitz in: Reckwitz & Rosa, 2021, S. 120), mit einer

---

[1] Auf eine „Neue Unübersichtlichkeit" machte Jürgen Habermas (1985) bereits früh aufmerksam. Ulrich Beck (1986) schuf den prägnanten Begriff der „Risikogesellschaft", um später eine „Weltrisikogesellschaft" (Beck, 2007) zu erkennen. Für Jean-Francois Lyotard (1986) war es schlichtweg der Weg in die Postmoderne.

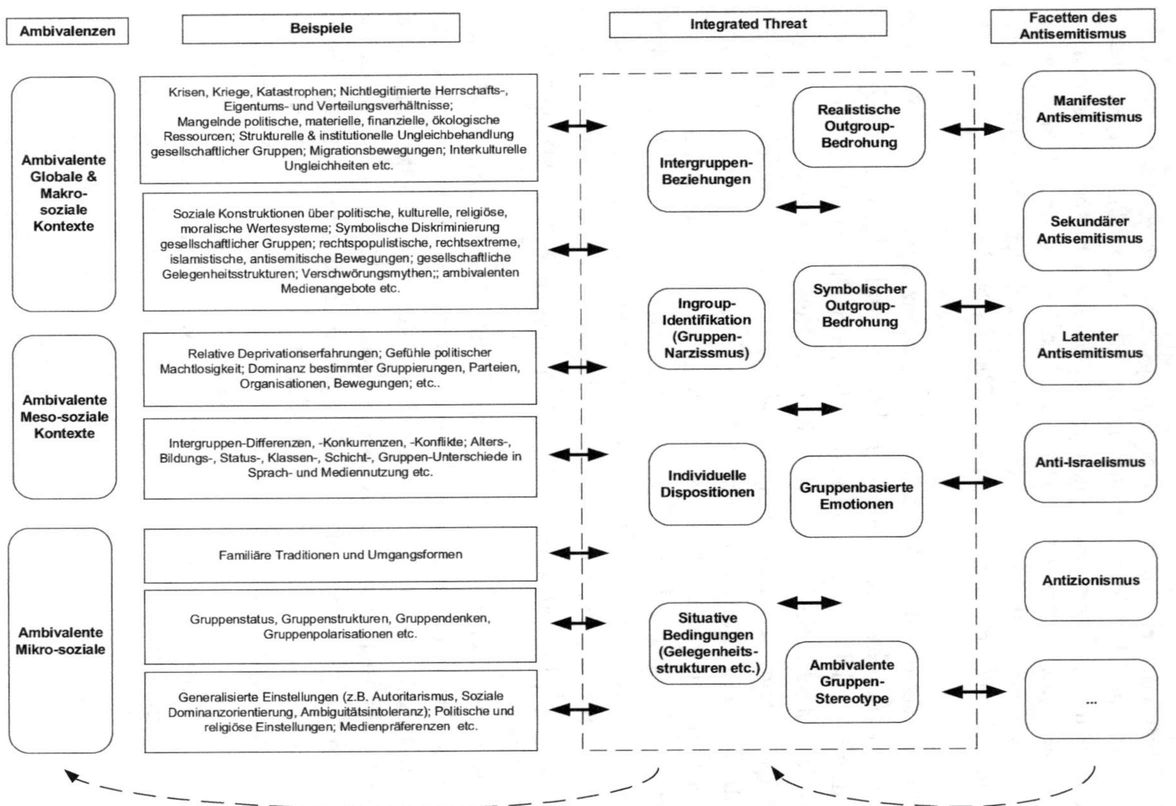

Abb. 7.2 Ein heuristisches Modell für die (sozial-)psychologische Erklärung von Antisemitismus

kulturellen Krise der Selbstverwirklichung (in der u. a. die gesellschaftliche Norm, ein interessantes, selbstbestimmtes Leben zu führen, für manche Menschen auch mit Erfahrungen des Scheiterns verbunden ist) und mit einer Krise des Politischen (die u. a. mit einer Partikularisierung der Öffentlichkeit einhergeht). Insgesamt werde zu Beginn des 21. Jahrhunderts deutlich, dass die Kernidee der Moderne, die Idee des Fortschritts, an ihre Grenzen stößt und Verlusterfahrungen bzw. Verlusterwartungen die momentane Phase der Spätmoderne kennzeichnen: „Das betrifft die Status- und Zukunftsverluste der postindustriellen Modernisierungsverlierer, die Traumata von Individuen und Gruppen als Opfer von individuellen Gewalterfahrungen und der politischen Gewaltgeschichte sowie die prognostizierten Verluste durch ökologische Katastrophen" (ebd., S. 127 f.).

Die Diagnosemerkmale der Spätmoderne auf globalen und makrosozialen Niveaus können leicht ergänzt werden: Neben ungleich verteilten politischen, materiellen, finanziellen und ökologischen Ressourcen lassen sich verschärfte Bedingungen in Folge der Migrationsbewegungen und interkulturelle Ungleichheiten beobachtet werden. Neben diesen kaum zu leugnenden realen Problemen stoßen wir auf mannigfache Definitions- und Deutungskämpfe im Umgang mit diesen Problemen. Wir beobachten Kämpfe um die „Rechtmäßigkeit" von politischen, kulturellen, religiösen, moralischen Wertesystemen (z. B. autoritäre Weltbilder versus Kosmopolitismus). Damit verbunden können symbolische Diskriminierungen gesellschaftlicher Gruppen sein. Rechtspopulistische, rechtsextreme, islamistische und antisemitische Bewegungen weiten ihren Einfluss aus und schaffen gesellschaftliche Gelegenheitsstrukturen und Triggerpunkte (z. B. in Folge der Eskalation im „Nahen Osten"), an denen sich antisemitische Einstellungen und Aktivitäten endzünden können. Ambivalente Angebote und Deutungen in den klassischen Verbreitungsmedien und in den sozialen Medien verschärfen die Definitionskämpfe in und zwischen gesellschaftlichen Gruppierungen (z. B. Berichterstattung über den „Gaza-Krieg" 2023/2024 in öffentlich-rechtlichen Medien versus „Alternativmedien", Zarbock, 2024; siehe auch: Abschn. 4.5 und 4.6).

Hinzu kommen unsichere, widersprüchlich und eben ambivalente *meso-soziale Kontexte*, mit denen Zeitgenoss*innen klar zu kommen versuchen. Dazu können relative Deprivationserfahrungen (also subjektive Erfahrungen von Benachteiligung), Gefühle der politischen Machtlosigkeit oder „Provinzialismus",[2] regional dominierende Gruppierungen und Organisationen sowie damit verbundene Intergruppen-Unterschiede und –Konflikte gehören (siehe auch: Abschn. 4.7). Unsicherheiten und Ambivalenzen können medial unterschiedlich gerahmt und je nach Sprach- und Medienkompetenz auch verschieden interpretiert werden.

Amivalent sind u. E. die Erfahrungen, Erlebnisse und Deutungen auf den *mikro-sozialen Ebenen*, in Familien, Schulklassen, Peer-Groups, Freizeit- oder Arbeitsgruppen. Soziale Gruppen sind soziale Wirklichkeiten und sie konstruieren soziale Wirklichkeiten in eigendynamischer Weise. Durch ihre gruppeneigenen Normen, Standards und Rang- bzw. Rollenstrukturen grenzen sich soziale Gruppen von anderen sozialen Systemen ab. Durch diese systemeigenen Konstruktionen unterscheiden sich soziale Gruppen von ihren Umwelten (z. B. durch Räume, Kleidung, Symbole, Sprache, Gesten). In dieser Grenzbildung steckt die eigentliche Ambivalenz. Die grenzbildenden Selbstdefinitionen der Gruppenmitglieder dienen einerseits der Selbsterhaltung als Gruppe. Eine extreme Abschottung kann allerdings von Nachteil sein. Eine extreme Verdichtung der Kommunikation in Gruppen wird auch als *Gruppendenken* bezeichnet (Janis, 1972). Gruppen kapseln sich dabei von ihren Umwelten (von anderen Gruppen, von Organisationen oder der gesellschaft insgesamt) ab, was u. U. zu Wirklichkeitsverzerrungen in Gruppen führen. Auf den mikro-sozialen Ebenen können – nimmt man beispielsweise muslimische Familien in den Blick – traditionelle Werte und Normen der Herkunftskultur (z. B. „Ehre ist uns heilig") und religiöse Überzeugungen und Handlungen (tägliches Gebet, Kopftuch, Fasten) mit dem Akkulturationsdruck der Mehrheitsgesellschaft kollidieren. In diesen und anderen Gruppen (Schulklassen, Freizeitgruppen u. ä.) treffen möglicherweise antisemitisch-kritische Erziehungs-, Bildungs- und Inter-

---

[2] In Anlehnung an Pettigrew (2011) wird mit der These vom „Provinzialismus" darauf verwiesen, dass Menschen in eher ländlich geprägten Regionen stärker zu Rassismus (und Antisemitismus) neigen, weil sie auf ihre „kleine" Welt fixiert sind und über weniger interkulturelle Erfahrung verfügen (vgl. auch Küpper, Schröter & Zick, 2019).

pretationsangebote auf den camouflierten oder offenen, bewusst inszenierten oder von „dummen Kerls"[3] provozierten Antisemitismus.

Und wer ist verantwortlich für die gesellschaftlichen Widersprüche und Ambivalenzen in globalen, makro-sozialen oder meso-sozialen Kontexten? Die Juden. So erzählen es zumindest – um *ein Beispiel* zu nennen – Verschwörungsmystiker*innen, rechts- und linksextreme Meinungsmacher*innen und islamistische Schreihälse in sozialen Gruppierungen, Bewegungen, Organisationen. Zu den Erzählern und Erzählerinnen von Verschwörungsmythen gehören die Impfgegner*innen, von denen die Extremsten im Impfen eine „Biowaffe" sehen, die wahlweise vom Juden Rothschild, von Bill Gates, der Pharmaindustrie oder – ganz allgemein – von einer (jüdischen) Elite, die die Welt kontrollieren wolle, eingesetzt werde. Das Virus SARS-CoV-2, der Verursacher der Corona-Pandemie, sei von dieser Schattenregierung in die Welt gesetzt worden, um diese zu beherrschen. Mit Covid-19 sollte eine neue Weltordnung geschaffen werden; das Virus sei in einem Labor gezüchtet worden; es verbreite sich über die neuen 5G-Netze; Bill Gates wolle die Menschheit zwangsimpfen, um sie überwachen zu können; die Schattenregierung halte in geheimen Kellern Kinder gefangen, foltere sie und zapfe ihnen Blut ab, um daraus ein Serum für die ewige Jugend zu gewinnen. Mit solchen anderen Verschwörungsmythen haben wir sozusagen die Spitze der antisemitischen *Absurditäten* in der Coronakrise vor uns. Aber es sind eben nicht nur die bekannten „Irren" auf der extremrechten oder islamistischen Seite des politischen Spektrums, die an Verschwörungserzählungen glauben, sie auf der Straße oder in sozialen Medien verbreiten. Manche linken Aktivist*innen sehen zum Beispiel in den Geheimdiensten, den Bank- und Hedgefondsmanager*innen, den Politiker*innen der EU ebenfalls Mächte am Werk, die in geheimen Zirkeln an den Rädern der Weltuhr drehen. So wundert es nicht, wenn eine internationale Forschungsgruppe um Roland Imhoff in einer Studie mit 104.253 Menschen aus 26 Ländern zu dem Ergebnis kommt, Verschwörungsmentalitäten seien – nach Kontrolle wichtiger soziodemographischer Variablen,

---

[3] Das ist ein Bezug auf den Antisemitismus als Sozialismus „des dummen Kerls", eine Wortschöpfung, die August Bebel von dem österreichischen demokratischen Parlamentarier Ferdinand Kronawetter übernommen hat (Keßler, 2024).

wie Geschlecht, Alter, Bildung – vor allem mit rechtsextremen, aber auch mit linksextremen Überzeugungen verknüpft. Während in Ländern, wie Belgien, Frankreich, Deutschland, den Niederlanden, Österreich, Polen und Schweden die Verschwörungsmythen eher von den politisch Rechten geglaubt und verbreitet werden, sind es in Spanien, Rumänien oder Ungarn die extremen Linken (Imhoff et al., 2022).

Mit anderen Worten: Die mikro-sozialen, makro-sozialen und globalen Kontexte in der Spätmoderne sind voller Widersprüche.

Schließlich ist der *individuelle Umgang* mit diesen Widersprüchen, sind die *individuellen Kontexte* ebenfalls nicht frei von Ambivalenzen. Die generalisierten Überzeugungen, wie Autoritarismus, soziale Dominanzorientierung oder Ambiguitätsintoleranz, stellen ebenso wie politische und religiöse Einstellungen oder spezifische Medienpräferenzen keinesfalls *stabile und kohärente Bezugssysteme* für die Wahrnehmung, Interpretation und handlungsbezogenen Umgang von und mit Wirklichkeit zur Verfügung.

Autoritarismus und soziale Dominanzorientierung eignen sich zwar als Prädiktoren, um Ressentiments gegenüber Fremdgruppen vorherzusagen (z. B. Osborne et al., 2021; siehe auch: Abschn. 6.4). Die Entwicklung und Ausprägung autoritärer oder sozial-dominanter Überzeugungen scheint indes nicht nur von der Art und Weise der Eltern-Kind-Kommunikation abhängig zu sein (z. B. Rippl et al., 2022), sondern auch von mannigfachen und teils widersprüchlichen Einflüssen aus den makro-, meso- und mikro-sozialen Kontexten. Das ist wahrlich kein überraschender Befund, denkt man an die Klassiker*innen der Autoritarismusforschung (Abschn. 6.3). Die kulturelle Abhängigkeit generalisierter Überzeugungen und politischer bzw. religiöser Einstellungen darf ebenso wenig übersehen werden (z. B. Neel et al., 1983) wie die empirischen Möglichkeiten, dass autoritäre, sozial dominante oder ambiguitätsintolerante Überzeugungen und Neigungen durchaus auch positive Effekte auf beispielsweise das Engagement, sich für soziale Gerechtigkeit und Mitgefühl einzusetzen, haben können (z. B. Jankowski et al., 2022).

Kurz und nicht sonderlich angenehm fassen wir zusammen: Die Wirklichkeiten sind unübersichtlicher und ambivalenter geworden, nicht nur am Rande, sondern auch in der Mitte und im Ganzen.

Ad 2. Der Kern des heuristischen Modells besteht aus einer erweiterten Fassung der *Integrated Threat Theory of Prejudice* (ITT; Stephan & Stephan, 2013; siehe auch: Abschn. 5.3). Wir fokussieren uns in der Erklärung des Antisemitismus somit auf sozialpsychologische Prozesse.

Den, wenn man so will, Charme der ITT als Erklärungsansatz für antisemitische und antiisraelische Einstellungen sehen wir in Folgendem: *Erstens* ist die ITT eine sozialpsychologische Theorie, die sich auf der Meso-Ebene verorten lässt, aber auch Prädiktoren aus der Mikro-und Makro-Ebene berücksichtigt. *Zweitens* ist die ITT eine empirisch gut fundierte sozialpsychologische Theorie zur Erklärung von Vorurteilen gegenüber Fremdgruppen (vgl. die Meta-Analyse von Riek et al., 2006). Ihre Prominenz hängt vor allem mit dem Anspruch zusammen, die Annahmen verschiedener Vorurteilstheorien in einem Modell zu integrieren (z. B. moderne Autoritarismustheorien, Altemeyer, 1998; die Theorie der sozialen Dominanz, Sidanius & Pratto, 1999; die überarbeitete Kontakttheorie, Pettigrew, 1998; die Theorie der sozialen Identität, Tajfel & Turner, 1979). *Drittens* weisen die wissenschaftlichen Debatten speziell über den Antisemitismus auf einen Zusammenhang hin, der zum *Strukturkern* der ITT gehört: Neben möglichen gesellschaftlichen, historischen und religiös bedingten Ursachen spielen in den Debatten mögliche Bedrohungen eine zentrale Rolle, denen sich Antisemit*innen durch die Existenz von Jüdinnen und Juden angeblich ausgesetzt sehen – unabhängig davon, ob diese Bedrohungen real existieren oder nicht. *Viertens* zeigt sich in einschlägigen Untersuchungen, dass die „wahrgenommene Bedrohung durch Juden" ein entscheidender Prädiktor für antisemitische und anti-israelische Einstellungen sein kann (vgl. z. B. Cohen et al., 2009; Enstad, 2021).

Ob die Jüdinnen und Juden für o.g. globale, makro-, meso-, mikrosoziale und individuelle Ambivalenzen verantwortlich gemacht und als „inkarnierte Ambivalenz" (Bauman) erlebt, bewertet und diskriminiert werden, hängt von den Bedrohungen ab, die den Juden zugeschrieben werden. Gemäß der *Integrated Threat Theory of Prejudice* können mindestens vier Arten von wahrgenommenen Bedrohungen: realistische Bedrohung, symbolische Bedrohung, ambivalente Stereotype und gruppenbasierte Emotionen. *Realistische Bedrohungen* können alle Wahrnehmungen existenzieller Bedrohungen der Eigengruppe umfassen (sowohl politische und ökonomische Bedrohungen als auch solche, die das physische und materielle Wohlbefinden in Frage stellen). Wahrgenommene oder vermutete Angriffe auf das Werte-, Normen- und Glaubenssystem der Eigengruppe gehören zu den *symbolischen Bedrohungen* ("Israel" bedroht die Zivilisation, "Juden" bedrohen die Reinheit der Nation). Zu den *gruppenbasierten Emotionen*[4] gehört die Angst vor Kontakten mit Mitgliedern fremder Gruppen, da diese als unangenehm, negativ, eben als bedrohlich erlebt werden (z. B. die Angst der AfD vor "Umvolkung"), aber auch der Hass und die Wut auf jene, die wie der jüdische US-Amerikaner George Soros, angeblich eine "jüdische Weltverschwörung" anstreben und anführen. Die Angst vor "Juden" und der Hass auf sie oder Israel ist oft mit *ambivalenten Stereotypen* gegenüber Jüdinnen und Juden (und allgemein gegenüber "fremden" Gruppen) verknüpft ("Muslime" sind Messermänner und "Juden" sind geldgierig, aber ehrgeiziger, klüger etc.). Aufgrund dieser negativen Stereotype vermuten die Mitglieder der antisemitischen Eigengruppe, die "Juden" würden sich ihnen gegenüber negativ und ungebührlich verhalten.

Ob die besagten Bedrohungen tatsächlich vorliegen, ist völlig irrelevant. Wenn sie von der Eigengruppe, der eigenen Deutegemeinschaft, als bedrohlich wahrgenommen und interpretiert werden, dann sind sie auch bedrohlich und führen dazu, die Jüdinnen und Juden als gefährlich wahrzunehmen und sie abzulehnen. Die erlebten und/oder inszenierten Bedrohungen durch "Juden" oder "Israel" hängen also eng zusammen a) mit realen, virtuellen und imaginierten Intergruppen-Beziehungen, b) mit einer starken Identifikation mit relevanten Eigengruppen (Gruppen-Narzissmus; Ingroup-Bias),[5] c) diversen Persönlichkeitsdispositionen und d) spezifischen situativen Bedingungen und Gelegenheitsstrukturen[6].

---

[4] In frühen Fassungen der ITT wird an dieser Stelle nur die "Intergruppenangst" genannt.

[5] Der *Ingroup Bias* (Eigengruppen-Bevorzugung) ist eine kognitive und soziale Verzerrung, die dazu führt, dass wir Mitglieder unserer eigenen Gruppen sympathischer finden, besser beurteilen und bei Entscheidungen bevorzugen (Fritsche, 2018). Auf der gesellschaftspolitischen Bühne äußert sich der Ingroup Bias als Ethnozentrismus, Nationalismus oder Patriotismus.

[6] Das Konzept der *Gelegenheitsstrukturen* stammt aus der *soziologischen Bewegungsforschung* und offeriert u. a. einen Ansatz, um den Einfluss der Verbreitungsmedien in der Antisemitismusforschung neu zu bestimmen (vgl. auch: Rensmann, 2025). Verbreitungsmedien können u. U. Möglichkeitsräume (oder discursive opportunity structures) eröffnen, an die sich Antisemit*innen anzuschließen vermögen und durch die sie sich in ihren Ideologien und Handlungsbereitschaften bestätigt sehen.

Mittlerweile existiert eine Vielzahl von Studien, mit denen die empirische Relevanz der Integrated Threat Theory bestätigt wurde (Abschn. 5.3). Die Rolle, die die Medien bei der Darstellung von vermeintlichen Bedrohungen durch Jüdinnen und Juden, Migrant*innen und bei der Verbreitung von Vorurteilen zu spielen vermögen, wurde in verschiedenen anderen Studien ebenfalls untersucht (z. B. Nguyen, 2024).

In der Abb. 7.2 entdeckt man – ganz unten – noch zwei gestrichelte Pfeile, die von den Bedrohungsszenarien bzw. von den Facetten des Antisemitismus zurück verlaufen. Damit soll illustriert werden, dass wir es mit zirkulären Prozessen zu tun haben, die sich zwischen den ambivalenten Kontexten, den wahrgenommenen Bedrohungen und dem Antisemitismus abspielen. Zirkuläre Prozesse nehmen wir überdies zwischen den Bedrohungsszenarien und den Intergruppen-Beziehungen, den Ingroup-Identifikationen etc. an. Was heißt das?

Gemäß der *Integrated Threat Theory* lassen sich z. B. negative Einstellungen gegenüber „den Juden" als Folgen vermeintlicher Bedrohungswahrnehmungen interpretieren. Menschen, Gruppen und Gemeinschaften versuchen ihre Einstellungen im Allgemeinen und ihre Vorurteile im Besonderen zu begründen. Sie suchen nach Ankern, an denen sie ihre Einstellungen und Vorurteile festmachen können. Folgt man der *Integrated Threat Theory*, so handelt es sich bei diesen Ankern um ambivalente Stereotype und Gruppenemotionen sowie vor allem um symbolische oder realistische Bedrohungswahrnehmungen, die unabhängig davon existieren, ob es für diese Wahrnehmungen „objektive" Belege gibt oder nicht. Es reicht durchaus, wenn Gründe verfügbar sind, auf die sich Menschen mit ihren Einstellungen und Vorurteilen *sinnvoll* berufen können. Derartige Gründe gewinnen an Gewicht, wenn wir uns mit unseren Eigengruppen stark identifizieren („Wir als das deutsche Staatsvolk" als beliebte Ansprache der AfD), unsere relevanten Gruppen und Deutegemeinschaften für besonders wichtig halten (und die „Rechte des deutschen Volkes" einfordern), Kontakte mit fremden Gruppen meiden (weil sich „Flüchtlinge" wie „Wölfe" verhalten, „Juden" wie „Blutsauger") und die Verschwörungstheorien über die Konflikte zwischen unseren relevanten Gemeinschaften und den „Juden" bzw. „Israel" medial befördert werden.

Sinnvolles Berufen heißt hier aber nicht, auf objektive Gründe, Ursachen oder Bedingungen etc. zu verweisen. Es reicht, wenn wir uns auf unsere eigenen antisemitischen Ressentiments und Einstellungen stützen, auf Einstellungen, die auch von den anderen Mitgliedern unserer Deutegemeinschaft geteilt werden.

In Zeiten vielfältiger Ambivalenzen und Bedrohungen drehen sich einige Menschen in einem Kreisel zwischen wahrgenommenen Bedrohungen, negativen Einstellungen gegenüber fremden Gruppen und nationalistischen Überhöhungen der eigenen Gruppe und Gemeinschaft. Wir wagen deshalb eine Vermutung: Nicht nur in kleinen Gruppen, auch in größeren Gemeinschaften, den Deutegemeinschaften (siehe Abschn. 2.2), scheint die Gefahr von Gruppenegoismen zu wachsen und der Gemeinschaftsraum zum Echoraum der Selbstbestätigung zu werden. Die regionalen, nationalen und internationalen Bedrohungen und Ambivalenzen werden dadurch nicht geringer. Im Gegenteil. Und was tun die Antisemit*innen? Sie bleiben Antisemiten und projizieren ihre geistige Armut sowie ihre Unfähigkeit mit Ambivalenzen umzugehen auf die Juden. Ihre Projektionen erschöpfen sich in der Inszenierung (und Selbstinszenierung) der falschen Bilder über die Juden als Juden, weil die Symbole, Metaphern und Mythen, auf die sich diese Bilder stützen, die Geschichte und die Existenz der Antisemiten als Deutegemeinschaft konstituieren. Nur so können sich die Antisemiten über ihren Antisemitismus definieren. In allen anderen Fällen wären sie keine Antisemiten mehr.

Die in Abb. 7.2 angeführten „Facetten des Antisemitismus" stützen sich auf unsere eigenen Forschungen (Abschn. 2.3), sind also ergänzungsfähige Variablen. Darauf wollen wir mit dem leeren Kästchen rechts untern hinweisen.

Schlussendlich

*Für die auf allen (gesellschaftlichen) Ebenen beobachtbaren Ambivalenzen machen die Antisemit*innen die Juden und Jüdinnen verantwortlich. Für Antisemit*innen sind Juden und Jüdinnen die Inkarnation der Ambivalenz. Mit Ambivalenz können Antisemit*innen nicht umgehen. Sie macht ihnen Angst. Um die Angst vor der Ambivalenz zu bewältigen, inszenieren die Antisemit*innen den Antisemitismus in offenen, verdeckten und in camou-*

flierten Formen, um den Jüdinnen und Juden die Rechtmäßigkeit ihrer Existenz zu verweigern.

Und woher kommt die Angst vor der Ambivalenz? Wir vermuten, dass sie Teil dessen ist, was Erich Fromm die „Furcht vor der Freiheit" nennt (Fromm, GA, I; Original: 1941). Freiheit heißt für Fromm, die positive Verwirklichung des individuellen Selbst, also die intellektuellen, emotionalen und sinnlichen Möglichkeiten voll zum Ausdruck bringen zu können (GA, I: 218). Allerdings besitzt die Freiheit des Individuums – spätestens mit der Reformation und der Renaissance – ein Doppelgesicht: „[…] die wachsende Unabhängigkeit des Menschen von äußeren Autoritäten einerseits und andererseits seine zunehmende Isolierung und das daraus entspringende Gefühl der Bedeutungslosigkeit und Ohnmacht des einzelnen" (GA, I, S. 239). Mit der rasanten Entwicklung des Kapitalismus tritt dieses Doppelgesicht zunehmend deutlicher hervor, verstärkt sich die Dialektik zwischen Unabhängigkeit und Isolierung des einzelnen (ebd., S. 278ff.). „Die Juden" fordern die individuelle und gruppenspezifische Furcht der Antisemit*innen vor der Freiheit dabei im doppelten (ambivalenten) Sinne heraus: „Die Juden" sind zum einen aus *Sicht der Antisemit*innen*, also unabhängig von jeglicher Faktizität, die eigentlich „freie", „unabhängige", „kosmopolitische" Gemeinschaft, die sich von Anfang bis Ende unbeirrbar geweigert hatte, „[…] sich nationalisieren und assimilieren zu lassen" (siehe auch: Arendt, 2001, S. 71). „Die Juden" verkörpern die „Freiheit", die die Antisemit*innen gern genießen würden, vor der sie sich aber auch fürchten. Zum anderen sehen die Antisemit*innen in „den Juden" nicht nur die Träger des Geldes, das sie, die Antisemit*innen gerne hätten, sondern auch, wie wir von Moishe Postone wissen, das personifizierte Kapital, das für alle Umbrüche und Krisen im Kapitalismus verantwortlich gemacht werden kann (Postone, 1995; auch Abschn. 5.2). Die Antisemit*innen *fühlen* sich letztlich doppelt unfrei. Dass es sich dabei um einen individuell und gesellschaftlich konstruierten *Schein* handelt, liegt auf der Hand, wird aber von den Antisemit*innen nicht als solcher erkannt. Aus dieser scheinbaren Unfreiheit versuchen die Antisemit*innen zu flüchten.

In „Furcht vor der Freiheit" analysiert Erich Fromm drei Mechanismen, die aus der Unsicherheit des isolierten Individuums resultieren:

Flucht in den Autoritarismus, Flucht in die Destruktivität und Flucht in den Konformismus (Fromm, GA, I: 297 ff.). In „Die Seele des Menschen" (Fromm, GA, II; Original: 1964) fügt er diesen Mechanismen den Gruppennarzissmus hinzu. Für Fromm sind diese Mechanismen Versuche, der Angst vor der Freiheit zu entkommen. Die Antisemit*innen sehen hingegen in diesen Mechanismen Möglichkeiten, die von „den" Juden bedrohte Freiheit wiederzuerlangen. Damit geraten die Antisemit*innen indes nur in neue Abhängigkeiten von den vielfältigen Ambivalenzen der Neuzeit (auch: Funk, 2022).

> „Es gibt keinen Zweifel daran: Die *eine* Welt ist im Entstehen. Wahrscheinlich ist dies das revolutionärste Ereignis in der Geschichte der Menschheit. Die eine Welt kündigt sich, wie bereits beobachtet werden kann, darin an, dass die industrielle Produktion schließlich allen Völkern der Welt gemeinsam sein wird, und – durch unsere neuen Kommunikationsmethoden noch verstärkt – eine größere Nähe zwischen allen Menschen schaffen wird. Allerdings ist es fraglich, ob das Kommen der einen Welt den Lebenswert steigern wird oder ob alles in einem großen Schlachtfeld enden wird" (Fromm, GA, XI: 553; Original: 1962; Hervorh. im Original).

Dieses Zitat stammt aus einem Vortrag, den Erich Fromm am 4. April 1962 in Kalifornien gehalten hat. Der Vortrag trägt den Titel „A new Humanism as a Condition for the One World". Mitten im Kalten Krieg und Jahrzehnte bevor vom „Megatrend Globalisierung", von der „erschöpften Globalisierung" oder von der „Krise der Spätmoderne" die Rede ist, macht Fromm auf die lichten *und* auf die schattigen Seiten der globalen Vernetzung aufmerksam. Sollten wir, so Fromm, nicht lernen, dass der *eine* Mensch in der *einen* Welt lebt, so bestehe die Gefahr, dass durch nationalistische Tendenzen Situationen entstehen könnten, in denen „der Mensch sich selbst zerstört". Um diesen gefahren zu entgehen, seien – so das Credo Erich Fromms, das er in vielen seiner Arbeiten formulierte – eine radikale Analyse der kapitalistischen Verhältnisse und ein neuer Humanismus vonnöten.

Unter einem solchen Aspekt ist es eigentlich egal, ob der Antisemitismus ein genuiner Bestandteil des Islam ist und sich auf entsprechende Suren im Koran stützt, ob er sich nur hinter der Camouflage der „Israelkritik" versteckt, ob er von rechten Nationalisten geäußert wird oder von linken Globalisierungsgegnern. Es ist immer ein Antisemitismus, der nichts mehr mit dem *Judentum* zu tun hat. Es ist ein Antisemitismus, der sich gegen den Humanismus richtet. Er gehört zu jenen sozialen Konstruktionen, mit denen die Antisemit*innen sich selbst konstruieren, um irgendwie *Halt* in einer für sie haltlosen Welt zu finden. Egal, woher er kommt, der „Antisemitismus ist genau das, was er zu sein vorgibt: eine tödliche Gefahr für die Juden und sonst nichts" (Arendt, 2001, S. 38; Original: 1951).

Literatur

Altemeyer, R. (1998). The other „authoritarian personality". *Advances in Experimental Social Psychology, 30*, 47–92.

Arendt, H. (2001; Original 1951). *Elemente und Ursprünge totaler Herrschaft.* Piper.

Bauman, Z. (1991). Moderne und Ambivalenz. In U. Bielefeld (Hrsg.), *Das Eigene und das Fremde: Neuer Rassismus in der alten Welt?* Junius.

Bauman, Z. (1992). *Moderne und Ambivalenz.* Junius.

Bauman, Z. (1995). Große Gärten, kleine Gärten. Allosemitismus: Vormodern, Modern, Postmodern. In M. Werz (Hrsg.), *Antisemitismus und Gesellschaft.* Verlag Neue Kritik.

Bauman, Z. (2002). *Dialektik der Ordnung.* Europäische Verlagsanstalt.

Beck, U. (1986). *Risikogesellschaft. Auf dem Weg in eine andere Moderne.* Suhrkamp.

Beck, U. (2007). *Weltrisikogesellschaft: Auf der Suche nach der verlorenen Sicherheit.* Suhrkamp.

Bergmann, W. & Erb, R. (1991). *Antisemitismus in der Bundesrepublik Deutschland. Ergebnisse der empirischen Forschung 1946–1989.* Leske und Budrich.

Bronfenbrenner, U. (1981). *Die Ökologie der menschlichen Entwicklung.* Klett-Cotta.

Cohen, F., Jussim, L., Harber, K. D. & Bhasin, G. (2009). Modern anti-Semitism and anti-Israeli attitudes. *Journal of Personality and Social Psychology, 97*(2), 290–306.

Enstad, J. D. (2021). An Integrated Perspective on Contemporary Antisemitism: Re-viewing Cross-National Data on Attitudes, Incidents, and Exposure. https://files.de-1.osf.io/v1/resources/adqkn/providers/osfstorage/6087b70ef16160018d9cc6e6?action=download&direct&version=3. Zugegriffen: 10. Juni 2025.

Frindte, W., Wammetsberger, D. & Wettig, S. (2005). Old and new anti-Semitic attitudes in the context of authoritarianism and social dominance orientation – Two studies in Germany. *Peace and Conflict: Journal of Peace Psychology, 11*(3), 239–266.

Fritsche, I. (2018). Soziale Kognition. In O. Decker (Hrsg.), *Sozialpsychologie und Sozialtheorie* (S. 173–188). Springer VS.

Fromm, E. (GA, I; Original: 1941). Die Furcht vor der Freiheit. In R. Funk (Hrsg.), *Erich-Fromm-Gesamtausgabe in 12 Bänden, Bd. I.* Deutsche Verlags-Anstalt

Fromm, E. (GA, XI; Original: 1962). Ein neuer Humanismus als Voraussetzung für die eine Welt. In R. Funk (Hrsg.), *Erich-Fromm-Gesamtausgabe in 12 Bänden, Bd. XI.* Deutsche Verlags-Anstalt.

Fromm, E. (GA, II; Original: 1964). Die Seele des Menschen. Ihre Fähigkeit zum Guten und zum Bösen. In R. Funk (Hrsg.), *Erich-Fromm-Gesamtausgabe in 12 Bänden, Bd. II.* Deutsche Verlags-Anstalt.

Funk, R. (2022). Erich Fromm (1941) – Die Furcht vor der Freiheit. *Forum Psychoanalyse, 38*(3), S. 311–318.

Habermas, J. (1985). *Die neue Unübersichtlichkeit.* Suhrkamp.

Holz, K. (2001). *Nationaler Antisemitismus. Wissenssoziologie einer Weltanschauung.* Hamburger Edition.

Imhoff, R., Zimmer, F., Klein, O., António, J. H., Babinska, M., Bangerter, A., ... & Van Prooijen, J. W. (2022). Conspiracy mentality and political orientation across 26 countries. *Nature Human Behaviour, 6*(3), S. 392–403.

Janis, I. (1972). *Victims of groupthink.* Houghton Mifflin.

Jankowski, P. J., Sandage, S. J., Hauge, D. J., Hee An, C. & Wang, D. C. (2022). Longitudinal associations for right-wing authoritarianism, social justice, and compassion among seminary students. *Archive for the Psychology of Religion, 44*(3), 202–222.

Judaken, J. (2018). Rethinking anti-Semitism. *The American Historical Review, 123*(4), 1122–1138.

Keßler, M. (2024). Antisemitismus – der Sozialismus des dummen Kerls. Zum Wiederaufleben einer alten Denkfigur. Leibnitz Online, Nr. 54, 2–16. https://leibnizsozietaet.de/wp-content/uploads/2024/12/05_05_Kessler_Antisemitismus_2024.pdf. Zugegriffen: 3. Juni 2025.

Küpper, B., Schröter, F. & Zick, A. (2019). Alles nur ein Problem der Ostdeutschen oder Einheit in Wut und Hass. In A. Zick, B. Küpper & W. Berghan (Hrsg.), *Verlorene Mitte – Feindselige Zustände.* Dietz Nachf.

Lyotard, J.-F. (1986). *Das postmoderne Wissen.* Böhlau.

Neel, R. G., Tzeng, O. C. & Baysal, C. (1983). Comparative studies of authoritarian-personality characteristics across culture, language and methods. *International Journal of Intercultural Relations, 7*(4), 393–400.

Nguyen, T. (2024). Merging public health and automated approaches to address online hate speech. *AI and Ethics, 4*(2), 441–450.

Osborne, D., Satherley, N., Little, T. D. & Sibley, C. G. (2021). Authoritarianism and social dominance predict annual increases in generalized prejudice. *Social Psychological and Personality Science, 12*(7), 1136–1145.

Pettigrew, T. (2011). Deprovincialization. In D. Christie (Hrsg.), *The Encyclopedia of Peace Psychology.* (S. 325–328). Wiley.

Pettigrew, T. F. (1998). Integroup contact theory. *Annual Review of Psychology, 49*(1), 65–85.

Postone, M. (1995). Nationalsozialismus und Antisemitismus. Ein theoretischer Versuch. In M. Werz (Hrsg.), *Antisemitismus und Gesellschaft.* Verlag Neue Kritik.

Reckwitz, A. & Rosa, H. (2021). *Spätmoderne in der Krise. Was leistet die Gesellschaftstheorie?* Suhrkamp.

Rensmann, L. (2025). *Politischer Antisemitismus im postfaktischen Zeitalter.* Nomos.

Riek, B. M., Mania, E. W. & Gaertner, S. L. (2006). Intergroup threat and outgroup attitudes: A meta-analytic review. *Personality and Social Psychology Review, 10*(4), 336–353.

Rippl, S., Seipel, C., & Kindervater, A. (2022). Politische Sozialisation. In S. Zmerli & O. Feldmann (Hrsg.), *Politische Psychologie* (S. 83–102). Nomos.

Salzborn, S., Brosig, B., & Schmidt, P. (2011). Antisemitism research using methodological triangulation: A case study in Germany. *Quality & Quantity, 45*(6), 1201–1215.

Sidanius, J. & Pratto, F. (1999). *Social dominance: An intergroup theory of social hierarchy and oppression.* Cambridge University Press.

Sodhi, K. S. & Bergius, R. (1953). *Nationale Vorurteile.* Dunker & Humblot.

Stephan, W. G. & Stephan, C. W. (2013). An integrated threat theory of prejudice. In S. Oskamp (Hrsg.), *Reducing prejudice and discrimination* (S. 23–45). Psychology Press.

Strosberg, B. B. (2024). *Anti-Semitism at the Limit: Critical Theory and Psychoanalysis*. Springer Nature.

Tajfel, H. & Turner, J. C. (1979). An integrative theory of intergroup conflict. In W. G. Austin, & S. Worchel (Hrsg.), *The social psychology of intergroup relations* (S. 33–47). Brooks/Cole.

Zarbock, L. (2024). Zwischen Äquidistanz und Antisemitismus: Die Berichterstattung rechter Alternativmedien über den Gazakrieg 2023/24. In L. Zarbock, S. Richter, M. Seul u. a. (Hrsg.), *Kommunikations- und Äußerungsformen des Judenhasses im Wandel*. Verlag Barbara Budrich.

8

Eine Anekdote und eine Utopie

„Ich glaube, dass die Vernunft nicht weiterhelfen kann, wenn der Mensch nicht hofft und glaubt" (Fromm, GA, IX: 155; Original: 1962).

Der Flohmarkt von Jaffa ist etwas ganz Besonderes. Man findet ihn in östlicher Richtung vom alten Hafen in der Olei Zion Straße. Bei unseren Aufenthalten in Israel verbrachten wir hier manche Stunde. Wir schlenderten durch die Gassen, sahen uns die Angebote an, hörten auf das Stimmengewirr und feilschten auch hin und wieder.

Einmal hörten wir hinter uns ein lautes Gespräch zwischen zwei Männern. Wir sahen uns um. Sie schienen sich zu streiten. Offenbar ging es um den Preis eines Stuhls, den der eine verkaufen und der andere erwerben wollte. Hatten wir da gerade „meschugge" gehört? Redeten die beiden jiddisch miteinander? Nein, wohl kaum. Der eine, der Verkäufer, sprach hebräisch, der andere arabisch. Das Erstaunliche an den beiden Streithähnen war, dass der hebräisch Sprechende eine Takke, eine Kopfbedeckung der Muslime, trug, während der andere, der arabisch Sprechende, der offenbar den Stuhl kaufen aber den vorgeschlagenen Preis nicht bereit war zu bezahlen, eine Kippa, also die Kopfbedeckung eines gläubigen Juden, aufhatte. Was passierte da gerade? Wer war wer und warum?

© Der/die Autor(en), exklusiv lizenziert an Springer Fachmedien Wiesbaden GmbH, ein Teil von Springer Nature 2026
W. Frindte, I. Frindte, *Warum die Juden? – Inszenierter Antisemitismus,*
https://doi.org/10.1007/978-3-658-50561-5_8

Später erinnerten wir uns an die *Kommunikations-Akkomodations-Theorie* des britisch-amerikanischen Sozialpsychologen Howard Giles (Giles & Ogay, 2007). Die Theorie besagt, dass Gesprächspartner diverse Kommunikationsstrategien nutzen können, um die Distanz zwischen sich und anderen Gesprächspartnern zu regulieren, um sich – mit anderen Worten – den jeweiligen Kommunikationssituationen anzupassen, zu akkommodieren. Wichtige, von Giles untersuchte Kommunikationsstrategien sind die Sprachkonvergenz und die Sprachdivergenz. Mittels Sprachkonvergenz können die Personen die Gemeinsamkeiten zwischen sich und den anderen Kommunikationsteilnehmern betonen, indem sie gemeinsame Sprachcodes benutzen, also mit den gleichen Zungen reden. Strategien der Sprachdivergenz (z. B. wenn ein Gesprächspartner bewusst eine Sprache oder Begriffe benutzt, die sein Gegenüber nicht versteht oder nicht zu interpretieren vermag) hingegen werden eingesetzt, um sich von den Kommunikationsteilnehmern abzugrenzen. Ein Beispiel: Wenn Ostdeutsche kurz nach der Wende vom „Polylux" sprachen, um den besagten Lichtprojektor zu bezeichnen und Westdeutsche auf den „Overhead-Projektor" verwiesen, so war das ein Beispiel für Sprachdivergenz. Bemühten sich Ostdeutsche dagegen zunehmend in Anwesenheit von Westdeutschen den Lichtprojektor „Overhead-Projektor" zu nennen, so zeigte das ihre Versuche, Sprachkonvergenz herzustellen. Nicht selten war dann allerdings zu beobachten, dass Westdeutsche nun ihrerseits den besagten Lichtwerfer „Polylux" nannten, um selbst ihre Bereitschaft zur Sprachkonvergenz zu signalisieren.

Nach der Theorie von Howard Giles müssten sich die beiden Streithähne auf dem Flohmarkt in Jaffa eigentlich ganz anders verhalten. Sollten sie die Absicht haben, sich zu verständigen, um sich auf einen beiderseits annehmbaren Preis des besagten Stuhls zu einigen, wäre es angebracht, eine gemeinsame, von beiden beherrschbare und verständliche Sprache zu sprechen. Falls sie diese Absicht aber nicht verfolgen und eher auf Streit um des Streits willen aus sind, müsste eigentlich – nach der Theorie – jeder seine eigene Sprache sprechen, um die Unterschiede zum anderen, zu dessen Sprache und Sprachgemeinschaft zu betonen. Was aber machten die beiden Streitenden? Sie verhielten sich nicht theoriekonform, würden Wissenschaftler*innen sagen. Jeder redete nämlich jeweils in der Sprache des anderen, des Kontrahenten. Das wäre nun eine

Variante, die in Giles Theorie nicht vorkommt. Am Ende einigten sich die Streitenden auch noch, besiegelten das mit einem Handschlag und – wir glaubten es nicht – küssten sich auf die Wangen. Der eine bekam das Geld. Wir sehen nicht wieviel. Der andere erhielt den Stuhl. War das vielleicht die orientalische Version von Giles Theorie? Und ließe sich diese Variante verallgemeinern und auch auf Friedensverhandlungen zwischen Israelis und Palästinenser übertragen? Wechselseitig Empathie herstellen, indem man die Sprache des anderen spricht? *The proof of the pudding is in the eating.* Aber bis jetzt hat noch niemand einen entsprechenden und für beide Seiten genießbaren Pudding zubereitet und vom Essen kann noch lange nicht die Rede sein. Das scheint nur auf dem Flohmarkt und beim alltäglichen Feilschen zu klappen.

Literatur

Fromm, E. (GA, IX; Original: 1962). Jenseits der Illusionen. Die Bedeutung von Marx und Freud. In R. Funk (Hrsg.), *Erich-Fromm-Gesamtausgabe in 12 Bänden, Bd. IX* (S. 37–157). Deutsche Verlags-Anstalt.

Giles, H. & Ogay, T. (2007). Communication Accommodation Theory. In B. B. Whaley & W. Samter (Hrsg.), *Explaining communication: Contemporary theories and exemplars* (S. 293–310). Lawrence Erlbaum.

Ausgewähltes Personenverzeichnis

GPSR Compliance
The European Union's (EU) General Product Safety Regulation (GPSR) is a set
of rules that requires consumer products to be safe and our obligations to
ensure this.

If you have any concerns about our products, you can contact us on

ProductSafety@springernature.com

In case Publisher is established outside the EU, the EU authorized
representative is:

Springer Nature Customer Service Center GmbH
Europaplatz 3
69115 Heidelberg, Germany